인류의 위대한 지적유산

HANGIL
GREAT BOOKS
199

고백록

아우구스티누스 지음 | 성염 역주

한길사

Augustinus
Confessiones

Translated by SEONG Youm

Published by Hangilsa Publishing Co. Ltd., Korea, 2025

성 아우구스티누스 성당 제단
이탈리아 토스카나 산지미냐노에 있는 성 아우구스티누스 성당에는 베노초 고촐리(Benozzo Gozzoli)가 그린 아우구스티누스의 생애를 담은 벽화가 있다. 이는 1464-65년에 걸쳐 제작되었다.

타가스테 초등학교에 입학하는 아우구스티누스(왼쪽 아래 초록색 옷을 입은 소년)

카르타고 대학에서 공부하는 아우구스티누스

아우구스티누스가 카르타고를 떠나 로마로 향하다

로마에서 수사학을 강의하는 아우구스티누스

밀라노를 향해 출발하는 아우구스티누스

밀라노 정원에서의 회심

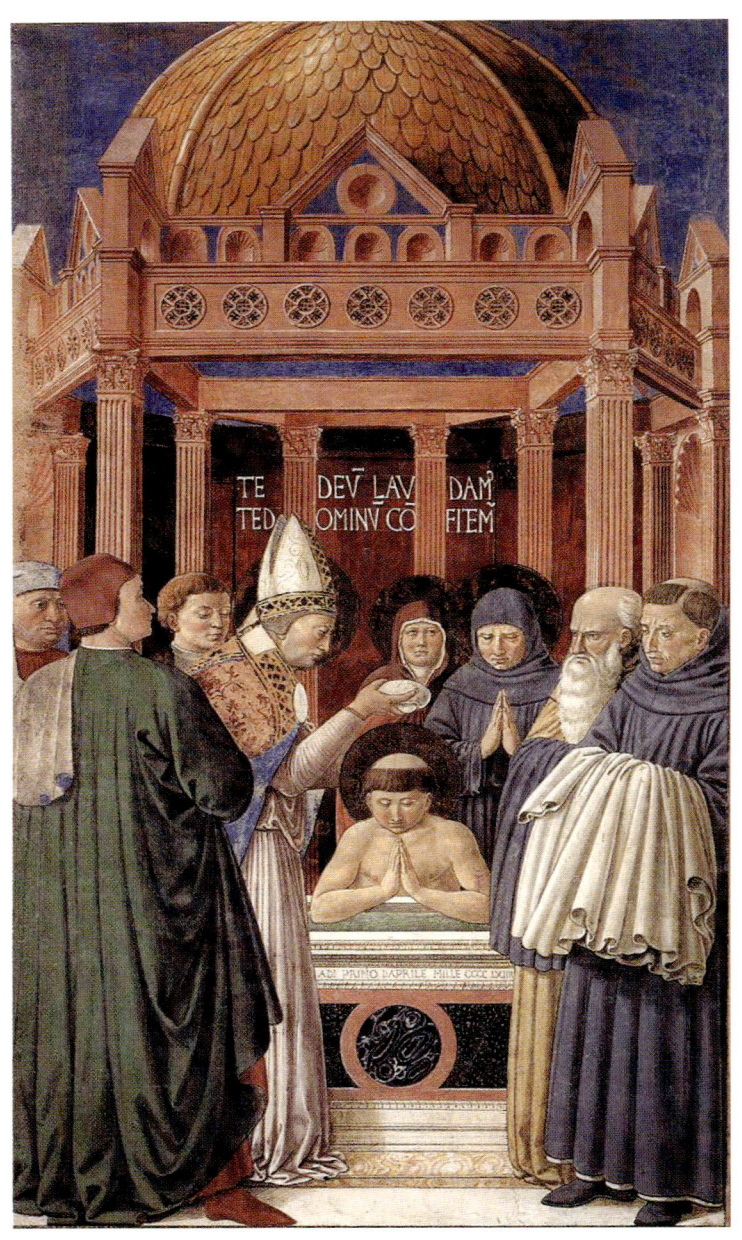

아우구스티누스의 세례

삼위일체를 궁리하다

어머니 모니카의 죽음

아우구스티누스의 환시

아우구스티누스의 장례

HANGIL GREAT BOOKS 199

고백록

아우구스티누스 지음 | 성염 역주

한길사

고백록

절대 진리를 만나는 인생의 길을 고백하다 | 성염 • 21

제 1 권 출생, 어린이와 소년 시절 • 53
제 2 권 내 나이 열여섯 • 97
제 3 권 카르타고에서 연학에 몰두하다 • 121
제 4 권 타가스테와 카르타고에서 9년간 교사를 하다 • 155
제 5 권 카르타고를 떠나 로마로 가서 다시 밀라노로
        향하다 • 199
제 6 권 나이 서른 • 241
제 7 권 진리를 향한 상승의 길 • 287
제 8 권 유일하고 참된 하느님께 회심 • 339
제 9 권 세례와 아프리카 귀환 • 387
제10권 하느님을 찾고 인식하여 • 439
제11권 하느님이 하늘과 땅을 창조하신 태초에 관한 주석 • 533
제12권 하느님이 만드셨다는 하늘과 땅에 관한 주석 • 589
제13권 유비적으로 성찰한 세계의 피조물 • 653

부록
 1. 재론고(Retractationes) 2.6.1-2 • 730
 2. 아우구스티누스 저술 • 732

일러두기

1. 이 책은 아우구스티누스의 『고백록』(Confessiones, 397/401)을 번역 주석했다. 번역 대본은 CCSL(Corpus Christianorum Series Latina, XXVII) 비판본 Lucas Verheijen의 Sancti Augustini Confessionum libri XIII(Turnhout, Brepols, 1981, 1990²)을 택했다. Markus Skutella(Leipzig, 1934)의 비판본을 수정한 원전이다.

2. 아우구스티누스는 성경 구절을 대부분 암기해 인용하거나 재래 라틴어본(Vetus Latina)에 따라 인용했다. 이 책 본문의 성경 인용문은 이탤릭체로 표기했다.

3. 히에로니무스가 작업한 신구약 불가타본(editio Vulgata)이 나온 것은 405년으로 아우구스티누스의 『고백록』(397/401)이 나온 후였다. CCSL 판본(textus criticus)에 준거한 성경 직접 인용은 신구교를 망라한 독자를 위해 가급적 『공동번역 성서』 개정판(1999)을 이용했다. 이를 양해해준 '대한성서공회'에 감사의 뜻을 표한다. 각 성경의 이름은 크리스천이 아닌 독자들도 알아볼 만한 일반 약칭으로 표기한다. 시편의 경우, 신구교가 다른 판본을 사용하므로, 장 번호가 다르다. 따라서 장 번호를 두 경우 모두 표기했다.

4. 각주의 * 기호는 아우구스티누스의 독특한 신학 사상에 따라 옮긴이가 자유 번역한 구절이라는 뜻이다. 원문에는 없으나 독자의 이해를 돕기 위해 필요한 부분은 [ ]로 덧붙였다.

5. 저자명이 없는 인용은 모두 아우구스티누스의 저술이다. 아우구스티누스의 저술 목록은 부록 2에 수록되어 있다. 아우구스티누스 저술의 우리말 번역은 '교부학연구회'가 채택해 통용하고 있는 번역을 사용했다.

6. 이 책에 실린 각주의 상당수는 'Lorenzo Valla 기금'으로 이탈리아 Mondadori 출판사가 5권으로 편찬한 주석본 Sant'Agostino, Confessioni(1992-1997)에 Jacque Fontaine를 비롯한 아우구스티누스 연구가 9명이 공동으로 집필한 각주를 독자들을 위해 간추려 번안한 것이다.

절대 진리를 만나는 인생의 길을 고백하다

성염 전 서강대학교 철학과 교수

진리를 향한 구원久遠의 불꽃

"비록 내륙에서 태어나고 자랐지만, 나는 어린 시절부터 조그만 잔에 담긴 물을 보고도 바다를 상상할 수 있었다."[1]

서기 354년 11월 13일 로마 제국의 북아프리카 식민지 누미디아의 타가스테(Tagaste)에서 태어나 카르타고에서 수사학을 공부하던 열네 살의 아우렐리우스 아우구스티누스(Aurelius Augustinus)는 어느 날 키케로의 철학 권유서 『호르텐시우스』(*Hortensius*)를 읽는다. 그리고 그는 "이 책이 내 성정을 아예 바꾸어놓았고, 내 소원과 열망을 다른 것으로 만들어버렸습니다. 나의 모든 헛된 희망이 갑자기 시들해졌고 마음의 믿기지 않는 갈증으로 불멸의 지혜를 탐하게 되었습니다"[2]라면서 인간은 본질적으로 '진리를 찾아내려는 사랑'에 사로잡혀 있다며 진리 탐구에 평생을 바친다.

그는 우정이든 여성이든 학문이든 지식이든 치열하게 사랑했던

---

1) 아우구스티누스, 『서간집』(*Epistulae*), 7.3.6.
2) 이 책, 3.4.7 참조.

사람이었다. 젊었을 때 그렇게나 탐닉하던 우정과 성애, 한 떨기 꽃송이와 밤하늘의 무수한 별이 모두 탐닉할 만하지만 그 어느 것도 인간의 근본 갈증을 채워주지 못함을 소년은 너무 일찍 깨달아버렸다. 이에 그는 추상적이기만 하던 진리에 '그대 내 하느님'이라는 실존적 호칭을 부여하고 그 진리를 향해서 "당신을 향해서 저희를 만들어놓으셨으니 당신 안에 쉬기까지는 저희 마음이 안달합니다"라는 철학적 고백으로 이 책의 서두를 연다(1.1.1).

"오, 진리여, 진리여! 저 사람들이 당신을 외칠 때, 그렇게도 흔하게 그렇게도 다채롭게, 때로는 소리로만 때로는 많고도 큼직한 책자로 당신을 소리 내어 드러낼 때에, 제 영혼의 골수는 얼마나 사무치게 당신을 속으로 그리워했습니까!"(3.6.10). 젊은이는, 진리가 인간의 선천적 갈구 대상인 이상, 진리는 반드시 존재해야 한다고 믿었다. "그것이 인간의 행복이다, 완전하게 진리를 탐구한다는 것! 찾아가는 사람은 헤매는 것이 아니다. 헤매지 않으려고 찾아가는 것이다. 그러나 인간은 그 목적에 이르지 못하는 한 완성을 볼 수 없다."[3]

한때 인간의 지각과 판단의 상대성은 결코 진리에 도달하지 못하리라는 회의론에 사로잡히기도 했다. 그러나 그는 18년의 학문적 방랑 끝에 "서른세 살의 나이를 먹은 내가 언젠가는 지혜를 획득할 수 있으리라는 희망을 접어야 한다고 여기지는 않는다. 죽을 인간들이 선^善으로 간주하는 다른 모든 것들을 낮추어보면서라도 나는 이 진

---

[3] 아우구스티누스, 『아카데미아학파 반박』(Contra Academicos, 성염 역주, 분도, 2016), 1.3.9-4.10. 이 책은 자기가 회의론에 시달리던 무렵을 회상해 제자들에게 진리 파악의 희망을 일깨워준 대화편으로 현존하는 아우구스티누스의 첫 번째 저서이기도 하다.

리를 탐구하는 데 헌신하기로 결심했다."⁴⁾

진리 도달을 의심하는 사색가에게 교부^{敎父}는 "*그럴 리 없다. 나는 있는 자로다*"(*ego sum qui sum*)라는 신의 계시(출애굽기 3:14)를 내세워, 아무리 의심하고 속더라도 의심하고 속는 주체의 존재는 자명하다면서(7.10.16) 학문적 의심을 "*내가 속는다면 나는 존재한다*"(*si fallor, sum*)⁵⁾는 명제로 해소한다.

그래서 이 『고백록』을 읽는 독자에게는 그의 철학은 영롱한 광휘보다 검붉은 연기를 뿜어내면서 타닥타닥 소리를 내는 불꽃을 연상시킨다. 그의 생애를 한마디로 표현한다면, '진리를 향한 구원의 불꽃'이다.⁶⁾ 그는 인간이 본능적으로 열망하는 대상은 인간 실존의 중심 곧 사랑으로 기우는 타고난 흐름이요, 사랑을 '더없이 강력한 의지'⁷⁾라고 정의하면서 "*물체는 제 중심에 따라서 제자리로 기운다. 제 중심으로 움직이면서 제자리를 찾는다. 나의 중심은 나의 사랑. 사랑으로 어디로 이끌리든 그리로 내가 끌려간다*"(13.9.10)고 토로했다.

아우구스티누스는 지칠 줄 모르는 진리 탐구 또는 철학이 '진리를 향해서 짖어대는 지적 유희'에 그쳐서는 안 되고 '실존적 구원'이어야 한다고 기대했다.⁸⁾ 진리여, "당신께서는 내게 누구십니까? 내가

---

4) 『아카데미아학파 반박』, 3.20.43.
5) 아우구스티누스, 『신국론』(*De civitate Dei*, 성염 역주, 2003, 분도), 11.26.
6) 우리말로 번역된 아우구스티누스의 첫 전기는 『한없이 타오르는 불길』(*The RestlessFlame*, Louis de Wohl, 조철웅 옮김, 가톨릭출판사, 1965, 1993²)이라는 제목이었다.
7) charitas valentior voluntas: 『신국론』, 15.21.41 참조. 지성은 알지 못하는 것을 사랑할 수 없다. 따라서 인간이 진리를 터득할 수 있다는 신념도 선천적으로 진리를 사랑하고 있다는 각성에서 온다.
8) "종교 문제에서 철학을 개진할 줄 모르거나 철학에서 종교적인 처신을 할 줄 모르는 사람들"(아우구스티누스, 『참된 종교』*De vera religione*, 성염 역주, 1989, 분도, 7.12; 10.20 참조).

당신께 무엇이기에 나에게 당신을 사랑하라고 명하십니까?"라는 과감한 질문을 던지며 아우구스티누스가 듣고 싶은 답은 오직 하나였다. "저에게 당신이 무엇이 되시는지 말씀해주십시오. 저의 영혼에 말씀해주십시오. '내가 너의 구원이다' 하고. 이리 말씀하십시오, 제가 듣겠습니다"(1.5.5). 그는 이렇게 일찍부터 '하느님'이라는 종교적 호칭을 진리에 붙이고서 "오, 영원한 진리여, 참된 사랑이여, 사랑스러운 영원이여! 당신께서 저의 하느님이시니 밤낮으로 당신을 향해 탄식합니다"(7.10.16)는 '신앙고백'을 바친다. 진리에 대한 호칭이 바뀌다 보니 철인哲人이라는 어휘는 "*진정 철학하는 사람은 하느님을 사랑하는 연인*"*(verus philosophus amator dei)* 9)으로 재정의된다.

따라서 20여 년을 두고 점성술과 마니교, 신아카데미아의 회의론懷疑論으로 방황하다 신플라톤학파를 거치면서 일평생 탐색하던 진리를 마침내 '예수 그리스도의 아버지 하느님'에게서 발견했을 때에 그는 "이제 당신만을 사랑하니… 저는 당신만을 섬길 각오가 되어 있나이다"라고 선언했다.10) 그는 33세에 선언한 이 언약을 이후 44년간 수도자, 성직자, 한 시대의 정신적 지도자로서 충실하게 실천했다. 그러면서도 진리를 향해 여생을 두고 끊임없이 되뇌던 장탄식, "*늦게야 당신을 사랑했습니다*(sero te amavi)*! 이토록 오래되고 이토록 새로운 아름다움이시여, 늦게야 당신을 사랑했습니다!*"(10.27.38)라는 철학적 유언을 남기고 76세 나이로 숨을 거둔다. 430년 8월 28일의 일로, 북아프리카를 초토화한 반달족이 그가 주교로 있던 히포를 포위한 지 석 달 만에 성을 함락시키기 사흘 전이었다. "주 하느님, 저희에게 평화를 주십시오. 저희에게 모든 것을 베푸셨듯 정묵의 평화, 안식일의 평화, 저녁 없는 평화를 주십시오"(13.35.50)라는 염원에 담긴

---

9) 『신국론』, 8.1.
10) 아우구스티누스, 『독백』(*Soliloquia*, 성염 역주, 2019, 분도), 1.1.5.

우려대로, 그가 죽은 지 50년도 안 되어 서로마제국이 고트족의 손에 멸망한다.

그의 유해는 북아프리카 히포 성당에 묻혔다가 아랍 세력이 아프리카로 진격하던 7세기에 사르데냐섬으로 옮겨졌다. 이후 그 섬마저 아랍인들에게 점령당하자 롱고바르드 국왕이 그의 유해를 확보해서 이탈리아 파비아의 성당에 안치했다.[11] 지금도 그곳을 찾아가면 그의 유골이 묻힌 제단 주변에 그의 생애를 묘사한 화려한 바로크 대리석 부조를 볼 수 있다.[12]

1. 『고백록』의 저술 배경과 문학사적 위치

그리스도교 교부들 가운데 가장 방대한 저작을 남긴 아우구스티누스의 저술 활동은 실로 다채롭다. 그는 죽기 3년 전(427년), 평생의 저작들을 정리하면서 집필 계기를 밝히고 수정되어야 하는 내용을 메모하고서 『재론고』(*Retractationes*)라는 제목을 붙였다. 거기에는 93권의 단행본이 수록되어 있다. 그 이후로도 10여 권을 더 저술했으니 그의 작품은 사실 100권이 넘는다.[13] 후대에 『서간집』(*Epistolae*: 300여 편)과 『설교집』(*Sermones*: 600여 편), 그리고 『시편 상해』(*Enarrationes in*

---

11) '성베드로 대성당'(Basilica di San Pietro in Ciel d'Oro a Pavia)에 안장된 유해는 아우구스티누스 회심일로 알려진 4월 24일과 서거일인 8월 28일에 두 번 공개된다.
12) 아우구스티누스 전기로는 그의 서거 직후에 포시디우스(Possidius)가 쓴, 『아우구스티누스의 생애』(*Vita Augustini*, 이연학·최원오 역주, 분도출판사, 2008)가 있고 역주자가 번역한 『성아우구스티누스전(傳)』(*Agostino d'Ippona*, Carlo Cremona, 성염 옮김, 바오로딸, 1992)이 있다.
13) 이 책의 부록에서 그 목록을 확인할 수 있다.

Psalmos: 200여 편)로 편찬되어 분량으로는 저 단행본 100권을 상회하는 모음집은 제외하고 하는 말이다. 그는 속기사를 고용해 책을 구술하고 속기록을 손질하고 다듬어서 출간하는 방법을 썼다.

그는 그리스도교 입교 전후에는 고대 철학의 주제들에 관해 제자들과 나눈 토론을 『대화편』(*Dialogi*)[14]으로 남겼고, 형이상학과 해석학을 다룬 단행본도 집필했다. 입교 후 자신이 몸담았던 마니교와 벌인 논쟁서(9권)는 물론, 주교직 초기에 도나투스파와 벌인 논쟁서(13권)를 쓰기도 했다. 신앙이 무르익은 후에는 그리스도교 신학사에 가장 큰 영향을 미친 펠라기우스파와 벌인 토론을 담은 책을 내기도 하는데, 여기에서 아우구스티누스의 은총론이 출현한다(16권). 성경 연구서나 주석서들도 다수 집필되었다.

그 많은 저작 가운데 '절대자 하느님을 만나는 인간의 길'로 간주되고 아우구스티누스의 대표작으로 평가받는 삼부작이 있다. 교부가 '하느님'이라고 부른 절대 진리를 만나는 인생의 길을 술회한 이 책 『고백록』, 인류가 세기를 답습하며 역사의 주님을 만나는 길을 내다본 『신국론』, 그리고 하느님 편에서 계시와 육화(肉化)로 인류를 만나러 오고 인간이 하느님의 모상인 자기 내면의 성찰 분석에서 삼위일체에 접근하는 그리스도교 인간학의 종합서 『삼위일체론』이다.

생전에 100여 권이 넘는 저작을 남기고서도 아우구스티누스는 "*내 작품 중의 그 어느 것이 『고백록』보다 더 많이 알려지고 사랑받을 수 있을까?*"[15]라고 자부할 만큼 이 책을 대표작으로 여겼다. 실제로도 성경을 제외하고 그리스도교 세계에서 가장 많이 읽혀온 책자여서[16]

---

14) 『아카데미아학파 반박』, 『행복한 삶』, 『질서론』, 『독백』, 『영혼불멸』, 『영혼의 위대함』, 『교사론』 등이 있다.
15) *De dono perseverantiae*, 20.53.
16) 중세에 인쇄술이 나오기 전 성경 다음으로 많이 필사된 책이다.

문학적으로도 사상적으로도 아우구스티누스의 가장 독창적인 대표작이라 해도 손색이 없다. 키케로부터 베르길리우스까지 라틴문학 '황금시대'에 꽃피던 수사학적인 기교와 완숙함과 동등하지는 않지만, 그는 로마가 아닌 북아프리카 출신임에도 불구하고 고전에 대한 지식과 심미적이고도 열정적인 기질과 독창적인 문체를 유감없이 발휘했다. 『고백록』은 밀라노 황실의 수사학 교수로 초빙받을 만큼 당대 로마 제국에서 걸출했던 문장가의 자서전이었다.[17]

집필 시기와 내용 구분

『고백록』은 아우구스티누스가 서기 387년 부활절에 이탈리아 밀라노에서 암브로시우스 주교에게 세례를 받고 그리스도교 신앙을 받아들인 지 11년이 지나 원숙기에 접어든 43세에 쓴 책이다. 자기 생애의 사상적·도덕적 방랑을 글로 옮긴 책으로 13권으로 나뉘어 있다. 본론에 해당하는 전반부(제1-9권)는 그리스도교로 회심하기 이전의 생애를 회고하는 형식이며, 기억에 남겨진 어린 시절부터 33세의 나이로 개종하고 고향으로 돌아가다 어머니 모니카가 오스티아에서 별세하기까지(387년)를 담고 있다.[18] 아프리카로 돌아가 수도자이자, 사제이자 주교로 살아가던 당시의 심경을 적은 것이 제10권이고, 『창세기』를 펴들고 '천지창조'로 시선을 옮겨 '세계의 기원'과 '시간 문제'를 사색하는 내용이 후반부에 해당하는 제11-13권이다.

---

17) 르네상스의 문장가 페트라르카는 어디를 여행하든 『고백록』을 곁에 두고 읽었고 그 내용에서 커다란 정신적 안위와 기쁨을 누렸다고 실토했다 (Petrarcha, *De contemptu mundi*, dial.1).
18) 어머니의 죽음을 다룬 제9권은 서구 고대문학의 가장 아름다운 '사모곡'이 되었다.

앞서 말한『재론고』는 집필에 착수한 순서로 퇴고되어 있는데『고백록』은『파우스투스 반박』(398) 직전에 배치되어 있다. 이 책에는 "*내가 그 사람을 직접 알고 있었다. 내 책『고백록』에서 그 사람을 언급한 바 있다*"(1.1)는 구절이 나오는데 실제로 이 책 5권에서 아우구스티누스는 마니교의 주교 파우스투스에 관해 길게 얘기하고 있다. 또 밀라노 주교 암브로시우스의 사망(395년 5월)이 이 책에 언급되고[19] 있으니까 집필 시기가 395년 이후이겠고, 아우구스티누스 본인이 주교가 된 다음에 집필한 작품들 목록에도 이 책이 들어가 있으므로 최소한 397년 4월 이후에 쓰기 시작된 것으로 추정된다.[20]

400년 초에『창세기』첫 대목을 해설하는 책을 집필하는데, 그 첫머리에 "*내가 우의적으로 무엇을 알아들었는지는 내『고백록』제13권에 실려 있다*"[21]는 구절이 나오므로 저 책을 집필할 즈음에는『고백록』후반부(제1-13권)도 집필과 출간이 끝나 있었다는 말이다. 그러니까 398년 말에는 적어도 이 책의 전반부(제1-9권)가 간행되어 있었다는 뜻이고, 따라서『고백록』은 397-400년 사이의 저술로 추정된다.

아우구스티누스 본인도 책을 두 부분으로 나눈다. "*첫 권부터 제10권까지는 나에 관해서 기록된 것이고, 나머지 세 권에서는 '태초에 하느님께서 하늘과 땅을 창조하셨다'라고 기록된 구절부터 '안식*

---

19) "심플리키아누스한테 찾아갔습니다. 그 당시 주교이던 암브로시우스의 어버이로서 주교는 그를 정말 아버지처럼 위하고 있었습니다"(이 책, 8.2.3). "밀라노 교회의 수장 심플리키아누스는 복되신 암브로시우스를 승계한 분으로"(『재론고』, 2.1).
20) "제가 어떻게 … 당신의 백성에게 말씀을 선포하고 성사를 베풀라고 내리신 지침들을 다 열거해 쓸 수 있겠습니까?"(이 책, 11.2.2)라며 언급하는 직분은 주교직을 가리킨다. 알리피우스에게 보내는 서간(395년)에는 사제로서 서명하고 있고(*Epistolae*, 29.7.11), 주교로서 현존하는 공식 문서에 최초로 서명한 것은 397년 8월의 카르타고 교회 회의 문서였다.
21) *De Genesi ad litteram*, 2.9.22.

*일의 휴식을 하셨다'*는 성경 구절에 대해 기록된 것이다."[22] 교부는 처음에는 자기 생애만 다루기로 기획했으나 집필이 끝나자 회심 후 10여 년이 지난 지금 주교로서 활동하는 심경에 관해 독자들이 호기심을 보이고 문의해와서 제10권을 부록처럼 첨부했다.[23] 그리고 첫머리에서 *"사람 곧 당신 창조계의 작은 조각 하나가 당신을 찬미하고 싶어 합니다"*(1.1.1)라고 선언한 입장에서 천지창조의 태초로 거슬러 올라가 자기 존재를 관조하기 위해 제11-13권 '창조론'을 별도로 집필해 덧붙인 것으로 보인다. 실제로 그의 생전에도 이 책은 제1-9권으로 된 초판과, 전체 13권으로 이루어진 완성본, 두 판본으로 보급되고 있었다.

집필 의도: "찬미하는 사람의 고백이거나 뉘우치는 사람의 고백이거나"

아우구스티누스는 서구 최초의 자서전인 『고백록』을 왜 썼을까? 그리스 문학가든 로마 정치인이든 자전적 기록을 남길 때는 설화에 가까운 영웅담들, 지인들과 주고받은 서간들을 싣고서 수사학적 허세로 뽐내기 마련이다. 그러나 사도 바울로 이후 그리스도교의 가장 위대한 이 교부는 생애 전반부를 담담하게 들려주면서 하느님과 독자들 앞에 자비와 동정을 비는 참회의 글을 써내려간다.

그 당시 북아프리카에는 디오클레티아누스 황제의 그리스도교 박

---

22) 『재론고』, 2.6.1.
23) 제10권에는 과거의 화려한 황실 수사학 교수의 삶을 청산하고 타가스테에서 독신 성직자로서 고행에 가까운 수도 생활을 시작한 아우구스티누스의 금욕주의가 담겨 있다. 그가 8년간 몸담았던 마니교의 선악이원론이 얼마나 그의 뇌리에 깊이 뿌리박혔는지를 보여준다. 후대의 '펠라기우스 논쟁'에서 성욕을 원죄와 동일시할 만큼 극단으로 기울었던 그의 엄주주의는 후대 가톨릭에 깊은 자국을 남긴다. 노르웨이 작가 가아더(Jostein Gaader)의 소설, 『인생은 짧다』(이용숙 옮김, 현암사, 1998)는 15년간 동거하다 내보낸 여인의 입으로 아우구스티누스의 청교도주의를 날카롭게 비판한다.

해(303~311년) 중에 배교했던 성직자가 집행하는 성사^{聖事} 특히 세례의 집행 자체가 무효라고 주장하는 도나투스파가 세력을 떨치고 있어 논란이 심했다. 도나투스파 반박에 선봉으로 나섰던 아우구스티누스가 히포의 주교로 서품되자(395년) 그의 사상적 방황과 여성 편력을 들어 갖가지 인신공격이 자행될 정도였다. 그러자 그의 지인들은 아우구스티누스의 생애가 일반인들에게도 알려지기 바랐고 그가 지난 삶을 청산하고 사제이자 주교가 된 현재의 심경을 토로해주기를 바랐다.

그는 이 책을 쓴 지 25년 후 스스로 집필 의도를 밝힌다. "*나의 『고백록』 13권은 내 악행을 두고도 선행을 두고도 하느님이 의롭고 선하심을 찬미하는 책*"[24)]이었다면서 "*무릇 고백이란 찬미하는 사람의 고백이거나 뉘우치는 사람의 고백*"[25)]이므로, 독자들이 "*저의 선업을 두고는 안도의 한숨을, 저의 악업을 두고는 탄식의 한숨을 쉬면 좋겠습니다. 저의 선업은 당신의 업적이자 당신의 선물이며, 저의 악업은 저의 죄악이자 당신의 심판입니다*"(10.4.5)라고 서술한다. "*그토록 많은 제 죄의 질병에서 제가 누구 덕분에 빠져나왔는지 보았다면, 자기가 그 많은 죄의 질병에 시달리지 않았음이 바로 그분 덕분임을 발견할 것이기에 말입니다*"(2.7.15)라는 문구를 통해, 악의 어두운 심연이 자신과 주변 세상을 에워싸도 실망하지 말라고 격려하는 뜻에서 집필한다고 한 것이다. 따라서 이 책은 우선 '찬미의 고백'(confessio laudis)이며[26)] 이에 더해 '죄악의 고백'(confessio peccatorum)이 섞인다. 후반부(제11-13권)에서는 인류의 기원을 창조 사상으로 풀어가며 '신

---

24) 『재론고』, 2.6.1.
25) *Sermones*, 29.2.
26) 최민순 신부가 번역한 『고백록』(바오로딸, 1965)에는 아예 "님 기림"이라는 부제가 붙었다.

앙의 고백'(confessio fidei)에까지 이른다.

  이러한 사실은 『고백록』 첫머리를 "주님, 당신께서는 위대하시고 크게 찬양받으실 분이십니다. 그리고 사람 곧 당신 창조계의 작은 조각 하나가 당신을 찬미하고 싶어 합니다"(1.1.1)라는 기도로 시작하고, 이 책의 말미에서도 제10권까지의 내용을 "제가 뭣 때문에 저 숱한 사건들에 관한 얘기를 당신께 주절주절 털어놓고 있습니까? 당신께 쏠리는 제 정서와 이 글을 읽는 사람들의 정서를 일깨워 우리 모두가 주님은 위대하시고 크게 찬양받으실 분이시라고 말씀드리자는 말입니다"(11.1.1)라고 간추리는 데서 드러난다.

  그리고 제2부에서 다뤄지는 '창조론'과 '시간론'은 세계와 존재를 우연의 산물로 간주하지 않고 신의 창조물(esse creatum)로 간주하는 아우구스티누스의 '철학적 신앙'에 해당한다. 그는 대자연과 성경이라는 두 권의 책을 펴들면서 "그 책에서 당신께 올려지는 찬미의 소리에 귀를 기울이겠으며, 당신께서 하늘과 땅을 만드신 태초로부터 당신을 모시고 영속할 당신의 거룩한 도성의 왕국에 이르기까지, 그 현의를 헤아리겠습니다"(11.2.3)라는 자세로 임한다.

  그래서 이 책의 종장은 "당신께서는 참 좋은 일을 하셨고, 정묵 속에 하셨음에도 불구하고, 그 일을 하신 다음 이렛날에는 쉬셨습니다. 저희도 저희의 행업 다음에, 그러니까 저희의 참 좋은 일, 그것도 당신께서 저희에게 선사해주신 것입니다만, 그 좋은 일을 마친 다음 영원한 생명의 안식일에 당신 안에서 쉬게 될 것입니다"(13.36.51)라는 희망으로 매듭지어지는 것이다.

2. 인간, '하느님을 포괄하는 존재'(homo capax dei)

아우구스티누스의 '철학'은 이 책은 물론 전 생애에 걸쳐 "*무엇을 알고 싶은가?' '하느님과 영혼을 알고 싶다.' '더 이상 아무것도 없는가?' '전혀 아무것도 없다'* [27])는 두 문답으로 시작하고 끝난다. 진리를 사랑하는 '철학자'라면 절대자, 세계, 행복을 탐구하는 도구 곧 이성 혹은 자아 혹은 영혼에 관해서 먼저 알아야 한다. 따라서 많은 사상가에게 철학의 전 단계 혹은 전체 여정은 결국 자의식을 반추하는 인식론으로 좁혀지곤 한다는 자의식을 반추하는 인식론이 철학의 전 단계 혹은 전체 여정이라고 여기곤 한다. 그는 "*철학에는 두 과제가 있다. 하나는 영혼에 관한 것이고 하나는 하느님에 관한 것이다. 첫째 것은 우리 자신을 알자는 것이고 다른 하나는 우리 기원을 알자는 것이다*"[28])라고 전제했는데, 그러자 평생에 걸친 그의 사색은 신과 인간이라는 두 기둥 사이에 묶여 풀려나지 못했다. 사색을 하면 할수록 하느님은 아득히 '숨는 분'(deus absconditus)으로, 인간은 알면 알수록 '크나큰 심연'(grande profundum)으로 비쳐졌기 때문이다.

'인간이란 무엇인가?' 그에게 "인간은 그 자체가 실로 위대한 심연(*grande profundum est ipse homo*)"(4.14.22)이자 "커다란 수수께끼(*magna quaestio*)"(4.4.9)였고 인간 자신에게도 "*미지의 존재*"[29])이자 "*참으로 신기한, 사람이 파악할 수 없는 무엇*"[30])이었다. "*그렇지만 주님, 당신께서는 사람을 만드신 분이시므로 사람의 모든 것을 아십니다*" (10.5.7). 그 개인적이고 집단적인 삶이, 죄로 점철된 일개 피조물이

---

27) 『독백』, 1.2.7.
28) 『질서론』, 2.18.47.
29) ipsi sibi incognitus(『질서론』, 1.1.3 참조).
30) omnino mirus est homo nec comprehendi ab homine(『신국론』, 21.10.1 참조).

감히 하느님, 더구나 삼위일체를 닮았노라고 자부하고, 하느님을 파악하고 나서야 사랑하겠다고 애쓰며, 자기 죽을 운명을 메고 다니는 존재가 하느님으로 채워지기까지는 만족을 모르겠다면서 감히 '영원한 행복'을 희구하는 존재로 보였기 때문이다. 앞서 인용한 대로, '조그만 잔에 담긴 물을 보고 바다를 상상하게' 만들어진 인간은 이처럼 절대지평絶對地平을 목전에 두고 인식하고 욕망하고 희망을 품는 운명이다. 그래서인지 아우구스티누스는 자신의 지난 세월과 정신적 방랑, 그리고 자기가 애착했던 모든 사물에서 한 가지를 터득한다.

세계를 '피조물'로 정립하는 『고백록』첫 구절부터, "*사람 곧 당신 창조계의 작은 조각 하나가 당신을 찬미하고 싶어 합니다. 당신을 향해서 저희를 만들어놓으셨으니 당신 안에 쉬기까지는 저희 마음이 안달합니다(inquietum est cor nostrum donec requiescat in te)*"(1.1.1)라고 선언하며 그는 자문한다. "*제가 어디서 당신을 만나 당신을 배워 알았습니까? 내가 당신에 관해 배워 알기 전에 당신이 저의 기억 속에 계셨을 리 없습니다. 제 위에, 당신 안에서가 아니면 제가 어디서 당신을 만나 당신을 배워 알았겠습니까?*"(10.26.37).

그럼 어떻게 우리 마음이 어떤 절대 타자를 향해서 안달하면서 존재하기 시작했을까. 창조계의 그 작은 피조물이 무한한 선, 영원한 진리, 절대 행복을 탐할 수 있는 이유는 뭘까? 이런 물음에 허덕이던 아우구스티누스는 그 지성에 '하느님을 담을 수 있는 존재'(homo capax dei)라는 인간 개념을 철학사에 남겼다. 그는 『고백록』첫 대목부터 "*당신께서 제 안에 계시지 않으면 저는 있지도 않습니다. … 당신께서 제 안에 계시지 않으면 저는 존재하지도 못할 터인데 … 당신을 담을 무엇이 과연 제 안에 있기나 하다는 말입니까? (est quiddam in me, quod capiat te)*"(1.2.2)라고 직감했다. 이는 인간을 '하느님에게서 오고(작용인), 하느님을 향하는(목적인)' 대신적對神的 존재로 규정하는 근거가 된다.

우선 아우구스티누스는 영혼이 포착하는 사물의 영상 또는 그 영상의 기억이 물리적 사물이 삼차원에서 갖는 분량과 상관없이(그 대상이 무한히 확대되더라도) 그 대상이 영혼에 고스란히 내포된다(contineri)는, 따라서 영혼이 '무한한 것'을 포괄한다(capere in sinu)는 사실에 놀란다. "우리 기억이 얼마나 크고 얼마나 많은 것들을 포함하는지를 숙고해보면 그 모든 대상이 영혼에 내포되어 있다. 영혼은 길지도 않고 넓지도 않고 깊지도 않은 것이 … 저 거대한 공간들의 무수한 영상들을 [영혼이] 자기 나름의 길이도 넓이도 깊이도 없이 어떻게 내포할 수 있느냐"는 의문을 품는 것이다.[31] 더구나 '정의', '아름다움' 같은, 외연 없는 추상적인 개념을 어떻게 파악하고 어떻게 내포할 수 있을까?

이 착안은 아우구스티누스의 '그리스도교 인간학' 종합서인 『삼위일체론』에서 크게 확장되어 '하느님의 모상'이라는 헤브라이즘의 인간상이 다름 아니라 하느님이라는 착안에 가 닿는다. "최고의 자연본성을 내포할 역량이 있고(summae naturae capax) 최고의 자연본성에 참여할 수 있다(summae naturae esse particeps potest)는 점에서 인간은 하느님의 모상이다. 하느님의 모상이 아니면 이처럼 위대한 선익은 불가능하다."[32]

훗날 아우구스티누스의 '은총론'에서는 실제 인간에게서 발견되는[33] 창조받은 '모상'(capax dei)과 '은총을 입어 성화될 가용성'(capax gratiae)이 선후관계 없이 묘사된다. 인간이 본성적으로 궁극자를 향

---

31) 『영혼의 위대함』, 5.9 참조.
32) 『삼위일체론』, 14.8.11.
33) "비록 위대한 자연본성이지만 타락할 수 있었으니 최고의 자연본성이 아니다. 또 최고의 자연본성이 아니기 때문에 타락할 수 있었지만, 최고의 자연본성을 받아들일 역량이 있고 최고의 자연본성에 참여할 수 있으므로 여전히 위대한 자연본성이다"(『삼위일체론』 14.4.6).

하는 실존적 견인력과 존재론적 결핍은 "하느님이 아니고서는 그 무엇도 그 부족함을 채우기에 충분하지 못하다"(*non sufficiat nisi deus*)[34]는 예감을 낳는다.

그러한 인간관에서 볼 때, 지성인이 개진하는 철학적 사유는 "우리를 확장하고, 확장은 우리를 포괄적인 존재로 만든다. … 심지어 그리스도 안에 감추어져 있는 지혜와 지식의 보물에 참여할 만큼 포괄적이 되게 하는"[35] '영혼의 확장'(*cogitatio extensio animae*)이다. 다시 말해서 진리는 진리를 발견한 사람을 더욱 포괄적인 사람으로 만든다(*invenientem capaciorem facit*).

유한한 인간이 영원한 행복을 갈구하는 욕망을 이해하는 열쇠는 이러한 인간 개념뿐이다. 인간의 "열망은 마음의 품을, 우리가 욕망을 할 수 있는 만큼 확장해 포괄할 것이다(*capiemus, si extendamus*). 욕망은 그 엄청난 용량을 보이면서 성장해야 한다. 그래서 어떠한 눈도 본 적이 없고 어떠한 귀도 들은 적이 없으며 사람의 마음에도 떠오른 적이 없는 것들을 수용하기에 적합한 것이 되어야 한다."[36] 그러니 타고난 욕망은 채워져야 하고 욕망의 품은 확장되어야 한다.

진리에 당도하겠다는 철학자들의 동경이 무산되고 신앙인들의 기도마저 받아들여지지 않을 경우에도, 아우구스티누스는 그런 동경과 기도가 영혼의 크기를 "확장함으로써 그대를 더 포괄적인 존재로 만든다"는 낙관적 희망을 놓치지 않는다. 한낱 피조물 인간에게 진리에 대한 갈망을 촉발하고 끝없는 욕망을 확대하시면서 "하느님께서는 욕망을 확장하신다. 확장하심으로써 욕망을 포괄적으로 만드신다(*extendendo facis capaciorem*). 그러니 형제들이여, 욕망을 품읍시다. 욕망

---

34) 『신국론』, 12.1.3.
35) *Sermones*, 225.3.3.
36) *In evangelium Ioannis*, 40.10.

을 채워야 하는 까닭입니다."37) 아우구스티누스는 실존주의 철학자다운 독려를 남긴다.

"영혼이 그대의 욕망을 확장해나가기를! 그리고 용량이 보다 큰 품으로 파악할 수 있게 탐색하기를! 어떠한 눈도 본 적이 없고 어떠한 귀도 들은 적이 없으며 사람의 마음에도 떠오른 적이 없는 것들을 파악하도록! *(마음에 떠오른 적도 없지만)* 열망을 품을 수도 있다. 욕망을 품을 수도 있다. 갈망할 수도 있다. 온당하게 생각에 떠올리는 일은 가능한데 말로 설명하는 일은 불가능하다."38)

3. "당신 빛으로 빛을 봅니다"

아우구스티누스의 고백을 읽는 독자는 아우구스티누스가 진리를 발견해 '그대 내 하느님이시니, 당신만을 섬길 각오가 되어 있나이다!'라고 선언하기까지 세 번의 사상적 전기를 거치는 광경을 목격한다. 첫 번째는 마니교 선악이원론에서 기반한 숙명론을 빙자해, 악을 저질러도 우주를 지배하는 악의 원리에서 비롯하는 것이지 자기 탓이 아니라는 자기기만이 깨지는 '도덕적 회심'(제6권)이었다. 두 번째는 세상에 존재하는 것은 물체뿐이므로 인간은 정신적 진리에 당도하지 못한다는 회의론에 휘말리다 신플라톤 철학을 접하면서 하느님 같은 영적인 존재도 있음을 수긍하고 그리스도라는 중개자의 필요를 인정하는 '철학적 회심'(제7권)이었다. 마지막으로 '예수 그리스도의

---

37) [하느님은 "열망으로써 영혼을 넓히시며, 영혼을 넓히시면서 당신을 받아들일 수 있는] 능력을 갖추어주십니다. 그러니 형제 여러분, 열망합시다. 그리하면 우리가 채워질 것입니다"(『요한 서간 강해』, 4.6).
38) *In evangelium Ioannis*, 34.7.

아버지 하느님'이라는 진리에 평생을 헌신하겠노라 선언하는 '종교적 회심'(제8권)이다.

교부는 진리를 탐구하는 지성인들에게 인간이 인식하려는 무한정한 대상이 아니라('무한정한 것'은 인식될 수 없다!) 모든 인식을 가능케 만드는 지평을 의식하자고, 인식하는 모든 대상을 초월하면서 절대자를 향해서 확대되는 어떤 추동력에다 지성의 시선(intentio animi)을 집중해보자(10,22,32-23,34)고 권유한다. 사물을 사유하면서 자기가 사물을 인식한다는 사실을 의식하고, 그 인식의 배경을 구성하는 어떤 지평을 모두가 아는 현상을 설명하면서 아우구스티누스는 그 지평을 '기억'이라고 부른다. "제가 진리를 찾아 만난 곳에서 진리 자체이신 저의 하느님을 만나뵈었습니다(ubi enim inveni veritatem ibi inveni deum meum, ipsam veritatem). 제가 당신을 배워 알게 된 그것으로부터 당신을 잊은 적이 없었던 까닭입니다. 그것으로부터 저는 진리를 배워 알게 되었고 그 진리를 저는 잊지 않았던 것입니다"(10,24,35).

그는 진선미眞善美와 확실성에 관해 '확실하다'는 오성의 판단을 두고, 인간 지성에 무슨 준거가 갖추어져 있기에 저런 판단이 내려지는지 반성했다. "대체 무엇이 제 앞에 현전하기에, 제가 가변적인 사물들을 두고 '이것은 이래야 되고, 저것은 저래야 된다'라고 … 그런 판단을 내릴 때에 무엇에 근거해서 판단하느냐를 탐구하면서 저는 가변적인 저의 지성 위에 있는 진리의 영원, 불변하고 참된 영원을 발견했습니다. 이렇게 해서 저는 차츰 물체들로부터 영혼으로 나아갔고, 거기서부터 내면의 힘으로 나아갔는데 … 거기서 더 나아가 추론하는 능력에까지 도달했습니다. … 추론하는 그 능력은 그 안에서 자신의 능력 자체도 가변적임을 자각하고는 자기 오성을 향해서 고개를 들었고 … 혼잡한 모순으로부터 사유를 분리시켰습니다"(7,17,23).

아우구스티누스는 인간 내면에 들어가 의식과 기억을 분석하면서 진리를 찾아 사다리를 오른다. "밖으로 나가지 마라. 그대에게로 돌아가라. 진리께서 인간의 내면에 거하신다. 그리고 그대의 본성이 가변적임을 발견하거든 그대 자신도 초월하라. 하지만 기억하라, 그대가 자신을 초월할 때 그대가 초월하는 바는 추론하는 영혼임을! 그러니 이성을 비춰주는 원초적 광명이 빛나고 있는 그곳을 향해 나아가라."39)

"당신께서는 변함없이 존재하시고 변함없이 인식하시며 변함없이 원하시는 까닭입니다. [그분의 모상을 창조받은 인간 역시] 자기 생명의 샘이신 분 안에서 살아가고, 그분의 빛 안에서 빛을 보고, 그렇게 완전해지고 비추임 받고 행복해지는 일이 남아 있습니다."(13.4.5; 13.16.19) 아우구스티누스는 여기서 "우리는 당신 빛으로 빛을 봅니다"(in lumine tuo videbimus lumen)라는 성경 구절(시편 35:10)을 인용하며 철학자들의 상기설想起說과 추상설抽象說을 종합한 '조명설'照明說을 내놓는다. 그리고 한 걸음 더 나아가 인식의 궁극 주체를 두고 '사랑이 진리를 안다'(caritas novit veritatem)라는 주장으로 넘어간다. "저는 제 자신에게 돌아가라는 권유를 받았고 당신의 이끄심으로 저의 내면 깊숙이 들어갔는데 … 저는 제 영혼의 눈으로 보았습니다, 제 영혼의 눈 바로 그 위에, 저의 지성 위에 불변하는 빛을. … 진리를 아는 이는 그를 알고 그를 아는 이는 영원을 압니다. 사랑이 그를 압니다"(7.10.16).

한 마디 첨언할 것은 아우구스티누스의 인식론에서 정립되어 그리스도교 철학으로 승계된 유산 하나가 '신앙과 이성' 혹은 '권위와 이성'이라는 방법론이다. 그는 진리를 탐구한다면서 오만한 독선에 떨

---

39) 『참된 종교』, 39.72.

어져봤고 믿음으로 지성이 치료받아 온건해지면서 믿는 바를 이성적으로 사유하고 이해하는 경지에 도달하게 된 자기 경험을 되살린다. 그는 초창기 저술에서 "우리가 가르침을 받으려면 필히 두 가지로, 곧 권위와 이성으로 지도를 받아야 한다. 시간적으로 권위가 앞서고 실제로는 이성이 앞선다"[40)]는 도식을 만들어낸다. 성경 구절 하나[41)]를 "너희가 믿지 않으면 이해하지 못하리라"고 해석하고 인용하면서 모든 지식과 신학적 사색에서 양자를 공존시키겠다는 노력을 일평생 견지하고 사변화한다. 물론 "믿어야 할 대상을 두고는 권위를 배제하지 않으나 이성에게는 이미 인식되고 자명한 진리가 최고의 권위를 갖는다"는 원칙하에 대상이 '인간의 말'이냐 '하느님의 말씀'이냐를 구분하자는 타협도 제시한다.[42)]

"우리가 권위와 이성이라는 쌍둥이의 균형을 잡고서 무엇을 배우도록 충동받는다는 사실은 누구도 의심치 않는다. 이성으로 말할 것 같으면 임시적으로나마 가장 숭고한 이성으로 탐구해야 할 바를 플라톤학파에게서 찾아내야겠다는 생각을 품고 있지만, 현재의 나는 그리스도의 권위로부터 결코 이탈하지 말아야겠다는 생각이 확고하다. 그보다 힘 있는 권위를 나는 발견하지 못하고 있다."[43)]

---

40) 『질서론』, 2.9.26.
41) 이사야서의 한 구절(7:9)을 불가타본의 "너희가 믿지 않으면 정녕 서 있지 못하리라"(nisi credideritis, non permanebitis)와 달리 ["너희가 믿지 않으면 이해하지 못하리라"(nisi credideritis non intellegetis)]로 판독하고서 전 저술에 걸쳐 40회 넘게 인용하면서 신앙과 이해의 선후 관계를 역설한다.
42) "그대는 '나는 믿기 위해서 이해한다'(intellego ut credam)라고 하는데 나는 예언자(이사야 7:9)가 하는 말대로 '그대가 이해하려면 믿으라'(crede ut intellegas)도 진실이라고 본다. 그러니 내가 하는 말이라면 '믿기 위해서 이해하라'(intellege ut credam)고 말하고 하느님의 말씀이라면 '이해하기 위해서 믿으라'(crede ut intellegas)고 하겠다"(Sermones, 43.9).
43) 『아카데미아학파 반박』 3.20.43.

앞에서 말한 '신을 내포하는 인간'(homo capax dei) 개념을 적용한다면 "*가톨릭 학문은 먼저 소박한 신앙으로 양성받은 바를 그리스도교 지성을 가르쳐 초월적이고 영원한 사물들을 이해할 만큼 포괄적으로 만든다*"(*ut eam capacem faciat ad intellegenda superna et aeterna*).[44]

신플라톤 사상에 접하면서 '신앙과 이성' 중 양자택일이라는 입장을 취소한 아우구스티누스는 암브로시우스의 설교를 들어보려고 교회에 나가고, 암브로시우스의 언변에 호감을 갖게 되었다. 그는 "그가 유창하게 말하던 것을 받아들이기로 마음을 열기에 이르자 그가 진실하게 말하던 내용도 똑같이 들어오더라"(5.14.24)면서 창세기에서 '하느님의 모상으로 창조된 인간'이라는 표현이 하느님을 의인화한다는 오해, 하느님의 육화가 마치 하느님이 인간 육체에 갇히는 것처럼 생각하던 오해를 풀게 된다. 그가 다시 본 그리스도교는 마니교가 희화화하던 유치한 종교가 아니었다.

4. '악의 형이상학': 하느님이 놓으신 '구불구불한 길'

아우구스티누스가 자기 청년 시절을 "*제 나이 열아홉 살부터 스물여덟 살까지 9년이라는 세월 동안 온갖 욕정에 호리고 홀리기도 하고 속고 속이기도 하면서 살았습니다. 공개적으로는 자유학예라고 부르는 학문을 내세워, 은밀하게는 종교라는 허울을 내세워 그리했습니다*"(4.1.1)라고 회상할 만큼, 그가 북아프리카 환락의 도시 카르타고에서 마니교에 빠져든 데는 이유가 있었다. 마니교는 페르시아의 조로아스터교에서 파생한 종교로, 세상을 선과 악 두 원리가 다스

---

44) *Contra Faustum*, 12.46.

린다고 주장했다. 젊은 혈기로 방탕하게 살던 아우구스티누스에게는 자신이 저지르는 악행을 두고, 우주에는 '어둠의 세력', '악의 원리'가 따로 있어서 사람들이 악행을 저지르게 만든다는 선악이원론이 솔깃했다.

"악은 어디서 오는가?" "악이란 무엇인가?" "악에서 어떻게 벗어나는가?" 이 세 물음은 평생 그를 괴롭혔다. 아우구스티누스가 『고백록』 제8권에서 어렸을 때 동네 불량배들과 함께 저지른 배 서리를 상세히 분석하면서 1600년 전에 찾아낸 학설은 지금까지도 '악'이라는 문제를 푸는 가장 설득력 있는 주장이다. "저희 포도밭 근처에 배나무가 있었는데 열매가 주렁주렁 달리기는 했지만 모양이나 맛으로나 탐낼 만한 과일이 아니었습니다. 저희 아주 못된 아이놈들은 으슥한 밤에 그 나무를 흔들어 터는 일에 착수했습니다. 그러고는 큰 짐이 될 만큼 몽땅 싸갔는데 그 배를 저희가 한바탕 먹고 놀자는 것이 아니라 단지 돼지들에게 던져주려는 것이었습니다. 조금은 먹기도 했지만, 하지 말라는 것을 더 하고 싶은 심보로 저지른 일입니다. 하느님, 제 맘보를 보십시오! ⋯ 그저 악인이 되고 싶었고 제 악의의 원인은 악의 말고는 아무것도 없었습니다. 그 악의가 추잡했고 저는 그것이 좋았습니다"(2.4.9).

젊었을 때의 패기에서 저지른 이 사건 하나를 깊이 탐구한 아우구스티누스가 일평생 씨름해 얻어낸 몇 가닥 해답은 다음과 같다. 첫째, "악은 인간에서 유래했다, 그것도 개인적·집단적 의지에서!" 우선 "세상은 선한 하느님이 만든 선한 피조물이다. 어둠이나 그림자가 실재하는 것이 아니고 단지 빛이 없는 상태이듯이 악이란 어떤 실체가 아니요 선의 결핍에 불과하다"(7.12.18)는 플라톤 철학은 선악이원론에서 빠져나가는 길을 터주었다. 이후 "그러면 악은 어디서 오는가?"라는 물음에는 그리스도교에서 답을 얻는다. 아우구스티누스는 사람들이 구분하지 않고 쓰는 악이라는 말을, 사람들이 자행하는 도둑질, 거짓말, 살상 같은 윤리악倫理惡과, 사람들이 그저 당하는 재난, 질병, 죽음 같은 물리악物理惡으로 나누고서 앞의 것은 죄악, 뒤의 것은 죄벌로 구분했다. "우리가 죄악을 행하는 데는 의지의 자유의사가 원인이라고, 또 우리가 악을 당하는 데는 저지른 악에 대한 엄정한 심판이 원인이라고 들었던"(7.3.5) 것이다. 자유의지에서 죄악이 발생한다는 학설은 인류에게 인간의 개인적·집단적 노력으로 악을 청산할 수 있다는 희망을 주어 숙명론을 벗어나게 돕는다. 우주를 지배하는 어둠의 세력이 있다면 누가 감히 세상의 악에 맞서겠는가?[45)]

둘째, 온갖 과일나무가 밀림을 이루는 낙원에서 왜 딱 한 그루만 따먹지 말라고 하셨을까, 걸음마를 하고 무등을 탈 줄 안다면 금지하면 할수록 기어이 그 나무를 서리해 먹고서 모조리 울타리 밖으로 내뺄 게 뻔한데 말이다. 어려서 배 서리를 해본 심보(제2권)로 미루어, 교부가 어림잡은 풀이는 이렇다. 선과 악은 하느님이 정하시고 피조물은 따라야 마땅하다. 그런데 "우리와 비슷하게 우리 모습으로 사람을 만들자"라며 삼위일체 하느님이 머리를 짜 만드신 종족이 "하느님을 거슬러 스스로를 높이면서 하느님을 본뜨는"(2.6.14) 짓이 창조주 하느님 보시기에 무척 대견스러웠으리라는 짐작이다. 악을 저지르는 의지도 선이고 그 의지로 저지르는 악행의 대상(도둑질하는 물건, 간통으로 얻는 쾌락, 살인으로 얻는 안전)도 자체로는 선하다. 그렇다면 죄악은 의지가 악한 사물을 선택하는 것도 아니고(악한 사물이란 애당초 존재하지 않는다), 선 대신 악을 택하는 것도 아니다(악의 원리는 따로 존재하지 않는다). 죄악은 단지 인간 의지가 고귀한 선 대신 낮은 선을 선택하는 자기모순을 발생시킨다. 죄는 악한 사물을 탐함이 아니고

---

45) 그는 이 문제를 『자유의지론』과 『선의 본성』에서 탐구한다.

보다 좋은 사물을 저버리는 것이다. 그는 그러므로 '악이란 선을 남용하는 것이다'라는 결론을 내린다.

『고백록』제8권에 이르면 아우구스티누스가 제기한 세 번째 물음, 즉 "악으로부터 벗어나는 길은 무엇인가?"에 대한 답을 알 수 있다. 그것도 자기가 걸어온 삶의 역정에서! 아우구스티누스는 인간이 자유의지를 부여받으면 '어느 짐승보다 짐승답게' 살 수 있음에도 불구하고 그런 모험을 감행하신 창조주의 모험을 간파한다. 창조주의 이 모험은 아우구스티누스가 "당신께서는 저의 온갖 탈법한 쾌락에 쓰디쓴 거리낌을 뿌리시면서 저로 하여금 거리낌이 들지 않는 쾌락을 찾아 나서게 만드셨습니다"(2.2.4)라던 철없는 원망처럼, 하느님이 인간의 하찮은 행복에마저 초를 치시고 유한자에게 애착할 때마다 섬뜩한 상실감으로 자기를 몰아세우는 묘수, 당신에게서 달아나는 "도망자들의 등 뒤를 바싹 쫓으시는 복수의 하느님의 묘한 솜씨"(4.4.8)를 간파하게 만들었다. '하늘 사냥개'의 콧김을 목덜미로 느끼고 막다른 골목에서 주저앉으며 항복하고서(4.8.13-12.19) "당신 말씀이 제 폐부에 박혀 있어서 저는 어디로나 당신께 감싸여 있다"(8.1.1)는 실감에 도달하기까지가 『고백록』 1부 여덟 권의 줄거리다.

"아, 구불구불한 길이여! 당신을 떠나면 더 나은 무언가를 손에 넣을 수 있을 것이라 기대했던 오만한 영혼은 불행하여라! 등으로 옆구리로 배로 아무리 옆치락뒤치락해봐도 모든 게 배기기만 할 뿐"임에도 "그런데 보십시오! 당신께서 그 자리에 계시고, 가련한 방황에서 구해 내시고, 저희를 당신 길에 세워주시고, 위로하시고 또 이렇게 말씀하십니다"(6.16.26). "너희는 늙어가도 나는 한결같다. 너희가 비록 백발이 성성해도 나는 여전히 너희를 업고 다니리라. 너희를 업고 살려내리라"(이사야 46:4) 하시는 하느님의 자신감이 인간에게 그 위험한 자유의지를 주시고 세상에 악이 창궐하게 허락하신 까닭이리라. 유한자에게 자유의지를 부여하고 선한 의지의 악한 행사를 허용하신 하느님의 의도는 인생과 역사에 '구불구불한 길'을 놓으시면서 그것을 '구세사'_{救世史}라고 명명하시는 거창한 모험이었다.

그래서인지 아우구스티누스가 하느님께 드리는 말투는 좀 외람되게까지 들린다. "*도망쳤습니다. 자기들을 지켜보고 계시는 당신을 보지 않겠다고 도망쳤고 … 스스로 눈멀어 당신께 거역하겠다고 도망쳤습니다. … 악인들이 불안해 당신께로부터 떠나가고 도망치게 놓아두십시오. … 당신의 면전을 피해 달아난다고 해서 그들이 과연 어디로 달아나겠습니까?*"(5.2.2). '제가 가면 어디 갑니까?'라는 어투는 은총 앞에서 사람이 저항해본들 소용없었다던 솔직한 자포자기로 들린다. "*굳게 닫힌 마음도 당신의 눈길을 벗어날 리 없고, 사람들의 완고함도 당신의 손길을 뿌리치지 못합니다. 당신이 원하시면, 불쌍히 여기시든 벌을 내리시든 반드시 그 완고함을 녹여버리시니, 당신의 열기를 피해 숨을 사람이 없습니다*"(5.1.1).

그가 회심 직전에 불만스럽고 죄스러운 처지에서 빠져나오겠다고 하면서도 계속 미적거리던 마음은 현실인간으로서 '하고 싶다'와 '할 수 있다' 사이의 엄청난 괴리를 실감케 한다. 인간의 심연 속에서 일어나는, 죄의 율법과 하느님의 율법의 투쟁을 적나라하게 폭로하는 『고백록』 제8권은 가장 아름다운 시편으로 평가받아 읽히고 있다. 입으로는 주님께 호소한다. "*주님, 어서 하십시오! 몰아세우십시오! 저희를 불러주십시오! 타오르게 만드시고 끌어당겨주십시오! 달구어주시고 애무해주십시오! 사랑하게 해주십시오! 치닫게 해주십시오!*"(8.4.9). 그러면서도 그의 기도는 "*저에게 순결과 절제를 주소서. 그러나 금방은 말고*"(8.7.17)였다. 주님께서 기도를 당장 들어주실까 두려웠다는 말이다. "*기껏 한다는 소리는 잠꼬대처럼 느리게 '금방',*

'네, 금방', '조금만 놔두십시오'였습니다. 하지만 그놈의 '금방 또 금방'은 아예 대중이 없었고 '조금만 놔두십시오'는 오래도 갔습니다"(8.5.12).

그러다 개인이든 전 인류든 구원의 역사, "당신께서 만드신 것을 다시 만드시는 당신의 손길"(5.7.13)이 자신을 덮치는 날이 드디어 오고야 말았다. '하늘 사냥개'한테 막다른 골목으로 몰렸음을 절감한 것이다. "저의 가련함을 저 깊은 밑바닥에서 통째로 끄집어내더니 제 마음의 눈앞에다 턱 하니 쌓아놓았습니다. 그러자 거대한 폭풍이 거대한 눈물의 소나기를 싣고 왔습니다"(8.12.28). "저는 얼빠진 듯 으르렁거리고 있었고 한없이 끓어오르는 분개심에 씩씩거리고 있었습니다"(8.8.19). "어느 무화과나무 밑에 주저앉았고 눈물을 주체하지 못했습니다. 결국 눈물보가 터지고 말았습니다. … 당신께 부르짖었습니다. '도대체 주님, 언제까지입니까? 주님, 언제까지 끝끝내 진노하시렵니까? … 언제까지, 언제까지, 내일 또 내일입니까? 왜 지금은 아닙니까? 어째서 바로 지금 저의 추접을 끝장내지 않으십니까?'"(8.12.28). 아마 난생처음 진정으로 '살려주십시오!' 외쳤으리라. 그리고 … "난데없이 목소리를 들었습니다. '집어라, 읽어라! 집어라, 읽어라!' … 집어들었습니다. 폈습니다. 그리고 읽었습니다. 제 눈이 가서 꽂힌 첫 대목을 소리 없이 읽었습니다. '술상과 만취에도 말고, 잠자리와 음탕에도 말고, 다툼과 시비에도 말고 주 예수 그리스도를 입으시오. 그리고 욕망에 빠져 육신을 돌보지 마시오.' 저는 더 읽을 마음도 없었고 그럴 필요도 없었습니다. 이 구절의 끝에 이르자 마치 확신의 빛이 저의 마음에 부어지듯 의혹의 모든 어둠이 홀연히 흩어져버렸습니다"(8.12.29).

서기 386년 초가을 밀라노 정원의 어느 날 밤, '집어라! 읽어라!'던 동요가 들리던 저 밀라노 정원에서 '순간적으로 의혹의 모든 어둠이 흩어져버리는' 깨달음의 경지를 열어준 '홀연히'라는 한마디는 이후 그리스도교의 모든 신비신학과 은총론을 푸는 열쇠가 된다. 그 신비체험으로 *"당신께서는 저희 심장에 당신 사랑이라는 화살을 쏘아 맞히셨고, 당신 말씀은 오장육부에 박혔는데, 저희는 박힌 채로 그것들을 고스란히 지고 가는 중"*(9.2.3)이 되면서 아우구스티누스가 생애 후반에서 치열하게 개진한 '은총론'이 막을 올린다.

5. '창조계의 작은 조각 하나' 인간의 우주찬가

『고백록』 후반부 곧 제 11-13권은 자기 한 생애에 진리에 도달하게 이끌어주신 은덕을 두고 하느님을 찬미하다 그 시선을 저 광활한 우주로 돌리면서 하느님이 *"'태초에' 어떻게 '하늘과 땅을 만드셨는지 알고 싶습니다"*(11.3.5)며 창조주 하느님이 삼라만상에 베푸신 선에 감사를 드리는 '우주 찬가'다. 이 책의 첫 구절에서도 저자는 *"주님, 당신께서는 위대하시고 크게 찬양받으실 분이십니다. 그리고 사람 곧 당신 창조계의 작은 조각 하나가 당신을 찬미하고 싶어 합니다"*(1.1.1)라고 고백했다. 그리고 그리스도교의 '창조교리'를 철학적으로 집대성한 인물이 아우구스티누스였다.

우선 두 가지 논지만 꼽는다면 다음과 같다. 첫째, 아우구스티누스의 설명에 의하면, 세계는 우연히 발생한 사물도 아니고, 절대자이신 하느님으로부터 흘러나온 유출물도 아니고, 창조주의 자유의사로 만들어진 피조물이다. *"하늘과 땅은 자기를 스스로 만들지 않았다고 외칩니다. '우리가 존재함은 만들어졌기 때문이다. 따라서 우리가 존재하기 전에 우리는 없었다'"*(11.4.6)! 둘째, 물질세계도 우리 육체도 악한 것이 아니다. 절대자한테서 멀어지고 질료와 섞이면서 타락한 결과물이 아니다. 선한 창조주의 선한 피조물이다.

그러자면 우주가 저절로 생겼다는 유출론^{流出論}에 철학적 답변을 내놓아야 한다. 먼저, 신구약 성경 첫머리에 "태초에 하느님이 하늘과 땅을 창조하셨다"는 구절을 두고 '어떻게 만드셨느냐?'고 묻는다면 그는 "당신 말씀으로, 말씀만으로 만드셨다"(11.5.7)고 답한다. '무슨 재료로 만드셨느냐?' 따진다면 '무^無에서' 창조하셨다고 답한다. '언제 만드셨느냐? 하늘과 땅을 창조하시기 전에 하느님은 무엇을 하고 계셨더냐?'는 익살스러운 힐문에는, '시간은 하늘과 땅이 만들어짐과 동시에 생겨났다'는 대답을 내놓는다. '하느님이 뭐가 아쉬워 세계를 창조했느냐?'고 따지는 말에는 '좋아서 만들었다. 사랑하기 때문에 만들었다'고 한다. 지구상에서 일어나는 불행과 재난과 고통을 두고 '어쩌다 이따위 세상을 만들었느냐?'는 시비에는, 정작 세상을 만들어놓고 '하느님께서 보시니 참 좋았다'라는 성경 글귀를 내세운다.

시간은 '의식의 확장'

지상에서 우리가 경험하는 사물이 '만들어졌다'는 말은 '세계가 시간상으로 시초가 있다'는 말이기도 하므로 '시간이란 무엇인가?'라는 까다로운 물음을 야기한다. 시간을 본격적으로, 또 '의식의 흐름'에 연관시켜 사색한 인물이 아우구스티누스다. 하느님은 *"시간으로 보시거나 시간으로 움직이시거나 시간으로 쉬시지 않습니다. 그럼에도 당신께서는 시간적인 관측을 만드시고 시간 자체를 만드시고 시간에서 기인하는 안식을 만들어주십니다"*(13.37.52)는 문장은 하느님이 창조하신 사물이 시간과 공간을 갖추게 되었고 시간을 의식하는 인간의 출현 이전에는 시간 개념이 무의미하다고 보았다.

그러면 시간이란 과연 무엇인가? *"시간이라는 개념이 이토록 어려운데 저희가 말을 하면서 입에 올리는 것 중 시간만큼 친숙하고 잘*

알려진 것이 있습니까? … 만약 아무도 저한테 묻지 않는다면 저는 압니다. 그런데 만일 묻는 사람한테 설명하려고 한다면 저는 모릅니다"(11.14.17).

이전의 철학자들은, 사물이 시간 '안에서' 움직이고 존재한다는 뜻에서 시간은 '운동의 간격'이라고 개념했는데, 아우구스티누스는 '시간은 의식의 확장'이라고 정의했다. "제게 시간이란 어떤 확장 외에 다른 아무것도 아닌 것처럼 보였습니다. 그럼 어떤 사물의 확장이냐고 묻는다면 저도 알 수 없으나, 영혼 자체의 확장(distentio animi)이 아니라면 이상할 것입니다"(11.26. 33). 시간은 인간의 영혼 속에, 의식 속에 존재한다는 말이다.

우리가 시간 속에 살고, 하루 이틀 사흘 등으로 시간을 재고, '순간', '잠시', '오래'라는 말로 시간 간격을 의식한다. 하루 종일 시계를 보면서 살고 미래에서 현재를 거쳐 과거로 흘러가는 흐름처럼 시간을 감지한다. "내가 시간을 재는 것은 너의 안에서다. 내가 말하거니와 네 안에서 내가 시간을 잰다. 사물들이 지나가면서 네 안에다 만드는 인상, 그것들이 지나가버린 다음에도 너에게 남는 그 인상을 내가 재는 것이다. 그러니까 내가 시간을 잴 때에는, 지나가버린 사물들(이것들은 인상이 일어나게 만들고서 지나가버릴 뿐이다)을 재는 것이 아니고 현전하는 그 인상을 잰다. 그러니 이것이 다름 아닌 시간이거나, 사실 내가 시간을 재는 것이 아니거나 둘 중 하나다"(11. 27.36).

아우구스티누스의 우주 찬가

성경 다음으로 그리스도교에서 가장 많이 읽혀온 『고백록』의 전반부(1~10권)가 자기 생애 전반을 회상하면서 "고백실에 무릎을 꿇고 하느님께 바치는 찬미가"(2.9.17)였다면, 이 책의 후반부(11~13권)는 현대 천문학이 계산해낸 지름 900억 광년의 크기를 가진 우주 어딘가에다 "당신께서는 저를 지으셨고" 그 광활한 공간에서도 "저를 당신께서는 잊지 않으셨음"(13.1.1)을 두고, "주님은 위대하시고 크게 찬양받으실 분이시다"(11.1.1)라고 외치는 '우주 찬가'다.

창세기를 전거로 들어 인간을 '피조물'로 규정하고 그리스도교 '창조신학'을 완성한 교부가 아우구스티누스다.[46] "*보십시오. 하늘과 땅이 있고, 자기들은 만들어졌다고 외칩니다. 하늘과 땅은 자기를 스스로 만들지 않았다고 외칩니다. '우리가 존재함은 만들어졌기 때문이다. 따라서 우리가 존재하기 전에 우리는 없었다. 그렇지 않으면 우리 스스로 생겨날 수 있는 것처럼 되고 만다*'"(11.4.6). 이교도들이 주장하듯, 세상은 일자(一者)로부터 필연적으로 유출된 무언가도 아니고, 타락한 물질이 응결되어 만들어진 우연도 아니다. 인간은 삼위일체 하느님이 "*우리와 비슷하게 우리 모습으로 사람을 만들자*"는 의도로 자유의사에 따라 만들어 하나뿐인 지구에 고이 모셔다 놓으신 피조물이다.

『고백록』 제11권은 "*태초에 하느님께서 하늘과 땅을 창조하셨다*"(창세기 1:1)는 구절의 첫 단어 '태초에'(in principio)를 놓고, "*당신께서 '태초에' 어떻게 하늘과 땅을 만드셨는지 듣고 싶고 또 알고 싶습니다. 이런 말을 하라고 당신의 그 종(모세)에게 시키신 만큼, 제게도 이 말을 알아들으라고 해주십시오*"(11.3.5)라고 기도하며 시작한다. 철학적 성찰에 가까운 제11권에서는 '태초에'가 시간의 시초라기보다 존재의 시원으로, 즉 '하느님의 말씀 곧 성자 안에서'(in Verbo tuo)라는 뜻으로 이해하자고 제안한다. "*당신께서는 그것들을 대체 어떻게 만드셨습니까? 하느님, 하늘과 땅을 어떻게 만드셨습니까? 당신*

---

46) 그는 이 책 이외에도 창세기를 주제로 『마니교 반박 창세기 해설』, 『창세기 문자적 해설 미완성 작품』, 『창세기 문자적 해설』을 집필했다.

께서 말씀하시자 생겨난 것이고, 당신은 당신 말씀으로 그것들을 만드신 것입니다"(11.5.7)라고 설명하면서 영원으로부터 아버지와 한 실체로 계시는 말씀이 우리의 존재론적 근원이라고 말한다. "저희가 방랑하다 돌아갈 때에는 돌아갈 곳을 알고서 돌아갑니다. 그분이 태초이시고 당신께서 태초에 이 하늘과 땅을 만드셨습니다"(11.8.10-9.11).

제12권에서는 저 구절의 나머지 절반, 곧 '하늘과 땅을'(caelum et terra) 창조하셨다는 문구를 고찰한다. 하느님이 창조하신 '하늘과 땅'에서 '하늘'은 천사라는 영적 피조물을 의미하고, '땅'은 그리스 철학자들이 '첫 번째 질료'라고 부르던 것을 의미한다. 이 역시 (창조주와 동등하게 우주의 영원한 원리가 아니고) 엄연한 피조물이다. "당신께서는 무엇을 만드셨는데, 그 무엇을 무로부터(ex nihilo) 만드셨습니다. 당신 외에 그것으로부터 저것들을 만드실 만한 다른 무엇도 전혀 없습니다. 당신께서 존재하셨고, 다른 것은 무였으니, 그 무로부터 당신께서 하늘과 땅을 만드셨습니다"(12.7.7).

해넘이가 없는 안식일

히포의 주교 아우구스티누스는 마지막 제13권에서 '6일 동안의 창조'로 생겨난 만물이 우리의 삶에 어떤 의미를 주는지 풀이하면서, 최고선이신 하느님께도, 천사와 영혼에도, 그리고 모든 미물에게도 실존의 중심은 저 '심연의 물 위를 감돌던' 하느님의 영, 곧 사랑임을 역설한다. "제 중심은 저의 사랑입니다. 사랑으로 어디로 이끌리든 그리로 제가 끌려갑니다. 당신 선물로 저희가 불타오르고 위로 이끌려 갑니다. 타오르면서 갑니다. 마음의 오르막길을 저희는 오르고 그러면서 층계송을 노래합니다. 선한 의지가 저희를 그곳에 데려다놓을 것이니 그곳에 영원히 머무는 일 외에 저희가 바라는 바가 전혀 없습니다"(13.9.10).

이렇게 제13권은 "당신한테로 우리를 만드셨으므로(fecisti nos ad te) 당신 안에 쉬기까지는 우리 마음이 안달입니다"라던 『고백록』첫 구절(1.1.1)을 되받아 이렇게 말한다. "*당신 선물에서 저희가 안식을 얻습니다. 거기서 저희가 당신을 누립니다. 저희 안식이 곧 저희의 자리입니다*"(13.9.10). 실존적 불안으로 존재 원천을 찾는 인간의 탐구에서 시작해 하느님에게서 존재론적 안식을 발견한 환희로 마무리하며 선명한 대조로 이 책의 서두와 대미를 장식하는 것이다.

이는 "당신의 창조계가 존속함은 당신의 충만한 선하심으로 말미암아서이며, 그래서 창조된 선이 없지는 않게 되었습니다. 물론 그 선은 당신께 아무런 이익이 되지 않고, 또 당신과 동등하지도 않으며, 단지 당신께로부터 생겨날 수 있었다는 점에서 존재가 결여되지 않을 따름입니다"(13.2.2)라는 철학적 선언과 "저의 하느님, 저의 자비시여, 당신을 제가 부릅니다. 당신께서는 저를 지으셨고, 당신을 잊어버린 저를 당신께서는 잊지 않으셨습니다"(13.1.1)라는 신학적 고백으로 정리된다.

그러니까 '자아'와 '하느님'이라는 두 과녁을 두고 일평생 탐구했고, 죽음의 침상에서 "멍청하게도 나는 다 알아듣고 싶었어"라는 유언을 남겼다는 아우구스티누스가 저 영원한 생명의 안식일에 들어가며 깨달았음 직한 바는 『고백록』 마지막에 기술되어 있다. 하느님의 모상인 인간으로서, 영원의 한 조각을 살아온 존재로서 자기가 이 책으로 올려온 '찬미의 고백'은 '하느님의 오늘' 곧 '저녁이 없고 해넘이도 없는 안식일'에서야 끝이 나리라는 예감이다. "당신께서 지금 저희 안에서 일하시듯, 그때도 당신께서 저희 안에서 쉬실 것입니다.

저 일들이 저희를 통해서 이루어지는 당신의 것이듯이, 저 때는 그 안식이 저희를 통해서 이뤄지는 당신의 것이 될 것입니다. 주님, 당신께서는 언제나 일하시고 언제나 쉬십니다"(13,37,52).

제1권
출생, 어린이와 소년 시절*

---

* 제1권은 서언(1,1-5,6)에 이어 갓난아기 시절을
추측하고(6,7-7,12), 어린 시절을 회상한 뒤(8,13-15,24),
자기가 받은 암기와 체벌 위주의 교육을
돌아본 다음 감사의 글로 끝난다(6,25-20,31).

1.1. 하느님을 어떻게 부를 것인가?

주님, 당신께서는 위대하시고 크게 찬양받으실 분이십니다.[1] 당신의 권능은 크고 당신의 지혜에는 수량이 없습니다.[2] 그리고 사람 곧 당신 창조계의 작은 조각 하나가 당신을 찬미하고 싶어 합니다. 사람은 자기의 죽을 운명을 메고 다니며, 자기 죄의 증거와 당신께서 오만한 자들을 물리치신다는 그 증거를 짊어지고 다닙니다. 그래도 사람 곧 당신 창조계의 작은 조각 하나가 당신을 찬미하고 싶어 합니다. 당신을 찬미해 즐기라고 일깨우시는 이는 당신이시고, 당신을 향해서 저희를 만들어놓으셨으니 당신 안에 쉬기까지는 저희 마음이

---

1) 시편 48[47]:2 참조("주님은 위대하시고 드높이 찬양받으실 분이시다").
2) 시편 146:5 참조("주님께서는 위대하시고 권능이 충만하시며 그 지혜는 헤아릴 길 없으시다"). 아우구스티누스의 인용본(sapientiae eius non est numerus: 지혜에는 수량이 없다)은 훗날 『삼위일체론』에 인용된다. "성부와 성자와 성령이 셋이므로 수가 있는 것으로 보인다. 그런데 무슨 셋이냐고 묻는다면 수가 없다. 그 셋을 생각하기 시작하면 수를 세기 시작하는데, 수를 헤아리려면 무엇을 셈해야 할지 대답 못 한다"(*In Ioannis evangelium tractatus*, 39.4).

안달합니다.[3] 주님, 당신을 부름이 먼저인지 당신을 찬미함이 먼저인지, 또 당신을 아는 일이 먼저인지 당신을 부르는 일이 먼저인지 제가 알고 깨닫게 해주십시오. 당신을 모르면서 누가 당신을 부르겠습니까? 모르면서 부르는 사람은 이것인 줄 알고 딴것을 부르기 십상입니다. 혹시 당신께서 불리시고자 하는 것은 알려지시기 위함이 아닙니까?

그런데 믿지 않는 분을 어떻게 부르겠습니까? 대놓고 말하는 사람이 없으면 어떻게 믿겠습니까? 주님을 찾고 있는 이라면 주님을 찬미할 것입니다. 찾다보면 그분을 찾아내고, 찾아내면서 그분을 찬미할 것입니다. 주님, 제가 당신을 부르며 당신을 찾겠고 당신을 믿으면서 당신을 부르겠습니다. 당신에 대해서는 저희에게 대놓고들 말했기 때문입니다. 주님, 제 믿음이 당신을 부릅니다. 그 믿음은 당신께서 제게 주셨고, 당신 아드님의 인성人性을 통해서, 또 당신을 설교하는 사람의 직무를 통해서 당신께서 저에게 불어넣으신 것입니다.

2.2. 왜 주님을 부르는가?

그러면 저의 하느님을, 저의 주 하느님을 어떻게 불러 모셔야 합니까? 그분을 불러 모실 때는 그분을 제 자신 안으로 모십니다. 제 안에 무슨 공간이 있어 저의 하느님께서 제 안으로 오신다는 말입니까? 하늘과 땅을 만드신 하느님께서 제 안의 어디로 오신다는 말입니까? 주, 저의 하느님, 당신을 담을[4] 무엇이 과연 제 안에 있기나 하다

---

[3] 이 책의 주제가 되며, 이 책 제13권(35.50-38.53)의 "영원한 안식일의 평안"으로 매듭을 짓는다.
[4] capiat te: 아우구스티누스는 인간 존재를 "신을 담을 수 있는"(capax dei) 지평

는 말입니까? 하늘과 땅도 당신께서 만드신 터에, 또 당신께서 그것들 안에다 저를 만드신 터에, 과연 하늘과 땅이 당신을 담을 수 있겠습니까? 존재하는 무엇이든지 당신 없이는 존재하지 못하는데, 존재하는 무엇이든 당신을 담기로 되어 있다는 말입니까? 저도 엄연히 존재하는데, 당신께서 제 안에 계시지 않으면 저는 존재하지도 못할 터인데 당신께서 제 안에 오시도록 제가 비는 까닭이 무엇입니까? 제가 아직 저승 밑바닥에 가 있지 않으나 거기에도 당신께서는 계십니다. 제가 지옥에 내려가더라도 당신께서 가 계시는 까닭입니다.

저의 하느님, 그러니까 당신께서 제 안에 계시지 않으면 저는 있지도 않습니다. 전혀 존재하지 않습니다. 그보다는 제가 당신 안에 존재하지 않으면 저는 아예 존재하지도 않는 것 아닙니까? 당신께로부터 모든 것이, 당신을 통해서 모든 것이, 당신 안에서 모든 것이 존재하는 까닭입니다. 바로 그렇습니다. 주님, 바로 그렇습니다. 하지만 제가 당신 안에서 어디로 당신을 불러 모셔야 합니까? 다시 말해서, 당신께서 어디서부터 제 안으로 오신다는 말입니까? 나의 하느님이 *"내가 하늘과 땅을 가득 채우고 있지 않느냐?"*[5]라고 말씀하신 터에, 내가 하늘과 땅 바깥 어디로 물러가서 나의 하느님이 나에게로 오시도록 한다는 말인가?[6]

3.3. 하느님이 만유를 채우신다

그렇다면 하늘과 땅이 당신을 담고 있는 것은 당신께서 하늘과 땅

까지 확대해보려고 일평생 노력한다.
5) 예레미야 23:24.
6) 이 문장만 하느님의 서술이 3인칭(veniat, dixit)으로 나오는 저자의 독백이다.

을 채우시기 때문입니까? 아니면 천지가 당신을 다 담지 못하기에 당신께서 천지를 채우시고도 오히려 남는 것이 있습니까? 또 하늘과 땅을 채우시고도 당신에게 남는 것은 어디다 쏟으십니까? 당신께서는 모든 것을 담고 계시는 터에, 당신께서 채우시는 바는 담으심으로써 채워주시는 터에, 당신께서는 무엇에도 담기실 필요가 없지 않습니까? 당신으로 가득 찬 그릇들이 당신을 고정시켜 드리는 것은 아니므로, 그것들이 깨지더라도 당신께서는 쏟아지지 않으십니다. 당신께서 저희 위로 쏟아지신다고 하더라도 당신은 엎질러져 계시지 않고 오히려 저희를 잡아 일으키십니다. 흩어지시는 것이 아니라 저희를 한데 모으십니다.[7) 당신께서 모든 것을 채워주시고 당신 전체로 모든 것을 채우십니다.

그렇지 않고 만유가 당신을 통틀어 담지는 못하니 당신의 부분만을 담고 만유가 같은 부분을 동시에 담는다는 말입니까? 아니면 제각기 자기 몫을 담아 더 큰 것은 더 큰 몫을 담고 더 작은 것은 더 작은 몫을 담습니까? 당신의 어떤 부분은 더 크고 어떤 부분은 더 작다는 말입니까? 아니면 당신께서는 어디에나 오롯이 계시기에 어느 사물도 당신 전부를 오롯이 담지 못하는 것입니까?[8)

---

7) 뒤에 이 문장의 의미가 더 밝혀진다. "절제를 통해서 저희가 일자(一者)로 모아지고 거두어지느니, 저희가 그 일자에서 다수로 흩어져나갔었기 때문입니다"(이 책, 10.29.40).

8) ubique totus es et res nulla te totum capiat: 창조주로서 만유 안에 계시는 무량한 하느님의 현존 방식을 표현하는 말로 아우구스티누스의 전집에서 수백 회 나온다.

4.4. 하느님은 어떤 분인가?

그러니 저의 하느님, 당신은 대체 누구십니까? 주 하느님 아니시고 무엇이십니까? 주님 말고 누가 또 주님입니까? 저희 하느님 말고 누가 하느님입니까? 지극히 높고 지극히 선하며, 지극히 능하고 지극히 전능하며, 지극히 자비롭고도 지극히 의로우며, 지극히 그윽하고도 지극히 현존적이며, 지극히 아름답고도 지극히 강직한 분이시여! 확고하고도 불가해하며, 불변하고도 모든 것을 변화시키고, 결코 새롭지도 않고 결코 낡지도 않고, 모든 것을 새롭게 하면서 이를 알지 못하는 오만한 자들을 낡아빠지게 만드는 분이시여! 항상 일하면서도 항상 고요하고, 거두지만 아쉬운 것 없고, 가져가면서도 채우고 감싸주며, 창조하며 양육하며 완성하고, 당신께 없는 것 없으면서도 찾으시는 분이시여![9] 당신께서는 사랑하지만 닦달하지 않으시고, 시샘하지만 안온하시며, 뉘우치지만 괴로워하지 않으시고, 성내시지만 평안하시며, 일을 바꾸지만 뜻을 바꾸지는 않으십니다.[10] 찾아낸 것을 거두어주지만 결코 잃는 일이 없으십니다. 아쉬워하지 않으시지만 이윤을 좋아하시고, 결코 인색하지 않지만 이자를 요구하십니다.

당신께서 빚이라도 지신 것처럼 분에 넘친 요구를 받으십니다만, 당신 것이 아닌 무언가를 지닌 자가 과연 누구겠습니까?[11] 그 누구

---

9) 주로 최상급으로 언명되는 신의 속성은, 신학과 철학을 통틀어 손꼽히는 문장으로 간주된다. 하느님은 형언할 수 없는 분이시므로 후반의 여러 속성이 한 쌍을 이루어 역설로 표현된다.
10) "그분이 뉘우치실 때는 바뀌시는 것이 아니고 바꾸시며, 노하실 때는 동요하지 않고 구제하시며, 가엾게 보실 때는 아파하시는 것이 아니고 해방하시며, 시샘하실 때는 번민하지 않고 번민하게 만드신다"(『율법과 예언서 반대자 반박』 Contra adversarium legis et prophetarum, 1,20,40).
11) 교부(敎父)의 은총론에서는 인간의 선한 모든 의향과 시도와 행동보다 하느

에게도 빚지지 않으셨으면서도 빚지신 것처럼 주시고, 빚 갚듯이 선사하시면서도 아무것도 잃지 않으십니다. 저의 하느님, 저의 생명, 성스러운 저의 감미로움이시여, 저희가 도대체 무슨 말씀을 드린 것입니까?[12] 누가 당신을 들어 무슨 말을 할 때 그들은 과연 무슨 소리를 하고 있는 것입니까? 불행하여라, 당신을 두고 입을 다무는 자들! 말 많은 벙어리들[13]인 탓입니다.

5.5. 영혼은 소망을 품고 하느님을 부른다

누가 저를 당신 안에 쉬게 해주겠습니까? 누가 당신께서 제 마음으로 오시고 그 마음을 취하게 만드셔서 저로 하여금 저의 악을 잊고서 당신을 저의 유일한 선으로 여기며 얼싸안게 만들겠습니까? 당신께서는 제게 무엇이 되십니까?[14] 어여삐 여기셔서 제가 말씀드릴 수 있게 해주십시오. 제가 당신께 무엇이기에 저 같은 것에게 당신을 사랑하라고 명하십니까? 또 그렇게 아니 하면 저에게 진노하시고, 엄청난 비참을 내리시겠다고 으르십니까? 제가 당신을 사랑하지 않는 것이 사소한 비참이라도 됩니까?

님의 은총이 앞선다. 인간의 존재 자체가 신에게서 기인하기 때문이다. (이 책에서 '교부'는 주로 아우구스티누스를 의미한다.)
12) 『그리스도교 교양』, 1.6.6 참조("우리가 과연 하느님께 맞갖은 것을 제대로 말하거나 발설했을까? 오히려 나로서는 무엇인가 말해보고자 했을 따름이다").
13) loquaces muti: 이 모순어법을 교부는 저술에서 자주 사용한다. 이 책, 7.2.3에서는 마니교도들을 일컫기도 한다.
14) quid mihi es?: 이 책 전체가 신과의 실존적 관계를 묻는 물음이고 바로 밑에 나오는 "나의 너의 구원이다"라는 말씀이 그 답변이다. 이 질문은 교부의 철학적 탐구의 요체이기도 하다. "무엇을 알고 싶은가? 하느님과 영혼을 알고 싶다. 더 이상 아무것도 없는가? 전혀, 아무것도 없다"(『독백』 1.2.7).

아아! 주, 저의 하느님, 당신의 자비를 베풀어, 저에게 당신이 무엇이 되시는지 말씀해주십시오. 저의 영혼에 말씀해주십시오, "내가 너의 구원이다" 하고.[15] 이리 말씀하십시오, 제가 듣겠습니다. 보십시오, 주님, 제 마음의 귀가 당신 가까이 가 있습니다. 그 귀를 여시어 저의 영혼에 말씀해주십시오, "내가 너의 구원이다"라고. 그러면 이 목소리를 좇아 달려가 당신을 붙잡고 말겠습니다. 당신 얼굴을 제게서 감추지 마십시오. 뵙고 싶어 죽겠습니다. 안 죽으려면 뵙고서 죽겠습니다.[16]

5.6 당신이 찾아오시기에는 제 영혼의 집이 옹색합니다. 그러니 당신이 넓혀주십시오. 무너져가는 집입니다. 그러니 고쳐주십시오. 당신 눈에 거슬릴 것들이 있습니다. 솔직히 말씀드리고 또 알고 있습니다. 누가 그 집을 깨끗하게 만들어주겠습니까? 당신 말고 다른 누구를 보고 부르짖겠습니까? 주님, 제 숨겨진 허물에서 저를 깨끗이 해주십시오. 그리고 다른 사람들의 허물을 두고 당신 종을 너그러이 보아주십시오. 믿습니다. 그러기에 또한 말씀드립니다.

주님, 당신은 아십니다. 저의 하느님, 제가 저를 거슬러 제 죄악을 당신께 미리 아뢰지 않았습니까?[17] 또 당신께서는 제 마음의 불경스러움을 사해주시지 않으셨습니까? 제가 당신께 송사를 거는 것은 아닌데[18] 당신은 진리이시기 때문입니다. 또 저도 자신을 속이고 싶지

---

15) 시편 35[34]:3.
16) moriar, ne moriar: 출애굽기를 배경으로 해석한다면, "제가 볼 수 있도록 당신 얼굴을 제게서 감추지 마십시오. 죽지 않으려고 당신 얼굴을 뵙지 못하느니 저는 차라리 뵙고서 죽으렵니다"라는 번역이 가능하다.
17) prolocutus sum: 이 책이 자기 인생에 쏟으신 하느님의 자비를 기리는 글이니 그 서두는 자기 죄를 고백하는 일이어야 한다.
18) iudicio contendere(소송을 걸다): 예레미야 2:29[불가타] 참조("어찌하여 나와 소송하려고 하느냐?").

는 않습니다. 제 죄악이 스스로 거짓말하지 않기 위함입니다. 그래서 당신께 소송을 걸지 않겠습니다. 주님, 당신께서 죄악을 살피신다면, 주님, 누가 감당을 하겠습니까?[19]

6.7. 사람은 자기가 어디서 왔는지 모른다

제가 당신 자비 앞에서 말씀을 드리게 해주십시오. 흙이요 먼지인 제가[20] 말씀을 드리게 잠자코 두십시오. 보십시오, 제가 말씀드리는 것은 저를 두고 비웃는 자 곧 사람이 아니라 당신의 자비에 대한 일입니다. 아마 당신마저 저를 비웃으시겠지만 돌이켜 저를 가엾게 여기실 것입니다. 주님, 제가 막상 드리고자 하는 말이 제가 어디로부터 이곳에 왔는지 모른다는 것 말고 무엇이겠습니까? 말하자면 어디로부터 이 죽을 생명, 아니면 산 죽음이[21] 왔는지 모릅니다. 저는 모릅니다. 그리고 제 육신의 부모한테서 듣기로는, 당신 자비에서 오는 위안이 저를 거두어주셨습니다. 당신께서 저를 빚으셨습니다. 아버지에게서 또 어머니 안에서 시간으로 저를 빚으셨습니다.[22] 물론 제가 기억은 못 합니다. 사람 젖에서 오는 위안이 저를 거두어주기는 했으나 저의 어머니도 저의 유모들도 스스로 자기 젖가슴을 채운 것은 아니었고, 당신의 법도에 따라서, 사물의 밑바닥까지 안배하시는 풍족하

---

19) 시편 130[129]:3 참조.
20) 창세기 18:27 참조.
21) 후일 어느 친우의 죽음을 애도하면서 "죽은 사람들의 잃어버린 목숨에서 산 사람들의 죽음이 발생한다는 말까지 나옵니다"(이 책, 4.9.14)라는 문구도 썼다.
22) ex quo et in qua me formasti: 아버지와 어머니의 생식 기능을 나타내던 고전 어법이었다.

심에 따라서, 당신께서 그들을 통해서 갓난이 시절의 음식을 제게 베풀어오신 것입니다.

또한 저에게는 당신께서 주시는 분량 이상은 먹고 싶지 않은 성미를 주시었고, 유모들에게는 당신께서 주라고 하신 만큼만 먹이고 싶은 성정을 주셨습니다.[23] 그들은 절도 있는 애정을 거쳐서 제게 먹이고 싶어 했는데 당신에게서 비롯되었으므로 그 애정이 풍족했었습니다. 그들에게서 받는 저의 선익善益은 그들에게도 선익이 되었는데, 다만 그 선익이 그들에게서 말미암은 것이 아니라 그들을 통해서 온 것일 뿐이었습니다. 하느님, 모든 선이 당신께로부터 말미암고, 저의 하느님께로부터 오롯한 건강이 옵니다. 당신께서 안팎으로 베풀어주시는 선익들을 통해서 당신께서 제게 소리쳐 알려주시고서야 훗날에 비로소 이런 사실을 제가 깨달았습니다. 그때 제가 하던 짓이라곤 고작해야 젖을 빨고 기분 좋아서 순해지거나, 저의 몸뚱이가 언짢으면 우는 것밖에 없었습니다.

6.8. 갓난아기들은 어떤가

그다음에 저는 웃기를 시작했습니다.[24] 처음에는 자면서, 다음에는 깨어서 웃었습니다. 이것도 남들이 저에게 들려준 것이고, 다른 아

---

[23] nolle…velle: 여성의 애정을 로마인들이 non nolle(싫지 않다)라고 표현했듯이, 아기에게는 nolle(양껏 이상은 먹기 '싫다')를, 유모에게는 velle(실컷 먹이고 '싶다')를 하느님이 본성으로 주셨다는 말장난이다.

[24] 아기가 울면서 태어남을 교부는 원죄의 증거로 보기도 한다. "아기가 태어나면서 웃을 수도 있었을 텐데 왜 울기부터 시작했을까? 왜 웃음을 알기 전에 삶을 울음으로 시작하는 것일까? 어째서 우는 법은 벌써 알고 있을까?"(『시편 상해』, 125. 10).

기들이 그러는 것을 보고서 제가 믿게 되었을 뿐 제가 그러한 줄은 전혀 기억 못 합니다. 그다음에는 제가 어디 있는지 차츰 감지했고, 다른 사람들이 저에게 해주기를 바라는 저의 의사를 드러내고 싶었습니다. 하지만 그렇게 하지 못한 것은 그런 의사는 속에 있고 저 사람들은 밖에 있어서 저들은 어떤 감각으로도 제 영혼 안으로 들어올 길이 없었던 까닭입니다. 그리하여 저는 사지를 버둥대고 소리를 내어 제 의사와 흡사한 시늉[25]을 했는데, 되는 대로 할 수 있는 대로 하는 약간의 시늉이었을 뿐입니다.

사실 그것은 어림없는 시늉이었습니다. 못 알아들어서 그랬는지 제게 해로울까봐 그랬는지 사람들이 원하던 것을 주지 않으면, 어른들이 숙이지 않는다고, 자유민이 종노릇을 하지 않는다고 짜증을 냈고 울음을 터뜨려 제 나름대로 그들에게 앙갚음을 하곤 했습니다. 갓난아기들이란 원래 그렇다는 것을 저도 배웠고 그래서 그들에게 배울 수 있었습니다. 저도 그랬다는 사실은 저를 양육한 사람들이 가르쳐주었는데, 나를 키운 이들이 알고서 가리켜 보였다기보다 아기들이 알지도 못한 채로 가리켜 보인 셈입니다.

6.9. 하느님만 늘 살아계신다

그리고 또 보십시오. 저의 갓난아기 시절은 죽은 지 오래지만 저는 살아 있습니다. 주님, 당신께서는 항상 살아계시고 당신 안에서는 아

---

[25] signum: 동작과 언어가 사물의 '기호'이고 의미가 양자를 연결한다는 기호론은 아우구스티누스 철학의 중요한 소재였다(『교사론』 참조). "모든 가르침은 사물에 대한 가르침이거나 표지에 대한 가르침이지만 사물은 표지를 통해 배우게 된다"(『그리스도교 교양』, 1.2.2).

무엇도 죽는 일이 없습니다. 그 이유는 세기의 태동 그 이전에, 모든 것 이전에 ('이전'이라는 말이 가능하다면[26]) 당신은 존재하시고, 하느님으로서 존재하시며, 당신께서 창조하신 만물의 주님으로서 존재하시기 때문입니다. 항구하지 못한 모든 사물의 원인이 당신 앞에 항존하고, 가변적인 모든 사물의 불변하는 원천들이 당신 앞에 상존하며, 이성을 못 갖추고 시간적인 모든 사물의 영구한 이념들[27]이 당신 앞에 생존하고 있습니다.[28]

하느님, 당신께 애원하는 저에게 말씀해주십시오. 당신의 가엾은 것에게 가엾이 여기는 분으로서 말씀해주십시오. 저의 갓난아기 시절이 과연 오래전에 죽어버린 저의 또 다른 연기年紀[29]에 뒤따라온 것인지 제게 말씀해주십시오. 제가 어머니의 태중에서 지내던 것이 그 연기였습니까? 그런 연기에 관해서라면 사람들이 저한테 적잖이 귀띔해주었고, 임신한 여자들을 제 눈으로 본 적도 있습니다. 저의 감미로움, 저의 하느님, 이런 연기 이전에도 무엇이 있긴 있었습니까? 제가 다른 곳에 있었거나 다른 누구였습니까?[30] 아무도 이런 얘기를 저에게 해줄 사람이 없습니다. 아버지도 어머니도 못 하고 다른 사람들의 경험이나 제 기억도 무능합니다. 이런 일을 두고 당신께 여쭙는

---

26) 하느님의 천지창조를 두고 "하늘과 땅을 창조하시기 이전에 하느님은 무엇을 하고 계셨더냐?"(이 책, 11.12.14 참조)라고 시비하는 사람들에게 시간은 피조물과 더불어 출현하므로, 창조 이전은 존재하지 않는다고 답할 수 있다.
27) 하느님의 창조물은 '영원한 이념들'을 본보기로 이루어졌으나 그 사물들이 시간적 존재들이므로 생성과 변화를 겪는다.
28) 만유의 "원인이 항존하고(stant), 원천이 상존하며(manent), 이념(rationes)이 생존한다(vivunt)"는 문장은 시간과 영원을 포괄하는 창조론을 간추린다.
29) aetas는 나이 외에 한 세대도 가리키므로 윤회설에 따라 전생에 관해서 묻는 말로도 들린다.
30) 초기에 아우구스티누스는 영혼의 기원을 두고 '유전설'과 '창조설' 사이에서 유보적 입장을 취했다(『자유의지론』, 20.55-22.65 참조).

저를 우습다 하십니까? 단지 제가 아는 바를 두고 당신을 찬미하라고, 저에게 당신께 고백을 드리라고[31] 명하실 따름입니까?

6.10. 생명의 첫출발

하늘과 땅의 주님, 당신께 고백합니다. 제가 기억도 못 하는 저의 시초와 갓난아기 시절을 들어 당신을 찬미하렵니다. 당신께서는 사람으로 하여금 남들이 하는 양을 보고서 자기 처지를 짐작하게 하셨고, 자신을 두고는 많은 일을 부녀자들의 권위에서마저 믿음을 갖게 하셨습니다. 저는 그때 존재하고 있었고 살아 있었으므로 유아기가 끝날 무렵에는 이미 제 느낌을 남들에게 알릴 수 있는 시늉을 찾아 더듬거리던 중이었습니다.[32] 주님, 당신으로부터가 아니면 어디서 이런 생물이 나오겠습니까? 어느 누가 자기 스스로를 만들어내는 장인이 될 수 있겠습니까? 당신께서 저희를 만들어내신다는 사실 말고, 대체 어느 핏줄이 있어 존재함과 살아 있음이 저희 안으로 흘러들게 할 수 있단 말입니까? 주님, 당신께는 존재함과 살아 있음이 이것과 저것처럼 다르지 않으니 최고로 존재함과 최고로 살아 있음은 똑같습니다.[33]

당신께서는 최고로 존재하시고 또 변하지 않으십니다. 당신 안에

---

31) 『고백록』에 최민순 신부가 "님 기림"이라는 부제를 붙였듯이, 고백은 인간이 살아온 죄과와 입은 은총을 고백함으로써 하느님께 드리는 찬미이기도 하다.
32) 교부는 존재(eram)와 생명(vivevam)과 인식(quaerebam)이라는 세 가지 실존 현상을 철학적 탐구의 출발로 삼았다(『삼위일체론』, 15.12.21 참조).
33) summe esse: 아우구스티누스는 신을 '최고 존재자'(summa essentia)(『참된 종교』, 11.22)로 규정한다. 순일한 그분에게서는 존재와 생명이 구분되지 않는다.

서는 '오늘' 하루가 다하지 않으나, 동시에 어디까지나 당신 안에서 완결됩니다. 저 모든 것들도 당신 안에 존재하는 까닭입니다. 당신께서 그 모든 것을 담아주지 않으신다면 그것들은 옮아갈 통로를 지니지 못할 것입니다. 또 당신의 연세는 다하지 않고 당신의 연세는 '오늘' 하루인 까닭이기도 합니다.[34] 저희의 나날들과 저희 조상들의 나날들이 얼마나 많이 당신의 '오늘'을 거쳐 갔는지 모릅니다. 당신의 '오늘'로부터 양태(樣態)[35]를 얻었고 그렇게 존재했으며, 다른 날들도 여전히 그렇게 지나갈 것이고 그렇게 양태를 얻을 것이고 그렇게 존재할 것입니다.

그러나 당신께서는 똑같은 당신으로 존재하시고,[36] 모든 내일 일과 그 뒤의 것, 모든 어제 일과 그 앞의 것을 바로 오늘 행하시겠고, 오늘 행하셨습니다.[37] 누가 설령 이 말을 못 알아듣는다고 해도 무슨 상관입니까? 그런 사람도 "이게 무슨 얘기야?" 하면서도 기뻐해 마땅합니다. 그런 사람도 기뻐할 만하고, 찾고자 하면서도 당신을 못 찾아내는 것보다는 당신을 찾지 않으면서도 찾아내는 편을 좋아해야 합니다.[38]

---

34) 시편 90:4("정녕 천 년도 당신 눈에는 지나간 어제 같고")와 시편 84:11("정녕 당신 앞뜰에서 지내는 하루가 다른 천 날보다 더 좋습니다") 참조.
35) modus: 아우구스티누스에게 모든 존재자는 양태(modus)와 형상(species)과 질서(ordo)라는 형이상학적 범주를 갖는다(『선의 본성』, 3.3 참조). '양태'는 한 사물이 갖는 존재의 정도 내지 한계를 가리킨다. 이 범주에서 존재자의 '그렇게'(quo modo= utcumque)라는 존재방식이 나온다.
36) 하느님은 "이러저러한 방식으로 존재하는 분이 아니고 그냥 존재하는 분입니다(non aliquomodo est, sed est est)"(이 책, 13.31.46).
37) 하느님의 영원에는 '현재'[오늘]만이 존재하지만, 현상세계에서 관찰되는 과거와 미래는 인간의 기억 속에서만 현재로 수렴되므로 '오늘 행하신다'를 '오늘 행하시겠다', '오늘 행하셨다'로 표현할 수 있다.
38) 지성으로 하느님을 찾아 만나도 정성으로 귀의하지 못하느니 차라리 지성으로 하느님을 인식하지 못하더라도 정성으로 하느님을 섬기는 편이 낫다는

7.11. 갓난아이도 죄에서 깨끗하지 못하다

하느님, 들어주십시오. 불행하여라, 인간들의 죄악! 사람이 이렇게 말해도 당신은 사람을 가엾게 여기십니다. 당신께서 그를 만드셨으나 그 사람 안에 죄를 만들지는 않으셨기 때문입니다. 누가 제 갓난아이 시절 죄를 제게 일깨워주겠습니까? 당신 앞에서는 아무도 죄에서 깨끗하지 못합니다.[39] 그 생애가 땅 위에서의 삶이 단 하루로 그친 아기라도 그렇습니다. 누가 저에게 일깨워주겠습니까? 지금 어리디어린 아기가 그렇게 하겠습니까? 제가 저를 두고 기억하지 못했던 것을 그 아기한테서 보고 하는 말입니다. 그전에 제가 무슨 죄를 짓고 있었습니까? 울면서 젖에 매달리는 죄였습니까? 지금 와서야 제가 젖에 매달리지 않지만 제 나이에 맞는 음식일지언정 그렇게 매달린다면 비웃음을 사고 꾸중을 들어야 지극히 마땅하겠기에 드리는 말씀입니다. 그때도 꾸중 들을 짓을 하긴 했습니다만 그렇다고 해서 나무라는 사람의 말을 알아들을 리도 없었고, 누굴 나무라는 습속으로 보아서도 그럴 이치로 보아서도 저를 나무라지 않고 그냥 두었습니다.

사람이 크면서 그런 따위는 뽑아서 내버리기 망정입니다만 제 보기에도, 무엇을 청소하다가 알면서 좋은 것을 갖다 내버리는 사람은 아무도 못 보았습니다. 주면 해로울 것을 울면서 달라고 보채는 일, 엄연한 자유인들인데 저한테 종노릇하지 않는다고 어른들에게, 심지어 자기를 낳은 이들에게까지 사납게 성을 내던 일, 보다 현명해서 아이의 눈짓과 뜻에 함부로 따라주지 않던 많은 어른들을 때리고 차고 하면서 힘껏 해를 끼치려고 수작을 부리던 일들이 비록 한때일망

교부의 주의론(主意論)을 드러내는 문장이다.
39) 만인이 원죄를 타고난다는 아우구스티누스의 사상을 단적으로 보여준다.

정 착한 일이었겠습니까? 아이에게 해롭다는 이유에서 아이의 명령을 따라주지 않았는데 말입니다.

그러니까 무죄하다는 것은 유치한 지체들의 가냘픔이지[40] 어린이들의 마음씨가 아닙니다. 저는 어린이가 시샘하는 것을 목격하고 체험했습니다. 아직 말도 할 줄 모르면서 자신이 먹을 젖을 먹는 아기를 보고서는 새파래지면서 잔뜩 찌푸린 얼굴로 쳐다보는 것이었습니다. 이런 일을 누가 모릅니까? 어머니들과 유모들은 자기들이 그런 심술을 달랜다고 말은 하지만 어떤 처방이 있어 그렇게 하는지 저는 모릅니다. 젖가슴에서 풍부하게 솟아나 젖이 넉넉한데, 젖을 못 먹어 몹시도 껄떡이는 다른 아기가 아직 그 한 가지 음식으로 목숨을 잇는 터에, 그 아이와 운명을 못 나누겠다는 심보가 과연 무죄함일지 모르겠습니다.[41] 하지만 이런 짓은 그냥 눈감아주는데, 아무것도 아니어서도 아니고 하찮은 일이어서도 아니고 나이가 들면서 없어질 것이기 때문입니다. 그런데 똑같은 짓을 제법 철든 사람에게서 포착할 때는 편한 마음으로 참아줄 수가 없음을 당신께서도 수긍할 만하십니다.

7.12 주, 저의 하느님, 당신께서는 갓난아이에게 생명을 주고 몸도 주셨습니다. 저희가 보거니와, 당신께서는 그 신체에 감관을 심어주시고 사지를 붙여주시고 몰골을 꾸며주시고 그 신체 전체와 안전을 위한 동물의 온갖 본능을 갖춰주셨습니다. 그리고 이런 일로 당신

---

40) 어린이를 '무죄하다'(innocens)고 일컫는 단어의 어원(in-nocens: '해를 끼칠 능력이 없는')을 염두에 두고 있다.
41) 어린아이 시절의 악은 심술을 두고도 "이것이 어디 어린아이의 무죄함입니까? 주님, 아닙니다. 저의 하느님, 당신께 말씀드리지만, 아닙니다"(이 책, 1.19.30)라고 할 만큼, 교부는 인간이 원죄와 그 결과를 타고난다는 신념을 지니고 있었다.

을 찬미하라고 명하시고, 당신께 고백하고, 지존하신 이여, 당신 이름에 찬미 노래를 부르라고 명하십니다. 당신께서는 전능하시고 선하신 하느님이시니, 당신 아니시면 다른 아무도 할 수 없는 그것을 하셨다는 점만으로도 그렇습니다. 유일하신 분이시여, 당신께로부터 모든 양태가 존재한다는 점에서 그렇습니다. 지극히 아름다우신 이여, 모든 것을 형상화하시고 당신 법칙으로 만물의 질서를 세우신다는 점에서 그렇습니다.

주님, 제가 살아온 연기年紀42)를 저는 기억하지 못합니다. 오직 남들을 보고서 믿었고 제가 그 시기를 보냈다는 사실을 다른 어린이들을 보고서 짐작했습니다. 그런 것들은 비록 그럴듯하게 추측할 만하지만 제가 지금 이승에서 살고 있는 생애에다 그것들을 꽂아 넣기는 부끄럽기도 합니다. 제 망각의 어둠에 속하는 것으로,43) 말하자면 제가 어머니의 태중에서 살았던 목숨이나 매한가지인 까닭입니다. 정녕 저는 사악함 속에서 잉태되었고 죄 중에 제 어머니가 저를 태중에서 길렀습니다.44) 당신께 빕니다. 저의 하느님, 어디에서, 주님, 어디에서 저, 당신 종이, 대체 어디에서 그리고 언제 무죄한 몸이었습니까? 그러나, 보십시오, 그 시절은 그냥 넘어가겠습니다. 그 시절의 흔적을 전혀 기억하지 못하는 터에 무엇 때문에 그 시절을 두고 따지겠습니까?

---

42) 공간적인 의미의 mundus(세상)와 달리 saeculum은 시간적 의미(세기 혹은 현세)나 도덕적 성격(세속)을 뜻한다.
43) "인간의 저 첫 번 연세는 망각 속으로 사라지는 법이니 인류의 첫 번 연세가 홍수로 몰살당한 것과 비슷하다. 자기 유아기를 기억하는 사람이 누구겠으며 설령 기억하더라도 과연 얼마나 기억하겠는가?"(『신국론』, 16.43.3 참조).
44) 시편 51[50]:7 참조("정녕 저는 죄 중에 태어났고 허물 중에 제 어머니가 저를 배었습니다").

8.13. 아우구스티누스가 말을 배우다

유년기로부터, 지금의 제 나이를 향해서, 소년기[45]로 접어들지 않았습니까? 오히려 소년기가 유년기를 뒤이어 닥쳤다고나 할까요? 그렇다고 유년기가 물러간 것도 아닌데 도대체 어디로 사라졌습니까? 하여튼 유년기는 더 이상 없었습니다. 제가 이미 말도 할 줄 모르는 갓난아이가 아닌 이미 말을 하는 어린이였기 때문입니다. 또 그 시기는 제가 기억[46]을 하고 있고 어디서 말을 배웠는지도 훗날 알아차렸습니다. 그것은 얼마 뒤 글을 배울 때 했던 것처럼 일정한 교육 단계로 어른들이 저에게 낱말들을 보여주면서 가르친 것이 아니었습니다. 저의 하느님, 당신께서 제게 주신 지성을 가지고 제 스스로 배운 것이었습니다. 옹알이와 갖가지 소리로, 갖가지 동작으로 사지를 버둥대며 제 마음의 느낌을 나타내 보고 싶었고 그래서 제 의사에 사람들을 복종시키고 싶었는데 마음먹은 바를 다 표현할 힘도 없었고 마음먹은 사람 모두에게 표현할 힘도 없었습니다.

사람들이 어떤 물건의 이름을 부를 때, 저는 그것을 기억해두었습니다. 또 사람들이 목소리를 내면서 무엇을 가리키는 몸짓을 하면, 이것으로 그들이 그 물건을 일컫고 있음을 알아채고 마음에 새겼습니다. 그 물건을 가리킬 때 그런 소리를 낸다는 사실을 알아챈 것입니다. 그들이 원하는 바를 몸짓으로 드러내 보이는 점은 모든 민족의 타고난 언어나 마찬가지로 그런 언어는 안색으로, 눈짓으로, 다른 지

---

45) 지금까지 유년기(infantia) 이야기였다면 지금부터는 제1권 끝까지 소년기(pueritia)를 다룬다. 그다음은 청(소)년기(adulescentia), 청(장)년기(inventus), 장년기(gravitas), 노년기(senectus)라고 불렀다.
46) 존재의 시원에 관한 기억이 없어 남의 기억에 의존해야 했던 유아기와는 달리 희미하게나마 기억이 남은 시기의 얘기다.

체들의 동작으로, 목소리의 발성으로 이루어지며, 그것으로 심정을, 사물의 필요나 갖고 싶은 심정, 버리거나 피하고 싶은 심정을 표시합니다.

그렇게 단어들이 다채로운 문장들 속에 제자리에 놓이고 또 그 단어들을 자주 듣고 하다 보니, 이러저러한 물건들의 기호가 되는 이러저러한 단어들을 점차적으로 연결시키기에 이르렀습니다.[47] 그리고 제 입을 자유자재로 놀리게 되어 그런 단어들로 이러저러한 기호를 구사해 제 의사를 발설하게 되었습니다. 저도 발설하고 싶은 의사의 기호들을 주변에 있는 사람들과 교환했고, 그러면서 부모의 권위[48]와 어른들의 동의에 매이면서도 인생의 풍랑 거친 사회 속으로 깊숙이 들어가게 된 것입니다.[49]

9.14. 학교에서는 매를 맞고 어른들한테는 놀림을 당하고…

하느님, 저의 하느님, 제가 그 무렵 얼마나 불행을 겪고 놀림을 당했는지 모릅니다. 철없는 저에게 올바르게 사는 법이랍시고 제시된 것은 세상에서 출세해야 한다는 것이었습니다. 그러려면 인간의 명

---

47) 아우구스티누스는 초기 대화편 『교사론』에서 기호로서의 언어 이론을 다뤘다.
48) 아우구스티누스의 인식론에서 '이성'(의 추리)과 '권위'(의 가르침)는 인간 인식의 두 기둥이다. "하느님의 섭리로 … 영혼의 치료는 권위와 이성으로 나타난다. 권위는 믿음을 요구하고 인간을 이성의 사용에로 준비시킨다"(『참된 종교』, 24.45).
49) "파도치는 망망대해 같은 이 세상으로 우리를 제멋대로 또 마구 내던진 것이 신이든 자연이든 필연이든 우리 의지든 아니면 이것들의 어떤 조합이든 그것도 아니면 이것들 전부든 간에 … 소수의 인간만이 행복의 땅에 다다르게 되어 있습니다"(『행복한 삶』, 1.1).

예와 헛된 부귀에 종노릇하게 해주는, 말솜씨 부리는 기술[50]에 뛰어나야 한다고 훈시하는 사람들에게 고분고분 순종해야 했습니다. 그러다 글을 배우라고 학교에 보내졌는데 가엾게도 저는 배우는 것이 무슨 소용인지 도무지 알 수가 없었습니다. 하지만 배움이 조금이라도 굼뜨면 매를 맞곤 했습니다. 어른들은 그 매질을 잘하는 짓이라고 여겼고, 저희보다 앞서 그런 삶을 꾸려간 숱한 사람들이 그 힘겨운 길을 미리 닦아놓은 터였으므로, 아담의 후손들이 물려받은 수고와 고통의 길을 저희도 거치도록 강요받았습니다.

그 무렵 주님, 저희는 당신께 기도하는 사람들을 만나게 되었고, 당신을 감지하는 그 사람들에게서 배워, 능력이 미치는 한도에서 당신을 감지하면서, 당신께서는 위대하신 어떤 분이어서 비록 저희 감관에는 나타나시지 않지만 저희 소원을 들어주실 수 있고 저희를 도울 수 있는 분이라고 배웠습니다. 어린 저는 당신께 빌기 시작했고, 저의 도움이시며 피난처이시여, 당신께 드리는 애원으로 제 혀의 매듭을 풀기에 이르렀고, 작은 아이였지만 작지 않는 정성으로 제발 학교에서 매 맞지 않게 해달라 빌었습니다. 당신께서 들어주시지 않을 경우, 어른들에게, 심지어 부모에게까지 놀림을 당하곤 했습니다. 그 매가 저를 어리석게 만들고자 한 것은 아니었고, 부모야 저한테 어떠한 나쁜 일도 닥치지 않길 바라서 그랬을 것입니다. 여하튼 그때는 그것이 저의 재앙이요 크고도 무거운 제 불행이었습니다.

---

50) 수사학(oratoria)은 고등교육에 속했다. 먼저 초등으로 글 선생(litterator)에게 철자를 읽고 쓰기, 그리고 셈하기를 배우고, 그다음 중등으로 문법가(grammmaticus)에게 고전의 독해(praelectio)와 주해(enarratio)를 배웠다.

9.15 주님, 혹시 대단한 정신이 있어서 참으로 위대한 애정으로 당신께 오롯이 의탁하는 사람이 과연 있습니까? (어떤 정신 나간 짓[51]이 그렇게 만들 수도 있을 것 같아서 제가 드리는 말씀입니다만) 경건하게 당신께 의탁하는 단단한 마음 자세가 서 있다고 하면서 망아지에 태우고[52] 발굽쇠로 지지는[53] 등 갖가지 고문을 대수롭지 않게 여길 사람이 과연 있겠습니까? 온 천하가 크게 두려워하며 제발 피하게 해주십사 당신께 애걸하는 그런 고문을, 저런 형벌을 두고 오들오들 떠는 사람들을 사랑한다면서도, 정작 그들이 당하는 그런 고문을 대수롭지 않게 여길 사람 말입니다. 저희가 어린애로서 선생들한테 당하는 그 모진 고문을 두고 저희 부모들이 웃어넘기던 모습이 바로 그런 모습이지 않았습니까? 저희라고 해서 그런 고문을 덜 무서워한 것도 아니고 그런 고문을 피하게 해주십사 당신께 덜 빈 것도 아니었습니다만, 선생들이 저희한테 요구하는 것보다 덜 읽고 덜 쓰고 글에 대해서 덜 생각한다고 해서 저희는 죄를 짓고 있는 꼴이 되고 말았습니다.

주님, 기억력이나 재주로 말하자면, 그 나이에 저희가 넉넉히 지니기를 당신께서 바라셨던 것에 비해 부족한 것은 아니었습니다. 하지만 노는 것이 재미있던 저희에게 톡톡히 보복을 내렸던 셈입니다. 자기들도 한때 당연히 그렇게 했을 사람들인데 말입니다. 어른들의 시시한 짓은 '일'이라고 불리고[54] 똑같은 짓인데도 아이들의 일은 어른들한테서 책벌을 받는데 아무도 아이들을 가엾게 여기거나 그렇게

---

51) 아이들에게는 형벌이나 고문 같던 매를 맞고 오는 자식을 보고 고소해하던 부모들의 모습이 하도 어처구니없어 교부는 이를 '정신 나간 짓'이라 불렀다.
52) 로마에서는 망아지 모양의 나무틀에 앉히고 다리를 틀거나 잡아당기던 고문 도구가 있었다.
53) 로마에서는 말발굽 형태의 쇠를 불에 달궈 고문도구로 썼다.
54) 로마 부모들도 업무와 여가가 다르다는 핑계로 아이들의 공놀이를 두고 잔소리하며 닦달한 듯하다.

가혹한 어른들을 가엾게 여기거나 아이 어른 모두 가엾게 여기거나 하지 않습니다. 사리를 판단하는 좋은 심판이라면, 제가 어린아이로서 공을 갖고 놀았고 그 놀이 때문에 글을 빨리 익히는 데 그만큼 지장을 받았다고 해서, 그런 일로 제가 매를 맞았다는 것을 수긍하겠습니까? 그렇게 배운 글을 갖고서 제가 어른이 된다면 더 치사하게 놀 텐데 말입니다. 제가 매를 맞던 바로 그 사람이라면 무엇을 달리했겠습니까? 다른 하찮은 문제를 두고 동료 교사와 다투다 지고 나면, 제가 저의 친구한테 공놀이로 지고 난 뒤 하던 짓보다 훨씬 비겁하게 굴고 시샘하지 않습니까?

10.16. 놀기를 좋아해서 순종하지 않았다

하지만 아무래도 저는 죄를 지었습니다, 주 하느님. 삼라만상의 창조주시요 다스리시는 분이시여, 죄악을 두고는 다스리기만 하시는 분이시여,[55] 아무래도 제가 죄를 지었습니다. 저의 주 하느님, 부모의 명령과 저 선생님들의 명령을 거슬러 행동하면서 죄를 지었습니다. 제 주변 사람들이 어떻게든 제가 배우길 바라던 글을 잘 배웠더라면 훗날 제가 잘 쓸 수도 있었을 테니까 말입니다.[56] 더 나은 무엇을 택하려고 순종하지 않은 것은 아니었습니다. 노는 것이 좋았고, 시합에서 승리해 으스대기를 좋아했으며, 황당한 야담에 귀가 솔깃

---

55) 아우구스티누스의 변신론(辯神論)은 세계의 창조주가 인간이 저지르는 악행을 만드는 분(auctor)이 아니고 악으로 무너진 질서를 바로잡는 분(ordinator)임을 강조한다.
56) 교부는 초기 대화편에서 진리 탐구에 자유 학예가 유용함을 강조했다. 그리스도교의 성경 해석에도 학문적 접근이 필요함을 강조해 『그리스도교 교양』을 집필하기도 했다.

했고 그것이 귀를 간지럽히면 똑같은 호기심[57]을 품고서, 어른들의 연극과 경기에 점점 눈을 번득이게 되었습니다. 그것들[58]을 공연하는 사람들은 대단한 지위를 뽐내고 누리므로 모든 부모들이 자기 자식들이 그렇게 되기를 기대할 정도이면서도, 정작 연극 때문에 공부가 뒤처지면 매를 맞아도 싸다고 생각했습니다. 그렇게 매를 맞아가면서 자식들이 획득하는 지위라야 기껏 저따위를 공연하는 자리인데 말입니다.

주님, 이런 일을 자비로이 보아주시고 이미 당신을 불러들이는 저희를 건져주십시오. 또 아직도 당신을 불러들이지 않는 사람들도 건져주셔서 그들이 당신을 불러들이게 만드시고, 그렇게 해서 당신께서 그들을 구원하게 만드십시오.

11.17. 중병에 걸려 세례를 간절히 바라다

제가 아직 어렸을 때 저희에게 언약된 영원한 생명에 관해서 들은 바 있었습니다. 저희의 교만함에까지 맞추어 내려오신 주 저희 하느님의 겸손하심 덕분에 저희에게 언약된 것이었습니다. 사실 저는 당신께 무척 희망을 걸었던 제 어머니의 태중에서 나오자마자 그분의 십자성호十字聖號로 축복을 받았고, 이미 그분의 소금으로 절여져 있었습니다.[59] 주님, 당신께서 보셨습니다. 제가 아직 어렸던 어느 날

---

57) 교부는 호기심(curiositas)은 학문의 원동력임을 역설하면서도 발견된 진리를 삶과 결부시키지 못하고 사변으로 만족하는 지성인들을 호되게 비판한다.
58) 외설과 유혈로 점철된 당대의 연극과 경기를 교부는 여러 저서(『신국론』, 2. 7-14 등)에서 비난한다.
59) 초대 아프리카 교회에서 신도 집안에서 태어난 신생아는 일종의 '전(前) 예비신자'로 받아들여졌고, 아기의 입에 소금을 넣어주는 풍습이 있었다(De

위장 폐색으로 갑자기 신열이 올라 거의 죽을 지경이 되었습니다. 저의 하느님, 당신께서는 그때 이미 저의 수호자가 되셨으므로 제가 어떤 마음 자세로, 얼마만큼의 믿음으로 저의 하느님이시요 주님이신 당신 그리스도의 세례를 간절히 바랐는지 보셨습니다. 제 어머니[60]의 지성에서 우러나, 또 저희 모두의 어머니인 당신 교회의 지성에서 우러나 그랬음을 보셨습니다. 제 육신의 어머니는 다급해져서, 또 한 어머니는 당신께 대한 신앙 안에서 보다 귀하고 깨끗한 마음으로 저의 영원한 구원을 낳아주고 있던 분이어서, 서둘러 일을 꾸몄습니다. 제가 금세 낫지 않았더라면, 저는 구원의 성사들로 입교하고, 주 예수님, 당신께 고백을 드리며 죄의 사함을 받아 세례로 씻겼을 것입니다.

제가 회복해서 저의 정화淨化는 늦추어졌는데, 마치 더 산다면 때가 더 묻어야 할 필요가 있다는 식이었습니다. 말하자면, 만약 제가 그때 세례를 받았다면 세례의 욕조浴槽를 뒤로 하고 나오자마자 죄악의 때가 묻어서 더 크고 더 위험한 죄인이 될 뻔했습니다.[61] 여하튼 저는 그때 이미 당신을 믿게 되었고 어머니는 물론, 아버지 한 분만 빼고 온 집안이 믿고 있었습니다.[62] 아버지는 아직 믿지는 않았지만, 제가 그리스도를 못 믿게 할 정도로, 저를 두고서 어머니의 신앙 권리[63]까지 짓밟지는 않았습니다. 제 하느님, 저의 어머니는 그분보다 당신께

---

catechizandis rudibus, 25.46-49).
60) 어머니의 이름 모니카(Monica)는 이 책, 9.13.37에 단 한 번 등장한다(어머니의 생애는 이 책, 9.8.17-9.22에 기다란 사모곡으로 나온다).
61) 당시 아프리카 교회에서는 세례 후에 지을 죄에 대한 걱정 때문에 죽음이 임박해서야 세례를 받는 습속이 있었다.
62) 아버지 파트리키우스(Patricius)는 임종 때 세례를 받았다(이 책, 9.9.22 참조).
63) ius maternae pietatis: 4세기 그리스도교는 여자의 신앙 준수의 권리, 자녀의 신앙 교육에 대한 어머니의 권리를 도입했다. 이교도들은 그 관습이 가장의 권한을 침해한다고 비판했다.

서 제 아버지가 되시도록 노력하셨고, 당신께서 제 어머니를 도와주셔서 결국 남편을 이겨내게 만드셨습니다. 어머니는 남편보다 나으면서도 남편을 잘 섬겼으니, 결국 이 일을 두고 그렇게 하라고 명하신 당신을 섬긴 셈이었습니다.

11.18. 무슨 의도로 미루어졌는지…

저의 하느님, 당신께 여쭙습니다. 무슨 의도로 제가 그때 세례받지 못하게 미루어졌는지, 당신께서도 그리 원하신다면, 저는 알고 싶습니다. 말하자면 죄를 못 짓게 하는 고삐가 늦추어진 게 제게 잘된 일인지 알고 싶습니다.[64] 늦추어진 것은 아니었습니까? 지금도 어디서든 이런저런 사람들을 두고 하는 이런 소리들을 듣습니다. "그냥 하게 놓아두어라. 아직 세례를 받지 않았다." 하지만 몸의 건강을 두고서 "상처가 도지게 그냥 두어라. 아직 낫지 않았다"라는 말을 하지는 않습니다. 그러니까 저로서는 세례를 받았더라면 더 좋아지고 빨리 나을 수 있었을 테고, 저의 지인들과 제 자신의 근면을 다함으로써, 제 영혼이 받은 건강도[65] 당신의 보우保佑에 힘입어 안전했을 것입니다. 당신께서 그 보우를 내려주셨을 것이기 때문입니다. 그게 더 좋을 뻔했습니다.

소년기가 지나면 얼마나 많고 얼마나 큰 유혹의 파도가 닥칠지 뻔

---

64) 아우구스티누스는 *De peccatorum meritis et remissione et de baptismo parvulorum* (죄벌과 용서 그리고 유아 세례)라는 책을 쓸 정도로 유아 세례의 필요를 강조한 사람이어서, 자기가 살아남았다는 사실이 마치 죄짓지 못하게 옥죄는 고삐를 풀어준 것처럼 이해하기도 한다.
65) salus는 '구원'과 '건강'을 모두 의미한다.

히 보였습니다. 저 어머니는 저것들을 미리부터 알고 있었고, 그 파도를 타고 도달할 땅도 벌써 알고 있었습니다. 그래서 바로 세례를 주어 일정한 꼴을 미리 갖춰주기보다도, 그 파도를 타고서 도달할 땅에다 저를 맡기고 그 흙덩이에서 제가 장차 꼴을 갖추어가기 바랐나 봅니다.

12.19. 사람들이 닦달하는 글공부를 좋아하지 않았다

어떻든 소년기에는 (소년기에는 청소년기보다는 겁이 덜 났습니다) 글을 좋아하지 않았고 어른들이 저를 글공부하라고 닦달하는 것이 미웠습니다. 그래도 어른들은 저를 닦달했고, 그것이 저를 위한 일이었지만, 어쨌든 저로서는 내키지 않았습니다. 억지로 시키지 않으면 배우지 않았을 저였습니다. 하는 일이 아무리 좋아도 억지로 하면 잘 안 되는 법입니다. 저를 닦달한 사람들도 그렇게 잘한 일은 아니었고, 저의 하느님, 제게 잘된 일이었다면 오직 당신께 힘입어서 잘된 일이었습니다.

저에게 배움을 강요한 그들도 제가 어디로 향해야 하는지 꿰뚫어 보지 못했습니다. 그저 푸짐한 빈곤, 욕된 영광을 두고 채우지 못할 욕심을 채우려는 것 말고는 몰랐습니다.[66] 저희 머리카락까지 당신께는 다 헤아려져 있어 저에게 배우라고 성화하던 모든 사람들의 잘못까지도 제 유익에 쓰셨고 배우기 싫어하던 제 잘못은 제 징벌에 쓰셨습니다. 비록 조그만 아이였지만 큰 죄인이었으니 제가 그 징벌을

---

66) 훗날 교부는 밀라노 황실 교수로서의 경험을 돌이켜 학식과 수사학으로 도달하는 지위도 "푸짐한 빈곤(copiosa inopia), 욕된 영광(ignomiosa gloria)"에 불과함을 깨닫기에 이른다.

받더라도 부당하지 않았습니다. 그러나 잘하지 않는 자들을 써서도 당신께서는 저에게 잘해주셨고 죄짓는 저를 두고도 당신께서는 의롭게 갚아주셨습니다.[67] 당신께서 그리 명령하셨으니, 질서를 어긴 모든 영혼은 본인 스스로가 벌이 되는 것이 도리입니다.[68]

13.20. 그리스문학과 라틴문학에 대해서 어떻게 생각했는가

어린 시절 배우던 그리스문학이 무슨 까닭으로 그렇게 싫었는지 지금 와서 생각해도 그 이유를 제대로 설명할 길이 없습니다.[69] 그 대신 라틴문학은 무척 좋아했습니다. 초급 교사들이[70] 가르치는 것 말고 문법가[71]라고 불리는 사람들이 가르치는 라틴문학 말입니다. 읽기, 쓰기, 셈하기를 배우는 초급 과목도 그리스어 전 과목 못지않게 짐스럽고 따분했습니다. 그 마음이 죄에서, 허망한 삶에서가 아니면 어디서 나왔겠습니까? 그 허망함으로 인해서 저는 한낱 살덩어리, 걸어 다니는 숨결, 돌아오지 않는 숨결이었습니다. 그래도 초급 학습은

---

[67] "당신께서는 그 모든 악업을 지워버리심으로써 제 손에다 되갚지 않으셨습니다. 또한 저의 모든 선업은 당신께서 미리 베푸셨는데, 그것은 당신 손에다, 저를 만드신 그 손에다 되갚으신 것입니다"(이 책, 13.1.1).

[68] poena sua sibi sit inordinatus animus: 교부는 세상의 악을 인간이 저지르는 죄악(peccatum)과 거기서 자초되는 죄벌(poena)로 나누면서(이 책, 4.9.14 참조) 악행 자체와 그 주체가 곧 죄벌이기도 함을 역설한다.

[69] 로마의 학교 교육은 라틴어와 그리스어를 기본으로 가르쳤다. 교부는 "나로 말하자면 그리스어는 아주 조금밖에 모르는데 아예 모른다고 할 만하다"(*Contra litteras Petiliani*, 2.38.91)고 자백한다. 그리스 교부들의 글은 라틴어 번역본으로 접했다.

[70] 읽기, 쓰기, 셈본을 가르치던 초급 선생이다.

[71] 문법가는 라틴문학을 가르쳤고, 더 높은 수준의 수사학을 가르치는 교수는 수사학자라고 불렸다.

좀더 뚜렷해서 좋았습니다. 그 학습을 통해 글로 적힌 것을 찾아내어 읽기도 하고, 무엇을 적고 싶으면 스스로 적기도 하는 재주가 제 안에 생겨나 갖추기에 이르렀으니까 말입니다.

그러나 그다음 학습은 제 자신의 '잘못'은 제쳐두고 아이네이스인지[72] 무엇인지 하는 자의 '유랑'[73]을 암기하게 만들고, 사랑 때문에 자살한 디도의 죽음을 두고 울라고 강요하는 것이었습니다.[74] 하느님, 저의 생명이시여, 당신 없이 파묻혀 죽어가고 있던 저 자신을, 가련하기 이를 데 없는 저는 눈물조차 메마른 채 마냥 보고만 있었습니다.

13.21 자신을 가엾게 여길 줄 모르는 가엾은 인간보다 더 가엾은 것이 무엇이겠습니까? 아이네이스를 사랑하다 죽어간 디도의 죽음에 통곡하면서도, 하느님, 제 마음의 빛, 제 영혼의 입속에 든 빵이시여, 제 사유의 내면과 제 지성을 짝지어주시는 분이시여, 당신을 사랑하지 않다가 죽어가는 자신의 죽음에는 통곡할 줄 모르는 인간보다 가엾은 것이 무엇이겠습니까? 저는 당신을 사랑하지 않고 당신을 떠나 사통私通했는데[75] 사통하는 저를 사방에서 "잘했군 잘했어!"라며 추켜세웠습니다. 이 세상에서의 우애가 당신을 떠나는 사통을 두고

---

72) 당대 문학 강좌에서 시문학은 그리스어의 호메로스(Homeros), 라틴어의 베르길리우스(Vergilius)와 테렌티우스(Terentius), 산문은 살루스티우스(Sallustius)와 리비우스(Titus Livius), 수사학은 키케로(Cicero)가 주요 교재로 쓰였다. 초기 대화편을 보면 아우구스티누스는 제자들에게도 베르길리우스의 서사시 『아이네이스』(Aeneis)를 강독하고 있었다.
73) 아이네이스의 '표랑'(errores)은 암기하면서 자기의 '잘못'(errores)은 망각했다는 고백이다.
74) 서사시 『아이네이스』(제4권)에서 카르타고의 여왕 디도는 표류해온 아이네이스를 사랑하다가 그가 떠나버리자 자살했는데 그녀의 저주에서 '포에니전쟁'이 시작된 것으로 풀이된다.
75) 구약의 호세아서 이래로 그리스도인들은 윤리적 범죄나 속된 삶을 하느님의 사랑을 저버리는 사통으로 이해하기에 이르렀다.

"잘했군 잘했어!"라고 하는 것은 그런 사람이 되지 못하는 것을 오히려 부끄러워하기 때문이었습니다. 또 저는 이런 짓을 두고 울지 않고 디도를 두고 자결한 디도, 단검으로 최후를 결행한[76] 디도를 두고 울었습니다. 말하자면 당신을 저버리고 당신에게서 가장 먼 조물을 따라가다[77] 흙 속으로 들어가는 흙이 되었습니다.[78] 그때 만일 그것을 읽지 못하게 금지당했더라면 저는 저를 애통하게 만드는 것을 읽지 못한다고 애통해했을 것입니다. 이런 정신 나간 짓이 제가 읽고 쓰기를 배우게 만든 그 학과보다 더 고상하고 더 잇속 있는 문학으로 여겨지고 있습니다.

13.22. 시적인 허구를 더 좋아해서 실용적인 학술에는 싫증을 느꼈다

그러나 이제는 저의 하느님께서 제 영혼 속에서 소리 지르시고 당신의 진리를 제게 일러주셔야겠습니다. "그렇지 않다. 그런 것이 아니다"라고요. 전에 배운 것이 훨씬 더 낫습니다. 지금의 제가 읽기와 쓰기를 잊어버리기보다는 차라리 아이네이스의 표랑과 그런 유의 모든 얘기를 잊어버리기로 작정하고 있는 까닭입니다.

그러나 그 이야기들은 지금도 문법학교의 출입문에 휘장을 드리

---

[76] 북아프리카 출신인 아우구스티누스는 카르타고의 전설적 여왕 디도에게 각별한 동정을 품었다.
[77] 디도의 자결 행위와 하느님의 가장 미천한 조물을 뒤쫓다 타락한 자기 인생을 비교했다.
[78] 창세기 3:19("너는 먼지이니 먼지로 돌아가리라")을 염두에 두면 인간의 타락을 가리켜 "흙 속으로 들어가는 흙(terra iens in terram)이 된다"라고 번역할 수 있다.

우고 있는데[79] 그 휘장은 영예로운 신비가 아닌 오류의 덮개를 상징합니다. 이런 말씀을 드린다고 해서 그들이 저를 거슬러 소리를 지를 필요까지는 없습니다. 이미 저는 그들을 무서워하지 않습니다. 저는 제 영혼이 무엇을 원하는지 당신께 고백하고 있으며, 저의 하느님, 사악하던 저의 길을 꾸중하시는 말씀에 마음이 편해지면서 당신의 선한 길을 사랑하게 되고 있습니다. 그러니 문법을 사고파는 자들이 저한테 소리 지를 필요가 없습니다. 시인[80]이 하는 말대로 아이네이스가 카르타고에 도착한 것이 참말이냐고 제가 그들에게 시비를 건다면, 무식한 자들은 자기는 모른다고 대답할 테고 유식한 자들은 사실임을 부정할 것입니다. 그 대신 아이네이스의 이름을 어떻게 쓰느냐고 제가 묻는다면, 이를 배운 사람들은 모두가 저한테 맞는 대답을 할 것입니다. 자기네 좋을 대로 약속한 바가 있고 사람들이 그 약속에 따라서 자기들끼리 기호를 확정해두었기 때문입니다.[81]

제가 다시 묻기를, 다음 중에서 만일 잊어버리면 생활에 더 불편할 것이 무엇이냐고 한다면, 곧 읽기와 쓰기냐 그렇지 않으면 저런 시적 창작물이냐 묻는다면 무어라고 답할지 누가 모르겠습니까? 제정신이 완전히 나간 사람이 아니라면 말입니다. 그러니 제가 비록 어리기는 했지만 보다 유익한 전자보다도 허망한 후자를 더 좋아했고, 전자는 싫어하고 후자는 사랑했다는 점에서 죄를 짓고 있었습니다. 더구나 "하나에다 하나는 둘, 둘에다 둘은 넷" 하는 동요 따위는 일찌감치

---

79) 로마 시대의 초중등 교육은 훈장이 단칸방에서 문에 휘장을 쳐놓고 학생들을 가르치는 식으로 이루어졌다. 학생들은 나무판자에 밀초를 입힌 공책(tabula)과 철필(stilus)을 들고 다녔다.
80) 로마 시대에 고유명사처럼 쓰이는 '시인'은 호메로스나 베르길리우스를, '철학자'는 플라톤이나 아리스토텔레스를, '웅변가'는 키케로를 지칭하는 말이었다.
81) 언어는 사람들이 약정한 기호임을 초기 대화편, 특히 『교사론』에서 상론했다.

제게 지겨웠고, 무장한 군인으로 가득 찬 목마라든가 트로이의 화재며 크레우사의 망령이라든지[82] 하는 허황한 구경거리만 흥미진진했습니다.

14.23. 외국어가 어려워 그리스 시인들의 흥미로운 작품이 쓴맛이었다

그렇다면 이다지도 재미있는 사건을 노래하는 그리스 문법은 왜 그렇게 싫어했을까요? 이러한 이야기를 능란하게 엮어내는 호메로스[83]는 흥미진진하면서도 황당했습니다. 하지만 저 같은 소년의 입맛에는 썼습니다. 그리스 아이들도 베르길리우스를 억지로 배웠다면 제가 저 인물을 배우느라 닦달당했던 것처럼 입맛이 썼을 것입니다. 말하자면 어려움, 외국어를 완전히 익힌다는 어려움이 그리스어로 된 설화들의 감미로운 맛 전부에 쓸개를 끼얹은 격이었습니다. 단어 하나도 제대로 모르는 터에 어른들은 저에게 공포와 체벌을 내세워 배우고 익혀야 한다고 심하게 을러댔습니다. 라틴말도 갓난이 때에는 전혀 몰랐지만 눈치로 배워 익혔습니다.[84] 유모들의 귀염을 받으며 웃고 떠드는 사람들의 장난과, 말로 어르는 사람들의 재미 속에

---

[82] 『아이네이스』에는 트로이가 함락되면서 살해당한 아이네이스의 아내 크레우사가 망령으로 나타나 로마를 창건할 남편의 미래를 축원해주는 부분이 있다(베르길리우스, 『아이네이스』, 2.772-791).
[83] 당대 로마 문인들의 전통과 달리 아우구스티누스는 호메로스의 시구를 인용하거나 두 서사시의 줄거리나 인물을 언급하는 일이 없었다.
[84] 아우구스티누스는 초기 제자들에게 초급학과목 백과사전을 집필하기로 약속했고 실제로 *De musica*(음악론), *De dialectica*(변증법), *De grammatica*(문법론), *De rhetorica* (수사학)을 남겼다. 그가 집필한 *De arithmetica*(산술), *De geometrica*(기하학), *De philosophia*(철학)은 유실되었다.

서, 겁이라든가 맘고생 없이 배워 익혔습니다. 체벌로 을러대는 사람들의 벌이 아니어도 맘먹은 것을 뭐든지 받아내려는 마음이 저를 재촉해서 그랬습니다.

그렇게 하려면 제가 몇 마디 말이라도 배우는 것 외에 다른 길이 없었는데,[85] 그것마저 가르친다는 사람들한테서 배운 것이 아니라 말을 거는 사람들한테서 배웠습니다. 제가 무엇을 느끼든 간에 그 사람들의 귀에다 그것을 내놓는 셈이었습니다. 이것으로 미루어 분명해지는 점은 말을 배우는 데 더 큰 힘을 갖는 것은 까다로운 필요성보다는 자유로운 호기심이라는 것입니다. 하지만 멋대로 흐르는 호기심의 움직임에, 이 필요성이 당신의 법으로 제동을 겁니다. 하느님, 당신의 법으로, 선생들의 회초리에서부터 시작해서 순교자들의 형고 形苦에 이르기까지 두루 통하는 당신의 법으로, 그야말로 당신의 힘 있는 법은 호기심에다 쓴맛을 섞습니다. 저희가 당신을 등지고 떠나서 향하는 재미, 즉 해를 끼치는 재미에서 돌이켜 세우는 쓴맛, 구원에 유익한 쓴맛,[86] 저희를 당신께로 도로 부르는 쓴맛 말입니다.

15.24. 만유가 하느님을 섬겨야 옳다

주님, 저의 기도를 들어주십시오. 당신의 규율 아래서 제 기운이 다하는 일 없게 해주시고 당신의 자비를 들어 당신께 고백하는 일에

---

85) 몇 단어가 탈락한 것으로 추정되는 것을 고려해 "그렇게 몇 마디 말이라도 배우지 않았더라면 그런 개념도 생겨나지 않았을 것입니다"라는 번역도 가능하다.
86) 건강에 좋은 쓴맛. 학교생활의 체벌마저도 절도 없고 유치한 탈선을 막는 것일 뿐이라고 말하며 다음 장에서는 그것도 하느님의 '규율'이며 본인들에게는 '안전한 길'이었다고 실토한다.

도 지치지 않게 해주십시오.[87] 당신께서는 당신의 자비로 저를 사악하기 그지없는 제 모든 길에서 건져내셔서, 제가 뒤따르던 모든 기만을 떨쳐내시고 제게 감미로운 분이 되셨습니다. 당신을 힘껏 사랑하고 저의 마음을 다해 당신의 손을 끌어안게 하셨습니다. 이렇게 저를 온갖 유혹에서 끝까지 건져내셨습니다.

보십시오, 주님, 당신께서는 저의 임금님, 저의 하느님이시니, 어릴 적 쓸모 있다고 배운 것마다 당신을 섬기게 해주십시오. 제가 말하고 쓰고 읽고 셈하는 일이 당신을 섬기게 해주십시오. 제가 허망한 것을 배울 때 당신께서는 제게 규율을 펴셨고, 그 허망한 것을 탐닉하던 죄를 당신께서 용서해주셨기 때문입니다. 그 허망한 것에서도 저는 유익한 단어들을 많이 배웠는데 그것은 허망하지 않은 사물에서도 배울 수 있는 것이었고 아이들이 걷기에는 차라리 그편이 안전한 길이었습니다.

16.25. 너절한 시인들은 아이들을 못되게 가르친다

그러나 불행하여라,[88] 너, 인간 속습(俗習)의 강물이여![89] 누가 너에게 버티겠는가? 언제까지 말라 없어지지 않을 셈이냐? 도대체 언제까지 하와의 자손을 무시무시한 허허바다로 밀어 넣을 생각이냐? 나무에[90] 오른 사람들도 겨우 건너가는 바다를 말이다. 유피테르가 천

---

87) 인간의 타락과 하느님의 구원의 상관관계를 교부는 아래에서 이사야 46:4를 인용해 "달려가거라! 내가 안고 오리라. 내가 데려오리라. 거기서 내가 안고 오리라!"(이 책, 6,16,26)라는 구절로 그려낸다.
88) 이 부분(1,16,25-26)은 독백 형식이다.
89) "강이란 무엇인가? 강이란 속세의 모든 사멸을 가리킨다"(『시편 상해』, 65.11).
90) '나무'(lignum)는 '배'(navis)를 가리키는 시어인데 후대의 글에서는 '십자가'

둥을 치고 간통을 저지르는 얘기를 내가 읽은 것도 너로 인해서 아니었던가?[91] 물론 이 두 가지는 한 인물이 동시에 할 수 없는데도 실제로 그랬다 하니, 가짜 천둥이 뚜쟁이 노릇을 하는 사이에 진짜 간통을 본뜨라고, 그의 권위를 내세우면서 본뜨라고 추켜세우는 소행이다. 외투를 두른 교사들[92] 가운데 서서, 비록 자기들과 같은 먼지바닥에서 노는 인물이라고 하더라도,[93] 누가 "호메로스가 이것을 꾸며내 인간사人間事를 신들에게 갖다 붙인 것이다. 나라면 차라리 신사神事를 우리에게 갖다 붙이겠다"[94]고 큰 소리로 외친다면 그 사람의 말을 진지하게 들어줄 사람이 과연 누구겠는가? 차라리 호메로스라는 저 인물이 이런 얘기를 꾸며낸 것은, 패덕한 인간들에게 신성한 성격을 부여함으로써 추행이 추행으로 간주되지 않게 하려고, 누구든지 그런 추행을 저질렀을 경우에 망할 인간으로 보이지 않고 오히려 천계의 신들을 본뜬 인간으로 보이게 하려고 그랬다고 하는 말이 더 맞을지 모른다.[95]

(crux)로 전의된다(『시편 상해』, 103,4,4 참조).
91) "유피테르를 신이라고 일컬으면서, 번개도 치고 간통도 저지르는 자, 온 세상도 통치하고 사방에다 염문도 퍼뜨리고 다니는 자, 모든 자연[본성]과 자연적 사물들의 최고 원인이면서도 [도덕적으로] 선한 사유는 전혀 갖추지 못한 자라고 일컫는 것"은 온당하지 못하다(『신국론』, 7.9.1 참조).
92) 당시 철학자나 교사들은 그리스풍 외투를 걸쳐 티를 냈으므로 '외투를 입은 자'라고 불렸다.
93) 철학이나 문학을 가르치던 교사들은 종종 땅바닥에 글씨를 써가면서 사람들을 가르쳤으므로 그들이 학문을 다루는 것도 '먼지바닥'으로 형용되곤 했다.
94) 키케로가 신화를 믿는 자들을 경멸해서 한 말이다(키케로, *Tusculanae disputationes*, 1,26,65).
95) "추루하고 악덕을 조장하는 색욕이 사랑을 신이라고 꾸며냈다. 더 멋대로 하려고 그 광기에다 거짓 신성의 칭호를 덧붙인 것이다"(세네카, *Phaedra*, 195-197).

16.26 오, 지옥의 강이여,[96] 사람의 아들들이 이따위 것들을 배우겠다고 월사금을 들고서 네 안으로 뛰어들고 있다. 더구나 그런 일이 광장에서 이루어진다니, 월사금 위에 공금을 얹어 봉급을[97] 지급하기로 결정한 법률 앞에서 벌어진다니 참 큰일이다. 그런데도 네 물결은 바위를 들이치면서 소리를 내는 품이 마치 이런 말처럼 들린다. "여기야말로 말을 배우는 곳이다. 여기야말로 이치를 설득시키고 사상을 설명하는 데 없어서는 안 될 웅변술을 터득하는 곳이다."

테렌티우스가 못된 젊은이 하나를 끌어들여서 유피테르를 강간 행위의 본보기처럼 내세우지 않았더라면,[98] 다음과 같은 단어들, 곧 '비'나 '황금'이나 '품', '속임수'니 '하늘의 전당' 따위의 단어들이나 그밖의 다른 단어들을 우리는 몰랐을 것이다. 그 청년은 벽에 붙은 어떤 그림판을 보았는데 거기엔 이런 광경이 묘사되어 있었다. 유피테르가 무슨 수를 써서, 말하자면 다나에의 품에다 황금 비를 내리게 했다는, 여자한테 속임수를 썼다는 것이다. 그리고 보시라, 젊은이가 천계의 교도권(教導權)으로부터 부추김을 받았노라면서 어떻게 욕정을 불태우는가! 그자는 이런 말을 한다. "얼마나 훌륭한 신인가! 하늘 신전들을 지고한 천둥으로 뒤흔드는 분. 그러니 나 같은 하찮은 인간이 그 짓을 하지 말라는 법이 있나? 그래, 난 했지. 그것도 기꺼이!"[99]

이런 치정 사건을 통해서 저런 말마디들이 보다 쉽게 익혀지는 것은 절대로 아닙니다. 하지만 이런 치정 사건은 그런 말마디를 통해서

---

96) 로마 문학에서 황천은 머나먼 땅, 빈곤의 땅, 정욕과 맹목, 죽음의 땅을 가리켰다.
97) 학생들이 바치는 월사금과 정부가 교사들과 관리에게 지급하는 봉급.
98) 테렌티우스 희극 *Eunuchus*에서 주인공이 유피테르가 천둥을 울리며 황금 비가 되어 다나에를 범한 그림을 보았으니 자기도 애인을 범할 권리가 있다고 호언하는 대목이 있다.
99) 테렌티우스, *Eunuchus*, 590-591. 여기서 아우구스티누스의 독백이 끝난다.

더 뻔뻔스럽게 저질러집니다. 제가 지탄하는 것은 언사가 아닙니다. 그것은 선별된 값진 그릇과 같습니다. 제가 지탄하는 바는 만취한 교사들이 이것을 저기에 담아 저희에게 돌린 오류의 포도주입니다. 저희가 마시지 않으면 사정없이 매질을 했고, 그 일을 두고 정신이 맑은 판관에게[100] 하소연하는 일조차 저희에게 허용되지 않았습니다. 저의 하느님, 당신 대전에서는 그런 일을 되새기는 제 추억도 위험하지 않아 마음이 놓입니다만, 그때는 저도 이것들을 기꺼이 배웠고 가엾게도 이것들을 즐기던 터였으므로 도리어 이 일로 싹수가 좋은 아이라고 불렸습니다.

17.27. 아우구스티누스의 뛰어난 재능이 시인들의 망상에 말려들다

저의 하느님, 당신의 선물인 저의 재능을 얼마나 허망하게 망가뜨렸는지 몇 마디 말씀드리게 허락해주십시오. 저에게 숙제가, 저의 영혼에 다소 당혹스러운 숙제가 주어졌습니다. 그 숙제는 칭찬이라는 상이나 망신 혹은 매질이 따르는 것이었습니다. 베르길리우스의 서사시에서 테우케르인들의 임금을 이탈리아에서 떼어놓을 수 없다고[101] 노발대발하면서 괴로워하는 유노의 대사를 제가 풀이하는 일

---

100) 만취한 교사들(*ebrii doctores*)과 제정신인 판관(*sobrius iudex*)이 대조되면서 청소년에게 주입되는 시문학(선별된 값진 그릇)의 폐해(오류의 포도주)를 시사한다.
101) 서사시 첫머리에 등장한 유노의 독백(베르길리우스, 『아이네이스』, 1.37-49)은 비너스의 아들 아이네이스가 이탈리아에 도착해 로마(유노가 보호하는 카르타고와 숙적이 되어 결국 멸망시킬 도성)를 창건하는 일을 막지 못하는 울분을 나타낸다.

이었습니다. 저로서는 유노가 이런 말을 한 것을 들은 적이 결코 없었습니다. 그렇지만 뒤따라가면서 헤매더라도 시인의 시적 공상의 자취를 따라가라는 강요를 받았고 시인이 운문으로 그려낸 내용을 산문으로 발표하라는 요구를 받았습니다.[102] 등장인물의 지위에 비추어 분노나 애수의 감정의 뜻을 알맞게 장식하는 언사로, 그 인물의 생각을 적절하게 수식해서 표방하는 사람이 더 칭찬받았습니다.

 오, 참다운 생명이신 저의 하느님, 제가 열변을 토해 수많은 동년배들이자 동급생들을 제치고 환호를 받은들 그게 도대체 무엇입니까? 보십시오, 그 모두가 연기요 바람이 아닙니까?[103] 저의 재주와 언변을 훈련시킬 다른 자리가 그렇게도 없었습니까? 주님, 당신의 찬미, 성경 곳곳에 나타나는 대로, 당신을 찬미함이야말로 제 마음의 새순이 함부로 돋지 못하게 억누르고, 어쭙잖은 익살을 부리다가 날짐승들에게 먹잇감이 되는 일이 없게 해줍니다. 반역한 천사들에게 희생당하는 법이 꼭 하나인 것은 아니기 때문입니다.[104]

---

102) 문학 공부의 주요 과제가 서사시의 "운문을 산문으로 풀이하고, 어휘를 바꿔가면서 해석하고, 병행구를 찾아 주석하는 일"(퀸틸리아누스, *Institutio oratoria*, 1.9.2)이었다.

103) 아우구스티누스 생애 전반에서 가장 큰 욕망은 명예심과 색욕이었다. 이 책 8권에 두 욕망에서 풀려나는 과정이 묘사되어 있다. "오만이 하느님께 자기를 띄우지만 하늘로 솟던 연기처럼 흩어지고, 허영이 바람처럼 불지만 자취 없이 사라지고 만다"(*Sermones*, 22.8.8).

104) 성경을 교본으로 삼아 수사학 훈련이 가능한 만큼(그의 대표적인 저술이 『그리스도교 교양』이다) 이교도의 신화를 대본으로 하는 공부는 자칫 우상 숭배의 한 형태가 될 수 있다고 우려한다.

18.28. 사람들은 문법가들의 법령을 따르다
하느님의 법을 소홀히 한다

제가 이렇듯 허영에 들떠 있었으니, 저의 하느님, 당신께로부터 멀어져 밖으로 나돌던 것이 뭐가 이상했겠습니까? 그때는 제게 귀감이라며 내세워진 사람들이 행실은 나쁘지 않더라도 문법적으로 비어법卑語法이나 파격법破格法을 쓰면105) 당장 트집을 잡아 부끄럽게 만들어 버리는데, 자기들의 색욕까지도 알맞고 규식에 따른 번드르르한 말로, 더구나 풍부하고 수식을 갖추어 서술하면 오히려 칭송을 받고 영예를 얻던 때였습니다. 주님, 당신께서는 이 모든 일을 보시면서도 잠자코 계십니다. 주님은 너그러우시고 크게 자비로우시며 진실하신 까닭입니다.

하지만 언제까지 잠자코만 계시렵니까? 당신을 찾는 영혼, 당신의 복락을 목말라하는 영혼이라면 이 엄청난 심연에서 지금이라도 당장 구출해주십니다. 그런 영혼은 당신께 "제가 당신 얼굴을 찾았나이다. 주님, 당신 얼굴을 제가 찾으리다.106) 어두운 욕정에 빠져 당신의 얼굴에서 멀어졌습니다"라는 말씀을 드리는 중입니다. 당신에게서 떠나든 당신에게로 돌아오든 발이나 공간으로 하는 것이 아닙니다. 당신의 그 작은아들도 말이나 수레나 배를 구한 것이 아니고 눈에 보이는 날개로 날아간 것도 아니고 오금을 놀려가며 길을 간 것도 아닙니다.107) 떠나가는 아들한테 상냥한 아버지로서 당신께서 주셨던 것을,

---

105) 외래어나 그 어법을 과용하는 어휘상의 파격인 '비어법'과 문법상의 '파격법'이 구분된다(『질서론』, 2.4.13;『그리스도교 교양』, 2.13. 19 참조).
106) 시편 27[26]:8.
107) "사랑하는 우리 고향으로 도망가자 … 우리가 온 고향이 저기 있고 우리 아버지가 저기 계신다. 어떻게 그리로 갈 수 있을까? 도주하는 길이 어디 있는가? 발로는 거기 못 간다. 수레나 배를 타서도 안 된다. 그대의 눈을 감으라.

일단 당신께서 주신 것이라면서, 그가 먼 고장에서 살면서 허랑방탕할 때도, 빈털터리가 되어 돌아오는 아들을 더 상냥하게 맞아주셨을 때도 문제는 욕정이었습니다.[108] 욕정에 찬 상태에 있음으로써, 다시 말해서 어두운 상태 속에 있어 당신 얼굴로부터 멀어지는 것입니다.

18.29 주 하느님, 보십시오. 늘 보시다시피 인간의 자식들이 선대에 말이라는 것을 쓰던 이들로부터 물려받은 글자와 음절에 관한 약조는 얼마나 열심히 준수하는지, 그러면서도 당신께로부터 받은 영원한 구원의 영속적인 약조는 얼마나 소홀히 하는지 참고 보십시오. 과거 발음법이 마음에 들어 간직하고 또 가르치는 사람이, homo^(사람)라는 단어를 발음하면서 첫 음절을 기식음氣息音 없이 omo라고 잘못 발음한다고 합시다.[109]

그럴 경우, 사람으로서 사람을 미워하는 일은 당신의 계명에 거슬리는 짓인데, 사람들은 그런 미움을 갖는 일보다 이런 발음을 두고 훨씬 더 불쾌하다고 할 것입니다. 그것은 마치 일단 원수라면 그가 어떤 사람이든 그가 자기에게 해를 끼칠 수 있다는 사실과 누구든 원수라는 사람에게 쏟아내도록 긁어대는 미움을 비교해, 전자가 후자보다 훨씬 더 해롭다고 느끼는 식입니다. 누가 다른 사람을 심히 못살게 굴면서 파괴하는 짓과 누구를 원수로 삼음으로써 자기 마음을 파괴하는 짓을 비교하면서 전자가 후자보다 더 심하다고 여기는 식입니다. 자기가 당하기 싫은 것을 남에게 행하는 짓을 두고, 새겨진

시선을 바꾸고 다른 시선을 일깨우라. 그런 시선은 소수만 사용한다"(플로티누스, *Enneades*, 1.6.8).
108) 성경에 나오는 되찾은 아들의 비유(루가 15:11-32)를 가리킨다.
109) 'h'라는 기식음을 생략하는 경우가 많아 그 발음을 정확히 하는 사람은 교양인으로 여겨졌다.

양심보다 문학 지식이 더 내밀하지는 못합니다.

  홀로 위대하신 하느님, 깊이 숨어 계신 당신께서 드높이 침묵 중에 계시면서도 휘지 않는 법을 펴시어 불법한 욕정 위에다 맹목을 징벌로 뿌려놓으십니다.[110] 그러다 보면, 웅변의 명성을 추구하는 인간이 인간인 재판관 앞에서, 인간 대중이 둘러싸고 있는 가운데, 지독한 증오심을 품고서 자기 논적을 공박하면서, 혀를 잘못 놀려 "인테르 오미네스"inter omines로 발음하는 일이 없도록[111] 극도로 조심하면서도, 정작 지성의 흥분 때문에 사람들로부터 사람을 갈라놓는 일에는 전혀 조심하지 않습니다.

19.30. 아우구스티누스 어린 시절의 범죄

  제가 어렸을 때에는 불쌍하게도 이런 습속의 문지방을 베고 누워 있었습니다. 그리고 이런 경기장 훈련이란[112] 기껏해야 제가 비어법을 쓰지 않을까 겁내는 것이었고, 그런 짓을 저지를 경우에 그러지 않는 사람들을 시샘하지 않도록 조심하는 데는 마음을 쓰지 않았습니다. 저의 하느님, 이런 일들을 말씀드리고 당신께 고백하는 까닭은, 이따위 일들을 두고 사람들에게 칭찬을 받으면서 그런 작자들에게 인기를 끄는 것이 그 당시 저한테는 선량하게 사는 것처럼 여겨졌기

---

110) 도덕과 역사에 대한 하느님의 개입과 교정은 조용히 이루어지므로, 교부가 보기에 인간이 거침없이 욕정을 따라가는 맹목은 이미 일종의 죄벌이다.
111) '사람들 가운데서'(inter homines)라는 어구를 비어법으로 inter hominibus 라고 잘못 쓰거나 inter ominibus('h' 기식음이 빠지면 '불길한 징조들 사이에서'라고 들린다)라고 잘못 발음하면 오해를 낳을 수 있다.
112) 학생들의 글짓기 대회나 권력과 목숨을 다투는 웅변가들의 정쟁을 대경기장의 시합처럼 묘사하고 있다.

때문입니다. 저는 당신 눈 밖에 나서 깊은 구덩이 속에 굴러떨어져 있었으면서도 그 추접한 구덩이를 보지 못하고 있었습니다. 저 숱한 사람들의 마음에도 들지 못했는데 하물며 당신 눈에 저라는 인간보다 더 추접스러운 것이 무엇이었겠습니까? 놀기 좋아해서, 실없는 구경거리를 보고 싶은 욕심에, 연극에서 본 것을 흉내 내려고 안달하면서 저는 헤아릴 수 없이 많은 거짓말로 보육교사[113]와 선생들, 심지어 부모님까지 속이곤 했습니다. 부모님의 곳간과 식탁에서의 도둑질도 마다하지 않았습니다. 게걸스러운 목구멍 때문이기도 했고 다른 애들에게 줄 것을 마련하기 위함이기도 했습니다.[114] 그러니까 다른 애들은 저와 함께 놀고 재미를 보면서 자기들 놀이를 저한테 팔아먹은 셈입니다. 그런 놀이에서도 저는 남들보다 앞서고 싶은 욕심에 져서 속임수를 써 승리를 얻곤 했습니다. 다른 애들을 상대로는 곧잘 그러면서도 제가 다른 이의 속임수를 밝혀낼 경우에는 모질게 욕을 해댔으니 그보다 당하기 싫은 것이 또 무엇이었겠습니까?

반대로 제가 들켜서 욕을 들을 때는 잠자코 있지 않고 얼마나 사납게 덤벼들었는지 모릅니다. 이것이 어디 어린아이의 무죄함입니까? 주님, 아닙니다. 저의 하느님, 당신께 말씀드리지만, 아닙니다. 사실 이런 것들은 가정교사와 선생들을 떠나고 호두알과 공과 참새들과 멀어진다 한들, 나이가 들수록 주지사와 왕들에게로 고스란히 옮겨져 황금과 영토와 노예를 더 차지하려고 속임수를 부리게 됩니다. 그러면서 아이들을 때리는 회초리는 어른들에게 가해지는 더 가혹한 형벌로 이어집니다.[115] 그러니 저희 임금님, 당신께서 *"하늘나라는*

---

113) paedagogus: 정확하게는 아동의 등교와 하교, 학교에 가져가는 서적의 지참과 간수를 맡은 노예.
114) 이 책, 2.4.9-10.18에는 설익은 배를 훔친 일화가 길게 묘사되어 있다.
115) 어른들의 사업이라는 것도 그 타락상이 아이들의 놀이를 옮겨놓은 것에 불

이런 어린이와 같은 사람들의 것이다"[116]라고 말씀하셨을 때 당신께서 겸손의 표로 인정하신 것은 어린 시절의 키뿐이었습니다.[117]

20.31. 하느님의 선물 감사드립니다

그렇지만 주님, 지극히 높으시고 지극히 선하신 창조주요 우주의 지배이신 당신께, 저희 하느님께, 당신께서 설령 제가 어린애인 채였으면 하고 바라셨다 하더라도, 감사를 드립니다. 그때에도 저는 존재하고 있었고, 살아 있었고, 지각하고 있었습니다.[118] 저의 안전을 걱정하고 있었습니다(그 안전이란 당신의 극히 신비로운 단일성單一性의 자취였고[119] 그 단일성에서 비롯해 제가 존재하고 있었습니다). 내적 감각으로 제 감관들의 통합을 유지하고 있었고, 그러한 감관들 속에서 사소한 사물들에 관한 사소한 생각들을 갖고 나름대로 진리를 향유하고 있었습니다. 남에게 속는 것을 싫어했고, 기억력은 비상했고, 언변은 다 듬어져 있었고, 우정에 끌렸고, 비애와 무기력과 무지를 피했습니다. 그처럼 팔팔한 생명체에게 놀랍지 않고 경이롭지 않을 만한 것이 무엇이었겠습니까?

과하다는 의미다.
116) 마태오 19:14.
117) 인간의 타락으로 미루어 겸손한 것은 아이의 성정이라기보다 그 작은 키에 불과하다는 탄식이다.
118) 유아기에 관해서도 '존재'와 '생명'과 '지각' 셋을 두고 창조주를 찬미했다 (이 책, 1.7.12).
119) 아우구스티누스의 가장 심오한 『삼위일체론』은 하느님의 모상인 인간 영혼의 세 주요 기능, '존재함'(esse), '살아 있음'(vivere), '지각함'(sentire)으로부터 그 원형인 삼위일체의 유일성이라는 신비에 접근하는 방법론을 채택하고 있다.

그렇지만 그 모든 것이 제 하느님의 선물입니다. 제가 저에게 이것들을 준 적이 없습니다. 좋은 것들이었고 이 모두가 곧 저입니다.[120] 따라서 저를 만드신 분도 좋은 분이시고, 그분이 곧 저의 선이시며, 그 모든 선을 두고 그분께 기뻐 환호합니다. 그 모두로 인해 제가 곧 어린 저였습니다. 그런데 그분으로부터가 아니라 그분의 피조물에게서, 저에게서 또 여타 사물에서 쾌락을, 숭고함을, 진리를 찾고 있었다는 바로 그 점에서, 저는 죄를 짓고 있었습니다. 그로 말미암아 고통, 혼동, 오류로 제가 치달았던 것입니다.[121] 당신께 감사드립니다, 저의 감미로움, 저의 영예로움, 저의 믿음이시여. 저의 하느님, 당신의 선물에 당신께 감사를 드리니 저에게 그것을 보전해주십시오.[122] 당신께서는 결국 그렇게 저를 보전하실 것이니, 그렇게 해서 제게 주셨던 것들이 불어나고 오롯해질 것입니다. 그리하여 제 자신이 당신과 함께 존재할 것이니 제가 존재함조차도 당신께서 제게 주셨기 때문입니다.[123]

---

120) et bona sunt et haec omnia ego: 성품과 행위를 실체의 한 속성으로 여기지 않고 실체 자체로 보았다. 이는 아우구스티누스 실존철학의 효시로 간주된다.
121) 교부는 인간이 어려서부터 일평생 체험하는 고통과 혼동과 오류는 인간이 태생적으로 쾌락과 숭고함과 진리를 찾고 있다는 증거라고 가르친다.
122) 쾌락을 추구하다가 고통을 체험한 그는 하느님에게서 '감미로움'을, 숭고함을 추구하다가 혼동을 체험한 뒤 '영예'를, 진리를 추구하다가 오류를 체험하고서 드디어 '믿음'을 발견한 기쁨을 피력하고 있다.
123) esse 동사의 양의성('이다', '있다')으로 미루어 "제가 저인 것도 당신께서 제게 주신 것입니다"라는 의미도 된다.

제2권
내 나이 열여섯*

---

* 제2권은 청소년기에 들어가면서 감지한 성징과 그에 따른 곤혹(1.1-3.8), 그리고 유명한 '배 서리'(4.9-11.18) 이야기로 엮어져 일찌감치 하느님으로부터 멀어져가던 모습을 그려낸다.

1.1. 본인에게도 쓰라린 지난날을 회상하는 까닭

저지르고 넘어간 제 패악과 육체적 부패를 저의 영혼에서 기억해 내려고 합니다. 그것들이 좋아서가 아니라, 저의 하느님, 당신을 사랑하고 싶어서입니다. 당신 사랑에 대한 사랑으로[1] 그 일을 합니다. 제 추상의 쓰라림 속에[2] 제가 걸어온 사사스러운 길들을 되새김으로써 당신께서 제게 감미로움을 주시게 하려는 뜻입니다. 속임수 없는 감미로움, 행복하고 안전한 감미로움, 분산되지 않게 저를 가다듬는 감미로움 말입니다.

---

1) amore amoris tui: 쾌락의 모든 추구가 기실 "당신을 사랑하는 사랑으로(하느님께 향하는 사랑을 일깨우려는 사랑에서) 우러난다"라는 번역도 가능하다. 개인적인 고백 후 창조론으로 건너가는 대목(이 책 11.1.1)에도 똑같은 문구가 나온다.
2) 그가 어려서부터 추구하던 바는 감미로움이었는데 머지않아 사랑하는 벗의 갑작스러운 죽음이라는 쓰라림을 겪으면서(이 책, 4.6.11 참조) 더 먼 지평으로 시선을 돌리게 된다.

일자一者이신 당신을 등지고 다자多者를 향해 스러지면서[3] 제가 산산조각으로 흩어지고 말았습니다. 청소년 시절[4] 저는 저 밑바닥 것들로 허기를 채우는 데 몸을 불살랐으며, 다채롭고 그늘진 애정행각에 무성하게 뒤얽혔습니다. 그러는 사이에 제 용모는 시들고, 저 스스로 만족할 만큼 즐기고 사람들의 눈에 들기를 바라다보니 당신 눈앞에 썩어 문드러지고 말았습니다.

2.2. 변덕스런 나이에 절도 없는 정신적 행각으로 번민했다

저에게 즐거움을 주는 것이 사랑하는 일과 사랑받는 일 말고 무엇이었겠습니까?[5] 우애에 해맑은 경계가 있는 것과는 달리, 연애에는 마음에서 마음에 이르는 한도가 지켜지지 않았고 오히려 진흙탕 같은 육체의 욕정과 사춘기의 용솟음치듯 뿜어 나오는 안개가 자욱했습니다. 그것이 저의 마음을 뒤덮고서 흐리멍덩하게 만드는 바람에, 사랑의 청명함을 욕정의 짙은 안개와 구별하지 못했습니다.

사실 그 둘은 모두 혼란스럽고 유약한 나이인 제게 열기를 뿜어내고 정욕의 낭떠러지로 끌고 가서는 방탕의 심연 속으로 잠기게 하는 것이었습니다. 당신의 분노가 제 위로 세차게 드리워짐을 저는 미처 알지 못했습니다. 제가 죽어야만 하는 운명의 사슬이 내는 철그렁 소

---

3) ab uno ad multa: 플로티누스의 사상(『엔네아데스』, 6.9.1 참조)에 따르면 만유의 존재론적 타락은 일자로부터 멀어짐이고 구제의 길은 일자에게로 돌아감이다.
4) 그의 나이 16세 되던 370년, 학비가 떨어진 아우구스티누스는 마다우라(Madaura) 읍내에서의 공부를 중단하고 고향 타가스테(Tagaste)에 돌아왔다.
5) amare et amari: 이 책, 13.9.10의 명구("제 중심은 저의 사랑입니다. 사랑으로 어디로 이끌리든 그리로 제가 끌려갑니다")를 예고한다.

리에 귀가 메어(그것은 교만했던 저의 영혼에 대한 벌), 저는 당신에게서 마냥 멀어져 가기만 했고 당신께서는 그냥 내버려두셨습니다. 제가 제 사욕에 흔들리고 나둥그러지고 들볶이면서 한편으로 우쭐대는데도 당신께서는 잠자코 계셨습니다. 오, 더디신 저의 즐거움이시여![6] 당신께서는 그때는 침묵만 하고 계셨고 그래서 저는 자꾸만 당신을 멀리하고 고통의 결실 없는 씨앗[7]을 향해 더욱더 치달았습니다. 저의 오만한 실의와 불안한 권태 때문이었습니다.

2.3 누가 저의 고민을 매만져주겠으며, 가장 새로운 조물들[8]의 덧없는 아름다움을 쓸 만하게 돌려주겠으며, 미리 그것들의 달콤함의 경계를 보여주었겠습니까? 그랬더라면 제 나이의 물결이 혼인이라는 해변으로나마 뿜어 올랐을 것이고, 그 물결로 욕정이 잠잠해지지는 못할지라도, 당신 율법이 정하는 대로, 자식을 낳는다는 목적이라도 만족시킬 수 있었을 것입니다.[9] 주님, 당신께서는 능하셔서 저희 죽음의 혈통과 후예도 빚어내시고, 당신의 낙원을 둘러싼 가시덤불의[10] 날카로운 성미도 부드러워지게 손길을 뻗치셨습니다.[11] 저희가

---

6) o tardum gaudium: "저에게 순결과 절제를 주소서. 그러나 금방은 말고"라는 글귀(이 책, 8.7.17)와 아우구스티누스의 철학적 유언 "늦게야 당신을 사랑했습니다(sero te amavi)! 이토록 오래되고 이토록 새로운 아름다움이시여, 늦게야 당신을 사랑했습니다!"(이 책, 10.27.38)를 연상시킨다.
7) 애욕이 '고통의 결실 없는 씨앗'이라면, 금욕은 '아들들을 두고 기뻐하는 소생 많은 어머니'라고 일컬어진다(이 책, 8.11.27).
8) novissimae res: 성경(창세기 2:21 이하)에 따르더라도 여자는 맨 마지막에 창조되었으므로 제일 새로운 조물이었다. 그런데 novissimae는 '가장 하찮은 것'과 '끝장'(후대의 '종말')을 모두 의미하는 이중성이 있다.
9) 출산이라는 목적까지 염두에 둔 것은 아니지만 남자로서의 정욕은 해소시킬 수 있을 것이라는 설명이다.
10) 창세기 3:17-18 참조.
11) 하느님은 인간의 혼인과 성애로 후손을 일으키시고 욕정의 가시도 누그러뜨

비록 당신께로부터 멀리 있을지라도 당신의 전능은 저희한테서 멀리 있지 않습니다. 저는 적어도 당신의 구름들에서[12] 다음과 같은 소리에 좀더 유념해서 귀를 기울여야 합니다.

"혼인하는 사람들은 이런 식으로 육신의 고생을 겪을 것입니다. 나는 그대들이 그것을 면하게 만듭니다." 또 "남자로서는 여자에게 손대지 않는 편이 좋습니다. 아내가 없는 남자는 어떻게 하면 하느님 마음에 들까 하고 하느님의 일을 생각합니다. 그러나 혼인을 맺은 남자는 어떻게 하면 아내의 마음에 들까 하고 세상일을 생각합니다."[13]

이런 소리를 좀더 귀담아 들었더라면 저는 하늘나라 때문에 몸을 도려낸다고 할지라도 보다 행복하게 당신의 포옹을 기다렸을 것입니다.[14]

2.4 그렇건만 저는 가엾게도 갈수록 몸이 달아서 당신을 저버린 채로 덧없이 제 충동을 따랐을 뿐입니다. 저는 당신의 적법한 것들을 모조리 어겼고 당신의 채찍질을 피하지도 않았습니다. 죽을 인간 중에 누가 피하겠습니까? 당신께서는 노기를 보이시면서도 자비로이 항상 곁에 계셨고 저의 온갖 탈법한 쾌락에 쓰디쓴 거리낌을 뿌리시면서 저로 하여금 거리낌이 들지 않는 쾌락을 찾아 나서게 만드셨습니다. 제가 혹시 그것을 찾아낼 수 있었다면, 주님, 당신 말고 어디서 찾아냈겠습니까? 당신께서 계명에다 고통을 내리시는 척하시고, 고쳐주려고 때리시고, 저희를 죽이심은 저희가 당신 없이 죽지 않게 하

리신다.
12) 이 책(13.15.18 참조)에서 구름은 설교, 혹은 그들이 펴는 하느님의 말씀을 가리킨다.
13) 1고린토 7:28; 32-33 참조.
14) 마태오 19:12 참조("사실 모태에서부터 고자로 태어난 이들도 있고, 사람들 손에 고자가 된 이들도 있으며, 하늘나라 때문에 스스로 고자가 된 이들도 있다").

시려는 것입니다.[15]

 제 육신의 나이 열여섯 되던 그해에, 저는 어디 있었으며 당신 집안의 환락으로부터 얼마나 멀리 가 있었습니까? 색욕의 광기가 제 위에서 홀㉟을 쥐어 저는 그 앞에 완전히 두 손을 들어버렸습니다. 그 색욕으로 말하자면 세상의 눈으로는 인간적 불명예라는 방종에 그치지만 당신 율법으로는 엄연한 불법이었습니다. 친지들조차 파멸해가는 저를 걱정해 혼인이라도 시켜 붙들어줘야겠다는 생각은 하지 않았고, 제가 최고의 연설문을 짓고 뛰어난 언변으로 사람들을 설득하는 법을 배우게 하는 일에만 신경을 썼습니다.

3.5. 학업 중단

 그해 제 공부가 중단되었습니다. 문학과 웅변술을 배우느라 가까운 도시 마다우라[16]에서 객지 생활을 시작했는데, 거기서 돌아와 훨씬 먼 카르타고[17]에서 공부시킬 비용을 마련하는 중이었기 때문입니다. 참으로 소박한 타가스테 자유시민[18]이던 아버지의 재력보다 앞서는 그의 열성에서 나온 발상이었습니다. 이런 이야기를 제가 누구에게 하고 있는 것입니까? 저의 하느님, 당신께 드리는 말씀은 아니고 당

---

15) 신명기 32:39 참조("나는 죽이기도 하고 살리기도 한다. 나는 치기도 하고 고쳐주기도 한다").
16) 마다우라는 아우구스티누스의 고향 타가스테에서 가장 가까운 소도시로, 그는 거기서 중등학교에 다니고 있었다.
17) Carthago: 제국시대의 카르타고는 로마 다음가는 대도시로 출세를 바라는 북아프리카 젊은이들에게 선망의 땅이었다.
18) municeps Thagastensis: 비록 소도시였지만 타가스테는 자치도시의 위상을 갖고 있었다.

신 앞에서 저의 족속에게, 말하자면 비록 소수일지라도 이 글을 접하게 될 인간 족속에게 이야기하는 중입니다.

그럼 무엇 때문에 하는 것입니까? 저를 포함해 이 글을 읽는 사람 모두가 얼마나 깊은 곳에서 당신께 부르짖어야 하는가를 생각하자는 것입니다.[19] 고백하는 마음, 믿음에서 우러나는 삶이라면, 그보다 당신의 귀에 가까운 것이 무엇이겠습니까? 그즈음에 공부를 위해 멀리서 타관살이하는 데 필요한 것이라면 뭐든지 마련하고 자기 재산의 여력에 부치도록 아들에게 돈을 들이는 일을 두고서 제 아버지라는 사람을 칭송해 떠받들지 않는 사람이 누구였겠습니까? 훨씬 부유한 다수 시민들 가운데서도 자녀를 위해서 이런 일을 하는 이는 하나도 없었습니다. 그렇지만 바로 그런 아버지도 제가 당신 앞에서 어떤 사람으로 성장해야 하는지, 얼마나 순결한 사람이 되어야 하는지에 관해서는 도통 마음을 쓰지 않았습니다.

하느님, 제가 비록 구변 좋은 사람이 되었을는지는 모르지만 당신의 농사에서는 버려진 사람이었습니다.[20] 당신께서 당신의 밭 곧 제 마음의 주인, 오직 한 분이시고 참되시고 선하신 주인이신데 말입니다.

3.6. 학교를 쉬는 동안 쾌락에 흠뻑 빠지다

그 열여섯 살 나던 해에 집안 형편상 어쩔 수 없이 학업을 완전히

---

19) 시편 130[129]:1-2 참조("주님, 깊은 곳에서 당신께 부르짖습니다. 주님, 제 소리를 들으소서").
20) 교양(cultura)이 있어 '구변 좋은 사람'(disertus)과 하느님의 농사(cultura)에서 '버려진 사람'(desertus)을 기교 있게 대조했다.

쉬는 시간이 생겨 부모와 함께 지내기 시작했습니다. 그러는 동안에 색정의 가시덤불이 제 머리 위로 훌쩍 자라 올랐는데 그것을 뽑아줄 손은 하나도 없었습니다. 더군다나 아버지는 목욕탕에서 사춘기에 이르러 불안하게나마 성징이 갖추어진 저의 모습을 보고 당장 저의 몸에서 손자들이라도 볼 듯이 기뻐하면서 어머니에게 알렸습니다. 그런 서두름은 일종의 취기, 이 세상이 창조주이신 당신을 잊고 당신 대신에 당신의 피조물을 사랑하게 만들던 취기입니다. 뒤집힌 의지, 아주 낮은 것들로 기우는 의지,[21] 자기 의지의 보이지 않는 포도주에서 오는 취기입니다.

하지만 당신께서는 어머니의 가슴에 당신의 성전을 이미 착수하신 터였고 당신의 거룩한 처소의 초석을 놓으신 참이었습니다. 어떻든 아버지는 아직 예비신자였고 그렇게 된 것도 최근 일이었습니다.[22] 그랬으므로 아버지와 달리 어머니는 아직 신자가 아니던 제가 혹시 비뚤어진 길, 당신께로 얼굴을 돌리지 않고 등을 돌리는 사람들이 걷는 그런 길을 가지나 않을까, 경건한 설렘을 안고서 두려움에 몸을 떨고 있었습니다.[23]

---

21) 이미 여기서 교부는 윤리악의 원천을 "뒤집힌 의지, 아주 낮은 것들로 기우는 의지"라고 정의하고 있다(이 책, 2.5.10 참조).
22) 아버지 파트리키우스는 아들을 카르타고로 유학 보낸 뒤 얼마 안 되어(370년경) 죽으면서 세례를 받는다(이 책, 3.4.7; 9.9.22 참조).
23) 교부는 자신과 뭇 인간의 인생 여정을 '하느님을 등지는 배향'(背向, aversio)과 '하느님을 향하는 전향'(轉向, conversio)으로 구분한다. "오, 지혜여, 그대의 광명을 등지고 자기의 어둠에 매달리는 사람들은 불행하여라! 그들은 그대에게 등을 돌림으로써 마치 자기 그림자에 매달리듯이 육적인 활동에 애착하고 맙니다"(『자유의지론』, 2.16. 43).

3.7. 어머니의 염려와 충고

가엾은 저! 저의 하느님, 제가 당신께로부터 멀리 떠나갈 때 당신께서 아무 말씀 없으셨다고 감히 말씀드리는 것입니까? 정말 그때 저에게 침묵을 지키고 계셨습니까? 당신의 신도인 저의 어머니를 시켜서 제 귀에 대고 당신께서 노래처럼 거듭하신 그 말씀들이 당신 것이 아니고 누구의 것이었답니까? 물론 그 가운데 어느 한마디도 제 마음에 내려와서 제가 실행한 것은 없습니다. 어머니가 걱정하던 것은, 제가 어렴풋이 기억하고 있기로는, 제가 사음(邪淫)을 범하지 않을까 하던 것으로, 어머니는 특히 제가 누구의 아내와 간통하지나 않을까 무척 염려스러워 가슴을 졸이며 훈계를 하려는 참이었습니다. 그런 훈계가 제게는 여자나 할 만한 것으로 보였고 그런 말을 귀담아 듣는 일 자체를 부끄러워했을 것입니다. 그 훈계는 당신의 훈계였고 저는 그것을 알지 못했습니다.

어머니를 통해서 당신께서는 저에게 침묵하지 않으셨는데, 저는 당신께서는 침묵을 지키고 계시고 어머니만 말을 하신다고 여겼습니다. 그이 안에서 저에게 무시당하는 것은 당신이셨습니다. 그이의 자식, 당신 여종의 자식, 당신 종놈한테서 무시를 당하고 계셨습니다.[24] 그것도 모른 채로 저는 지독한 맹목으로[25] 곤두박질치며 나아가고 있었습니다. 제 또래들 사이에서 제가 창피한 사람이 될까 되레 부끄러워하고, 그들이 자기네 파렴치한 짓을 그토록 자랑삼는 것을 듣거나, 추잡하면 할수록 그만큼 뽐내는 것을 보고서는, 또 색욕으로 저지른 소행을 단지 해도 괜찮을뿐더러 도리어 칭찬할 일이라도 되는 듯

---

24) 시편 116:16[115:7] 참조("아, 주님, 저는 정녕 당신의 종, 저는 당신의 종, 당신 여종의 아들").
25) 아우구스티누스는 자기의 정신적·도덕적 타락을 누차 '맹목'으로 명명한다.

이 마음에 들어 했습니다. 못된 짓처럼 흠 잡힐 만한 일이 무엇이겠습니까? 그런데 저는 오히려 흠 잡히지 않으려고 점점 못되게 굴었습니다. 방탕아들과 견줄 만한 죄질이 저에게 없을 경우에는, 저지르지도 않고 한 것처럼 꾸미기도 했습니다. 제가 죄가 없을수록 못난이처럼 보이거나, 제가 순결하면 할수록 그만큼 얼간이처럼 여겨지는 것이 싫었습니다.

3,8 보십시오. 제가 어떤 패거리와 바빌론의 한길을[26] 쏘다니고 다녔는지, 진흙탕 속이 마치 계피향과 값비싼 향유 속인 것처럼 뒹굴고 있었는지 보십시오. 제가 무엇에 단단히 매달릴수록 눈에 안 보이는 원수는[27] 제게 발길질해 그 한가운데로 쑤셔박았고 저를 끌어들였습니다. 제가 그만큼 쉽게 끌려들어가는 놈이었기[28] 때문입니다. 제 육신의 어머니는, 이미 바빌론 한복판으로부터 빠져나왔지만 그곳의 여타 습속에 있어서는 굼뜬 편이어서, 저한테 정숙함을 훈계했고, 자기 남편으로부터 저에 관해 들은 일에 그만큼 마음을 쓰되, 젊은 혈기를 산 채로 잘라낼 수 없을 바에야, 굳이 부부의 연이라는 테두리에 묶어두는 일은 해로울뿐더러 길게 보아서는 위험하다고까지 생각할 정도였습니다.

어머니가 그런 데까지 마음을 쓰지 않은 이유는 아내라는 족쇄에

---

26) platea Babyloniae: 성경의 이미지(요한의 묵시록 18:2 참조: "바빌론이 마귀들의 거처가 되고 온갖 더러운 영들의 소굴, 온갖 더러운 새들의 소굴, 더럽고 미움 받는 온갖 짐승들의 소굴이 되고 말았다")에 따라 아우구스티누스는 글에서 (특히『신국론』에서) 타락한 세상의 전형으로 자주 바빌론을 언급한다.
27) 인간을 유혹하는 사탄을 지칭한다.
28) 악령은 인간이 죄짓게 강요하지는 못하고 '넘어갈 만한 자를 넘어뜨릴' 따름이다.

제 희망이 묶일까봐 두려웠기 때문입니다. 그 희망은 어머니가 장차 올 세상에 대해 당신께서 품고 있던 희망이 아니라, 오로지 학문에 대한 희망, 양친이 제가 배워 터득하기를 간절히 바라던 학문에 대한 희망이었습니다. 아버지는 당신에 대해서는 아무 생각이 없었고 저에게는 허황한 것만 바랐습니다. 어머니는 통상적인 공부가 장차 당신께 이르는 데 방해가 되지 않고 오히려 도움이 되리라고 여겼습니다. 최대한 기억을 더듬어본 바로 제 부모의 태도가 그러했던 것 같습니다. 저는 유희에 빠져 진지함의 절도를 넘어서고 갖가지 감정의 허랑방탕함 속으로 고삐가 풀리기만 했습니다. 매사에 짙은 안개가 저에게서 당신 진리의 투명함을 가려버리는 통에, 저의 하느님, 저의 사악함이 비계에서처럼 불거져 나왔습니다.[29]

4.9. 설익은 배를 잔뜩 서리하다[30]

주님, 당신의 법은 도둑질을 벌합니다. 인간들의 마음에 새겨진 법도 그러하지만 사악까지 말살하지는 못하기 때문입니다. 어떤 도둑이 다른 도둑을 태연한 마음으로 봐줍니까?[31] 부자라 할지라도 가

---

[29] 시편 73:7 참조("그들의 눈은 비계로 불거져 나오고 그들의 마음에서는 온갖 환상이 흘러나오네").
[30] 30여 년 세월의 간격을 두고 어린 시절의 배 도둑질을 장황하게 논하는 이유는 그 행동에서 '악의 신비'가 드러나기 때문이다. 세상에 존재하는 모든 사물은 선하고 악을 저지르는 의도 역시 어떤 선을 얻으려는 것인데 절도라는 '악행 자체'를 즐기는 초인적 심리가 존재한다는 놀라운 각성이 엿보인다.
[31] 도둑질은 신성한 율법도, 자연법("이치에 따라서 만사를 강제하거나 금지하는 신의 지성": 키케로, 『법률론』 *De legibus*, 성염 역주, 한길사, 2021, 2.4.8) 도 금하는데, 심지어 도둑질로 사는 인간들마저 자기 것이 도둑질당함을 용납하지 않는 것으로 미루어, 만민이 수긍하는 양심법의 금지항목이다.

난에 몰린 도둑을 그냥 참아주지 않습니다. 그런데 저는 도둑질을 하고 싶어졌으며, 아무런 곤궁에 몰리지 않았으면서도 그 짓을 했습니다. 정의에 대한 빈곤과 싫증, 불의로 살찐 것 말고는 딴 이유가 없었습니다.[32] 저는 이미 풍족하고 제게 훨씬 좋은 것이 있는데도 그것을 훔쳤는데, 도둑질을 하면서까지 탐내던 것을 향유하기 위해서가 아니라 그냥 도둑질과 그 죄악을 향유하기 위해서[33] 그 짓을 했습니다. 저희 포도밭 근처에 배나무가 있었는데 열매가 주렁주렁 달리기는 했지만 모양이나 맛으로나 탐낼 만한 과일은 아니었습니다. 저희 아주 못된 아이놈들은 놀이에 미쳐 늦게까지 광장에서 시간을 보내다가 으슥한 밤에 그 나무를 흔들어 터는 일에 착수했습니다. 그러고는 큰 짐이 될 만큼 몽땅 싸갔는데 그 배를 저희가 한바탕 먹고 놀자는 것이 아니라 단지 돼지들한테 던져주려는 것이었습니다. 조금은 먹기도 했지만, 하지 말라는 것을 더 하고 싶은 심보로[34] 저지른 일입니다.

하느님, 제 맘보를 보십시오! 제 맘보가 이렇게 생겨먹었고 심연의 저 바닥에 있음을 당신께서는 가엾게 보셨습니다. 저의 마음이 이제는 당신께 말씀을 드리게 해주십시오, 저 순간 그 마음이 대체 무엇을 찾고 있었던가! 그저 악인이 되고 싶었고 제 악의의 원인은 악의 말고는 아무것도 없었습니다.[35] 그 악의가 추잡했고 저는 그것이 좋

---

[32] 장난으로 설익은 배를 도둑질한 행위에 담긴 악의를 세 마디로 자백한다.
[33] 어떤 선을 손에 넣기 위함도, 부족을 채움도, 향락을 얻기 위함도 아닌, "행악 자체를 즐기는 심리"가 어디서 유래하는지를 탐색하고자 한다.
[34] 오비디우스의 명구 "우린 금지되면 늘 하려 애쓰고 안 주겠다면 탐한다"(오비디우스, *Amores*, 3.4.17)를 연상시킨다. 교부는 이 사건을 통해 인간은 금기를 깨뜨리는 일탈에서 기쁨을 느낄 만큼 타락했음을 체험했다.
[35] 선에서 악이 발생할 수는 없으므로 악의 원인은 선을 찾으면서 사실은 악을 원하는 모순된 의지, 곧 악의(惡意) 외에는 없다.

았습니다. 자멸이 좋았고, 저의 결손이[36] 좋았습니다. 제가 결손을 입게 만드는 대상을 좋아한 것이 아니고 저의 결손 그 자체를 좋아했으며, 저는 추루한 영혼이었고, 당신의 흔들리지 않는 굳건함에서 파멸에게로 튕겨나간 영혼, 파렴치하게 무엇을 탐한 것이 아니라 파렴치 자체를 탐하는 영혼이었습니다.

5.10. 최하위 선을 향하는 무절제한 경향으로 저질러지는 죄악

아름다운 물체, 금이나 은이나 그런 모든 것에는 형상[37]이 있습니다. 특히 육체의 접촉엔 교감이 강하고, 나머지 감각들에는 저마다의 감관에 부합하는 물체들의 조정이 있습니다.[38] 그와 마찬가지로 현세의 영예라는 것도 명령을 내리고 지배하는 권력으로 인해서 나름대로 기품을 지니므로 그것을 옹호하려는 욕심이 생깁니다.

그런데 주님, 이 모두를 원한다고 해서 당신을 떠나서는 안 되고 당신의 율법에서 이탈해서도 안 됩니다. 저희가 이 세상을 살아가는 삶이라는 것은 어느 정도의 품위로 인해서 나름대로 매력적이고, 아주 낮지만 아름다운 이 모든 사물들과 모종의 조화를 이루게 마련입

---

36) 모든 행위는 주체의 완성을 향하는 작용(per-fectus)인데 악행은 행위 주체에 '결손'(de-fectus)을 초래하고 그 행위에 응당 있어야 할 선을 '결핍'(privatio) 되게 만드므로 악의 본질은 자기모순이다(이 책, 7.11.17-16.22 참조).
37) species: 아우구스티누스의 형이상학에서 모든 사물(존재자)은 modus(정도, 양태), species(형상), ordo(질서)를 초월적 범주로 갖추고 있다(『선의 본성』, 3.3).
38) 아우구스티누스는 감각이란 "감각 대상이 감관에 '조정'을 남기고 그것을 지성이 '놓치지 않는 것'"이라고 정의한다.

니다. 사람들 사이의 우정도 여러 영혼이 합일을 이루는 까닭에 애정 어린 매듭으로 달콤한 법입니다. 그러면서도 이 모든 것과 이와 유사한 것들 때문에 죄라는 것이 범해집니다.[39] 정도를 벗어난 저런 경향으로 인해서, 비록 최하위로나마 선하기는 한 이것들 때문에 더 상위와 최고의 선이 저버림 받을 때, 주 저희 하느님, 당신께서, 또 당신의 진리와 당신의 율법이 저버림 받을 때 죄가 범해집니다. 이 하찮은 것들이 나름대로 즐거움을 간직하고는 있지만 만유를 만드신 저의 하느님과 같지는 않습니다.[40] 의인은 바로 하느님 안에서 즐거움을 누리고, 하느님이야말로 마음 바른 사람들의 즐거움이십니다.

5.11 그러므로 악행을 두고 악행이 저질러진 원인이 무엇인지 따진다면,[41] 저희가 최하위라고 말한 저 선들 가운데 어떤 것을 얻으려는 욕구가 나타나거나 그런 선을 잃을까 하는 두려움이 드러나기까지는, 그 원인이 그런 선이라는 것이 도대체 믿기지 않습니다.[42] 이런 선들도 상위에 있고 행복을 주는 선에 비하면 하잘것없고 보잘것없는 선이기는 하지만 그 나름대로 아름답고 매력 있기 때문입니다. 누가 살인을 저질렀다고 합시다. 왜 했을까요? 그자의 배우자를 사

---

39) 사물 자체가 악한 것이 아니고 모든 사물은('선한' 신의 '선한' 피조물이다) 인간이 사물을 법도대로 이용하지 않거나 가치서열을 무시할 때에 악행이 발생한다.
40) 교부의 관점에서, 가치서열상 하느님은 인간이 궁극적으로 향유(frui)할 대상이요 유익하고 아름다운 피조물들은 저 대상을 향하여 나아가면서 이용(uti)할 대상인데 이 서열을 바꾸면서 죄가 생겨난다(『그리스도교 교양』, 1,5,5; 1,22,20).
41) "악한 자유의지의 작용인을 찾아서는 안 된다. 거기에는 작용인(作用因)이 존재하지 않고 결손인(缺損因)이 존재한다. 그것이 작용이 아니고 결손이기 때문이다"(『신국론』, 12,7).
42) "의지는 중간선이며 그 의지로 불변하는 선에 귀의할 때에 인간이 행복해진다"(『자유의지론』, 2,19,52).

랑했거나, 그자의 토지를 갈취해 그것으로 먹고 살려고 했거나, 그자한테 그런 것을 빼앗길까 무서웠거나, 해를 입고서 복수심에 불타서였을 것입니다. 살인 자체를 즐겨 까닭 없이 살인을 저지르는 일이 있겠습니까? 누가 믿겠습니까? 어떤 인물을 두고 사악하고 잔인무도했다고 하는데[43] 성정이 악독하고 잔학해서 그런 말이 나왔기도 하지만, 심심해서 손이나 정신이 무뎌질까 그랬다는 이유가 내세워졌기 때문이었습니다.

무슨 목적으로 그랬겠습니까? 왜 그렇게까지 했겠습니까? 그런 죄악을 휘둘러 도성을 장악한 다음 영예, 통치권, 재산을 차지하기 위함이었습니다. 가산의 빈궁과 악행에 대한 죄의식 때문에, 법률에 대한 공포나 재산상의 곤란을 피하기 위해 그런 것입니다. 카틸리나 본인도 자신의 범행을 사랑한 것이 아니고 그가 그런 짓을 저지른 이유는 딴 데에 있었습니다.

6.12. 모든 죄악은 사실상 하느님의 지존하심을 거꾸로 본뜨는 짓이다

오, 나의 도둑질, 내 나이 열여섯 살 밤중에 저지른 나의 저 죄악이여, 가련한 내가 네 안에서 좋아한 것이 과연 무엇이었더냐? 도둑질인 이상 아름다운 짓은 아니었다. 그렇지 않고 내가 너에게 말을 걸 만한 다른 무엇이더냐?[44] 저희가 훔친 그 과일은 아름다웠습니다.

---

43) 조금 아래 나오듯이, 살루스티우스가 카틸리나(Lucius Sergius Catilina)를 칭하는 말이다(살루스티우스, *De coniuratione Catilinae*, 16,3).
44) 악은 선의 결손, 선한 사물의 부패이므로 실존하지 않고 따라서 사랑의 대상, 대화의 대상이 될 수 없다.

만유에서 가장 아름다우신 이여, 만물의 창조주시여, 선하신 하느님, 최고선이시고 저의 참된 선이신 하느님, 그 과일이 당신의 피조물이었기 때문입니다. 그 과일은 아름다웠습니다만 가엾게도 제 영혼은 열매 자체를 탐하지 않았습니다. 저한테는 더 좋은 과일이 얼마든지 있었으며 훔친 것들은 그냥 버렸습니다. 그저 도둑질을 하고 싶어서 탐했습니다. 저는 과일을 서리해서 그냥 버렸으니 제가 배불리 맛본 것은 오로지 악의뿐이었고, 그 악의로 하는 도둑질이 재미있었습니다. 그 과일이 조금이라도 제 입으로 들어갔더라면 거기서 맛을 내는 것은 악행이었을 것입니다.

주, 저의 하느님, 지금 저는 도둑질에서 저를 재미있게 만든 것이 무엇이었는지 묻습니다. 그런데 보십시오, 실상 아무 멋도 없습니다.[45] 공정이라든가 현명에서 발견되는 멋을 말씀드리는 것이 아닙니다. 인간의 지성, 기억, 감관 심지어 목숨을 부지하는 생명에서[46] 발견되는 멋도 거기에는 없습니다. 멋진 별들도 제자리에서 뽐을 내는데 그런 멋도 없고, 땅과 바다도 나고 지면서 이어가는 소생들로 가득한데 그런 멋도 없습니다. 결함투성이인 멋, 기만적인 악덕들의 그늘 밑에 살아남는 멋이라도 있을 법한데 그것마저 없습니다.

6.13 그런 점에서 교만조차도 지고함을 본뜨는 무엇입니다. 당신 홀로 만유 위에 지존하신 하느님이신데 말입니다.[47] 야망도 영예

---

[45] ecce species nulla est: 악이 선의 결손 혹은 부패라면, 악행 자체를 즐긴 행위는 '형상'이 일체 존재하지 않는 무엇일 것이다. '형상'이 일체 존재하지 않으면 무(無)에 불과하다.
[46] 아우구스티누스의 철학은 인간의 기본 작용으로 생명, 감각, 기억, 지성 네 단계를 꼽는다.
[47] "인간이 오만에서 바라는 것은, 할 수만 있다면, 단독자가 되어 모든 것을 자기 아래 복종시키겠다는 것 말고 무엇이겠는가?"(『참된 종교』, 45.84).

와 영광이 아니면 무엇을 탐하겠습니까? 당신께서 만유에 앞서 영예를 입으셔야 하고 당신 홀로 영원히 영광을 받으시는 분이신데 말입니다. 권력의 잔혹성은 두려움이 대상이 되려는 것인데, 한 분 하느님 말고 과연 누구를 두려워해야 마땅하겠습니까? 과연 무엇이 언제 어디서 어디로 또 누구에 의해서 당신의 권세를 벗어나 빠져나갈 수 있겠습니까? 방종한 자들의 유혹은 사랑받고 싶은 마음입니다. 그렇지만 당신의 사랑보다 더 매혹적인 것이 없으며, 모든 것보다 곱고 빛나는 당신의 진리가 사랑받는 일보다 유익한 것은 없습니다. 또 호기심은 지식의 연구에 집착하는 것처럼 보이는데 당신이야말로 만사를 가장 잘 알고 계십니다. 무지와 우매함까지도 단순함과 무구함의 이름으로 덮일 수 있는데 당신보다 단순한 그 무엇도 눈에 띄지 않습니다.[48] 악인들에게는 자기 행위가 곧 원수인데,[49] 당신보다 무구한 것이 무엇이겠습니까? 태만은 마치 안식을 갈구하는 듯합니다만 주님 말고는 충만한 안식이 어디 있습니까? 사치는 스스로 만족과 풍요라고 불리고 싶어 합니다. 그러나 당신이야말로 충만함이시요, 부패하지 않는 감미로움이 결코 다하지 않는 풍부하심입니다. 낭비는 너그러움의 허울을 씁니다.

그런데 모든 선을 더없이 너그럽게 베푸시는 이는 당신이십니다. 인색함은 많은 것을 차지하고 싶어 합니다. 그런데 당신이야말로 모든 것을 차지하고 계십니다. 질투는 우열을 두고 다툽니다. 그렇지만 무엇이 당신보다 탁월합니까? 분노는 앙갚음을 도모합니다만 당신

---

48) "유일하게 단순한 선, 그 점에서 유일하게 불변하는 선이 존재하니 곧 하느님이다. 이 선으로부터 모든 선한 것들이 창조받았지만 단순한 존재들은 아니며 그 때문에 가변적이다"(『신국론』, 11.10.1).

49) 교부에게는 "모든 죄악은 당하는 자보다 행하는 자를 더 해친다(*Enchiridion*, 17)는 신념이 있었다.

보다 정의롭게 갚아주시는 분이 누구입니까? 공포란 낯설고 갑작스러운 것들이 두려워, 안전을 도모하느라 자기가 좋아하는 사물들에 훼방을 놓는 것들을 무서워합니다. 그런데 당신께 갑작스러울 것이 무엇이겠습니까? 무엇이 당신께 낯설겠습니까? 당신께서 사랑하시는 것을 누가 당신께로부터 떼어놓겠습니까? 굳건한 평화야말로 당신이 아니면 어디에 있겠습니까? 탐욕이 스스로 누리던 사물을 상실하고 나면 슬픔이 옵니다. 당신한테서 아무것도 앗아갈 수 없듯이 무엇을 빼앗기는 일이 싫기 때문입니다.[50]

6.14 그러니까 영혼이 당신을 등질 때에는 외도를 하는 것과 같고, 당신을 떠나서 순수하고 청정한 것을 찾더라도, 당신께로 돌아가지 않는 한, 결코 그런 것을 찾아내지 못합니다. 무릇 자신을 당신에게서 멀리 떼어놓는 사람들, 당신을 거슬러 스스로를 높이는 자들은 모조리 당신을 비뚤게 본뜨는 것입니다.[51] 하지만 이런 식으로 당신을 본뜨고 있을지라도 그자들은 당신께서 자연 전체의 창조주이심을 가리키며, 당신을 떠나서 갈 곳이 도대체 존재하지 않음을 가리킵니다. 자, 그렇다면 저 도둑질에서 제가 좋아한 것은 무엇이며, 비록 못되게 또 비뚜로 본떴다고 해도, 제가 저의 주님을 어떤 방식으로 본떴다는 말입니까? 능력으로는 당해낼 수 없으니 속임수로라도 당신의 법에 대항해서 그 짓을 저지르고 싶었던 것입니까? 아둔하게 전능을 모방하고서는, 안 될 짓을 하고서도 벌을 받지 않으니까, 포로가

---

50) 덕성은 선을 추구하므로 인간을 완성(perficere)시켜 행복하게 만들고, 악덕은 선을 지향하면서도 선을 등지므로 결손(deficere)을 초래해 인간을 불행하게 만든다는 현자들의 입장을 나타낸다.
51) 악덕은 최고선을 모방해 어떤 가치를 적극 추구하기는 하나 전도(顚倒)된 방식으로 모방하기 때문에 잘못되었다.

되어서도 불구의 자유를 모방했다는 말입니까?[52]

보십시오. 저 종은 자기 주인에게서 도망쳐서 암담한 그늘을 얻은 꼴입니다.[53] 오, 추깃물이여! 오, 괴물 같은 삶이여! 죽음의 심연이여! 해서는 안 될 짓을 자유롭게 할 수 있었다니, 그것도 해서는 안 된다는 이유 말고는 다른 이유가 없었다니, 과연 그럴 수가 있습니까?

7.15. 하느님이 자비를 베푸셨으니 사람들도 아우구스티누스에게 자비를 베풀어야

저의 기억이 이런 일을 회상하면서도 저의 영혼이 두려움을 품지 않으니 제가 주님께 무엇으로 갚아야겠습니까? 주님, 당신을 사랑하고, 감사를 올리고, 당신의 이름을 두고 고백하겠습니다. 당신께서 하고 많은 저의 범죄와 그악스러운 제 행실을 용서해주신 까닭입니다. 당신께서 저의 죄악을 얼음같이 녹이셨음을 저는 당신 은총과 당신 자비에 돌립니다.[54] 제가 무슨 범죄든 저지르지 않은 죄가 있다면 또한 당신의 은총입니다.[55] 실속 없는 악행마저 좋아한 저였으니 어떤

---

52) tenebrosa omnipotentiae similitudo: 피조물의 자유의지는 최고선에 동의하는 자유뿐이다. 만약 그를 역행한다면 창조주의 전능을 모방하려는 시도가 되는데, 이는 '암울한 유사성'일 뿐이고, 죄지을 자유를 자유라고 한다면 '불구의 자유'일 뿐이다.
53) 욥기 7:2[재래 라틴어본] ("제 주인이 무서워서 그늘을 찾는 종처럼")에 나오듯이, 교부는 자신을 죄를 저지른 다음 하느님이 무서워 나무 사이로 숨은 아담에 비유하고 있다.
54) "추위가 물을 얼려 흐르지 못하게 하듯이, 죄를 용서받으면 우리는 죄악의 추위에서 풀려나게 된다"(『시편 상해』, 125.10).
55) 이후 벌어진 펠라기우스 논쟁에서는 신적 은총의 예방적 역할(선행적 은총)도 토론의 주제가 된다.

죄인들 못 지었겠습니까? 자발적으로 저지른 저의 악도, 당신의 인도로 저지르지 않은 것까지도⁵⁶⁾ 모두 용서받았음을 고백합니다.

어느 인간이 자기 나약함을 염두에 두고 있으면서도 자기 순결함과 무죄함을 자기 힘에다 돌리겠습니까? 마치 당신 자비(당신께 돌아선 사람들에게 그 자비로 죄를 관용하십니다)가 모자란다는 듯이 당신을 사랑하는 마음이 덜할 사람이 누구겠습니까? 당신의 부름을 받아 당신 목소리를 따랐고 또 제가 저를 되새기며 고백하는 글을 읽고 저런 소행을 멀리했다면, 제가 병들었다가 저 의원에게 치료받았음을 두고 웃지 말아야 합니다. 저 의원께서 배려하신 덕택에 병도 앓지 않았고 앓았더라도 조금만 앓았을 테니까 말입니다. (그런 사람일수록) 당신을 그만큼, 아니 더 극진히 사랑해야 합니다. 그토록 많은 제 죄의 질병에서 제가 누구 덕분에 빠져나왔는지 보았다면, 자기가 그 많은 죄의 질병에 시달리지 않았음이 바로 그분 덕분임을 발견할 것이기에 말입니다.

8.16. 도둑질에서 그는 과연 무엇을 좋아했던가

제가 지금 기억을 더듬으면서 부끄러워하는 이 짓거리에서, 도둑질 자체 말고는 아무것도 좋아하지 않았으니, 가엾게도 저 도둑질에서 제가 과연 무슨 소득을 올렸습니까? 제가 좋아했던 바는 도둑질 말고는 '아무것도 아닌' 허무였으므로⁵⁷⁾ 그 허무로 인해서 저는 더

---

56) 저질러진 악행은 '인간의 자발성'(quae ea sponte feci mala)으로, 인간이 저지르지 않고 넘어간 악행은 '하느님의 은총'(quae te duce non feci)으로 돌린다.
57) 도둑질에서 도둑질 외에 "아무것도 좋아하지 않았다"라는 부정 문장이 라틴어로는 "허무를 좋아했다"는 긍정 문장이므로 이런 역설이 가능하다.

욱 더 가엾은 놈입니다. 그러나 그것도 혼자서 저지르지 않았습니다. 그때 저의 마음을 더듬어보건대, 혼자서는 결코 그런 짓을 하지 않았을 것입니다. 제가 거기서 좋아한 것은 제가 그 짓을 함께 저지른 자들과의 유대감이었습니다. 그러니까 도둑질 외에 아무것도 사랑하지 않은 것은 아닙니다. 허나 그 '아무것도 아닌' 그것 역시 '허무'이니까 저는 결국 허무를 사랑한 셈입니다.[58] 그러면 정말 그것이 무엇입니까? 저의 마음을 비추어 그 그늘을 식별해줄 분 말고 저를 가르칠 분이 누구입니까? 질문하고 토론하고 고찰하면서 제 머리에 떠오르는 것이 무엇입니까? 그때 제가 훔친 그 열매가 좋아서 실컷 탐해 맛보기라도 했더라면, 저 혼자서 그 행악을 넉넉히 저지를 수 있었을 테고, 그 행악으로 제 욕심을 채웠을 것이므로 근질근질한 저의 욕망을 불사르는 데 공모하는 마음들이 구태여 서로 비벼댈 필요가 없었을 것입니다. 그러나 저에게는 그 열매들로부터 쾌감이 기인하지 않았고 바로 그 악행 자체에서 기인했으므로, 함께 죄짓는 자들의 유대감이 쾌감을 만들어내고 있었던 것입니다.

9.17. 함께 죄를 짓는 자들의 유대가 범죄자에게 쾌감을 준다

그러면 그때 그 성정은 무엇이었습니까? 그것은 너무나 추잡한 것이었음은 물론, 그런 성정을 품었던 제게는 재앙이었습니다. 하지만 도대체 무엇이었습니까? 그런 범죄를 누가 알아듣겠습니까?[59] 그 일

---

58) 친구와의 유대를 핑계로 대고 싶었지만 '악을 함께 저지르는 유대'였다면 결국 '또 다른 허무'(nihil aliud)를 사랑한 것이 된다, 그러니 '아무것도 사랑하지 않은' 셈이라는 의미다.
59) "그 어둠이 보인다면 죄악도 보일 것입니다. … 실제로 사람이 죄악에 말려

을 저희가 저지른다는 것은 생각도 못 하는 사람들, 알았더라면 지독하게 싫어할 사람들을 속이는 재미로 마음을 간지럽히며 웃는 웃음이었습니다. 그 짓을 혼자 하지 않았다는 사실을 두고 어째서 그만큼 재미있어 했습니까? 누구도 혼자서 웃기는 쉽지 않아서였답니까? 좀처럼 쉬운 일은 아니지만 사람이 혼자만 있고 다른 사람이 아무도 없더라도, 감관에나 정신에 아주 우스운 일이 닥치면 웃음보를 터뜨리고 맙니다. 하지만 저는 그 짓을 혼자 하지 않았고 또 혼자서라면 절대로 하지 않았을 것입니다.

저의 하느님, 보십시오. 당신 대전에 제 영혼의 생생한 기억이 있습니다. 훔친 물건이 제 마음에 들어서가 아니고 훔친다는 일 자체가 마음에 들어서 했으므로 저 혼자라면 그 도둑질을 하지 않았을 것입니다. 그 짓을 저 혼자 하는 것은 마음에 들지 않았을 테고 따라서 하지도 않았을 것입니다. 아, 참으로 원수 같은 우정이여![60] 납득할 수 없는 지성의 기만이여! 놀이 삼아 장난으로 남을 해칠 탐심이 생기고, 아무런 이득이 없는데도 남의 손해를 도모하고 싶은 욕심이 생기고, 누구한테 앙갚음할 마음이 전혀 없음에도 '가자. 해치우자' 하는 한마디에 남들만큼 파렴치하지 못함을 되레 부끄러워하게 되다니!

들 때는 눈이 침침해지고 가려지고 무엇에 덧씌워져 죄악을 보지 못합니다"(『시편 상해』, 18.2.13).
60) nimis inimica amicitia: 반대어(inimicus ↔ amicus)를 병치시켜, 교부는 선(하위의 선)을 추구하면서 선(최고선)을 파괴하는 것이 악이듯이, 우정의 이름으로 공모자들을 원수로 만든다는 점에서 죄악의 자기모순을 부각시킨다.

10.18. 무구함을 동경하고 하느님 안에 안식을 찾다

누가 있어 이처럼 비비 꼬이고 얽히고설킨 실타래를 풀어내겠습니까? 더럽습니다. 거들떠보기도 싫고 들여다보기도 싫습니다. 당신을 원합니다.[61] 정의여, 선량한 눈에 아름답고도 멋진 무구함이시여, 만족할 줄 모르는 만족감으로 당신을 원합니다. 당신께 안식이, 그것도 대단한 안식이 있고 흔들리지 않는 삶이 있습니다.[62] 당신 안으로 들어가는 이는 자기 주인의 즐거움으로 들어가며, 두려울 것이 없고, 최고선 안에서 최고로 잘 지낼 것입니다. 그런데 저는 당신께로부터 떨어져나왔고 그래서 방황했습니다. 저의 하느님, 저는 젊은 시절에 당신의 든든함에서 너무도 벗어나다 보니 제가 저 자신에게 빈곤의 땅이 되고 말았습니다.[63]

---

61) 제2권은 amem te(내 하느님, 당신을 사랑하고 싶습니다)라는 문장으로 시작했고 te volo(당신을 원합니다)라는 문장으로 제2권을 끝마친다.
62) "호기심이란 다름 아닌 인식을 갈망하는 것이며 … 언제나 여일한 사물들에 대한 인식이어야 하지 않겠는가? 육체의 정욕도 안식을 찾는 것이 아니겠으며, 그 안식이란 결핍이 전혀 없고 부패가 전혀 없는 곳에 있는 것이 아니겠는가?"(『참된 종교』, 52. 101).
63) 신플라톤 철학은 일자로부터 멀어짐을 '빈곤의 고장' 혹은 '낯설어지는 영역'으로 표현했다(플로티누스, *Enneades* 1.6.8; 1.8.13).

제3권
카르타고에서 연학에 몰두하다*

* 제3권은 카르타고에서의 유학생활(1.1-3.6),
　『호르텐시우스』를 읽고 진리정진에 불탄 일(4.7-5.9),
　마니교에 빠짐(6.10-10.18),
　어머니의 탄식(11.19-12.21)을 술회하고 있다.

1.1. 연애에 빠지다

저는 카르타고로 왔는데 거기서는 죄스러운 애욕의 냄비[1]가 사방에서 저를 달구고 튀겼습니다. 사랑이란 것을 해본 적이 없어 그냥 사랑하기를 사랑할 뿐이었으며[2] 영문 모를 허전함 때문에 아직 덜 허전한 제가 도리어 미워졌습니다. 오로지 사랑하기를 사랑하면서 사랑할 만한 것을 찾아 헤맸고 그러면서도 안전하고, 올가미가 놓이지 않은 길이면 오히려 혐오했습니다.[3] 저의 하느님, 속으로부터 내면의 음식 곧 당신을 찾는 굶주림이 제게 있었지만 그 굶주림으로 허기지지도 않았습니다. 썩지 않는 음식을 갈망하는 욕구가 아예 없었으니, 썩지 않는 음식으로 배불러서가 아니라 속이 비어 있을수록 속

---

1) Carthago … sartago: 카르타고라는 냄비. 그 당시 로마 다음가는 대도시였던 카르타고의 환락상이 돋보인다.
2) nondum amabam; amare amabam: 아우구스티누스에게는 "무엇이 그 자체로 사랑받지 않는다면 진실로 사랑받는 것은 아니다"(『독백』, 1.13.22)라는 신념이 있었다.
3) 지혜 14:11 참조.

이 더욱 메스꺼워졌기 때문입니다. 그래서 제 영혼은 성하지가 않았고, 고름투성이 자신을 밖으로만 내던지고,[4] 그 가려움증을 없애려고 가련하고도 감각적인 접촉으로 자신을 문지르고 긁어대고 있었습니다. 혼백을 지니지 않은 것이라면 응당 사랑의 대상이 되지 않았을 것입니다. 제게는 사랑하고 사랑받음이 무엇보다 달콤했는데, 연인의 육체를 탐닉할 때 더욱 그러했습니다.[5] 이렇게 저는 우정의 물줄기를 불결한 욕정으로 오염시켰고 우정의 광휘를 지옥의 흑암으로 만들어 버렸습니다. 저는 구접스럽고 부정직한 인간 주제에 번지르르한 허영에 사로잡혀 의젓하고 교양 있는 척 행동했습니다. 그리고 사랑에다 몸을 던져 그 사랑에 사로잡히기를 갈망하던 중이었습니다.

저의 하느님, 제 자비이시여, 당신께서는 그토록 선한 분답게 저의 그런 감미로움에다 얼마나 쓰디쓴 쓸개를 뿌려주셨는지요. 여하튼 저는 사랑을 받았고, 남몰래 향락의 사슬에 얽혀들었고, 비참한 갈고리에 걸리면서도 신나기만 했습니다. 그런데 그것은 사실 질투와 의심과 두려움, 분노와 언쟁으로 달구어진 쇠막대기로 두들겨 맞는 짓이었습니다.[6]

2.2. 극장 연극에 정신없이 몰두하다

극장 연극이 저를 반하게 만들었습니다. 연극은 제 비참함을 보여

---

[4] "하느님을 저버리고 자기를 사랑함은 자기 안에 머물지 못할뿐더러 자기한테서도 밖으로 소외되기에 이른다"(*Sermones*, 330.3).
[5] "사랑이란 달콤한 말이어라. 하지만 사랑의 행위는 더 달콤하여라"(『요한 서간 강해』, 8.1). 일상에서 라틴어 amor, amare는 '연애', '성애'를 가리킨다.
[6] "사랑은 일종의 전투다"(militae genus amor est: 오비디우스, *Ars amatoria*, 2. 233)라는 격언이 있었다.

주는 몰골과 제 불길을 돋우는 쏘시개로 가득했습니다. 사람들은 실제로 그렇게 눈물겹고 비극적인 일을 당하면 질색하면서도 정작 그런 장면을 무대에서 보고 슬퍼하기를 좋아하는데, 대체 무슨 까닭입니까? 구경꾼들은 연극에서 고통을 실감하려 하는데 그렇다면 거기서는 고통 자체가 곧 쾌락인 셈입니다. 이것이 이상야릇한 광기가 아니라면 무엇입니까? 누구든 그런 감정에서 덜 치유된 사람일수록 저런 것에 더 휘말리게 마련입니다.[7] 그러면서도 자신이 직접 겪을 때에는 '불행'이라 하고 남들과 함께 겪을 때에는 '동정'이라고 합니다. 그러나 실제가 아닌, 꾸며낸 연극을 보고 슬퍼하는 동정이 대체 무슨 소용이 있습니까?[8]

방청객은 슬픈 장면에 개입하려고 온 것이 아니라 그들의 연기를 보고 슬퍼하라고 초대받았을 따름입니다. 그러니 방청객이 괴로워하면 할수록 그 꾸며낸 연극의 장면을 연기한 배우에게 박수갈채를 보내는 것입니다. 과거의 불행이든, 꾸며낸 불행이든 그 연출이 관객의 슬픔을 자아내지 못하면 관중은 기분이 나빠져 역정을 내면서 자리를 뜹니다. 그 대신 슬픔을 끌어내면 이목을 집중하고 자리에 앉아서 기쁨의 눈물까지 흘립니다.

---

[7] 아리스토텔레스의 카타르시스 이론(De poetica, 1453b)과는 달리 그리스도교 교부들은 연극 주제와 외설스러운 상연을 도덕적으로 비난했다. "사람들은 시시껄렁한 연극이며 극장들의 갖가지 외설이며 경기장의 광란이며 반원 극장의 [검투사들의] 잔학상을 즐기고 있다"(Sermones, 198,3).

[8] '동정심'(ἔλεος)이라는 덕이 '고통'(λύπη)에서 기인한다지만, "다른 사람의 불행으로 아파하는 사람의 마음을 가련하게 만든다는 데서 동정심(misericordia)이라고 한다"(Contra Adimantum Manichaei discipulum, 11).

2.3. 때로는 사람들이 눈물과 고통을 좋아하기도 한다

그러니까 고통마저도 사랑받습니다.[9] 물론 사람은 모두 즐거움을 누리고 싶어 합니다. 아무도 불행한 사람이 되기를 바라지 않는데, 동정하는 사람이 되는 것은 괜찮다는 말입니까? 아픔 없이는 동정이 불가능하기 때문에 아픔도 사랑받는다는 것입니까? 우정의 저 물줄기에는 이런 것이 존재합니다. 하지만 어디로 가는 것입니까? 어디로 흐릅니까? 무엇 때문에 우정은 역청이 끓는 개울로 흘러가고 음산한 육욕의 거대한 격정 속으로 흘러들어 섞이며 변질되어버립니까? 하늘 같은 청정함으로부터, 본인의 동의를 거쳐서, 저렇게 굴절하고 타락해버리는 것입니까? 그럼 동정심도 거부해야 합니까? 절대로 아닙니다. 그러니 고통도 때로는 사랑받아야 합니다. "하지만 내 영혼이여, 더러움일랑 조심하라. 내 하느님, 우리 조상들의 하느님, 세세대대로 찬미받으시고 들어 높일 하느님의 보살핌 아래, 더러움일랑 조심하라." 지금 와서도 제가 누구를 동정하지 않는 것은 아닙니다. 다만 저 때는 무대에서 연인들이 불륜으로 시시덕대는 꼴을 보고 같이 즐거워했습니다. 연극무대에서 연기하는 가상에 불과했지만, 그들이 서로 헤어질 때면 동정하듯 슬퍼했습니다.

어쨌든 둘 다 즐긴 것은 사실입니다. 그러나 지금의 저도 삿된 향락을 채우지 못하거나 불행한 행복[10]을 놓쳐 손해를 본다고 고민하는 자보다, 오히려 불륜으로 희희낙락하는 사람을 더 동정합니다. 이

---

[9] 연극 관람에서 발생하는 관객의 감정 이입을 일종의 카타르시스, 즉 '기뻐서 울고'(gaudens lacrimat), '고통이 사랑받는'(amantur dolores) 모순적 심리로 묘사한다.

[10] 불륜의 연인들이 누리는 치정을 두고 '삿된 향락'(pernisiosa voluptas), '불행한 행복'(misera felicitas)이라는 역설적 표현을 쓴다.

것은 분명 보다 신실한 동정심이지만 그렇다고 그 동정심에서 고통이 즐거움을 누리는 것은 아닙니다. 불쌍한 사람을 두고 아파하는 사람은 사랑의 본분을 수행하고 있다고 볼 수도 있지만, 정말 순수하게 동정심을 품는 사람이라면 자기가 아파할 대상이 아예 없는 편을 차라리 좋아할 것이기 때문입니다. 만일 악의적인 호의[11])라는 것이 있다면(물론 그런 일은 불가능하지만), 진실하고 또 솔직하게 동정심을 품으면서도 자기가 동정할 만한 가엾은 사람이 존재하기를 바라는 그런 인간이 있을 수도 있습니다. 어떤 아픔은 견뎌낼 만하지만 그 어떤 아픔도 사랑받아서는 안 됩니다.[12])

주 하느님, 당신께서는 영혼들을 사랑하시므로 훨씬 깊게, 우리보다 더 순수하고 또한 부패함 없이 동정하시며, 어느 아픔으로도 상처받으시는 일이 없습니다. 그러니 어느 누가 이러한 일에 적격하겠습니까?

2.4. 그리고 당시는 가련하게도 아파하기를 좋아했다

그럼에도 불구하고 그즈음 저는 가련하게도 아파하기를 좋아했고, 제가 아파할 대상을 찾아다녔습니다. 심지어 다른 사람의 고뇌, 그것이 비록 가짜이고 무언극에서나 나오는 것임에도 불구하고, 배우의 연기가 저의 눈물을 쥐어짤수록 연기에 빠져들고 마음을 홀딱 빼앗겼습니다. 당신의 보호를 못 견딘 가엾은 짐승이[13]) 당신 양 떼에서

---

11) "자기가 동정할 만한 불쌍한 사람이 존재하기를 바라는" 미묘한 심경을 피력한다.
12) 인간이 완성된 경지는 안돈(安頓)과 평정(平靜)이므로 인간은 고통을 묵묵히 참고 따를 수는 있지만 적극적으로 사랑할 만하지는 않다.
13) 교부는 극중인물 '가련한 디도'(infelix Dido: 아이네이스에게 버림받고 자결한다)와 '길 잃은 양'("길 잃은 양처럼 헤매니 당신의 종을 찾으소서": 시편

떨어져나와 헤매고 더러운 옴이 올라 추잡해졌다고 한들 뭣이 이상합니까? 고통에 대한 사랑이라는 것도 거기에서 나왔습니다. 물론 그런 고통을 깊이 파고들지는 않았고, 구경하는 것을 모조리 겪어보고 싶을 만큼 좋아하지도 않았지만, 거기서 들은 것과 상연되는 것으로 살가죽을 긁히는 것은 좋았습니다. 다만 그것에는 마치 할퀴는 사람들의 손톱처럼 따가운 염증과 종기와 가공할 피고름이 뒤따랐습니다. 제 그런 삶이, 저의 하느님, 과연 삶이었겠습니까?

3.5. 하느님의 자비는 중벌에서도 그를 저버리지 않았다

그럼에도 아무튼 당신의 자비는 멀리서나마 충직하게 제 위를 휘돌고 있었습니다. 숱한 악행을 제가 답습했고 신성모독에 해당하는 호기심[14]을 쫓아다니느라 당신을 저버리며 저를 저 불경스러운 밑바닥까지 끌어갔으며[15] 사기로 가득 찬 악마 숭배에까지 저를 끌고 들어갔습니다. 저는 악마들에게 제 악한 행실을 제물 삼아 바쳤고 그럴 때마다 당신께서는 매사에 저를 채찍으로 치셨습니다! 저는 심지어 당신의 장엄한 의식이 거행되는 교회의 담벼락 안에서까지 감히 욕정을 부리고[16] 죽음의 열매를 맺는 일을 했습니다. 당신께서는 무거

118:176)을 한꺼번에 나타내고 있다.
14) '호기심'(curiositas)은 '근심'(cura)에서 기원하므로 정신의 불안을 드러낸다고 보았다.
15) "세상에 있는 모든 것, 곧 육의 욕망과 눈의 욕망과 생의 자만은 아버지에게서 온 것이 아니라 세상에서 온 것입니다"(1요한 2:16)라는 구절을 근거로 그리스도인들은 호기심(눈의 욕망)을 3대 악덕의 하나로 여겼다.
16) 아우구스티누스 전기 작가들은 이 문구 때문에 그가 16세부터(371년) 동거한 여자가 성당에서 만난 교우였을 것으로 추정하기도 한다.

운 죄벌로 저를 매질하셨으나 제 잘못에 비하면 아무것도 아니었습니다. 오, 참으로 크신 저의 자비시여, 저의 하느님이시여, 저를 해치는 무서운 가해자들한테서 건져주신 저의 피난처시여, 그럼에도 저는 그 자들 틈에서 헤매고 있었고 당신께로부터 멀리 떠나 있으려고 목을 길게 뽑고서 당신 길이 아닌 저의 길을 좋아했으며 도망꾼의 자유[17]를 사랑했습니다.

3.6. 급우들의 깡패 짓을 혐오하다

사람들이 제법 고상하다고 일컫는 공부도 결국 법정 시비를 염두에 둔 것이었기에 그 짓에서 뛰어나기를 원한 것으로 그런 시비에 능란할수록 더 칭송을 받았습니다. 자기가 눈먼 것조차 자랑할 만큼 인간들의 맹목은 아주 심각했습니다. 수사학 학교에서 어느덧 윗자리를 차지한 저는 자만심을 즐기고 있었고 거드름을 피우고 있었습니다. 그러나 주님, 당신께서 아시다시피 저는 비교적 차분한 편이어서 '엎치기'들[18]이 자행하던 엎치기 짓과는 좀 거리를 두고 지내는 편이었습니다. '엎치기'라는 이 호칭은 불길하고 악마적인 것이었음에도 대단한 교양처럼 통했고, 저는 그들 틈에서 지내면서도 그들 축에 들지 못한다는 사실을 부끄러워하면서도 부끄러운 줄을 몰랐습니다.

---

17) 아우구스티누스는 악을 행하는 인간의 자유를 선(善)으로부터 '도망하는 자유'(fugitiva libertas)로, 악한 행위는 성취가 아닌 자기 파괴로 규정한다.
18) 학교에 떼로 몰려와 등록하고서 학기말이면 자취를 감추어 월사금을 떼먹는 패거리들(로마에서 아우구스티누스가 겪었다: 이 책, 5.12.22 참조)을 일컫는다.

저는 그들과 함께 지내고 사귀면서 때로는 즐겁기도 했지만 그들이 벌이는 행실, 즉 엎치기 짓은 아주 징그러워했습니다. 그 자들은 패거리 지어 그런 행실로 어수룩한 사람들의 소심함을 치근거리고 다니는가 하면 까닭 없이 그 어수룩함을 놀리고 그렇게 하면서 딴에는 교묘하게 잘 둘러대며 재미를 보는 것이었습니다. 그런 행실보다 더 악마다운 행실이 없으니 그들에게 '엎치기'라는 이름보다 제격인 게 무엇이겠습니까? 사실 그들이 남을 놀리고 속이기를 일삼는 동안 속이고 유혹하는 마귀들은 그들을 꾀어 기만하고 비웃고 있었으니 먼저 엎치기를 당한 쪽은 그들이었고 거꾸로 뒤집혀 나자빠진 것도 바로 그 자신들이었습니다.

4.7. 키케로의 『호르텐시우스』를 읽었는데 그 책이 그의 성정을 바꾸어놓았다

저는 그때 어린 나이로 그런 자들 틈에 끼어 웅변 서적들을 배우고 있었고,[19] 웅변술에 뛰어나고 싶었습니다. 그것은 인간적 허영심의 즐거움에서 비롯한 들뜨고 비난받을 만한 마음이었습니다. 그러던 중 통상 학습 과정에 따라 키케로라는 사람의 어떤 책을 접하게 되었습니다. 그 인물의 언변에는 모두가 경탄했지만 그의 가슴은 그렇지 않았습니다.[20] 그의 책은 『호르텐시우스』라는 제목으로 특히

---

19) 당시 수사학교에서 가장 널리 채택되던 교재들은 키케로의 *De inventione*, *De oratore*, *Orator* 등이었다.
20) 앞서(이 책, 2.5.11 참조) 카틸리나를 공박했지만 키케로의 정치적 야심 또한 탐탁스러워하지 않았던 것 같다("'가슴'이라는 말로 오만을 의미한다. 거기 마음의 충동이 지배하는 까닭이다", 『마니교도 반박 창세기 해설』, 2.17.26).

철학에 대한 권유를 내용으로 하는 것이었습니다.[21] 그 책은 제 성정을 아주 바꾸어놓았고, 주님, 저의 기도가 당신을 향하도록 변화시켰으며, 제 소원과 열망을 다른 것으로 만들어버렸습니다. 이때까지 품어왔던 저의 헛된 희망은 어느덧 모조리 시들해졌고 저의 마음은 이제 불멸의 지혜를 추구하는 욕구로 믿기지 않을 만큼 헐떡이면서, 당신께 돌아가려고 자리에서 일어서기 시작했습니다.

제가 그 책을 읽은 것은 혀에 날을 세우기 위함이 아니었습니다. 저는 어느덧 열아홉 살이 되었고 아버지는 벌써 이 년 전에 돌아가신 터여서 그런 기술을 어머니가 대주는 월사금으로 사려는 참이었습니다.[22] 그 책을 잡은 것은 결코 혀에 날을 세우기 위함이 아니었고, 저를 설복시킨 것은 그 책의 언변이 아니라 그 책이 말해주는 내용이었습니다.[23]

4.8 얼마나 애가 탔는지 모릅니다. 저의 하느님, 지상의 것에서 당신께로 다시 날아오르고 싶어 얼마나 애태웠는지 모릅니다. 저를 두고 당신께서 무엇을 하고 계신지 몰랐습니다. 당신에게는 지혜가 있기 때문입니다. 지혜에 대한 사랑은 그리스 명사로 *philosophia*라고 일컬어지는데, 그런 글자들이 저에게 불을 질렀습니다. 물론 철학을

---

21) 키케로의 유실된 대화편 저서로 전해오는 단편은 거의 아우구스티누스의 인용에서 찾을 수 있다. 수사학은 언어의 기교로 머물러야 한다는 웅변가 퀸투스 호르텐시우스 호르탈루스(Quintus Hortensius Hortalus)에 반대해 웅변에는 도덕적·정치적 진지함이 담겨야 하며 그것은 철학에 정진함으로써 얻어진다는 줄거리였다.
22) 아우구스티누스의 카르타고 유학은 지인 로마니아누스(Romanianus)의 후원으로 이루어졌다(『행복한 삶』, 2.2.3).
23) 오로지 수사학의 기교로 사회적 출세를 꿈꾸던 청년 아우구스티누스에게 진리 탐구의 불을 당긴 이 책은 15년이 경과해 문하생들과의 철학적 토론을 다룬 '카시키아쿰 대화'에서 첫 열매를 맺는다.

빙자해서 거창하고 우아하고 고상한 이름으로 자기네 오류를 알쏭달쏭 색칠하고 화장하면서 사람들을 유혹하는 자들이 있습니다. 그때 나 그 이전에 그랬던 사람들 중 거의 모두가 그 책에서 거명되며 소개되었습니다. 또한 그 책에는 당신의 선량하고 경건한 종을 통해서 당신의 영이 내리는 훈계, 구원을 주는 훈계가 들어 있었습니다.

"철학이나 사람들의 전통을 따르고 이 세상의 원소들을 따르면서 그리스도를 따르지 않는 허망한 기만이 여러분을 사로잡지 못하게 조심하시오. 온전히 충만한 신성이 육신의 형태로 그리스도 안에 머무르고 있습니다."[24]

제 마음의 빛이시여, 당신은 알고 계십니다. 그때까지는 사도의 이 가르침이 제게 알려져 있지 않았으므로, 키케로의 충고에서 저는 이것 하나만 좋아했습니다. 즉 이 학파 저 학파를 애지중지 따를 것이 아니라 그것이 무엇이든 지혜 자체를 사랑하고, 탐구하고, 붙들고, 옹켜잡고, 힘껏 끌어안아야 한다는 말입니다. 저는 그 말에 끌렸고 불이 붙었고 스스로 타올랐습니다. 그런 열화 속에서도 어떤 사실 하나가 저를 싸늘하게 만들었으니 그리스도의 이름이 거기 나오지 않는다는 점이었습니다.[25] 이 이름이야말로, 주님, 당신 자비에 따라 당신 아드님이요 저의 구세주[26]이신 이 이름이야말로, 아직 어머니의 젖에서부터 저의 여린 마음이 경건하게 들이킨 이름이요 깊숙하게 간직하고 있던 이름이어서,[27] 무엇이 제아무리 박학하고 세련되고 진실되

---

24) 골로사이 2:8-9.
25) 이 책 후반부(7.20.26 참조)에서 자기가 마니교에서 빠져나갈 수 있도록 사상적 전향을 일으켜준 신플라톤 철학의 저작에 '구원' 혹은 '구세주' 개념이 없는 것에 대해 부족감을 느꼈다고 토로한다.
26) Salvator: 고전 라틴어에서는 쓰이지 않던 그리스도교 신조어다.
27) 아직 어렸을 때에 "저희의 교만함에까지 맞추어 내려오신 주 저희 하느님의 겸손하심 덕분에 언약된 것"에 관해서 들어 알고 있었다(이 책, 1.11.17 참조).

다고 해도 이 이름이 빠지면 저를 온전히 심취시키지는 못했기 때문입니다.

5.9. 성경을 읽기 시작했지만 되레 경멸하게 되다

저는 성경으로 머리를 돌려 대체 어떤 것인지 알아보기로 작정했습니다. 그러고서 제가 알아차린 것이 무엇이었는지 보십시오. 그것은 교만한 사람들에게는 확연히 드러나지 않으면서도 아이들에게는 발가벗겨진 무엇,[28] 입구는 나지막한데 갈수록 드높아지며 신비에 가려진 무엇이어서 저는 막상 그 안으로 들어갈 수도 없었고 그 입구에 맞추어 목덜미를 숙일 수도 없었습니다. 제가 그 성경을 훑어보았을 때 제가 지금 말씀드리는 것처럼 그때도 느낀 것은 아니었고,[29] 문체로 보더라도 성경은 툴리우스의 품위 있는 웅변에 비교할 바가 못 된다고 생각했습니다.[30] 저의 오만방자함이 성경의 절제된 표현을 놓치고 말았고 제 지성의 정곡도 그 내면을 들여다보지 못했던 것입니다.[31] 성경에 대한 이해는 아이가 자라듯 서서히 성장하는 것이

---

28) 아우구스티누스는 주님이 "하늘을 기울여 내려오셨나이다"(시편 17[16]:10)를 인용하며 "하느님은 성경을 어린이들과 젖먹이들의 수준으로까지 낮추셨다"고 해설한다(『시편 상해』, 8.8).
29) 훗날 "어려서 성경을 두고 탐구하려는 신심보다는 토론하려는 재치를 내세우려는 바람에 한때 내가 기만을 당하고 말았다"(*Sermones*, 51.5.6)고 자백한다.
30) 그리스도교 교부들은 성경의 수사학적 수준을 비웃는 당대 지성인들에게 성경의 소박한 언어는 무식한 서민들에게도 궁극적인 진리를 전달하기 위함이라고 변명해야 했다.
31) 아우구스티누스가 그리스도교 성경에서도 지혜를 발견할 수 있음을 깨달은 것은 장년의 나이에 밀라노에서 암브로시우스에게서 성경의 유비적 해석을

었는데,[32] 저는 어린이처럼 되기를 꺼렸고 바람이 잔뜩 든 건방으로 자신을 어른이라 생각했습니다.

6.10. 진리를 탐구하노라면서 허위와 맞닥뜨리다

그리하여[33] 저는 오만하게 날뛰는 사람들, 너무도 육적이고 수다스러운 사람들한테로 빠져들었습니다. 그들의 입에는 악마의 덫이 있었고, 당신과 주 예수 그리스도와 저희의 위로자 파라클레투스 곧 성령의 이름이 철자상으로만 뒤섞여 얼버무려진 끈끈이가 놓여 있었습니다.[34] 그자들의 입에서 떠나지 않는 이 이름들은 그냥 헛바다이 내는 소리요 잡음에 불과했습니다. 뿐만 아니라 그들의 마음은 진리가 비어 있었습니다. 그러면서도 그들은 "진리 또 진리!"를 얘기하며 진리를 무척 많이 부르짖었는데 정작 그들 안에는 진리가 전혀 없었습니다. 그리고 곧잘 거짓을 말하는데 참된 진리이신 당신께 관한 것만이 아니고 당신의 피조물인 이 세상 원소들에 관해서도 그랬습니다.

저의 아버지여, 최고선이여, 모든 아름다움의 아름다움이여, 당신

들으면서부터였다(이 책, 5.14.24 참조).
32) 그리스도교 교부들은 성경 이해가 독자의 성숙에 따라서 '자구적' 의미에서 '유비적' 의미를 거쳐 '도덕적' 의미와 '신비적' 의미로 발전한다고 설명하게 된다.
33) 열아홉부터 서른까지 그는 마니교라는 종교사상에 빠졌다. 지혜를 찾던 젊은이에게 선악이원론과 영지주의(靈知主義) 성격의 엘리트적인 분위기가 매혹적이었던 것으로 보인다.
34) 마니교는 그리스도교의 삼위일체론 용어를 (철자상으로만) 차용해 존재계에 '위대함의 아버지'(빛의 아버지), '위대함의 아들', '파라클레투스'라는 삼위를 내세웠다.

께 대한 사랑 때문에[35] 원소에 관해서 진실을 말하던 철학자들마저도 저는 무시하고 지나가야 했습니다. 오, 진리여, 진리여! 저 사람들이 당신을 외칠 때, 그렇게도 흔하게 그렇게도 다채롭게, 때로는 소리로만 때로는 많고도 큼직한 책자로[36] 당신을 소리 내어 드러낼 때에, 제 영혼의 골수는 얼마나 사무치게 당신을 속으로 그리워했습니까! 그런데 저런 말과 책은 쟁반이었고, 당신으로 주린 저에게 정작 그 쟁반에 올라 제 앞에 놓인 것이라고는 당신이 아닌 해와 달이었습니다.[37] 아름다운 당신의 작품이기는 했지만 당신 작품이었을 뿐 당신은 아니었고 맨 처음 만들어진 작품도 아니었습니다. 비록 빛나고 하늘에 있는 것들이라고 할지라도 물질적인 그것들보다는 영적인 것들이 당신의 첫 작품들이었습니다.

진리여, 저는 저 첫 번째 작품들이 아닌 당신 자신을 두고 굶주리고 목말라했으니 진리에는 변화도 없고, 변천의 그림자도 없습니다. 제게는 아직 저 쟁반 위에 반짝거리는 환영이 올려져 있었지만 그런 것들을 사랑하느니 적어도 눈에나마 진짜인 저 태양을 사랑함이 나았습니다.[38] 눈을 통해서 정신을 기만하는 저 가짜들보다 말입니다. 저는 그것들을 당신으로 여기고 먹었습니다만 제 입에도 당신 같은 맛이 나지 않아서(당신께서는 그런 황당한 화상畵像이 아니십니다) 게걸

---

35) 젊은 아우구스티누스는 나름대로 최고선, 아름다움, 사랑으로 이루어진 삼위일체 신앙을 표현하고 있다.
36) 아우구스티누스가 훗날 마니교를 반박하는 여러 저서에 마니교 문전(*Thesaurus, Epistola fundamenti, Codices, Capitula*)이 거명되고 인용되기도 한다.
37) 조로아스터교의 흔적을 간직한 마니교는 태양을 불에서, 달을 물에서 나온 '선의 실체'처럼 숭배하면서 '거룩한 아들'의 '능력'과 '지혜'를 상징한다고 가르쳤고, 신도들이 기도할 때는 동쪽을 향했다.
38) 마니교 집회장에는 대형 쟁반에 돛배 형상을 만들어 올리고 세모꼴 창문으로 빛이 비쳐 나오게 하는 장치가 있었다(*Contra Faustum*, 6.5 참조).

스럽게 먹지는 않았고 그것이 살로 가지도 않았기에 오히려 더 허기져갔습니다.[39] 꿈속에서 보는 음식은 깨어 있는 사람들의 음식과 아주 흡사하지만 잠든 사람들이 그것으로 자라지는 않습니다. 잠을 자고 있기 때문입니다. 더구나 그 음식들은 당신과 조금도 닮지 않았습니다. 이제 제게 말씀하셨듯이 저것들은 물체적 환영이었고 가짜 물체였으며 그것들에 비하면 하늘에 있든 땅에 있든 육안으로 저희가 보는 저 물체들이 더 확실하고 진짜입니다. 이런 것들이 저희가 짐승이나 날짐승과 더불어 함께 보는 대상이고 저희가 저것들을 두고 상상해내는 대상보다 더 분명합니다. 또 저희가 눈으로 보는 것에서 상상을 해내는 편이, 상상한 것을 갖고서 아예 존재도 하지 않는 더 크고 한정 없는 다른 무엇을 추측하는 것보다 훨씬 더 확실합니다. 그즈음 저는 그렇게 추출해낸 황당한 환상을 먹고살았는데 그것은 살로 가는 것이 아니었습니다.

  저의 사랑이시여, 제가 강해지기 위해서 그 사랑 속으로 약해지는데,[40] 당신께서는 하늘에 있지만 저희가 눈으로 보는 저런 물체들도 아니시고, 그렇다고 거기서 저희가 눈으로 보지 못하는 그런 것도 아니십니다. 저것들은 당신께서 지으셨으나, 가장 높은 당신의 피조물들 가운데 두지도 않으십니다. 그러니 당신께서는 저의 환영에서 나온 저 산물과는, 물체의 환영들, 도무지 존재도 하지 않는 환영들과는 얼마나 멀리 계십니까? 존재도 하지 않는 환영들에 비하면 존재하는 그 물체들의 영상이 더 확실하고, 그 영상들보다 물체들이 더

---

39) '쟁반'은 원래 음식을 담는 그릇이었고, 마니교 집회에서는 과일과 채소를 시식해 (식물에 깃든) 빛을 섭취하는 의식이 있었기에 '먹는다'는 표현이 여기서 쓰인다.
40) 2고린토 12:10 참조("나는 그리스도를 위해서라면 약함도 모욕도 재난도 박해도 역경도 달갑게 여깁니다. 내가 약할 때에 오히려 강하기 때문입니다").

확실하지만 당신은 그런 것들이 아니십니다. 그렇다고 영혼, 신체의 생명인 영혼도 아니십니다. 신체의 생명이 신체보다 더 낫고 더 확실하지만 말입니다. 오히려 당신이 영혼들의 생명이시고, 생명들의 생명이시며, 당신 스스로 살아계시고 변함이 없으시니 당신은 제 영혼의 생명이십니다.

6.11 그러니 그때 당신께서는 어디에 계셨으며 저로부터 얼마나 멀리 계셨습니까? 저는 당신으로부터 멀리 떠돌아다니고 있었고, 제가 열매 꼬투리로 돼지들을 먹이면서도 막상 저는 돼지가 먹는 열매 꼬투리에게마저 손대지 못하게 거절당한 신세였습니다.[41] 문법학자와 시인들의 이야기가 저런 속임수보다 얼마나 더 나았겠습니까? 그래도 시와 노래와 「공중을 나는 메데아」[42]가 아무리 황당하더라도 암흑의 다섯 동굴에 따라 갖가지로 둔갑한다는 다섯 원소보다는 더 쓸모가 있었습니다.[43] 이따위 것들은 본래 존재하지도 않을뿐더러 이것을 신봉하는 자들을 오히려 죽게 만듭니다. 이유를 말하자면, 시구나 시가야 제가 진짜 죽으로 바꿔 먹을 수도 있고, '공중을 나는 메데아' 얘기야 제가 노래로 읊조리더라도 사실이라고 생각하지도 않고 남이 읊는 소리를 듣더라도 사실이라고 생각하지도 않았을 테지만, 저 원소들은 제가 사실이라고 믿었기 때문입니다.

---

41) 루가 15:16 참조("방탕한 아들은 돼지들이 먹는 열매 꼬투리로라도 배를 채우기를 간절히 바랐지만, 아무도 주지 않았다").
42) 파쿠비우스(Marcus Pacuvius)의 비극으로 「공중을 나는 메데아」(Medea volans)라는 제목만 전해진다. 오비디우스에 의해서 다시 창작되었고(『변신 이야기』, 7. 350-403) 이후 문법학교의 교재로 널리 쓰였다.
43) 마니교는 '암흑의 땅'을 구성하는 원소로 어둠, 물, 바람, 불 그리고 연기 다섯을 꼽고 그것이 깃드는 다섯 동굴을 상정했다. 그 대신 '광명의 땅'에는 빛, 물, 바람, 불 그리고 공기 다섯 원소를 꼽았다(*Contra epistolam fundamenti*, 28,31).

저주스러워라, 저주스러워라! 얼마나 숱한 계단을 밟아 지옥의 밑바닥까지 끌려갔던 것입니까! 그러면서도 진리에 허덕이며 마음 졸이고 애태우면서, 저의 하느님, 당신을 찾아가고 있었습니다. (제가 아직 당신을 믿고 고백하지 않을 때에도, 당신께서는 저를 불쌍히 여기셨음을 제가 당신께 고백합니다.) 저는 당신을 찾아가고는 있었으나, 저를 짐승보다 뛰어나게 만들고자 하신 지성의 오성悟性을 따르지 아니하고 육체의 감각을 따라 찾았습니다. 그런데 당신께서는 제 가장 내밀한 데보다 더 내밀하게 계셨고 제가 도달할 수 있는 가장 높은 곳보다 더 높이 계셨습니다.[44] 저는 솔로몬의 수수께끼[45]에 나오는 저 괘씸한 여인과 마주친 듯했습니다. 슬기가 부족하고 주제넘은 여자, 출입문에서 걸상에 앉아 있는 여자, *"빵을 몰래 마음껏 먹어라! 훔친 물이 더 다니 마셔라!"*고 지껄이는 여자를 만난 셈입니다.[46] 그 여자가 저를 호렸습니다. 제가 밖에, 곧 제 육신의 눈에 머물고 있음을 발견했고, 제가 무엇이든지 눈으로 삼키고서는 그것을 되새김질하고 있음을 알아챈 까닭입니다.

---

44) 하느님이 인간 존재에 가장 깊이 내재하는 핵심이자 가장 높이 초월하는 타자임을 동시에 표현한 문구다.
45) 솔로몬의 저작으로 알려진 잠언을 일컫는다. "지혜로운 이는 … 잠언과 비유, 현인들의 말씀과 수수께끼를 이해하게 될 것이다"(잠언 1:5-6).
46) 잠언 9:13-17 참조("우둔함이라는 여자는 … 자기 집 대문에, 성읍 언덕에 자리 잡고 앉아 길을 가는 이들을 부른다. '어리석은 이는 누구나 이리로 들어와라!' 지각 없는 이에게 우둔함이 말한다. '훔친 물이 더 달고 몰래 먹는 빵이 더 맛있다!'").

7.12. 마니교도들은 어리석은 사기꾼들이다

저는 다른 것, 참으로 존재하는 것을 몰랐고, 저 어리석은 사기꾼들에게 놀아나고 말았습니다. 저들이 "악이 어디서 오느냐,[47] 신이 신체 형상에 제한을 받느냐, 신이 머리카락과 손발톱을 지녔느냐, 한꺼번에 여러 아내를 거느리고 사람을 죽이고 동물을 희생제사에 바치는 자들이 의인으로 간주되어야 하느냐?"[48]고 질문하면 저는 바늘에라도 찔린 듯 움찔 놀라며 그들에게 교묘하게 설득되고 말았습니다. 그런 주제들을 알 리 없던 저로서는 그런 질문에 어리둥절해졌고, 사실 진리를 등지는 일인데도 마치 진리에게로 나아가는 것처럼 느껴졌습니다.

악이란 선의 결핍[49] 외에 다른 것이 아니요 결국 악 자체는 전혀 존재하지 않음을 몰랐습니다.[50] 눈으로 물체까지 보고 정신으로는 표상까지 보는 것이 고작이었으니 어디서 그것을 알아보았겠습니까? 하느님이 영이심을[51] 알지 못했고, 그분에게는 길이나 넓이를 채우는 지체가 없고 그분은 몸체를 가지고 있지 않은 존재라는 것도 알지 못했습니다. 몸체라고 하는 것은 그 전체보다 부분이 작게 마련

---

47) unde malum?: 이 책 후반부(7.3.4-7.16.22 참조)에 기본 답변이 나온다. 일평생 그를 괴롭힌 악의 문제는 아우구스티누스를 마니교로 기울게 한 계기이자 거기서 벗어나게 만든 의문이기도 했다.
48) 하느님의 현현(顯現)을 묘사하는 구약성경 비판의 골자였다(이 책, 4.2.3 참조).
49) malum privatio boni: 악의 본질에 관해서, 신플라톤 사상의 도움으로 아우구스티누스가 얻은 첫 번째 해답이었다(이 책, 7.12.18-7.14.20 참조).
50) 부패는 사물이 갖고 있는 선의 감소이므로 최악은 아무런 선도 갖지 못한 비존재(omnino non est)가 된다.
51) Deus spiritus: 교주는 신 역시 물체적 무엇, 한량없는 몸체(moles), 만유를 흡수하는 거대한 바다나 해면체라는 마니교 설명을 벗어나는 데 신플라톤 사상의 도움을 받았다.

입니다. 그리고 무한하다 할지라도 일정한 공간에 한정된 그 부분은 무한한 전체에 비해서 작습니다. 몸체는 영처럼, 또 하느님처럼 어디서나 전체로[52] 존재하지 못합니다. 저는 또 저희 안에 있는 것이 무엇인지, 저희를 저희로서 존재하게 만드는 그것이 성경에서 "하느님의 모습대로"라고 하는 그 말임을 전혀 모르고 있었습니다.[53]

7.13. 연세에 따라 사람의 도리가 달라진다

또 저는 참다운 내적 정의마저도 알지 못했습니다. 습속에 따라서 판단되는 정의가 아니라 전능하신 하느님의 지극히 엄정한 법률에 따라서 판단되는 정의 말입니다. 하느님의 법에 의거해서 지역과 시대의 관습이 형성됩니다. 하느님의 법은 어디서나 항상 존재하기에, 여기서는 이렇게 저기서는 저렇게 하는 식으로 존재할 수가 없습니다. 아브라함과 이사악과 야곱과 모세와 다윗 그리고 하느님으로부터 칭송받은 모든 사람들이 의인이 되는 것도 바로 이 내적 정의에 의해서입니다.[54] 그러나 멋모르는 자들은 쉽게 이런 사람들을 악인으로 판단합니다. 그자들은 인간 법정에 따라 판단하고, 자신들의 협소한 규범에 따라서 인류 전체의 관습을 재단하곤 합니다. 그릇된 판

---

52) ubique totus: 아우구스티누스가 신의 편재, 육체 속에서의 영혼의 존재 양상을 설명하는 개념이다.
53) 창세기 1:27 참조. 마니교는 유산(流産)된 악마들의 시체로 악마가 인간을 빚어냈다고 가르쳤다.
54) 시대의 습속을 반영하는 구약의 여러 율법을 비판하던 마니교 지성인들에게 아우구스티누스는 영원불변의 신법(내적 정의)이 있고, 시대라는 역사의 과정을 거치면서 하느님이 인류를 깨우치고 교육하신다는 답변을 내놓는다 (『신국론』, 11-13권 참조).

단은 마치 갑옷을 신체 각 부분에 어떻게 맞추어 입어야 할지 몰라서 정강이를 싸매는 각반을 투구처럼 머리에 쓰고 투구를 신발처럼 신고서 몸에 맞지 않는다고 투덜대는 것과 흡사합니다. 혹은 아침에만 영업이 가능하고 오후 개업이 금지된 날에[55] 오전처럼 계속 물건을 팔도록 허락하지 않는다고 노발대발하는 것과 같습니다.

 그런가 하면 한집에서 식탁에서 술잔을 시중하는 노예한테는 어떤 것을 손으로 만지도록 허용되지 않음을 보고, 조금 전 식탁 앞에서는 금지되던 불손한 짓거리가 외양간 구유 뒤쪽에서는 버젓이 이루어짐을 보고서는, 한 집안 한 가족이면서 같은 행동이 모두에게 허용되지 않는다고 화를 내는 것과도 흡사합니다. 지금 세기에 와서는 의인들에게 허용되지 않는 행동이 저 세기에는 의인들에게도 허용되었다는 말을 듣고 성을 내는 사람들도 마찬가지입니다. 두 무리가 다 동일한 정의에 복종하는 사람들이었음에도 불구하고 저 사람들에게는 다른 계명을 내리시고 이 사람들에게는 시대적인 이유로 다른 것을 계명으로 내리셨다는 것입니다. 더구나 같은 사람, 같은 날, 같은 집안이라도 각각에게 상응한 바가 다른 것을 보듯이, 그러니까 조금 전까지도 허용되던 일이 시간이 지난 뒤에는 허용되지 않는다거나, 저곳에서는 허용되거나 명령까지 내려지던 일이 다른 곳에서는 금지되거나 벌을 받기도 합니다. 그렇다면 정의가 변덕스럽고 뒤바뀌는 것[56]입니까?

 그보다는 정의가 시간에 맞추어 주관을 하는데 그 시간이라는 것이 한결같게 흐르지 않아서 그렇습니다. 그것이 시간이기 때문입니

---

55) dies indictus iustitio: 로마에서는 재판, 공무집행, 공식회의, 상업 등이 금지된 날이 수시로 공시되었다.
56) 베르길리우스의 구절(『아이네이스』, 4.569-570: "변덕스럽고 또 항상 뒤바뀌는 것, 여자"varium et mutabile semper femina)을 인용했다.

다. 인간의 지상 생명은 짧으므로, 선대의 세기들과 자기들이 경험하지 못한 다른 민족들의 시간들의 인과관계를[57] 자기가 경험한 인과관계에 맞추어 의미 있게 조립할 능력이 없습니다. 그 대신 한 몸으로, 한 날에, 한집에서는 무엇이 어떤 식구에게, 어떤 순간에, 어떤 부분이나 역할로 적합한지는 쉽사리 간파할 수 있으므로 전자의 경우에는 속상해하고 후자의 경우에는 복종합니다.[58]

7.14 그때 저는 이런 점들을 몰랐고 이것들을 감지하지도 못했습니다. 사방에서 이것들이 제 눈에 생채기를 내고 있었음에도 보지 못했습니다. 시가를 지어 읊었습니다만 시를 지을 때는 아무 데나 내키는 대로 각운을 붙일 수 있는 게 아닙니다. 운율이 각기 다르면 제각기 다른 각운을 써야 하며, 어느 한 시구라고 모든 곳에 같은 각운을 쓰는 것이 아닙니다.[59] 그런데 제가 시를 지을 때 따르던 기교 자체는 다른 곳에서 다른 법칙을 갖는 것이 아니라 한꺼번에 전체를 망라합니다.[60]

이와 마찬가지로 정의라는 것은 선한 사람들도 거룩한 사람들도 받드는데, 정의 또한 그보다 훨씬 탁월하게, 훨씬 숭고하게 모든 것을 한꺼번에 망라하고 있다는 사실을 저는 꿰뚫어보지 못하고 있었

---

57) 자연과 인생 그리고 역사가 모두 인과관계에 따른 질서 안에서 일어나느냐는 문제는 교부의 회심 이후 초기 저작인 『질서론』에서 상세하게 다뤄진다.
58) 구약과 신약의 율법이 달라보이는 또 한 가지 이유는 인간 지성은 시간적 한계 때문에 한 사람의 인생 전체나 인류 역사 전체를 조망하는 시야를 갖지 못하기 때문이라는 설명이다.
59) 아우구스티누스는 그리스도교가 '말씀의 종교'라는 점에서 시가를 예로 들어 행과 연이 번갈아 나오는 시간적 차원을 유념시키고 시문 전체가 주는 총체적 미감을 자주 거론한다.
60) 교부는 시공간적 편재(遍在)는 'ubique totus'로, 시간적 총괄은 'omnia simul'이라는 용어로 나타냈다.

습니다. 정의는 명을 내리면서 어느 부분에서도 상이해지는 것이 없으며, 그러면서도 달라지는 시대들을 동시에 망라하지는 않고, 각각의 시대에 적절한 것을 부담시키고 또 규정한다는 사실을 알지 못했습니다. 그러다 보니 저는 눈이 멀어서 경건한 성조^{聖祖}들이 하느님께서 명령하시고 영감을 주신 대로 현세의 사물을 이용하는 일을 비난하는 데서 그치지 않고 하느님께서 계시하는 대로 미래 일을 예고하는 것조차도 비난했습니다.

8.15. 자연을 거슬러 저지르는 음행은 항상 어디서나 혐오받아 마땅하고 통치자는 남을 섬겨야 마땅하다

"마음을 다하고 영혼을 다하고 지성을 다해 하느님을 사랑하고 이웃을 네 몸처럼 사랑하라"[61]는 계명이 어느 한때 어느 한 곳에서라도 도의에 어긋난 일로 간주된 적이 있습니까? 그러기에 자연을 거슬러 저지르는 음행은 언제 어디서나 혐오를 받고 벌을 받아야 마땅한데, 이를테면 소돔 사람들의 저런 음행 같은 것 말입니다. 설사 모든 민족들이 그 짓을 저지른다고 할지라도 신법^{神法}에 의해서 같은 죄목으로 다스려질 것입니다. 신법이 그런 식으로 자기 몸을 쓰라고 인간을 만든 것이 아니기 때문입니다. 하느님이 지으신 인간 본성이 삿된 음욕으로 오염될 때마다 하느님과 저희 사이에 마땅히 있어야 할 사회적 유대가 침해당합니다. 또한 인간의 미풍양속을 어기는 불륜도, 관습의 다양한 차이를 염두에 두고서, 피해야 합니다. 어떤 국가나 민족이 관례나 법률로 정한 것이, 어느 시민이나 이방인의 쾌락을 위해

---

61) 마르코 12:33 참조.

서 침해당해서는 안 됩니다. 어떤 부분이든 자기 전체와 부합하지 못하면 추하기 때문입니다.[62]

그러나 하느님이 사람들의 관례나 법률에 거스르는 무엇을 명하실 때에는 비록 그것이 한 번도 행해진 적이 없더라도 시행되어야 합니다. 그것이 누락되어 있었다면 보완해야 하고, 제도화되어 있지 않다면 제도로 확립해야 합니다. 한 국가의 국왕이 자기가 다스리는 나라에서 그 이전에 아무도 그런 명을 내린 적이 없고, 또 본인도 그런 명을 한 번도 내린 적이 없다고 하더라도, 국왕의 명령에 복종함이 그 국가 사회에 위배되는 것이 아니라 복종하지 않는 것이 사회에 위배됩니다. 자기 군주들에게 복종함이 국가 사회의 일반 약조이기 때문입니다. 하물며 당신의 피조계 전체의 통치자이신 하느님께서 명령하신 바에는 주저 없이 더욱더 순종해야 합니다! 인간 사회의 권력에서도 더 큰 권력은 더 작은 권력에 선행해 복종받듯이 하느님은 모든 권력에 복종을 받으셔야 합니다.[63]

8.16 또한 남을 해치려는 욕심이 있는 범죄에서도 마찬가지입니다. 그런 범죄는 악담 때문이거나 모욕 때문이거나 혹은 둘 다 때문에 그럴 수 있습니다. 또는 원수가 원수에게 하듯 보복하거나 혹은 강도가 행인에게 하듯이 남의 재화를 탈법으로 손에 넣고 싶어 그렇게 할 수 있습니다. 아니면 어떤 해를 피하기 위해서 자기가 무서워하는 사람을 먼저 공격하거나, 보다 가련한 사람이 보다 행복한 사람

---

62) 신지학(神智學)에서 자주 거론되는 주제로, 모자이크의 낱알이 신통치 않아도 전체 그림이 아름다운 것과 같은 보편적 아름다움(pulchritudo universitatis)을 논증한다(『질서론』, 1.2.2 참조).
63) 구약에서 인간 도리에 어긋나는 듯한 사안이 하느님의 이름으로 명령된 경우(예컨대 피정복주민 전멸) 군주정에 빗댄 하느님의 '절대권'으로 설명한다.

에게 그럴 수 있습니다. 또는 번영을 이룬 사람이 타인이 자기와 똑같아질까 겁먹거나 똑같은 것을 배 아파하거나, 또는 검투사들의 시합을 구경하는 관람객들이 다른 사람의 고통을 비웃고 놀리듯이 그냥 남이 당하는 악을 보면서 쾌감을 느껴 악을 행하는 사람들이 그렇습니다. 이것들이 악의 죄종罪宗인데 지배하려는 욕망, 눈으로 보려는 욕망, 감각적으로 감상하려는 욕망에서 싹튼 것입니다. 그것들은 그중 하나 혹은 둘, 때로는 셋이 전부 동시에 나타나기도 합니다.

지극히 높으시고 지극히 다정하신 하느님, 저런 짓들은 하나같이 십현금十弦琴 곧 당신의 십계명 중에서 셋이나 일곱을 어기며 잘못 사는 짓입니다.[64] 당신께서는 더럽혀질 수 없는 분이신데 무슨 음행을 당신께 저지를 수 있다는 말입니까? 당신께 해를 입히는 일이 불가능한데 죄악이 당신을 거슬러 무엇을 저지를 수 있겠습니까? 오히려 인간들이 자기 자신을 거슬러 자행하는 짓을 당신께서 되갚으시는 셈입니다.[65] 인간들이 당신을 거슬러 죄를 지을 때, 실은 자기 영혼을 망치는 일을 행하는 짓이고, 악행은 결국 당신께서 만드시고 질서 세우신 천성을 썩히거나 일그러뜨림으로써 자체를 기만하는 짓이기 때문입니다.[66]

허용된 사물을 절도 없이 사용하거나, 허용되지 않은 일에다 정염을 태워 천성을 거스르는 것도 그렇습니다.[67] 그런가 하면 뜻과 말로

---

64) 교부들은 흔히 십계명을 현악기 십현금에 비유해 처음 세 가락은 하느님을 섬기는 계명, 나머지 일곱은 인간을 사랑하는 계명으로 설명했다(*Sermones*, 9).
65) "그러니까 인간들이 자기 자신을 거슬러 자해하는 것, 이것이 당신께서 하시는 복수입니다"라는 번역도 가능하다.
66) 이 관점은 후일 "모든 죄악은 당하는 자보다 행하는 자를 해친다"(magis facienti quam patienti obsit omne peccatum: *Enchiridion*, 17)라는 명제로 정리된다.
67) 로마 1:26 참조.

당신을 정면으로 거슬러 행패를 부려서, 송곳에 발길질을 하면서 스스로 죄인이 되기도 하며,[68] 인간 사회의 기강을 무너뜨리면서 쓰거나 달다는 평계로 사사로이 모이고 흩어지며 거들먹거리기도 하고 부딪치기도 합니다.

생명의 샘이시여, 당신께서 배반당하실 때마다 그런 짓들이 벌어집니다. 당신께서는 유일하고 참된 창조주이시면서 우주의 통치자이신데도, 일부가 자기 본위의 오만으로 인해서 가짜 일자를 사랑할 때 그런 일들이 생깁니다.[69] 그럴 때 겸손한 효경^{孝敬}이 있으면 당신께 돌아오게 되고, 당신께서는 나쁜 습속에서 저희를 정화하시고, 당신께 고백을 드리는 자들의 죄과를 관대하게 용서하시며, 발에 차꼬를 찬 사람들의 탄식을 들어주시고, 저희가 저희에게 스스로 씌운 사슬에서 풀어주십니다. 저희가 거짓된 자유의 뿔을 치켜올려[70] 당신을 더 거스르지 않는다면 말입니다. 더 갖겠다는 탐욕으로, 죄다 잃어버릴 손해를 무릅쓰면서 저희 자신의 것인 선을 만유의 선이신 당신보다 더 사랑하는 짓을 하지 않는다면 말입니다.[71]

---

68) 그리스도교도들을 체포하러 가던 사울은 말에서 떨어지면서 "사울아, 사울아, 왜 나를 박해하느냐? 송곳을 차면 너만 아프다" 하는 소리를 들었다(사도행전 26:14 참조).
69) 신플라톤 철학에 의하면 지혜가 궁극적 일자 혹은 보편을 관조하는 능력이라면, 자기 본위의 오만은 욕망의 대상인 단편적인 것을 궁극적 가치로 간주하는 어리석음이다.
70) "탐욕으로 죄악을 저지르고서 고백하지 않으면 악인이 되어 뿔을 쳐드는 것이다. 여러분의 뿔이 쳐들리지 않으면 그리스도의 뿔이 쳐들릴 것이다"(『시편 상해』, 74.7).
71) "두 가지 사랑이 두 도성을 건설했다. 하느님을 멸시하기까지 이르는 자기애가 지상 도성을 만들었고, 자기를 멸시하면서까지 하느님을 사랑하는 사랑이 천상 도성을 만들었다. 전자는 자기 자신을 두고 자랑하고 후자는 주님을 두고 자랑한다"(『신국론』, 14.28)라고 정리된다.

9.17. 인간들이 인정하지 않는 많은 것을 하느님은 인정하시고, 칭송받는 많은 것을 하느님은 단죄하신다

그런데 추행과 폭행 그리고 하고 많은 악행 가운데는 소위 정진하는 사람들의 죄[72]도 있습니다. 판단을 제대로 하는 사람들에게서는 완전한 기준에 의해서 질책받기도 하지만, 풀에서 알곡이 나오듯이 장차 결실을 맺으리라는 희망으로, 그런 언행이 오히려 칭송받기도 합니다. 그런가 하면 음행과도 유사하고 폭력과도 아주 유사하지만 죄악이 아닌 것들도 있습니다. 주 저희 하느님이신 당신을 욕되게 하지도 않고 사회적 유대를 해치지도 않기 때문입니다. 예컨대 어려운 시절을 대비해 어떤 것을 생필품으로 쌓아두는 것이 오직 소유하려는 욕망에서 나온 것인지 확실치 않습니다. 또한 행동을 교정하려는 목적으로 주어진 권위에 따라서 벌을 주었을 때, 저희는 그것이 누구를 해치려는 욕망에서 이루어졌다고 판단할 수 없습니다. 그러므로 사람들이 수긍하지 못하는 많은 행동이 당신의 증언에 의해서 인정받을 수 있고, 사람들이 칭송하던 많은 행동이 당신의 증언으로 단죄받을 수도 있습니다. 흔히 겉으로 드러나는 행동과 행동하는 사람의 마음이 다르며 시점 또한 애매하기 때문입니다.[73]

그러니 당신께서 전에 없던 뜻밖의 일을 갑자기 명령하실 때에, 심지어 한때 금지하신 바를 명령하실 때에, 당신 명령의 이유를 당분간 알 수 없고 그것이 인간 사회의 약조에 어긋난다고 할지라도, 그 인간 사회가 당신을 섬기는 의로운 사회라면, 그것을 받들어 시행해야

---

72) 종교나 학문이나 수덕에 정진하는 사람들이 선의로 추구하지만 세인들에게는 죄로 보이는 것들을 꼽는다.
73) 그리스도교 윤리학에서는 행위의 외형 말고도 행위자의 의도나 상황도 중시된다.

한다는 점을 누가 의심하겠습니까? 그것을 당신께서 명령하셨음을 아는 사람들은 행복합니다. 당신을 섬기는 사람들에게서 생겨나는 모든 일은 현재 필요한 것을 보여주기 위함이거나 미래의 일을 예고하기 위함입니다.

10.18. 마니교도들이 설교하는 바가 얼마나 어리석고 우스운가

그런데 이런 사정을 모른 채로 저는 저자들처럼 당신의 저 거룩한 종들과 예언자들을 비웃고 있었습니다. 그들을 비웃으면서 정작 저는 당신께 비웃음 살 짓만 하고 있었습니다. 알면서도 차츰차츰 저 어리석은 짓거리로 빠져들어가서 무화과를 따면 눈물을 흘린다느니, 과일의 어미인 나무가 젖 같은 눈물을 흘린다느니 했습니다.[74]

심지어 어느 성도가 그렇게 딴 무화과를 먹는 경우(물론 스스로 과실을 따는 범행을 저지르지 않고 다른 사람이 그런 범죄를 저지르게 합니다), 그것을 내장에서 뒤섞고 추슬러서 그 무화과로부터 천사들을 내뱉는다고, 기도 중에 신음을 하고 트림을 해 하느님의 조각들을 내뱉는다고 생각했습니다. 지존하시고 참되신 하느님의 그 조각들은 '선발된 성도들'[75]이 이빨과 위장으로 녹여주지 않는 한 저 열매 속에 계속 갇혀 있게 된다는 것이었습니다.[76] 사람이 과일을 위해 생겨나

---

74) 마니교에는 식물이 빛을 간직한 채로 겪는 고통이 있다고, 영혼과 흙에서 그 고통을 감지하고 속죄하는 인물(Iesus patibilis)이 태어난다고 믿는 교리가 있었다.
75) 마니교는 나름대로 사도와 주교와 사제들을 두었고, 신도들도 '선발된 성도'(electus sanctus) 또는 '간선자'(electus)와 '경청자'(auditor)로 나뉘었다.
76) 과일을 따거나 농사를 짓는 일('빛의 십자가'crux luminis라고 불렀다)은 마

는 것이 아니라 과일이 사람을 위해 생겨나는 것임에도 불구하고 저는 불쌍하게도 사람보다 땅의 열매들에게 자비를 베풀어야 한다고 믿었습니다. 그래서 마니교도가 아닌 굶주린 사람에게 무화과 열매를 한 입이라도 준다면 극형을 받아 마땅하다고 생각했습니다.

11.19. 모니카는 아주 일찌감치 아들의 회심을 보여주는 꿈을 꾸었다

그런데 당신께서 높은 곳으로부터 당신 손길을 보내셔서 마니교의 깊은 흑암으로부터 저의 영혼을 끌어내주셨습니다. 당신의 신도인 제 어머니가 저를 위해 당신께 눈물 흘렸기 때문이었습니다. 육신의 장례를 치르면서 곡하는 어미들이 우는 것보다 더 애절하게 말입니다.[77] 그이는 당신께로부터 받는 믿음과 영으로 저의 죽음을 보고 있었으니 주님, 당신께서 그이의 기도를 들어주셨습니다.

당신께서 그이의 소원을 들어주시고, 그이가 기도를 바치는 장소마다 그이의 눈에서 쏟아져나와 땅을 적시던 눈물을 멸시하지 않으셨습니다. 당신께서 들어주셨습니다. 그렇지 않았다면 당신께서 어머니를 위로하셨던 그 꿈이 어디서 왔겠습니까?[78]

니교에게 금기였다. 그 대신 '선발된 성도'가 과일이나 채소를 먹어주면 식물에 갇힌 '빛의 조각' 혹은 '신의 조각'들이 해방된다는 믿음이 있었다(『시편 상해』, 140,12).

[77] "내가 멸망하지 않도록 흘리시는 내 어머니의 날마다 끊임없는 눈물로 하느님이 나를 신앙으로 회심시키셔서 나를 그 신앙에 받아들여주시지 않았겠는가?"(*De donoperseverantiae*, 20,53).

[78] 제5권(5,9,17)에는 모니카가 아들의 회심을 내다보는 '환시'에 관한 이야기가 나온다.

이후 그이는 저와 함께 살기로 양보했고, 한집에서 저와 함께 같은 밥상에 앉아 먹기로 양보했습니다.[79] 그동안은 저의 오류에서 오는 독성瀆聖 행위를 역겨워하던 그이가 먼저 저와 한 상에서 밥 먹기를 마다했던 것입니다. 그이가 꿈에서 보니 자기가 나무로 된 잣대 위에 서서 슬퍼하고 서러움에 기진맥진해 있는데 눈부시게 환한 젊은이 하나가 명랑하게 함빡 웃으면서 다가오더랍니다. 그는 그 나이 젊은 이가 흔히 그렇듯 무엇을 배울 요량이 아니라 뭘 가르치겠다는 태도로 무슨 일로 그렇게 날마다 슬퍼하며 우느냐고 물었습니다. 그이가 제 멸망을 두고 울고 있노라고 대답했더니 그 젊은이는 안심하라면서, 그이가 있는 곳에 나도 있음을 눈여겨보라고 타일렀습니다. 그이가 정신을 차리고 자세히 보니 같은 잣대 위에 제가 자기 곁에 나란히 서 있더랍니다.

오, 선하시고 전능하신 당신이시여, 어머니의 마음에 당신이 귀를 기울여주지 않았더라면 어디서 이런 일이 생겼겠습니까? 당신께서는 이렇게 저희 한 사람 한 사람을 돌보시되 오직 한 사람뿐인 양 돌보시며, 저희 모두를 돌보시되 개별적으로 돌보십니다.[80]

11.20 그이가 저에게 그 현시를 이야기하자 저는 기를 쓰고 다르게 풀어서 제가 있는 곳에 그이도 와 있게 될 것이니 실망하지 말라는 뜻으로 이해시키려고 수작을 부렸습니다만 그이는 서슴없이 이렇게 말했습니다. "아니다. 나한테 한 말은 '그가 있는 곳에 너도 있으리

---

79) 모니카는 고향으로 돌아온 아들이 집에 발을 들여놓지 못하게 하다가 마침내 "함께 살도록 허락하고 한집에서 자기와 함께 같은 밥상에 앉아 먹기를 허용했다"라는 뜻으로 풀이된다.
80) 인간을 보살피시는 하느님의 자상한 섭리를 "한 사람 한 사람을 마치 하나뿐이듯" 인간 "모두를 개별적으로" 돌보신다고 서술했다.

라'는 말이 아니고 '네가 있는 곳에 그도 있으리라'는 말이었다." 주님, (그 얘기를 두고 제가 입을 다물지 못합니다만) 제가 더듬을 수 있는 대로 제 기억을 더듬어 당신께 고백합니다. 그때 저는 반짝 깨어 계시는 어머니를 통해서 주신 당신의 대답에 더 감동했습니다. 제가 내린 아주 그럴듯한 거짓 해몽에 흔들리지 않고 그이가 제대로 보았다는 그 점, 그이가 말해주기 전에는 제가 결코 보지 못했던 그 점을 두고 감동했습니다. 그 꿈이야말로 이 경건한 여인에게 현재의 근심걱정을 위로하고 먼 훗날 성취될 기쁨을 예고해주신 것입니다.[81]

하지만 그 일은 그 꿈 이후로도 약 아홉 해 뒤에 일어났고[82] 그동안 저는 심연의 저 수렁에서, 허위의 어둠 속에서 일어나보려고 간간이 용을 써보았지만 그때마다 변을 당하면서 나뒹굴었습니다. 그럼에도 저 정숙하고 경건하고 침착한 과부(당신께서는 그런 사람들을 사랑하십니다)는 희망으로 생기를 얻으면서 통곡과 신음도 뒤지지 않았으며, 기도를 바치는 모든 시간에 저를 두고 당신께 눈물짓기를 그치지 않았습니다. 그이의 간구가 이처럼 당신 앞에 이르고 있었으나, 당신은 여전히 제가 그 어둠 속에서 엎치락뒤치락 뒹굴도록 내버려두셨습니다.

---

81) 훗날 모니카가 아들이 20여 년간 동거하던 여자를 아프리카로 쫓아 보내고, 아들을 양갓집 열두 살 처녀와 약혼시키면서 어느 편이 옳은지 현시를 보여주십사 청했지만 받지 못했다는 일화도 나온다(이 책, 6,13,23 참조).
82) 373년경부터 382년까지에 해당한다. "제 나이 열아홉 살부터 스물여덟 살까지 9년이라는 세월 동안 온갖 욕정으로 인해 호리고 홀리기도 하고 속고 속이기도 하면서 살았습니다"(이 책, 4,1,1).

12.21. 어느 주교를 통해서 모니카에게 내리신 하느님의 대답

또 그때 당신께서 다른 대답도 하나 해주셨던 것이 생각납니다. 저로서는 당신께 특별히 고백하고 싶은 것이 있어서 많은 것을 건너뛰고 지나가는 중이기도 하고 또 많은 것을 기억하지 못하는데 말입니다. 그 다른 대답은 당신의 사제를 통해서, 교회 내에서 장성했고 당신의 서책에 정통한 어느 주교를 통해서 내려졌습니다. 저 여인이 그를 만나서 제발 저와의 대화를 통해 저의 오류들을 논박하고 저에게 나쁜 것을 깨우치고 좋은 것을 가르쳐달라고(어머니는 적당한 사람들을 만났다 싶으면 무작정 그런 부탁을 해왔습니다) 청했을 때 그는 마다 했습니다. 후일에 제가 느끼기로는 그는 참 슬기롭게 답한 것입니다. 그가 대답하기를, 어머니의 말처럼 저는 저 이단 사상의 새로움에 말려들어 잔뜩 들떠 있고 시시한 몇 가지 문제를 들어 많은 풋내기들을 흔들어놓고 있던 참이었으므로,[83] 아직 무엇을 배울 만한 사람이 아니라고 하더랍니다.

"그러니 거기 그냥 내버려두시오. 다만 그를 위해 주님께 매달리시오. 스스로 읽어가다보면 자신이 어떤 오류에 빠졌는지, 얼마나 큰 불경을 저질렀는지 깨닫게 될 것입니다." 그는 자기도 어렸을 때 미혹에 빠진 어머니로 인해서 마니교에 넘어갔었다는 얘기도 했습니다. 그래서 그들의 책을 거의 전부 읽었을 뿐만 아니라 모조리 베껴 쓰기까지 했답니다. 그런데 그는 누구와 맞서서 토론한 것도 아니고 자기

---

[83] 훗날 이 무렵을 두고 "별로 열심히 하지도 않으면서 자기네 신앙을 옹호하겠노라고 나서는 그리스도신자들과 토론을 벌이면 거의 언제나 이기곤 했으므로 내 젊은 객기는 갈수록 늘어만 갔다"(*De duabus animabus*, 9)고 회고하기도 한다.

가 설득당한 것도 아닌데 스스로 어떻게든 그 종파를 벗어나야겠다고 깨우쳤고 마침내 벗어났다고 합니다.[84] 그가 그렇게 말해도 어머니는 단념하지 않고 울며불며 애걸복걸 그저 한 번만 저를 만나서 말 좀 해보라고 끈질기게 졸라댔습니다. 그러자 그가 짜증을 내면서 그이에게 이렇게 말하더랍니다. "나한테서 그만 가시오. 잘될 겁니다. 그렇게나 많은 눈물바람을 받은 자식이 망할 리 없습니다." 훗날 어머니는 저와의 대화에서 종종 그 얘기를 회상하곤 했는데, 어머니는 그 대답을 하늘에서 들리는 소리로 받아들였다고 합니다.

---

[84] 마니교 출신 첫 가톨릭 주교라면, 마다우로스의 교구장으로서 349년 카르타고 교회 회의에 참석한 안티고누스(Antigonus)로 추정된다.

제4권
타가스테와 카르타고에서
9년간 교사를 하다*

---

* 제4권은 카르타고에서의 생활(376-383년)을 담고 있다.
그곳의 수사학 교사 생활(1.1-3.6),
고향 친구의 갑작스러운 죽음과 비탄(4.7-12.19),
카르타고에서 『아름다운 것과 알맞은 것』을 저술하고
아리스토텔레스의 『범주론』을 독파한 지적 연마(13.20-16.31)를
차례로 회상한다.

1.1. 오만과 미신 그리고 허영에 시달리다

제 나이 열아홉 살부터 스물여덟 살까지 9년이라는 세월 동안 온갖 욕정에 호리고 홀리기도 하고 속고 속이기도 하면서 살았습니다.[1] 공개적으로는 자유학예[2]라고 부르는 학문을 내세워, 은밀하게는 종교라는 허울을 내세워 그리했습니다. 여기서는 오만하고 저기서는 미신을 숭상하면서 헛되이 쏘다녔습니다. 여기서는 대중적 영예라는 허영을 붙좇아 극장의 갈채와 시문의 백일장과 풀잎으로 엮인 화관을 받아 쓰는 시합과 시시한 구경거리와 무절제한 육욕을 쫓아다녔으며, 저기서는 저따위 때꼽에서 정화되기를 간절히 바라면서 '간선자'요 '성도'라고 불리던 사람들한테 먹을 것을 들고 갔습니다. 그런 음식으로 그 자들이 자기네 아랫배의 공장에서 천사들과 신들

---

1) 자기가 마니교라는 종교에 속았듯이 수사학 교수로서 자유학예로 젊은이들을 오도하는 삶을 살았다고 술회한다.
2) 그의 초기 대화편들에 심도 있게 다루어졌다. 그는 자유학예에 관한 교재 집필에도 착수했는데, 일부는 유실되었으나 *De musica, De grammatica, De rhetorica* 등은 남아 있다.

을 제조하고 그것들 덕분에 저희가 해방을 얻는다는 것이었습니다. 저는 스스로 이런 것들을 뒤쫓았고, 저 때문에 저와 함께 속아 넘어간 제 친구들도 그런 짓을 했습니다.[3] 건방진 사람들은 저를 비웃어도 좋습니다.

저의 하느님, 지금껏 당신께서 엎어뜨리시거나 때려 분질러놓으신 일(이것은 구원에 유익합니다)이 없는 사람들이라면야 저를 비웃어도 좋습니다. 그래도 저는 당신 찬양이 되기 위해 제 부끄러운 짓들을 당신께 고백하겠습니다. 바라옵건대, 현재의 기억을 더듬어 제 방랑의 지나간 굽이굽이를 회상하고 당신께 환호의 희생제물을 올리게 그냥 두십시오. 당신 없이 저라는 인간은 저 자신을 곤두박질로 이끄는 길잡이일 뿐입니다. 실제로 제가 잘 있는 것이 당신의 젖을 빨거나[4] 썩지 않는 음식인 당신을 누리는 것 말고 무엇이겠습니까? 인간이 인간인 한 어느 인간이든 상관없이 하는 말이지만, 인간이란 도대체 누구입니까? 강하고 힘 있는 사람들이야 저희를 비웃어도 좋습니다. 하지만 약하고 아쉬운 저희는 당신께 고백을 드리게 해주십시오.

2.2. 정식으로 수사학을 가르치고 정실 아닌 여자를 집에 두고 있었다

그 몇 해 동안 저는 수사학을 가르치고 있었습니다.[5] 저는 정욕에

---

[3] 아우구스티누스의 유인으로 마니교에 빠진 사람들로 알리피우스, 로마니아누스, 호노라투스, 마르키아누스, 네브리디우스, 포르투나투스 등이 거명된다.
[4] "젖이란 은총을 의미한다. 젖은 어머니의 가슴에서, 사랑과 자애에서 젖먹이에게 거저 베풀어지는 까닭이다"(『시편 상해』, 67.22).
[5] "처음에는 당신 고향에서 문법을, 그리고 나중에는 아프리카 지방의 수도 카르타고에서 수사학을 가르치셨다"(포시디우스, 『아우구스티누스의 생애』, 이연

굴복하면서도 소송에서 이기는 말솜씨를 팔아먹는 중이었습니다. 그러면서도 주님, 당신께서 아시는 바와 같이, 저는 좋은 사람이라고 불리는 좋은 제자들을[6] 두고 싶었고 그래서 속임수를 쓰지 않으면서 그들에게는 속임수를 가르치고 있었습니다. 그 속임수로 무죄한 사람의 목숨을 해치지 말고 때로는 유죄한 사람의 목숨도 구하라고 말입니다.

  하느님, 당신께서는 저의 믿음이라는 것이 미끄러져 다치고 자욱한 연기 속에서 불꽃을 튀기는 모습을 멀리서 지켜보고 계셨습니다. 허영을 사랑하고 거짓말을 찾는 사람들에게 제가 교수직에서 보여주고 있던 것은 그런 믿음이었습니다. 그들과 한통속이 되어서 말입니다. 그 시절 저는 한 여성을 두고 있었습니다. 합법적이라고 일컫는 혼인으로 알게 된 여자가 아니라 지각없이 이리저리 들뜬 제 정욕이 찾던 사람입니다. 그래도 그 사람 하나뿐이었고 그녀에게는 침방의 신의를 지켰습니다.[7] 또한 그 신의에서 저는 제 나름대로 차이를 경험했습니다. 자녀 생산의 명분으로 체결되는 혼인의 결속이라는 처방과 애욕 어린 약조 사이가 얼마나 먼지를! (물론 후자에서도 본인들의 의도와 달리 자녀가 태어나고, 일단 태어난 아이는 자기를 사랑해 달라고 조릅니다만.)[8]

학 · 최원오 역주, 분도, 2008, 1.2).
6) '좋은 사람'(boni)은 '착한 사람'이라는 뜻도 있지만 직업적으로는 '쓸 만한 사람', 도덕적으로는 '헤픈 사람'도 뜻한다.
7) 371년에 동거를 시작해 이듬해 아들을 낳았고, 어머니 모니카가 억지로 헤어지게 만든 386년까지(이 책, 6.15.25 참조) 그는 그녀를 데리고 살았다. 어디에도 이름은 나오지 않는다.
8) 아이에 대한 아버지의 정은 대단해서 아들에게 아데오다투스(Adeodatus, 하느님이 주신 사람)라는 이름을 붙여주었다. 아들과의 대화를 두고 『교사론』이라는 책을 쓰기도 했다.

2.3. 장복관臟卜官들의 수작을 혐오하다

제가 또 기억하기로 극시劇詩 백일장에 나가려고 마음먹고 있던 참에[9] 제가 모르는 장복관[10]이 사람을 보내서 이기게 해준다면 어떤 값을 치를 생각이냐고 물어왔습니다. 저는 그자의 추접스러운 숨은 뜻을 외면하고 혐오하던 터라서 화관花冠이 불멸의 황금으로 만들어졌다 할지라도 저의 승리를 위해 파리 한 마리라도 죽이게 두지 않겠다고 대답했습니다. 그자는 자기가 바치는 제사에서 짐승들을 도살할 것으로 보였고 그런 짐승을 제물로 받고서 자신을 도우라며 악마들을 불러낼 것으로 보였습니다.

하지만 제 마음의 하느님, 당신께 대한 정순함 때문에[11] 제가 이 악을 박차버린 것은 아니었습니다. 저는 당신을 사랑할 줄도 몰랐고, 당신을 무슨 물질적인 발광체 정도로만 생각했습니다. 이런 허상에다 염원을 바치는 영혼이 당신을 떠나 사음邪淫을 행하고[12] 거짓에다 믿음을 두며 바람을 먹고사는[13] 짓이 무엇이겠습니까? 저는 저에게 이로우라고 악마들에게 희생제물을 바치기는 싫어했으면서도 저 마니교 미신을 숭상함으로써 자진해서 저 자신을 악마들에게 희생제물로 바치고 있었습니다. 바람을 먹고산다는 것이 무슨 뜻입니까? 악마

---

9) 극시를 짓는 경연대회는 380년의 일이었다.
10) haruspex: 신들에게 짐승을 제물로 바치면서 그 내장의 신선도를 보고서 바친 제물의 가납(嘉納) 여부와 그에 따른 봉헌자의 운세를 점치던 제관.
11) castitas는 윤리적 순결이나 정조가 아닌 신 앞에서 하자 없는 종교적 정화를 가리켰다.
12) 구약의 아모스 및 호세아 예언자 이후로 이스라엘 민족의 우상숭배는 유일신 야훼를 배신하는 사통으로 단죄되었다.
13) pascere ventos: 호세아 12:2("에프라임은 바람을 먹고 온종일 동풍을 쫓아다니며 거짓과 폭력을 늘려간다")에 의하면 허황된 기대를 갖고 거짓을 일삼는 자들은 악마의 먹이가 된다는 의미도 덧붙이고 있다.

들을 먹여 살린다는 것, 다시 말해서 오류를 범함으로써 그들의 쾌감과 비웃음이 된다는 것이 아니면 무엇입니까?

3.4. 점성술사들에게 끈질기게 묻고 다니다

그러면서도 수리가^{數理家}라고 부르는 협잡꾼[14]들을 계속 찾아다니며 문의했습니다. 그들은 점을 칠 때 희생제물을 바치지 않고 다른 영에게 도움을 청하는 기도도 드리지 않는다는 핑계를 대면서 말입니다. 물론 그리스도교의 참된 신심은 응당 이러한 짓을 마다하고 단죄합니다.

주님, 당신께 고백하는 것이 좋습니다. "주님, 저에게 자비를 베푸십시오. 저를 고쳐주십시오. 당신께 죄를 지었습니다"[15]라는 말씀을 드림도 좋습니다. 당신의 너그러움을 남용해 죄짓는 자유로 삼아서는 안 되고 다음과 같은 주님 목소리를 기억해야 합니다. "자, 너는 건강하게 되었다. 더 나쁜 일이 너에게 일어나지 않도록 다시는 죄를 짓지 마라."[16] 그러니 저 작자들이 "너에게는 하늘로부터 불가피한 죄인의 운명이 주어졌다"거나 "비너스가 시켰다, 사투르누스가 시켰다, 마르스가 시켰다"라는 말을 하는 것은 구원에 이토록 유익한 말씀을 아예 죽여버리려고 애쓰는 것입니다.[17] 말하자면 사람은 잘못이 없다고,

---

14) "전에는 생일을 보아준다 해서 신수가(genethliatici)라고 했는데 요새는 시중에서 수리가(mathematici)라고 하는 자들은 … 태어날 때의 별의 위치에서 우리의 행동이나 결과까지 예언하려고 든다"(『그리스도교 교양』, 2,21,32).
15) 시편 41[40]:5 참조.
16) 요한 5:14.
17) 비너스가 마르스와 간통하던 현장에서 남편 불카누스에게 발각되어 쇠그물에 묶여 신들 앞에 끌려간 신화를 통해 점성술가들의 숙명론을 지적하며 "비

사람은 살이고 피이고 건방진 추깃물인 만큼 하늘과 별자리를 만든 창조자와 주관자를 탓해야 한다는 것입니다.[18] 이분이 과연 누구입니까? 저희 하느님, 너그러움이시며 정의의 원천이시여, 각자에게 그 행실대로 갚으시고, 뉘우치고 낮추는 마음을 멸시하지 않으시는[19] 당신 잘못이 아니면 누구입니까?

3.5. 빈디키아누스와 네브리디우스가 점성술사를 찾아다니지 말라고 충고해도 소용없었다

그 무렵 대단히 현명하면서 의학에 조예가 깊고 그 방면에서 아주 이름난 인물이 있었습니다. 그는 총독으로서 시가 백일장에서 우승한 저의 머리 위에 화관을 씌워주었습니다.[20] 물론 병든 저의 머리를 고치고자 씌워준 것은 아니었습니다. 그 병에서 낫게 해주시는 분은 당신이시기 때문입니다. 당신께서는 "교만한 자들을 대적하시고 겸손한 이들에게는 은총을 베푸십니다."[21] 하지만 그 늙은이를 통해서 보더라도, 과연 당신께서 저에게 손을 떼시거나, 제 영혼을 낫게 하시

너스가 나를 간통범으로 만들었고 마르스가 나를 강도로 만들었고 사투르누스가 나를 수전노로 만들었다는 말인가?"라고 반문한다(『시편 상해』, 140.9).

18) 교부는 마니교가 점성술을 내세워 인간이 저지르는 악행을 성좌의 운행 탓으로 돌리는 것이 나아가 창조주를 탓하는 수작이었음을 간파했다(『시편 상해』, 40.6).

19) 시편 51[50]:19 참조("하느님께 재물은 부서진 영, 부서지고 꺾인 마음을 하느님, 당신께서는 업신여기지 않으십니다").

20) 헬비우스 빈디키아누스(Helvius Vindicianus)는 산부인과 의학서와 처방전을 집필한 것으로 전해진다. 로마 속주들 가운데 카르타고 일대처럼 '집정관 서리'(proconsul) 칭호를 받는 관리의 통치를 받는 곳도 있었다. 일반적으로 그들은 '총독'(praeses)으로 불렸다.

21) 야고보 4:6 참조.

는 손길을 멈춘 적이 있습니까? 저는 그와 매우 친해졌습니다. 그의 말은 꾸밈이 없고 문장은 생동감이 있어 흥미로웠습니다. 저는 그의 연설을 빠짐없이 들을 정도로 그에게 매료되었습니다. 저와 대화하던 그는 제가 점성술사들의 책에 몰두하고 있다는 사실을 알고서는 그런 책들은 내팽개치라고, 유익한 일에 써야 할 관심과 노력을 그런 허망한 짓에 쏟지 말라고 아버지처럼 점잖게 타일렀습니다.

  그는 자기도 젊은 시절에는 그런 것을 배워서 직업으로 삼아 생계를 도모해보려고 한 적도 있었다고 말했습니다. 그는 히포크라테스를 이해하고 있었던 만큼 점성술 문전도 통달할 수 있었습니다. 그러다 그 문전들이 전부 거짓임을 알아챘고 이후 그것들을 다 집어던지고 의학을 따랐는데 점잖은 위인으로서 사람들을 속여서 밥벌이를 하기는 싫었다는 이유 말고는 다른 이유가 없었다고 했습니다. 그는 이런 말을 했습니다. "그러나 자네에게는 사람들 가운데서 자신을 부지할 수 있는, 수사학을 가르치는 직업이 있으니 이따위 기만술에 대한 공부야 생계에 쪼들려서 하는 것이 아니라 하고 싶어서 하는 게 아닌가. 부디 내 말을 믿어야 하네. 나로 말하자면 그것만 갖고도 먹고살 수 있을 만큼 속속들이 배워 통달한 사람일세." 저는 그 말을 듣고 어떤 원인이 작용하기에 점성술에서 예견하는 많은 일들이 맞아떨어지느냐고 물었습니다.

  그는 대자연의 전체 질서에 두루 퍼져 있는 운수의 조화가 그런 일들을 일으킨다고 대답했습니다. 이를테면 누가 우연히 어느 시인의 시집을 넘기면서 문의할 해답을 찾다보면,[22] 정작 시인은 질문과 전혀 무관한 의도로 읊었다고 할지라도 이상하게도 읽는 사람이 현재

---

[22] 당시 유명한 문인의 시집이나 성경을 펴서 나온 구절을 신의 뜻으로 간주하던 관행을 연상시킨다. 아우구스티누스의 회심 장면(이 책, 8.12.29 참조)에서도 같은 예를 볼 수 있다.

당면한 문제와 공명하고 적절한 해답을 주는 구절이 나온다는 뜻입니다. 그는 그것이 그렇게 놀랄 일은 아니라고 했습니다. 인간 영혼에는 고차원적인 어떤 본능이 있어서, 자기 안에서 무슨 일이 일어나는지는 명확히 모르면서도 궁금해서 찾아온 사람들의 사정과 사실에 상응하는 어떤 공명이 일어나는데, 이는 술수가 아니라 단순히 운으로 그리된다는 것입니다.

3.6. 친구 네브리디우스도 충고하다

이 가르침 역시 그 사람한테서 아니 그를 통해서 당신께서 제게 주셨으니, 저의 기억 안에다 훗날 무엇을 탐구해야 할지 미리 가닥을 잡아주신 것입니다. 그럼에도 그 당시에는 그 사람이나, 저의 막역한 벗으로서 비록 젊지만 참으로 선량하고 참으로 진중한 사람이면서도 그따위 점술을 비웃던 네브리디우스[23]가 저를 설득해 이 짓을 버리게 만들지는 못했습니다. 왜냐하면 그런 책을 쓴 저자들의 권위가 저를 완전히 좌우하고 있었기 때문입니다. 문의를 받는 사람들이 참말을 하는 것이 우연으로나 운수로 일어날 뿐 성좌를 관찰하는 사람들의 술법에 의한 것이 아니라는 점을[24] 의심할 여지 없이 보여줄 문전을 찾고 있었지만 제가 아직 확실한 문전을 하나도 못 찾아냈기 때문이었습니다.

---

23) 네브리디우스(Nebridius)는 알리피우스(Alypius)와 더불어 아우구스티누스의 가장 가까운 측근이다. 친구이면서도 아우구스티누스의 문하에 들어왔으며 많은 서한을 주고받았다. 그의 때 이른 죽음도 이 책(9.3.6)에 언급된다.
24) 점성술가들의 답변(sors: 운수)이 성좌의 운행을 관찰한 학술적 해답(ars: 기술)이라는 믿음을 견지하던 그는 후일 악령의 장난으로 이를 풀이한다(『신국론』, 5.7).

4.7. 아우구스티누스가 너무나 사랑스러운 친구를 찾아내다

제가 태어난 도읍에서 처음으로 가르치기 시작한 그 몇 해에[25] 저는 학연으로 이어진 친구 하나를 찾아냈습니다. 너무나 사랑스러웠고 제 또래인데다 청춘의 꽃으로 함께 피어오르던 친구였습니다. 그는 어린 시절 저와 함께 자랐고 학교도 같이 다니고 같이 놀기도 했습니다. 그러나 저때는 아직 그렇게 친하지 않았습니다. 하기야 그 무렵에 진정한 우정이라는 것은 있기 어려웠습니다. 저희가 받은 성령을 통해 마음에 부어진 사랑으로 당신께 귀의한 사람들 사이의 우정이 아니면 참다운 우정이라 할 수 없기 때문입니다.[26]

하지만 저희의 우정은 너무나 달콤했고 같은 공부에 대한 열성으로 타올랐습니다. 저는 그 젊은이가 깊이와 철저함 없이 간신히 간직하고 있던 참된 신앙에서 떨어져 저 미신적이며 해롭기만 한 이야기로 빠져들게 했습니다. 그런 얘기들 때문에 어머니는 저를 두고 울고 있었습니다.[27] 이처럼 그도 저와 함께 정신적으로 방황하고 있었고 저의 영혼은 그 없이 살 수 없는 지경이었습니다. 하지만 복수의 하느님이신 동시에 자비의 샘이시여, 당신께서는 당신의 도망자들의 등 뒤를 바싹 쫓으시고는 묘한 솜씨로 저희를 당신께 되돌아오게 하

---

25) 스물한 살 나이로 고향 타가스테에서 문법선생으로 일하던 때의 이야기로 되돌아간다.
26) 한때 "우정이란 호의와 사랑으로 이루어진, 인간사와 신사에 대한 공감"이라는 키케로의 정의(De amicitia, 6.20)를 받아들였지만, 이 책을 쓸 즈음에는 종교적 사랑을 토대로 우정을 논한다. "최고의 평화와 우애로 한데 뭉치고 사랑의 영적인 불꽃으로 타오르면서 한 뜻으로 결합되어 있다. 하느님의 뜻은 그들 사이에서 마치 지존하고 성스럽고 내밀한 어좌에서처럼, 당신의 집에서처럼, 당신의 전당에서처럼 군림한다"(『삼위일체론』, 3.4.9).
27) 이 책, 3.11.19-21를 보면 알 수 있듯 아우구스티누스가 그를 마니교에 끌어들였다는 얘기다.

십니다.[28] 보십시오. 그래서 그 사람을 이승에서 거두어가셨습니다. 저의 우정으로, 그 당시 제 일생의 모든 환락 가운데서 가장 달콤한 우정으로 겨우 한 해를 다 못 채웠는데 말입니다.

4.8. 친구의 죽음

어느 누가 당신의 찬양을 헤아릴 수 있습니까? 혼자 속으로 감지한 찬양이라고 할지라도 말입니다. 저의 하느님, 그때 당신께서 대체 무슨 일을 하신 것입니까? 당신 심판의 심연은 알아낼 길이 없습니까?[29] 친구가 열병으로 고생하면서 오랫동안 의식을 잃고 식은땀을 흘리며 누워 있었습니다. 그러다 가망이 없어 보이자 의식불명인 채로 세례를 받았습니다.[30] 저는 그런 것에 그다지 신경 쓰지 않았습니다. 그때 저는 의식 없는 몸에 일어난 일보다 저에게서 배운 것을 그의 영혼이 더 많이 간직하고 있으리라 자부하고 있었습니다. 그런데 사정은 아주 달랐습니다. 그가 소생해서 나은 것입니다. 저는 그와 얘기를 나눌 수 있는 기회가 오자마자(제가 그의 곁을 떠나지 않았을뿐더러 서로가 밀접한 관계였으므로 깨어나자마자 입을 떼려는 순간) 저는 농담부터 하려 들었습니다. 그가 의식도 감각도 없는 상태에서 받은 세례를 두고 한 저의 농담을 그 친구도 웃어넘기리라 생각했습니다.

---

28) 죄벌로 의식되는 인생의 불행과 고통을 도망노예를 주인이 바싹 뒤쫓음으로써 당신에게 돌아서게 만드는 '놀라운 방식'으로 비유한다.
29) 로마 11:33 참조("오! 하느님의 풍요와 지혜와 지식은 정녕 깊습니다. 그분의 판단은 얼마나 헤아리기 어렵고 그분의 길은 얼마나 알아내기 어렵습니까?").
30) "예비자가 죽어갈 때 질문에 스스로 대답할 수 없더라도 그리스도교 신앙을 받아들일 의사가 이미 확인된 이상, 어린이가 받는 것과 같은 양식으로 세례를 받을 수 있다"(*De adulterinis coniugiis*, 1.26.33).

하지만 그는 자기가 세례를 받았음을 벌써 들어서 알고 있었습니다. 더구나 그는 저를 원수 대하듯 징그러워하면서 예상치 못한 솔직하고 과감한 충고를 하는 것이었습니다. 여전히 친구로 남고 싶으면 자기한테 그따위 얘기는 집어치우라고 말입니다. 저는 그만 너무 놀라 어리둥절했으나, 그가 건강을 먼저 회복하고 적절히 기운을 차리면 그때 가서 제가 하고 싶은 말을 겨뤄도 늦지 않겠다 싶어 모든 감정 표현을 미루었습니다. 그러나 저의 망상에서 지워지기라도 하듯 그는 며칠 후 제가 없는 사이에 열이 도져 숨을 거두고 말았습니다. 마치 당신 앞에서 나의 위안이 되어 남겠다는 듯이.

4.9. 아우구스티누스가 고통으로 탈진하다[31]

그때 저의 마음은 크나큰 고통으로 암울했으며 어디를 둘러보아도 죽음뿐이었습니다. 고향은 그야말로 형극이요 아버지의 집은 기괴한 불행이었으며 그와 함께했던 모든 것이 그가 사라짐으로써 거대한 고문으로 변해버렸습니다. 저의 눈은 사방을 두루 살펴 그를 찾았지만 그는 나타나지 않았습니다. 그를 간직해주지 않았다는 이유로 모든 것이 미워졌습니다. 살아 있을 때 그가 그 자리에 없었다면 "봐라, 그가 올 게다"라고 하던 말을 스스로에게 더는 해주지 못한다는 이유로 모두 미워졌습니다. 제 자신이 제게 커다란 수수께끼가 되었고,[32]

---

31) 세네카의 글(*Consolatio ad Marcellam*)과 더불어 로마 문학에서 애도의 글로 손꼽히는 대목(4.4.9-4.7.12)이다.
32) ipse mihi magna quaestio: 상실의 고통에 직면해 제기된 실존적 물음을 담은 유명한 구절이다. "당신의 눈으로 보시기에도 제가 저에게 의문점이 되고 말았으니 제 자신이 곧 제 번뇌입니다"(이 책, 10.33.50).

왜 슬퍼하는지, 왜 자신을 이토록 심하게 괴롭히는지 스스로 물었지만 저의 영혼은 저에게 아무런 대답도 할 줄 몰랐습니다. 또 만일 제가 "하느님께 바라라"[33)]라고 저의 영혼에게 말했다 해도 당연히 순종할 리 없었습니다. 명령받기에 희망을 걸어보라는 유령[34)]보다는 지극히 사랑하다가 잃어버린 친구가 더 진짜요 더 나은 사람이었기 때문입니다. 그저 울음만이 제게는 감미로웠고[35)] 그것이 저의 벗을 대신해 제 영혼의 기쁨이 되고 말았습니다.

5.10. 그의 고통이 신기하게도 눈물 속에서 엷어져갔다

주님, 지금은 그 일도 다 지나갔고 세월과 더불어 저의 상처도 엷어졌습니다. 이제 불행한 사람들에게 어째서 울음이 달콤해지는지 진리이신 당신한테서 들을 수 있고, 제 마음의 귀를 당신 입 가까이 댈 수 있겠습니까? 아니면 혹시 당신께서는 어디에나 현존하시면서도 저희 불행을 당신으로부터 멀리 떼어놓으시고, 당신께서는 당신 안에 의연히 머물러 계시는 중에 저희는 이러저러한 시험 속에서 나뒹구는 것입니까? 저희는 울며 당신의 귀에 호소하는 방법 말고는 아무런 희망이 남아 있지 않습니다. 그렇긴 합니다만 쓰디쓴 인생살이, 신음하고 울고불고 한숨 쉬고 애태우는 데서 그토록 달콤한 열매가

---

33) 시편 42[41]:6* 참조("내 영혼아, 어찌하여 시름에 잠겨 있느냐? 어찌하여 나를 설레게 하느냐? 주님께 희망을 걸어라").
34) 마니교는 신을 물질이지만 유령에 가까운 존재로 생각했으므로 신보다 살아 있는 사람이 더 실감나는 존재로 보였다. 개종 이전에 교부는 신을 한없이 커다란 '덩어리'(moles: 몸체)로 생각했다.
35) "울음도 일종의 쾌락이어라"(est quaedam flere voluptas, 오비디우스, *De Tristitia*, 4.3.37).

거두어짐은 어찌된 일입니까? 당신께서 들어주시리라는 희망을 걸고 있으니 달콤한 것입니까? 기도에는 그것이 응당 들어 있는데 목적하는 바에 도달하겠다는 열망을 간직하고 있기 때문입니다.

그렇다면 물건에 대한 아픔, 그 당시 제가 젖어 있던 애통에도 그런 것이 들어 있었습니까? 그가 되살아나리라는 희망을 품지도 않았고 눈물로 그것을 애원하지도 않았으며 저는 그저 아파하고 울었을 뿐입니다. 저는 가엾었고 제 기쁨을 잃어버렸던 것입니다.[36] 혹시 울음도 본디 쓰디쓴 것인데, 저희가 먼저 향유하던 사물들이 주는 싫증 때문에, 그런 사물에 환멸을 느끼면서 되레 기쁨을 얻는 것입니까?

6.11. 삶의 권태와 죽음의 공포

무엇 때문에 이런 얘기들을 하고 있습니까? 지금은 따질 때가 아니고 당신께 고백할 때입니다. 저는 불행했습니다. 무릇 사멸하는 사물들에 대한 우애에 사로잡힌 마음은 모두 불행하고[37] 사랑하던 것을 잃고 나면 마음은 갈기갈기 찢어집니다. 그제야 비참을 느낍니다만, 사실 그것들을 잃어버리기 전에도 이미 그것으로 비참한 법입니다.[38] 그즈음 제가 바로 그러했기에 저는 무척 쓰라리게 울면서 그

---

36) "사실상 고통하며 저항하는 것은 이미 존재하던 어떤 것이 존재하지 않게 [소멸]됨을 어떤 양상으로든 거부하는 것인데, [이렇게 거부하는 것은] 이미 존재하던 그것이 어떤 선이었기 때문이다"(『선의 본성』, 20,20).
37) 마니교에서는 '간선자'는 결혼과 우정의 사슬로부터 놓여나 있어 사후에 바로 영생을 누리지만 '경청자'는 그렇지 못해 윤회의 사슬에 묶이거나 물질에 영원히 매인다고 가르쳤다.
38) 그 애착이 '상실의 공포'를 내포하기 때문이다. "자기 의사에 반해 상실할 수 있는 선들에 관한 한 아무도 안심하지 못한다"(『자유의지론』, 2.14.37).

쓰라림 속에서 오히려 안식을 얻고 있었습니다. 저는 그토록 불쌍했으나 그토록 불쌍한 삶을 저의 친구보다 더 소중히 여기고 있었습니다.[39] 저는 그런 삶을 바꾸고 싶었지만 친구를 잃으면 잃었지 그런 삶을 버리기는 싫었습니다. 그를 위해서라면, 그게 꾸며진 얘기가 아닐 경우이지만, 오레스테스와 필라데스에 관해서 전해오는 것처럼 그를 위해서라면 죽음까지 원했을지는 저도 모르겠습니다. 저 두 사람은 서로를 위해 죽거나 함께 죽기를 바랐을 것입니다. 그들에게는 함께 살아남지 못하는 것이 죽음보다 못했던 것입니다.[40]

그러나 제 안에는 어떤 감정인지 모르겠지만 이와 전혀 상반된 감정이 있었는데, 제 속에는 사는 데 대한 지독한 권태도 있고 죽는 데 대한 두려움도 있었습니다. 그를 사랑하는 마음이 강하면 강할수록 제게서 그를 앗아간 죽음을 더 미워하고 흉악한 원수처럼 증오했습니다만, 죽음이 그를 없애버릴 힘이 있었으니까 순식간에 모든 사람을 없애버리지는 않을까 두렵기도 했습니다. 그때 제가 전적으로 그랬음을 저는 기억하고 있습니다. 보십시오, 제 마음이 그러했으며, 저의 하느님, 보십시오, 제 속이 그러했습니다. 보십시오, 저의 희망이시여, 제가 그렇게 기억하고 있습니다.

당신께서는 저런 감정의 찌꺼기에서 저를 정화하시고, 제 눈길이 당신을 향하게 만드시며, 저의 발목을 올무에서 뽑아주시는 분이십니다. 정작 결코 죽지 않을 사람인 양 제가 사랑하던 사람은 죽었는데 다른 사람들은 사멸할 존재이면서도 멀쩡히 살아 있는 것이 이상

---

39) 교부는 애도라는 것이 상실한 대상에 대한 사랑이 아닌 상실 자체에 대한 자기연민임을 간파했다.
40) 필라데스(Pylades)는 오레스테스(Orestes)가 아버지 아가멤논의 복수를 하러 떠날 때 생사고락을 함께해 우정의 표본으로 칭송받는다(키케로, *De amicitia*, 7.24).

했습니다. 그가 죽었는데도 '또 한 사람의 그'였던 저[41]는 살아 있다는 것이 더 이상했습니다. 누군가 자기 친구를 가리켜 '자기 영혼의 반쪽'이라고 하는 말은 아주 적절한 표현입니다.[42] 저는 저의 영혼과 그의 영혼이 두 몸 속에 깃든 한 영혼이라고 느꼈습니다.[43] 그래서 반쪽으로 살기가 싫었고 살아 있는 것이 가증스러웠습니다. 또 한편으로는 죽기 또한 몹시 두려웠으니 그토록 사랑했던 그가 혹시나 온 채로 죽어버리지나 않을까[44] 해서였습니다.[45]

7.12. 위로를 찾아 그는 타가스테에서 카르타고로 나왔다

아, 인간을 인간답게 사랑할 줄 모르는 미치광이여! 아, 인간사에 절도 없이 안달하는 어리석은 인간이여! 그즈음의 제가 바로 그러했습니다. 애간장을 태우고 한숨을 쉬고 울고불며 흐트러졌습니다. 평안도 없고 분별도 없었습니다. 저는 갈기갈기 찢겨 선혈을 흘리는 영혼을 끌고 다녔는데[46] 저의 영혼은 저에게 끌려다니는 것을 견디지

---

41) ille alter eram: 친구를 '또 다른 나'(alter ego)라고 부르던 호칭의 변형으로 보인다.
42) "돛배여, 그대는 내 영혼의 반쪽을 실어가느니, 그대에게 맡겨진 베르길리우스를 아티카 변방에다 무사히 데려다주오"(호라티우스, *Carmina*, 1.3.5-8).
43) "두 영혼으로 이어진 한 영혼"(unus animus ex duobus, 키케로, *De amicitia*, 81); "두 몸에 깃든 하나의 영혼"(una anima in duobus corporibus, 오비디우스, *De Tristitia*, 4.4.72).
44) "그의 반쪽인 저마저 죽으면"이라는 문구가 전제된다.
45) 훗날 이 구절을 다음과 같이 수정한다. "그 말은 진중한 고백이라기보다 경솔한 호언처럼 보인다. 비록 '혹시나'라는 단어를 덧붙임으로써 그런 객설이 약간 다듬어지기는 했더라도 마찬가지다"(*Retractationes*, 2.6.2).
46) 아데오다투스의 생모와 생이별하는 대목(이 책, 6.15.25 참조)에서도 같은 심경이 그려진다. 어머니와 담담하고 초연한 사별 장면(이 책, 9.12.29-33)

못하던 참이었고 그래서 영혼 둘 곳을 찾아내지 못했습니다. 어디서도 안식을 얻지 못했으니 경치 좋은 숲속에서도, 놀이와 노래에서도, 달콤한 향기가 풍기는 자리에서도, 푸짐한 잔치에서도, 침실과 침상의 쾌락에서도, 심지어는 서책과 시가에서도 안식할 자리를 찾지 못했습니다.

모든 것이 혐오스러웠습니다. 빛마저도 싫었습니다. 그가 아닌 것은 모조리 귀찮고 언짢았으며 슬픔과 눈물만 예외였습니다. 그 속에서만 약간이나마 안식이 있었던 까닭입니다. 그러다 저의 영혼이 슬픔과 눈물에서 빠져나오면 또다시 비참의 무거운 등짐이 저를 짓눌렀습니다. 주님, 당신께 마음을 들어올려야 하고 그래야 낫게 되리라는 것도 알았지만 도무지 그럴 마음과 그럴 힘이 없었습니다. 당신께 관한 생각을 할 든든하고 확고한 무엇이 저에게는 없었기 때문입니다. 그도 그럴 것이 제가 품고 있던 것은 당신이 아닌 텅 빈 허상이었으며,[47] 저의 오류가 곧 저의 하느님이었습니다. 저의 영혼이 그런 허상 따위에다 짐을 맡기고 안식을 얻고자 노력했으니, 그 짐은 허공에서 미끄러져 다시 제 위로 굴러떨어지곤 했습니다. 제가 저에게 불행한 터전이 되어버렸으니,[48] 저는 그 터전에 있을 수도 없었고 그렇다고 떠날 수도 없었습니다.

저의 마음이 저의 마음을 피해 어디로 도망가겠습니까? 제 자신을 피해 제가 어디로 도망갈 수 있다는 말입니까?[49] 어디인들 제가 저

과는 매우 대조적이다.
[47] 마니교는 신을 광체로, 섬세한 물체로, 심지어 추상적인 허깨비로 제시했다.
[48] "당신께 안식이, 그것도 대단한 안식이 있고 … 그런데 저는 당신께로부터 떨어져 나왔고 … 제가 저 자신에게 빈곤의 땅이 되고 말았습니다"(이 책, 2.10.18).
[49] "인간은 도망친다. 하지만 어디를 가든 자기와 씨름하는 자신을 안고 간다" (*Sermones*, 25.4.4).

를 따라오지 않겠습니까? 어쨌든 저는 고향에서 달아났습니다. 그를 늘 보아오던 곳이 아니라면 저의 눈이 그 사람을 덜 찾을까 싶어서였습니다. 그래서 타가스테에서 카르타고로 왔습니다.

8.13. 다른 벗들의 위로가 그를 붙들어주다

시간이란 쉬지 않으며 하릴없이 저희 감관을 거쳐서 흐르는 것도 아닙니다. 시간은 마음에다 기묘한 작업을 해놓습니다. 날에 날을 이어 오고 가며, 그렇게 오고 가고 하면서 색다른 희망과 색다른 기억을 제게 심어주었습니다. 저의 그 고통이 단념하고 있던 옛날의 재미가 서서히 저를 메워갔습니다. 하지만 뒤따르는 것은, 같은 고통은 아니어도 여전히 또 다른 고통의 원인이었습니다. 제가 죽을 사람을 마치 죽지 않을 사람처럼 사랑함으로써 저의 영혼을 모래밭에 쏟아 버리지 않았다면 그 고통이 그토록 쉽게 내면 깊숙이 사무쳤겠습니까? 무엇보다 다른 친구들의 위안이 저를 크게 북돋아 소생시켰습니다.[50] 저는 그들과 어울리며 당신 대신 좋아하던 것을 계속 좋아했습니다. 거창한 설화와 장황한 거짓말[51] 따위 말입니다. 그따위가 치정에 가까울 정도로 치근대는 바람에 저희 지성은 귀를 후비면서도[52]

---

50) "소생하지는 못하더라도 북돋아지기는 하리다"라는 세네카의 표현(*Epistolae*, 104.11)에서 유래한다.
51) 마니교의 가르침을 조롱하는 말이다. "페르시아의 설화에 귀를 기울이고 정신을 쏟으면 그것으로 전부다. 섬세하지 못하고 유치한 정신 말이다"(*De utilitate credendi*, 18.36).
52) 지성이나 양심이 만류하는데도 "귀가 간지러워 후비면서도 호기심에 가득 찬 그들은 진리에는 더 이상 귀를 기울이지 않고 신화 쪽으로 돌아설 것입니다"(디모테오 4:3-4 참조).

마냥 타락해가고 있었습니다. 제 친구 중의 누가 죽더라도 저 설화는 죽어 없어지지 않았습니다.

이밖에도 각별히 마음을 사로잡은 몇 가지가 있었습니다. 그것은 함께 얘기 나누고 함께 웃기, 서로 사이좋게 비위 맞추기, 달콤한 이야기를 담은 책을 함께 읽기, 허튼소리로 시시덕거리면서 서로 체면을 살려주기, 간혹 견해가 달라도 미워하지 않기(사람이 자기 자신에게 그러듯이 말입니다), 이견을 갖는 일이 좀처럼 드물겠지만 하고많은 공감에 오히려 이견이 조미료가 되어주는 일, 서로 간에 가르쳐주고 서로 배우기, 없으면 보고 싶어서 못 견디는 일, 돌아오면 얼싸안고 맞아들이기 등의 일입니다.[53] 이런 일로, 또 이런 유의 신호로 사랑하는 사람들과 사랑에 호응하는 사람들의 마음에서 우러나 입을 거쳐서, 혀를 거쳐서, 눈을 통해서, 그밖에 사랑스러운 천 가지 동작을 통해서 마치 불씨처럼 마음들을 한데 불사르고 그것들을 다수에서 하나로 만들었습니다.

9.14. 하느님을 사랑하는 사람은 복도 많다

친구들 사이에서 사랑받는다는 것은 바로 이런 것입니다. 사랑으로 갚는 이를 사랑하지 않는다면, 사랑하는 사람에게 사랑으로 되갚지 않는다면 인간 양심이 마치 죄인처럼 되는 일, 바로 이것이 사랑받는 것입니다. 호감의 표시 외에는 그의 육체에서 아무것도 요구하

---

53) 아우구스티누스는 "친구들 없이는 행복해질 수 없던 기분이 대체 어느 통로로 제게 흘러오는지를 유념하지 않았습니다. 그래도 저는 친구들만은 무작정 사랑했고 아울러 그들에게서 제가 무작정 사랑받는다고 느꼈습니다"(이 책, 6.16.26)라고 실토한다.

지 않으면서 말입니다. 이 때문에 누가 죽으면 저런 비탄이 오고, 고통의 암흑이 닥치며, 눈물에 젖은 마음에서는 감미로움이 돌변해 쓰라림으로 바뀌며, 죽은 사람들의 잃어버린 목숨에서 산 사람들의 죽음이 발생한다는 말까지 나옵니다.[54] 당신을 사랑하는 사람, 벗을 사랑하는 것도 당신 안에서 하는 사람, 원수도 당신 때문에 사랑하는 사람은 복도 많습니다.[55] 그런 사람만 아무도 잃지 않으니, 그런 사람에게는 결코 잃어지지 않는 그분 안에서 모든 이가 사랑스러운 법입니다.

하느님, 그분이 저희 하느님 말고 누구겠습니까? 하늘과 땅을 만드셨고 그것들을 가득 채우시는 분 말입니다. 그분은 그것들을 채우심으로써 그것들을 만드셨습니다. 당신을 저버리지 않는 한 아무도 당신을 잃지 않습니다. 또 당신을 저버린다 한들 어디로 가고 어디로 도망치겠습니까? 달아난다 한들 너그러우신 당신에게서 달아나 노하신 당신께로 가는 것이 아닙니까?[56] 어디를 가나 자신이 받는 벌에서 당신의 율법을 만나지 않겠습니까? 당신의 율법이 진리요 진리가 곧 당신이십니다.[57]

---

54) ex amissa vita morientium mors viventium: 사랑하는 이의 죽음을 죽도록 애통해하는 심경을 나타내는 수사학적 문구다. 앞에서는(이 책, 1.6.7) 인생을 가리켜 "이 죽을 생명, 아니면 살아 있는 죽음"이라고도 했다.
55) "창조계에서 창조주를 사랑하는 법을 배우시라. 피조물에서 창조자를 사랑하는 법을 배우시라. 그분이 만드신 무엇이 그대를 사로잡는 일 없도록 하시라. 그대마저 그분에 의해서 만들어졌는데, 자칫하다 다름 아닌 그분을 잃고 맙니다"(『시편 상해』, 39.8).
56) "주님한테서 도망치고 싶은가? 주님께 도망가라. 노하신 주님한테서 도망치고 싶은가? 주님께로 도망가면 누그러지신다. 그분의 자비를 믿는다면 곧 그분을 누그러뜨리는 일이다"(『시편 상해』, 146.20).
57) "당신의 정의는 영원한 정의, 당신의 가르침은 진실입니다"(시편 118:142) 및 "나는 길이요 진리요 생명이다"(요한 14:6) 참조.

10.15. 인간사는 모두 덧없다

능력의 하느님, 저희를 돌이켜 세우셔서 당신 얼굴을 보여주십시오.[58] 그러면 저희가 살아나겠습니다. 사람의 영혼이 어느 쪽으로 향하든 간에, 당신 아닌 다른 곳에 매달린다면 고통과 마주치게 됩니다. 아무리 아름다운 것들에[59] 매달리더라도 당신 밖에서 또 자기 밖에서라면 그렇게 됩니다. 당신께로부터 존재하지 않는 한 그 아름다운 사물들이란 아무 존재도 아닐 것입니다. 아름다운 것들도 생겨나 소멸하니, 마치 생겨나면서 존재하기를 시작함과 같고, 완성에 이르려고 성장하며, 완성에 이르면 노쇠해 소멸합니다. 물론 모든 것이 꼭 노쇠하지는 않지만 모든 것이 결국 소멸합니다. 그러므로 생성해 존재를 지향할 때 존재하려고 그만큼 빨리 성장할수록 비존재를 향해서도 그만큼 서둘러 갑니다. 이것이 사물의 한계[60]입니다. 당신께서 사물들에게 그런 한계를 주신 까닭은, 저것들이 사물들의 부분이고 무릇 모든 부분들이 동시에 존재하지는 못하기 때문입니다. 소멸하고 계승하면서 모든 부분들이 전체로서 작용하고 전체의 부분들이 됩니다. 보십시오. 음성 기호로 이루어지는 저희 언어도 그렇게 작용합니다. 한 단어가 그 부분들을 발성하는 가운데 다른 단어가 뒤따라올 수 있게 소멸되지 않는다면 전체 언어가 존재하지 않을 것입니다.[61]

---

58) 교부에게는 인간의 회개도 (우리 얼굴을 돌이켜) 당신 얼굴을 보여주심도 하느님의 은총이다.
59) 교부는 회심 전 미(美)에 관해서『아름다운 것과 알맞은 것』(De pulchro et apto)이라는 저서를 집필했는데 유실되어 전수되지 않는다.
60) modus: 사물이 갖추는 형이상학적 범주로서 자주 나온다. "이 세 가지, 정도(modus), 형상(species), 질서(ordo)는, 신에 의해서 창조된 사물 속에 있는 보편적인 선들로서, 영에도 물체에도 [똑같이] 존재한다"(『선의 본성』, 3,3).
61) 사물에 부여된 한계라는 무상함은, 말마디가 차례로 발설되고 소멸되어야

만물의 창조주 하느님,[62] 저 모든 것을 두고 제 영혼이 당신을 찬미하게 하시되, 육체적 감각 때문에 사랑으로 그것들에게 끈끈하게 달라붙지 않게 해주십시오. 그것들은 가던 곳을 향해서 가게 마련입니다. 그것들은 비존재를 향해 가고[63] 그것들은 해독을 끼치는 욕망으로 영혼을 갈기갈기 찢어놓습니다. 영혼 자체는 존재하고 싶어 하고, 자기가 사랑하는 그 사물들 안에 안주하고 싶어 하기 때문입니다. 하지만 그런 것들 안에는 안주할 만한 '어디'라고 할 것이 없으니 멈춰서는 일이 없습니다. 그것들은 달아납니다. 육체의 감관으로 누가 그것들을 쫓아가겠습니까? 설령 당장 눈앞에 있다 할지라도 누가 그것들을 움켜잡겠습니까?[64] 육체 감관은 육체의 감관이기 때문에 사뭇 느립니다. 그 자체가 하나의 한계입니다. 육체 감각이 지음을 받은 본래 목적에는 그 자체로 충분하지만, 정해진 시점에서 정해진 종점을 향해 내달리는 사물을 붙들고 있기에는 충분치 않습니다. 당신 말씀을 통해서 그것들이 창조되는데, 당신의 그 말씀 안에서 "거기서부터 여기까지다"라는 소리를 듣기 때문입니다.

한 문장이 가능하듯이, 다른 사물들의 후속적 존재를 가능케 한다. 그래서 고통과 슬픔도 결국 지나간다는 성격을 갖는다.
62) Deus, creator omnium: 아우구스티누스에게 세례를 준 암브로시우스 주교가 지은 찬미가 가사로 지금도 가톨릭교회에서 불리고 있다.
63) 그러므로 유한한 사물을 절대가치로 여기고 뒤쫓는다면 쫓는 자도 허무로 끌려가고 만다.
64) 진리는 사물을 붙잡는 파악(把握)인데 변전하는 사물은 끊임없이 변하고 있으므로 결코 붙잡히지 않는다. 따라서 감각적 사물에서는 진리가 발견되지 않는다는 논지가 있다(*De diversis quaestionibus 83*, 9).

11.16. 하느님 홀로 불변하시다

"내 영혼아,[65] 허망하게 굴지 말고 네 허영의 소란으로 마음의 귀를 어둡게 만들지 마라. 그리고 너도 듣거라. 저 말씀이 친히 너에게 돌아오라고 외치신다.[66] 방해받지 않는 안식의 자리가 그곳에 있고 거기서는 사랑이 스스로 버리지 않는 한 사랑이 버림받는 일은 없다. 보라, 저것들은 물러가고 뒤이어 다른 것이 온다. 아래 세상은 지체의 모든 부분들로 해서 이루어진다.

'내가 다른 데로 물러갈 성싶으냐?' 하느님의 말씀께서 이르신다. 그 말씀에다 네 거처를 잡아라. 내 영혼아, 거짓에 속고 속아 지친 영혼아, 네가 지닌 것은 무엇이든지 거기다 맡겨라. 진리로부터 연유해서 네게 있는 온갖 것들을 진리에게 맡겨라. 그리하면 너는 아무것도 잃지 않으리라. 네 썩은 것들이 다시 꽃피어날 것이고, 네 병약함이 모조리 나을 것이며, 네 허약함이 바로잡히고 쇄신되고 너 자신에게로 돌아가 확고해지리라.[67] 너를 끌고 내려갔던 곳에다 다시 너를 처박아두지 않을 것이며, 항상 너와 함께 굳건히 서 있을 것이고, 항상 굳건히 서 계시고 항상 머물러 계시는 하느님 앞에 머물러 있을 것이다.

---

65) 하느님께 올리는 고백이 잠시(10.15-12.19) 자기 영혼에 건네는 독백으로 바뀐다.
66) "밖으로 나가지 마라. 그대 자신 속으로 돌아가라. 인간 내면에 진리께서 거하신다"(『참된 종교』, 39.72).
67) "너희가 아니라 내가 하느님이다. 내가 창조했고 내가 재창조하노라. 내가 빚었고 내가 다시 빚노라. 내가 만들었고 내가 다시 만드노라. 네가 너를 만들어내지 못했다면 무슨 수로 너를 다시 만들겠느냐?"(『시편 상해』, 45.14).

11.17 무엇 때문에 거꾸로 뒤집혀 네 육신을 뒤따라가느냐? 그 육신이 돌아서서 너를 따라와야 한다.[68] 육신을 통해서 네가 감지하는 것은 무엇이든지 부분으로 존재하기에 너는 전체를 모른다. 저것들은 이 전체의 부분일 따름인데 그러면서도 어느 정도는 너를 즐겁게 해준다. 만약 네 육신의 감관이 전체를 파악하기에 적합하다면, 즉 우주의 부분만 포착하게(그것은 정당한 한도이며, 네가 받은 벌의 일환이기도 하다) 되어 있지 않다면, 전부가 너에게 보여 네 마음에 더 들 테니까 너는 현재에 존재하는 것이 무엇이든지 지나가기를 바랄 것이다. 그 이유는 우리가 말을 할 때 육신의 감각을 통해서 듣는 것과 같다. 우리가 말을 들을 때에는 그 말의 음절이 지나가지 않고 머물러 있기를 바라지 않는다. 그 음절이 지나가야만 다른 음절이 뒤따라와서 전체 문장을 다 들을 수 있기 때문이다.

모두가 어떤 하나를 이루는 경우, 그 모두는 항상 그런 식으로 존재한다. 그 하나를 구성하는 그 모두가 한꺼번에 존재하지는 못하는 것이다. 물론 만약 모두가 한꺼번에 지각될 수 있다면야, 각각의 개체들보다는 모두가 더 우리를 즐겁게 만든다.[69] 그렇지만 그 모두를 만드신 분은 이것들보다 훨씬 더 좋은 분이시다.[70] 그분이 우리 하느님이시고, 그분을 뒤이을 사물이 없으므로 그분은 물러가시지 않는다.

---

68) 아우구스티누스는 선한 의지가 선한 사물을 추구하면서도 죄악이 발생하는 이유는 영혼이 절대선에 거슬러 유한자를 추구하는 가치전도(價値顚倒, perversa)에 있으며, 그 회복은 절대선을 향하는 영혼의 전향(轉向, conversa)에 있다고 설명한다.
69) "부분적인 것들로 구성된 모든 아름다움은, 부분적인 것들 안에서의 차원보다 전체적인 것 안에서 훨씬 더 뛰어나게 존재한다"(『마니교도 반박 창세기 해설』, 1,22,32).
70) 개체도 눈에 즐거움을 주고, 전부가 한데 보이면 더 즐거운 터에, 그 전부를 만든 분이라면 더 좋은 분이다.

12.18. 행복한 삶을 찾는 사람이라면 하느님께 나아가라

육체가 마음에 들거든 그것들을 두고 하느님을 찬미하라! 그것들을 지으신 장인께 사랑을 돌려드려라! 네가 저것들을 마음에 들어하는데 정작 너는 그분의 마음에 들지 않는 일이 생길까 두렵다. 영혼들이 네 마음에 들어도 하느님 안에서 사랑해야 한다.[71] 영혼들도 가변적인 것들이니 하느님 안에서만 일정하게 확고해지기 때문이다. 그렇지 않으면 영혼들도 가고 없어져버리리라. 그러므로 하느님 안에서 사랑할 일이다.

함께 영혼들을 힘껏 사로잡아 하느님께 이끌어가거라. 또 그것들에게 말하라. '이분을 사랑하자. 이분을 사랑하자꾸나.' 그분이 이 모든 것을 만드셨고 그분은 먼 곳에 계시지도 않는다. 그분은 이 모든 것을 만들어놓고 떠나버리신 것이 아니요, 그분으로 말미암아 그분 안에서 이것들이 존속한다.

그러니 보라, 그분이 어디 계시고 진리가 어디서 빛을 내는가! 그분은 마음 가장 안쪽에 계시는 분인데 우리 마음은 그분한테서 떠나 헤맸다. '너희 탈법한 자들아, 마음으로 돌아가라!'[72] 너를 만드신 분에게 귀의하여라! 그분과 함께 서 있거라! 그러면 너희가 서 있게 되리라. 그분 안에 안식하라! 그러면 편안하리라. 어디 가느냐, 쓰라린 것들을 향해서? 어디로 가느냐? 너희가 사랑하는 선은 그분에게서 존재한다.

---

71) 그리스도인들에게 육체는 하느님을 사랑하는 도구이고, 영혼은 사랑할 대상인데, 영혼은 자체로 사랑할 대상이 아니고 '하느님 안에서' 사랑할 대상이다.
72) 밖에 있는 것을 탐하는 사람들은 자기 자신으로부터도 유배된 처지가 되어 마음에 새겨진 법이 '그대 자신으로, 안으로 돌아가라'는 부름을 받는다(『시편 상해』, 57.1 참조).

하지만 어디까지나 그분께로 존재한다는 점에서 선하고 감미롭다. 무엇이든 그분으로 말미암아 존재하는 것이 그분을 저버린 채로 부당하게 사랑받는다면 마땅히 쓰라리게 되고 말리라.[73] 무엇을 얻자고 여태껏 어렵고 수고로운 길들을 걸어 다니고 있느냐? 너희가 안식을 찾는 그곳에는 안식이 없다. 찾을 테면 찾아보아라! 하지만 너희가 찾는 곳에는 없다. 너희는 행복한 삶을 찾는다면서 죽음의 지역을 뒤지고 있다. 거기에는 없다. 생명조차 없는 곳에 어떻게 행복한 삶이 있다는 말이냐?

12.19 그런데 우리의 생명 자체이신 분은 이곳에 내려오셔서, 우리 죽음을 짊어지셨으며, 당신 생명의 풍부함을 빌려 그것을 죽이셨고, 천둥 치듯 큰 소리로 우리를 불러 당신께 돌아오라고 말씀하셨다. 거기서 그분께 저 지밀至密로 돌아가라는 것이니, 당신이 거기서 먼저 우리를 향해 동정童貞의 태중으로 행차하셨으니 그 태중에서 인간 조물, 사멸하는 육신이 그분과 혼인함으로써[74] 그 육신이 영영 사멸하지 않도록 하셨다.

그분은 마치 그 신방에서 나오는 신랑처럼, 길을 달리는 거인처럼 좋아하셨다.[75] 그분은 지체 않고 달려가셨으며, 말로 행실로 죽음으로 삶으로 저승에 내려가고 하늘에 오르면서 외치신다. 우리에게 당

---

73) 선이 인간에게 가치 있으려면 인간을 절대선으로 인도해야 한다. 교부는 이 질서가 뒤집히면 그 선이 인간에게 고통스러운 죄벌로 변한다는 것을 체험했다.
74) 그리스도와 교회, 혹은 인간 영혼의 관계를 혼인으로 은유한 교부들이 있지만 그리스도 안에서 신성과 인간성의 결합을 혼인으로 표현한 것은 아우구스티누스가 처음이다.
75) 시편 19[18]:6 참조("해는 신방에서 나오는 신랑 같고 용사처럼 길을 달리며 좋아하네").

신께 돌아오라고 소리 높이 외치신다. 눈앞에서 떠나가셨으나[76] 우리에게 마음속으로 돌아가서[77] 당신을 찾아내라 하신다.

물러가셨으나 보라, 여기 계신다. 우리와 함께 오래 계시려고 하지 않으셨으나 우리를 버려두지 않으셨다. 저리로 물러가셨으나 우리와 헤어지시는 일은 결코 없다. 세상이 그분을 통해서 생겨났기 때문이다. 그분은 이 세상에 계셨고, 그러면서도 죄인들이 구원받게 하시려고 이 세상으로 오셨다.[78] 나의 영혼이 그분께 죄를 고백드리고 그분은 영혼을 낫게 하시는데, 다름 아닌 그분께 죄를 지은 까닭이다. 사람의 아들들이여, 언제까지 마음을 무겁게 먹을 생각이냐? 생명께서 내려오신 다음에도 올라가서 살고 싶지 않다는 말이냐? 너희가 이미 높은 곳에 올라앉아서 너희 입을 하늘에다 올려놓았는데[79] 도대체 어디로 올라가겠다는 말이냐? 올라가려면 내려오너라! 그래야 너희가 하느님께 올라갈 것이다. 너희는 하느님을 거슬러 오르려다 떨어졌다. 내 영혼아, 이런 얘기들을 저들에게 말해주어 통곡의 골짜기에서 울게 하여라. 그래서 저들을 힘껏 붙들어 하느님께 납치해가거라. 네가 사랑의 불에 타올라 이런 말을 한다면 너는 그분의 영으로 저들에게 이런 말을 건네는 것이다."

---

[76] 사도행전 1:9 참조("예수님께서는 이렇게 이르신 다음 그들이 보는 앞에서 하늘로 오르셨는데, 구름에 감싸여 그들의 시야에서 사라지셨다").
[77] 아우구스티누스는 신플라톤 철학의 '일자에로의 귀환'을 자기 내면으로의 귀환으로 대체한다.
[78] 1디모테오 1:15 참조("그리스도 예수님께서 죄인들을 구원하시려고 이 세상에 오셨다는 것입니다").
[79] 시편 73[72]:9 참조(어리석은 악인들이 "하늘을 향해 자기네 입을 열어젖히고 그들의 혀는 땅을 휩쓸고 다니네"). 교부는 이 구절을 "건방진 말을 하고 혀를 하늘에다 올려놓은 듯 행세한다"라는 뜻으로 풀이한다.

13.20. 『아름다운 것과 알맞은 것』이라는 책을 쓰다

그때는 제가 이런 일들을 전혀 몰랐기에 저급한 아름다움을 사랑하면서 저 밑바닥으로 곤두박질치고 있었습니다. 그러면서도 저의 친구들에게는 이런 말을 하곤 했습니다. "아름다움 말고 과연 우리가 사랑할 만한 것이 있는가? 그렇다면 무엇이 아름다운가? 아름다움이란 무엇인가? 우리를 사로잡아 우리가 사랑하는 사물과 결속시키는 것은 무엇인가? 그것들이 '맵시'와 '고움'[80)]이 없다면 절대로 우리를 잡아 이끌지 못할 터인데 말이다." 그리고 저는 그런 물체들에서 '전체'라고 할 만한, 그래서 '아름답다'고 할 만한 것이 다르고, 어떤 것이 다른 것에 알맞게 어울려서, 다시 말해 몸체의 부분이 몸체의 전체에 어우러지고 마치 신이 발에 꼭 들어맞듯이, '곱다'고 하는 것이 다르다는 것을 간파하고 목도하고 있었습니다.[81)]

이런 생각이 저의 마음 깊숙한 곳에서 우러나오고 저의 영혼에 착상을 떠올리게 해서 『아름다운 것과 알맞은 것』[82)]이란 제목의 책을 썼습니다. 두 권인가 세 권으로 되어 있었다고 생각합니다만 하느님, 당신께서는 아시거니와 저에게서는 이 책에 대한 기억이 지워졌습니다.[83)] 저희는 그 책을 갖고 있지 않고 어째서인지는 몰라도 유실되고

---

80) "아름다움은 그 자체로 고찰되고 예찬되는 것으로 추하고 흉한 것이 그 반대다. 알맞는 것은 그 반대가 부적합이듯이 자체와 연관되지 않고 연관되는 상대와 결부되어 판단된다"(*Epistolae*, 138.1.5).
81) 아름다움을 고움(species)으로, 알맞음을 맵시(decus)라고 부르면서 전자는 '전체로 본 어울림'을, 후자는 '부분이 자기의 전체와 갖는 어우러짐'으로 설명했다.
82) 381-382년 작품으로 추정되는데 본인 말처럼 이미 유실되었다.
83) 세례 전에 자기가 썼다고 이 책에서 언급하는 다른 저서들은 "그곳에 있던 사람들과 토론을 벌이거나 당신 면전에서 홀로 명상하며 쓴 책(『독백』)과, 그 자리에 없던 네브리디우스와 주고받은 편지(이 책, 9.4.7 참조) 등이다.

말았습니다.

14.21. 『아름다운 것과 알맞은 것』이란 책은 웅변가 히에리우스에게 헌정되다

주, 저의 하느님, 저로 하여금 로마시의 웅변가 히에리우스[84])에게 헌정한 저 책을 쓰게 한 이유는 과연 무엇입니까? 저는 그와 일면식이 없었으나 학식의 명망이 높은 그 사람을 애모하고 있었습니다. 그는 명성이 자자해 그의 몇 가지 말은 제 귀에도 들렸고 제 마음에도 들던 터였습니다. 그러나 더 큰 이유는 다른 사람들이 그를 마음에 들어 했고 그를 두고 감탄하며 칭송했기 때문이기도 합니다. 그는 원래 시리아 사람이면서도 그리스어 언변에 능통하더니, 이후 라틴어로도 경탄받는 연사演士가 되었습니다. 지혜의 연구, 즉 사물들에 대한 지식이 박학하기 이를 데 없다는 점이 제 마음에 들었던 것입니다.

그런 사람은 그 자리에 없어도 칭송받고 사랑받는 법입니다. 이런 사랑은 칭송하는 사람의 입에서 듣는 사람의 마음으로 들어갑니까? 그럴 수 없습니다. 오히려 그를 사랑하고 있는 사람에 의해서 사랑받는 사람이 사랑에 점화되는 것입니다. 칭송받는 사람이 사랑받기도 하는 연유는 이렇습니다. 즉 칭송하는 사람의 거짓 마음에서 연설이 나온다고 믿지 않을 때, 다시 말해서 사랑하면서 누구를 칭송할 때입니다.[85])

---

84) 히에리우스(Hierius)라는 인명이 당대 여럿 나온다. 그는 수사학과 철학을 겸비한 인물이어서 아우구스티누스에게는 "저도 그런 사람이 되기를 바라는 제가 사랑한 위인"(이 책, 4.14.23)이었던 듯하다.
85) 밀라노 황실 교수의 직무 중 하나는 황제의 경사에 송덕문을 지어 바치는 일

14.22 그러니까 그 무렵의 저는 사람들의 판단에 의거해서 사람들을 사랑하고 있었던 셈입니다. 당신의 판단에 의거하면 아무도 속아 넘어가지 않는데 당신의 판단에 의거하지 않고 사람들을 사랑하고 있던 것입니다. 저는 왜 고상한 경기장 마차부나 대중적 인기로 소문난 경기장 사냥꾼을 좋아하듯이 사랑하지 않고,[86] 저도 받고 싶은 그런 칭송 방식으로, 아주 다르고 진지하게 그 인물을 사랑했던 것입니까? 비록 제가 배우들을 칭송하고 사랑한다 할지라도 제가 배우처럼 칭송받고 사랑받고 싶지는 않았을 테고, 그들처럼 유명해지기보다는 차라리 이름 없는 사람이 되고 싶었고, 그들처럼 사랑받을 바에야 차라리 미움을 받는 게 나았습니다.[87] 단일한 영혼 안에 그토록 색다르고 다채로운 사랑의 중력[88]이 어디에 따로 자리 잡는 것입니까? 사람인 제가 사람인 타인 안에서 어떤 것을 사랑하다니, 그것을 제가 다시 증오하지 않는 한, 저한테 지겹거나 멀리 하려는 마음이 생기지 않는다니 도대체 어찌된 일입니까?

이것은 사람이 말로 변할 수 있다 해도 말이 되고 싶지는 않은데,

이었다.
86) 대경기장에서 열리는 사두마차 경기의 마부나 원형극장에 맹수를 풀어놓고 사살하는 사냥꾼들의 열성 팬들은 "자기들 따라 함께 함성을 지르게 충동질 받고, 마치 모든 관객이 함성을 지르는 것처럼 돌아가고, 그러다 그 선수가 패하고 나면 대개는 [응원한 사람들] 모두가 면목이 없어지는 [그런 장면]"을 떠올린다(『시편 상해』, 53.10).
87) "로마 시민들 가운데 누구든 연극배우가 되기로 선택한다면 그에게는 명예로운 공직이 일체 주어지지 않으며, 풍속감시관의 공지가 내려짐과 동시에 자기네 부족을 보존하게 결코 허용받지 못했다"(『신국론』, 2.13). 한마디로 연극배우는 로마사회에서 천시당했다.
88) "인간 실존의 중력은 사랑"(pondus meum amor meus: 이 책, 13.9.10 참조)이라고 믿던 아우구스티누스는 선수나 배우를 좋아하면서도 자기가 그 직업을 갖기는 싫어하는 심리(사랑의 중력이 하나가 아니고 여럿인 경우)를 신기해했다.

동시에 경기에서 우수한 말이 사랑받는 것과는 다릅니다. 배우를 두고 같은 말을 해서는 안 되는데, 배우는 저희의 천성을 나누어 갖는 까닭입니다. 그러니까 제가 같은 인간이면서도 제가 그렇게 되기를 혐오하는 부분을 제삼의 인간에게서는 도리어 사랑한다는 말입니까? 인간이란 그 자체가 실로 위대한 심연입니다.[89)]

그리고 주님, 당신께서는 그의 머리카락까지 세어두고 계십니다.[90)] 당신께서 세어두고 계시니 당신 안에서는 줄어들지 않습니다. 하지만 인간의 성정과 마음의 움직임을 세느니 그 머리카락을 세는 것이 훨씬 쉽습니다.

14.23 어떻든 그 수사학자는, 저도 그런 사람이 되기를 바라는 제가 사랑한 위인이었습니다. 저는 잘난 체하며 떠돌고 있었고 온갖 풍랑에 휩쓸리고 있었으나 실상 지극히 은밀하게 당신의 다스림을 받고 있었습니다. 그렇지 않았다면 그가 칭송받던 사안을 두고 제가 그를 사랑했다기보다 그를 칭송하는 사람들의 사랑을 사랑했음을 제가 어떻게 알겠으며, 무슨 수로 이를 확신하고 당신께 고백하겠습니까.[91)] 만약 그 인물을 두고 사람들이 칭송하기는커녕 비난했더라면, 사람들이 그를 흠잡고 얕잡아 보았다면 그가 칭송받던 그 사안들을 입에 올릴 때 제가 그 인물을 두고 열을 올리거나 도취되지도 않았을 것입

---

89) grande profundum est ipse homo: "심연이란 바닥을 들여다볼 수 없는, 파악할 수 없는 깊이입니다. 이 말은 대개 '큰물'을 두고 쓰입니다. 큰물에는 높이가 있고 깊이가 있습니다. 바닥까지 들여다볼 수 없는 것입니다"(『시편 상해』, 41.13).
90) 마태오 10:30-31 참조.
91) 아우구스티누스는 이 책의 집필 의도가 "13권으로 된 내 고백은 책이 나의 악행과 선업을 두고 하느님을 의롭고 선한 분으로 찬미하고, 사람들의 지성과 애정을 그분께로 쏠리게 만들기" 위함이었다고 술회한다(*Retractationes*, 2.6.1).

니다. 그런 사안들이 달라지지도 않고 그 인물도 다른 사람이 아니며, 단지 얘기를 꺼내는 사람들의 심사가 다를 뿐임에도 말입니다.

그러니 보십시오, 견고한 진리에 아직 귀의하지 못한 나약한 영혼이 어디에 바탕을 두고 있는지.[92] 이런저런 의견을 가진 사람들의 가슴에서 기인한 혓바닥의 기운이 부채질하는 대로 영혼은 이리 끌리고 저리 까불리고 말리고 휘말리다 보니 어느덧 그 영혼의 빛은 흐릿해지고 진리는 감지되지 않습니다. 그런데 보십시오, 진리는 바로 저희 앞에 있습니다. 그때 저의 주요 관심사는 저의 언변과 저의 학문이 그 인물에게 알려지는 것이었습니다. 만일 그가 인정해주기라도 했다면 저는 더욱 우쭐했을 것입니다. 또 그가 인정해주지 않았다면 저의 헛된 마음, 당신과의 유대가 없는 텅 빈 저의 마음은 몹시 상했을 것입니다. 하지만 그에게 헌정하기 위해 써내려갔던 『아름다운 것과 알맞은 것』은 제 관상觀想의 안전眼前을[93] 거침없이 탐색했고, 동조자 하나 없었지만 저는 스스로 감탄하고 있었습니다.[94]

15.24. 그 당시 아우구스티누스는 아름다움과 알맞음에 관해서 어떤 판단을 하고 있었는가

홀로 기묘한 일을 행하시는 전능하신 분이여, 하지만 이처럼 위대한 사리의 중추가 당신의 예술[95]에 있음을 제가 아직 알아보지 못하

---

92) 사랑은 진리에 의거해야 하는데 사랑과 진리가 분리되는 경우도 있음을 암시한다.
93) 교부의 첫 저서인 『아름다운 것과 알맞은 것』에 대한 자평으로 보인다. 그 책이 독백 형식이라는 추측도 가능하다.
94) 인간의 지성은 진선미(眞善美)를 직관하므로 동조자의 찬동이 꼭 필요한 것은 아니다.

던 터였습니다. 제 정신은 여전히 물체적 형상을 통해서만 나아가는
중이었고, '아름다움'이라는 것은 그 자체로 그러한 것으로, '알맞음'
이란 다른 것과 어울릴 만한 것이라고 정의하고 구분하고 있었으며,
그것에 물체적인 사례를 덧붙여 이해하곤 했습니다. 저는 영혼의 본
성에 관심을 돌려보았으나 영적인 존재에 대해 품고 있던 그릇된 사
상 때문에 진리를 식별할 수 없었습니다. 진리의 세찬 힘이 저의 눈
으로 밀려들어왔는데도 떨리는 저의 지성은 비물체적 존재로부터
눈을 돌려 선과 색채와 늘어나고 줄어드는 질량으로 향하고 말았습
니다. 또 영혼에서 선과 색채와 질량 같은 이런 것들이 보이지 않던
까닭에 저는 영혼이란 볼 수 없다고 여기던 참이었습니다.

그러면서도 덕에 깃든 평화를 사랑하고 악덕으로부터 오는 불화
를 미워하게 되었고,[96] 전자에서는 일성一性을, 후자에서는 분리를 감
지하기에 이르렀습니다.[97] 그래서 일성에는 이성적 지성이며 진리의
본성인 최고선의 본성이 존재하는 것으로 보았고,[98] 반면에 분리에
는 (무슨 실체인지는 모르는) 비이성적 생명의 실체와 최고악의 본성이

---

95) "만물이 창조된 그 예술, 다시 말해서 하느님의 지고하시고 불변하신 지혜가
참으로 그리고 최고로 존재한다면 (실제로 그렇게 존재한다) 그 예술로부터
멀어져가는 사물이 결국은 어디로 향하는지 살펴보시오!"(『자유의지론』, 3.
15.42).
96) 덕을 모든 정욕의 저압에 따른 내면의 평화로 정의한 것은 스토아였으며(『자
유의지론』, 2.19.50 참조) 교부는 덕을 '사랑의 질서'로 재정의한다(『신국론』,
15.22 참조).
97) 피타고라스 이래로 존재계를 단자(單子, monas)와 양자(兩子, dyas)라 나누고
선·덕·이성(理性)혼을 전자에, 악·악습·비이성혼을 후자에 귀결시키는 사
조가 마니교까지 내려왔다.
98) 그 당시 아우구스티누스는 플로티누스를 따르면서 "일자(一者, unum)는 곧 하
느님이다"라는 명제를 "하느님이 한 분이시다"라는 명제로 바꾸고 하느님의
명칭을 "삼위일체이신 한 분 하느님"(trinitas quae est unus deus)으로 바로잡
았다. 이는 『삼위일체론』 서언 첫머리에서 나타난다.

존재하는 것처럼 보였습니다. 가엾게도 그때 저는 악이란 어떤 실체이자 전적으로 하나의 생명이라고 여겼는데, 다만 당신께로부터 존재하는 것은 아니리라 생각했습니다.

저의 하느님, 당신으로 말미암아 모든 것이 존재함에도 불구하고 말입니다. 전자를 저는 단자(單子)라고 불렀고 무성의 어떤 지성[99]으로 여겼습니다. 후자는 양자(兩子)라고 불렀는데, 파렴치에 들어 있는 분노와 해악에 들어 있는 정욕이 그 양자라고 여겼습니다.[100] 제 스스로 무슨 말을 하는지 모르면서 하던 얘기들입니다. 악이 아무 실체도 아니라거나 저희 지성이 불변하는 최고의 선도 아니라는 사실은 알지도 배우지도 못한 까닭이었습니다.[101]

15.25. 허영, 오류 그리고 오만의 무게

영혼의 움직임이 부패하고 그 움직임에서 건방지고 거친 충동이 일어나면 해악이 생깁니다. 또 영혼의 성정이 절도를 잃고, 절도 없는 성정에서 육적인 쾌락이 솟아나면 파렴치가 됩니다. 또 합리적 지성 자체가 타락하면 거짓 사상이 삶을 오염시킵니다. 그때 저의 지성이 그러했습니다. 저의 지성 자체가 진리의 본성이 아닌 이상 진리에 참여해야 하고, 그러려면 다른 빛에 의해서 비추임 받아야 한다는[102]

---

99) 단자는 남성과 여성을 한데 갖추었으므로 무성이라고도 부를 수 있다.
100) 아카데미아학파는 비이성적 영혼의 '분노'와 '정욕'을 주된 악덕으로 간주하고 그것이 '해악'과 '파렴치'로 드러난다고 설명했다.
101) 마니교는 인간 영혼이 신의 편린이라고 믿었다. 아우구스티누스는 신플라톤 철학과 접한 다음에야 가변성을 가진 영혼은 신적인 사물이 아님을 터득했다.
102) 아우구스티누스의 고유한 인식론인 '조명설'(照明說)이 언급된다. 결국 지

사실을 까맣게 모르고 있었습니다.

주님, 정녕 당신께서 저의 등불을 밝히십니다. 저의 하느님, 당신께서 저의 어둠을 밝혀주십니다.[103] 그리고 당신의 충만함에서 저희 모두가 받았습니다.[104] 당신께서는 이 세상 모든 사람을 비추는 참된 빛이십니다.[105] 당신께는 변화도 없고 변동에 따른 그림자도 없기 때문입니다.[106]

15.26 그러니까 저는 당신께 향하려고 노력은 하고 있었는데[107] 당신께 배척당하고 말았습니다. 당신께서는 교만한 자들을 대적하시는 자이시니 저에게 죽음의 맛을 보라고 하신 것입니다.[108] 기이한 광기에서 나온 생각이겠지만 당신께서 존재하시는 것과 같은 본성으로 저 역시 존재한다고 호언하다니 이보다 심한 오만이 어디 있겠습니까? 저 가변적인 존재인데 그것은 제가 현자가 되기를 원할 때 더 못한 존재에서 더 나은 존재로 변해간다는 점에서도 분명합니다.

그런데 저는 저의 존재가 당신이 존재하시는 방식과 같은 존재가 아니라는 생각보다는, 차라리 당신께서도 저처럼 변하시는 분이라는

성을 비추는 빛은 '육화한 말씀'이라는 결론에 이른다(*De Genesi ad litteram*, 5.1.30).
103) 시편 17:29 참조("주님, 정녕 당신께서 저의 등불을 밝히십니다. 저의 하느님께서 저의 어둠을 밝혀주십니다"). 같은 시편 36:10("당신 빛으로 저희는 빛을 봅니다")과 더불어 조명설의 성경적 전거로 자주 인용된다.
104) 요한 1:16 참조.
105) 요한 1:9 참조.
106) 야고보 1:17 참조.
107) 후에 밀라노에서 "당신의 이끄심으로 저의 내면 깊숙이 들어갔는데 … 저는 제 영혼의 눈으로 보았습니다. 제 영혼의 눈 바로 그 위에, 저의 지성 위에 불변하는 빛을" 보았습니다"(이 책, 7.10.16)라는 체험을 남긴다.
108) 야고보 4:6 참조("하느님이 교만한 자들을 대적하시고 겸손한 이들에게는 은총을 베푸신다").

생각을 품고 싶었습니다.[109] 그래서 제가 당신으로부터 배척당했고, 당신께서는 허세 부리는 저의 목덜미를 역겨워하셨으며, 저는 여전히 당신을 두고 물체적 형상을 상상해내는 데 그쳤고, 살덩이로서 살덩이를 탓하면서 바람처럼 떠돌아 당신께 돌아가지 않았으며,[110] 허망한 영상들 주변을 서성이며 떠돌아다니고 있었습니다.

그 허망한 영상은 당신 안에 존재하는 것도 아니고 제 안에 존재하는 것도 아니고 물체에 존재하는 것도 아니고 당신 진리에 의해서 저한테 창조된 것도 아니고 단지 저의 허영이 물체로부터 상상해내던 것이었습니다. 그러고서도 저는 당신의 신도이자 저의 동향 친구들(저도 모르는 사이에 그들로부터 따돌림을 받고 있었습니다)한테 어리석고 무례하게 이렇게 힐문하곤 했습니다.[111] "하느님이 창조하신 영혼이 왜 그릇되는가?" 그러면서도 남들이 저한테 "어떻게 하느님이 그릇될 수 있단 말인가?"라고 묻는 것은 싫었습니다. 저는 저의 가변적인 실체가 자진해서 길을 벗어났고 그 벌로 그릇되게 되었다고 고백하기보다는, 당신의 불변하는 실체가 타의에 의해 억지로 잘못된다는 주장을 견지하고 있었습니다.[112]

15.27 제가 저 서책을 쓴 때는 제 나이가 스물예닐곱 하던 때였

---

109) 마니교는 인간이 '하느님의 모상'이라는 성경 사상을 두고, "그럼 인간이 변하는 것처럼 신도 변한다는 말이냐?"고 반박했다(이 책, 6.3.4 참조).
110) 시편 78:39 참조("그들이 한낱 살덩어리임을, 가면 돌아오지 못하는 바람임을 기억하셨다").
111) 그는 젊었을 때 아직 교리지식이 얕박한 청년 신자들을 상대로 토론을 벌여 기를 죽이기도 하고(이 책, 3.12.28 참조), 마니교로 끌어들이기도 했다(이 책, 4.4.8 참조).
112) 마니교는 신의 실체(빛)의 편린(빛살)들이 어두운 물질에 사로잡혀 갇혀 있고 신은 '예수'를 보내 사로잡힌 빛살을 해방시키는 전투를 벌인다고 상상했다(『선의 본성』, 41-47).

습니다. 저는 제 마음의 귀에다 잡소리를 불어넣는 물체적 형상들을 눈앞에 그려내면서 두루마리113)를 써내려갔습니다. 감미로운 진리시여, 저는 그러면서도 당신에게서 오는 내면의 가락에다 귀를 세우고 있었고, 아름다움과 알맞음에 관해 사색하면서 버티고 싶었습니다. 당신의 목소리를 듣고,114) 신랑의 목소리를 듣고 크게 기뻐하고 싶었습니다만115) 그러지 못했습니다.

저는 제 오류의 목소리 때문에 바깥으로만 끌려 나갔고, 제 오만의 무게로 인해서 저 밑바닥으로 가라앉고 있었습니다. 당신께서 제 귀에 기쁨과 즐거움을 맛보게 해주시지도 않고, 뼈들이 기뻐 뛰지도 않았는데, 이는 저의 뼈가 아직 꺾이지 아니한 탓입니다.116)

16.28. 아리스토텔레스의 『십범주』를 혼자서 해독하다

제가 스무 살이 되었을 무렵 아리스토텔레스의 『십범주』十範疇라는117) 책이 제 수중에 들어왔습니다. 저의 스승인 카르타고의 수사학자가 그 책을 언급할 때마다 극찬을 하며 추천했고 박식하다고 알려진 다른 사람들도 그렇게 하던 터라, 저는 그 책을 어마어마하고 신

---

113) volumen(두루마리)은 양피지 등의 낱장을 하나씩 엮은 codex(장부)나 나무껍질이나 파피루스나 종이를 엮은 liber(책자)와 구분된다.
114) "지성은 하느님의 내적 음성에 귀를 세우며 … 위에서 침묵 속에 소리가 나는데 귀가 아닌 지성에 들립니다"(『시편 상해』, 42.7).
115) 요한 3:29 참조.
116) 시편 51[50]:10* 참조("제 듣는 데에 기쁨과 즐거움을 주시리니 낮추어진 뼈들이 기뻐 날뛰리다").
117) 라틴어로는 *Categoriae decem ex Aristotele decerptae*라는 제목으로 마리우스 빅토리누스(Marius Victorinus)의 번역과 주석으로 보급되고 있었다. 아리스토텔레스 논리학집 첫 권으로 꼽힌다.

성한 무엇으로 알고서 언젠가 읽어보리라 탐냈습니다. 그런데 저는 나중에 그 책을 혼자서 읽고 깨쳤습니다. 그게 저한테 무슨 소용이 있었습니까? 저는 그 책을 이해했다는 몇몇 친구들과 더불어 얘기를 나누었습니다. 자기들은 아주 박학한 선생들에게서, 말만 하는 게 아니라 땅바닥에 뭔가 잔뜩 그려가면서 가르치는[118] 선생들한테서 겨우겨우 터득했다는 것이었습니다.

그러나 그들도 제가 혼자서 읽으면서 깨우친 것 그 이상의 이야기를 제게 말해주지 못했습니다.[119] 그 책은, 실체와 그 실체 속에 존재하는 것들을 저에게 나름대로 분명하게 설명해주는 것으로 보였습니다. 실체에 대해서 그는 인간을 예로 들었습니다. 실체 속에 있는 것들이라면 인간의 생김새가 어떠한지, 키는 얼마나 되는지, 혈연관계는 누구의 형제인지, 어디에 거주하는지, 언제 태어났는지, 그가 서 있는지 앉아 있는지, 신을 신고 있거나 무장을 하고 있는지, 무엇을 행하고 있는지 아니면 당하고 있는지, 헤아릴 수 없이 많은 것들이 이런 아홉 가지 범주에 해당된답니다.[120] 그렇지 않으면 저 실체의 범주 자체에 해당됩니다.

16.29 이 모두가 과연 저의 삶에 무슨 소용이었습니까? 존재하는 모든 것이 그 열 가지 범주에 다 포함된다고 생각했기에 오히려 해

---

118) 흑판이 없던 시대에는 모래바닥에 선생이 그림을 그려 보이면서 산수나 기하를 가르쳤다.
119) 아우구스티누스가 아리스토텔레스 논리학에 박식했으므로 그의 논적은 그를 '페니키아의 아리스토텔레스'라고 조롱하기도 했다(*Contra Iulianum opus imperfectum*, 3.199).
120) 앞에서부터 아홉 가지 범주, 곧 성질(qualitas), 수량(quantitas), 관계(relatio), 장소(locus), 시간(tempus), 상태(status), 소유(habitus), 능동(actio), 수동(passio)을 구상어(具象語)인 라틴어로 열거했다. 해당 개념은 실체(substantia)다.

롭기까지 했습니다. 저의 하느님, 신묘하게 순수하고 불변하시는 당신마저 크기나 아름다움이라는 속성에 귀속하는 분으로 이해하고자 했기 때문입니다. 당신의 크심과 아름다우심이 바로 당신이시거늘, 마치 크기와 아름다움이 물체를 주체로 삼아 깃들듯이 그것들이 당신을 주체로 삼아 깃든다고 보았던 것입니다. 물체는 물체라는 점에서 크고 아름다운 것이 아닌데, 비록 덜 크고 덜 아름답더라도 여전히 물체인 까닭입니다. 당신을 두고 제가 생각하던 바는 허위였지 진리가 아니었습니다. 그것은 저의 가련함이 꾸며낸 허상이지 당신 지복至福의 실상이 아니었습니다. 결국 땅에 가시덤불과 엉겅퀴를 돋게 하고, 그래서 제가 수고를 해야만 빵이 손에 닿게 명하셨고[121] 과연 그대로 제 안에서 이루어졌습니다.[122]

16.30. 자유학예 관련 서적을 탐독하다

사람들이 자유학예라고 일컫는 저 모든 학술서들이 제게 무슨 소용이었습니까? 그즈음의 제가 사악한 욕정의 노예가 되어 있던 터에, 혼자서 그 서적들을 읽고, 제가 읽을 수 있던 책을 모조리 터득했다 한들 무슨 소용이었습니까? 저는 그 책들을 흥미롭게 읽고 즐기면서도 그 안에 무엇이든 참되고 확실한 것이 과연 어디서 유래하는지 몰랐습니다.[123] 저는 빛에 등을 돌리고 있었고 비추임 받는 것들에게만

---

121) 창세기 3:18-19 참조.
122) 무지와 고통이 '죄벌'(가시덤불과 엉겅퀴)이어서 인간은 본능적으로 거기서 벗어나려고 몸부림치는데, 아우구스티누스는 바로 이 몸부림에서 구원의 가능성, 곧 고통의 긍정적 기능을 본다.
123) 교부는 일평생 학문이야말로 지적·도덕적 함양을 거쳐 지성을 영적 세계로 승화시키는 첩경이라는 신념을 고수한다.

얼굴을 마주하고 있었습니다.[124] 그러다 보니 저것들이 비추임 받는다는 사실을 제가 느끼면서도 정작 저의 얼굴은 비추임 받지 못하고 있었습니다. 말하는 기술이나 토론하는 기술에 관한 것은 무엇이든지,[125] 도형의 차원에 관해서도 무엇이든지, 음악에 관해서나 산수에 관해서도 무엇이든지[126] 저는 별다른 어려움 없이, 또 일러주는 사람 없이도 터득했습니다.

주, 저의 하느님, 당신도 아시거니와 제가 지닌 빠른 이해력과 예리한 분별력은 바로 당신께서 주신 선물입니다. 그럼에도 저는 이 선물에 대해 당신께 제사를 올리지 않았습니다. 그러다 보니 그런 재능은 제게 유용하기보다 해악으로 위세를 떨쳤습니다. 제가 제 재산의 좋은 몫을 상속권으로 쥐려고 애썼고, 제 능력을 당신을 위해 간수하려 하지 않고 당신을 떠나서 먼 고장의 창녀 같은 욕정들에다 탕진하고 있었기 때문입니다. 제가 선하게 사용하지 않는 마당에 선한 것이 제게 무슨 소용이었겠습니까? 저 학예들이 근면하고 재능 있는 사람들에게도 터득하기 매우 힘들다는 사실을 저는 미처 깨닫지 못하고 있었습니다. 제가 그런 학문을 학생들에게 가르쳐보고 나서야 제가 해설한 것을 곧바로 터득하는 사람은 그들 중에서도 저렇게 탁월한 사람뿐이라는 사실을 미처 모르고 있었습니다.

---

124) "인간은 등 뒤에 있는 것을 탐하면서도 코앞에 있는 것에 끌린다"(*Sermones*, 142,3). 플라톤의 '동굴의 신화'를 연상시킨다.
125) 자유학예(artes liberales) 중 문법과 수사학은 말하는 기술을, 변증은 토론하는 기술을 습득하는 학문으로 통했다.
126) 수사학·변증법·기하·음악·산수라는 자유학예 5과목을 열거하는데, 다른 책(『질서론』, 2,12,35-2,16,44)에서는 문학·변증·수사 3과목(trivium)을 개괄하고, 음악·기하·천문·대수라는 4과목(quadrivium)을 개괄한다.

16.31. 하느님으로부터 멀리 떨어지면
재능과 학식은 아무 쓸모 없다

주 하느님, 진리시여, 당신께서는 빛을 내며 광대한 물체이시고 저는 그 물체에서 나온 작은 조각이라고 여기던 저에게 이런 것들이 무슨 소용이었겠습니까?[127] 어처구니없는 자가당착이었습니다! 하지만 저는 그런 인간이었으니, 저의 하느님, 제게 쏟으신 당신의 자비를 두고 당신께 고백하기를, 당신께 부르짖기를 부끄러워하지 않겠습니다. 그 당시 사람들 앞에서 당신을 모독하는 말을 서슴없이 내뱉고 당신께 대들어 짖어대면서도 부끄러워할 줄 몰랐듯이 말입니다.[128] 그때 제 재능은 저런 학문을 통해서 명민해졌고, 문제로 얽히고설킨 복잡한 책들을 어느 스승의 도움도 없이 풀어 이해할 수 있을 정도였습니다.

그러나 경건한 교리에 대해서는 왜곡된 생각을 갖고 있었고, 추잡한 신성 모독을 저지르고 다녔으니 그러한 재능이 저에게 무슨 도움이 되었겠습니까? 당신의 어린 자녀들이야말로 비록 재능은 저보다 뒤처지더라도 당신을 멀리 떠나지 않았다면, 당신 교회의 보금자리에 안전하게 남아서 건실한 신앙의 자양분으로 깃털이 돋아나고 사랑의 날개를 키워가고 있었다면, 그들에겐 아무런 손해가 없을 것입니다.

아, 저희 주 하느님, 당신 날개 그늘에다 저희가 희망을 걸고 있으

---

127) "동물적 인간인지라 하느님의 본성에 관해서 들으면 물체 외에 딴 것을 생각할 수가 없다. 아주 거창하고 아주 광대한 물체, 비록 빛나고 아름답지만 여전히 물체인 무엇 말이다"(*In Ioannis evangelium tractatus*, 102.4).
128) "저도 한때 저 사람들을[마니교도] 가운데 하나였고, 염병 같은 놈이었고 … 당신 빛으로 환하던 문자들[성경]을 향해서 눈을 감고 짖어대던 놈이었습니다"(이 책, 9.4.11).

니 저희를 보호하시고 저희를 안고 가십시오. 당신께서 안고 가실 것입니다.129) 저희가 아이 때도,130) 저희가 백발이 되고 나서도 안고 가실 것입니다. 저희 굳셈도 당신이 계실 때, 그제야 비로소 굳셈이요, 저희 굳셈만으로는 그것은 약함일 뿐입니다. 저희의 선은 오직 당신 앞에서만 항상 살아남으며, 당신을 저희가 등졌으므로 저희는 뒤집히고 말았습니다.

주님, 이제 당신께로 돌아가오니 저희가 엎어지지 않기 위함입니다.131) 당신 앞에서는 저희의 선이 아무런 결손 없이 살아남으니, 저희의 선은 당신 자신이시기 때문입니다. 또 저희가 돌아갈 데가 없을까 염려하지도 않으니 저희가 바로 당신께로부터 추락했기 때문입니다. 설령 저희 없는 동안에 저희 집이 무너질 리도 없으니132) 당신의 영원이 곧 그 집인 까닭입니다.

---

129) 이사야 46:4 참조("너희가 백발이 되어도 나는 너희를 지고 간다. 내가 만들었으니 내가 안고 간다. 내가 지고 가고 내가 구해낸다").
130) 교부는 단순한 믿음으로만 신앙하는 신도들을 '어린이'로, 신앙을 연구하지만 아직 지성이 부족한 신도들을 '작은 아이'로 부른다.
131) 인간이 하느님에게서 비롯하므로 그분을 등지고(a-verti) 뒤집어지든(per-verti), 엎어졌다(e-verti) 그분께 돌아가든(re-verti) 결국 하느님을 축으로 맴도는(verti) 운명임을 같은 동사에 첨삭되는 전치사로 표현하고 있다.
132) "마음이 겸손한 사람들이야말로 당신께서 머무시는 집입니다. 당신은 넘어진 자들을 일으켜 세우시니 그런 사람들은 쓰러지지 않습니다. 당신께서 그들의 높이가 되어주시기 때문입니다"(이 책, 11.31.41).

제5권
카르타고를 떠나 로마로 가서 다시 밀라노로 향하다*

---

* 제5권은 382년과 394년 사이에 일어난 일들로서
일종의 서문(1.1-2.2)에 이어서 마니교 신앙이 흔들리면서
마니교 성직자 파우스투스 주교와 만난 일(3.3-7.13),
마니교도들의 주선으로 로마로 이주해 겪은 일화(8.14-11.21),
그리고 밀라노 황실 수사학 교수직 취임(12.22-14.25)을 회고한다.

1.1. 온 세상이 하느님의 자비를 찬미하고
고백함이 마땅하다

제 혀의 손길로[1] 바치는 제 고백의 제사를 받으십시오. 당신이 손수 빚으셨고[2] 당신의 이름에 고백을 바치라고 재촉하신 혀입니다. 그리고 제 모든 뼈를 낫게 해주시어[3] "주님, 누가 당신과 같습니까?"라고 말씀드리게 해주십시오.[4] 당신께 고백을 드린다고 해서 제 안에 무엇을 이루어주셔야 할지 당신께 가르침을 드린다는 뜻은 아닙니다. 굳게 닫힌 마음도 당신의 눈길을 벗어날 리 없고, 사람들의 완

---

[1] "삶과 죽음이 혀의 손길(혀놀림)에 달려 있다"(잠언 18:21[VL])라는 성경 구절을 교부는 "네 입으로 의화(義化)되기도 하고 네 입으로 단죄도 받으리라"(『시편 상해』, 72,30)라고 풀이한다.
[2] 아우구스티누스의 창조신학에서는 태초에 무형의 질료(materia informis)가 창조되고 이어서 형상이 부여되며 각각의 사물이 조성되었다.
[3] 시편 6:3* 참조("주님, 저를 고쳐주소서, 제 뼈가 무너졌나이다. 제 영혼이 몹시 심란하옵니다").
[4] 시편 35:10 참조. 태초에 천사들의 반란을 진압했다는 대천사 미카엘의 이름이 "누가 하느님과 같으냐?"(Quis ut Deus?)는 뜻으로 풀이된다.

고함도 당신의 손길을 뿌리치지 못합니다. 당신이 원하시면, 불쌍히 여기시든 벌을 내리시든 반드시 그 완고함을 녹여버리시니, 당신의 열기를 피해 숨을 사람이 없습니다.[5]

제 영혼으로 하여금 당신을 찬미함으로써 당신을 사랑하게 만드시고, 당신의 자비를 두고 당신께 고백을 드려 당신을 찬미하게 해주십시오. 당신의 창조계 전체가 당신께 드리는 찬미를 그치지 않고 입 다물지도 않게 해주십시오. 모든 영들이 당신을 향해 돌아선 입으로 찬미를 그치지 않게 해주십시오. 생물들도 물체들도, 그것들을 주의 깊게 관찰하는 자들의 입을 통해서 찬미를 그치지 않게 해주십시오. 그렇게 함으로써 저희 영혼이 당신께서 만드신 사물들에 의지해 타성에서 벗어나 당신을 향해 일어서게 하시고, 놀라운 솜씨로 이것들을 만드신 당신께로 옮겨가게 해주십시오. 거기에 안식이 있고 거기에 진정한 위력이 있습니다.[6]

2.2. 하느님은 어디든지 계셔서 불안한 사람들을 위로하신다[7]

악인들이 불안해 당신께로부터 떠나가고 도망치게 놓아두십시오. 당신께서도 그들을 지켜보고 계시며 그림자를 알아보십니다. 보십시

---

[5] 시편 19[18]:7* 참조("하늘 꼭대기까지 그 마주침이 이르고 그의 경주는 하늘 꼭대기까지 돌아가니 그 열로부터 숨는 자 아무도 없다").
[6] "사람이 넘어지면 바로 그 자리를 의지해서 몸을 일으켜야 하는 법"(『참된 종교』, 24. 45)이므로, 피조물은 인간이 피조물에 안주하지 않고 창조주를 향해 일어서고, 피조물의 진선미에 애착하지 않고 그 원천으로 옮겨가게 만들어야 옳다.
[7] 자비로운 하느님과 타락하는 인간의 관계를 그려내는 『고백록』의 가장 아름다운 대목 중 하나다.

오, 그들과 더불어 있는 모든 것이 아름다운데 그들은 더럽습니다. 그렇다고 당신께 무슨 해를 끼치겠습니까? 당신의 통치권은 저 하늘에서부터 가장 미천한 데에 이르기까지 의롭고 오롯한데 그들이 과연 무엇으로 당신의 통치권을 손상시킬 수 있겠습니까?[8] 당신의 면전을 피해 달아난다고 해서 그들이 과연 어디로 달아나겠습니까? 당신께서 그들을 못 만나실 자리가 어디입니까? 그래도 그들은 도망쳤습니다. 자기들을 지켜보고 계시는 당신을 보지 않겠다고 도망쳤고, 당신께서는 지으신 것 중 그 어느 것 하나도 버리지 않으심에도 불구하고 그들은 스스로 눈멀어 당신께 거역하겠다고 도망쳤습니다. 불의한 자 되어 당신께 거역하다 의롭게 고초를 당하고, 당신의 선량하심에서 몸을 빼내다 당신의 공의하심에 부딪히고 당신의 지엄하심 아래로 떨어지고 맙니다. 말하자면 당신께서 어디에나 계심을, 어느 공간도 당신을 에워싸지 못함을, 심지어 당신은 당신께로부터 멀어지는 자들에게도 홀로 현전現前하심을 그들은 알지 못합니다.[9]

그들은 자기 창조주를 저버렸어도 당신께서는 그처럼 당신의 피조물을 버리지 않으시니 차라리 몸을 돌이키게 해주시고 당신을 찾게 해주십시오. 그들이 돌이키게 해주십시오. 보십시오! 거기, 그들의 마음에 당신이 계십니다. 당신께 고백하는 사람들의 마음에, 당신께 자기를 내맡기는 이들의 마음에, 그 고된 온갖 방황 후에 당신 품에 파고들어 우는 이들의 마음에 당신이 계십니다. 또 당신께서는 선뜻 그들의 눈물을 닦아주실 것입니다. 사람들은 흐느끼면 흐느낄수록 울

---

8) "그림에서 제 위치에 그려진 검은색이 그렇듯이, 우주는 죄인들이 있더라도 아름답다. 물론 죄인들 자체를 놓고 본다면 그들의 기형이 추루하기만 하다"(『신국론』, 11,23,1).
9) "어디를 가도 당신을 만납니다. 그러니 당신한테서 도망쳐봤자 멀리 못 갑니다"(『시편 상해』, 30,2,1).

음에서 기쁨을 얻습니다.

　주님, 그 이유는 당신께서 그냥 살과 피로 된 여느 인간이 아니시기 때문이고, 주님, 당신께서 그들을 내셨고 당신께서 그들을 어루만지시면서[10] 그들을 위로하시기 때문입니다. 제가 당신을 찾고 있을 때 저는 대체 어디 있었습니까? 당신께서 바로 제 앞에 계셨는데도 저는 저 자신한테서도 떠나 있었고 또 저 자신도 찾지 못한 처지였습니다. 제가 무슨 수로 당신을 발견했겠습니까!

3.3. 마니교 주교 파우스투스는 악마의 덫이었다

　저의 하느님 면전에서 털어놓겠습니다, 제 나이 스물아홉 살이 되던 해를.[11] 마니교도들의 주교인 파우스투스라는 자가[12] 카르타고에 벌써 와 있었는데 그는 악마의 큼직한 덫이었고 많은 사람들이 그의 감언이설에 꾀여 그에게 걸려들고 있었습니다. 저 역시 그의 언변에 찬사를 아끼지 않았으나, 저는 사물을 배우는 데에 몹시 굶주리던 터라 사물의 진리와 그런 언변을 분별할 줄 알았습니다. 그래서 저는 저자들에게 그토록 이름이 자자한 파우스투스가 내놓는 언변의 그릇보다는 그가 과연 무슨 지식을 저한테 담아 내놓는지 눈여겨보고 있

---

10) 창조주의 '어루만짐'(reficere)에는 '다시 만들다', '재생시키다', '재창조하다' 는 의미가 포함된다.
11) 그가 마니교에 빠진 것은 열아홉 살(이 책, 3.4.7)이었고 아홉 해 동안 열렬히 신봉하다(이 책, 4.1.1) 시들해지던 스물아홉 살에 파우스투스를 만난 것으로 보인다. 그가 마니교를 완전히 청산한 것은 밀라노에 가 있던 386년(서른두 살)에 신플라톤 철학을 접한 다음이었다.
12) 이 인물을 겨냥해 교부가 *Contra Faustum Manichaeum*(마니교도 파우스트 반박, 397-99)을 집필했다. 파우스투스는 북아프리카 출신으로 언변에 뛰어났으나 철학적 논지가 약해 그를 실망시켰다.

었습니다.

그에 관한 소문은 꽤 많이 들려왔는데, 말하자면 그가 존귀한 모든 학문에 극히 조예가 깊고 특히 자유학예에 박식하다는 것이었습니다. 저는 이미 철학자들의 글을 많이 읽었고 그 내용을 기억하고 있던 터라서[13] 철학자들의 글을 마니교도들의 장황한 우화와 비교해보기도 했습니다. 그리고 저한테는 철학자들의 말이 더 그럴듯해 보였으니, 철학자들은 비록 세상에서 주님을 조금도 찾아내지 못했지만 세상에 관해서 이리저리 가늠할 만한 능력을 갖춘 인물다운 발언을 했던 것입니다.

주님, 당신께서는 위대하시니 비천한 것들을 굽어보시고 두드러진 것들은 멀리서도 알아보시며, 마음이 부서진 이들이 아니면 가까이 가지 않으시지만,[14] 교만한 사람들이 비록 호기심 가득한 재주를 써서 별들의 수와 모래의 수까지 낱낱이 헤아리고 성좌의 구획을 측량하며 항성의 궤도를 관측한다고 할지라도 그들의 눈에는 띄지 않으십니다.

3.4. 인간들은 많은 것을 발견하고 인식하지만 하느님의 지혜에는 수량이 없다

사람들은 자기 지성으로 저런 것들을 탐구하고 있고, 당신께서 주

---

13) 키케로를 비롯한 라틴 철학자들의 저서는 물론, 앞서 언급한 아리스토텔레스의 *Categoriae* 외에도 교부 본인의 저서 『아름다운 것과 알맞은 것』으로 미루어 플라톤의 『티마이오스』도 읽은 것으로 보인다.
14) 시편 34[33]:19* 참조("마음을 부서뜨린 이들을 주님이 가까이 두시고, 영으로 겸손한 이들을 구원하시리라").

신 재주로 많은 사실을 발견하기도 했으며, 발광체인 해와 달의 일식과 월식이 어느 날, 어느 시각, 어떤 범위에서 일어나리라는 것을 여러 해 전에 예고했고 과연 그 추측이 틀리지도 않았습니다. 그것은 그들이 예고한 대로 이루어졌고 그들은 자신이 연구해낸 법칙을 기록으로 남겼습니다. 그 기록은 오늘날에도 읽히고 있으며, 어느 해에, 그 해의 어느 달에, 그 달의 어느 날에, 그 날의 어느 시각에 발광체의 어느 부분에서 달이나 해가 이지러질지 예고하고, 예고한 그대로 이루어질 것입니다.

사람들은 이런 일을 신기하게 생각하고, 그것을 모르는 사람들은 놀라며, 아는 사람들은 우쭐대고 과시합니다. 그러다 보니 그들은 불손한 오만으로 당신의 빛을 멀리하고 또 저버리고 맙니다. 장차 일어날 해의 이지러짐은 예견하면서도 지금 일어나고 있는 자기 자신의 이지러짐은 보지 못합니다.[15] 그런 것을 탐구하는 재능을 어디서 받았는지 경건히 헤아리지 않기 때문입니다. 당신께서 그들을 만드셨음을 알아내더라도 그들은 스스로 당신께 자기를 바쳐 당신께서 만드신 바로서의 자기를 보전하지 않습니다. 마치 그들 스스로 자기를 만들어내기라도 했듯이 자기를 죽여 당신께 바치지 않습니다. 그들은 날새들을 죽이듯이 우쭐한 허영을 죽여 바치고, 심연의 물속 길을 두루 다니는 바다의 고기들을 도살하듯이 자기네 호기심을 죽이고, 들짐승과 같은 자기네 방탕을 죽여 당신께 바치지도 않습니다. 만일 바쳤더라면, 하느님, 집어삼키는 불길 같은 당신께서는[16] 그자들

---

15) 이런 천체현상을 마니교도들은 해와 달이라는 '빛의 선박'이 "물질에 오염되어 어둠으로 일그러졌다가 천신만고 끝에 선신(善神)의 그 부분이 오염으로부터 정화되는 과정"으로 해설했다 (*Epistolae*, 55.4.6-7).
16) 신명기 4:24 참조("주 너희 하느님은 태워 버리는 불이시며 질투하시는 하느님이시다").

의 죽은 욕심을 살라 그자들을 불사불멸하게 재창조하실 텐데 말입니다.

3.5 그 사람들은 길을, 곧 당신의 말씀을 몰랐던 것입니다. 그 말씀으로 당신께서 그들이 수로 헤아리는 사물을, 그것들을 수로 헤아리는 자신을, 그들이 수로 헤아린 대상을 지각하는 감각을, 그리고 수로 헤아리는 지성을 모두 당신께서 창조하셨음을 알지 못했습니다.[17] 또 당신의 지혜에는 수^{數}가 없습니다.[18] 그러한 외아들께서 저희의 지혜가 되셨고, 의로움과 거룩함이 되셨으며,[19] 저희 가운데 하나의 숫자로 헤아려지셨고, 카이사르에게 세금을 내셨습니다.[20] 그들은 이런 길을, 자신에게서 출발해 그분에게 내려가야 하고 그분을 통해서 그분에게 올라가야 하는 이 길을 몰랐습니다. 그들은 이 길을 몰랐기에 자신들이 별처럼 드높다고 여기고, 스스로 빛을 발하는 것처럼 착각했습니다.

그러다 보니, 보십시오, 결국 그들은 땅에 거꾸로 떨어졌으며 그들의 우둔한 마음은 어두워지고 말았습니다. 또 그들은 피조물에 관한 진실된 말을 제법 많이 하면서도 진리 자체 곧 피조물의 조성자^{造成者}를 경건하게 찾지 않으며 따라서 찾아내지도 못합니다. 설령 찾아내

---

17) 지혜서 11:20 참조("당신께서는 모든 것을 재고 헤아리고 달아서mensura et numero et pondere 처리하셨습니다")에 나오듯이 수는 창조의 원리로 간주되고 있다.
18) '수가 없다'는 개념을 통해 한계가 없는 '무수하다' 또는 '무한하다'라는 속성이 신에게 부여된다.
19) 1고린토 1:30 참조("그리스도께서는 우리에게 하느님에게서 오는 지혜가 되시고, 의로움과 거룩함과 속량이 되셨습니다").
20) 예수는 로마 황제의 호구조사에 등록되었고(루가 2:1-7) 베드로를 시켜 세금을 내기도 하면서(마태오 17:24-27) 구체적이고 역사적인 실존 인물로 처신했다.

고 알아낸다 하더라도, 그분을 하느님으로 찬양하거나 그분께 감사를 드리지 않으니 오히려 생각이 허망해지고, 당신의 것을 자기 것으로 돌리면서 스스로 지혜롭다고 자처합니다. 아주 비뚤어진 맹목으로 인해서 자기 것들을 당신께 돌리려고 안간힘을 씀으로써[21] 진리이신 당신께 거짓을 돌리고, 불멸하시는 하느님의 영광을 썩어 없어질 인간과 날짐승과 네발짐승과 길짐승을 닮은 모상으로 바꾸어버리며, 당신의 진리를 거짓으로 바꾸어버리고, 창조주 대신에 피조물을 받들어 섬기고 있습니다.[22]

3.6. 마니의 허황한 가르침을 믿으라고 강요받다

아무튼 피조물에 대해서라면, 제 딴에는 철학자들에게서 얻어낸 사실들을 꽤 많이 간직하고 있었습니다. 수리^{數理}며 시간의 질서며 육안에 보이는 성좌들의 증명을 통해서 보니까 제게도 이치가 맞아떨어지는 것처럼 보였습니다. 저는 철학자들의 말을 마니카이우스[23]의 말과 비교해보았습니다. 그도 이런 사물들에 관해 황당하리만큼

---

21) 교부는 마니교에 떨어져 있는 동안, 인간 의지에서 오는 악을 악한 신에게 (결국 하느님께) 돌리는 흑설에 사로잡혔다.
22) 로마 1:21-25 참조("사실 그들은 하느님을 알고서도 [그분께] 하느님으로서 영광을 드리지 않았고, 감사를 드리지 않았고, 오히려 자기네 [허튼] 생각들로 허망하게 되었습니다. 그리고 그들의 지각없는 마음은 어두워졌습니다. 그들은 지혜 있는 자들이라 자처하고 있지만 어리석은 자들이 되었고, 썩어 없어질 수 없는 하느님의 영광을 썩어 없어질 사람과 날짐승들과 네발짐승들과 길짐승들의 형상을 닮은 꼴로 바꾸어 버렸습니다. 그들은 하느님의 진리를 거짓으로 바꾸어 버리고, 창조주 대신에 피조물을 받들어 섬겼습니다").
23) 마니교들이 그에게 바치던 경칭, 'Mani-Haywa'(살아 계시는 마니)가 그리스어를 거쳐 라틴어 'Manichaeus'로 옮겨졌다.

깊게 빠져 엄청난 분량의 글을 썼습니다. 그런데 그의 글은 태양지점太陽至點이나 주야평분晝夜平分,24) 발광체의 이지러짐,25) 세간의 지혜를 담은 서책에서 제가 배운 것과 비교해 보더라도 도무지 맞지 않았습니다. 거기서는 저에게 그냥 믿으라고 하는데, 수리라든가 육안으로 관찰된 이치들과 맞아떨어지지 않았고 아주 동떨어져 있었습니다.26)

4.7. 하느님께 관한 지식은 인간을 행복하게 만든다

진리의 주 하느님, 누구든지 저런 것들을 알게 된다면 당신의 마음에 드는 것입니까? 저 모든 것을 알더라도 당신을 알지 못하는 자는 불행한 사람입니다. 그리고 저러한 것을 비록 모를지라도 당신을 아는 사람은 행복합니다. 또 당신도 알고 저런 것들도 아는 사람 역시 저것들 때문에 더 행복해지는 것이 아니라 오로지 당신 때문에 행복할 따름입니다. 당신을 하느님으로 알고 영광을 드리고 감사를 올리며 자기 생각에 함몰되는 일이 없는 한에서 말입니다.

어떤 나무를 두고 높이가 몇 자고 폭이 얼마인지 모를지라도 그 나무를 잘 간직하고 그 용도에 관해 당신께 감사를 드릴 줄 아는 사람이라면 나무를 제대로 재고 그 가지 수를 모조리 헤아리면서도 나무를 간수하지 못하고 나무의 창조주를 알고 사랑하지 못하는 사람보다 낫습니다. 믿는 사람이 바로 그러하니 당신께 귀의하고 있는 이

---

24) 동지와 하지(solistium), 춘분과 추분(aequinoctium)의 당대 명칭.
25) 일식과 월식.
26) 아우구스티누스는 마니교 시절에 "확실한 것을 인식하라고 하지 않고 불확실한 것을 믿으라면서 나처럼 경험 없는 젊은이를 얼마나 기만했던가!"(*Contra epistolam fundamenti*, 14.18)라고 회상한다.

상, 세상의 부가 모조리 그 사람의 것입니다. 아무것도 가지지 못한 것 같아도 모든 것을 소유하는 셈이니 만유가 당신을 섬깁니다.[27] 그런 사람이 북두칠성의 궤도를 알지 못하더라도, 하늘을 재고 성좌들을 헤아리고 원소를 무게로 달 줄 알면서도 모든 것을 재고 헤아리고 달아서 처리하신 당신께[28] 소홀히 하는 사람보다 낫다는 점을 의심하는 것은 어리석습니다.

5.8. 마니카이우스는 얼마나 방자한 인물이었던가[29]

누가 마니카이우스인지 뭔지 하는 자에게 그따위 것들에 관해 글을 쓰라고 시켰는지 모르겠습니다. 그런 일에 전문지식이 없더라도 경건敬虔을 배울 수는 있지 않았겠습니까? 당신께서는 인간에게 "보라, 경건함이 곧 지혜"라고 말씀하셨습니다.[30] 그자가 저따위 것들을 완벽하게 알면서도 이 경건은 몰랐을 수도 있습니다. 그런데 그자는 저따위 것들마저도 알지 못하는 주제에 건방지기 짝이 없게 저것들을 가르치려들었으니, 분명 경건을 알 리가 없었을 것입니다. 저 속사俗事의 것들을 비록 안다고 과시하더라도 허영임에 반해서, 경건은

---

27) 주님을 고백하는 자는 아무것도 안 가지고 있을지라도 "실은 모든 것을 가지고 있습니다. 모든 것을 창조하신 분에게 의지하고 있기 때문입니다"(『시편 상해』, 48,2,5).
28) 성경 구절을 근거로 아우구스티누스는 하느님이 각 사물을 창조하면서 중력, 수량, 척도, 달리는 질서, 양태, 형상이라는 세 가지 형이상학적 범주를 부여하셨다고 설명한다.
29) 아우구스티누스는 세례를 받은 387년부터 404년까지 마니교의 선악이원론을 겨냥해 9권의 논박서를 집필했다. 다분히 사변적인 저서『자유의지론』, 『참된 종교』, 그리고『선의 본성』역시 마니교를 염두에 둔 철학 논변서다.
30) 욥기 28:78(70인역본) 참조.

당신께 드리는 고백입니다.

그런데 그자는 저것들을 두고 함부로 많은 말을 하는 바람에, 정작 저것들을 제대로 공부한 사람들로부터 무식하다는 평결을 받고 말았고, 따라서 그보다 심오한 다른 사안들에 관해서도 그의 지각이 어떠했을지 분명하게 알려지고 말았습니다. 그는 대수롭지 않은 인물로 여겨지고 싶지 않아서 성령 곧 당신의 신자들을 위로하고 넉넉하게 만드는 분이 전권을 갖고서 위격적^{位格的}으로 자기 안에 계신다고 사람들을 설득시키려고 애썼습니다. 그래서 그자가 하늘과 별들에 관해서, 또 해와 달의 운행에 관해서 거짓말을 했다는 비난을 받게 되고, 함부로 한 그의 활동이 신성을 모독했음이 충분히 드러났습니다.³¹⁾ 그것들이 그의 종교 교리가 아니었음에도 말입니다. 그자는 오만에서 온 얼빠진 허영심으로 인해서 자기가 알지 못하는 것만 이야기한 것이 아니라 거짓까지 이야기함으로써, 마치 신의 위격^{位格}에 돌리듯이 저런 것들을 자기한테 돌리려고 획책했기 때문입니다.³²⁾

5.9 이런저런 그리스도신자 형제의 얘기를 듣다가, 어떤 사안을 아예 모르거나 어떤 것을 다르게 알고 있을 경우, 저는 그런 견해를 꺼내는 당사자를 잠자코 지켜봅니다. 만물의 창조자이신 주님, 그가 당신께 관해서 부당한 것을 믿고 있지 않는 한, 설혹 물리적 피조물의 상태나 습성에 대해서 모르더라도 그에게 아무런 해가 되지 않는다고 봅니다. 그러나 그런 지식이 경건의 교리 형식에 해당한다고 여

---

31) 마니는 그리스도교 '최후의 예언자'를 자처하면서 성령이 자기에게 위격적으로 현존하신다는 주장을 폈다. 그는 페르시아에서 조로아스터교로부터 신성을 모독한다는 죄목으로 고발당해 바흐람 1세 치하에서 체포되어 277년 옥사했다.
32) 현대에 발굴된 『마니교 시편』에도 "빛의 아버지와 광채인 예수와 파라클레이토스 마니"가 일종의 삼위를 이루는 것으로 나와 있다.

기든지, 아니면 자기도 잘 모르면서 그 지식을 독선적으로 주장하는 것은 본인에게 해가 됩니다. 이런 허약함도 신앙의 요람기에 있을 때에는 어머니 같은 사랑[33]이 보살펴 바로잡아줍니다. 새 사람[34]이 완전한 성인이 되어 일어서기까지, 교리의 온갖 풍랑에 흔들리지 않을 수 있을 때까지 말입니다.[35]

그런데 학자라는 사람, 스승이라는 사람, 저런 것들을 가르치고 설득하는 대상들의 지도자요 수장[36]이라는 사람이 만에 하나라도 거짓을 말했음이 드러난다고 합시다. 뿐만 아니라 누가 자기를 따르는 것이 한낱 인간을 따르는 것이 아니고 당신의 성령을 따르고 있는 것이라고 여기게 조작했다고 합시다. 그렇게 거짓말까지 하는 정신 나간 짓을 혐오하고 멀리 해야 마땅하다고 판단 않을 사람이 누구겠습니까?

여하튼 저는 그때까지도, 낮과 밤이 번갈아 길어지고 짧아짐이라든가 낮과 밤의 교체라든가 해와 달 같은 발광체의 이지러짐이라든가 그밖에 제가 다른 책에서 읽었던 내용을 그자의 말에 비추어서 설명이 가능한지 확실한 판단이 서지 않았습니다. 과연 사실이 그러

---

33) 로마 신화의 카리타스(Caritas), 즉 사랑이 여러 아기들을 차별하지 않고 젖 먹이는 여신으로 그려지던 관행을 아우구스티누스의 이 용언(이 책, 13.6.7 에도 나온다)에서 확인할 수 있다.
34) 에페소 4:22-24 참조("옛 인간을 벗어 버리고, 여러분의 영과 마음이 새로워져 … 하느님의 모습에 따라 창조된 새 인간을 입어야 한다는 것입니다"). 로마 사회에서는 원로원을 구성하는 전통귀족 가문 출신이 아니면서 집정관이나 원로의원에 오르는 인물 또는 문학에서 서사시나 교훈시 외에 서정시라는 새 장르를 들여오는 인물을 '신인간'(novus homo)이라고 불렀다.
35) 에페소 4:13-14 참조("우리 모두가 … 성숙한 사람으로서 그리스도의 완전성에 도달하게 되는 것입니다. 그때에는 우리가 이미 어린아이가 아니어서 인간의 간교한 유혹이나 속임수로써 사람들을 잘못에 빠뜨리는 교설의 풍랑에 흔들리거나 이리저리 밀려다니는 일이 있어서는 안 될 것입니다").
36) 마니교 최고지도자는 수장(princeps)이라고 불렸다.

하거나 비록 확실하지는 않더라도 그런 해석이 가능하기만 하다면 야, 저는 그 인물을 신성하다고 신봉하던 터였으므로, 제 믿음보다는 그자의 권위를 앞세울 생각이었습니다.[37]

6.10. 파우스투스가 카르타고에 왔을 때에 아우구스티누스의 기대를 채워주는 데 실패하다

저는 거의 아홉 해 동안 정신적으로 방황하는 가운데 저들의 말을 청강하면서[38] 저 파우스투스라는 자가 오기만 기다리고 기다렸습니다. 저런 문제에 관한 저의 반박에 대해 이따금 제가 만나던 사람들은 쉽게 대답하지 못하며 그 인물을 내세우곤 했습니다. 그들은 그가 도착해 대면하고 대화를 나누면 이런 문제가 아주 쉽게 풀릴 것이며, 더 큰 문제를 제기하더라도 쉽고 명확하게 설명해줄 거라고 장담했습니다. 드디어 그가 왔습니다. 겪어보니 그는 호감이 가는 사람이고 언사가 구수하고, 사람들이 그를 두고 얘기하던 것보다 훨씬 언변이 유창한 인물이었습니다. 하지만 제아무리 우아하게 차려입은 시종이 귀하기 이를 데 없는 잔을 꺼내온다고 해서 제 갈증을 푸는데 무슨 도움이 되겠습니까? 제 귀는 이미 그런 것에 물릴 대로 물려 있었고, 말을 더 좋게 한다고 해서 저한테 더 좋아 보이지도 않았으며, 구변이 좋다고 더 참된 것도 아니며, 풍골이 준수하고 언사가 고상하다

---

37) 아우구스티누스에게 믿음과 권위는 지식에 이르는 두 길이었고 이런 신념은 'crede ut intellegas'(이해하려면 믿어라!), 'intellege ut credas'(믿으려면 이해하라!)라는 두 명제로 정리되었다.
38) 마니교의 '간선자'가 되라는 권유를 뿌리치고 9년 내내 '청강자'로 머물렀다는 뜻이다.

고 해서 영혼이 슬기로운 것이 아니었답니다. 그를 두고 저에게 이러저러한 약속을 하던 저 사람들은 사물을 제대로 평가할 줄 아는 사람들이 아니었습니다. 그의 말이 사람들을 즐겁게 해준다는 이유만으로 그가 현명하고 지혜로운 사람처럼 보였던 것입니다.

반면에 저는 다른 부류의 인간들을 알고 있었습니다. 이들은 멋있게 수식된 풍부한 언어를 구사하는 사람일수록 오히려 그가 품고 있는 진리가 의심스럽다고 여기고 그를 두고 무조건 믿지는 않으려고 합니다.[39] 그런데 저의 경우에는, 실로 오묘하고 은밀한 방식으로 저의 하느님께서 저를 가르치셨습니다. 따라서 당신께서 저에게 가르치시는 것이 진리라고 믿고 있으며, 또 누가 어디서 또 어떤 면에서 이름을 떨칠지라도 당신 외에는 진리의 교사가 아무도 없다고[40] 믿고 있습니다. 일찌감치 당신에게서 배워 알게 된 것이 있으니, 그것은 말을 유창하게 잘한다고 해서 참을 말하는 것이 아니고, 입술에서 나오는 신호가 다듬어지지 않은 채로 소리 난다고 해서 거짓이 아니라는 것입니다. 교양 없이 발설된다고 해서 참된 것도 아니고 언사가 화려하다고 해서 반드시 거짓이 아니라는 것도 배웠습니다. 말하자면 지혜와 어리석음은 이로운 음식과 이롭지 않은 음식에 비할 만하고, 수식된 언어와 수식이 없는 언어는 우아한 그릇과 투박한 그릇과 흡사해, 어느 그릇으로든 두 음식을 다 담아낼 수 있습니다.[41]

6.11 그 인물을 아주 오랜 세월 기다리며 갈망하던 제 마음은 토

---

39) 소피스트와 아카데미아학파는 진리를 입증하는 데 장광설과 수사학적 기교를 사용하는 것을 반대했다.
40) 그의 초기 대화편 『교사론』이 이 주제를 담고 있다.
41) 아우구스티누스는 기호로서의 언어가 진리를 담는 그릇이라는 은유를 자주 구사해 그리스도교 성경의 소박한 언어에 위대한 진리가 담겨 있음을 역설한다.

론을 벌이는 그의 자세며 정감, 기막히게 적절한 어휘들을 구사하고 자기 사상에 언어의 옷을 입히는 데 아주 능란한 그 솜씨에 맛들이게 되었습니다.[42] 저는 많은 사람들과 어울려 그것을 즐겼고, 많은 사람들 앞에 앞장서서 그를 추켜세우며 데리고 다녔습니다. 하지만 청중이 많이 모인 집회에서 그에게 다가가는 일이 허용되지 않고 제 골머리를 썩이던 의문들을 그와 나누고 친근하게 토론하며 이야기를 나눌 기회가 허락되지 않아 내심 언짢은 마음이 들었습니다. 그러다 그게 가능해졌고, 동시에 제 친지들과 더불어 시간을 함께 보낼 수 있게 되었고, 주거니 받거니 토론하는 것이 어색하지 않게 되었습니다.

저는 드디어 저를 괴롭혀 온 몇 가지를 그 사람 앞에 내보였습니다. 그리고 곧바로 그가 아주 평범한 수준의 문법을 조금 공부한 것 외에는 자유학예에 대해 아무런 교양도 없음을 간파했습니다. 말하자면 툴리우스 키케로의 몇몇 연설문을 읽었고 세네카의 책 아주 조금, 시인들의 몇 작품이나 자기 종파의 저술, 그러니까 라틴어로 짜임새 있게 집필된 두루마리를[43] 읽은 정도였습니다. 거기다 날마다 행사에서 강연을 하다 보니 언변이 풍족해졌고 그러한 재주와 타고난 세련미로 인해서 미혹하는 언변이 된 것입니다.

주, 저의 하느님, 제 양심의 판관이시여, 제가 기억하는 사실이 맞습니까? 제 마음과 제 기억이 당신 면전에 놓여 있습니다. 그때도 당신께서는 당신 섭리의 숨은 비밀로 저를 움직이셨고, 정직하지 못한

---

42) 그 인물이 그리스도교 성경을 사정없이 공격하고 스스로 금욕을 행하며 덕을 닦는 모습이 매력 있었다고 아우구스티누스는 회고한다(*De utilitate credendi*, 8,20).

43) '마니의 서간집'(*Fundamentum*이라고 불린 문서로, 아우구스티누스가 *Contra epistolam fundamenti*[기조 서간 반박]에서 비판한다)을 말한다. 근대에 중앙아시아에서 '투르판문서', 이집트에서 '파이윰문서'로 알려진 마니교 문헌집이 발굴되어 비판본(e.g., *Codex manichaicus Coloniensis*)이 간행되는 중이다.

제 방황을 제 눈앞에다 가져다 놓으셨는데, 이는 똑똑히 보고 미워하라는 뜻이셨습니다.[44]

7.12. 파우스투스의 겸양과 염치가 그래도 마음에 들었다

그가 학예에 조예가 깊으리라고 생각하던 저로서는 그가 학예에 소양이 없다는 사실이 제게 제대로 드러난 후로는, 여태껏 저를 괴롭히던 문제들을 그에게 털어놓겠다는 일도, 그가 그것을 해소해주리라던 일도 절망하기 시작했습니다. 학문에는 무식하더라도 경건의 지혜를 갖출 수는 있었겠지만, 그것은 마니교도가 아닐 경우에 해당되는 얘기입니다. 그들의 서책은 하늘과 성좌, 해와 달에 관한 아주 기다란 설화들로 가득 차 있었습니다.[45] 그런 것을 보고 나니 제가 꼭 알고 싶던 점들을 그가 치밀하게 설명할 수 있으리라는 생각은 들지 않았습니다. 저는 그저 제가 다른 곳에서 읽은 수의 이치와 비교해서, 마니카이우스의 책들에 포함되어 있는 내용이 확실한지, 그렇지 않으면 적어도 이치가 닿는다는 점에서는 같은 수준인지 알고 싶었습니다.

그런데 제가 막상 그런 문제들을 숙지하고 토론해보자고 제안하자 그는 무척 신중하게 자기가 그런 부담을 감당하겠다고 나설 생각

---

44) "네 앞에서 왜 너를 숨기고 싶으냐? 너는 너를 두고 네 등 뒤에 가 있으니 너를 보지 못한다. 네가 너를 보게 해주겠다. 네가 네 등 뒤에 갖다놓은 것을 얼굴 앞에다 갖다놓겠다"(『시편 상해』, 48.2.5).
45) 아우구스티누스가 마니교를 학리적으로 논박한 [기조 서간 반박]은 그 종파 창시자 마니의 서간으로 알려진 책자의 구절을 인용하면서 반박한다. 근대에 이르러 마니교 문헌들이 발굴되면서 교부의 논박서들이 상대방의 실제 문헌을 토대로 한 객관적 비판임이 드러났다.

을 안 했습니다. 그는 자기가 그런 문제들을 알지 못함을 알고 있었고, 그렇다고 자백하는 일도 부끄러워하지 않았습니다. 그런 점에서는 제가 그동안 겪었던 수많은 달변가들, 저런 문제를 저한테 가르친답시고 무척이나 애를 쓰기는 하는데 실상은 아무것도 말해주지 못하는 그런 자들 가운데 하나는 아니었습니다. 이자는 그래도 마음을 제대로 먹은 사람이었습니다. 비록 당신을 향하는 바른 마음은 아니었지만, 그렇다고 자기 자신을 두고도 너무 무모한 사람은 아니었습니다. 그는 자기 무식에 대해 무지하지는 않아서, 토론에 나섰다가 출구도 없고 퇴로도 없는 난처한 상황에 얽히고 싶어 하지 않았습니다. 이런 점도 제 마음에 들었습니다. 제가 알고 싶어 열망하던 바를 풀어주는 지식보다 자기 분수를 자백하는 지성의 절도가 더 아름다운 법입니다. 저는 또 실제로 보다 어렵고 보다 까다로운 질문 앞에서 그가 그런 식임을 발견하곤 했습니다.

7.13. 마니카이우스의 교리를 연구하던 아우구스티누스의 노력이 시들해지다

어찌되었든 마니카이우스의 서한들을 연구하던 공부도 시들해지고 말았습니다. 저를 고민하게 만들던 많은 의문점들을 두고서, 이름 났다는 저 인물마저 그저 그런 사람으로 드러난 마당에, 그들의 나머지 교사들[46]에게는 더더욱 기대가 되지 않았습니다. 저는 그와 어울리면서 도리어 그가 하는 공부에 삶을 엮기 시작했습니다.[47] 그는 그

---

46) 마니교에는 수장(princeps) 밑에 열두 명의 사도(apostoli) 혹은 교사(doctores)가 있었다.
47) 아우구스티누스가 얼마간 파우스투스와 교분을 나누고 상대방에게 되레 학

당시 제가 수사학자로서 카르타고의 청년들을 가르치던 그 문학에다 열을 올렸고, 저는 그가 들어서 알고 싶어 하던 자료라든가, 제가 보기에도 괜찮은 그의 재능에 적절하다고 여기던 자료들을 함께 강독했습니다. 그 종파에 정진하겠다고 마음먹고 해오던 제 모든 노력[48]이, 그 사람을 알고 나서부터는 바로 중단되고 말았습니다. 그렇다고 그 사람들로부터 아주 떨어져 나갈 생각은 아니었습니다. 저는 몸담은 곳보다 더 나은 곳을 찾아내지 못한 마당이니, 정말 더 낫다고 생각되는 어떤 것이 나타날 때까지 그냥저냥 눌러앉아 있기로 마음먹었습니다. 그처럼 숱한 사람에게 죽음의 덫이 되었던 파우스투스는, 뜻하지 않게 제가 그동안 사로잡혀 있던 올가미를 점차 느슨하게 풀어주기 시작한 셈입니다.

저의 하느님, 내밀한 당신 섭리 속에서 당신의 두 손은 제 영혼을 저버리지 않으셨으며, 제 어머니의 마음에서 흐르는 피로, 어머니가 낮이고 밤이고 저를 위해 흘리는 눈물을 통해서 저를 위한 희생제사가 당신께 바쳐지고 있었고, 당신께서 오묘한 방식으로 저를 데리고 이루어내셨기에 그렇게 되었습니다. 저의 하느님, 당신께서 그것을 이루어내셨습니다. 사람의 발걸음은 주님에 의해서 인도되고 그의 그런 길을 마음에 들어 하기 때문입니다.[49] 당신께서 만드신 것을 다시 만드시는 당신의 손길을 떠난다면 대체 무슨 구원대책이 있겠습니까?

문의 길을 열어준 듯하다.
48) 간선자에게 요구되는 성적 금욕과 채식의 고행을 예상하면서도 아우구스티누스가 간선자에 들어가는 과정을 밟고 있었다는 말투로 들린다.
49) "주님께서는 사람의 발걸음을 굳건히 하시며 그의 길을 마음에 들어 하시리라"라는 성경 구절(시편 37[36]:23)을, 하느님이 은총으로 이루어내시고서도 인간의 자유의지가 이뤄낸 성과처럼 평가하시는 선의에 교부는 '그것을 이뤄내신 분은 당신이십니다'라는 응답으로 그 일을 하느님의 업적에 돌린다.

8.14. 어째서 카르타고를 떠났는가

저를 데리고 이루어내셨습니다. 로마로 가겠다는, 제가 카르타고에서 가르치던 것을 차라리 그곳에서 가르치겠다는 마음을 먹게 하셨습니다. 어디서 제게 그런 마음이 생겼는지 그 경위를 당신께 고백하지 않고 지나갈 수 없습니다.[50] 이런 일들에서도 참으로 그윽하신 당신의 심오하심과 저희에게 쏟으시는 당신의 엄연한 자비가 헤아려지고 공표되어야 합니다. 저를 설득하던 친구들이 로마로 가면 수입이 더 많아지고 신분이 더 나아지리라고 장담했기 때문에(물론 당시에 제 심경을 끌어당기는 것들이기도 했습니다만) 로마로 가고 싶었던 것은 아닙니다. 가장 큰 이유는 어쩌면 하나뿐이었습니다. 그곳 학생들은 차분하게 공부를 하고 보다 엄격한 규율 아래 잘 통제되고 있다고 들었기 때문입니다. 그곳에서는 학생들이 패거리 지어 자기가 배우지 않는 선생의 교실을 들락거리는 일이 없고, 교사가 허락하지 않으면 학생들이 교실에 들어가지 못한다고 합니다.

반면에 카르타고 생도들의 방종은 끔찍스럽고 절도가 없었습니다. 함부로 교실로 우르르 몰려 들어오는가 하면, 미치광이처럼 차려입고서 누군가 제자들을 위해 세웠을 질서를 어지럽히곤 했습니다. 그들은 믿을 수 없을 만큼 어리석고도 난폭한 짓을 많이 저질렀으니, 그런 짓은 상습적이라고 해서 감싸주지만 않았다면, 법률로 엄하게 징계받아 마땅했습니다.

그러나 아무리 관습이 용인한다고 하더라도 당신의 영원한 법은 이를 결코 용납하지 않을 터인데 마치 용납된 것처럼 저지른다는 점

---

[50] 그가 몇 달간 사귀던 파우스투스가 로마 마니교의 유지였으므로 그곳 마니교도들이 아우구스티누스를 맞아주고 학교를 개설하게 편의를 주선한 듯하다(*Contra Fausium Manichaeum*, 5.7-8).

에서 그들은 더욱 가련한 사람들이었습니다. 그렇게 행동하고도 벌을 받지 않는다고 여기지만, 맹목적으로 그런 행동을 계속하는 그 자체가 바로 벌이고,[51] 그들이 추후 치러야 할 괴로움은 남에게 끼친 괴로움보다 훨씬 더 심할 것입니다. 제가 공부할 때 결코 제 행습으로 삼고 싶지 않았던 짓들을 제가 가르치는 사람들의 행습으로 어쩔 수 없이 겪어야 하는 처지가 되었고, 사정을 아는 사람들이 로마에서는 그런 일이 없다고 하니 그곳으로 가는 것이 마음에 들었습니다.

그러나 제 희망이시여, 산 이들의 땅에서 저의 몫이시여,[52] 당신께서는 제 영혼을 구원하기 위해 땅의 터전을 바꾸게 하셨습니다. 카르타고에서는 정이 떨어져 떠날 수 있게 자극하시고, 로마에 이끌리도록 매력을 던져주셨습니다. 당신께서는 사람들을 시켜서 그 일을 이루셨으니, 그 사람들로 말하자면 '죽은 삶'[53]을 즐기던 자들로서 여기 가서는 불건전한 짓을 일삼고 저기 가서는 허망한 짓을 약속하곤 하는데, 제 발걸음을 바로잡으시고자 당신께서는 그자들과 제 자신의 전도된 욕망을 은밀히 이용하셨습니다.[54] 그러니까 저의 나쁜 삶을 들쑤셔놓던 저들은 수치스런 광기에 눈먼 자들이었고, 저를 다른 곳으로 불러낸 사람들은 땅에만 맛들이던 자들이었습니다. 저로 말하자면 이곳에서는 진짜 불행을 역겨워하고 저곳에서는 가짜 행복을 찾고 있던 셈입니다.

---

51) 자기 체험으로 미루어 아우구스티누스는 같은 악행을 지속하는 맹목성도 일종의 '죄벌'이라고 확신했다.
52) 시편 142[141]:6 참조("주님은 저의 피신처, 산 이들의 땅에서 저의 몫이십니다").
53) vita mortua: "죄인이 되겠다고 살아가는 사람은 죽은 생명으로 시달리는 셈이다"(*Contra litteras Petiliani*, 2.7.14)라는 역설적 문구가 있다.
54) "인간은 하느님의 선한 업적도 악하게 사용하는 데 비해서 하느님은 인간의 악한 행적도 선하게 이용하신다"(『시편 상해』, 104.12).

8.15. 한사코 그를 만류하던 어머니를 떼어버리다

그러나 왜 여기를 떠나 저리로 가는지는, 하느님, 당신께서 알고 계셨습니다. 그러나 당신께서는 그 이유만은 제게도, 떠나는 저를 두고 울고 불며 바다까지 저를 따라나온 어머니에게도 알려주지 않으셨습니다. 한사코 붙들고 늘어지면서 함께 집으로 돌아가든지 아니면 같이 떠나자고 애원하는 어머니를 저는 속여 넘겼습니다. 한 친구[55]가 먼 길을 떠나는데 순풍이 일어 배가 출항할 때까지 그 친구를 혼자 버려두지 않으려는 것뿐이라고 둘러댔습니다. 저는 어머니에게 거짓말을, 저런 어머니에게 거짓말을 했습니다. 그렇게 도망쳐나왔습니다.[56] 당신께서는 저의 이 짓도 자비로이 용서해주셨으니, 저주스런 오물로 그득한 바닷물에서 저를 건져내셔서[57] 당신 은총의 물에 이르게 하셨고, 그 물로 제가 씻기고 나면 비로소 어머니 눈에서 흐르던 눈물의 강이 마를 터였습니다. 어머니는 날마다 당신께 자기 얼굴을 숙이고서 저를 위해 눈물로 땅을 적셨습니다.

그때 어머니가 저 없이 혼자 돌아가지 않으려 하셨기에, 마침 저희가 타고 갈 배 가까운 곳에 있는 복되신 키프리아누스 기념경당[58]에서 밤을 보내시라고 겨우 어머니를 달랬습니다. 그 밤을 틈타 저는

---

55) 그의 서간집(*Epistolae*, 258.5)에 의하면 그의 오랜 친구 마르티아누스(Martianus)다. 이 친구는 아우구스티누스의 재능을 일찍 알아보고 출세를 위해 아프리카를 떠나 로마로 가도록 부채질했다.
56) 어머니를 남겨놓고 간 잘못을 '속여넘겼다'(fefelli), '둘러댔다'(finxi), '거짓말했다'(mentitus sum), 그리고 '도망쳐나왔다'(et evasi)는 현재완료동사로 거듭 자책한다.
57) 아우구스티누스는 욕정에 까불리는 인간 실존을 가리켜 '쓴 바다'라는 비유도 사용한다(『시편 상해』, 64.9 참조).
58) 순교자를 기념하여 묘소나 기념 장소에 세우던 건물로 꽃이나 음식을 바치기도 하고 성찬식도 거행되곤 했다.

몰래 떠나버렸고 그이는 떠나지 못했습니다. 기도하며 울며 거기 남았습니다.

저의 하느님, 그이가 그 많은 눈물을 뿌리며 당신께 청을 드린 것이 제가 배를 타게 두지 마시라는 것 말고 무엇이었습니까? 그러나 당신께서는 깊이 헤아리셔서 그이의 소망에서 요체가 되는 것은 들어주셨으나 그 시점에 애원하던 바는 살피지 않으셨으니, 결국 그이가 항상 청해오던 사람으로 저를 만들어주시기 위함이었습니다. 바람이 일었고 저희 돛을 부풀렸고 저희 시야에서 해안을 멀리 떼놓았습니다.

이튿날 아침 어머니는 항구에 나와 미친 듯이 애통해하며 쏟아낸 푸념과 탄식으로 당신의 귀를 그득 메웠을 것입니다. 그래도 당신께서는 모른 체하셨는데, 그 까닭은 제 욕망을 끝장내시려는 생각에, 저의 욕망을 되잡아서 저를 후려치셨고, 혈육에서 오는 그이의 소망일랑 고통이라는 적절한 채찍으로[59] 매질하시기 위함이었습니다. 그이는 어머니들이 으레 하는 대로, 자기와 함께 머무는 저의 현재를 좋아했고, 아니 그 누구보다도 좋아했지만, 당신께서 저의 부재를 통해서 그이에게 장차 얼마나 큰 기쁨을 만들어주실지를 알지 못하고 있었습니다. 그것을 몰라 울며 불며 했고, 비명을 지르며 낳은 자식을 비명을 지르며 찾아다녔고,[60] 품속에 넣고 다니는 하와의 업보[61]를 두고두고 원망했습니다. 그이는 제 속임수와 매정함을 실컷

---

59) 세상의 악을 교부는 '죄악 아니면 죄벌'로 나누어 보았으므로 '고통'은 본인이나 인간 연대로 하느님께 받는 '죄벌', 곧 '의당한 채찍질'로 간주한다.
60) 창세기 3:16 참조("그리고 여자에게는 이렇게 말씀하셨다. '너는 아기를 낳을 때 몹시 고생하리라. 고생하지 않고는 아기를 낳지 못하리라'").
61) 'reliquiarium Evae'은 직역하면 '하와의 유해를 보관하는 갑'이지만, 자궁을 의미하기도 하고 여인이 남긴 '후손'을 가리키기도 한다. "자식을 낳는 여자의 신세와 불효한 자식을 두고 한탄했다"라는 의미를 담는다.

원망한 후 마침내 마음을 가다듬어 저를 위해 당신께 애걸하는 평상으로 돌아갔고 저는 로마로 갔습니다.

9.16. 로마에서 병이 들어 저승 문턱까지 가다

그런데 보십시오, 거기서 저를 환영한 것은 몸의 병이라는 태형이었습니다. 저는 당신께, 저에게, 그리고 타인들에게 범한 그 많고 무거운 제 모든 죄악을 짊어진 채로 저승의 문턱까지 갔습니다. 저런 죄악들은 저희 모두가 아담 안에서 죽음을 맞게 만드는 원죄의 사슬 위에다 무게를 보태는 것들이었습니다.[62] 당신께서는 아직 그 죄악들 어느 하나도 그리스도 안에서 제게 사해주시지 않았고, 제가 저의 죄로 당신과 맺은 원수 관계를 그리스도께서도 당신 십자가에서 아직 풀어주시지 않았습니다. 저는 그리스도를 유령이라고 믿고 있던 참이었는데 그 유령의 십자가로 어떻게 그분과의 원수 관계를 풀 수 있었겠습니까?[63] 그분의 육신의 죽음도 제게는 가짜로 보이던 만큼 제 영혼의 죽음은 진짜였고, 그분의 육신의 죽음이 진짜인 그만큼, 그 사실을 믿지 않던 제 영혼의 생명은 가짜였습니다.

그러는 동안 신열은 심해지기만 해서 저는 이미 세상을 뜨는 중이었고 망하는 중이었습니다. 만일 그때 이승을 하직했더라면, (당신의

---

62) 로마 5:12("한 사람이 죄를 지어 이 세상에 죄가 들어왔고 죄는 또한 죽음을 불러들인 것같이 모든 사람이 죄를 지어 죽음이 온 인류에게 미치게 되었습니다.")와 1고린토 15:22("아담으로 말미암아 모든 사람이 죽는 것과 마찬가지로")에 근거해 아우구스티누스는 원죄설을 정립했다.
63) 그가 믿고 있던 마니교는 물질과 육체를 악으로 보는 이원론 때문에 하느님의 육화(肉化)를 믿지 않았고, 그리스도의 육신은 가짜 허깨비요 십자가의 죽음도 가짜였다고 가르쳤다.

질서가 세워놓은 진리에 비추어) 제 행실에 어울리는 불속과 형벌 외에 제가 갈 수 있는 곳이 어디였겠습니까? 그럼에도 어머니는 이런 사정을 모르고 그 자리에 부재하는 분으로서 줄곧 저를 위한 기도를 올리고 있었습니다. 그 대신 당신께서는 어디든 현존하는 분으로서[64] 그이가 있던 곳에서는 그이의 간청을 들어주셨고, 제가 있던 곳에서는 저를 불쌍하게 여기셨으니, 건강을 잃고도 여전히 신성을 모독하는 마음이던 저는 그 자비를 입어 적어도 육신의 건강만은 되찾기에 이르렀습니다. 그처럼 심각한 위험에서도 저는 당신의 세례를 원하지 않았으니, 그렇게 본다면 비록 어머니의 경건심에서 우러나서였기는 해도, 세례를 간절히 원하던 소년 시절이 차라리 나았습니다. 그 일은 제가 회상하고 고백한 바 있습니다.[65]

여하튼 저는 수치스러운 쪽으로만 자라갔고[66] 어리석게도 당신 의술의 처방[67]을 코웃음쳤는데, 그럼에도 당신께서는 저 같은 죄인도 두 번 죽게 버려두지 않으셨습니다.[68] 제가 두 번 죽는 그런 상처를 입었더라면 어머니의 마음은 결코 낫지 못했을 것입니다. 그이가 저에 대해 얼마만 한 정신을 쏟고 있었는지, 육으로 저를 낳던 일보다

---

64) 교부는 창조계에 머무시는 하느님의 현존을 '어디에나 현존하심', '어디에나 전체로 계심'으로 표현한다.
65) 어려서 병들어 죽을 뻔했을 적에 세례를 준비한 적도 있었다(이 책, 1.11.17 참조).
66) "예수는 몸과 지혜가 날로 자라면서 하느님과 사람의 총애를 더욱 많이 받게 되었다"(루가 2:52)라는 구절과 대조된다.
67) '하느님 의술의 처방'이란 교부들이 '그리스도'를 가리키는 은유였다.
68) 『신국론』 13권에서 아우구스티누스는 인류사의 맥락에서, 범죄 이전은 '죽지 않을 수 있는 처지'(posse non mori), 범죄 이후는 '죽지 않을 수 없는 처지'(non posse non mori), 부활 이후는 '죽을 수 없는 처지'(non posse mori)로 표현한다. "두 번의 죽음"은 육신의 죽음과 영혼의 죽음(영원한 멸망)을 뜻한다.

얼마나 큰 정성을 쏟아 영으로 저를 출산하고 있었는지는 제대로 말씀드릴 길이 없습니다.

9.17. 어머니 모니카의 기도

만약 저의 그런 죽음이 그때 닥쳐서 그이의 애정의 폐부를 찌르고 말았더라면 그이가 나을 수 있었을지 저로서는 알지 못합니다. 저 많은 기도, 끊임없이 드리는 그 빈번한 기도가 어디로 갔겠습니까? 당신께 아니면 어디로도 가지 못합니다. 자비의 하느님, 저토록 순결하고 단정한 과부의 부서지고 낮추인 마음을 당신께서 낮추어 보실 수 있었겠습니까?[69] 저 과부는 자선을 자주 하고, 당신의 성자들을 받들어 섬기며, 하루도 빠짐없이 당신 제단에 봉헌물을 올려놓고, 하루에 두 번 곧 아침저녁으로 빠짐없이 당신 교회에 나갔습니다. 교회에 가는 이유도 황당한 얘깃거리나 노파의 헛소리를 지껄이기 위함이 아니요, 당신의 설교에서 당신을 듣기 위함이었습니다. 당신께서는 그이의 기도에서 그이를 들어주시려 한 것이 아니었습니까? 어머니는 당신께 금과 은을 조르지도 않았고 변덕스럽고 덧없는 선익을 구하지도 않았습니다. 자기 아들의 영혼이 구원받기를 눈물을 뿌리며 애원하는데, 또 당신의 선물로 그런 여자가 된 터에,[70] 당신께서 어찌 외면하시고 어찌 도움을 주지 않으실 수 있겠습니까?

주님, 당신께서는 결코 그렇게 하지 않으실 것입니다. 당신께서 오히려 가까이 하셨고 들어주셨으며 그렇게 이루어져야 한다고 당신께

---

69) 시편 50[51]:19[최민순 역본] 참조("하느님은 부서지고 낮추인 마음을 낮추아니 보시나이다").
70) 자녀의 구원을 애걸하는 모친의 정성 역시 하느님의 선물이라는 암시다.

서는 예정하신 순서대로[71] 이뤄내고 계셨습니다. 당신은 저 환시와 응답으로 그이를 속이시는 일도 결코 하지 않으십니다. 그런 환시와 응답에 대해 제가 이미 가끔 언급하기도 했고, 그이가 신실한 마음에 간직하고 있던 것은 제가 언급하지 않았습니다만, 그이는 기도할 때마다 그것이 당신의 친필 서명이 담긴 문서[72]나 되는 양 항상 당신께 내보이곤 했습니다. 당신의 자비는 세세에 떨치므로 당신께서는 모든 사람들의 빚을 탕감해주시는 것도 모자라 당신의 언약을 갖고서 스스로 빚쟁이가 되어주기까지 하십니다.[73]

10.18. 아우구스티누스는 로마에서도 마니교도와 교분을 갖다

당신께서는 결국 그 질병에서 저를 회복시키셨습니다. 우선 당신 여종의 자식[74]의 몸이라도 살리셔서 그에게 더 좋고 더 확실한 건강을 주시려는 뜻이었습니다. 그러는 동안에도 저는 속고 속이는 성도들과[75] 교분을 가졌습니다. 그들의 청강자들(제가 입주해서 병이 나고 병이 낫고 했던 집의 사람도[76] 그중에 들어 있었습니다)과만 사귄 것이 아

---

71) 구원받은 이들에게는 구원이 예정되어 있으리라는 아우구스티누스의 착상이 처음으로 보이는 문구다.
72) 'chirographum'은 당사자가 친필로 서명한 문서를 말한다.
73) 하느님의 언약이 하느님께 스스로 속박(부채)이 되어 기도의 응답과 구원을 반드시 이루어주실 수밖에 없다는 신뢰는 교부들의 신비신학 전통사상이다.
74) 시편 116:16[115:17] 참조("주님, 저는 정녕 당신의 종, 당신 여종의 아들. 당신께서 저의 사슬을 풀어주셨습니다").
75) "제 나이 열아홉 살부터 스물여덟 살까지 9년이라는 세월 동안 온갖 욕정에 호리고 홀리기도 하고 속고 속이기도 하면서 살았습니다"(이 책, 4.1.1).
76) 이름이 콘스탄티우스(Constantius)라고 알려진 이 사람은 "마니의 계율을

니고 소위 간선자라고 일컫는 자들과도 교제했습니다.77) 아직도 저에게는 죄를 짓는 것은 저희 자신이 아니고 뭔지 정확히는 모르지만 저희 안에 있는 다른 본성이 죄를 짓는 것으로 보였습니다. 그런 식으로 탓에서 벗어났다는 점이 제 오만을 부추기고 있었습니다. 저는 제가 무슨 악을 저질렀을 경우에도 제가 당신께 죄지었으니 당신께서 저를 낫게 해달라 빌면서도 "제가 했습니다" 고백하지 않았으며, 오히려 저를 두고 변명하기를 좋아하고, 뭔지 모르지만 "저와 더불어 있으면서도 제가 아닌 다른 무엇"에다 탓을 돌리기를 좋아했습니다.78) 그러나 사실 그 전체가 저였고 저의 불경스러움이 저를 저와 마주 세워 갈라놓았습니다. 그러니 제가 죄인이 아니라고 여기는 그 점이 바로 불치의 죄였습니다.

당신께, 전능하신 하느님, 저는 당신께 제압당해 구원받기보다는, 당신께서 제 안에서 억압당해 저 스스로 멸망에 이르기를 더 좋아했고, 바로 이 점이 가증스러운 사악함이었습니다.79) 당신께서는 아직 제 입에 파수꾼을 세우시지 않았고 제 입술 주변에 절제의 문을 세워두지 않으셨습니다. 세워두셨더라면 저의 마음이 악한 말에 기울지 않았을 것이고, 악을 저지르는 사람들과 어울려 죄를 두고 변명을 꾸며내는 일 따위는 없었을 것입니다. 저는 여전히 그들의 '간선자'들과 어울려 지냈는데 그 거짓 교리에 제가 정진할 수 있으리라는 생각

실천하여 [나뿐만 아니라] 여러 마니교도들을 자기 집에서 대접하고 있었다"(*Contra Faustum Manichaeum*, 5,5).
77) 마니교에 입교해 정진한 신도는 성도(sanctus), 정진자(perfectus), 간선자(electus)로 불렸고, 일반 세례자는 청강자(auditor)로 불렸다. 마니교 밖의 일반인은 죄인(peccator)이라고 불렸다.
78) 훗날 아우구스티누스는 마니교의 가장 큰 매력이 자기의 죄과를 자기 안에 있는 '다른 본성'의 탓으로 돌릴 수 있는 변명이었다고 자백한다.
79) 마니교는 영적 전쟁에 패하면 인간 안에 있는 신의 편린 곧 영혼이 악의 포로가 되어 악에게 제압당한다고 가르쳤다.

에는 실망하고 있던 참이었습니다. 다만 더 나은 무언가를 발견하지 못하는 한 그냥 그 교리로 만족하기로 마음을 먹은 터였고 그런 결심마저 아주 느슨하고 무성의하게 간직하고 있었습니다.[80]

10.19. 아카데미아학파가 여타 철학자들보다 더 현명하다고 간주하다

그 무렵 아카데미아학파라고 부르는 사람들이 나머지보다 더 현명한 철학자였다는 생각이 들었습니다.[81] 그들이 모든 것에 관해서 의심을 품어야 한다고 간주했고 인간에 의해서는 어떠한 진리도 파악될 수 없다고 단정했다는 점 때문이었습니다.[82] 저로서는 아직 그들의 의도를 파악하지 못한 처지였지만, 대중이 생각하던 대로, 제게는 그 사람들이야말로 뭔가를 명료하게 간파한 것처럼 보였습니다. 저를 맞아준 집주인이 마니카이우스의 책들에 가득한 설화 같은 내용에 지나친 신뢰를 기울이고 있다고 느끼던 참이었으므로 제 집주인을 자제시키는 일도 마다하지 않았습니다. 그래도 저는 그 이단에[83] 속해 있지

---

80) "여러분이 알다시피 나는 (마니교의) 간선자가 아니고 청강자에 불과했다"(ContraFaustum Manichaeum, 3)라고 밝힌 후 자기가 '마니교들의 사제'였다고 믿는 사람들에게 절대 아니라고 변명해야 했다(Contra litteras Petiliani, 3.17.20).
81) "저는 그 사람들[마니교도]을 치밀하게 검토해 따지고 나서 그들에게서 완전히 탈출했으며 그 바다를 건넜는데 온갖 바람과 맞서는 사이에 아카데미아학파가 풍랑 한가운데서 제 배의 키를 붙들어주었습니다"(『행복한 삶』, 1.4).
82) 그리스도교 세례 직전 아우구스티누스는 자기가 이 회의론을 극복하던 과정을 『아카데미아학파 반박』이라는 대화집으로 엮었다.
83) 아우구스티누스가 마니교를 상대로 그 많은 반박서를 집필한 이유는 마니교를 그리스도교 이단의 하나로 간주했기 때문이다. 마니교의 많은 교설이 그

않은 다른 사람들의 우정보다는 그들의 우정을 더 친근하게 이용했습니다. 이전 같은 열성을 갖고 그 종파를 옹호하지는 않았지만, 그래도 그들과의 친분(로마는 그 종파의 많은 추종자들을 숨겨주고 있습니다[84]) 은 제가 다른 무엇을 탐구하는 일에 태만하게 만들었습니다. 당신 교회 안에서 진리를 발견할 수 있으리라는 데 실망하고 있던 차였으므로 특히 그랬습니다.

하늘과 땅의 주님, 보이고 보이지 않는 모든 것의 창조주여, 진리를 등지게 만든 것은 저 작자들이었음에도, 당신께서 인간 육신의 형상을 갖고 계시다고 믿거나 당신께서 저희 사지라는 신체적 테두리 안에 에워싸여 계시다고 믿는다는 것이 제게는 무척이나 불순해보였습니다. 저의 하느님에 관해 생각하고 싶을 때에는 하느님을 물체의 덩어리로 생각하는 길밖에 몰랐습니다. 제게는 그런 것이 아닌 무엇이 존재한다고 느껴지지 않았습니다. 바로 이 점이 저의 불가피한 오류의 가장 큰 이유요 아마도 유일한 이유였습니다.

10.20. 악의 어떤 실체가 존재한다고 믿다

여기서 저는 악의 어떤 실체가 존재한다고 믿게 되었고 나름의 흉측하고 기괴하고 빽빽한 어떤 몸체를 갖는다고 믿으면서 그것을 '흙' 이라고 하거나,[85] 아니면 희박하고 섬세한 덩어리처럼 생각해 기체

리스도교 교리와 신구약 성경을 차용하고 있었다.
[84] 마니교는 그 밀교(密敎) 형태 때문에 로마 황제의 칙령으로 수차례(297, 372, 382, 383년) 신봉이 금지되었다.
[85] 마니교를 반박하는 교부의 문서(e.g., *Contra epistolam fundamenti*, 31)에 의하면 '땅'[흙]은 바람, 물, 어둠, 연기 등의 심연을 갖추고 사방으로 뻗어 있는 어둠의 세계이고, 그에 맞서 '빛의 세계'가 존재한다.

같은 것이려니 하거나, 땅에 깔려서 기어 다니는 어떤 사악한 지성으로 상상하거나 했습니다.86) 경건을 빙자해 선한 하느님은 악한 자연 사물을 아무것도 창조하지 않았으리라고 믿도록 몰아세우던 터였으므로 저는 서로 반대되는 두 덩어리(둘 다 무한하지만 악한 것은 더 옹색하고 선한 것은 더 장대하다)를 가정하고 있었는데, 이처럼 해로운 전제에서 출발하다 보니 갖가지 신성 모독이 저를 뒤따라왔습니다. 저의 영혼이 가톨릭87) 신앙으로 돌아가려고 시도할 때마다 가톨릭 신앙은 제가 생각해오던 것이 아니라고 생각하고 다시 튕겨나오곤 했습니다.

저의 하느님, 제게 베푸신 당신의 자비를 두고 당신을 찬미합니다. 당신께서 무슨 덩어리이시라면, 악의 덩어리가 당신께 맞서는 그 지점에서는 당신께서도 유한하다고 자백하지 않으면 안 될 입장이지만 그 부분을 제외하고는 여타의 모든 부분에서는 무한하시다고 믿는 편이 더 경건해보였습니다. 당신의 모든 부분이 인간 신체의 형상 속에 한정되어 계시다는 견해보다도 더 경건해보였습니다.88) 또 제게는 당신께서 아무런 악도 창조하지 않으셨다고 믿는 편이 더 낫게 여겨졌습니다.

무식한 제게는 그 악이라는 것이 어떤 실체일 뿐만 아니라 물리적 실체인 것 같았습니다. 지성이라는 것도 모종의 섬세한 물체라고 생각했고, 공간에서 연장延長을 갖는 물체가 아니라고는 생각도 못하던

---

86) 모든 사물이 물체라면 악한 신령 혹은 정령들도 '기체'(氣體)를 갖고 있으리라는 생각이 교부의 저작에 간간이 나온다.
87) 이 대목에서는 '가톨릭'이라는 어휘가 이 책에서 최초로 사용된다. 뒤에는 단순히 그리스도의 '정통 교회'를 가리키는 용어로도 사용한다(이 책, 6.4.5; "당신의 가톨릭").
88) 빛의 세계에서 비롯한 그리스도가 신체라는 일정 공간에 갇혀 있다는 설명이 마니교도 아우구스티누스에게는 납득되지 않았다.

저였기 때문입니다. 그러니 악의 어떤 자연사물이 당신에 의해서 존재한다고 믿기보다 당신이 아무런 악도 창조하지 않으셨다고 믿는 편이 더 나았습니다.[89]

저는 저희 구세주, 당신의 외아드님마저도 빛나는 당신의 덩어리로부터 저희를 구원하려고 뻗쳐나온 분으로[90] 여기고 있었고, 그분에 관해서는 저의 황당한 상상 외에 다른 무슨 존재라고는 믿을 수가 없었습니다. 따라서 저는 그리스도가 그런 자연본성이라면 육과 섞이지 않은 채로 동정녀 마리아에게서 태어날 수는 없다고 여기던 중이었습니다.[91] 또 그렇게 섞이면서도 더럽혀지지 않는다는 것은, 제가 상상해오던 바로는, 도무지 이해할 수 없었습니다. 그래서 그분이 인간의 육신 속에[92] 탄생하셨다는 사실을 믿는 것이 그분이 육신으로 더럽혀졌다고 믿으라고 강요받는 것이 아닌가 두려웠습니다.[93] 지금이야 당신의 영적인 사람들이 그 당시 저의 이런 고백문을 읽는다면 귀엽다는 투의 미소를 머금겠지만, 그 무렵 저는 그런 수준이었습니다.

---

89) 악을 선한 신의 창조물이라고 주장하지 않으려면 악은 별도의 실체라고 인정할 수밖에 없었다는 말이다.
90) 유출설에 따르면 성자는 빛의 세계 혹은 성부로부터 혹처럼 '불거져 나온' 존재였다. '피동성을 갖는 예수'라는 존재는 성령의 힘으로 땅에서 생겨나서 대기층에 거주하는 존재로서 빌라도 시대에 처형된 역사적 인물과 다르다.
91) 마니교에서는 "남녀 양성의 육체적 교합으로 섞임으로써 사내는 아내와, 계집은 사내와 유사한 능력을 지니게 된다"(*Contra Faustum Manichaeum*, 22. 31)라고 가르쳤으므로 여성의 힘만으로 그리스도라는 육체적 존재가 탄생할 수 없었다.
92) 말씀이 '살[사람]이 되셨다'라는 그리스도 교리를 마니교도들은 말씀이 물체[육] 속에 섞인다는 것은 하느님의 품위에 가당치 않다는 이유로 비판했다.
93) 빛과 어둠의 두 세계가 충돌하고 어둠이 빛의 일부를 흡입하면서 인간 영혼이 어둠에 '섞이고 더럽혀져' 육신으로 태어난다는 마니교 경전을 염두에 둔다면, 성자의 육화는 성자를 육체의 세계에 오염시키고 가두는 불경스러운 일이 된다.

11.21. 마니교도들은 성경을 어떻게 생각하고 있었고 무엇을 비난했는가

그리고 저자들이 당신의 성경을 두고 비난하던 내용에 변호의 여지가 있다고 여기지 않았습니다만, 언젠가는 그 책들에 아주 정통한 누군가를 만나서 문제점을 조목조목 열거하고 과연 그의 생각이 어떤지 의견을 듣고 싶었습니다. 이미 카르타고에서 엘피디우스라는 사람[94]이 마니교도들을 정면으로 받아치면서 공박한 연설이 저를 적잖게 동요시키기 시작했습니다. 더구나 그가 성경에서 인용하던 말들을 저희 측에서 반박하기 쉽지 않았기 때문에 더 그랬습니다. 마니교도들의 답변은 제게도 어리석어 보였습니다.[95] 더구나 그 답변이라는 것을 쉽사리 드러내놓고 발설하지 못하고 은밀히 저희에게만 한다는 소리가, 신약성경이란 유대인들의 율법을 그리스도 신앙에 삽입시키고 싶어 누군지도 모르는 사람들이 조작해낸 것이라는 말이었습니다.[96] 그러면서도 그 증거로 조작하지 않은 원본은 하나도 제시하지 못했습니다.

어떻든 저는 그야말로 물체적인 사물들만 생각하던 참이어서 선과 악이라는 저 덩어리들은 저를 철저하게 사로잡고 숨이 막히도록 누르고 있었습니다. 그 밑에서 헐떡이던 저는 당신 진리의 맑고도 순

---

94) 엘피디우스(Elpidius): 카르타고의 성직자로 추정된다.
95) 악이 실체가 아니라는 엘피디우스의 주장에 마니교 측에서는 "전갈을 그 사람 손에 올려놓아 보라. 당장 손을 움츠릴 것이다. 말보다는 실제로 악에 실체가 있음을 보여주는 길이다"(De moribus ecclesiae Catholicae, 2.8.11)라고 유치하게 대응했다.
96) 예컨대 "천지가 없어지는 일이 있더라도 율법은 일 점 일 획도 없어지지 않고 다 이루어질 것이다"(마태오 5:18) 같은 구절은, 예수의 의도와 반대로 유대계 신도들이 성서에 삽입한 것이라는 마니교의 비난을 받았다.

수한 공기를 갈망하면서도 도무지 숨을 쉴 수가 없었습니다.

12.22. 로마 학생들은 난동꾼은 아니었지만 협잡꾼이었다

제가 로마에 온 목적은 수사학을 가르치는 일이었으므로 부지런히 그 일에 착수해, 우선 몇몇 학생을 집으로 모아 가르쳤습니다. 그들에게서 또 그들을 통해서 제가 차츰 알려지기 시작했습니다. 그런데 보십시오! 저는 아프리카에서도 겪어보지 못한 엉뚱한 일을 로마에서 당하고 있다는 사실을 눈치채게 되었습니다. 물론 제가 들은 대로, 분명 여기서는 못된 학생들이 난동을 부려 수업이 중단되는 일은 없었습니다. 하지만 듣자 하니 "대다수 로마 젊은이들은 선생에게 당장 수업료를 주지 않으려고 수업이 끝날 무렵 작당을 해 한꺼번에 다른 선생에게 가버린다. 그들은 신의를 저버리는 작자들이고 돈과 사랑 앞에서 정의 따위는 하찮게 여긴다"라는 것입니다.

저는 마음속으로 그런 작자들을 미워했지만 그것이 완전한 미움은 아니었습니다. 이런 말씀을 드리는 까닭은 제가 그들을 미워한 이유가 그들이 다른 사람에게 저지르는 불의한 행위를 향하기보다는 그들에게서 제가 당할지도 모르는 불이익을 향한 것이었기 때문입니다. 물론 그들은 참으로 비열하고, 당신을 떠나 사통하는 셈입니다. 그런 자들은 현세의 덧없는 놀음과 진흙 같은 이익을 좋아하는데, 그런 것을 취하며 손을 더럽히 마련입니다. 그런 자들은 달아나고 있는 세상을 얼싸안는 것입니다. 변함없이 남아 계시면서 그들을 다시 부르시고 돌아오는 자라면 창녀 노릇을 한 영혼에게도 용서를 베푸시는 분을 무시하는 것입니다.[97]

그처럼 사악하고 비뚤어진 자들을 지금도 여전히 미워합니다만,

지금은 그들을 바로잡아주면서 사랑하기도 하는 까닭은, 그들이 마음을 고쳐 돈보다 자기들이 배우는 학문을 앞세우게 하고, 학문보다 하느님 당신을, 곧 진리이시고 확고한 선의 충만함이시며 지순한 평화이신 당신을 앞세우게 하려는 뜻에서입니다. 하지만 당시에는 당신 때문에 그들이 선한 인간이 되기를 원하던 것이 아니라 그저 그 악동들에게 당하는 일을 참기 싫었습니다.

13.23. 아우구스티누스가 밀라노로 파견되고 주교 암브로시우스의 따뜻한 영접을 받다[98]

그런데 얼마 뒤 밀라노의 로마 시장 앞으로 전령이 왔습니다. 밀라노에 수사학 교수를 배치하라는 것이었는데 공공 교통수단 이용권도[99] 부여된 자리였습니다. 저는 허황된 기대에 잔뜩 취한 마니교도들을 통해서 그 자리에 지원했고[100] (그것이 결국 그들과 결별하러 가는 길이었다는 것은 서로 모르고 있었습니다) 당시 로마 시장이던 심마쿠스[101]가 웅변 실기로 저를 시험해보고서[102] 저를 밀라노로 불렀습니다

---

97) 사랑의 대상을 잘못 고르는 행위를 영혼의 '사통'이라고 혹평하는 일은 구약 예언자들이나 신약 사도들의 한결같은 가르침이다.
98) 『아우구스티누스의 생애』에 이 부분이 비교적 상세히 묘사된다.
99) evectio publica(et annona): "공채(公採)를 하고 봉급을 내리는 자리"라는 해석도 가능하다.
100) 아우구스티누스가 황제 측근이 되면 정치적 박해를 피하고 황실과의 관계가 개선되리라고 기대한 마니교 신도들이 아우구스티누스를 적극 추천했으리라는 말이다.
101) 퀸투스 아우렐리우스 심마쿠스(Quintus Aurelius Symmachus, 340-402): 로마 정치가, 웅변가, 문장가. 그리스도교를 국교로 삼은 로마에서 전통 종교를 수호했고 로마 원로원에 승리의 여신상을 복원하려고 시도해 암브로시우스와 대립하기도 했다.

다. 밀라노에 도착한 저는 암브로시우스 주교[103]를 찾아갔습니다. 그는 선량善良들 가운데서도[104] 온 세상에 알려진 인물로, 당신을 경건하게 섬기는 사람으로 소문나 있었습니다. 당시 그의 설교는 당신의 백성에게 당신 밀알의 진미를, 기쁨의 기름을, 포도주의 소박한 취기를 제공하고 있었습니다. 저는 저도 모르는 채로 당신에 의해서 그에게 끌려갔는데 그것은 훗날 그를 통해 제가 당신께 이끌려가기 위함이었습니다.

하느님의 사람[105]인 그는 아버지처럼 저를 맞아주었고 저의 밀라노 체류를 주교답게 반겨주었습니다. 저는 처음부터 그를 좋아하게 되었습니다. 처음에는 진리의 교사로서 좋아했다기보다 (그 점에 있어서는 당신의 교회를 두고 실망해오던 참이었습니다) 저에게 호의를 보인 인물로서 좋아했습니다. 저는 회중 가운데 자리 잡고 그가 강론하는 모습을 열심히 듣곤 했는데 그것도 의당히 갖춰야 할 의도라는 생각에서가 아니라 어디 그의 언변을 한번 가늠해보겠다는 뜻에서 그랬습니다. 그의 언변이 과연 자기 명성에 걸맞은 것인지 아니면 세평에 오르던 것보다 더하거나 덜 유창한지 가늠해보고 싶었습니다.

저는 내용에는 흥미를 두지 않은 채 그의 말마디에만 정신을 집중하며, 내용은 오히려 얕보면서 연설의 묘미만 즐기고 있었습니다. 적

---

102) 아우구스티누스가 아프리카 출신이었으므로 그의 라틴어 발음과 낭송을 확인해보았을 법하다.
103) 암브로시우스(Ambrosius, 339-397): 로마 정치가, 성직자, 신학자. 밀라노 집정관을 지내다 374년 주교가 되었고, 황후의 아리우스파 비호에 맞서 가톨릭 신앙을 옹호했다.
104) optimi: 귀족을 가리키는 단어. 그리스인들이 ἀγαθός(선한)의 최상급(ἄριστος)을 썼듯이 로마에서도 선한(bonus)의 최상급(optimus)을 써서 optimates라고 했다.
105) homo dei: 구약에서 예언자들을 경칭하던 말로 바울로 사도(1디모테오 6: 11), 특히 아우구스티누스 이후 성직자들에게 바쳐지는 최상의 경칭이 된다.

어도 그의 웅변 형식은 파우스투스의 것보다 더 박식하기는 했지만 덜 경쾌하고 덜 감미로웠습니다.[106] 그러나 다루는 사안 자체는 도무지 비교가 되지 않았습니다. 파우스투스는 마니교 허위에 빠져 허우적거리던 중이었고 그이는 구원을 아주 효과적으로 가르치던 중이었기 때문입니다. 하지만 죄인들에게 구원은 멀리 있었으니 그 무렵 바로 제가 그런 처지였습니다. 그러나 저는 저도 모르는 사이에 조금씩 당신 가까이 다가가는 중이었습니다.

14.24. 암브로시우스는 성경을 영성적으로 풀이하고 있었다

그이가 말하던 바를 배우려는 마음은 먹지 않고 도대체 어떻게 말하는지에만 귀 기울이고 있었지만 (당신께 이르는 길이 과연 열릴까 하는 데에 이미 낙담하고 있던 저에게는 인간에 대한 한심스러운 호기심만 남았던 것입니다) 제가 즐기던 말과 더불어, 제가 소홀히 하던 내용도 저의 영혼에 함께 깃들고 있었습니다. 그 둘을 따로 떼어놓을 재간이 제게는 없었던 것입니다. 얼마나 유창하게 말하는지를 받아들이기로 마음을 열고 있는 동안 얼마나 진실하게 말하는지도 똑같이 들어왔습니다. 비록 느리게였지만 말입니다.

그가 말하는 내용이 방어의 여지가 있는 것처럼 보이기 시작했고, 마니교도들이 공격해올 때 가톨릭 신앙을 편들어 할 만한 얘기가 있을 수 없으리라 생각해왔는데 그런 가톨릭 신앙마저 억지를 부리지

---

106) 로마인들의 웅변(연설)에서는 진실을 설명하는 '진술체'(stilus tenuis)는 명료함을, 청중의 마음을 올리는 '완만체'(mediocris)는 유쾌함을, 청중을 설득하는 '장엄체'(gravis)는 장중함을 관건으로 했다(『그리스도교 교양』, 4.26.56 이하 참조).

않고서도 긍정할 만하다는 생각이 들었습니다. 구약성경에 관한 이러저러한 이야기, 제가 문자 그대로 받아들였을 때는 저를 죽게 만들던 내용이[107] 번번이 우의적으로 풀리니까 더 그랬습니다.[108] 그 성서들의 여러 구절이 영성적으로 풀이되어 제시되자 여태까지 제가 혐오하고 비웃던 사람들 앞에서 율법이나 예언자들이[109] 도저히 버틸 수 없으리라고 믿어왔던 저의 실망감을 저 스스로도 꾸짖기에 이르렀습니다.

그렇다고 해서 벌써 가톨릭의 길을 받아들여야겠다고 생각한 것은 아니었습니다. 단지 가톨릭도 외부에서 오는 반론을 웅변적으로, 또 모순에 걸리지 않고 논박할 만한 유식한 논변가들을 나름대로 거느릴 수 있었구나 생각했습니다. 논변상으로 양편이 맞먹는다고 해서 제가 견지하던 바를 바로 단죄해야 한다는 법도 없기 때문입니다. 그러니까 제게는 가톨릭이 패자로 보이지도 않았으며 그렇다고 아직까지는 승자로 드러나는 것도 아니었습니다.[110]

---

107) "문자를 추종하는 사람은 전의적 어휘를 고유한 것으로 간주해버리며, 고유한 어휘가 표시되는 바를 다른 의미로 소급시킬 줄 모른다. 감각적 피조물을 넘어서 영원한 광명을 흡수하는 경지로 정신의 안목을 올리지 못하는 것은 정신의 비참한 예속이라고 하겠다"(『그리스도교 교양』, 3.5.9)라고 피력한다.
108) aenigma: 수수께끼. "우의(allegoria)는 일반적인 명칭으로는 우의이지만 특칭하면 수수께끼라고 명명할 수 있다"(『삼위일체론』, 15.9.15)라는 교부의 말처럼, 이 어휘는 "거울에 비추어보듯이 희미하게"(1고린토 13:12)라고 풀어 번역된다.
109) "이것이 율법과 예언서의 정신이다"(마태오 7:12)라는 말로 구약성경 전체를 가리키는 표현이다.
110) 카이사르 편에 "승리의 연(緣)이 신들의 마음에 들었다면야 카토에게는 패망의 연이 씌었으리니"(루카누스, *Pharsalia*, 1.128)라는 유명한 구절을 연상시킨다.

14.25. 마침내 마니교도와 결별하고 가톨릭교회 예비신자가 되기로 결심하다

저는 마음을 다부지게 먹고서 어떻게 하면 제대로 된 확실한 논거를 갖고서 마니교도들에게 허위를 깨우쳐줄 수 있을까 하는 뜻을 세우기에 이르렀습니다. 제가 만약 그때 영적 실체라는 것을 생각해낼 수 있었다면[111] 저 모든 장치가 무너졌을 것이고 제 마음에서 저것들이 당장 내동댕이쳐졌을 것입니다. 그러나 그때는 그럴 능력이 없었습니다. 저는 저희 육체 감각이 감지할 수 있는 이 세상의 물체와 자연본성 전체에 대해 고찰하고 비교할수록, 다수의 철학자들이 감지한 바가 마니교보다 훨씬 개연성이 있을 것이라고 판단하게 되었습니다.

그래서 그 당시의 아카데미아학파 사고방식에 따라,[112] 모든 것에 관해서 의심하고 모든 것이 흔들리는 가운데 드디어 마니교도들을 떠나기로 결심했습니다. 제 회의의 바로 그 시점에서도 몇몇 철학자들을 종파보다 앞세우던 참이었으므로 저로서는 저 종파에 눌러앉아 있어야겠다는 생각이 들지 않았습니다. 하지만 그 철학자들에게도 구원과 연관된, 그리스도의 이름이 결여되어 있었으므로[113] 그들에게

---

111) 이 책에도 누차 언급되지만(3.7.12; 6.3.4; 7.1.1) 교부가 유물론에서 빠져나와 영혼이나 하느님 같은 '영적 실체'가 존재한다는 신념을 갖기까지 그는, 현실주의자인 로마인답게 상당한 어려움을 느꼈다.
112) 키케로가 하는 말에 의하면, "그들[아카데미아학파]에게는 자기네 사상을 [비밀로] 숨기는 관습이 있었고, 노경에 이르기까지 자기들과 함께 산 사람이 아니면 자기네 사상을 공개하지 않는 것이 관례였다"(『아카데미아학파 반박』, 3.20.43).
113) 청년 시절 키케로의 『호르텐시우스』를 읽고서 철학에 전념코자 했을 때도 (이 책, 3.4.8) 요람에서부터 들었던 '그리스도의 이름'이 없음에 실망한 바 있었다.

제 영혼의 고뇌를 치유하는 일을 맡길 생각은 전혀 없었습니다. 그리하여 확실한 무엇이 비쳐서 저의 진로를 이끌어가게 되기까지는 당분간 부모가 저에게 권유해온 가톨릭교회의 예비신자로[114] 있기로 작정했습니다.[115]

---

114) 그는 어렸을 때 이미 '예비신자' 명단에 오른 바 있었고, 소년 시절 중병에 들어 급히 세례를 받으려 서두른 적도 있었으니(이 책, 1.11.17), 굳이 새로 예비자 등록을 않고, 과거의 신분을 그대로 유지하겠다는 뜻이다.
115) "현재까지 나로서는 그리스도의 권위로부터 결코 이탈하지 말아야겠다는 [생각이] 확고하다. 그보다 힘 있는 권위를 나는 발견하지 못하고 있다. [이성으로 말할 것 같으면] 가장 숭고한 이성으로 탐구해야 할 바를 임시적으로 플라톤학파에게서 찾아내야겠다는 생각을 품고 있다"(『아카데미아학파 반박』, 3.20.43).

제6권
나이 서른[*]

[*] 제6권은 아우구스티누스가 밀라노에 올라와
암브로시우스를 만나는 이야기(1,1-6,9),
평생을 함께할 친구들을 만나는 이야기(6,10-10,17),
그리고 여생 동안 철학에 전념하는 인생 설계를 두고
고민하는 일(11,18-16,26)로 꾸며져 있다.

1.1. 어머니가 아들 따라 밀라노에 당도하다

저의 젊은 시절부터 제 희망이신 분이여, 당신께서는 제 어디에 계셨고 어디로 물러가셨던 것입니까?[1] 당신께서 저를 만드시지 않으셨습니까? 저를 네 발 가진 짐승들로부터 구분해내시고 저를 하늘의 날짐승들보다 지혜롭게 만들지 않으셨습니까? 그럼에도 불구하고 저는 어둠 속과 살얼음판을 헤매면서 저의 바깥에서 당신을 찾았으니 제 마음의 하느님을 발견하지 못했습니다.[2] 깊은 바닷속으로 내려가 살펴도[3] 진리를 발견하지 못한 저는 불신과 절망에 빠졌습니다.[4] 그러는 동안 경건함이 막강한 어머니는 진작부터 저에게 와 있

---

1) 시편 71[70]:5 참조.
2) "밖으로 나가지 말라. 그대 자신 속으로 돌아가라. 인간 내면에 진리께서 거하신다"(『참된 종교』, 39.72).
3) 시편 68[67]:23("바다 깊은 곳에서 데려오리라")을 교부는 "나는 깊은 바다로 돌아서게 하리라"라고 읽고 또 해설한다. "이 세상 깊이 누워 있는 자들은 죄악의 무게로 가라앉은 자들이다"(『시편 상해』, 67.31).
4) 초기 대화(『행복한 삶』, 1.1-3)에서도 사상적 방황을 '바다 위의 표류'로 비

었으니 뭍으로 바다로 저를 뒤쫓아와 온갖 위험을 겪으면서도 늘 당신을 믿고서 안심했습니다. 험한 바다가 낯선 승객들이 당황할 때면 선원들한테서 위안을 받는 법인데 풍랑이 일 때에 온전히 당도하리라고 확신을 주면서 뱃사람들을 위로한 것은 되레 그이였습니다. 당신께서는 현시를 통해 그이에게 이 점을 보여주셨습니다.[5] 제가 진리를 탐색하는 일에 크게 절망해 위기에 빠져 있음도 어머니는 눈치챘습니다. 그리고 제가 마니교도임을 이미 그만두었다고, 그렇다고 제가 가톨릭 그리스도신자인 것은 아니라고 그이에게 넌지시 일러드려도 뜻밖의 소식을 들었다는 듯이 좋아서 펄쩍 뛰지도 않았습니다. 그이는 이미 제 가련한 그 부분에 대한 자신감을 갖고 있었기 때문입니다.

그이는 저를 이미 죽은 몸으로 생각하면서도 되살려 달라고 당신께 울고 불고 하던 중이었고, 생각으로는 관에다 저를 이고 가던 중이었습니다. 저 과부의 아들에게 당신께서 "젊은이야, 내가 너에게 말한다. 일어나라" 하고 말씀하시자 그가 일어나 앉아서 말을 하기 시작했고 당신께서는 그를 그의 어머니에게 돌려주신 것처럼 말입니다.[6] 그이는 제발 이루어주십사 울면서 날마다 당신께 하소연하던 바가 벌써 대부분 이루어졌다는 사실을 듣고서도 뛸 듯이 크게 기뻐하거나 동요하지 않았습니다. 제가 아직 진리를 얻지 못했으나 허위에서는 벗어났다는 사실을 듣고서도 그랬습니다. 오히려 당신께서 전부 다 약속하신 터여서 나머지 또한 당신께서 주시리라고 확신하

유한다.
5) 어머니 모니카의 이야기는 사도 바울로가 로마로 호송되다 키프로스섬에 난파하던 일화(사도행전 27:21-26)를 연상시킨다.
6) 예수가 나인이라는 동네에서 과부의 아들을 살린 기적(루가 7:11-17)을 말한다.

던 참이었는지[7] 그이는 아주 차분하고 자신만만한 심경으로 제게 대꾸했습니다. 그이가 이승을 하직하기 전에 제가 가톨릭신자가 되는 것을 그리스도께서 보게 해줄 것이라 믿는다는 말이었습니다. 그이가 저한테 한 말은 그랬습니다.

하지만 자비의 샘이신 당신께서는 전보다 더 진지한 기도와 눈물을 보면서 당신의 도우심을 서둘러달라고, 제 어둠을 비춰달라고 빌었습니다. 그이는 더 열심히 성당으로 달려갔고, 영원한 생명을 누리게 솟아나는 샘물로 가듯이 암브로시우스의 입에서 나오는 말에 심취했습니다. 그이는 그 사람을 하느님의 천사처럼 여겼으니[8] 제가 그동안 두 갈래 길에서 엉거주춤하다 끌려 들어온 것도 그 사람 덕분임을 알았던 까닭입니다. 어머니는 제가 그 고비를 통과하고 병에서 회복되어 건강해지리라고 확신했습니다. 그이는 제가 의사들이 위기라고 부르는 열이 확 오르는 심각한 위험을 거치기만 하면 된다고 자신 있게 믿고 있었습니다.

2.2. 모니카가 암브로시우스를 얼마나 경건하게 섬기고 그의 말을 잘 준행했는가

그이는 아프리카에서 으레 하던 대로 성자(聖者)들의 묘소에 죽과 빵과 포도주를 갖고 갔다가[9] 문지기한테 제지당한 일이 있었습니다.

---

[7] 어머니는 꿈에서 아들이 자기와 같은 잣대 위에 서 있는 모습을 본 적 있었다 (이 책, 3.11.19).
[8] 갈라디아 4:14 참조.
[9] 그리스도인들이 특히 아프리카에서 순교자 무덤에 꽃과 음식을 갖다 바치고 그곳에서 음복하던 풍습을 가리킨다.

그이는 주교가 그것을 금했음을 알고서는[10] 참으로 공손하게 순종하며 받아들였습니다. 그이가 그 금지를 두고 따지는 여자가 되지 않고 오히려 자기가 해오던 습속을 탓하는 여자로 그토록 쉽게 바뀌었다는 것에 저도 내심 놀랐습니다. 물론 술주정이 그이의 정신을 사로잡는 일도 없었고 술에 대한 애호가 진리에 대한 혐오로 그이를 몰고 가는 일도 없었습니다. 남녀 가릴 것 없이 금주라는 말만 들어도 외면하고, 술꾼들은 물 탄 음료만 보아도 메스꺼워하던 풍조에도 말입니다. 그이는 축일 잔치에 음식을 담아 바구니를 들고 갔는데, 자기 입천장을 적시고 남을 만큼의 작은 잔 이상으로 포도주를 헌작하지는 않았습니다(헌작하는 사람이 시음을 하고 나서 돌립니다).

그렇게 그이는 좋은 평판을 얻었으며, 같은 방식으로 예를 표해야 할 망자들의 기념경당[11]이 여러 군데일 경우에는 같은 잔 하나를 헌작했다가 다른 묘석에서도 돌리고는 했습니다. 그렇게 그 자리에 있는 교우들과 이미 물을 많이 타서 밍밍하기까지 한 포도주를 아주 조금씩 홀짝거리면서 나누었습니다. 그런 자리에서 그이가 도모하는 것은 경건한 신심이지 쾌락이 아니었습니다.[12]

저 고명한 설교가요 경건한 성직자한테서 그런 짓을 하지 말라는 명령이 내려지고, 한 모금씩 하던 사람들이나 취한 사람들에게도 술주정할 기회를 절대 주어서는 안 된다고 했다는 사실을 알아챈 이상, 더구나 그런 행사가 조상제(祖上祭)[13] 같아서 이교도들의 미신과 아주

---

10) 실제로 암브로시우스 주교가 이 문제를 거론하는 글(*De Helia et ieiunio*, 17. 62)이 전해진다.
11) 아우구스티누스 시대에는 순교자 기념소(memoriae martyrum)라고도 불렸다. 기념경당에서는 때로 성찬식도 거행되었다.
12) 어머니 모니카가 처녀 시절에 창고에서 포도주를 퍼오는 심부름을 하며 한두 모금 즐기다 하녀의 고자질로 들통난 일화가 이 책의 뒤에(9.8.18) 나온다.
13) parentalia: 로마인들이 2월(13-21일)에 지내던 축제로 화관과 예물을 묘소

유사하다고 하는 이상, 그이는 정말 기꺼이 그런 행사를 삼갔습니다. 뿐만 아니라 그이는 지상의 과일로 가득한 광주리 대신 정화의 서원誓願으로 가득한 가슴을 안고 순교자들의 경당에 가는 법을 배웠습니다. 그렇게 해서 그런 것에 쓰던 봉헌물을 빈궁한 이들에게 베풀기도 했고 그 자리에서 주님 몸의 동참[14]이 거행되기도 했습니다. 순교자들이야말로 바로 주님의 수난을 본받아 희생된, 승리의 화관을 쓴 사람들이었기 때문입니다.

그러나 저의 주 하느님, 제 마음이 보기에 암브로시우스처럼 좋아하던 인물이 아닌 다른 사람에 의해 그런 금령이 내려졌더라면, 저런 습속의 폐지에 대해서 저의 어머니가 그렇게 쉽게 물러서지 않았을 것입니다.[15] 저의 구원 때문에라도 그이는 그를 매우 좋아했고 그 역시 그이의 지극히 경건한 태도, 선행을 하면서 열성을 갖고 성당을 자주 찾던 태도 때문에 그이를 좋아했습니다. 그는 그런 어머니의 자식이 얼마나 못된 인간인지 모르고 제가 얼마나 훌륭한 어머니를 모시고 있는지 저를 볼 때마다 축하한다면서 그이에 대한 칭찬을 쏟아내곤 했습니다. 그때까지만 해도 저는 이 모든 일을 의심하면서 생명의 길을 발견할 수 있으리라고는 조금도 믿지 않고 있었습니다.

에 갖다 바치던 풍습이 있었다(오비디우스, *Fasti*, 2,533 sqq.).
14) 사도행전 2:42에서 성찬식을 "빵을 나누어 먹고 기도하는 일"이라고 표현한 데서 유래한다.
15) 아우구스티누스 역시 사제나 주교로서 여러 서간(*Epistolae*, 22; 29; 36 etc.)에서 신자들이 순교자 묘소에서 거행하는 이 관습에 대해 토론하고 동료 성직자들의 문의에 답변했다.

3.3. 암브로시우스는 놀라운 인물이었다

저는 여전히 당신께서 저를 도와주십사 기도로 애원하지 않았고, 제 영혼은 탐구에만 날을 세우고 토론에만 열을 냈습니다.[16] 저는 암브로시우스 같은 인물이 그 많은 세도가들로부터 존경받는다는 점에서 속세의 기준에서 복이 많은 사람이라고 여기고 있었습니다. 그러나 그의 독신생활만은 저에게 고통스러운 짐으로 보였습니다.[17] 그는 무슨 희망을 품고 있을까? 자신의 출중한 지위에서 오는 유혹에 맞서 무슨 싸움을 하고 있을까? 역경 안에 있을 때 무엇이 위로가 될까? 당신 성찬의 빵을 먹을 때 속에 숨겨져 있을 그의 입은 도대체 무슨 맛깔스러운 재미를 되새김질하고[18] 있을까? 이런 것들은 제가 상상할 줄도 몰랐고 겪어보지도 못한 것이었습니다. 그 역시 제 고민을 알 리 없었고 제 앞에 놓여 있던 위험한 구렁텅이도 눈치채지 못했습니다. 제가 원하는 바를 그에게 따져 물을 수도 없었습니다. 공무를 띤 사람들의 무리가(그는 그런 사람들의 곤경을 보살피는 중이었습니다) 그의 귀와 입에서 저를 멀찌감치 떼어놓았던 것입니다.

그런 사람들과 함께 있지 않을 때는(아주 짧은 시간뿐이었습니다만) 꼭 필요한 요기로 몸을 돌보거나 독서로 정신을 가다듬었습니다. 그가 책을 읽을 때에도 눈은 책갈피를 더듬어나가고 마음은 터득한 바

---

16) 암브로시우스 주교가 도저히 곁을 주지 않으므로 "제가 할 일은 탐구하는 것뿐이었고 … 제가 할 일은 기도하는 것뿐이었습니다"(*De utilitate credendi*, 8.20)라고 훗날 술회한다.
17) 조금 뒤(이 책, 6.12.22)에 실토하듯 벗 알리피우스는 "저희들끼리 토론을 할 적마다 독신생활을 수행하기는 절대로 불가능하다고 극력 주장하는 저[아우구스티누스]를 보고 이상하게 생각하는 것이었습니다"라고 생각했다.
18) "율법에 되새김질하지 않는 짐승은 부정하다고 했다. 지혜의 말씀을 기꺼이 듣고서도 그 말씀에 관해서 조금도 사색하지 않는 사람은 … 부정한 인간이라고 할 만하다"(*Contra Faustum*, 6.7).

를 되씹고 있었지만 목소리와 혀는 쉬고 있었습니다. 가끔 저희가 그를 찾아갔는데 그는 누구든지 들어오지 못하도록 하는 법도 없었고 또 누가 찾아왔다고 자기에게 알리게 하지도 않았습니다. 저는 그가 소리 없이 책을 묵독하고 있음을 보았고,[19] 그럴 때면 저희도 하릴없이 소리 내지 않고 한참동안 말없이 그냥 앉아 있다가 가만히 자리를 뜨곤 했습니다. 그처럼 정신을 집중하고 있는 사람을 누가 방해할 엄두가 나겠습니까? 그가 그 짧은 시간에 자기 머리를 회복하려고 애쓰는 중이려니 짐작했고, 다른 사람들의 사정에서 오는 소란에서 잠시 놓여나는 중이므로 다른 일에 마음을 쓰기 싫어하리라 짐작했습니다.

  책을 묵독하는 이유는 책 읽는 소리를 호기심 많은 누군가가 주의 깊게 듣다가 끼어들지 않게 하기 위함이라고 생각했습니다. 그렇게 되면 정작 책을 읽던 당사자가 모호한 대목을 설명해야 할 필요가 있지 않을까, 아니면 더 어려운 어떤 문제점들을 두고 토론할 필요가 생기지 않을까, 그런 일에 시간을 뺏기느라 두루마리에서 자기가 마음 먹은 분량을 다 읽지 못하게 되지 않을까 염려해 그러고 있는 것으로 짐작했습니다. 더구나 그의 목은 걸핏하면 쉬곤 했으므로 목소리를 간수하기 위해 묵독을 하는 편이 더 그럴듯해보였습니다. 무슨 생각으로 그랬든지 간에, 그 인물로서는 좋은 뜻에서 그랬습니다.

---

19) 고대인들은 소리 내어 책을 낭독했으므로 눈으로 하는 묵독은 아우구스티누스에게 낯설었다. 그러나 후에 그리스도교 수도생활에서는 이것이 관습으로 정착된다.

3.4. 가톨릭신자들은 하느님이 인간 신체의 형태에 국한되신다고 믿지 않는다

어떻든 확실한 것은, 그의 마음에서 당신의 거룩한 신탁이라고 부를 만한 것을 충분히 캐물을 기회가 저에게 결코 주어지지 않았다는 점입니다. 그저 귀담아들을 만한 간단한 언질을 얻는 데 그쳤습니다. 제 고민을 그에게 털어놓기 위해서는 그가 무척 한가해야 하는데 그는 좀처럼 그런 여유가 있어보이지 않았습니다.[20] 저는 그저 백성 가운데서 진리의 말씀을 올바르게 전하는 그의 말씀을 주일마다 듣던 중이었고 그러다 보니 저희네 저 사기꾼들이 성경에다 뒤집어 씌워오던 귀 익은, 모함에서 오는 저 모든 매듭이 풀릴 수도 있겠다는 신념이 차츰 굳어졌습니다.[21] 당신께서 가톨릭이라는 모체에서 은총으로 재생시키신 당신의 영적 자녀들이 믿는 것, 곧 사람이 당신에 의해서 당신의 모상으로 만들어졌다는 말을[22] 곧이곧대로 알아듣지 않는다는 사실도 그때 발견했습니다.

즉 사람이 하느님의 모상이라고 해서 당신께서 인간 신체의 형태에 의해서 제한을 받고 있는 것이 아니며 그렇게 생각지도 않는다는 점입니다. 저로서도 영적 실체[23]라는 것이 어떻게 생겼는지 확연하

---

20) 아우구스티누스의 성격으로 보면 의외이지만, "암브로시우스에게 서면으로 저의 지나간 방황을 넌지시 알리고 현재의 결심을 전했습니다. 그리고 … 당신의 성경 가운데 어느 부분을 먼저 읽으면 좋을지 조언해달라고 했습니다. 그러자 그는 저에게 이사야 예언자를 읽어보라고 조언했습니다"(이 책, 9.5.13).
21) 특히 구약성경에 기록된 선조들의 몇몇 관습적 행동이나 창세기를 마니교가 비웃고 공격하던 일이 잘못된 해석임을 깨달으면서 마니교 지도자들을 사기꾼이라고 욕하기에 이르렀다.
22) 창세기 1:26-27 참조.
23) 마니교의 유물론 때문에 '영적 실체'라는 개념을 확립하지 못했던 과거를 상기한다.

게 알지 못하고 어렴풋이 추측할 따름이었지만, 제가 그 여러 해를 두고 짖어댄 것이 가톨릭 신앙을 상대로 한 것이 아니고 실상 육적인 상상의 허깨비를 상대로 했음이 한편으로는 부끄러우면서도 한편으로는 기뻤습니다. 제가 묻고 배워야 마땅할 것을 무작정 헐뜯으며 떠들어댔으니[24] 저는 그만큼 무모하고 불경스러운 인간이었습니다.

더없이 높으시면서 더없이 가까우신 분이시여, 더없이 내밀하시면서 더없이 드러나시는 분이시여, 어떤 지체는 더 크고 어떤 지체는 더 작거나 하는 일이 당신께는 없고,[25] 어디에나 전체로 계시면서도 어느 공간에도 아니 계십니다. 물론 당신께서는 저런 육체적 형상이 아니면서도 인간을 당신 모상대로 만드셨습니다.[26] 보십시오, 사람은 머리끝에서 발끝까지 공간 속에 존재합니다.

4.5. 하느님의 유일무이한 교회의 건실한 가르침이 아우구스티누스에게 사실을 밝혀주었다

사람이 어떻게 해서 당신의 모상으로 존속하는지 모르고 있던 때

---

24) "사람이 하느님의 모상"이라는 그리스도교 교리를 자구적이고 물체적으로만 이해하던 마니교는 그렇다면 '신체적 인간의 원형'인 하느님을 인간 신체로 상상해야 하고 이것이야말로 하느님을 의인법으로 표상하는 우행이라고 공격했다.
25) "하느님이 공간에 의해서 연장되거나 확산되거나 유한하거나 무한하거나 한 분이 아님을 배운다면, 어느 부분으로는 크고 어느 부분으로는 작고 하지 않으심을 알게 된다"(*Epistolae*, 118.4.23).
26) "가톨릭 교리에서 영적인 신자들은 하느님이 신체 형태로 한정되는 분이라고 믿지 않으며 사람은, 내적 인간에 따라서, 하느님의 모상이라고 한다"(『마니교도 반박 창세기 해설』, 1.17.28).

였으니 저로서는 어떻게 그것을 믿어야 할지 두드려 보고 설명하려고 했어야지, 이런 식으로 믿겠지 하면서 헐뜯고 공격할 것은 아니었습니다. 확실한 무엇을 파악해야겠다는 투철한 노파심이 되레 저의 속을 좀먹어서, 그토록 오래 그토록 많은 불확실한 사안들을 마치 확실한 것처럼 지껄여댄 일이 무척이나 부끄러웠습니다. 확실한 것을 포착할 수 있다는 마니교의 약속에 속아 넘어가고 유치한 오류와 객기에 젖어서 그랬습니다. 그런 것들이 허위였음이 후일 제게 분명해졌습니다.27) 한때 저에게 확실한 것으로 여겨지던 것들이 불확실하다는 그 한 가지만은 확실했습니다. 저는 맹목적으로 시비를 걸며 당신의 가톨릭을28) 공격했는데, 그 교회가 진리를 가르친다는 것이 당시의 제게 확연하게 드러나지는 않았다 하더라도, 적어도 제가 혹심하게 비난하던 그런 내용을 가르치고 있지 않음은 확실했습니다. 그래서 저는 당황했고, 마음을 고쳐먹었고, 그리고 은근히 기뻤습니다.

저의 하느님, 당신 외아드님의 몸인 유일한 교회,29) 젖먹이 때 그리스도의 이름이 처음으로 제게 새겨진 그 몸이라면, 만물의 창조주이신 당신이 장소라는 공간에 제한되어 계신다고 주장하지 않았을 것입니다. 그런 교회라면 제아무리 크고 넓다 하더라도 장소라는 공간에, 당신께서 마치 인간 지체의 형태에 의해서 한정되신다는 유치한 객설을 새겨들을 리도 없고 그 건전한 가르침에 포함시킬 리도 없음을 알고 저는 기뻤습니다.

---

27) "하느님에 관해 사유할 때, 그분이 전혀 물체의 존재가 아니라고 생각해야 함을 각성했습니다. 영혼에 관해서도 마찬가지였습니다. 영혼은 사물 가운데 유일하게 하느님과 가까운 것이기 때문입니다"(『행복한 삶』, 1.4).
28) 도나투스나 아리우스 등의 이단과 구별된 정통신앙을 보편 교회(ecclesia catholica)라고 통칭하던 관습을 따르고 있다.
29) 에페소 1:23 참조("교회는 그리스도의 몸이며 만물을 완성하시는 분의 계획이 그 안에서 완전히 이루어집니다").

4.6. 암브로시우스가 성경의 영적 이해를
아우구스티누스에게 가르치다

더구나 율법과 예언자들의 옛 기록이 그런 눈으로 읽혀서는 안 된다는 설명이 이미 나와 있음을 보고서도 기뻤습니다. 제가 전에 구약을 두고 당신의 성도들도 그렇게 알아듣겠거니 시비를 걸 때는 자가당착으로 보이던 것들이 실제로 그렇게 이해되고 있지 않았던 것입니다. 암브로시우스는 자기가 하는 대중 설교에서 종종 *"문자는 사람을 죽이고 성령은 사람을 살립니다"* 라는 구절을 무슨 규범인 양 간곡히 가르치곤 했는데 저는 암브로시우스의 그 말을 기꺼이 귀담아 들었습니다.[30] 자구(字句)대로 하면 마치 전도된 것을 가르치는 것처럼 보이는 구절들을 그가 신비의 휘장을 벗겨서 영적으로 풀어줄 때면, 그 구절들은 더 이상[31] 제 귀에 거슬리는 말이 아니었습니다. 그가 말하는 내용이 과연 진리인지 아직 모르던 참에도 그랬습니다.

그 당시 저는 섣부를까 두려워 일체의 동의에서 마음을 유보하고 있었지만 그 판단 유보[32] 때문에 더욱 죽을 지경이었습니다. 눈으로 보지 못하는 것들도 일곱에 셋을 더하면 열이라고 확실해지는 만큼 명확해지기를 저는 바랐던 것입니다. 그렇다고 일곱 더하기 셋이 열이라는 이 사실마저 확실한 진리로서 포착될 수 없다고 생각할 만큼

---

30) 2고린토 3:5-6 참조("하느님께서 우리에게 그런 자격을 주셔서 우리로 하여금 당신의 새로운 계약을 이행하게 하셨을 따름입니다. 이 계약은 문자가 아니라 성령으로 된 것입니다. 문자는 사람을 죽이고 성령은 사람을 살립니다").
31) "비유와 은유의 덮개가 치워지고 진리가 눈에 보이게 노출될 때 너울이 제기된다"(『마니교도 반박 창세기 해설』, 1,22,33).
32) suspendium: 신아카데미아의 판단유보 ἐποχή를 라틴어 suspensio라고 옮겼다. 진리를 확실하게 파악할 수 없으므로 모든 명제 앞에 진위 판단이나 동의를 유보하는 것이 현자의 태도라는 주장이었다.

미치지는 않았었습니다.[33] 단지 제 감관 앞에 현전하지 않는 물체적 사물이든 심지어 영적 사물이든(저는 그것마저 물리적으로밖에 생각할 줄 몰랐습니다) 그밖의 모든 것이 일곱 더하기 셋이 열이라는 사실만큼 확실하기를 욕심냈던 것입니다. 믿음으로 제가 나을 수도 있었고, 그래서 제 지성의 정곡正鵠[34]이 정화되어 어떻게라도 당신의 진리를 향해서 나아갈 수도 있었을 텐데 말입니다.

당신의 진리는 항상 존속하며 어느 모로도 다하지 않습니다. 흔히 그렇지만 못된 의사에게 당하고 나면 용한 의사마저 두려워하게 되는 법인데, 제 영혼의 상태도 그러했습니다. 믿지 않으면 나을 방법이 없는데도 저는 거짓을 믿지 않겠다는 핑계로 치료를 마다하며 당신 손길에 저항하고 있었습니다. 당신께서 손수 믿음의 치료약을 조제하시고, 온 세상의 질병에다 그 약을 뿌리시며, 그 치료법에 크나큰 권위를 부여하셨음에도 불구하고 말입니다.[35]

5.7. 서서히 또 미미하게나마 믿음이 자라다

그러는 사이에 저는 이미 가톨릭 교리에 우선을 두기 시작했으며,

---

33) 극단적 회의론자들은 "셋 더하기 일곱은 열"도 자명한 명제가 아니고 실생활에서 통하는 개연성 있는 명제에 불과하다는 유보적 판단을 내렸다. "일곱 더하기 셋은 열이고, 지금만 그런 것이 아니라 항상 그러하며, [과거에] 일곱 더하기 셋이 열이 아니던 때가 결코 없었고 [미래에] 일곱 더하기 셋이 열이 아니던 때가 결코 없을 것이다"(『자유의지론』, 2.8.21).
34) acies mentis: 아우구스티누스 인식론에서는 오성(悟性)과 동의어다. 진리를 관조하고 사물에서 진선미와 확실성을 판단하는 능력을 말한다.
35) 만사를 합리적으로 해설해주겠다는 마니교에 떨어져 방황했으나 결국 이성 못지않게 신앙이 진리 발견에 중요함을 의식하면서 신앙을 "믿음의 치료약"이라고 일컫는다.

증명되지 않는 것을 믿으라고 명령하는 일이 무척 온건하고 조금도 기만하는 데가 없다고 느끼기에 이르렀습니다.36) 그것이 무엇인지 증명할 만하지만 혹시 모두에게는 그렇지 않을 수도 있거나, 그런 것이 전혀 아닌 것을 믿으라고 할 경우 말입니다. 그런데 저기서는 지식이라는 것을 스스로 약속하고서 믿음을 비웃었는데도, 나중에 알고 보니 그들은 자기들이 입증하지 못하니까 극히 황당무계하고 극히 불합리한 그 많은 것들을 믿어야 한다고 명령하는 것이었습니다.

그런데 주님, 당신께서는 아주 부드럽고 자비로운 손길로 제 마음을 어루만지고 가라앉히면서 차분하게 만드셨습니다.37) 제가 보지도 못했고 그 사건이 일어날 때 제가 그 자리에 있지도 않았던 무수한 일, 민족들의 역사에서 일어난 그 많은 일, 제가 본 적이 없는 그 많은 장소와 도회지들에 관한 일, 지인들에게서 듣는 그 많은 일, 의원들에게서 듣는 그 많은 일, 이러저러한 타인들에게서 듣는 그 많은 일을 제가 그냥 믿고 있다는 사실, 만약 그것들을 믿지 않는다면 현세에서 저희는 아무것도 하지 못하리라는 사실을 헤아리게 하셨습니다.

끝으로, 제가 어느 부모한테서 태어났는지 역시 흔들리지 않는 믿음으로 얼마나 단단히 붙들고 있는지 모릅니다. 그것도 제가 누구한테 듣지 않았다면 결코 알 수 없었던 일입니다.38) 또 당신께서는 당신의 경전들을 두고 저를 타이르시며, 당신의 그 경전을 믿는 사람들을

---

36) "아직 이해할 수 없는 상위의 진리를 두고는 믿음이 이성을 선행한다는 것도 합리적입니다. 그리고 사람을 설득하는 이성의 어떤 동기를 보더라도 반드시 믿음이 선행합니다"(*Epistolae*, 120,1,3).
37) 만사를 합리적으로 설명하겠다고 약속했다가 다음에는 무조건 믿으라고 강박하는 마니교보다는 먼저 믿으면 차츰 이해가 간다고 설득하는 입장이 더 신빙성 있게 보였다.
38) 인간의 거의 모든 지식이 사실 일방적인 믿음을 선결요건으로 하고 있음을 누누이 역설한다.

탓할 일이 아니고 안 믿는 사람들에게 탓을 물어야 한다고 하십니다. 당신의 경전들에 대단한 권위를 부여해 거의 모든 민족들에게 당신의 뜻을 펴오셨기 때문입니다. 또 당신은 사람들이 제게 따지면서 "저 책들이 유일하고 참되고 참말을 하시는 하느님의 영에 의해서 인류에게 제공되었음을 무엇으로 아는가?"라고 하더라도 귀담아 듣지 말라고 하십니다. 그 말씀이야말로 제일로 믿어야 마땅합니다.[39] 견해가 달라 서로 다투는 철학자들의 많은 책에서 많은 것을 제가 읽었지만, 다음 한 가지 사실만은 아무리 믿지 말라고 해도 한시도 저를 돌려세우지 못했습니다. 곧 당신이 누구신지를 제가 모르더라도 당신이 존재하신다는 사실, 또 인간사의 주관이 당신께 속한다는 사실 말입니다. 중상모략에 가까운 문제제기들 가운데 제아무리 호전적인 공격마저도[40] 이 한 가지 사실을 믿지 못하게 저를 돌려세우지는 못했습니다.

5.8 이 점은 저도 믿어왔습니다. 때로는 더 굳건하게 때로는 더 미진하게 믿기는 했지만 당신이 존재하심도 늘 믿었고, 저희를 보살피고 계심도 늘 믿어왔습니다. 당신의 실체에 대해서 어떻게 생각해야 할지 몰랐고, 어느 길이 당신께 이르고 당신께 되돌아가는지 모르기는 했지만 말입니다. 저희가 순수한 이성만으로 진리를 발견하기에는 나약했고,[41] 그렇기 때문에 성경의 권위가 필요했습니다. 그로써

---

39) 눈에 보이는 사물에 대한 지식도 대부분 믿음에 토대하는데 눈에 보이지 않는 사물들이야 더욱 신적 권위에 대한 믿음에 근거할 수밖에 없지 않느냐는 결론이다.
40) 진리 추구에 핵심적인 과제들이, 만사를 이성적으로 해명한다는 철학자들의 엄청난 의견대립을 조장한다는 사실(키케로, *De natura deorum*, 1.1.2-3)로 미루어 각자의 철학적 신념도 결국 '믿음'에 해당한다.
41) "지식이라는 것이 드물게 그것도 소수에게만 도달하는 현상이 생깁니다. …

당신을 믿고 당신을 찾아내기를 당신이 바라지 않으셨다면, 온 세상에 두루 미치는 그토록 뛰어난 권위를 성경에 부여하지 않았으리라 믿기 시작했습니다.[42]

그 경전에서 제 귀에 거슬리던 부조리는 경전에 나오는 많은 내용들을 통해 개연성 있게 해설되었고, 저는 이러한 이야기를 들으면서 그 내용을 심오한 비의^{秘義}[43]와 연결시키기에 이르렀습니다. 그리고 성경의 저 권위가 제 눈에도 외경스러워 보였고 거룩한 신앙으로 받들기에 아주 마땅해 보였습니다. 당장 모든 사람에게 읽히면서도 보다 이해력을 가진 지성에게 기품 있는 그 비밀은 유보되어 있을 법합니다. 아주 평이한 단어와 아주 수수한 문체로[44] 되어 있어서 누구에게나 열려 있으면서도 마음이 가볍지 않은 사람들에게는 정신훈련을 요합니다. 그래서 성경은 그 대중적인 품에다 모든 이를 안아들이면서도 좁다란 틈바구니로 소수를 당신께 끌어당기는 책입니다. 하지만 그 소수라도 수가 아주 많은 편입니다. 성경의 권위가 그 정상이 그토록 높다는 점에서도, 또 그 성스러운 겸손의 품으로 많은 무리를 빨아들이지 않는다는 점에서도 하는 말입니다.

제가 이런 점들을 놓고 헤아리고 있을 때 당신께서는 제 곁에 바짝 붙어 계셨고, 제가 한숨만 지을 때 귀를 기울여주셨으며, 물결에 마냥 휩쓸리고 있을 때 키를 잡아주셨고, 속세의 드넓은 길을 가고

따라서 온갖 덕목의 노를 꼭 붙들어야 할 뿐만 아니라 신적인 보우를 애원해야 합니다"(『아카데미아학파 반박』, 2.1.1).
42) "영혼의 치료는 … 권위와 이성으로 나타난다. 권위는 신앙을 요구하고 인간을 이성의 사용으로 준비시킨다. 이성은 이해와 인식으로 유도한다"(『참된 종교』, 24.45).
43) 아우구스티누스는 그리스어 μυστήριον의 번역어로 '그리스도교' 자체도, '성경'도, 구체적인 '성사'도 사용한다.
44) 초년기에는 바로 이 점이 눈에 거슬려 성경을 덮어버렸지만(이 책, 3.5.9 참조), 이 시기에 이르러 성경 언어의 대중성을 납득했다.

있을 때 당신께서는 저를 저버리지 않으셨습니다.

8.9. 어느 걸인의 차분한 기쁨과
아우구스티누스의 불행과 비교하다

저는 명성과 이윤과 결혼을 욕심내고 있었는데 당신은 비웃고 계셨습니다. 그런 욕구들 때문에 저는 쓰라린 곤경을 치르곤 했으니 그러한 곤경을 통해 제가 당신 아닌 다른 것에 만족하게 내버려두지 않으시려는 당신은 호의를 많이 베푸시는 셈이었습니다. 주님, 제 마음을 굽어보십시오. 죽음의 저 진득한 끈끈이에서 당신께서 꺼내주신 저의 영혼을 이제 당신께 매달리게 해주십시오. 얼마나 가련한 영혼이었습니까? 당신께서는 상처 감각을 후벼내시어 모든 것을 팽개치고 당신께 돌아서게 하셨습니다. 당신은 만물 위에 계시고 당신 없이는 저 모두가 아무것도 아니므로 돌아서서 나으라고 하셨습니다. 그러니 저는 얼마나 가련했으며 당신께서는 어떻게 하셨습니까? 제게 제 가련함을 깨닫게 하시려고, 하필 황제에게 낭송할 축사를 준비하고 있던 바로 그날[45] 당신께서 어떻게 하셨습니까? 축사라면 저로서도 으레 숱한 거짓말을 하게 마련입니다. 그래서 거짓말하는 자가 거짓말임을 뻔히 아는 사람들에게서 갈채를 받을 참이었습니다.

제 마음은 그 걱정에 골몰하고 사람을 망치는 생각을 짜내는 일에 몰두한 채 밀라노 어느 골목을 지나가고 있었습니다. 그러다 가난한

---

45) 아우구스티누스는 황실 수사학 교수의 자격으로 385년 정월 초하루 집정관 바우토 앞에서 신년사를 한 일(*Contra litteras Petiliani donatistae*, 3,25,30) 외에도, 385년 11월 22일, 발렌티누스 2세의 황제 등극 10주년을 축하하는 송덕문(頌德文)을 발표해야 했다.

비렁뱅이를 하나 눈여겨보게 되었습니다. 제 눈에는 배가 불러서 장난하며 시시덕거리는 것으로 보였습니다. 저는 한숨을 쉬고서 저와 함께 있던 친구들에게 이렇게 말했습니다. 이렇게 우리는 여태 쏟아부은 그 모든 노력을 다하고서도 우리의 어리석음에서 오는 많은 고통을 겪고 있다고, 탐욕의 송곳에 찔려가면서 우리 불행의 짐짝을 끌고 가는 중인데 끌면 끌수록 그 짐은 더 무거워질 따름이라고, 그런 행동을 통해 확고한 기쁨에 도달하고 싶은 것 외에는 우리가 바라는 바가 아무것도 없다고, 그런 점에서는 아마도 저 거지가 우리를 앞질렀다고, 그리고 우리는 아마 저런 기쁨에 결코 도달하지 못할 것 같다고 했습니다. 저 사람은 구걸해서 얻은 보잘것없는 동전 몇 닢으로 기쁨을 벌써 획득했는데, 나는 그것을 얻자고 그토록 마음고생을 하며 구불구불하고도 뱅뱅 도는 험로를 싸돌아다니고 있다고, 그것도 다름 아닌 현세에서 행복의 기쁨을 얻자고 그런다고 고백했습니다. 물론 저자가 참된 기쁨을 지닌 것은 아니지만 저 역시 그보다 훨씬 거짓된 욕망들을 찾고 있다는 말도 했습니다.

여하튼 그때 그 사람은 분명히 즐거워하고 있었고 저는 근심에 사로잡혀 있었으며, 그는 태평한데 저는 안절부절못하고 있었습니다. 누가 저에게 좋아서 날뛰는 일과 겁나서 전전긍긍하는 일 중 어느 편을 더 좋아하느냐고 물었다면 저는 '좋아 날뛰기'라고 답했을 것입니다. 물론 그 당시 그 거지의 신세가 되는 편이 더 좋은가,[46] 그 당시 제가 놓여 있던 처지가 더 좋은가 물어왔다면 비록 근심걱정과 두려움에 시달리면서도 제 처지를 골랐을 것입니다.

그러나 그것이 비뚤어진 데서 오는 선택이지, 어디 진리에서 비롯한 것이겠습니까? 제가 그보다 박식하다고 해서 그 사람보다 저 자신

---

[46] 마니교는 거지에게 자선을 하지 말도록 가르친다고 교부에게 비난을 받기도 했다(*De moribus ecclesiae catholicae*, 2.15.36).

이 더 낫다고 생각하지 말아야 했습니다. 박식하다는 사실로 제가 즐겁지도 않았던 까닭이요, 그것으로 단지 사람들 마음에 드는 법을 모색했을 뿐이기 때문입니다. 사람들을 가르치려는 것이 아니라 그냥 사람들 마음에 들고자 그랬습니다.[47] 바로 그래서 당신께서는 당신 규율의 막대기로 저의 뼈를 분질러놓으셨습니다.[48]

6.10 저런 일을 두고 "누구든지 즐기는 게 있는 법이다. 저 거지는 술 한 잔을 즐기고 있었고 그대는 영광을 즐기고 싶어 욕심내던 차였다"라고 말하는 사람들이 있다면, 저의 영혼은 그런 사람들을 멀리해야[49] 마땅합니다. 주님, 대체 무슨 영광을 제가 즐긴다는 말입니까? 당신 안에서 자랑할 영광이 아닌데 말입니다. 저 술주정이 참된 즐거움이 아니었듯이 저 출세도 참된 영광이 아니니 저의 정신만 더욱 어지럽혔을 뿐입니다. 저 거지의 취기는 바로 그날 밤이면 깰 터였지만 저는 제 취기에 자다가 깨기를 반복했고, 두고두고 자다가 깨다가 할 참이었습니다. 그것이 얼마나 숱한 나날이었는지 보십시오! 누구나 즐기는 게 있다지만 신앙의 희망에서 오는 즐거움과 저런 헛됨에서 오는 즐거움은 비교할 수 없을 정도로 거리가 멉니다.

하여튼 그때도 저희 사이에는 거리가 있었습니다. 분명히 그 거지

---

[47] "송덕문이나 이와 유사한 언어에 능란한 사람들이라면 듣는 이가 무엇을 배워야 한다거나 무슨 행동을 하도록 움직일 필요성은 없고 청중이 단지 자기의 달변을 감상하는 것으로 족하고…"(『그리스도교 교양』, 4,25,55).

[48] 시편 23[22]:4("제가 비록 어둠의 골짜기를 간다 하여도… 당신의 막대와 지팡이가 저에게 위안을 줍니다")과 시편 42[41]:11("제 뼈들이 으스러지도록 저를 모욕합니다") 두 구절을 합쳐 자기에게 닥친 사상적 방황이 하느님의 매질이었음을 표현한다.

[49] 예레미야 6:8 참조("예루살렘아, 소박맞기 싫거든 내가 타이르는 말을 들어라. 듣지 않는다면 쑥밭으로 만들어놓으리라. 사람 없는 땅으로 만들어놓으리라").

가 훨씬 행복했습니다. 제가 갖가지 일로 노심초사하며 애를 태우는 동안 그는 기분 좋게 늘어져 있었을 뿐만 아니라, 그자는 축원을 해주며 포도주라도 얻어먹는 중이었지만 저는 거짓말을 하며 염병[50]을 애걸하는 중이었습니다. 그 무렵 저는 이런 생각을 두고 제 친지들과 많은 말을 나눴고, 그런 정황에 처한 제 신세가 과연 어떤 것인가 헤아려보곤 했으며, 제 처지가 잘못되었음을 발견했고 그것 때문에 괴로워했고 괴롭다 보니 그 악이 더 커지곤 했습니다. 때로 일종의 순경順境이 저에게 미소를 던졌지만 권태로 인해서 붙잡을 의욕이 생기지 않았습니다. 붙들까 말까 겨우 고민하는 순간에 훌쩍 날아가버렸기 때문입니다.

7.11. 알리피우스는 아우구스티누스 얘기를 선생님 말씀처럼 귀담아듣고 사랑했다

이러한 신세를 두고 친구로서 함께 살던 사람들과 한탄을 했습니다. 저는 특히 알리피우스[51]와 네브리디우스[52]와 이런 문제에 대해 각별히 속을 터놓고 얘기를 나누곤 했습니다. 알리피우스는 제가 태어난 곳과 같은 자치도시[53] 출신으로 부모는 그 도시의 유지였고 나

---

50) *typhus*(*tyfus*)는 '허풍'과 '염병'을 동시에 의미한다.
51) Alypius(354-430): 아우구스티누스 생전의 가장 친한 친구. 그의 문하에 들어와 모든 정신적 방황을 함께했고 그리스도신자가 되어 타가스테의 주교가 되었다(394년).
52) Nebridius: 카르타고 근교 출신으로 아우구스티누스의 정신적 방황과 그리스도교 입교를 함께했으나 그를 따라 아프리카에 귀향한 뒤 머지않아 사망한다(391년).
53) municipium: 공화정 시대에는 로마 식민지 거주자들에게 로마 시민권이 부여되었다. 그들은 참정권은 없었지만 자치권은 허용받았다.

이는 저보다 아래였습니다. 제가 고향에서 가르치기 시작할 때 제 곁에서 공부했고,[54] 후에 카르타고에서도 그랬습니다. 그에게는 제가 선하고 박식하게 보였는지 저를 무척 좋아했고, 저로서는 나이가 많지 않음에도 출중하고 큰 덕성을 갖춘 그를 좋아했습니다.

그런데 시시껄렁한 구경거리에다 열을 올리는 카르타고인들의 습성이 소용돌이처럼 그를 빨아들여 그도 극장 경기에 열광하게 되었습니다. 그가 가련할 정도로 그 짓에 빠져들어 있을 무렵, 저는 공립학교 교사로서 수사학을 가르치고 있었는데 아직은 그가 저를 선생으로 삼고 강의를 듣고 있지는 않았습니다. 아마도 저와 그의 아버지 사이에 생긴 어떤 알력 때문이었을 것입니다. 저는 그가 해로울 만큼 극장을 좋아한다는 것을 눈치챘고 심히 걱정스러웠으며, 그 일로 커다란 꿈을 접게 되리라고, 아니 벌써 접었을지도 모른다고 생각했습니다. 그럼에도 그에게 충고할 방도도 없었고, 친분에서 오는 우의라든가 교직의 권위에서 오는 힘으로 다른 강압적인 수단을 써서 개심하게 할 힘도 전혀 없었습니다. 저는 그 역시 저에 관해서는 자기 아버지와 생각이 같겠거니 했는데 사실은 그렇지 않았습니다. 그래서인지 그 건을 두고는 아버지의 의사를 무시한 채로 저에게 인사를 건네기 시작했고 저의 강의실에 들러 뭔가 듣다 가기도 했습니다.

7.12 어떻게든 황당한 오락에 맹목적이고 지각없이 열성을 쏟던 그의 그토록 좋은 재능을 망치지 않도록 손을 써야겠다던 생각이 웬일인지 저의 기억에서 지워져버렸습니다. 그러나 주님, 만물을 창조하시고 다스리시는 당신은 그가 장차 당신 자녀들 가운데서 당신의

---

54) 아우구스티누스는 타가스테에서 문법 교사를 했고 카르타고에서 유학한 후에는 수사학 교사로 활동했다(376년).

성사를 집전하는 주교가 될 것임을 잊지 않으셨습니다.[55] 그래서 당신께서는 저도 모르는 새에 저를 통해서 그가 바로잡히게 손을 쓰심으로써 그 일이 분명히 당신의 공덕으로 돌아가게 하셨습니다.

어느 날 제가 평소처럼 학생들 앞에 앉아 학생들을 가르치고 있는데 그가 들어와서 저에게 인사를 하고는 자리에 앉아서 진행 중이던 강의에 귀를 기울였습니다. 우연인지 그때 저는 들고 있던 책의 한 구절을 강독하려던 참이었고, 극장의 비유를 사용하는 것이 적절하겠다 싶었습니다. 그런 광기에 사로잡힌 사람들을 날카롭게 꼬집고 비웃어줌으로써 제가 의도하던 바가 더 재미있고 더 분명하게 전달되리라는 생각이 들었던 것입니다. 그 당시로서는 제가 알리피우스를 그 역병에서 치료해내겠다는 생각을 한 것이 아님을 저희 하느님, 당신께서는 아십니다. 그렇지만 그는 바로 알아챘으며, 자기에게 대놓고 하는 말이 아니면 제가 그런 말을 하지 않았으리라고 믿었습니다. 다른 사람 같으면 저를 못마땅하게 여겼을 법한데도 그 솔직한 젊은이는 되레 자기 자신은 아니꼽게 여길 만한 사람으로, 저는 더 진지하게 사랑할 만한 사람으로 받아들이기에 이르렀습니다.

당신께서는 예전에 "지혜로운 이를 나무라라. 그가 너를 사랑하게 되리라"[56]라고 일찍이 말씀하셨고 그 말씀을 당신 성경에 엮어 넣으셨습니다. 하지만 사실 제가 그를 바로잡아준 것은 아니었으며 본인

---

55) 논적 율리아누스가 430년의 저서에서 "당신 동료 알리피우스가 여자들과 염문을 퍼뜨리면서 그 많은 짐꾼들이며 그 많은 수행원들을 거느리고 얼마 전에 아프리카 전역에서 징발한 80필이 넘는 말에다 짐을 가득 싣고 갔다는군요"라는 중상모략을 퍼뜨릴 때 그를 변호함으로써 알리피우스가 타가스테 주교(누미디아 지역의 수좌주교)로 생존해 있음을 보여준다(*Contra Iulianum opus imperfectum*, 1.42).
56) 잠언 9:8 참조("거만한 자는 책망하지 마라. 오히려 미움을 산다. 지혜로운 사람은 책망하여라. 그는 책망을 고마워한다").

이 알든 모르든 모든 사람을 쓰셔서 당신께서 바로잡으셨습니다. 당신께서 알고 계시는 순서에 따라서(그리고 그 순서는 정의롭습니다) 제 마음과 혀에 뜨거운 숯불을 일으키셨고 그 숯불로 장래가 촉망되면서도 썩어가던 한 지성을 달구어 낫게 하셨습니다.[57]

당신의 자비를 헤아리지 않는 자라면 당신께 드리는 찬미에도 입을 다물어야 할 것이니, 저는 저의 골수에서 우러나는 찬미로 당신께 고백을 드립니다. 왜냐하면 그 말을 들은 후 알리피우스가 야릇한 쾌락에 눈멀어 스스로 뛰어들었던 구렁텅이에서 몸을 빼냈기 때문입니다. 그리고 굳건한 자제심으로 정신을 다잡았으며, 극장 경기의 온갖 오물을 자기 정신에서 떨쳐내버리더니 거기에 발을 들이지 않았습니다.

그러고서 그는 마뜩잖아하는 아버지를 설득해 저를 선생으로 모시기로 했습니다. 아버지는 결국 물러서서 승낙했습니다.[58] 그런데 제 강의를 듣기 시작하면서 그는 저와 함께 그만 저 미신에 말려들었습니다. 그는 마니교도들이 표방하는 금욕을 좋아했는데, 그것이 순수하고 본연적인 금욕이라고 여긴 까닭입니다. 하지만 그 금욕은 광적이고 기만적인 것이었습니다. 그 금욕은 귀중한 영혼들을 사로잡는데, 덕성의 드높은 경지에 닿는 법을 알지 못하는 영혼들, 겉모습에 속기 쉬운 영혼들, 허구적이고 위장된 덕성의 겉모습에 속기 쉬운 영

---

57) 이사야 6:6-7 참조("그러자 스랍들 가운데 하나가 제단에서 뜨거운 돌을 불집게로 집어가지고 날아와서 그것을 내 입에 대고 말하였다. '보아라, 이제 너의 입술에 이것이 닿았으니 너의 악은 가시고 너의 죄는 사라졌다.'").
58) "당신은 알리피우스를 진정으로 포용해주시고 그것은 당연한 일입니다. 이 사람에 관해서 호의적으로 생각하는 사람은 누구든 그에게 쏟으신 하느님의 크나큰 자비와 하느님의 놀라운 선물을 두고 생각하는 셈입니다"(*Epistolae* 27.5 ad Paulinum de Nola). 그러나 다음 절에 나오듯이 로마에 가자마자 알리피우스는 다시 검투사 경기에 몰입하게 된다(이 책, 6.8.13 참조).

혼들을 사로잡곤 합니다.[59]

8.13. 원형극장의 유혈이 낭자한 쾌락에 다시 빠진 알리피우스

부모가 그에게 주문을 외듯 하던 말이 출세의 길이어서 그는 법률을 공부하기 위해 저보다 먼저 로마로 갔는데 거기서 믿기지 않을 열기로, 믿기지 않을 정도로 검투사 경기에 사로잡히고 말았습니다. 그는 당시 그런 것들을 외면하고 역겨워하던 터였는데 한번은 점심을 먹고 돌아오던 그의 친구들이며 동창생들과 마주치게 되었다고 합니다. 그들은 싫다면서 완강하게 버티는 그를, 익숙한 완력으로 잔인하고 가증스러운 경기가 열리는 시각에 맞추어 원형극장으로 끌고 갔습니다. 그는 "너희가 내 몸은 그 자리에 끌고 가 앉힐지 모르지만 나의 정신, 나의 눈으로 그 구경거리를 지켜보게 할 성싶으냐? 나는 그 자리에 없는 듯이 앉아 있겠고 너희도 이겨내고 그 구경거리도 내가 이겨내고 말 테다"라고 호언하기도 했답니다. 그런 말을 듣고서도 그들은 조금도 아랑곳하지 않고 그를 끌고 갔는데 과연 실제로 그렇게 해낼 수 있는지 지켜보고 싶었는지도 모릅니다.

그 자리에 가서 좌석을 찾아 앉고 나니까 야만적인 쾌락의 열기로 장내가 온통 들끓어 오르고 있었습니다. 그는 두 눈을 질끈 감고 그 따위 사악한 장면에 끌려들지 않겠노라 마음을 다잡았답니다. 귀도 틀어막았더라면 얼마나 좋았겠습니까? 결투에서 누군가 쓰러지자 모든 군중의 거대한 함성이 그를 뒤흔들었고, 그는 호기심에 져서 눈

---

[59] 교부는 마니교가 젊은 지성인들을 사로잡는 매력이 그리스도교에 대한 그럴듯한 비판과 금욕적인 도덕생활이었다고 술회한다.

을 뜨고 말았습니다. 마치 무슨 일이든지 간에 눈으로 보고 나서 멸시하고 이겨내겠다는 각오라도 선 듯이 말입니다.[60] 그는 눈을 떴고, 영혼에 크나큰 상처를 입고 말았는데, 그 상처는 누구였는지 알아보고 싶었던 그 검투사가 몸에 받은 상처보다 더 심했습니다.

알리피우스는 함성을 일으켰던 그 검투사보다도 더 비참하게 쓰러지고 말았습니다. 함성이 그의 귀를 꿰뚫고 들어가서 그의 두 눈을 열어젖혔고, 마침내 용감하다기보다는 무모했던 그의 영혼은 상처를 입어 쓰러지고 말았습니다. 당신을 두고 자신감을 품었어야 마땅했는데 자기를 두고 자신만만했으니, 그럴수록 더 취약한 법입니다.[61] 저 피를 보자마자 그는 야만도 한껏 들이켜서, 그 장면을 외면하기는 고사하고 거기에 눈이 박혀 경기장의 광기를 흠뻑 빨아들이고 있었으며 자기도 모르는 사이에 사악한 결투를 즐기고 있었고 피비린내 나는 유흥에 취해가고 있었습니다. 이미 그는 (끌려온) 그런 사람이 아니었고, 군중에 합세한 군중의 하나가 되어 있었으며, 자기를 끌고 들어온 자들과 진짜 한 패가 되어 있었습니다.

더 이상 어쩌겠습니까? 그는 구경을 했고 고함을 질렀고 열을 올렸고 그러고서는 그 광기를 짊어지고서 그곳을 나왔습니다. 그 광기에 자극을 받았는지 그는 처음에 억지로 자기를 끌고 갔던 사람들과 어울려 그 자리로 되돌아갔을뿐더러 그들보다 앞장서 가기도 했고 다른 사람들까지 끌고 가기에 이르렀습니다. 그런데 당신께서는 참으로 힘세고도 참으로 자비로운 손길로 거기서 그를 끄집어내셨고,

---

60) 결코 눈을 뜨지 않겠노라고 다짐했다가 '눈으로 직접 보고서' 멸시하든 이겨내든 하겠다는 심경변화는 유혹에 한 발자국 물러서는 자기기만을 절묘하게 드러낸다.
61) 검투사가 급소에 가격을 받고서 쓰러지는 장면에 유혹에 패하는 도덕적 심리와 그 결말을 덧입힌 탁월한 문장이다.

자기 자신을 믿지 말고 당신만을 의지하라고 가르쳐주셨는데, 물론 그 일은 먼 훗날에 일어났습니다.[62]

9.14. 카르타고에서 알리피우스가 도둑으로 몰려 붙잡히다

하지만 이런 사건은 그의 기억 속에 이미 간직되어 훗날 치료약으로 쓰일 것입니다. 그가 카르타고에서 아직 제 강의를 들으며 공부하던 때 일어난 그 사건도 그러했습니다. 어느 날, 한낮에 광장에서 학생들이 연습하듯이 그는 낭송할 구절에 대해 골똘히 생각에 잠겨 있었습니다. 그런데 당신이 아시는 대로 그가 광장 관리인들에게 갑자기 도둑으로 붙잡히는 일이 생겼습니다.

저희 하느님, 저는 그 일 역시 당신께서 허용하셨다는 것 외에 다른 이유가 있으리라고 여기지 않습니다. 장차 큰 인물이 될 알리피우스가 재판에서 사안을 가릴 때, 인간이 인간에 의해서 섣불리 포악하게 단죄받는 일이 있어서는 안 됨을 일찌감치 배우기 시작한 셈입니다. 그는 단지 서판과 철필[63]을 들고서 재판소 앞을 거닐고 있었는데 어떤 젊은이가 (그 학생이 진짜 도둑이었습니다) 도끼를 몰래 품고 가서는 납으로 만든 격자로 들어가 납을 끊기 시작했답니다. 그 격자는 은행가[64] 쪽으로 솟아 있었습니다. 도끼 소리를 듣고서 건물 아래에 있던 은행원들이 웅성거렸고 사람을 밖으로 보내 누군가 있다면 붙

---

62) 아우구스티누스가 회심한 해(387년)의 일이다(이 책, 8.12.28-30).
63) 로마 학생들에게는 밀초를 입힌 판자 몇 장을 고리로 엮은 서판이 공책이었다. 학생들은 철필로 서판의 초를 긁어가며 글을 썼다.
64) argentarius는 은세공업자라는 뜻이지만 '환전상'이나 '금융업자'를 가리키기도 한다.

잡으라고 시켰습니다. 그 도둑은 안에서 사람들 소리가 나자 연장을 든 채로 붙잡히는 일이 두려워 연장을 놓아둔 채로 겁을 먹고 달아나 버렸습니다.

알리피우스는 그 도둑이 들어가는 모습은 보지 못하고 그가 나오는 소리를 들었고, 그가 재빨리 사라지는 것을 봤기 때문에 이유를 알고 싶어 현장에 들어가보았습니다. 그는 거기서 도끼를 발견하고 집어 들고는 이상하다며 고개를 갸우뚱거리고 있었습니다. 바로 그 때 아래서 온 사람들이 그가 혼자서 도끼를 들고 있는 모습을 발견했습니다. 바로 그 도끼 소리에 놀라서 나온 그를 말입니다. 그들은 다짜고짜 그를 붙잡아 끌고 가면서, 광장의 주민들에게 자기들이 현행범[65]을 잡은 것처럼 뽐내며 재판에 넘기려고 했습니다.

9.15 그렇지만 가르침받을 일은 거기까지였습니다. 주님, 당신께서는 즉시 그의 무죄함을 굽어보셨으니 당신 홀로 그 무죄함의 증인이셨기 때문입니다. 그가 감옥에 가거나 아니면 문초를 받으러 끌려가던 중에 공공건물을 관리하는 어떤 건축사[66]와 마주치게 되었습니다. 끌고 가던 사람들도 그를 만나 매우 기뻐했습니다. 광장에서 없어지던 물건을 두고 으레 자기들이 의심받던 판이어서 이번에야말로 과연 누가 그런 짓을 저질러왔는지 그 인물이 알아주었으면 하는 생각에서였습니다.

그런데 그는 자기가 인사차 드나들던 어떤 원로원 집에서 알리피우스를 자주 보았기 때문에 즉시 그를 알아보았고 손목을 잡아끌어

---

65) 절도를 저지른 자가 도둑질한 물건이나 연장을 가진 채 붙잡히면 '현행범'이라는 용어를 썼다.
66) 일반건물 관리인, 경신례로 쓰이는 신전 관리인, 공공건물 관리인 등으로 구분해서 부르기도 했다.

무리에서 떼어놓았습니다. 무슨 일이 있었고 그가 그런 엄청난 모욕을 당하는 이유가 무엇인지 묻는 도중에 그 자리에 있는 사람들 전부가 웅성거리는 소리도 그가 들었습니다. 그는 핏대를 올리는 사람들에게 자기와 같이 가보자고 명령했습니다.

그렇게 해서 사람들은 원래 일을 저지른 그 젊은이의 집으로 갔습니다. 대문 앞에 아이가 하나 있었습니다. 너무 어려서 자기가 한 말 때문에 주인이 당할지도 모를 일을 조금도 겁내지 않고 순순히 모두 불어댈 아이였습니다. 그 아이는 주인을 수행하는 종[67]으로서 광장에 같이 있었던 것입니다. 알리피우스가 연달아 그 아이를 알아보고 건축사에게 일러주었습니다. 그러자 건축사는 도끼를 아이에게 보여주면서 누구네 것이냐고 물었습니다. 아이는 서슴없이 "우리 것"이라고 대답했고, 나머지도 물어보는 대로 다 털어놓았습니다. 이렇게 해서 사건이 그 집으로 옮겨가자 앞서 알리피우스를 잡아두고 의기양양하던 무리는 낯부끄럽게 되고 말았습니다. 그렇게 훗날 당신 말씀의 관리인[68]이요 당신의 교회 안에서 무수한 사안을 판단하고 처리할 심사자[69]가 될 알리피우스는 더 많은 경험과 지혜를 받고 돌아갔습니다.

---

67) 주인이나 주인이 지정한 인물을 수행하거나 물건을 들고 따르는 노예. 앞에 나오는 '아이' 역시 일상적으로는 노예를 가리킨다.
68) 바울로 사도의 서한부터 주교에게 "하느님의 심오한 진리를 맡은 관리인" (1고린토 4:1)이라는 칭호가 주어졌다.
69) 신도들끼리 송사가 생기면 교회 내에서 해결하는 전통을 존중해서(1고린토 6:1-11 참조: "여러분 중에서 누가 다른 교우와 분쟁을 일으켰을 때에 어찌하여 성도들 앞에서 해결하려 하지 않고 이교도의 법정에 고소합니까?") 콘스탄티누스 대제는 신도들 간의 송사는 담당 주교가 '심사자'로서 심문하고 평결하도록 했다.

10.16. 알리피우스는 로마에서 법률 보좌관 직책을 무난히 수행했다

여하튼 로마에서 저는 알리피우스를 다시 만났습니다. 그는 아주 단단한 인연으로 맺어져 저를 몹시 따랐고 제가 밀라노로 갈 때에는 그도 저와 함께 밀라노로 갔습니다. 저와 떨어지기 싫어서, 또 자기가 배운 법률로, 본인이 원한다기보다는 부모의 소원에 따라 뭔가를 해보려는 뜻에서였습니다. 그는 벌써 세 번이나 법정 배석을 수행했는데[70] 다른 사람들이 보기에는 놀라운 자제심으로 그 일을 수행했지만 정작 본인은 피고의 무죄보다 황금을 중시하는 사람들을 이상하게 생각하고 있었습니다.

그의 이런 성품은 탐욕의 유혹뿐만 아니라 두려움의 고충도 겪어야 했습니다. 그는 로마에서 이탈리아 총괄 재무장관[71]을 보좌한 적이 있습니다. 그 무렵 매우 유력한 원로원 의원이 있었는데 사람들은 그의 은전恩典에 주눅이 들기도 하고 그의 세도에 굽실거리기도 했습니다. 그가 자기 세도를 믿고서, 뭔지 몰라도 법률상으로 부당한 사안을 자기한테 유리한 사안으로 만들어주기 바랐습니다.

알리피우스가 버텼습니다. 보답을 하겠다고 약속했습니다. 과감하게 웃어넘겼습니다. 협박을 당했습니다. 모두가 놀라는 가운데 보기 드문 뚝심으로 이를 차버려 사람들을 놀라게 했습니다. 누구한테 손을 써주는 데도 남을 해치는 데도 셀 수 없는 술수를 지닌 거물을, 커

---

70) adsidere: '법정에서 배석하다'라는 뜻이다. 법률보좌관(assessor)은 제국 시대에 각급 고위직에 배당되던 사건에 대한 법률자문을 했다.
71) 이탈리아 반도 내의 여러 주의 재무를 총괄하는 장관 또는 일정 지역을 통치하는 지방총독의 지위였다. 여기서 말하는 재무란 주로 세금 징수 및 통화를 담당하는 업무로 알려져 있다.

다란 명성을 떨치는 저런 사람을 친구로 삼으려고 마음 쓰지도 않았습니다. 원수로 척지는 것도 두려워하지 않는 배짱이었습니다. 보좌관으로서 알리피우스가 모시는 판관은 자기도 그런 인간처럼 되는 것은 내심 싫었지만 차마 겉으로 맞서지는 못했습니다. 되레 알리피우스가 자기를 그냥 놔두지 않는다고 둘러대면서 그 사안을 알리피우스에게 떠넘겼습니다. 자기가 정말 세도가의 요구대로 한다면 알리피우스가 떠나버리리라 생각했던 것입니다.

다만, 문학 공부 때문에 유혹에 거의 넘어갈 뻔한 일이 딱 한 번 있었습니다. 개인이 소장할 필사본을 만들면서, 손을 써서 사법관[72] 부대 경비로 필사본을 만들어달라고 할 뻔한 일입니다.[73] 하지만 정의를 참작해서 보다 나은 쪽으로 결심을 돌렸으니, 그런 일쯤은 허용되는 권력보다 그런 일을 금지하는 공정이 더 유익하다고 판단한 까닭입니다.

이런 것은 사소한 일입니다. 그렇지만 작은 일에 성실한 사람은 큰 일에도 성실합니다.[74] 당신 진리의 입에서 우러난 말씀, 곧 "만약 너희가 세속의 재물을 다루는 데도 충실하지 못하다면 누가 참된 재물을 너희에게 맡기겠느냐? 또 너희가 남의 것에 충실하지 못한다면 누가 너희의 몫을 내어주겠느냐?"[75]라는 말씀은 결코 헛되지 않았습니다. 여하튼 당시 그는 그런 식으로 제게 의지하고 있었고, 어떻게 살

---

72) praetor: 로마에서라면 집정관 부재 시 그를 대행하는 사법행정관을 가리킨다.
73) 당대의 도서는 양피지에 필사본으로 만들어졌기 때문에 필사본 제작에는 큰 돈이 들었다.
74) 루가 16:10 참조("지극히 작은 일에 충실한 사람은 큰 일에도 충실하고, 지극히 작은 일에 부정직한 사람은 큰 일에도 부정직하다").
75) 루가 16:11-12. 아우구스티누스는 이 구절을 지상 재물에 성실하지 못하면 천상 재물도 맡기지 않으시리라는 의미로 해석한다(*Quaestiones evangeliorum*, 2,35).

것인가를 두고서 저처럼 방황하고 있었습니다.

10.17. 네브리디우스도 밀라노에 와서
아우구스티누스와 함께 살기로 했다

    네브리디우스도 가까운 고향을 버리고, 또 자기가 그토록 빈번히 오가던 카르타고를 버리고, 더구나 아버지의 훌륭하기 이를 데 없는 장원과 저택과 자기를 따라오지 않으려는 어머니를 남겨놓고서 밀라노로 왔습니다. 저와 함께 진리와 지혜를 열렬히 탐구하면서 살겠다는 생각 외에 다른 목적은 없었습니다. 행복한 삶을 뜨겁게 갈구하는 자, 극히 난해한 문제들을 예리하게 탐색하는 자로서 그는 저와 함께 염원하고 함께 방황했습니다.

    아쉬운 세 사람, 제각기 자기 부족함을 서로 호소하는 세 사람, 제 때 그들에게 먹이를 주시기를[76] 당신께 고대하는 세 사람의 입이 거기 있었습니다. 저희가 속된 행위를 추구할 때 언제나 함께 따르는 쓴맛을 느끼며(이것도 당신의 자비가 하신 일이었습니다) 고통당하는 이유를 알고자 했습니다. 그 목적을 찾고 있었지만 정작 부딪치는 것은 어둠이었고, 저희는 신음하면서 고개를 저으면서 "언제까지 이 짓을?"이라고 되뇌었습니다. 저희는 그런 말을 자주 했고, 말은 하면서도 그 짓거리를 버리지는 못했는데, 그것을 내팽개치고 이후에 무엇을 붙잡고 늘어져야 하는지 확연히 떠오르지 않았던 까닭입니다.

---

76) 시편 104[103]:27 참조("이 모든 것들이 당신께 바랍니다. 제때에 먹이를 주시기를").

11.18. 알리피우스는 의혹 중에 뭔가를 갈망하면서도 망설이고 헤어나지 못했다

그리고 저는 참으로 이상하다 생각했습니다. 저의 나이 열아홉 되던 해, 지혜의 탐구에 열을 올리기 시작했을 즈음부터, 그러니까 진리를 발견하고 나면 구차한 욕망에 대한 부질없는 희망 모두와 거짓에 찬 광기를 모조리 내버릴 각오를 세우던 그때부터 얼마나 오랜 세월이 흘렀는지 헤아리면서 돌이켜볼수록 참 이상했습니다. 보십시오, 이미 나이 서른이 되어서도[77] 여전히 향락의 진창에서 질척거리고 있었고, 덧없는 현재의 것들이며 저를 흐트러뜨리는 것들을[78] 향락하려는 욕심에 허우적거리고 있습니다. 그러면서 제 딴엔 이런 소리를 합니다.

"내일이면 발견하겠지. 그래, 진리가 확연하게 드러나면 난 꼭 붙잡고 말 테다. 그래, 파우스투스가 와서 다 해명해줄 거야.[79] 오, 위대하여라, 아카데미아학파들이여! 삶을 영위하는 데 필요한 무엇도 확실하게 포착될 수 없다고?[80] 그럴수록 더 부지런히 탐구하고 실망하지

---

77) 그의 나이 열아홉에 키케로의 『호르텐시우스』를 읽고서 "이때까지 품어왔던 저의 헛된 희망은 어느덧 모조리 시들해졌고 저의 마음은 이제 불멸의 지혜를 추구하는 욕구로 믿기지 않을 만큼 헐떡이면서, 당신께 돌아가려고 자리에서 일어서기 시작했습니다"(이 책, 3.4.7)라고 결의한 지 어언 11년이나 흘렀다.
78) 그는 플로티누스의 신플라톤 철학에 경도된 지성인으로서, 욕정과 향락이 인간을 일자(一者)로부터 격리시키고 영혼 자체를 분산시킨다는 절박감이 있었다.
79) 앞에서(이 책, 6.6.10-6.7.13) 파우스투스와의 실망스럽지만 질긴 만남을 얘기했다.
80) 인식에 관한 제논의 '손동작'은 아우구스티누스 당대의 인식론 용어 이해에 도움이 된다. "오른손을 활짝 펴 손바닥을 보이고(visum, 표상) 손가락을 움켜(adsensus, 동의) 주먹을 꼭 쥔 다음(comprehensio, 포착) 왼손으로 오른손

않겠다. 보시라, 교회 책자 속에서 전에는 부조리해 보이던 것들이 더 이상 부조리하지 않다. 반대로 선의로 해석될 수도 있다. 명료한 진리를 발견할 때까지 어릴 때 부모님이 데려다 세워놓은 그 층계에 발붙이고 서 있겠다.

그러나 어디 가서 찾으라는 말인가? 언제 찾는단 말인가? 암브로시우스에게는 시간이 없고, 내게도 읽을 시간이 없다. 우리가 어디서 필사본들을 찾아낼 것인가? 언제 어디 가서 사들일 수 있을까? 누구한테서 집어올 것인가? 시간을 정하고 영혼의 건강을 위해 따로 시간을 내야 한다. 커다란 희망이 솟았다. 가톨릭 신앙이 가르치는 바는 우리가 생각하던 것, 우리가 황당하게 비난하던 그런 것이 아니다. 그 교회의 지식인들은, 하느님이 인간 육체의 형상 안에 국한된 존재라고 믿는 일을 되레 불경하게 여긴다.[81] 그럼에도 불구하고 우리는 나머지마저 열려버릴까 문 두드리기를 주저한다는 말인가?[82] 오전 시간이야 학생들이 차지한다고 치자. 그러면 나머지 시간은 무엇을 하는가? 왜 그 일을 하지 않는가? 그러나 우리가 후원이 필요한 선배들한테는 언제 인사를 다닌다는 말인가? 학생들이 사갈 교재는 언제 준비한다는 말인가? 과도한 걱정에서 놓여나 정신을 쉬게 하며 우리 자신을 추스를 때는 언제 마련할까?"

주먹을 감싸 쥐고서(perceptio, 파악) 그것을 지식(scientia, 지식)이라고 한다"(키케로, *Academica*, 2.47.145).

81) 앞에서(이 책, 6.3.4) 마니교도들이 "인간이 하느님의 모상이라면 하느님께서 사람 신체의 형태에 의해서 제한을 받고 있다는 말이냐?"라고 조롱하던 일을 떠올렸다.

82) 『고백록』은, 지혜의 깨달음은 "당신께 청할 일이고 당신 안에서 찾을 일이고 당신께 문 두드릴 일입니다. 그래야, 그래야만 얻고 그래야만 찾고 그래야만 열릴 것입니다"(이 책, 13.38.53)라는 고백으로 끝난다.

11.19 "다 치워버리자! 이따위 허망하고 부질없는 것들은 집어치우자! 오로지 진리 탐구에만 전념하자. 인생은 비참하고 죽음은 불확실하다. 갑자기 들이닥친다. 우리는 이승을 과연 어떻게 빠져나갈까? 이승에서 소홀히 했던 것을 우리는 어디서 배운단 말인가? 그보다 그 소홀함의 벌을 받아 마땅하지 않겠는가? 만약 죽음이 감관과 더불어 모든 번뇌를 제거해버리고 끝장낸다면? 그러니 이것도 따져봐야 한다.

하지만 그럴 리가 만무하다. 그리스도교 신앙이 저 드높은 권위를 띠고 온 세상에 퍼지고 있다는 사실이 쓸데없고 하찮은 무엇일 수는 없다. 육체의 죽음과 더불어 영혼의 생명도 다한다면, 우리를 위한 하느님의 이토록 위대하고 놀라운 일들이 이루어질 리 없다.[83] 그러니 속세에 대한 희망을 버리고 오직 하느님을 찾고 행복한 삶을 찾는 일에 전적으로 헌신하자는데 왜 망설이는가? 하지만 잠깐! 속세의 것들 역시 재미는 있다. 나름대로 적잖이 달콤하다. 이런 것들은 함부로 끊기가 쉽지 않다. 끊는다 했다가 다시 그리로 돌아가는 일은 추접스러우니까 말이다.

어떤 관직을 얻는 것만도 이미 상당한 성취다. 그 이상 더 바랄 게 뭔가? 선배들의 숫자도 든든하겠다, 다른 것을 손에 넣겠다고 너무 아등바등하지 않는다면야 총독 자리[84] 하나쯤은 딸 수 있으리라. 그리고 우리 부담이 과중하지 않도록 어느 정도 돈 있는 아내도 들일 만하다. 어디까지나 육욕에 대한 방편으로 말이다.[85] 많은 위인들, 정

---

83) 이 주제는 그의 초기 대화편 『영혼 불멸』에서 집중적으로 다뤄진다.
84) praesidatus: 제정 로마에는 지역의 비중에 따라 세 등급의 총독(consulares, cor-rectores, praesides)이 있었다. 그는 황실 수사학 교수를 지냈으니 낮은 등급의 총독 자리 하나는 기대할 만했다.
85) 아우구스티누스의 여성관이나 결혼관을 보여주기도 하지만, "내 욕심의 한계는 여기까지다"라고 해석할 수도 있다.

말로 본받을 만한 사람들 역시 배우자를 거느리고서도 지혜 연마에 헌신했다."[86]

11.20 저는 이런 소리나 하고 있었고, 이러저러한 바람이 번갈아 불면서 제 마음을 이리로 저리로 떠미는 새에 시간은 점점 흐르고 있었고, 저는 주님께 돌아서기를 마냥 늦추고 있었으며, 당신 안에 살기를 차일피일 미루면서도 제 안에서 날마다 죽어가는 것은 미루지 않았습니다. 행복한 삶을 사랑하면서도 정작 행복한 삶이 있는 그 자리에서의 삶은 두려워하고 있었고, 행복한 삶에서 달아나면서 행복한 삶을 찾고 있었습니다. 여자의 품을 빼앗긴다면 너무나 불행하리라 생각하던 차였습니다. 그 약점을 낫게 하는 당신 자비의 약은 생각도 않고 있었는데 제가 겪어본 적이 없었기 때문입니다.[87] 자기 정력의 절제가 그 약이라고 믿고 있었으니[88] 그 정력이 얼마나 센지를 저는 의식도 못하고 있었습니다.

성경에 쓰인 대로, 당신께서 베풀어주지 않으시면 아무도 절제할 수 없다는 사실을 모를 만큼 저는 참 어리석었습니다. 물론 제가 진심으로 통곡해 당신의 귀를 두드렸더라면, 또 군건한 믿음으로 제 근심을 당신께 내맡겼더라면, 당신께서는 응당 절제력을 주셨을 것입니다.

---

86) 뒷날 "나로서는 영혼의 자유를 위해서 아내를 아쉬워하지 않고 찾지 않고 맞아들이지 않기로 내 자신에게 엄명을 내렸다, 그것이 넉넉하고 당당하고 또 유익하다고 믿는다"(『독백』, 1.10.17)라는 결심이 서술되기도 한다.
87) "죄에 떨어지는 것은 타락에 대한 자유의지만으로 충분하지만 의로움으로 돌아오는 데는 건강치 못하므로 의사가 필요하고 이미 죽은 몸이므로 살려줄 분이 필요하다"(*De natura et gratia*, 23.25).
88) 뒷날(412년) 아우구스티누스는 *De continentia*(절제론)이라는 책을 써서 성욕뿐만 아니라 정신적 탐욕도 절제의 대상임을 강조하고, 그 절제는 은총으로만 가능함을 토로한다.

12.21. 아우구스티누스는 결혼을 경시하지 않았고
알리피우스도 혼인하고 싶어 했다

알리피우스는 제가 아내를 맞는 일을 한사코 말렸습니다. 결혼을 한다면 절대 저희가 오랫동안 희구하던 것처럼 지혜에 대한 사랑으로 유유자적하게 살 수 없다고 아예 노래를 부르는 것이었습니다. 그즈음 알리피우스 본인으로 말할 것 같으면 그 일에는 놀라울 정도로 결백했습니다. 청년기에 들어설 무렵부터 여자와 동침하기 시작했기 때문입니다. 그는 거기에 매이지 않고 오히려 크게 후회하고 혐오했으며, 그 뒤로는 이미 극도로 절제하며 살아왔습니다.

저는 결혼을 했어도 지혜를 숭상했고 하느님의 호의를 샀으며 벗들에게 신의를 지키고 사랑했던 위인들의 사례를 들며 그의 말을 반박했습니다. 실상 저는 그런 인물들의 위대한 정신에는 전혀 미치지 못하는 사람이었으며 육의 질병에 단단히 묶여 있었고 그 치명적인 단맛에 끌려다니면서 저의 사슬이 차마 풀릴까 오히려 겁을 내던 참이었습니다.[89] 잘 되라고 타이르는 사람의 말을 뿌리치는 것은 곧 사슬을 풀어주는 사람의 손길을 상처 후비듯이 뿌리친 것과 같습니다. 그뿐 아니라 유혹하는 뱀은 저를 통해서 알리피우스에게도 말을 걸었고[90] 제 혀를 거쳐서 그가 다니는 길에다 달콤한 올무를 흩어놓았

---

89) "저 상상에 떠오르는 애무며 쏩쏠한 감미로움이 얼마나 그대를 스멀스멀하게 만들던가? 아주 오래도록, 평소보다는 덜 오래갔지만, 그대가 생각하던 것보다는 훨씬 오래가면서 그대를 유혹하지 않던가?"(『독백』, 1.14.25).
90) 창세기 3:1("하느님께서 만드신 들짐승 가운데 제일 간교한 것이 뱀이었다")에 의거해서 아우구스티누스는 뱀을 악마의 화신으로 간주했다(e.g., *De Genesi ad litteram*, 11.36.49). 여성에 대한 자기의 집념이 다음 절에 나오듯 알리피우스마저 성애와 혼인에 빠져보고 싶게 만들었다는 자책감이 드러나는 부분이다.

으니 그의 고결하고 자유로운 발목이 그 덫에 걸리게 하기 위해서였습니다.[91]

12.22 그는 자기가 상당히 높게 평하는 저라는 사람이 그 쾌락의 끈끈이에 단단히 붙어 있음을 이상하게 생각했고, 또 저희끼리 그 문제를 토론할 때마다 독신생활은 절대 불가능하다고 극구 주장하는 저를 이상하게 여겼습니다. 그가 의아해하는 모습을 보고 저는 변명조로 기껏 이런 말을 했습니다. 그가 도둑질하듯 엉겁결에 경험한 것은 이미 기억조차 나지 않는 것이라서 그런 경우에는 금욕이 곤란하지 않다고, 그러나 저의 몸에 밴 쾌락과 그것 사이에는 커다란 간격이 있다고 말입니다. 따라서 제 몸에 밴 쾌락에다 결혼이라는 떳떳한 이름을 붙인 것을 두고 왜 저에게 결혼생활을 경멸하지 못하느냐며 이상하게 여겨서는 안 된다고 말입니다.

그런 말을 하자 알리피우스 역시 결혼을 해보고 싶어 했습니다만 그것도 저런 쾌락에 대한 욕정에 정복당해서가 아니라 호기심 때문이었습니다.[92] 그는 자신의 삶이 무척 마음에 드는데 저는 그것 없이는 제 삶이 삶이 아니고 형극이라고 하니까, 도대체 그것이 무엇인지 자기도 알고 싶어졌다고 말했습니다. 저러한 쾌락의 속박에서 자유로웠던 그의 정신은 저의 예속 상태를 보고 놀라워하면서도 자기도 욕정을 체험해보는 길로 들어서고 말았습니다. 바로 그것을 체험해

---

91) "당신께서는 그토록 선한 분답게 저의 그런 감미로움에다 얼마나 쓰디쓴 쓸개를 뿌려주셨는지요. 여하튼 저는 사랑을 받았고, 남몰래 향락의 사슬에 얽혀들었고, 비참한 갈고리에 걸리면서도 신나기만 했습니다"(이 책, 3.1.1).
92) 그는 호기심을 이렇게 규정한다. "육신의 욕망 말고도, 육체의 똑같은 관능들을 경유해서 영혼에 내재하고 있는 호기심이 있습니다. 스스로 육신 안에서 쾌감을 즐긴다기보다는 육신을 통해서 허망하고 흥미 있는 것을 경험하려는 호기심이 앎과 지식이라는 명목으로 분장합니다"(이 책, 10.35.54).

보겠다는 그를 두고 놀라워하던 그 예속에 빠져들어보겠다는 셈인데 이것은 죽음을 상대로 도박을 해보려는 것입니다.[93] 무릇 위험을 좋아하는 자는 그 위험에 빠지는 법입니다.

혼인의 영예가 있다면 그것은 결혼을 통솔하는 본분과 자녀 출산의 본분에 있다는 사실을 저희 둘 다 막연하게만 생각하고 있었습니다.[94] 저를 사로잡아 격렬하게 괴롭히던 것은 대부분 만족을 모르는 욕정을 채우려는 습성이었고, 경이감이 알리피우스를 사로잡아 끌어가려는 참이었습니다. 지존하신 분이시여, 당신께서 흙덩어리 같은 저희를[95] 저버리지 않으시고 가련한 자들을 가련하게 여기셔서 놀랍고도 은밀한 방식으로 건져내시기까지 저희는 이런 사람들이었습니다.

13.23. 혼인 연령이 아직 안 된 처녀와 아우구스티누스가 정혼하다

그동안 저에게 아내를 맞아들이라는 성화가 빗발쳤습니다. 저는 그새 청혼을 했고, 어머니가 일을 꾸미는 바람에 이미 약혼도 했습니다.[96] 어머니는 저를 일단 결혼시킨 다음에[97] 구원의 세례로 씻겨줄

---

93) 이사야 28:18 참조("죽음과 맺은 너희의 계약은 깨지고 저승과 체결한 협정은 효력을 잃는다").
94) "혼인의 선익은 정욕의 열기에 있다기보다는 정욕을 합당하고 품위 있게 자녀 생산에 돌리는 데에 있다"(*De peccatorum meritis*, 1.29.57).
95) 창세기 2:7("야훼 하느님께서 진흙으로 사람을 빚어 만드시고"[불가타본= "흙에서 먼지 인간을 빚으셨다"])를 근거로 교부는 "형체를 갖춘 먼지가 생명 있는 혼이 되었다"(『신국론』, 13.24.1)라고 말한다.
96) 아래에 나오지만(이 책, 15.25) 그에게 아들을 낳아준 여자와 약혼이 이뤄진 것이 동거 중인 때인지 그 여자가 떠난 다음인지 모호하다.
97) 모니카는 아프리카 누미디아의 평민 출신 아들을 지체 있는 밀라노 가톨릭

생각이었던 것입니다. 그렇게 어머니는 제가 나날이 그 일에 적응해 간다고 좋아했고, 그렇게 해서 제 신앙에서 자기의 서원과 당신의 언약이 성취되리라 짐작했습니다. 그러는 동안 그이는 제 부탁을 받고 자기의 강렬한 소원대로, 진심에서 우러나는 외침으로 날마다 당신께 애걸하고 있었으니, 장차 있을 제 결혼에 관한 현시를 뭔가 보여 달라는 것이었습니다. 그러나 당신께서는 전부 마다하셨습니다. 그런데도 어머니는 허망하고 황당한 것들을 보곤 했는데 그런 일에 완전히 사로잡힌 인간 정신이 충동적으로 상상해낸 것들이었습니다. 그래서 저한테 이야기를 하더라도, 당신께서 평소에 그이에게 현시를 보이실 때 그이가 보이던 자신감이 없었고 내용을 무시하는 투였습니다.[98]

어머니는 저도 모르는 어떤 직감이 있어서 비록 말로 설명하기는 어렵지만, 그것으로 당신께서 계시하시는 경우와 자기 영혼이 꾸는 꿈이 어떻게 다른지 분간할 수 있다는 말을 하곤 했습니다. 하여튼 혼사는 서둘러 추진되었고 처녀에게 청혼이 갔습니다. 그녀의 나이는 결혼 적령에 두 살가량 모자랐는데,[99] 저는 그래도 그녀가 마음에 들어서 기다리는 중이었습니다.

가문의 딸과 결혼시킴으로써 아들이 지방총독으로 파견받을 경우 귀족으로 승격될 수 있도록 서둘러 손을 쓴 듯하다.

[98] 앞에서도(이 책, 3.11.19-20) 모니카는 아들의 회심을 꿈의 현시로 보았노라고 했다.

[99] 당대 로마법으로 "여자는 열두 살에, 남자는 두 살 더 먹어야 혼사에 들어간다"(테르툴리아누스, *De virginiibus vellandis*, 11.10)는 기록이 있다.

14.24. 아우구스티누스와 친구들이 공동생활을 설계했다

그 무렵 많은 친구들의 마음이 산란했고, 저희는 대화를 나누면서 인생의 소란스러운 번민에 혐오를 느끼면서, 군중을 멀리하고 한적하게 살아보자고, 다시 말해서 여가에 몰두하자는 결의를 세우기에 이르렀습니다. "우리가 뭔가를 소유할 수 있게 되면 한데 내놓고 모두 통틀어 한 가산으로 만들자. 진정한 우정으로 이 사람의 것 다르고 저 사람의 것 다르게 하지 말고 전부 하나가 되게 하고, 전체가 각자의 것이며 모두가 모두의 것이 되게 하자."[100] 저희가 보기에는 그러한 단체에 거의 열 사람은 모일 수 있을 것처럼 보였고[101] 저희 중에는 아주 잘 사는 사람들도 있었습니다. 특히 로마니아누스[102]는 저희와 동향인으로 어릴 때부터 저와 아주 가까운 사람이었습니다. 그 무렵에는 자기 사업에 관한 심각한 고민이 그로 하여금 경호실을 출입하게 만들었습니다. 그는 저희 일에 각별히 관심을 보였고, 사람을 설득하는 데도 크나큰 권위를 갖고 있었으니, 그의 막대한 재산이 다른 사람들의 것을 훨씬 능가했기 때문이었습니다. 해마다 두 사람이 관리처럼 필요한 모든 일을 보살피고 나머지 일행은 조용히 보낸다

---

100) 진리에 정진하는 공동생활의 이상을 "전부에서 하나요(ex cunctis unum), 전체가 각자의 것이며(universum singulorum) 모두가 모두의 것이 된다(omnia omnium)"라는 말로 나타냈다.
101) 교부의 서간이나 다른 저술을 간추리면 아우구스티누스와 아데오다투스 부자, 로마니아누스와 리센티우스 부자, 네브리디우스, 알리피우스, 베레쿤두스(Verecundus), 나비기우스(Navigius), 트리게티우스(Trygetius), 교부의 두 조카 등으로 추정된다.
102) Romanianus: 아우구스티누스의 동향인으로 교부의 청년 시절부터 재정적으로 유학을 도왔고 아들 리센티우스(Licentius)를 그의 문하에 맡겼으며, 아우구스티누스의 식솔들의 공동생활을 재정적으로 후원했다. 교부의 첫 대화집 『아카데미아학파 반박』, 몇 해 뒤의 『참된 종교』는 그에게 헌정되었다.

는 계획이 저희 마음에 들었습니다.[103]

그런데 여편네들이[104] 과연 그렇게 하라고 내버려둘까 하는 생각이 들기 시작했습니다. 저희 중 누구는 이미 아내를 거느리고 있었고 정작 저희도 아내를 거느리고 싶어 하던 참이었으므로, 그토록 마음에 들던 그 일, 그럴싸하게 짜 오던 일이 손에서 빠져나가 산산이 부서지고 팽개쳐지고 말았습니다. 그러고 나니 한숨과 탄식의 나락으로 떨어졌고 저희 발걸음은 속세의 넓고 발길 많은 길을 따라가는 곳으로 되돌아가고 말았습니다. 저희 마음속에야 많은 생각이 있었지만 영원히 이어지는 것은 당신의 계획이었습니다.[105] 그 계획으로 당신께서는 저희 것들을 비웃으시고 당신 것들을 따로 마련하고 계셨으며, 저희에게 먹을 것을 제때 주실 것이고 손을 펴실 것이며 저희 영혼을 축복으로 채워주실 작정이셨습니다.[106]

103) 피타고라스나 플라톤학파 등이 구상하던 이상적 공동생활은 아우구스티누스가 고향으로 돌아가 타가스테에 세운 수도원에서 실현된다.
104) 공동생활의 꿈이 여자들 때문에 물거품이 된 데 분개했는지 아우구스티누스는 여기서 낮춤말을 썼다.
105) 잠언 19:21("사람이 많은 계획을 세워도 성사는 주님의 뜻에 달렸다") 및 시편 33[32]:11* 참조 ("그러나 주님의 계획은 언제나 는다. 그분 마음 생각은 세세대로 이어진다").
106) "세계 창조 이전에 우리를 보셨고 우리를 만드셨고 우리를 바로잡아 주셨고 우리에게 [아드님을] 보내주셨고 우리를 구속하셨습니다. 그분의 이 계획은 영원히 남으며 기분의 이 생각은 세세대로 이어집니다"(『시편 상해』, 32.2.14).

15.25. 아들을 낳아준 여자가 아프리카로 떠나고 아우구스티누스는 다른 여자와 어울리다

그러는 동안 저의 죄악은 늘어만 갔고, 제가 품어오던 여자를 결혼의 방해물이나 되듯이 제 옆구리에서 떼어냈습니다. 그 여자에게 매어 있던 제 마음은 찢어지고 상처를 입어 피를 흘렸습니다. 그 여자는 자기로서는 다른 남자를 알지 않겠다고 당신께 맹세하면서 그 여자가 낳은 혈육, 저의 친아들[107]을 제게 남겨놓고 아프리카로 돌아갔습니다.

하지만 저는 여자도 본받을 줄 모르는 불행한 놈으로서,[108] 제가 청혼한 여자를 2년이 지나야 맞아들일 수 있었으므로, 또 혼인을 좋아하는 사람이라기보다 욕정의 노예였으므로, 그 미루어진 틈새를 못 참고 다른 여자를 두었습니다. 물론 배필로 맞은 것은 아닙니다. 그것으로 제 영혼의 고질병이 계속되고 아니면 더 심해질 지경이었으니 오랜 습속의 비호 아래,[109] 말하자면 부인이 군림하기까지 지속될 터였습니다. 그렇다고 첫 번째 여자와의 생이별에서 생겨난 저의 상처가 낫고 있는 것도 아니었고, 열기와 날카로운 통증에 뒤이어 썩어들어갔으며, 오한이 든 듯이 더 절망적으로 아파왔습니다.[110]

---

107) naturalis filius는 친아들과 사생아를 모두 가리킨다.
108) 15년 동거하던 여자는 정조를 지키겠다고 언약하고 떠났는데 자기는 그새 다른 여자와 어울렸음을 자책하는 말이다.
109) 당대 로마법은 본부인이 있어도 첩을 둘 수 있었다. 훗날 그는 본인의 입으로 "아내가 없을 경우 첩을 두었다가 아내를 맞기 위해 첩을 내보내는 것은 정당하지 않다"라고 설교하기도 한다(Sermones, 312.1.2).
110) "악이 고통 없는 악이면 더 나쁘다. 부패를 두고 고통당하는 것보다 사악을 두고 기쁨을 누리는 것이 더 나쁘다"(『선의 본성』, 40.40).

16.26. 최고선과 최고악에 관하여 알리피우스 및 네브리디우스와 토론하다

자비의 샘이시여, 찬미는 당신께, 영광도 당신께 돌립니다. 제가 더욱더 비참해질수록 당신께서는 더욱더 가까워지셨습니다. 당신의 오른손이 진즉부터 제게 닿아 있었고 진창에서 저를 끄집어내어 씻겨주실 작정임을 저는 모르고 있었습니다. 죽음의 공포와 장차 있을 당신 심판의 공포가 아니면 육체적 쾌락의 깊고 깊은 구렁텅이에서 저를 다시 불러낼 수 있는 것은 없었습니다. 저의 사념이 그토록 다양하게 헷갈리는 중에도 그 두려움만은 제 가슴에서 물러간 적이 없었습니다.[111]

그리고 저의 친구 알리피우스와 네브리디우스와 더불어 최고선과 최고악에 관해서 토론을 하기도 했습니다.[112] 영혼의 생명이 죽음 이후에도 남아 있고 공과에 대한 응보가 남아 있다고 제가 믿지 않았더라면, 저의 정신에서는 에피쿠로스가 승리를 쟁취하리라는 말도 했습니다. 에피쿠로스는 이것들을 믿지 않았기 때문입니다.[113] 그래서 저는 저희가 만일 불사불멸하고 또 육체의 영구한 쾌락 속에 살게 된다면, 그것도 이 쾌락을 상실하리라는 두려움이 조금도 없다면, 왜 행복하지 않겠냐는 물음을 제기하고 있었습니다. 저는 하도 깊이 가라앉고 눈이 멀어서 청명의 빛, 무상으로 얼싸안아야 할 아름다움의 빛을

---

111) 오로지 진리를 사랑하는 것에 매진하는 심경을 묘사해왔는데, 이 부분에서 처음으로 죽음과 사후 심판에 대한 종교적 두려움을 표명한다.
112) 이 제목의 키케로의 저서(*De finibus bonorum et malorum*)가 당대 지성인들에 의해 읽혔다.
113) 에피쿠로스(B.C. 341-270)는 세계와 생성변화를 원자(ἄτομος)로 설명하고, 영혼 역시 원자들의 물리적 운동이므로 영혼도 육체와 더불어 해체된다고 주장했다(『아카데미아학파 반박』, 3.7.15-3.9.18).

생각조차 못했다는 사실 그 자체가 크나큰 불행이라는 것을 모른 채로, 그 이상 다른 무엇을 찾아나설 것인가 하는 물음만 내놓고 있었습니다. 저런 아름다움은 육안으로는 보지 못하고 내면으로만 보입니다. 저는 불행하게도 저 추루한 짓들에 관해서 친구들과 환담하면서 도리어 달콤해지는 기분이 도대체 어느 통로로 제게 흘러들어오는지 유념하지 않았습니다. 그때 제가 품고 있던 관념을 따른다 할지라도, 육체적 쾌락이 제아무리 넘치더라도 친구들 없이는 행복해질 수 없던 기분이 대체 어느 통로로 제게 흘러오는지를 유념하지 않았습니다. 그래도 저는 친구들만은 무작정 사랑했고 아울러 그들에게서 제가 무작정 사랑받는다고 느꼈습니다.

아, 구불구불한 길이여! 당신을 떠나면 더 나은 무언가를 손에 넣을 수 있을 것이라 기대했던 오만한 영혼은 불행하여라! 등으로 옆구리로 배로 아무리 엎치락뒤치락해봐도 모든 게 배기기만 할 뿐이고 당신 홀로 안식이십니다.[114] 그런데 보십시오! 당신께서 그 자리에 계시고, 가련한 방황에서 구해내시고, 저희를 당신 길에 세워주시고, 위로하시고 또 이렇게 말씀하십니다. "달려가거라! 내가 안고 오리라. 내가 데려오리라. 거기서 내가 안고 오리라!"[115]

---

114) 이 책 첫 권(1.1.1)은 "당신을 찬미해 즐기라고 일깨우시는 이는 당신이시고 당신을 향해서 저희를 만들어놓으셨으니 당신 안에 쉬기까지는 저희 마음이 안달합니다"라고 서두를 떼었고, "방해받지 않는 안식의 자리가 그곳[하느님의 말씀]에 있고 거기서는 사랑이 스스로 버리지 않는 한 사랑이 버림받는 일은 없다"(4.11.16)고 피력한다. 이후 제6권도 이 다짐으로 끝마치는데, 이런 어조는 "저희에게 모든 것을 베푸셨듯 정복의 평화, 안식일의 평화, 저녁 없는 평화를 주십시오"(13.35.50)라는 기원을 예고한다.
115) 인간의 타락에도 불구하고 반드시 이뤄내시는 하느님의 구원을 이사야서를 인용해 간추렸다. "너희는 늙어가도 나는 한결 같다. 너희가 비록 백발이 성성해도 나는 여전히 너희를 업고 다니리라. 너희를 업어 살려내리라"(이사야 46:4).

제7권
진리를 향한 상승의 길*

---

* 제7권은 아우구스티누스의 사상적 전회(轉回)를 묘사하며
  하느님과 악의 문제(1.1-8.12),
  신플라톤 철학과의 조우(9.13-10.15),
  교부의 사상적 향상(10.16-21.27)을 차례로 회상한다.

1.1. 아우구스티누스가 생각한 하느님 상像

그러는 동안 못되고 삿된 저의 청춘은 죽어버렸고 어느새 장년기로 접어들었습니다. 저는 나이가 들수록 허영으로 추해졌습니다.[1] 그때까지 저는 으레 눈에 보이는 것 말고 어떤 다른 실체를 생각하지도 못했습니다. 그렇지만 하느님, 지혜에 관해서 뭔가를 듣기 시작한 후로는 당신을 인간 신체의 형상 속에 있는 분으로 생각하지는 않았습니다.[2] 그런 생각은 제가 늘 피했을뿐더러, 제가 그 점을 저희의 영적 어머니 곧 당신의 가톨릭교회의 신앙에서 발견했다는 사실에 기분이 좋았기 때문입니다. 그러나 당신을 그 대신 다른 무엇으로 생각해야 할지는 떠오르지 않았습니다. 사람으로서, 그저 평범한 사람으로

---

1) "장년이 오면서 청년은 죽는다. 연세의 저 많은 단계를 맞이해보겠다고 바라는 만큼 그 많은 연세들의 죽음을 한꺼번에 바라는 셈이다"(『시편 상해』, 126.15).
2) 그리스도교가 하느님을 의인법 시각으로 본다는 마니교의 공격(이 책, 3.7.12; 5.10.19)에서 벗어나는 일이 마니교를 청산하는 첫걸음(이 책, 6.3.4-6.4.5; 6.11.18)이었음을 분명하게 정리한다.

서 제가 생각할 때에는 당신을 지존하고 유일하고 진정한 하느님으로 생각하려고 노력했습니다.

또 저는 저의 혼신을 다해 당신이 불후하고 불가침하고 불변하는 분이라고 믿고 있었습니다.[3] 어디서 어쩌다 그런 식으로 생각하게 되었는지는 모르겠지만, 부패할 수 있는 것은 부패할 수 없는 것보다 못하다고 확신하고 있었습니다. 또 침해당할 수 없는 것을 거리낌 없이 침해할 수 있는 것보다 낫게 여겼으며, 아무 변화도 겪지 않는 것은 변할 수 있는 것보다 훌륭하다고 보았습니다. 제가 만들어낸 당신에 대한 모든 상상에 반대해 저의 마음은 격하게 소리를 지르고 있었습니다. 당신에 대해서 생겨나는 상상의 더러운 떼거리[4]가 주위에 서성거리는 것을 단 한 방에 제 지성의 정곡으로부터 쫓아버리려고 애쓰는 중이었습니다. 눈총을 쏴서 겨우 물리쳤다 싶으면 또다시 한데 뭉쳐 제 시야로 쳐들어와 시야를 부옇게 흐려놓곤 했습니다.

더 이상 하느님을 사람의 형상으로 상상하지는 않았지만 물체적인 어떤 것으로 생각하지 않을 수 없었고 장소라는 공간을 통해 세계에 두루 분산되거나 세계 밖의 무한한 공간으로 확산되어 있는 것으로 상상하지 않을 수도 없었습니다.[5] 비록 불후하고 불가침하고 불변하는 것 자체를 썩어 없어지고 침해당하고 변하는 것보다 우선시했지

---

[3] 아우구스티누스의 신론에서는 '불변성'이 거듭 강조된다. "존재는 불변성의 다른 이름이며 변화하는 모든 것은 있던 존재가 멈추는 중이고 있지 않던 존재가 시작하는 중이다"(Sermones, 7.7).
[4] 새 모양을 한 괴물이다. "하르피아들의 더러운 떼거리가 발톱 난 다리를 드리우고 주위에 서성거리고 있었으며 진설한 제물을 입으로 더럽히고 있었다" (베르길리우스, 『아이네이스』, 3.233-234)에서 따온 문구다.
[5] 앞에서도(이 책, 5.10.19) "저의 하느님에 관해 생각하고 싶을 때에는 하느님을 물체의 덩어리로 생각하는 길밖에 몰랐습니다. 제게는 그런 것이 아닌 무엇이 존재한다고 느껴지지 않았습니다. 바로 이 점이 저의 불가피한 오류의 가장 큰 이유요 아마도 유일한 이유였습니다"라고 자백한다.

만 말입니다.

제가 그렇게 생각한 것은, 무엇에서든지 저런 공간을 삭제한다면 아무것도 존재하지 않는 것처럼 보였기 때문입니다. 그것은 그야말로 무無이지 단순한 허공虛空이 아니라고 생각했습니다. 공간에서 물체가 제거된 공간, 모든 물체가 비워진 공간 같은 그런 경우가 아닙니다. 이를테면 흙으로 된 물체든 습한 물체든 공기 물체든 천상 물체든 물체가 다 비워지고 허공만 남는 경우가 아닙니다. 마치 공간적 무 같은 허공이 남는 것이 아닙니다.[6]

1.2 이토록 저는 마음이 무뎌져 있었고 제게도 제 자신이 선명하지 못했습니다.[7] 저는 무엇이든지 일정 양의 공간을 통해 연장되어 있거나 확산되어 있거나 응결되어 있거나 팽창하고 있거나 어떤 무엇을 내포하고 있거나 내포할 가능성이 있지 않다면 그야말로 무라고 간주해왔습니다.[8] 저의 눈이 어떤 일정한 형상을 통해서 대상물을 향해 나가는 것이 일반적이듯이, 저의 마음도 어떤 일정한 영상影像을 통해서 대상물을 향해 나갑니다.[9] 그런데 제가 이런 영상들을 형성해내던 제 지성의 지향이 공간을 갖는 그런 무엇이 아님을 저는

---

6) 공간적 무: "공간의 속성만은 유지한 무"를 말한다. 혹자는 추상화된 수학적 공간을, 스토아나 신플라톤학파는 "물체보다 먼저 존재하던 허공 혹은 물체가 제거된 다음에도 아직 존재하는 허공" 또는 진공을 상정하기도 한다.
7) 이 문구는 인간이라는 심연을 들여다보는 교부의 깊은 통찰로 평가받는다(이 책, 4.14.22 각주 89 참조).
8) 원자론 이래로 사물은 연장(extensio), 확산(diffusio), 응결(conglobatio), 팽창(tumentia), 내포(captio) 등의 공간적 성질을 갖는다고 설명되었다.
9) 스토아 인식론에 따르면, 뇌에서 발산하는 광선이 시각을 통해서 대상물에 도달해 그 형상을 주체에 빚어내듯이 영혼에서 동일한 대상물을 향해서 나가는 지향이 그 사물에 관한 영상을 빚어내어 개념을 파악하고 인식을 가능케 한다. 감관과 지성은 형상과 영상을 '통해서' 그 대상물과 접촉한다.

보지 못했던 것입니다.[10] 그래서 저는 영상들을 형성해내는, 지성의 이 지향도 일정한 공간적 크기를 갖지 않는다면 이러한 영상들을 형성해낼 수 없으리라고 생각했습니다.

그러다 보니 내 생명의 생명이시여, 당신마저도 무한한 공간을 통해서 어디에나 있는 커다란 존재로서 세계의 덩어리 전체를 관통하는 분으로 생각해왔고,[11] 심지어 그 덩어리 밖의 어느 방향으로든 무량한 공간을 향해서 무궁하게 뻗어 있는 분으로 생각해왔습니다. 그래서 땅도 당신을 간직하고 하늘도 당신을 간직하고 만물이 당신을 간직하듯, 그것들은 당신 안에서 한정되지만 당신께서는 어디로도 한정되지 않는 분이라고 생각하고 있었습니다. 이것은 마치 공기의 몸체, 땅 위에 있는 저 공기가 태양의 빛살을 방해하지 않는 것과 흡사합니다.[12] 햇살이 공기를 통해 지나가면서 공기를 파괴하거나 약화시키지 않고 공기를 온전히 채우면서 통과하는 것과 비슷한 것입니다. 당신께서도 이와 마찬가지로 하늘의 몸체와 공기의 몸체와 바다의 몸체와 땅의 몸체를 관통하시고, 그 몸체들은 가장 큰 부분도 가장 작은 부분도 당신에 의해 관통될 수 있습니다. 저는 이런 것들이 당신의 현존을 의미한다고 보았습니다.[13] 당신의 현존이야말로

---

10) 여기서 교부는 "유사한 것이 유사한 것에게 파악된다"라는 명제에 따라, 인식대상이 물체면 그것을 파악하는 지향의 활동도 물체적인 무엇이리라 추정했다고 고백한다. "지성의 지향을 신체의 감관으로부터 떼어내고 이탈시키는 그만큼 자신이 참으로 어떤 사물을 깊이 있게 인식했다는 사실을 경험하지 못한 사람이 누구겠는가?"(『영혼 불멸』, 10.17).
11) 마니교의 유물론적 존재론에 의하면 하느님마저도 "무한한 공간을 통해서 어디에나 뻗어 있는 세계의 덩어리 전체"로 개념할 수 있다.
12) 존재하는 모든 것이 물체라면 공기도 몸체[물체]를 갖고(aeris corpus) 있지만 태양 광선이 그대로 관통하듯이, 하느님의 현존이 만유를 관통하고 있으리라고 이해했다.
13) "하느님이 당신이 창조하신 무엇을 주시는 것이 아니라 만유를 창조하신 당

내밀한 영감靈感으로 당신께서 창조하신 만물을 안팎으로 관리하기 때문입니다.

    제가 이런 식으로 추측한 것은 달리 생각할 능력이 없었기 때문입니다. 하지만 그런 생각은 거짓이었습니다. 그런 식이라면 땅의 더 큰 부분은 당신의 부분을 더 많이 차지하고 더 작은 부분은 더 적게 차지할 것이기 때문입니다. 다시 말하면 만물이 당신으로 가득 차 있다면, 코끼리의 몸은 참새의 몸보다 더 커서 더 큰 공간을 차지한다는 이유만으로 당신을 더 많이 차지하게 되고, 그러다 보면 황당하게도 당신께서는 세상의 커다란 부분들에는 당신의 더 큰 부분을, 더 짧다란 부분들에는 당신의 더 짧은 부분을 현존하게 만드신다는 말이 됩니다. 사실 그렇지 않습니다.14) 당신께서는 그때까지도 저의 어둠을 아직 비춰주지 않으셨습니다.

2.3. 하느님의 실체에 관한 마니교 이론을
       네브리디우스가 무너뜨리다

    주님, 저자들을 속고 속이는 자들,15) 말 많은 벙어리라고 하는 것은 지당합니다. 그자들한테서는 당신 말씀이 울려나오지 않으니 저

    신 자신을 내어주실 것이니 하느님을 포용하도록 연습하라!"(『시편 상해』, 83.3).

14) "인간 영혼은 그 탁월하고 아마 유일무이한 시선이 이성 그것인데 그것으로 … 스스로를 고찰하면서 자기가 장소를 점유하는 크기를 일체 결하고 있다는 사실로 인해서 … 영혼을 두고는 위대한 것을 생각해야 하지만 그것은 덩치가 없는 위대함이네"(『영혼의 위대함』, 14.24).

15) 아우구스티누스는 마니교도들에게 "진리를 갖지 못했으니 '속은 자'요 그것을 타인들에게 가르치는 만큼 '속이는 자'"라는 표현을 자주 구사한다.

는 그들과 충분히 맞설 수 있었습니다. 아주 오래전에, 그러니까 카르타고에서부터 네브리디우스한테서 제기되곤 하던 반박으로 그 말을 듣던 저희 전부가 충분한 충격을 받았기 때문입니다. 그의 반박은, 뭔지 모르지만 어둠의 족속[16]이라는 것이 있고, 적대하는 덩어리에서 온 그 어둠이 당신께 맞서기 십상인데, 만일 당신께서 그 족속과 겨루기를 마다하신다면 그 족속이 당신께 과연 무엇을 할 수 있겠느냐는 내용이었습니다.

만일 어둠의 족속이 당신께 어떤 해를 입힐 수 있었으리라는 대답이 나온다면, 당신께서 침해당하고 부패하는 분이 되시고 맙니다. 만일 아무 해도 입힐 수 없었다는 말이 나온다면, 당신께서 그것과 싸우실 이유가 전혀 없습니다.[17] 또 당신의 어떤 부분, 당신의 어떤 지체, 즉 당신의 실체에서 나온 어떤 소생들이 적대적 세력, 당신께 창조받지 않은 어떤 자연본성과 섞여서 부패되고 나쁘게 변하고 결과적으로 행복에서 불행으로 전락했다는 말도 합니다. 그래서 그 소생들이 거기서 벗어나고 정화될 수 있게 해주는 어떤 도움이 필요해진다고 말입니다. 그것은[18] 다름 아닌 이 영혼이며, 당신의 말씀에서는 예속된 영혼에 비해 자유롭고, 오염된 영혼에 비해 순수하며, 부패한 영혼에 비해 온전하므로 영혼을 돕지만, 그 말씀 자체도 유일하고 동

---

16) 마니교는 선악이원론에 따라, 선한 하느님이 악을 만들었다고 말하지 못하므로, 선의 원리인 하느님에 맞서는 악의 원리가 있어 그 세력다툼의 판도에 따라 개개인의 선악 행위가 이루어진다는 숙명론을 내세웠다.

17) 마니교의 선악이원론을 상대하는 네브리디우스의 양도논법의 논지는 이렇다. "어둠의 족속이 하느님에게 해를 끼칠 수 있다면 해코지를 당하는 만큼 이미 하느님이 아니니 선의 원리가 존재하지 않고, 해를 입힐 수 없다면 하느님으로서는 그 세력을 상대로 싸울 이유가 없으니 선의 원리 하나밖에 존재하지 않는다."

18) 마니교도들이 말하는, "하느님의 한 부분이면서도 정화와 속량이 필요한 존재"를 의미한다.

일한 실체에서 유래하므로 또한 부패하는 존재라고 합니다.[19] 그러니 당신이 어떤 분이시든 간에, 당신이 존재하시는 당신의 실체가 부패하지 않는다고 말한다면 그자들이 하는 모든 얘기가 거짓이고 가증스러운 말이 됩니다.

물론 당신의 실체를 부패하는 것이라고 한다면 그 말부터가 거짓이 되니 첫마디부터 혐오받아 마땅합니다. 무슨 수를 써서든 답답한 저의 가슴에서 그자들을 게워내야 했는데 그자들에게 맞서는 데는 네브리디우스의 반박으로 충분했으며,[20] 그자들로서는 당신께 관한 저따위 생각을 하고 또 말로 하는 이상, 마음과 혀로 가공할 신성모독을 저지르는 것 외에는 거기서 나올 만한 게 없었던 것입니다.[21]

3.4. 악의 원인은 자유의지

저로 말하면 저희 하느님이 더럽혀질 수도 달라질 수도 어느 면으로 변할 수도 없는 분이라고 말하고 또 굳게 믿었으며, 당신께서 저희 영혼뿐만 아니라 신체도 만드셨고, 또 저희 영혼과 신체뿐만 아니라 모든 사람과 모든 물체를 지으신 당신께서 참하느님이심을 믿었습니다. 하지만 아직도 악惡의 분명하고 확연한 원인은 파악하지 못하고 있었습니다.[22] 그 원인이 무엇이든 그것을 탐구하다가 그 원인

---

19) 하느님의 실체가 '어둠의 족속'에 의해서 해를 입는다면, 그 실체에서 나온 '말씀' 역시 어둠에 해를 입는 것이므로 부패하는 존재가 된다.
20) 아우구스티누스의 마니교 반박서들에 네브리디우스의 양도논법이 여러 번 차용된다.
21) 그들의 논지는 어느 편으로든 "하느님이 부패하는 존재"라는 명제를 도출하므로 자가당착이자 신성모독이다.
22) 앞에서도 "악이란 선의 결핍 외에 다른 것이 아니요 결국 악 자체는 전혀 존

이 변하지 않는 하느님을 변하는 분으로 믿도록 강요해서는 안 된다고 보았으며, 또 제가 캐묻는 악의 원인이 제 자신이 되어서도 안 된다고 생각했기 때문입니다.[23]

그래서 저는 자신 있게 악의 원인을 따지던 중이었고, 그자들이 하던 말은 진리가 아니라고 확신했습니다. 악이 어디서 유래하는지 탐구하다 보니 저는 그자들이 악의에 가득 차 있다고 보게 되었습니다. 그 악의로 인해서, 그들은 자신들의 실체가 악을 행한다고 생각하기보다는 차라리 당신의 실체가 악을 수용한다고 생각했기 때문에[24] 저는 마음을 다해서 그자들을 피해 다녔습니다.

3.5 저희가 악을 행하는 것은 의지의 자유의사[25]가 원인이라고, 또 저희가 악을 당하는 것은 당신의 엄정한 심판이 원인이라고 들었으므로 그 말을 이해하려고 정신을 쏟아보았습니다.[26] 그렇지만 확연히 깨달을 힘이 없었습니다. 저는 심연에서 허덕이는 지성의 정곡을 끄집어내려고 노력했지만 결국 다시 가라앉곤 했으며 애를 쓰면 쓸

재하지 않음을 몰랐습니다"(이 책, 3.7.12)라고 자백한 바 있다.
23) '악의 원인'을 탐구하다 "인간 자체가 악하다[악이다]"라는 결론을 도출하면 '악한 실체'가 존재한다는 선악이원론으로 돌아가고 만다.
24) 악의 원인은 청장년 시기 아우구스티누스의 가장 큰 고민이었다. 그는 마니교가 악은 인간의 책임이 아니라 "신의 실체가 악을 용납한다"("악을 당한다"라는 번역도 가능하다)라고 주장하며 사람을 기만한다는 것을 간파하고, 회심 후『자유의지론』을 집필해 근본적인 해결책을 찾아낸다.
25) 역자는 voluntas를 '의지'로, liberum arbitrium를 '자유의사'로, liberum voluntatis arbitrium를 '의지의 자유의사' 혹은 '자유의지'로 구분해서 번역했다.
26) '죄벌'만 진정한 악으로 간주하고 '죄악'은 외압과 충동에 의한 어쩔 수 없는 실수로 간주하는 이원론자들의 자기기만을 체험한 아우구스티누스는 세상의 악을 인간이 도덕적으로 자행하는 윤리악 곧 '죄악'과 그에 따른 고통과 불행 곧 물리악인 '죄벌'로 엄격하게 나누었다.

수록 거듭거듭 가라앉고 말았습니다. 그래도 당신의 광명으로 저를 끌어올려주던 것은 제가 살아 있음을 아는 일 못지않게 제가 의지意志를 갖추고 있음을 알고 있다는 사실이었습니다.[27]

따라서 제가 무엇을 하고 싶어 하거나 하기 싫어할 때는 다른 사람 아닌 제가 하고 싶어 하고 제가 하기 싫어한다는 점이 아주 확실했고, 제 죄의 원인이 바로 거기에 존재함을 일찌감치 감지했던 것입니다. 제가 억지로 하는 일은 제가 행한다기보다는 제가 당하는 것이라고 여겼고, 그것은 죄과罪過라기보다는 죄벌罪罰이라고 판단하곤 했으니, 당신께서 의로운 분이라고 생각하는 이상, 제가 무슨 일을 불의하게 당하지는 않으리라고 단언하곤 했습니다. 그러면서도 또다시 이런 소리를 되뇌곤 했습니다.

"누가 나를 만드셨는가? 나의 하느님, 그냥 선하실 뿐만 아니라 선 자체인 분이 아니신가? 그렇다면 악은 하고 싶고 선은 하기 싫은 심보는 어디서 오는가?[28] 단지 내가 왜 죄벌을 당해 마땅한지 보여주려고? 지극히 감미로우신 내 하느님께서 나를 창조하셨는데 누가 쓴맛의 묘판苗板을[29] 내 안에다 넣어주었으며 내게다 심어놓았을까? 만일 악마가 이 일을 해놓은 장본인이라면 그 악마는 어디서 왔는가?

---

27) "의지에 앞서 의지의 어떤 원인이 있을 수 있겠습니까? 그 원인이라는 것이 곧 의지 자체이며 따라서 의지의 뿌리에서 더 이상 소급을 않거나, 그렇지 않으면 의지가 아닌 데서 의지가 기원하므로 의지는 아니어서 아무런 죄가 성립되지 않거나 둘 중의 하나겠습니다"(『자유의지론』, 3.17.49).
28) 이 물음은 오비디우스(『변신 이야기』, 8.20): "더 나은 것이 무엇인지 알고 다짐까지 하고서는 정작 내가 따르는 건 더 못한 것이다"와 바울로(로마 7:15;19: "나는 내가 하는 일을 도무지 알 수가 없습니다. 내가 해야겠다고 생각하는 일은 하지 않고 도리어 해서는 안 되겠다고 생각하는 일을 하고 있으니 말입니다. 나는 내가 해야 하겠다고 생각하는 선은 행하지 않고 해서는 안 되겠다고 생각하는 악을 행하고 있습니다") 이래로 지식인들의 실존적 번민이었다.
29) 마니교는 망망대해에 떠 있는 거대한 해면체(선한 하느님)에 묘판 하나가 따로 놓여 있고 거기에서 악한 사물들이 돋아난다고 설명했다.

사악한 의지 때문에 선한 천사에서 악마가 되었다면 그로 하여금 악마가 되게 만든 그 악한 의지는 어디서 왔는가? 본래의 선한 천사도 지극히 선하신 조물주께서 전부 만드셨을 텐데 말이다."30)

이런 온갖 사념에 시달려 저는 숨 막힐 지경이 되었습니다. 하지만 아무도 당신을 찬미하지 않는 지옥까지, 인간이 악을 행한다기보다는 당신께서 악을 수용하신다고 여길 만큼 깊은 오류의 지옥까지 끌려간 것은 아니었습니다.

4.6. 하느님은 결코 부패하는 분이 아니다

저는 이렇게 해서 부패하지 않는 존재가 부패하는 존재보다 낫다는 사실을 이미 깨우쳤고, 따라서 당신이 어떤 분이시든지간에 부패하는 분은 아니라고 고백하고 있던 터였으므로 그밖의 다른 것도 알아내려고 힘썼습니다. 당신께서 가장 높고 가장 좋은 선이시므로 어떤 영혼도 결코 당신보다 더 나은 존재를 앞으로도 상상할 수 없을 것입니다. 제가 이미 밝힌 대로 부패하지 않는 존재가 부패하는 존재보다 낫다는 사실이 더없이 진실하고 더없이 확실한 마당에, 당신이 만일 부패하지 않는 분이 아니라면, 저로서는 저의 하느님보다 더 나은 무엇을 머릿속에서 떠올릴 수도 있었을 것입니다.31) 부패하지

---

30) 악의 장본인(auctor mali)으로 간주되는 악마가 선한 창조주 아닌 다른 원리(어둠의 족속)에서 유래했다는 설명은 그럴듯해 보이지만 그것 역시 선악이원론이다. 이는 "하느님의 실체 자체가 먼저 필연에서, 그다음 불가해하게 의지에 의해서 부패하고 전도되었다"(*De Genesi ad litteram*, 11.13.17)라는 불경스러운 결론으로 귀결된다(『자유의지론』, 3.10.29-31 참조).
31) 이 착안은 교부에게서 신의 존재 증명 가설의 전제로 쓰인다. "그보다 상위의 존재가 아무것도 없다고 확증되면 하느님이라고 고백하겠다"(『자유

않는 존재를 부패하는 존재보다 낮게 여겨야 한다는 사실을 알게 된 이상, 저는 당신을 찾아야만 했고 거기서부터 도대체 악이 어디에 있는지, 사물을 손상시키는 부패 자체가 대체 어디서 유래하는지 따져봐야만 했습니다.

당신의 실체는 부패에 의해서 조금도 결손될 수 없습니다. 부패는 어떤 식으로도 저희 하느님을 손상시키지 못합니다. 어떤 의지로도, 어떤 필연으로도, 예상 못 한 어떤 우연으로도 범하지 못하시는 이가 바로 하느님이시기 때문이고, 그분이 스스로에게 뜻하시는 바가 곧 선이기 때문이고, 그분이 바로 선 자체이시기 때문입니다.

그런데 부패된다는 것은 선하지 않습니다. 당신께서는 필연에 의해서 억지로 무엇을 하시도록 강요받지도 않으시는데, 당신의 의지가 당신의 능력보다 더 크지 않기 때문입니다. 만일 당신이 당신을 능가한다면 당신의 의지가 당신의 능력보다 더 크다는 말이 됩니다.[32] 하느님의 의지도 하느님의 능력도 하느님 자체이기 때문입니다. 또 당신은 만사를 알고 계시는데 과연 무엇이 뜻밖의 우연이 될 수 있겠습니까? 당신이 자연본성을 알고 계시기 때문이 아니라면 어떠한 자연본성도 존재하지 않습니다.[33] 하느님이라는 실체가 왜 부

의지론』, 2.6.14). 하느님이라고 하면 최고선이시고 "그보다 더 훌륭한 것이 도무지 존재하거나 생각될 수 없는 분으로 이해하거나 믿어야 한다"(*De moribus ecclesiae catholicae et Manichaeorum*, 2.11.24). "그보다도 더 훌륭하고 더 고귀한 것이 없으리라는 어떤 것"(『그리스도교 교양』, 1.7.7).

32) 하느님의 의지가 필연의 강요를 받아 행동해야 한다면, 그런 강요를 물리칠 능력이 없으므로 하느님의 의지가 하느님의 능력보다 크다는 역설적인 상태가 된다.

33) "당신의 모든 피조물들, 영적이든 물체적이든 모든 피조물들을 아는데, 그것들이 존재하니까 비로소 아는 것이 아니고 당신이 아니까 그것들이 비로소 존재한다"(『삼위일체론』, 15.13.22). "세계는 존재하지 않으면 우리에게 알려질 수 없다. 그런데 세계는 하느님께 알려지지 않았더라면 존재하지 못했

패하지 않는지를 두고 어째서 저희가 이렇게 많은 얘기를 하는 것입니까? 만일 부패하는 것이라면 하느님이 아닐 텐데 말입니다.

5.7. 하느님이 모든 것을 선하게 만드셨다면 악의 뿌리는 무엇인가

저는 악이 어디서 유래하는지 따지고 있었지만,[34] 애당초 잘못 따지고 있었기 때문에 저의 탐구 자체에 깃들어 있는 악을 눈치채지 못하고 있었습니다. 저는 창조계 전체를, 창조계 안에서 저희가 감지할 수 있는 것이면 무엇이든지 다 제 영신靈神[35]의 목전에다 늘어놓았습니다. 예컨대 땅과 바다, 대기와 성좌, 나무와 사멸하는 동물들 말입니다. 또 이어서 창조계 안에서 저희가 눈으로 못 보는 것들, 예컨대 저 하늘의 궁창穹蒼이며 모든 천사들이며 천계의 모든 신령한 것들을 늘어놓았습니다. 그런데 이 후자들마저도 저의 상상력처럼, 무슨 물체나 되는 듯이 공간마다 배치되는 것이었습니다.

그리고 나서 저는 당신의 창조계를 단일하고 거대한 덩어리, 물체들의 종류들로 구분되는 덩어리로 만들어보았습니다. 실제로 물체인 것들이든, 영적 존재인 것들을 제가 물체라고 생각한 것이든 상관없이 거대한 덩어리로 만들어보았습니다. 얼마나 큰지는 알 수 없었

을 것이다"(『신국론』, 11.10.3).
[34] 아우구스티누스가 도달한 결론은, 악이 실체가 아니라(『참된 종교』, 18.35 참조) 선의 결핍에 불과하며(이 책, 3.7.12 참조), 선한 신이 만든 선한 피조물만 존재하는 세계에서 악의 작용인은 존재하지 않고 결함인밖에 발견되지 않는다(『신국론』, 12.6-9 참조)는 것이다.
[35] spiritus: 이 책에서는 물체들의 표상을 포착하는 인간의 기능을 가리키지만 성경에서 하느님 앞에 나서는 인간 주체를 뜻하기도 한다.

지만 제아무리 크더라도 클 만큼 크고 따라서 어느 쪽으로든 유한한 무엇이려니 했습니다.

그리고 주님, 당신으로 말하자면 모든 방향으로 그 덩어리를 감싸 주시면서 또한 그것을 관통하시는 분으로, 그러면서도 어디까지나 무한하신 분으로 생각했습니다. 말하자면 사방으로 바다가 있는데 광대무변하게 무한한 바다 하나만 존재하고, 그 바다 내부에 어떤 커다란 해면이 있다는 것입니다.[36] 어디까지나 유한한 해면이고, 그 해면은 응당 모든 부분에서 광대무변한 바다로 충만해 있습니다. 이런 식으로 저는 당신의 유한한 창조계가 무한하신 당신에 의해서 충만하게 채워져 있다고 생각했습니다. 그래서 이런 말도 했습니다.

"보라, 여기에 하느님이 계시고, 여기에 하느님이 창조하신 것들이 있다. 하느님은 선하시고 이것들보다 아주 힘 있고 이것들을 까마득히 초월하신다. 단지 선한 분으로서 선한 것을 창조하셨다. 보라, 하느님이 어떻게 저 모든 것을 감싸시고 충만하게 채우시는지를! 그렇다면 악은 어디 있고 어디에서 이리로 스며들었을까? 악의 뿌리는 무엇이고 그것의 씨앗은 무엇인가? 혹시 악이란 본디 존재하지 않는가? 그렇다면 존재하지도 않는 악을 우리가 왜 두려워하고 조심하는가? 하릴없이 두려워한다면 두려움 자체가 악이 아닌가?[37] 마음이 그 두려움으로 충동질받고 번민하고 있으니 말이다. 우리가 두려워하는 바가 존재하지 않는 만큼, 그만큼 악이 중하다.

여하튼 우리는 두려움을 품고 있다. 그러니까 우리가 두려워하는 악이 존재하거나, 우리가 두려워하기 때문에 그것이 악이거나 둘 중

---

36) "영혼은 육체적 자연본성이 아니고 공간적 장소에 물체가 찬 것도 아닌데, 물이 가죽부대나 해면을 채우듯이 하고 있다"(*De Genesi ad litteram*, 8,21,42).
37) 악을 '선의 결핍'으로 규정하더라도 생겨나는 '존재도 하지 않는 악에 대한 현실적 두려움'의 정체를 분석한다.

하나다. 선하신 하느님이 이 모든 것을 선하게 만드셨다는데 악은 어디서 유래해 존재하는가? 더 큰 선, 그러니까 최고선이 덜 선한 것들을 만들었다.[38] 그렇지만 지은 이나 지음 받은 것들이나 모두 선함은 틀림없는 사실이다. 그렇다면 악은 어디서 유래하는가? 혹시 저것들을 만들어낸 바탕 곧 어떤 질료가 악한 것이었고,[39] 하느님께서 그 질료를 형상화하시고 배열하셨지만 선으로 환원하지 않으시고 그 질료 안에 뭔가를 남겨두셨다는 말인가?[40] 왜 하느님은 그렇게 하셨을까? 전능한 분이신데도 아무런 악도 남지 않도록 질료 전체를 환원시키고 변화시키는 것은 불가능하셨을까?

끝으로, 왜 하필이면 저런 질료로부터 무엇을 만들어내고 싶어 하셨을까? 애당초 질료가 아예 존재하지 않게 당신의 그 전능을 발휘하여 만들지 않으시고? 그렇지 않으면 저 질료가 그분의 의지에 맞서 존재할 수 있었다는 말인가? 그것도 아니고 저 질료가 영원하다면 무엇 때문에 거의 무한한 시간 동안 저것을 그냥 존재하게 놓아두셨다가 그다음에야 저것에서 무엇을 만들어내려고 하셨을까? 아니면 하느님이 어느 날 갑자기 무엇을 창조하려고 하셨다면 전능하신 분으로서 그 악한 질료를 전멸시키는 편이 더 낫지 않았을까?

그것도 아니고 이미 즉각적으로 행동하기 바라셨다면, 전능하신

---

[38] 그는 선을 하느님이라는 '최고선', 지상사물이라는 '하위선', 자유의지처럼 사용 여부에 따라 위상이 달라지는 '중간선'으로 나누어 이야기한다(『자유의지론』, 2.19.50).

[39] 이원론에서 가장 흔한 사조는 '정신'과 '물체'를 선악으로 분리하면서 선한 신의 선한 피조물들을 불완전하고 가변적으로 만드는 것은 '악한 질료'(materies mala)라고 보는 관점이다. 그래서 아우구스티누스는 이 책 후반부(12.7-8)에서 질료도 선한 하느님의 선한 피조물임을 역설한다.

[40] 아우구스티누스의 창조론에서는 기본이 되는 질료(materia informis)를 하느님이 만드셨고(fecit), 그 질료를 형상화하고(formavit), 배열하셨다(ordinavit)는 세 단계의 창조 행위가 논의된다.

분답게 행동하셔서 저 질료가 아예 존재하지 않게 하심으로써 당신 홀로 오롯이 참되고 지존하고 무한한 선으로 존재하셨어야 하지 않았을까? 그렇지 않고 선한 분이라면 선한 무엇을 지어내고 창조하지 않고 그냥 두는 일이 좋지 않았다면, 악했던 질료를 제거해서 아예 무로 환원시키신 다음에 친히 선한 질료를 마련하셔서 그것으로 모든 것을 창조하실 만하지 않았는가?[41] 당신 친히 조성하지 않으신 질료의 도움을 받지 않고서 선한 무엇을 조성하실 수 없다면, 전능한 분이 아니실 것이다."

이 가련한 가슴으로 저는 이런저런 생각을 굴리고 있었을 뿐 아니라 죽음에 대한 공포와 진리를 발견하지 못한 아쉬움에서 오는 통렬한 번민으로 짓눌려 있었습니다. 그런 와중에도 가톨릭교회 안에 있는 당신의 그리스도, 저희 주님이시며 구원자이신 분께 대한 신앙만은 저의 마음에 견고하게 자리 잡고 있었습니다. 저의 신앙은 아직 많은 점에서 형태가 미비했고 교리의 규범을 벗어나 흔들리고 있었지만, 저의 지성은 그 규범을 저버리지 않았고 오히려 나날이 더욱더 그 규범을 수용해가는 편이었습니다.[42]

6.8. 점성술의 포기

그동안 저는 이미 산술가[43]들의 거짓된 점술과 불경스러운 환상

---

41) 이 책 후반부(11-13권)에서 "한처음에 하느님께서 하늘과 땅을 지어내셨다" (창세기 1:1)는 구절에 나오는 '땅'을 아우구스티누스는 '무형의 질료'로 해석하고, 그 질료에서 7일 동안의 창조가 이루어지는 것으로 해설한다.
42) 아직은 그리스도를 "온전한 인간 … 여타의 모든 인간들보다 뛰어난 분 … 완벽하게 지혜에 참여하는 분" 정도로 생각하는 수준에 머물러 있었다.
43) mathematicus: 천문학자(astronomus)와 달리 천체나 성좌의 움직임을 계산

을 버린 지 오래였습니다. 저의 하느님, 이 일을 두고 제 영혼의 깊은 오장육부로부터 우러나, 당신 자비가 이뤄낸 업적에 대해 당신께 찬미를 올려야 마땅합니다! 당신께서, 전적으로 당신께서 저를 저의 옹고집에서 고쳐주셨습니다. 당신이 아니시면 온갖 오류의 죽음에서 누가 또 저를 건져내겠습니까? 당신께서는 죽음을 모르는 생명이시고, 부족함이 많은 지성들을 비추어주면서도 스스로는 어떠한 빛도 아쉬워 않는 지혜이시며, 흩날리는 나무 잎사귀에 이르기까지 온 세상이 다스림을 받는 그 지혜이십니다. 제가 빈디키아누스라는 예리한 노인에게도, 경이로운 영혼을 갖춘 젊은이 네브리디우스에게도 맞서던 옹고집 말입니다.[44]

전자는 저한테 강력하게 주장했고, 후자는 약간의 의심을 품으면서도 저에게 여러 번 이런 말을 했습니다. 미래를 내다보는 그런 기술은 존재 않는다고, 인간들의 추측이 우연히 맞아 운수의 힘처럼 여겨지는 법이라고,[45] 많은 말을 하다 보면 장차 일어날 일도 더러 언급하게 된다고, 하지만 말하는 당사자도 모르는 새에, 입을 다물지 않고 지껄이다 그렇게 얻어걸릴 따름이라고 일러주었습니다. 그래서 당신께서는 사람 하나를 친구로 마련해주셨습니다. 산술가들의 점을 보러 다니는 데는 남에게 뒤지지 않는 고객이지만 그 방면의 문전文典에 밝은 사람은 아니었습니다. 방금 말씀드린 대로, 그는 호기심 삼아 점을 보는 사람이었고 뭔가를 알고 있었습니다. 그는 자기 아버지한테서 들었다는 이야기를 들려주곤 했습니다. 그게 그 술수에 대한 견

해 인간 행위와 길흉을 예측하는 점성술가(astrologus)를 가리켰다.
44) 앞서 두 인물이 아우구스티누스에게 충고하며 점성술을 믿지 말라고 타이르던 얘기가 나온다(이 책, 4.3.5-6).
45) 빈디키아누스라는 지성인이 학예에서 오는 ars(기술)와 우연히 짚어내는 sors('운수'와 '제비뽑기'를 함께 의미하는 단어)를 대조하며 주의를 환기시킨다.

해를 뒤집어엎을 만한 가치가 있으리라는 것을 그는 미처 모르고 있었습니다.

그 남자의 이름은 피르미누스로[46] 자유학예를 공부했고 웅변을 익힌 사람이었으며, 저를 아주 친밀하게 대하면서 자기 사정에 대해 몇 가지 저에게 상담을 하곤 했습니다. 그의 속세에 관한 희망을 부풀게 만드는 그런 사안이었습니다. 한 번은 속칭 천궁도天宮圖라는 자기 운세를 두고 어떻게 생각하느냐고 물어왔는데,[47] 이 문제에 관해서는 저는 벌써 네브리디우스의 의견에 기울기 시작한 참이었지만, 그냥 짐작하는 것까지 완강히 배척하지는 않았고 망설이면서 뇌리에 떠오르는 것들을 말해주었습니다. 그리고 덧붙여서 제게는 이제 이런 짓이 우습고 황당하기까지 하다고 말했습니다. 그러자 그 사람은 자기 아버지도 이 방면의 서적들에 호기심이 무척 많았고 똑같이 그런 짓거리를 따라다니는 친구 한 명을 두고 있었다는 이야기를 했습니다. 그 두 사람은 같은 열성과 화제를 나누면서 그 하찮은 수작에다 마음의 열의를 사르고 있었습니다. 그들은 말 못 하는 짐승들이 만일 집에서 새끼를 낳는다면 놈들이 태어나는 시간을 지켜보았고, 그 시간과 하늘의 위치를 따짐으로써 그 기술에 대한 경험을 쌓았다는 것입니다.

피르미누스가 자기 아버지한테서 들은 얘기가 있답니다. 바로 그 피르미누스를 어머니가 임신했을 때 아버지 친구의 하녀도 똑같이 수태를 했습니다. 그 사실을 주인이 놓칠 리 없었습니다. 주인은 자기 집 개가 새끼를 낳아도 아주 세세한 정성으로 꼼꼼하게 마음을 쓰던 사람이었습니다. 그래서 그는 한 사람은 자기 배우자의 해산 날

---

46) Firminus: 아우구스티누스가 점성술을 청산하는 데 결정적인 도움을 준다.
47) 훗날에 교부는 별자리의 "관찰을 토대로 태어나는 사람들의 성격과 행동과 운명을 예언한다는 것은 크나큰 착오요 망상이 아닐 수 없다"라고 단언한다 (『그리스도교 교양』, 2,22,33).

짜와 시간을, 또 하나는 하녀의 해산 날짜와 시간을 아주 세세한 시각까지 아주 조심해서 관찰해 헤아려보게 했고, 그 결과 두 여자 다 동시에 몸을 풀게 되었답니다. 그렇게 해서 갓난아기 둘 다에게 같은 천궁도를, 한 사람은 아들에게, 한 사람은 아기 노예에게 분초分秒까지 똑같이 해서 만들어보라고 지시하는 참이었습니다.

여자들이 해산을 시작하자 모두 자기 집에서 무슨 일이 일어나고 있는지 기별을 했으며 상대방에게 보낼 심부름꾼을 대기시켜 두었습니다. 출산 중인 아기가 태어나는 대로 상대방에게 알리기 위함이었습니다. 즉각 보고하려는 것이었는데 그것이야 각자 자기 왕국이라 할 수 있는 집안에서 일어나고 있는 일인 만큼 쉽사리 해냈습니다. 그런데 양편에서 보낸 사람들이 각 집에서 똑같이 떨어진 거리에서 마주쳤습니다. 그러니 두 아기에게 다른 천궁의 위치와 특정한 다른 사주48)를 표해주는 일이 용납되지 않았다는 것입니다. 그럼에도 불구하고 피르미누스는 지체 높은 자리에, 가족들 한가운데 태어나 세상의 탄탄대로49)를 거침없이 달려갔으며 재산은 늘고 명성은 높아만 가는데, 저 종은 노예 신분의 멍에를 조금도 벗지 못한 채로, 어려서부터 그를 알아온 피르미누스가 가리키는 대로50) 줄곧 주인들을 섬기고만 있었습니다.

6.9 이런 얘기를 다 듣고 또 당사자가 직접 한 얘기를 믿고 보니

---

48) particulae momentorum: 로마인들의 묘비를 보면 망자의 나이를 연월일로 계산해 새겨놓을 만큼 출생 연월일시를 유념해두고 있었다.
49) 직역하면 '하얗게 바랜 도로'. 석회가 함유된 돌로 포장된 도로는 사람이 다니면서 석회가 묻어나와 갈수록 하얘지므로 '탄탄대로'를 의미하는 관용어로 쓰였다.
50) 시편 123:2 참조("종들의 눈이 제 상전의 손을 향하듯, 몸종의 눈이 제 여주인의 손을 향하듯 그렇게 저희의 눈이 주 저희 하느님을 우러릅니다").

까 저의 그 옹고집은 송두리째 꺾이고 말았습니다. 그러고 나서 맨 먼저 제가 한 노력은 피르미누스를 그런 호기심에서 돌아서게 만드는 일이었습니다. 저는 이런 식으로 말했습니다.

그의 천궁도를 유심히 살펴보고서 참말을 내가 발설하기로 한다면 나로서는 그 별자리에서 무엇보다도 집안사람들 가운데서도 특출한 부모와 자기네 도시에서는 귀족 가문에다 태생적으로 자유시민인 것과[51] 관직을 맡게 될 교육과 자유시민으로서의 학문 따위를[52] 내다보듯이 해야 한다. 하지만 똑같은 천궁도를 타고난 저 노예가 만일 나에게 바로 그 천궁도가 자기 것이라며 자기 운세를 물었다면, 그리고 그 사람에게도 그럴듯한 말을 해야 한다면 나로서는 동일한 천궁도를 놓고서 극히 천한 가문이며 노예 신세며 그야말로 전자와는 전혀 다르고 전혀 동떨어진 얘기들을 하지 않으면 안 되었을 것이다. 똑같은 천궁도를 들여다보면서 맞는 말을 해야 한다면 저토록 다른 말을 해야 하고, 만약 똑같은 천궁도에 따라서 똑같은 말을 해준다면 거짓말을 하는 셈이 된다. 여기서 내가 선명하게 읽어낸 바는 이렇다. 천궁도를 보고서 점괘와 맞는 그럴듯한 말을 하는 경우, 그 일은 천문학이라는 기술로 이루어지는 것이 아니고 점성술의 우연한 제비뽑기로 이루어지는 일이며, 거짓말이 나오는 경우도 천문학 기술에 대한 무지에서 기인하는 것이 아니고 점성술이 하는 제비뽑기의 거짓에서 기인한다는 것이다!

6.10 이렇게 실마리를 얻은 저는, 저따위 짓으로 돈벌이를 뒤쫓

---

51) 노예에서 해방된 자유민(liberati)이 아닌, 자유민으로 태어난(matre liberi) 사람을 가리킨다.
52) honesta educatio liberalesque doctrinae: 단순히 '고상한 교육과 자유학예'라고 번역할 수도 있다.

는 미치광이들을, 저자들을 공박해서 조롱거리로 만들어 내쫓아야겠다는 마음을 오래전부터 품고 있었습니다. 그래서 저자들 가운데 혹시 누가 저한테 대들면서 피르미누스가 저한테 거짓말을 했다고 하거나, 혹은 그의 아버지가 그에게 거짓말을 했다고 시비 거는 경우에 뭐라고 할까 궁리했습니다. 그래서 쌍둥이로 태어난 사람들을 고찰해보았습니다. 그들 대다수는 거의 동시에 태에서 밀려나오므로, 그 작은 시각 차이가 대자연에 아주 큰 위력을 행사할지도 모른다는 시비가 나오더라도, 인간의 관찰로는 그 차이를 포착할 수도 없을뿐더러, 산술가가 천궁도에 도표로 표시해가면서[53) 제대로 된 말을 발설할 만큼 관찰할 능력도 전혀 없습니다. 천궁도상의 동일한 도표를 들여다보고 있는 이상, 쌍둥이 에사우와 야곱에 관해서는 동일한 인생 역정을 말하지 않으면 안 되었을 텐데, 그런 얘기는 사실이 아닐 것입니다. 두 사람에게는 같은 인생 역정이 일어나지 않았기 때문입니다.[54) 그러니 거짓말을 해야 할 테고, 만일 참말을 하려면 같은 인생 역정을 얘기해서는 안 됩니다. 하지만 산술가는 천궁도상의 똑같은 도표를 들여다보고 있을 뿐입니다. 따라서 산술가가 참말을 하는 경우도 기술로 하는 것이 아니라 우연의 일치입니다.

주님, 지극히 의로우신 우주의 통치자시여, 당신께서는 운세를 물어오는 이들에게나 질문을 받는 이들에게나 본인들도 모르는 은밀한 충동으로 역사役事하십니다. 누가 무엇을 문의한다면 그가 마땅히 들어야만 할 것을 들어야 마땅하며, 그 소리는 영혼들의 숨겨진 공덕에 따라서, 또 당신의 의로우신 판단의 저 심연으로부터 울려오게 마련입니다. 사람이 당신께 감히 "이것이 뭡니까?" "이것은 어쩌자는 것입

---

53) litterisque signari: 출생 시의 별자리 위치를 그림으로 그려내던 도표를 가리킨다.
54) 창세기 25-27장 참조.

니까?"라고 말씀드려서는 안 됩니다. 그런 소리는 안 됩니다. 그런 말은 안 됩니다. 어디까지나 사람일 뿐이기 때문입니다.[55]

7.11. 악이 어디서 유래하는지 물으면서도 출구를 찾지 못하다

저를 돕는 이시여, 당신은 이렇게 저 점성술이라는 사슬에서 일찌감치 저를 풀어주셨습니다. 그러나 저는 악이 어디서 오는지[56] 따지고 있었고 그 문제에는 출구가 없었습니다.[57] 어떻든 사유의 어느 파도에 휩쓸리더라도 당신께서는 제가 믿어오던 저 신앙에서 떨어져 나가도록 버려두지는 않으셨습니다. 저는 당신께서 존재하시고, 당신의 실체가 불변함을 믿고 있었고, 인간들에 대한 당신의 보살피심과 당신의 심판을 믿고 있었으며, 또한 당신의 아들이요 저희 주님이신 그리스도 안에, 그리고 당신 가톨릭교회의 권위가 보장하는 성경 안에 당신께서 인간 구원의 길, 죽음 다음에 있을 저 생명에 이르는 길을 놓아두셨음을 믿고 있었습니다. 그러니까 제 영혼에 이런 믿음이 살아남아 있고 요지부동하게 강화된 상태에서 악이 어디서 유래하는지를 애타게 찾고 있었던 것입니다.

---

55) 인간은 이 책 첫머리(1.1.1)에서 "당신 창조계의 한몫 … 자기 죽을 처지를 메고 다니며 자기 죄의 증표를 짊어지고 다니는" 존재로 정의된 바 있다.
56) 아우구스티누스 평생의 연구과제였다. 그는 초기 대화편 『자유의지론』에서 "죄악(pecca-tum)은 인간의 자유의지의 악용에서 유래하고, 삶의 고난이라는 악은 인간의 죄악에 대한 하느님의 응보 곧 죄벌(poena peccati)"이라고 결론내린다.
57) 악을 '실체'로 보는 한, 하느님의 실체를 물체적인 것으로 보는 한 악의 문제에 관한 해결책이 나오지 않는다는 사실을 논하다 점성술 얘기(7.6.8-10)로 빠진다.

저의 하느님, 저의 마음의 저 산고産苦가 오죽했으며 제 신음소리가 오죽했습니까! 그렇지만 저도 모르는 새에 당신의 귀가 거기 자리 잡고 있었습니다. 제가 침묵 중에 안간힘으로 그 해답을 찾고 있을 즈음, 제 영혼의 소리 없는 탄식은 당신의 자비를 갈구하는 커다란 비명이었습니다. 제가 겪고 있는 것을 당신은 아셨는데 사람은 아무도 몰랐습니다. 그즈음 저의 혀를 굴려서 그 번민을 저와 아주 친한 사람들의 귀에다 쏟아넣어 보았지만 그게 얼마나 되었겠습니까? 제 영혼의 저 산란함이 저들에게 과연 들리기나 했겠습니까? 그런 고통을 표현할 시간도 언어도 부족한 터에 말입니다.

그러나 끙끙 앓는 저의 심장에서 흘러나오는 탄식으로 제가 신음하던 소리가 당신 귀에는 다 들어갔습니다. 저의 소원은 당신 앞에 펼쳐져 있었고 제 눈의 빛조차 제게 있지 않았습니다.[58] 빛은 제 안에 있었는데 저는 밖에 있었던 까닭입니다.[59] 그것은 어떤 공간에 있는 것이 아니었습니다. 하지만 저는 공간에 내포되어 있는 사물들에다 시선을 돌리고 있었습니다. 그러니 저로서는 안식을 얻을 공간을 발견하지 못했고 그것들도 제가 "족하다"라고 할 만큼, 또 "이만하면 좋다"라고 할 만큼 저를 받아들여주지 않았습니다. 그러면서도 제가 만족하면서 좋다고 하던 곳으로 돌아가게 놔두지도 않았습니다.

실상 저는 저것들보다 위에 있었고 당신보다 아래에 있었기 때문인데, 저는 당신께 복속함으로써 당신께서 저의 참기쁨이 되시고, 당신께서는 저것들을 저의 밑에다 창조하셔서 저의 밑에다 복속시켜 두신 까닭입니다. 저의 구원에 이르는 올바른 절도요 중용의 길이 이

---

58) 시편 37:9-11 참조.
59) "당신께서는 안에 계셨고 저는 밖에 있었는데, 저는 거기서 당신을 찾고 있었고 … 당신께서는 저와 함께 계셨지만 저는 당신과 함께 있지 않았습니다" (이 책, 10.27.38).

것이었으니, 바로 제가 당신의 모상으로 남아 있고 당신을 섬김으로써 제 육체를 다스리는 것이었습니다.[60] 그럼에도 불구하고 저는 건방지게도 당신께 대항해 일어섰고 제 두툼한 목덜미를 방패삼아 주님께 대들었습니다.[61]

더구나 저 맨 밑바닥 것들이 제 위로 올라가 저를 짓누르는 바람에 쉴 여유도 숨 돌릴 틈도 없었습니다. 제가 뭔가를 눈치채는 듯하면 저것들은 사방에서 떼 지어 한꺼번에 몰려왔고, 제가 생각에라도 잠기는 듯하면 저 물체들의 환영이 가로막고서는 "어디로 가느냐, 이 야비하고 추잡한 놈아!"라고 따지는 것 같았습니다. 이런 것들은 실상 저의 상처에서 자라난 것들이었으니 당신께서는 오만한 부상병처럼 짓밟으셨고,[62] 저의 종기로 인해서 저는 당신께로부터 격리되고 말았으며, 저의 얼굴이 너무 부어서 저의 눈을 아예 덮어버렸던 것입니다.[63]

8.12. 하느님의 안약은 따갑지만 건강에 좋다

그러나 주님, 당신께서는 영원히 머무르시지만 저희에게 영원토록 화를 내지는 않으십니다. 흙이요 재와 같은 저를 불쌍히 여기셨고 저의 일그러진 모습을 당신 면전에서 재형성하시기를 기꺼워하시는

---

60) 교부는 영혼과 육체의 조화, 위로 하느님을 모시고 아래로 사물을 지배하는 중간 입장이 구원의 길임을 각성하기 시작했다.
61) 욥기 15:26 참조("목을 세우고, 무거운 방패를 들고 감히 그분께 달려들다니…").
62) 시편 89[88]:11 참조.
63) 오만으로 부풀어 눈꺼풀도 떠지지 않아 피조물로서의 자기 처지를 못 보았다는 고백이다.

이유입니다.[64] 당신은 내면의 자극으로 저를 찔러 흔들고 계셨으며, 내면의 시선을 통해 당신께서 분명하게 드러나시기까지 제가 못 견디게 만들어놓으셨습니다. 당신 의술의 은근한 약손으로 제 부기는 가라앉았고, 제 지성의 흐리고 어두워진 시력도 건강에 유익한 고통이라는 따가운 안연고[65]로 나날이 밝아졌습니다.

9.13. 아우구스티누스가 플라톤학파의 서책에서 많은 진리를 발견하다[66]

무엇보다 당신이 제게 보여주려고 하신 바는 당신은 교만한 자를 물리치시고 겸손한 이들에게는 은총을 베푸신다는 점과, 당신의 말씀께서 사람이 되셔서 사람들 가운데 사실만큼[67] 겸손의 길을 통해서 당신의 자비가 얼마나 큰지 사람들에게 드러났다는 사실이었습니다. 그래서 당신께서는 비록 자만심이 대단하던 어떤 인물을 통해서였지만[68] 플라톤학파의 유명한 책들, 그리스어에서 라틴어로 번

---

64) 하느님의 창조(formatio)를 인간이 스스로 일그러뜨리지만(deformia) 하느님은 제 모습을 주어 재형성(reformatio), 곧 구원하신다. "만물의 창조주시여, 당신은 저희의 일그러진 것들을 갖고서도 꼴을 갖추어주실 만큼 크게 능하십니다"(이 책, 9.6.14).
65) "말씀이 살이 되셔서 우리 사이에 거처하셨다. 그 탄생으로 고약을 만드셨고 그것으로 우리 마음의 눈에 붙여 그분의 겸손을 통해서 그분의 지존하심을 우리가 볼 수 있게 하셨다"(*In Ioannis evangelium tractatus*, 2.16).
66) 이 장(9.13-15)의 숱한 성경 인용은 요한복음서를 비롯한 로고스 신앙이 신플라톤학파의 로고스 철학과 서로 잘 맞는다는 견해를 반영한다.
67) 요한 1:14 참조("말씀이 사람이 되셔서 우리와 함께 계셨는데 우리는 그분의 영광을 보았다").
68) 당시 밀라노의 지식인 말리우스 테오도루스(Mallius Theodorus)를 지칭하는 것으로 추정된다(아우구스티누스는 이 인물에게 자기 대화편 『행복한

역된 서적들을 제게 마련해주셨습니다.[69] 제가 거기서 읽은 바는, 다음에 나오는 말 그대로는 아니지만 대강 이런 내용을 다양한 논지로 깨우쳐주는 것이었습니다.

"한처음, 천지가 창조되기 전부터 말씀이 계셨다. 말씀은 하느님과 함께 계셨고 하느님과 똑같은 분이셨다. 말씀은 한처음 천지가 창조되기 전부터 하느님과 함께 계셨다. 모든 것은 말씀을 통하여 생겨났고 이 말씀 없이 생겨난 것은 하나도 없다. 생겨난 모든 것이 그에게서 생명을 얻었으며 그 생명은 사람들의 빛이었다. 그 빛이 어둠 속에서 비치고 있다. 그러나 어둠이 빛을 이겨본 적이 없다."[70] 그리고 인간의 혼이 빛에 관한 증언을 행할 테지만 그 자체가 빛은 아닙니다. 그러나 말씀은 하느님이시므로 "그분이 자기 나라에 오셨지만 백성들은 그분을 맞아주지 않았다. 그러나 그분을 맞아들이고 믿는 사람들에게는 하느님의 자녀가 되는 특권을 주셨다"[71]는 내용은 읽지 못했습니다.

9.14 하느님, 또 말씀이 육신이나 혈통에서 난 것이 아니고 남자의 의사에서나 육신의 의사에서 난 것이 아니라 하느님에게서 났다는 내용은[72] 제가 거기서 읽었지만 "말씀이 사람이 되셔서 우리와

삶』을 헌정했다).
69) "그러다 플로티누스의 단 몇 권의 책자들을 읽은 다음 … 나는 [나를 붙들어 매던] 모든 닻을 끊어버리고 싶을 만큼 열성에 타올랐습니다"(『행복한 삶』, 1.4).
70) 요한 1:1-5.
71) 요한 1:10-12. 아우구스티누스는 요한복음 1:1-12까지 나오는 '하느님의 말씀이 인간들의 빛이고 생명이라는 가르침'이 플라톤학파의 저서에 나름대로 나오지만, 그 말씀이 겸허하게 사람으로 태어나서 지상에 사셨다는 13-14절의 내용은 나오지 않았다고 설명한다(이 책, 7.9.14 참조).
72) 요한 1:13 참조.

함께 계셨는데 우리는 그분의 영광을 보았다"라는 구절은 거기서 읽지 못했습니다. 저는 그런 문전文典에서 가지가지로, 여러 가지 모양으로 하는 말을 찾아보았는데 "그리스도 예수는 하느님과 본질이 같은 분이셨지만 굳이 하느님과 동등한 존재가 되려 하지 않으셨다. 그 이유는 본성에 따라 그런 분이셨기 때문이다"[73]라는 내용은 나오지만, "오히려 당신의 것을 다 내어놓고 종의 신분을 취하셔서 우리와 똑같은 인간이 되셨습니다. 이렇게 인간의 모습으로 나타나[74] 당신 자신을 낮추셔서 죽기까지, 아니, 십자가에 달려서 죽기까지 순종하셨습니다. 그러므로 하느님께서도 그분을 죽은 이들 가운데서 높이 올리시고 모든 이름 위에 뛰어난 이름을 주셨습니다. 그래서 하늘과 땅 위와 땅 아래에 있는 모든 것이 예수의 이름을 받들어 무릎을 꿇고 모두가 입을 모아 예수 그리스도가 주님이라 찬미하며 하느님 아버지를 찬양하게 되었습니다"[75]라는 내용은 그런 책들에 나오지 않았습니다.

"당신의 외아드님께서 모든 시간 이전에 또 모든 시간을 초월해 불변하게 머무르시고, 당신과 함께 영원하시고, 영혼들은 그분에게서 넘치는 은총을 받아 행복해지고[76] 스스로 머무는 지혜에 참여함으로써 새로워져서 지혜로워진다"라는 내용은 거기 있습니다. 그러나 "그리스도께서는 당신의 때가 이르러 우리를 구원하시려고 죽으셨"고,[77] "우리 모든 사람을 위하여 당신의 아들까지 아낌없이 내어주신

---

73) 필리피 2:6.
74) "불변성을 잃고 사람으로 변화되신 것이 아니고 참사람을 취하셔서 … 천성으로 사람으로 나타나셨다. 사람을 취하셨으니 사람으로 나타나신 것이다" (*De diversis quaestionibus*, 8.73.2).
75) 필리피 2:7-11.
76) 요한 1:16.
77) 로마 5:6.

하느님께서 그 아들과 함께 무엇이든지 다 주"셨다는 내용은 거기 없었습니다.[78] 당신께서는 지혜롭다는 자들에게는 이것을 감추시고 철부지들에게는 이것을 드러내보이셨고[79] 그것은 수고하며 무거운 짐을 진 사람들이 그분에게, 저와 그분이 그들에게 안식을 주시기 위함이었으니, 그분은 마음이 온유하고 겸손하십니다.

이렇게 그분은 심판에서 온유한 사람들로 인도하시고, 선량한 사람들에게 당신의 길을 가르치시니 그분은 저희의 비천함과 저희의 수고를 보시고 저희의 모든 죄를 용서하시기 때문입니다. 고상한 학문을 구둣굽 삼아 우쭐하는 사람들은 "*나는 마음이 온유하고 겸손하니 내 멍에를 베고 나에게 배워라. 그러면 너희 영혼이 안식을 얻을 것이다*"라고 하시는 말씀을 듣지 못합니다.[80] 그들은 하느님을 알고 있으면서도 하느님을 찬양하거나 감사를 드리기는커녕, 오히려 자기 생각으로 허망해지고 그들의 우둔한 마음이 어두워지기 때문입니다.[81] 그들은 지혜롭다고 자처하지만 어리석은 자가 되었습니다.

9.15 또 거기서 저는 당신의 부패하지 않는 변치 않는 영광이 어떻게 우상과 갖가지 환영으로 변하고 말았는지 읽었고, 인간과 날짐승과 네발짐승과 길짐승의 썩어 없어질 모상과 유사하게 바뀌고 말았는지도 읽어 알게 되었습니다.[82] 이것은 다시 말해서 에사우가 이

---

78) 로마 8:32.
79) 마태 11:25 참조("하늘과 땅의 주인이신 아버지, 안다는 사람들과 똑똑하다는 사람들에게는 이 모든 것을 감추시고 오히려 철부지 어린아이들에게 나타내 보이시니 감사합니다").
80) 마태 11:29.
81) "플라톤 철학자들도 … 하느님의 말씀이 인간 육신을 입으셨음을 알아들어야 합니다. … 진리에 도달하는 길은 첫째도 겸손, 둘째도 겸손, 셋째도 겸손입니다"(*Epistolae*, 118,3,21-22).
82) "썩어 없어질 수 없는 하느님의 영광을 썩어 없어질 사람과, 날짐승과 네발짐

집트 음식[83]으로 자신의 장자권長子權을 잃어버린 셈입니다. 당신의 장자인 백성이 당신 대신에 네발짐승의 머리에다 절을 했고, 마음은 다시 이집트로 돌아가버렸으며,[84] 건초 먹는 황소의 모상 앞에다 엄연히 당신의 모상인 자기네 영혼을 수그렸습니다.[85] 제가 저 플라톤 책에서 발견한 것들은 그런 것들이었지만 거기에 입을 대지는 않았습니다.

주님, 야곱에게서 동생이라는 열등감의 수치를 없애주시는 일이 당신 마음에 드셨으니, 그래서 형이 동생을 섬기게 하신 당신은 이방인들을 당신의 상속권에다 불러들이신 것입니다. 그래서 저도 이방인들 중에서 당신께 왔고 그 황금에다 마음을 두었습니다. 당신 백성이 이집트에서 털어가도록 바라신 그 황금 말입니다. 그 황금이야 어디 있든 당신 것입니다.[86] 또 당신께서는 당신의 사도를 통해서 아테네인들에게 말씀하신 바 있습니다. 그들 가운데 몇 사람이 말했듯이

승들과 길짐승들의 형상을 닮은 꼴로 바꾸어버렸습니다"(로마 1:23)라는 구절을 해설해 "여기서 사도는 지혜의 이름을 내세워 뽐내던 사람들로 로마인들과 그리스인들과 이집트인들을 꼽고 있는 것처럼 인식시켰다"(『신국론』, 8.10.1).

83) 아우구스티누스는 에사우는 동생 야곱에게서 '불콩죽'[팥죽]을 얻어먹고 장자권을 팔았는데(창세기 25:29-34 참조) 팥죽이 이집트 음식이었다고 설명한다(『시편 상해』, 46.6).

84) 사도행전 7:39 참조("그러나 우리 조상들은 그의 말을 들으려 하지 않았을 뿐만 아니라 오히려 그를 제쳐놓았고 마음은 벌써 이집트에 돌아가 있었습니다").

85) 이스라엘 백성이 황금 송아지를 하느님으로 섬긴 사건(출애굽기 32:1-6 참조)을 가리킨다. 아우구스티누스가 말하는 '이집트 음식'은 '우상숭배'를 비유한다.

86) 다른 저서(『그리스도교 교양』, 2.40.60)에서 이교도 철학자들의 진리 역시 하느님의 것이므로 하느님 백성의 것이고, 탈출기의 이스라엘인들이 이집트인들에게서 황금을 빼앗았듯이, 하느님의 백성은 이교도들의 진리를 향유할 권리가 있다는 주장을 편다.

저희가 당신 안에서 살고 움직이며 존재한다고 하셨습니다.[87] 물론 제가 읽었다는 저 책들은 거기서[88] 온 것입니다. 이집트인들이 섬기던 당신의 황금으로 만들어진 그들의 우상에는 제가 마음을 두지 않았습니다. 저 사람들은 하느님의 진리를 거짓말로 바꾸어버렸으며, 창조주보다는 피조물을 받들고 섬겼습니다.

10.16. 자기 내면으로 돌아와 자기 지성 위에 빛나는 주님의 빛을 보았다

거기서 저는 제 자신에게 돌아가라는 권유를 받았고 당신의 이끄심으로 저의 내면 깊숙이 들어갔는데 그 일이 가능했던 것은 당신께서 저를 도우셨기 때문입니다.[89] 들어가고 나서 저는 제 영혼의 눈으로 보았습니다, 제 영혼의 눈 바로 그 위에, 저의 지성 위에 불변하는 빛을.[90] 모든 육신에 선연한, 예사로운 빛이 아니었고, 그런 빛과 종류가 같지만 크기만 훨씬 커서 무척이나 환하게 반짝이는 그런 빛도

---

87) 사도행전 17:28 참조("'우리는 그분 안에서 숨 쉬고 움직이며 살아간다' 하는 말도 있지 않습니까? 또 여러분의 어떤 시인은 '우리도 그의 자녀다' 하고 말하지 않았습니까?"). 바울로는 아라토스(*Phaenomena*)와 플로티누스(엔네아데스, 6.9.9)의 문구를 인용하고 있다.
88) 플라톤 철학을 이집트와 연관시키는 이런 언급은, 플라톤이 젊었을 때 이집트를 여행하면서 구약성경과 접했으리라는 추정에서 비롯한다.
89) "우리가 이해하는 모든 것에 대해서 우리가 문의하는 대상은 외부에서 소리를 내어 말하는 사람이 아니고 내면에서 지성 자체를 주재하는 진리다. … 문의받는 저분은 가르치시며 인간 내면에 거처하신다는 그리스도이시다. 다시 말해서 하느님의 불변하는 능력, 영속하는 지혜이시다"(『교사론』, 11.38).
90) "밖으로 나가지 말라. 그대 자신 속으로 돌아가라. 인간 내면에 진리께서 거하신다. … 그러니 이성의 원초적 광명이 밝혀져 있는 그곳을 향해서 나아가라!"(『참된 종교』, 39.72).

아니었고, 그런 크기로 만유를 품는 그런 빛도 아니었습니다. 그 빛은 그런 것이 아니었고 다른 것이었으니 저 모든 빛들과 아주 다른 빛이었습니다. 저의 지성 위에 있다고 해서 기름이 물 위에 뜬 그런 모양이 아니었고, 하늘이 땅 위에 있는 그런 것도 아니었고, 오히려 그 빛이 저를 만들었으므로 제 위였고 그 빛에 의해서 만들어졌으므로 제가 그 아래였습니다. 진리를 아는 이는 그를 알고 그를 아는 이는 영원을 압니다. 사랑이 그를 압니다.

오, 영원한 진리여, 참된 사랑이여, 사랑스러운 영원이여! 당신께서 저의 하느님이시니 밤낮으로 당신을 향해 탄식합니다.[91] 그리고 제가 당신을 처음 알았던 때에 당신께서 저를 들어올려주셨으며, 제가 봐야 할 것이 존재한다는 것을 보게 해주셨는데 제가 아직 그것을 볼 만한 존재가 아님도 제가 알아보게 하셨습니다.[92] 당신께서는 제 안에 세찬 빛을 쏘시어 저의 허약한 시력에 타격을 주셨고, 그래서 저는 사랑과 두려움에 몸을 떨었습니다.[93] 저는 제가 당신께로부터 멀리 떨어져 그야말로 '비유사성의 영역'에[94] 존재하고 있음을 발견했습니다. 까마득히 높은 데서 당신의 이런 음성이 들리는 듯했습니다.

---

91) 하느님의 본질이 존재(esse)로는 영원(aeternitas), 인식(nosse)으로는 진리(veritas), 작용(velle)으로는 사랑(caritas)으로 한데 정의되는 구절이다. "우리는 우리 창조주의 모상대로 만들어진 인간이요, [창조주께서는] 참된 영원과 영원한 진리와 영원하고 참된 사랑이 있다. [창조주] 당신이 영원하고 참되고 사랑스러운 삼위일체이시다"(『신국론』, 11.28).
92) "제가 봐야 할 대상이 엄연히 존재하는데도 저는 아직 그것을 볼 여건을 갖추지 못했습니다"라는 의미로 읽힌다.
93) "자기 창조주의, 영원으로부터 확정된 경륜을 포착하는 순간 영혼은 '두렵고도 매혹적인 무엇'을 판독한다"(『시편 상해』, 145.5).
94) "우리에게 비슷해지라고 말씀하신다는 것은 우리가 달라짐(dissimilitudo)으로써 그분에게서 멀어졌다는 뜻이며, 달라짐 때문에 멀어졌고 따라서 유사함으로 가까워진다는 뜻입니다"(『시편 상해』, 94.2).

"나는 다 큰 사람들의 음식이로다. 자라거라! 그러면 나를 먹게 되리라. 네 육신의 음식을 삭이듯이 네가 나를 네 속에서 변화시키는 것이 아니고 네가 내 속에서 변화되리라."

또한 저는 깨달았습니다. 당신께서는 죄악 때문에 사람을 훈계하셨음을, 저의 영혼을 거미줄처럼 스러지게 만드셨음을. 그래서 저는 말씀드렸습니다. "유한한 공간에도 무한한 공간에도 진리가 퍼져 있지 않으니 진리는 전혀 존재하지 않는다는 말입니까?" 그러자 당신께서는 멀리서 외치셨습니다. "그럴 리 없다. *나는 있는 자로다.*"[95] 이 말씀을 저는 마음에 들리는 그대로 들었습니다. 저로서는 더 이상 의심할 여지가 없었습니다. 만들어진 그것들을 통해서 진리가 파악되어 드러나고 있으니 진리가 존재하지 않는다고 의심하기보다는 차라리 제가 살아 있음을 의심하는 편이 훨씬 쉬웠습니다.[96]

11.17. 사물은 아예 존재하는 것도 아예 존재 않는 것도 아니다

그리고 당신 아래에 있는 그밖의 것들을 살펴보았는데 그것들은 아예 존재하는 것도, 아예 존재하지 않는 것도 아님을 보았습니다. 당신에 의해서 존재하게 되었으니 존재합니다. 그 대신 당신이 만드

---

95) 출애굽기 3:14 참조("하느님께서는 모세에게 '나는 곧 나다' 하고 대답하시고, 이어서 말씀하셨다. '너는, 나를 너희에게 보내신 분은 〈나다〉 하고 말씀하시는 그분이라고 이스라엘 백성에게 일러라'"). 불가타본(ego sum qui sum)을 반영한 가톨릭 성경은 "하느님께서 모세에게 '나는 있는 나다' 하고 대답하시고, 이어서 말씀하셨다. '너는 이스라엘 자손들에게 〈있는 나〉께서 나를 너희에게 보내셨다' 하여라"로 번역했다.
96) 후일 "내가 속는다면 나는 존재한다"(『신국론』, 11.26)라는 명제로 정리된다.

신 그대로가 아니니 존재하는 것이 아닙니다.[97] 불변하게 존속하는 것이야말로 참으로 존재하는 것이기 때문입니다.[98] 하느님께 귀의함이 제게는 선입니다.[99] 제가 그분 안에 머무르지 않는다면 제 안에도 머무르지 못하는 까닭입니다.[100] 그분께서는 자신 안에 머무르시면서 모든 것을 새롭게 하십니다.[101] 당신께서는 저의 주님이시니 당신께서는 저의 선들을 필요로 하지 않으십니다.[102]

12.18. 존재하는 한 사물은 선하다[103]

또 부패하는 것들은 선한 사물이기 때문에 부패한다는 사실이 제게 분명해졌습니다. 그것들이 최고선이어도 부패할 수 없고, 선한 것이 아니어도 부패할 수 없을 것이니, 만약 최고선이라면 불후의 사물일 테고, 아무 선도 아니라면 그 안에 부패할 만한 무엇이 아예 없을

---

97) "그분에 비하면 그분에게서 창조된 것들은 존재하지 않는 것이나 마찬가지요, 그분과 비교하지 않는다면, 그분에게서 창조된 이상 엄연히 존재하는 것이다"(『시편 상해』, 134.4).
98) 플라톤의 지론에 따라 아우구스티누스도 존재의 본질은 항속(머무름=존재를 지속함)에 있다고 주장한다.
99) "우리 선의 종점이 무엇이냐를 두고 철학자들 사이에서는 대대적인 논쟁이 있는데 우리의 선이란 그분과 합일하는 것 외에 아무것도 아니다"(『신국론』, 10.3.2).
100) "하느님께로부터 떨어져나간다면 자신 안에도 머물지 못하고 자기로부터 추방당하고 배척당하며 낮은 사물로 미끄러져 떨어진다"(*Sermones*, 142.3).
101) 지혜서 7:27 참조("비록 홀로 있지만 모든 것을 할 수 있으며 스스로는 변하지 않으면서 만물을 새롭게 한다").
102) 시편 16[15]:2* 참조("당신은 나의 주님이시니, 당신이 내 좋은 것을 필요로 하지 않으시나이다").
103) 이 주제는 별도의 저서 『선의 본성』(399년)에서 다뤄진다.

것입니다. 무릇 부패라는 것은 그 사물의 결손을 초래하는데 선이 감소되지 않는다면 결손을 초래하지 않는 것과 같습니다. 그러니 둘 중의 하나입니다. 부패라는 것이 아무 결손도 초래하지 못하거나(그런 일은 불가능합니다), 부패하는 모든 것은 선을 박탈당하거나(더할 나위 없이 분명합니다) 둘 중의 하나입니다. 모든 선을 박탈당하고 나면 아예 존재할 수 없습니다. 그러므로 만일 계속 존재하는데 이미 부패할 수 없는 것이라면 전보다 나은 존재인 셈이니 부패하지 않은 채로 항속할 것입니다. 모든 선을 상실했는데 더 나은 존재가 되었다는 것보다 터무니없는 일이 무엇이겠습니까? 모든 선을 박탈당하면 아예 아무 존재도 아닙니다. 따라서 존재하는 한, 선한 사물입니다.

그러므로 무엇이든지 존재하는 한 선하고, 제가 어디서 유래했는지를 따지던 저 악은 실체가 아니며[104] 만일 실체라면 선일 것입니다.[105] 실체라면 부패하지 않는 실체이거나(그것은 응당 위대한 선입니다) 부패하는 실체이거나 둘 중 하나인데, 이 경우도 선한 실체가 아니라면 부패할 수 없습니다. 그러므로 당신께서 모든 것을 선하게 만들었음과, 당신께서 만들지 않으신 실체는 아무것도 없음을 제가 깨달았고 그 점은 제게 확실해졌습니다. 당신께서는 모든 것들을 동등하게 만들지는 않으셨습니다. 다만 각각의 것이 선하므로 모든 것들이 존재하고, 또 모든 것이 전체로도 아주 좋은 이유는[106] 저희 하느

---

104) "악은 [사물의] 자연본성과 상반된다. 그러니 실체가 아님이 분명하고 오히려 실체의 반대자이다"(*De moribus ecclesiae catholicae et Manichaeorum*, 2.8. 11).
105) "악은 자연적인 양태나 형상이나 질서의 부패 외에 다른 것이 아니다. … 그러나 그 부패한 자연본성도, 자연본성이라는 점에서는 선하다. 단지 부패되었다는 점에서는 악하다"(『선의 본성』, 4.4).
106) 교부는 각각의 사물과 전체로 본 존재계 둘 다 선하다고 주장해, 악한 사물이 존재하더라도 전체 우주는 나름대로 선하다는 신플라톤주의와 거리를

님께서 모든 것을 참 좋게 만드셨기 때문입니다.[107]

13.19. 하느님께도 그분의 창조계에도 악은 존재하지 않는다

물론 당신께는 악이란 하나도 없습니다. 당신뿐만 아니고 당신의 창조계 전체에도 악은 없습니다.[108] 당신 밖에 무엇이 있어서 당신께서 창조계에 부여하신 질서를 침범하고 부패시킬 만하지 않기 때문입니다. 창조계의 부분들에서는 어떤 것이 어떤 것들과 어울리지 않는다는 이유로 마치 나쁜 것처럼 간주되기도 합니다. 하지만 똑같은 것이 다른 것들과는 잘 어울려 좋고, 그래서 자체로는 선합니다. 서로 어울리지 않는 이 모든 것들이 사물의 낮은 부분, 저희가 땅이라고 일컫는 것과 어울리며, 땅 역시 나름대로 자체에 어울리는 하늘, 곧 구름 끼고 바람 부는 하늘을 두고 있습니다. 그러니 제가 전에 하던 말대로 "차라리 저런 것들이 없었더라면!"[109]이라고 말해서는 절대 안 됩니다. 저것들만 따로 놓고 고찰한다면 저희가 더 나은 것들을 바라게 될지 모르지만 저런 것들 그대로도 저로서는 당신을 찬미해야 마땅합니다.

땅에서부터 당신을 찬미하라는 것들은 용들과 모든 심연들이며,

두었다.
107) 창세기 1:31 참조("이렇게 만드신 모든 것을 하느님께서 보시니 참 좋았다").
108) 선 자체인 창조주가 만든 선한 사물이 있고, 윤리악은 하느님에게 '악의 장본인'이 아니고 악으로 무너진 질서를 바로잡는다는 뜻에서 '관리자'라는 칭호를 드린다.
109) non essent ista: 박해 시대의 "그리스도인들은 존재해서는 안 된다!"(non licet esse christianos!)라던 구호를 연상시킨다.

불이며 우박, 눈이며 안개이고, 당신 말씀을 수행하는 거센 바람이며, 산들과 모든 언덕들, 과일나무와 모든 향백나무들이고, 들짐승과 모든 집짐승, 길짐승과 날짐승들입니다.[110] 세상 임금들과 모든 민족들, 고관들과 세상의 모든 판관들, 총각들과 처녀들도 노인들과 아이들도 함께 당신 이름을 찬양합니다.[111] 그리고 하늘로부터 당신을 찬양함이 마땅하니, 저희 하느님, 높은 데에서 당신을 찬양함이 마땅합니다. 당신의 모든 천사들이요, 당신의 모든 군대들이고, 해와 달이고, 모든 별들과 빛이며, 하늘 위의 하늘, 하늘 위에 있는 물들이 당신 이름을 찬양하고 있습니다. 저도 그 이상 나은 것들을 바라지 않았습니다.[112] 저는 모든 것을 헤아리고 있었고, 위에 있는 것들이 아래 있는 것들보다 더 낫기는 하지만 위에 있는 것들만 홀로 존재하기보다는 함께인 편이 더 좋다는 것이 건전한 판단으로 깨치게 되었습니다.[113]

14.20. 두 실체에 관한 마니교도의 불건전한 생각

당신 창조계의 어느 것 하나라도 마음에 들어 하지 않는 사람들은

---

110) 시편 149[148]:7-10 참조("주님을 찬미하여라, 땅으로부터. 용들과 깊은 모든 바다들아, 불이며 우박, 눈이며 안개 그분 말씀을 수행하는 거센 바람아, 산들과 모든 언덕들 과일나무와 모든 향백나무들아, 들짐승과 모든 집짐승 길짐승과 날짐승들아!").
111) 시편 149[148]:11-13 참조("세상 임금들과 모든 민족들 고관들과 세상의 모든 판관들아, 총각들과 처녀들도 노인들과 아이들도 함께 주님의 이름을 찬양하여라").
112) 『자유의지론』(3.12.36-3.16.46)에서 창조계의 만물이 이루는 조화와 찬미를 길게 다룬다.
113) "어리석은 자들에게는 위에 있는 것들은 모두 하느님께서 다스리시지만 아래에 있는 것들은 하느님이 멸시하시고 배척하시고 버려두시며 보살피시지도 다스리시지도 통치하시지도 않는 것처럼 보였다"(『시편 상해』, 148.10).

건전한 판단을 할 수 없습니다.[114] 한때 제가 바로 그랬습니다. 당신께서 만드신 많은 것들이 제 마음에 들지 않았습니다. 그러면서도 저의 하느님이 마음에 들지 않는다는 말은 저의 영혼이 감히 하지 못했고 그러다 보니 무엇이든 저의 마음에 들지 않으면 당신 것이라고 여기고 싶지 않았습니다.[115] 그리하여 제 영혼은 두 가지 실체에 관한 이론으로 기울었고 안정을 얻지 못했으며 어리석은 말만 지껄이고 다녔습니다.[116] 그러다 거기서 돌아오면서 제 영혼은 자기 나름의 하느님, 곧 모든 장소의 무한한 공간을 통해서 연장되어 있는 하느님을 스스로 만들어냈으며, 그가 곧 당신이라고 생각했고, 그를 제 마음속에 모시게 되었습니다. 그러다 보니 영혼은 다시 한번 제가 만든 우상의 신전, 당신께 가증스러운 신전이 되었던 것입니다.

하지만 뒤이어 당신께서는 저도 모르는 사이에 머리를 안아주시고[117] 저의 눈을 감겨 주셔서 더 이상 헛것을 보지 않게 하신 다음 저도 제게서 깜빡 놓여났고[118] 저의 광기도 잠들었습니다. 그러다 깨어나 당신 품에서 눈을 떴을 때 저는 당신이 제 생각과는 달리 무한한 분이심을 깨달았고 그런 시각은 육체에서 나온 것이 아니었습니다.[119]

---

114) 이 내용(만유가 선한 사물)은 교부의 철학적 대화편 『질서론』에서 상세히 다뤄진다.
115) 불편하거나 변전하는 사물을 보고서 '악한 사물'이라고 말하는 것은 "유명한 시가를 낭송하는 자리에서 (자기가 좋아하는) 어느 한 음절만을 영원히 듣고 있겠다는 생각"(『참된 종교』, 22.43)이라고 지적한다.
116) 마니교가 선악의 두 실체를 주장하면서 하느님을 무량한 '물체'라고 가르쳤음을 이 책에서 수차례 언급한다.
117) fovisti caput: 역자에 따라 어머니가 아기의 머리를 가슴에 안아주는 형상이나, 의사가 환자의 머리에 약을 발라 찜질하는 형상으로 번역된다.
118) 현시를 보았다는 말인지 잠시 의식을 잃었다는 말인지 애매하다.
119) "성령의 열기로 고무되어 정말로 하느님께 시선을 돌린 사람은 … 자기로서는 하느님 사랑의 지순함을 관조할 능력이 없음을 깨닫는다. 나는 확실히

15.21. 만유가 존재하는 한 참되다

그러고 나서 저는 돌이켜 다른 것들을 둘러보았습니다. 그것들이 존재한다는 점에서, 유한한 모든 것이 당신 안에서 존재한다는 점에서 당신께 빚지고 있다는 것을 깨달았습니다. 당신 안에서 존재한다는 말이 달리, 그러니까 일정한 공간에 담겨져 있듯이 있는 것이 아니고, 당신께서 진리라는 손으로 만유를 붙드시는 분이어서[120] 그렇다는 것을 깨달았습니다. 그래서 모든 것이 존재하는 한 모두 참이고, 허위란 존재하지 않는 것이 존재한다고 간주되는 경우 외에 다른 것이 아님을 깨달았습니다. 그리고 각각의 사물은 자체의 고유한 공간과만 조화를 이루는 것이 아니고 고유한 시간과도 조화를 이룬다는 것도[121] 저는 또 깨달았습니다. 홀로 영원하신 당신께서 무수한 시간이 지난 후에 창조를 시작하신 것이 아니기 때문입니다. 당신께서 일하시면서 동시에 머무르지 않으시면 시간의 모든 간격, 지나간 간격들도 지나갈 모든 간격들도 가지도 오지도 않을 것입니다.[122]

알고 있다, 인간의 마음이 얼마나 많은 허상을 만들어내는지를!"(『삼위일체론』, 4.서문 1).
120) 아우구스티누스는 성자를 호칭하는 그리스어 παντοκράτωρ를 "우리 학자들은 '전능한 분'(omnipotens)이라고 번역하지 말고 '만유를 붙드는 분'(omnitenens)이라고 번역했어야 한다"(*In Ioannis evangelium tractatus*, 106.5)라고 주장한 바 있다.
121) 공간뿐만 아니라 시간도 사물의 구조적 차원에 설정한 착상으로 보인다. "좋은 시간이 있고 안 좋은 시간이 있다고 한다. 우리가 선하게 살려고 노력하면 시간은 좋을 것이다. 우리가 시간이다. 우리가 어떤 인간이냐에 따라 시간도 그런 시간이 된다"(*Sermones*, 80,8).
122) 이 책 말미(11.10.12 이하)에 나오듯이, "영원한 하느님이 이전에는 하지 않았다가 그때 가서 하늘과 땅을 만들기로 마음먹은 이유는 무엇이었을까?"라고 따지는 사람들은 "세계가 시원이 없이 영원하거나 따라서 하느님에 의해서 창조받은 것이 아니다"라는 전제를 품고 도전하는 셈이다(『신국론』,

16.22. 죄악은 의지의 전도

저는 겪어보고 알았습니다. 건강한 사람에게 맛있는 빵도 건강치 못한 입천장에는 고초요 맑은 눈에는 상쾌한 빛도 앓는 눈에는 귀찮은 것임을.[123] 악인들에게는 당신의 정의도 마음에 들지 않겠지만 독사나 벌레도 마음에 들지 않을 것입니다. 당신께서는 그것들도 선하게 창조하셨고 당신 창조계의 낮은 부분에 어울리게 만드셨는데 말입니다. 인간들이 당신과 비슷해지면 비슷해질수록 창조계의 높은 부분에 어울리듯이, 당신과 달라지면 달라질수록 창조계의 낮은 부분과 어울리는 이상, 당신의 창조물을 두고 시비하는 악인들도 따져보면 그 낮은 부분에나 어울리는 자들입니다.

죄악[124]이라는 것이 무엇인지 제가 따져보았는데 우선 그것이 실체임을 발견하지 못했습니다. 다만 그것이 최고 실체로부터, 곧 하느님 당신에게서 저급한 것들에로 비뚤어져버린 우리의 전도顚倒,[125] 자기 내면을 팽개치고 바깥으로 부어오르는 의지의 전도임을 깨달았습니다.[126]

11.4.2).
123) 악이 실체가 아님을 설명하는 비유로 자주 사용된다.
124) iniquitas: 조금 위의 정의(iustitia)와 반대되는 어휘(불의)지만 아우구스티누스의 글에서는 '윤리악'을 지칭하므로 '사악' 심지어 '죄악'으로까지 번역할 수 있다.
125) 자유의지의 "상하 전도는 바로잡혀야 한다. 사람이 위의 것을 아래에 놓고 아래 것을 위에 놓는 … 최하의 것에서 최상의 것을 찾지 말고 최하의 것에 애착하지도 말 것이다"(『참된 종교』, 34.63).
126) 내면을 버리고 외부로 '부어오른다'라는 말은 윤리악이라는 의지의 전도가 오만을 바탕으로 함을 표현한다.

17.23. 아우구스티누스가 물체로부터 하느님께로 점차 상승하던 움직임

또 놀랍게도 어느덧 저는 당신을 사랑하고 있었습니다. 어떤 환영을 당신이라고 사랑하는 것은 아니었습니다. 그러나 저는 저의 하느님을 향유하고 있지는 못했습니다. 당신의 아름다우심으로 인해서 점점 당신께 사로잡히고 있으면서도 머지않아 저의 중력에[127] 눌려 당신께로부터 떨어져나가곤 했으며 신음을 하면서 저것들을 향해 곤두박질쳤습니다. 저 중력이란 곧 육욕의 습관[128]이었습니다.

당신에 대한 기억은[129] 저와 함께 있었고 제가 의지할 분이 존재하심을 전혀 의심치 않았지만, 그럼에도 저는 분명히 당신께 의지할 자세가 아직 안 되어 있었습니다. 썩어 없어질 육신이 영혼을 무겁게 하고 흙으로 된 이 천막이 시름 많은 정신을 짓누르기 때문입니다.[130] 세상이 창조된 때부터, 당신의 보이지 않는 속성 곧 당신의 영원한 힘과 신성을 조물을 통해 알아보고 깨달을 수 있다는 것도 저는 확실히 알았습니다.[131] 천상 물체든 지상 물체든 물체의 아름다움을 감상하면서, 대체 무엇이 제 앞에 현전하기에, 제가 가변적인 사물들을 두고 "이것은 이래야 되고, 저것은 저래야 된다"라고 판단하거나

---

127) 교부는 실존의 중력(pondus)을 '사랑'으로 규정한다. "제 중심은 저의 사랑입니다. 사랑으로 어디로 이끌리든 그리로 제가 끌려갑니다"(이 책, 13.9.10).
128) '관습'으로 번역되는 consuetudo는 당시 로마 사회에서 여자와의 '동거'를 가리키던 은어였다.
129) memoria tui: 어렸을 때 받은 종교 교육보다는 하느님의 모상으로 창조된 피조물로서 간직하고 있는 선험적 기억을 말한다. 아우구스티누스는 『삼위일체론』에서 삼위일체의 신비를 이 기억에서 판독해낸다.
130) 지혜서 9:15 참조.
131) 로마 1:20 참조.

말하는지, 그 근거가 무엇인지 따지게 되었습니다. 다시 말해서, 제가 그런 판단을 내릴 때에 무엇에 근거해서 판단하느냐를 탐구하면서 저는 가변적인 저의 지성 위에 있는 진리의 영원, 불변하고 참된 영원을 발견했습니다.

이렇게 해서 저는 차츰 물체들로부터 영혼(육체를 통해서 감각합니다)으로 나아갔고, 거기서부터 내면의 힘(신체 감관은 외부 자료들을 이곳으로 보고합니다)으로 나아갔는데 여기까지는 짐승들도 해낼 수 있습니다. 그런데 거기서 더 나아가 추론하는 능력132)에까지 도달했습니다. 신체의 감관들로부터 포착한 바를 놓고 판단을 내리는 능력은 여기에 해당합니다. 그런데 추론하는 그 능력은 그 안에서 자신의 능력 자체도 가변적임을 자각하고는 자기 오성을 향해서 고개를 들었고, 사유라는 것을 여태까지의 관성으로부터 떼어내고 상상들이 빚어내는 혼잡한 모순으로부터 사유를 분리시켰습니다. 그러면서 도대체 무슨 빛이 쏟아지기에 불변하는 것이 가변적인 것보다 우선한다고 의심의 여지없이 단언하는지, 또 어떤 것이 불변한다는 사실을 어디서 알아내는지 찾아내고 싶었습니다. 왜냐하면 어떤 것이 불변함을 알고 있지 않다면 불변하는 것이 변동하는 것보다 낫다고 단정하는 것이 불가능하기 때문입니다.133)

그러다 눈 깜짝할 사이에, 존재하는 그것에134) 도달했습니다. 그제

---

132) '추론하는 능력'은 보통 이성(ratio)을 가리킨다. 진선미를 직관하는 상위의 능력은 오성(intelligentia)으로 따로 구분된다.
133) 아우구스티누스의 인식론으로 불리는 조명설(照明說)은, 오성이 감각적 사물을 놓고서 그 진선미와 확실성의 판단을 내리는 능력은 오성을 비추는 어떤 빛을 전제한다(『독백』, 1.13.23)고 주장한다. 그의 조명설은 "당신 빛으로 저희는 빛을 봅니다"(in lumine tuo videbimus lumen)라는 성경 구절(시편 36:10)을 전거로 삼는다.
134) 그가 시도하던 철학적 직관의 경지를 말한다. 오스티아에서의 신비체험(이

야 비로소 당신의 보이지 않는 것들이 만들어진 것들을 통해서 깨달아짐을 직관했습니다. 하지만 제 시선은 거기에 집중할 능력이 없었고 오히려 허약함이 되몰아치는 바람에[135] 제 감관에 익숙한 것들로 돌아오고 말았습니다. 제가 직관했던 대상에 대한 사랑을 간직하고 있는 기억[136]만 간직하고 온 채여서, 아직 먹을 수는 없는 음식이더라도 그 구수한 냄새라도 맡고 싶은 심경이었습니다.

18.24. 하느님과 인간의 중개자는 그리스도이시다

그리고 당신을 향유하기에 알맞을 기운을 북돋아보려고 방도를 찾았는데 하느님과 사람 사이의 중개자, 사람이신 그리스도 예수[137]까지는 찾지 못했습니다. 그분은 만물 위에 계시며 세세대대로 찬미받으실 하느님이십니다.[138] 그분은 저를 불러 *"나는 길이요 진리요 생명이다"*[139]라고 말씀하십니다. 저는 아직 음식을 받아들일 능력이 없었

책, 9.10.24)에서 그는 "생겨나지 않고 그냥 존재하며, 존재했던 대로 존재하고 항상 그대로 존재하는" 지혜를 관상하게 된다.
135) 먼 훗날(426년경) 교부는 이 경험을 이렇게 상기한다. "그대가 그처럼 어렵사리 본 것을 언어로 충분히 설명을 못 했을 것이고 지금도 못 할 것이다. … 그러면 지성의 예봉을 고정하고서도 저 빛을 못 보게 만든 이유는 지성의 취약성 아니고 무엇이겠는가? 그리고 죄악이 아니면 무엇이 그대에게 이 취약함을 만들어주었겠는가?"(『삼위일체론』, 15.27.50).
136) 교부에게 인간의 가장 중요한 정신 능력인 '기억'은 그 고유한 대상을 선천적으로 '사랑하는'(amans memoria) 기능이다. 그래서 하느님께 "당신을 향해서 저희를 만들어놓으셨으니 당신 안에 쉬기까지는 저희 마음이 안달합니다"(이 책, 1.1.1)라는 고백이 가능하다.
137) 마니교도들이 비웃는 말씀(로고스)의 육화가 절대 진리 발견의 중개 역할을 위한 것이라는 해석이다.
138) 이 책 『고백록』에 나타나는 가장 높은 수준의 그리스도 신앙이다.
139) 요한 14:6.

으므로 그분은 그 음식을 살에다 섞으셨는데, 말하자면 말씀이 살이 되신 것입니다.[140] 그렇게 해서 당신은 그것으로 만물을 창조하신 당신의 그 지혜가 갓난아이였던 저희에게 젖을 먹이게 하셨습니다. 당신께서는 저 지혜를 통해서 만물을 창조하셨습니다. 그러나 저는 겸손한 사람으로서 겸손한 예수님을 저의 하느님으로[141] 받아 모시지 못하고 있었습니다. 그분의 연약하심이 무엇을 가르치는 스승인지도 알지 못하고 있었습니다.

그런데 당신의 말씀 곧 영원한 진리께서는 당신 창조계의 상위 존재들보다 월등하신 분으로서, 자기에게 순종하는 이들을 당신에게로 일으켜 세우셨고, 당신을 위해서 저희 진흙으로 빚어진 비천한 거처를 하위 존재들 가운데다 지으셨습니다. 당신께 순종해야 할 사람들을 그 집을 거치게 하며 자기 자신들로부터 끌어내고 당신한테로 끌어당기시기 위함이었습니다. 그것은 오만의 부종을 낫게 하고 사랑을 보양해주심으로써 저 사람들이 스스로를 믿고서 멀리 헤매는 일이 없게 만들기 위함이었습니다. 저희 가죽옷[142]을 함께 입으실 만큼 자기들 발 앞에 힘없이 놓인 신성을 바라보고서 자기들마저 스스로 힘이 다해서 저 신성 앞에 엎드리면 저 신성께서 일어나시면서 자기들도 일으켜주시기 바랐습니다.

---

140) 키케로의 글에도(이 책, 3.4.8) 플라톤 철학에도(이 책, 7.9.13) 어렸을 때부터 귀에 박힌 교리, "말씀이 사람이 되시어 우리 가운데 사셨다"(요한 1:14)라는 명제가 없어 아우구스티누스는 부족함을 느껴왔다.

141) 이 문구(deus meus humilis Iesus)는 아래에 나오는 '힘 없는 신성'이라는 말과 함께, 말씀의 육화와 십자가의 신비에 관한 아우구스티누스의 깊은 통찰로 간주된다.

142) 창세기(3:21)에 나오는 가죽옷을 교부는 타락한 인간에게 뒤따르게 된 죽음의 상징으로 간주한다. "사람들이 죄로 사멸하는 존재가 되었을 때에 당신께서 어떻게 가죽으로 그들을 입혀주셨는지 아십니다"(이 책, 13.15.16).

19.25. 아우구스티누스와 알리피우스가 그리스도에 관해서 무엇을 잘못 알고 있었던가

그럼에도 불구하고 저는 생각이 달랐습니다. 저의 주님이신 그리스도를 그저 아무도 비교할 수 없을 만큼 탁월한 지혜를 가진 한 인간으로 본 것입니다. 그분이 신기하게도 동정녀에게서 태어난 사실이야말로 저희에게 본보기를, 불멸을 얻기 위해 현세 사물들을 멸시하는 삶의 본보기를 보여준 것이라고만 생각했습니다. 그렇게 해서 저희를 위하시는 하느님의 보살핌을 대신해 저희를 교사할 만한 대단한 권위를 획득했다고 보였습니다.[143] 말씀이 살이 되었다는 것이 무슨 비밀스러운 의미를 갖는지 저로서는 짐작조차 못 했습니다. 다만 그분에 관한 기록이라고 전수되던 책에서 그분이 먹고 마시고 자고 걷고 기뻐하고 슬퍼했으며 설교를 했다는 사실만은 알았습니다. 다만 그 살이 당신 말씀과 결합하면서 인간 영혼과 지성을 함께 갖추지 않은 채로 결합하지는 않았습니다.

당신 말씀의 불변성을 아는 사람 모두가 이것쯤은 압니다. 저 또한 저대로 그 불변성은 알고 있었고 그 점에 대해서는 조금도 의심을 품지 않았습니다. 의지를 갖고서 때로는 신체의 사지를 움직이고 때로는 움직이지 않고, 때로는 어떤 감정에 쏠리다가 때로는 쏠리지 않고, 때로는 언어라는 기호를 써서 지혜로운 문장을 발언하다가 때로는 침묵하는 이런 일 모두가 인간 영혼과 지성의 고유한 가변성이기 때문입니다. 만에 하나라도 그분에 대한 거짓말이 쓰였다면 모든 것이

---

143) 철학적 입장에서 본 그리스도의 인물상은 이렇게만 비쳤을 것이다. 그는 회심 이전에 말씀의 육화에 관해서 냉소적이었고(이 책, 5.10.20), 동정녀에게서 출생했다는 교리에 대한 포르피리우스의 반박에도 동조하고 있었다(『신국론』, 10.29).

거짓말이 되어버릴 위험이 있으므로 그런 문전에는 신앙에서 우러난 구원이 인류에게 전혀 남아 있지 않았을 것입니다.

그런데 거기 진리가 적혀 있었으므로 저는 그리스도 안에서 온전한 인간을 인정했으며,[144] 인간의 육체만을 지닌다거나 육체와 더불어 영혼을 지니더라도 지성은 없거나 한 것이 아닌 인간임을 인정했습니다.[145] 그렇지만 제가 그분을 다른 모든 인간들보다 훌륭한 분이라고 여긴 까닭은 진리의 위격(位格)[146]이시기 때문이라기보다는, 그분의 인간 본성이 엄청나게 탁월하다든가 보다 완전한 지혜를 갖고 있기 때문이라고 간주하고 있었습니다. 그런데 알리피우스는 가톨릭신자들이 믿는 것은 살을 입은 하느님[147]이라는 생각을 품고 있었습니다. 말하자면, 그리스도 안에는 하느님과 살 외에는 없다고, 따라서 인간 영혼과 지성이 그분 안에서 서술되지 않는다고 여겼습니다.

그렇지만 그분에 대해 기억으로 전수된 내용들로 미루어, 생명과 이성이 갖추어진 피조물에 의해서가 아니면 이루어질 수 없는 업적이라는 확신이 있었으므로, 알리피우스는 굼뜨게나마 그리스도교 신앙을 향하고 있기는 했습니다. 그는 훗날 저런 오류가 가톨릭교회의

---

144) 교부는 말씀의 육화를 인간학적으로 이렇게 술회한다. "지성으로는 진리를 관조할 능력이 없어 육체적 감관에 의존하는 인간들에게도, 인간 본성이 피조계 안에 얼마나 탁월한 자리를 차지하는 것인지 입증해보이셨다"(『참된 종교』, 16.30).

145) "그분에게는 인간의 지성과 오성이 있고 육을 살리는 영혼이 있고 참되고 온전한 육이 있었으며 죄만 거기 없었다. 그래서 전체를 창조한 분이 전체를 구속했으며 전체를 취하셨고 전체를 구원하셨다"(Sermones, 237.4.4).

146) 라틴어 문법으로는 '진리 자체', '진리의 화신'(veritas in persona)이라는 뜻에 가깝다.

147) '살을 입은 하느님'(deum carne indutum)이라는 표현은 아우구스티누스와 알리피우스 모두 영적 실체에 관해서 잘못 생각했고 가톨릭교회의 교리에 대해서도 오해하고 있었음을 드러내는 표현이다.

신앙이 아니고 아폴리나리스 이단자들[148]의 것임을 파악하면서 가톨릭 신앙에 호감을 품고 완전히 동화되어갔습니다.

저로 말하자면 "말씀이 살이 되셨다"라는 구절에서 가톨릭의 진리가 포티누스[149]의 허위와 어떻게 다른지를 훨씬 나중에 배웠다고 고백합니다. 이단자들에 대한 배척은 당신의 교회가 어떻게 생각하는지, 건전한 교리가 무엇을 담고 있는지 돋보이게 만듭니다. 하기야 나약한 사람들 가운데서 시련을 통과한 사람들이 드러나려면 이단도 필요했습니다.

20.26. 아우구스티누스는 겸손 아닌 허영심을 지니고 있었다

하여튼 그즈음 플라톤학파들의 책을 읽고 비물체적 진리를 탐구하라는 권유를 받은 다음에는, 당신의 보이지 않는 속성이 지음을 받은 사물들을 통해 인식된다는 사실을 간파했습니다. 또 그 경지로부터 배척을 당하고 나서야 제 영혼의 어둠 때문에 관상이 허용되지 않는 바가 과연 무엇인지도 감지하기에 이르렀습니다. 이후 저는 확실히 알게 되었습니다. 당신께서 존재하시고, 당신께서 무한한 분이시

---

148) 라오디케아의 아폴리나리스(Apollinaris, 315-390)는 육화한 말씀의 신성을 옹호하고 신성과 인간성의 단일성을 강조하려는 의도로 '하느님 말씀의 육화한 단일 본성'을 내세워 "우리 주 예수 그리스도께서 사람이 됨을 합당하게 여기셨으나 인간 지성은 지니지 않으셨다"(*De diversis quaestionibus* 83, 80)라고 주장했다는 이유로 콘스탄티노플 공의회(381년)에서 배척당한다.
149) 시르미움의 포티누스(Photinus, +376)는 그리스도의 출생은 신기하다고 인정하지만 그의 선재설을 의심하고 "그리스도께서 단지 인간이셨고 하느님이 아니셨다고, 성부께서 성자로 끌어올리셨다"(*In Ioannis evangelium tractatus*, 26,5)라는 '양자설'을 내세웠다.

며, 그렇다고 유한한 공간이나 무한한 공간을 통해서 퍼져 있는 분이 아니심을. 당신께서는 항상 같은 분이시므로 참으로 존재하시고, 어느 부분에서나 어느 움직임으로나 다른 분으로 존재하시거나 다르게 존재하시는 분이 아니심을. 그밖의 모든 것은 당신께로부터 존재하며, 그것들이 존재하고 있다는 분명하기 이를 데 없는 증거만으로 당신께로부터 존재함을 말입니다.

저 모든 점을 저는 확신했습니다만 당신을 향유하기에는 제가 너무 허약했습니다.[150] 저는 마치 전문가라도 되는 양 지껄이고 다녔지만 저희 구원자이신 그리스도 안에서 당신의 길을 찾지 않는다면 전문가가 아니라 망할 놈일 뿐이었습니다.[151] 가득 찬 것이라곤 죄벌밖에 없는데 저는 현자처럼 뽐내고 싶어 했고, 죄벌을 두고 울어야 마땅한데 울기는커녕 되레 뻐기고 있었습니다. 그러니 그리스도 예수라고 하는 겸손의 토대에서 건설해가는 저 사랑이 어디 있겠습니까?[152] 플라톤 학파들의 저런 책들이 저에게 그 사랑을 가르친 적이 있습니까? 하지만 제가 당신 성경을 공부하기에 앞서 저런 책들을 만나게 된 것은 당신께서 원하신 일이라고 믿습니다. 그것은 저 책들에서 제가 어떤 영향을 받았는지 기억에 새기기 위함이었습니다. 제가 훗날 당신 서책에 유순하게 길들여진 뒤, 치유를 베푸는 당신 손가락으로 저의 상처

---

150) "향유한다(frui)는 것은 어떤 사물 그 자체 때문에 그 사물에 애착을 갖는 것이다. 사용한다(uti) 함은 용도로 쓰이는 사물을 우리가 성취하기 원하는 것과 결부시키는 것이다"(『그리스도교 교양』, 1.4.4)라는 말처럼, 아우구스티누스가 보기에 인간의 궁극적 향유 대상은 절대선, 곧 하느님뿐이다.
151) 진리 앞에서 취하는 철학자의 오만을 유사한 두 단어(전문가 peritus ↔ 망할 놈 periturus)로 절묘하게 대조시켰다.
152) "토대에서부터 사유하라. 그대 안에 겸손이라는 기초를 파내려가라. 그러면 사랑이라는 정점에 도달하리라"(*Sermones*, 69.4).

들이 아물고 난 뒤에야, 과신過信과 고백 사이의 거리가 얼마나 먼지,[153] 또 어디까지 가야 할지 아는 사람들과 그것은 알지만 어느 길로 가야 할지 모르는 사람들의 거리가 얼마나 먼지, 행복을 주는 고향[154]으로 가는 길을 감지하는 데서 그치지 않고 그곳에서 살기에 이르는 것 사이의 거리가 얼마나 먼지 분간하게 만드셨습니다.

만약 그러지 않고 제가 당신 성경을 먼저 접해 익숙해졌고 그 성경에 친숙해져 단맛을 느끼게 만드신 다음 철학자들의 저 책들을 접하게 되었더라면, 저 책들이 저를 건실한 신앙심으로부터 이탈시켰을지도 모릅니다. 또 설령 구원을 위해 제가 흡수해온 심경 속에 그냥 버티고 있었다 치더라도, 누구든 철학자들의 저런 책들만 배워도, 저런 책자들만으로도 같은 심경을 포착할 수 있으리라는 생각을 품게 되었을지도 모릅니다.

21.27. 유익한 바울로 사도의 글들을 의욕적으로 읽다

그래서 저는 의욕적으로 당신 성령의 외경스러운 붓끝,[155] 다른 이들에 앞서 바울로 사도를 붙들었습니다. 그러자 한때 저에게 자가당

---

153) 학자들의 사변에서 그치는 '추정'과 교리에 대한 믿음에 삶을 건 신앙인들의 '고백'에서 각각 '오만'과 '겸손'의 표본을 본다.
154) 아우구스티누스 이래로 진리가 지성의 대상일 뿐만 아니라 인간 의지에 행복을 주는 기능을 강조했다. 선을 행복을 주는 선(bonum beatificum)으로, 하느님의 직관을 지복직관(visio beatifica)으로 표현하고, 그리스도를 "스스로 행복하고 행복하게 만드는 하느님(beatus et beatificus deus)이 우리 인간성에 참여함으로써 우리가 당신의 신성에 참여하는 담보를 제공한 분"(『신국론』, 9.15.2)으로 부르기도 한다.
155) 붓[펜촉]은 곧 글을 가리키므로 "성령의 펜촉"은 성경을 칭한다.

착이라고 여겨졌고 율법과 예언자들의[156] 증언과 맞지 않아 보였던 바울로 연설 본문의 문제점들이 자취를 감췄습니다. 또 순정한 말씀의 단일한 얼굴이 제게 드러났고 저는 그 앞에서 두려움을 품고 기뻐하는 법을 배웠습니다. 그렇게 성경을 붙잡았고 발견했습니다, 플라톤학파의 책에서 제가 참되다고 읽었던 내용이 여기 성경에서 당신 은총의 다짐과 더불어 나온다는 사실을. 따라서 세상을 볼 줄 아는 사람이라고 스스로 자랑할 것이 아님을, 자신이 보는 그 대상만 아니고 본다는 사실 역시 위로부터 받지 않은 것처럼 뽐낼 것이 아님을 깨달았습니다.[157]

사람이 가진 것 중 당신께 받지 않은 것이 무엇입니까? 사람은 항상 유일하게 존재하시는 당신을 뵙는 데서 그치지 않고 당신으로부터 치유받으라고, 그러니 당신을 꽉 붙들라는 가르침도 받고 있습니다. 심지어 멀리 떨어져 있어서 당신이 보이지 않는 사람도 길을 걷게 해주시고, 그 길로 와서 당신을 뵙고 붙들게 해주십니다. 내적 인간으로서 하느님의 법을 두고 기뻐하더라도, 자기 지체 안에 있는 어떤 법이 자기 지성의 법과 싸우고, 그래서 자기 지체 속에 있는 죄의 법 아래 포로로 만들어버린다면 그 다른 법에 대해서 무엇을 할 수 있습니까?[158]

주님, 당신께서는 의로우십니다. 그런데 저희는 죄를 지었고 사악

---

156) "율법과 예언자들"은 구약성경을 칭하는 표현이다.
157) 어떤 성경 구절이 진리라고 깨우치는 일도 '은총의 다짐을 받아서' 이루어지고, 지성 앞에 현전하는 진리를 눈여겨볼 수 있는 것도 은총이 주는 힘이라고 설명한다.
158) 로마 7:22-24* 참조("내적 인간에 따라서는 하느님의 율법을 기뻐하는 법을 봅니다. 그러나 자기 지체 안에는 자기 지성의 법에 대결하는 다른 법이 있음도 보게 됩니다. 그 법은 나를 사로잡아 내 몸 속에 있는 죄의 법의 종이 되게 합니다").

하게 행동했고 무엄하게 처신했으므로 당신 손이 저희를 위에서 짓누릅니다. 그래서 저희가 저 옛 죄인[159] 곧 죽음의 왕자에게 넘겨진 것입니다. 그가 저희 의지를 유혹해서 자기 의지를 닮도록 만들어버렸습니다. 그자는 자신의 의지로 당신 진리 편에 서본 적이 없습니다.[160] 그러니 불쌍한 인간이 무엇을 하겠습니까? 저희 주 예수 그리스도를 통해서 내리는 당신의 은총이 아니면 누가 이 죽음의 몸에서 그 불쌍한 인간을 구해주겠습니까? 당신께서는 함께 영원한 존재로 그분을 낳으셨고, 당신 길의 첫머리에서 그분을 창조하셨습니다.[161] 이 세상의 우두머리는 그분에게서 죽음에 상응하는 그 무엇도 찾아내지 못했으면서 그분을 죽였습니다. 그런 일로 저희에게 불리했던 빚 문서가 지워지고 만 것입니다.[162]

이런 내용이 철학자들의 저런 글에는 나오지 않았습니다. 저 책들의 면면에는 이 같은 경건심의 얼굴도, 고백의 눈물도, 당신께 드리는 희생제사도, 괴로워하는 영혼도, 부서지고 꺾인 마음도 없었고,[163] 백성의 구원도, 신부인 도성도, 성령의 보증도, 저희 몸값이 되는 술잔도 없었습니다.[164] 그들의 책에서는 *"내 영혼이 하느님 밑에 귀속*

---

159) "처음으로 죄지은 것은 아담이 아니다. 첫 번째 범죄자를 찾아내고 싶은가? 악마를 보라"(*Sermones*, 294.15.15).
160) 요한 8:44 참조("그는 처음부터 살인자였고, 진리 쪽에 서본 적이 없다. 그에게는 진리가 없기 때문이다").
161) 잠언 8:22 참조("하느님께서 만물을 지으시려던 한처음에 모든 것에 앞서 나를 지으셨다").
162) 골로사이 2:14 참조("여러 가지 달갑지 않은 조항이 들어 있는 우리의 빚 문서를 무효화하시고 그것을 십자가에 못박아 없애버리셨습니다").
163) 시편 51[50]:19* 참조("하느님께 드리는 제사는 통회하는 영이나이다. 하느님은 부서지고 낮추어진 마음을 멸시하지 않으시나이다").
164) 신부인 도성 '천상 예루살렘'(묵시록 21:2 참조), 성령의 보증(2고린토 5:5 참조), 우리 몸값의 잔(창세기 44:1-34 참조)이 차례로 구세주와 연관되어 언급된다.

되어 있지 않겠습니까?' 그분께로부터 내 구원이 오나이다. 바로 그분이 내 하느님, 내 구원, 나를 거두어주시는 분이시니 더는 내가 비틀거리지 않으리라"165)라고 노래하는 사람이 아무도 없었습니다. 그 책에서는 누구도 "고생하며 무거운 짐을 지고 허덕이는 사람은 다 나에게로 오너라"라고 부르는 분의 음성을 들을 수 없습니다. 그들은 "마음이 온유하고 겸손"하신 그분에게서 배우기를 꺼리기 때문입니다.166) 당신께서 지혜롭다는 자들과 슬기롭다는 자들에게는 이것을 감추시고 철부지들에게는 드러내 보이셨습니다.

다음 두 가지는 엄연히 다릅니다. 하나는 숲이 울창한 산봉우리에서 평화스러운 고향 땅을 바라보는 경우입니다. 그러나 거기에 이르는 길을 발견하지 못하고 길도 없는 곳을 헛되이 헤매면서 힘만 씁니다. 도중에 사자와 용을 우두머리 삼아167) 탈주병들이 출몰하기도 합니다. 그런가 하면 다른 하나는 천상 황제의 보호를 받으며168) 그리로 인도하는 길을 단단히 붙드는 경우입니다. 이 길에서는 천상 병영을 탈주한 자들이 강도질하는 일이 절대 없습니다. 그자들이 이 길을 형극처럼 기피하기 때문입니다. 당신 사도 중에 극히 작은 인물169)의 글을 읽고 당신의 업적을 생각하며 놀라서 몸을 떨 때, 이런 것들이 신기하게도 저의 가슴에 사무쳤습니다.170)

---

165) 시편 62[61]:2-3*.
166) 마태오 11:28-30.
167) "우리의 저 원수가 전에는 노골적으로 흉포하게 날뛰는 사자였다면 지금은 음흉하게 간교를 꾸미는 용입니다"(『시편 상해』, 39.1).
168) 로마의 공공 도로는 황제의 명으로 건설되었고 또 강도의 출현에서 보호받았다.
169) 바울로 사도가 자신을 지칭하던 말이다.
170) "새로운 소식, 인간들의 구원에 대한 돌연한 소식을 듣고 나서 느꼈을 형언할 수 없는 경탄이 아니고 무엇인가?"(『신국론』, 18.32).

제8권
유일하고 참된 하느님께 회심*

* 제8권은 '지성의 회심'에 이어 아우구스티누스에게 결정적인 순간이 되는 '의지의 회심'이 이뤄지는 장면이 그려지고 있어 이 책의 절정이자 세계 '고백 문학'의 백미로 꼽힌다. 심플리키아누스와의 만남(2,3-5,12), 폰티키아누스와의 만남(6,13-7,18), 그리고 유명한 '밀라노 정원의 밤'(8,19-12,30)으로 엮어져 있다.

1.1. 하느님의 종 심플리키아누스

저의 하느님, 감사를 드리며 당신을 기억하게 해주시고, 제게 베푸신 당신 자비를 고백하게 해주십시오. 당신 사랑이 제 뼛속까지 사무쳐서 "주님, 누가 당신과 같습니까? 당신께서 저의 사슬을 풀어주셨습니다. 당신께 찬미의 제물을 바칩니다"라고 말씀드리게 해주십시오.[1] 당신께서 어떻게 그 사슬을 풀어주셨는지 얘기하겠습니다. 그 이야기를 듣고서 당신을 경배하는 사람들 모두가 당신께 말씀드릴 것입니다. "주님, 하늘과 땅에서 찬미받으소서. 그분의 이름은 크고도 놀라우시다."[2]

당신 말씀이 제 폐부에 박혀 있어서 저는 어디로나 당신께 감싸여 있었습니다. 당신의 영원한 생명에 관해서는 저도 확실했습니다. 그 생명이야 허깨비처럼, 거울을 보듯 하는 수밖에 없었지만 말입니다.[3]

---

1) 시편 35[34]:30 및 116:16-17[115:7-8] 참조.
2) 시편 72[71]:18 및 76[75]:2 참조.
3) "제가 보기에 사도가 거울이라는 단어는 '모상'을 뜻하는 것으로 알아듣기 바

하지만 썩지 않는 실체에 관한 모든 의심은 제게서 사라졌습니다. 모든 실체는 바로 이 실체로부터 존재하는 것이었습니다.[4] 그리고 제가 간절히 바라던 바는 당신에 대해 더욱 확신하는 것보다 당신 안에서 더욱 확고해지는 것이었습니다.[5] 저의 현세 생활에 관한 한 모든 것이 비비 꼬여 있어서 묵은 누룩에서 마음이 정화되어야만 했습니다. 구세주께서 친히 길이 되어주심은 마음에 들었지만 그 길의 좁다란 골목을 빠져나가는 일은 아직도 내키지 않았습니다.

그때 당신은 제게 심플리키아누스[6]를 찾아가보는 게 좋겠다는 생각을 하게 하셨습니다. 그는 제게도 당신의 선량한 종으로 보였고 그 사람 속에서 당신의 은총이 빛을 발하고 있었습니다.[7] 그 사람은 젊어서부터 당신을 극진히 섬기며 살아왔다는 얘기도 들었습니다. 그때는 이미 늙어 있었던 그는 오랜 세월에 걸쳐 당신의 삶을 뒤쫓아 많은 공부를 했고 많은 지식을 갖춘 인물로 보였습니다. 실제로도 그

랐고 허께비라는 단어는 '비슷함'을 뜻하는 것으로 알아듣길 바랐다"(『삼위일체론』, 15.9.16).

4) "아무리 미미한 선이라 할지라도 선이 되는 한에서는 하느님께로부터 오는 것이 된다. 일체의 선은 하느님 자신이거나 하느님께로부터 온다"(『참된 종교』, 18.35).

5) 제8권에서 아우구스티누스는 하느님께 관한 지적 확신보다는 하느님께 귀의하는 실존적 확고함을 도모하면서 자기를 번민케 만드는 윤리문제에 도덕적 결단을 희구했다.

6) 심플리키아누스(Simplicianus, 325ca.-400ca.): 로마의 사제. 밀라노에서도 신플라톤학파를 수용한 지성인 그리스도인들의 지도자였다. 수사학자 마리우스 빅토리누스(Marius Victorinus)와 친구 사이였고 노령에 암브로시우스 주교좌를 계승한다. 아우구스티누스는 자기의 은총론을 담은 *De diversis quaestionibus ad Simplicianum*을 그에게 헌정해서 저술한다.

7) 심플리키아누스가 들려준 로마 수사학자 마리우스 빅토리누스의 입교(이 책, 8.2.3-5)와 폰티키아누스가 들려준 황실 경호장교 두 사람의 수도원 입회(8.6.14-15) 일화는 아우구스티누스의 회심(8.8.19-12.30)에 중요한 자극이 된다.

런 사람이었습니다. 저 같은 고민을 안고 있는 사람이 마음을 털어놓으면, 그런 사람은 저와 같은 처지에서 흔들리는 사람이 당신의 길을 걸어가는 데 적절한 방법이 무엇인지에 관해서 조언해주었습니다.

1.2. 아우구스티누스는 그때도 여자에게 단단히 묶여 있었다

당신 교회는 사람으로 가득 차 있었는데 이 사람은 이렇게 다니고 저 사람은 저렇게 다니고 있었습니다. 저로 말하자면 속세에서 제가 해오던 바가 제 마음에 들지 않았고, 평소처럼 욕심이 타오르지도 않는 데다, 명예나 돈에 대한 소망으로 저토록 무거운 종살이를 견뎌내는 일이 제게 무척 짐이 되던 참이었습니다. 당신이 주시는 감미로움과 제가 사랑하던 당신 집의 아름다움에 비해 저런 것들은 이미 기쁨을 주지 못했습니다만 저는 아직까지도 여자에게만은 단단히 묶여 있었습니다.[8] 실상 사도마저도 모두 자기와 같아지기를 간절히 원했으므로 보다 나은 생활을 권장하기는 했지만 제게 결혼을 금하는 것은 아니었습니다.

그런데 저는 나약하게도 보다 안일한 자리를 택했고, 그러다 보니 그 한 가지 때문에 나머지 일에도 나른하게 허우적거리는 중이었고 시들한 걱정거리에 심신이 지쳐가고 있었습니다. 부부생활에 푹 빠져 헤어나지 못하는 바람에, 제가 겪기 싫어하던 다른 일에서도 억지로 타협을 해야만 했습니다.[9] 진리의 입에서 들은 바 있습니다. "하늘

---

8) "솔직히 고백하지만, 아내에 대한 미련과 명예에 대한 미련이 나를 붙들어 철학의 품으로 신속히 날아가지 못하게 말렸습니다"(『행복한 삶』, 1.4).
9) 그의 결단을 가로막는 장애는 두 가지였는데, 성애만 있다면 돈벌이와 출세 문제도 타협할 수 있었다는 자백이다.

나라를 위하여 스스로 결혼하지 않는 사람도 있다. 이 말을 받아들일 만한 사람은 받아들여라."[10] 하느님에 대한 지식이 없는 사람들, 좋아 보이는 사물들에서 존재하시는 그분을 발견하지 못하는 사람들은 모조리 허망한 자들입니다. 물론 저는 이미 그런 허망한 것들에 빠져 있지 않았습니다. 그 허망함을 벗어난 터였고, 온 창조계가 외치는 소리에서 저희의 창조주이신 당신과 당신의 말씀이신 분을 발견했었습니다.

곧 당신 앞에 계시는 하느님,[11] 당신과 더불어 한 분 하느님이신 말씀, 그분을 통해서 당신께서 만유를 창조하셨다는 말씀을 발견했었습니다. 그런데 하느님을 알면서도 하느님을 찬양하거나 감사를 드리지 않는 불경스러운 자들이 따로 있습니다. 저 역시 한때 그 무리 속에 떨어져 있었지만 당신 오른팔이 저를 거두어주셨고,[12] 거기서 저를 건져내 기운을 차릴 만한 자리에 올려놓아주셨습니다.

당신께서 인간에게 하신 말씀이 있습니다. "주를 두려워하는 것이 곧 지혜요, 악을 싫어하는 것이 곧 슬기다."[13] 그리고 "인간은 스스로 똑똑한 체하지만 실상은 어리석습니다"라는 말씀도 있습니다.[14] 귀한 보석을 발견했으니 가진 것을 모두 팔아 그 보석을 사야 했지만 저는 여전히 망설이고 있었습니다.

---

10) 마태오 19:12.
11) 요한복음서 서론(1:1-18)에서 "하느님과 함께 계셨다"로 번역되는 구절이 불가타본에는 "erat apud Deum" 즉 "하느님 앞에 계셨다"로 나와 있으므로 교부는 "하느님 앞에"와 "하느님과 함께"를 모두 사용한다.
12) 플라톤학파의 철학은 하느님의 초월성을 깨우쳐주었지만, 인간이 '말씀의 육화'를 통한 타력구원(他力救援)을 받아들이도록 지적 오만을 꺾어주는 것은 하느님의 은총(오른팔)이었다는 말이다.
13) 욥기 28:28 참조.
14) 로마 1:22 참조.

2.3. 심플리키아누스가 들려준 수사학자 빅토리누스의 회심

그래서 심플리키아누스를 찾아갔습니다. 그는 당시 주교이던 암브로시우스가 당신의 은총을 입도록 어버이 노릇을 했고, 암브로시우스는 그를 어버이로 경애하고 있었습니다.[15] 저는 그에게 우여곡절을 겪은 제 방황을 얘기했습니다. 로마시의 수사학자 빅토리누스[16]라는 사람이 언젠가 라틴어로 번역한, 플라톤학파들의 책을 제가 몇 권 읽었다는 사실을 언급하고 그가 그리스도신자로 죽었다고 들었다고 말하자 그는 제가 그밖의 다른 철학자들의 저서에 빠져들지 않은 점을 두고 기뻐했습니다. 그런 책들은 이 세상의 원소들에 관한 온갖 허위와 기만에 차 있는데[17] 플라톤학파의 이 책들만큼은 하느님과 그분의 말씀이 갖가지 양태로 암시되어 있다고 일러주었습니다.

그다음, 지혜로운 자들에게는 감춰졌고 철부지들에게는 드러난 그리스도의 겸손을 저한테 권유하는 뜻으로 그는 빅토리누스를 직접 상기시켜주었습니다. 자기가 로마에 있을 때 그와 아주 친하게 알고 지냈다면서 그 사람 얘기를 해주었는데 저 또한 그 얘기를 그냥 넘어가지 않았습니다. 당신 은총을 두고 크나큰 찬미를 바치는 자리가 되었기 때문입니다. 그는 참으로 박식한 노인으로, 온갖 자유학예를 통달했고, 철학자들의 그 많은 저서를 통독하고 비판했으며, 원로원의

---

15) 암브로시우스에게서 실제로 아버지라는 호칭을 듣기도 했다(*Epistolae*, 7.2).
16) 이하(8.2.3-5.10)에 나오는 카이우스 마리우스 빅토리누스(Caius Marius Victorinus, fl. 354)는 교부 히에로니무스(Hieronymus)의 스승이며 로마에서 수사학을 가르쳤고 신플라톤학파로서 포르피리우스와 플로티누스의 철학서를 라틴어로 번역했다. 국교인 그리스도교에 맞서 전통 종교와 전통 풍습(mos maiorum)을 고수하던 주축이었으나 355년경 그리스도교로 개종하고 바울로의 서간 등을 주석했다.
17) 스토아 같은 원소를 거론하는 학파는 유물론 사조를 내세웠으므로 이런 평이 나온 듯하다.

그 많은 귀족 의원들의 스승이었고, 이 세상 사람들이 으뜸으로 여기는 공직을 맡아 로마의 광장에 석상이 세워질 만큼 공훈을 세운 사람이었습니다.[18]

그렇지만 그 나이까지도 우상 숭배자였고 신성모독의 종교의식에 참석하던 사람이었습니다. 로마 귀족층 거의 전부가 그런 제의에 흠뻑 빠져 백성의 펠루시아에 열광하고 온갖 종류의 괴물에 열광하고 개 짖는 아누비스[19]에 열광하던 중이었습니다. 그 괴물들로 말하자면 한때 넵투누스와 비너스를 상대로, 아울러 미네르바를 상대로 무기를 들었던 작자들임에도,[20] 로마는 자기한테 패한 자들한테 빌고 있었고,[21] 저 노인 빅토리누스마저 여러 해를 두고 우레 소리 나는 입으로 그런 짓들을 옹호해왔던 것입니다. 그러던 인물이 당신의 그리스도의 어린이가 되기를 부끄러워하지 않았고, 갓난아기처럼 겸손의 멍에에 고개를 숙이고 십자가의 치욕 앞에[22] 이마를 조아리면서 당신의 샘에서 태어남을 부끄러워하지 않았습니다.

---

18) 로마 트라야누스 광장에 그의 석상이 세워졌다는 예로니무스의 기록이 남아 있다.
19) Anubis latrator: 아누비스는 4세기에 로마에서 널리 숭배받은 개의 머리를 한 신이다. 교부들은 맹수의 형상으로 신격화된 이집트 우상들을 특히 경멸하고 공격했다.
20) 로마 창건자 아이네이스의 방패에 그려진 그림에는 "온갖 종류의 괴물들이며 개 짖는 아누비스가 넵투누스와 비너스를 상대로, 아울러 미네르바를 상대로 무기를 들고 있었다"(베르길리우스, 『아이네이스』, 8.698-700)라는 구절이 나온다.
21) "사로잡은 우리가 되레 사로잡히고 말았다"라는 속담처럼, 교부는 로마가 이집트를 점령했으면서도 이집트 종교에 침식당해 잡신들을 섬기는 세태를 한탄하고 있다.
22) "십자가의 치욕 … 그는 저 십자가를 치욕으로 여겼고 치욕으로부터 도망쳤는데 그러다 보니 정말 오랜 치욕 속에 머물러 있어야 했다"(암브로시우스, *Expositio Psalmi*, 43.54).

2.4   오, 주님, 당신은 하늘을 기울여 내려오셨고, 산들을 건드리시자 그것들이 연기를 뿜었습니다. 주님, 당신께서는 어떤 방법으로 그의 가슴에 당신을 일깨워주셨습니까? 심플리키아누스의 말에 의하면, 빅토리누스는 거룩한 성서를 읽고 있었고, 모든 그리스도교 저술을 아주 철저하게 탐독하고 연구한 다음, 심플리키아누스에게 남몰래 은근히 이런 말을 하더랍니다.

"내가 이미 그리스도신자가 되었다는 걸 알아주었으면 하네." 그래서 이렇게 대꾸했답니다. "난 그걸 못 믿겠고 그리스도의 교회 안에 그리스도신자들 사이에 있는 자네 모습을 보지 않는 한 그리스도신자로 인정하지 않겠네." 그는 웃으면서 이렇게 말하더랍니다. "그러니까 그리스도신자를 만드는 게 성당의 바람벽이란 말인가?"[23] 자기는 벌써 그리스도신자라는 말을 자주 했고 그때마다 심플리키아누스는 같은 말로 대꾸했으며 저 사람은 비웃으면서 바람벽을 운운하는 일이 되풀이되었습니다.

그는 자기 친지들, 그러니까 정령 숭배자들[24]의 오만한 마음을 상하게 할까봐 두려워했습니다. 저자들의 적대감이 자기한테 무겁게 엄습하리라고, 마치 주님께서 아직도 베어 넘기지 않으신 레바논의 삼목들로부터 쏟아져내리듯이, 저 바빌론 같은 관료 세계의 꼭대기로부터 적대감이 엄습해오리라고 여기던 참이었습니다.

하지만 읽고 감탄하면서 강건함을 얻었고, 사람들 앞에서 그분을 고백하기를 두려워하다가 그리스도께서 거룩한 천사들 앞에서 자기

---

23) 빅토리누스가 마음으로 하느님을 섬기며 양심대로 살겠다면서 세례를 미루는 행태를 이신론(理神論)으로 간주하면서, 세례를 받고 교회라는 '건물' 안에 들어와 신앙생활을 하라고 권유하는 대화다.
24) daemonicolae: 소크라테스 이래로 신성과 인간 중간의 존재가 인간과 만유에 깃들어 있다는 믿음이 있었다. 아우구스티누스는 『신국론』(9.19)에서 신플라톤학파의 정령 숭배를 장황하게 비판한다.

를 모른다고 부인하실까 두려웠습니다.25) 그리고 당신 말씀이 보이신 겸손의 신비에 대해서는 남부끄러워하면서 오만한 악마들의 신성모독 의식에 대해서는 부끄러워할 줄 모른다는 사실로 미루어 자신이 크나큰 죄를 지은 죄인임이 본인에게도 뚜렷해졌습니다. 그따위 의식들을 받아들인 것부터가 오만한 악마들을 흉내 내는 오만한 인간이었습니다. 그는 이를 깨닫고 거짓에 겸연쩍어지고 진리에 부끄러워져 이런저런 생각도 않고 당장 심플리키아누스에게 말했습니다(이것은 그가 직접 한 말입니다). "교회에 가세. 그리스도신자가 되고 싶네." 그이는 너무 기뻐 정신없이 그를 데리고 교회로 갔습니다.

그는 거기서 교리의 주요 신비에 대한 가르침을 받고 머지않아 이름을 올렸습니다.26) 세례로 거듭나기 위함이었습니다. 이 일을 보고 로마는 깜짝 놀랐고 교회는 기뻐했습니다. 오만한 자들은 이 일을 지켜보면서 분노했고 이를 갈면서도 풀이 죽었습니다. 당신의 종에게 주 하느님께서 희망이 되셨으므로 그는 위장된 허황한 짓과 미친 짓을 뒤돌아보지 않았습니다.27)

2.5 마침내 그가 신앙을 고백할 때가 왔습니다. 로마에서 신앙 고백은 함축되고 간추려진 몇 마디 문장을 암기해 낭송하는 것이 관례였기에 당신 은총으로 나아가려는 사람들은 약간 높은 자리에 올라가 로마 신자 대중 앞에서 암기한 것을 낭송하게 마련이었습니다.28)

---

25) 루가 12:9 참조("그러나 누구든지 사람들 앞에서 나를 모른다고 하면 사람의 아들도 하느님의 천사들 앞에서 그를 모른다고 할 것이다").
26) 그 당시 입교희망자 예비신자는 초보 교육을 받고서 공현 축일 후 세례지원자 명단에 이름을 올렸다. 세례는 보통 일 년에 한 번, 부활 전야에 있었다.
27) 시편 40[39]:5* 참조("행복하여라, 자기 희망을 주님의 이름에 두는 사람. 허세와 거짓 열광으로 돌이키지 않았던 사람").
28) 그 당시 세례 예비자는 부활 한 주 전에 신경(信經)을 암송하고, 세례 직전에

그런데 빅토리누스에게는 그것을 비밀리에 해도 좋다는 특전이 사제들로부터 베풀어졌습니다. 어떤 이들이 그런 자리에 서서 수줍어 벌벌 떨 것 같으면 그런 특전을 제공하는 관행이 있었습니다. 하지만 그 인물은 자기가 받은 구원을 거룩한 회중 앞에서 떳떳이 공언하고 싶어 했습니다. 그가 가르치던 수사학에는 구원이 없었는데도 그것을 공공연히 발표해왔던 사람입니다. 정신 나간 군중 앞에서 서슴지 않고 자기 말을 한 사람이 당신의 선량한 양 떼 앞에서 당신 말씀을 암송하는 일을 두고 두려워할 까닭이 무엇이었겠습니까?

그가 신앙고백을 하러 단상으로 올라가자 그를 알아본 만큼(그 자리에서 그를 몰라볼 사람이 누구였겠습니까?) 모두가 축하해마지 않으면서 그의 이름을 서로 수군거렸습니다. 반가움에 겨운 사람들 모두의 입에서 "빅토리누스! 빅토리누스!" 하는 연호에 가까운 소리가 터져 나왔습니다. 사람들은 그를 알아보자마자 환성을 올리다가 그의 신앙고백을 들으려고 곧 조용해졌습니다. 그는 확고한 신념을 품고서 참신앙을 고백했으며, 사람들은 모두가 그를 마음속으로 끌어안고 싶어 했습니다. 사랑해서, 좋아서 그를 끌어안는 것이었습니다. 그를 끌어안는 손길이란 바로 이 사랑과 기쁨이었습니다.

3.6. 더 큰 위험을 벗어난 사람의 기쁨이 더 큰 법이다

좋으신 하느님, 사람을 움직이는 것이 무엇이기에, 어떤 영혼에게 언제나 가망이 있었거나 위험이 더 작을 경우보다 절망한 영혼, 보다

다시 공공연히 신경을 암송하는 절차를 거쳤다. "신경의 말마디들은 (종이에) 써서는 안 되고 듣고서 배워야 합니다. 다 배워도 적어둘 것이 아니고 기억에 간직해야 합니다"(*Sermones*, 212,2).

큰 위험에서 구출된 영혼의 구원을 두고 더 기뻐하는 것입니까?[29] 자비로우신 아버지, 당신께서도 회개할 필요가 없는 아흔아홉 명의 의인들보다 회개하는 죄인 한 사람을 두고 더 기뻐하십니다.[30] 그래서 헤매던 양을 메고 오는 목자의 어깨가 얼마나 덩실거리는지 모른다는 얘기를 들었을 때[31] 저희 역시 크나큰 기쁨으로 귀를 기울였습니다. 드라크마 은전이 당신의 금고 속으로 도로 들어가는 얘기를 들을 때에도, 은전을 찾아낸 여인을 두고 이웃 여자들이 함께 기뻐해주는 가운데에도 그랬습니다.[32] 또 당신의 작은아들을 두고 당신 집에서 그는 "죽었다가 다시 살아왔으니 잃었던 사람을 되찾은 셈이다"라는 말씀을 읽을 때 당신 집의 커다란 경사에 따라오는 기쁨은 눈물겹기까지 했습니다.[33]

저희 속에서, 거룩한 사랑으로 타오르는 거룩한 천사들 속에서 기뻐하시는 이는 당신이십니다.[34] 왜냐하면 당신께서는 항상 같은 분이실뿐더러, 항상 존재하지도 못하고 같은 모양으로 존재하지도 못하는 것들마저도 당신께서는 모두 늘 똑같이 아시기 때문입니다.

---

29) 로마 최고의 지성인 빅토리누스의 입교에 자기의 입교를 미리 투사하고 있다. 아우구스티누스는 하느님의 자비를 설교하신 예수님의 비유들(루가 15장)을 길게 열거한다.
30) 루가 15:7 참조("이와 같이 회개할 것 없는 의인 아흔아홉보다 죄인 한 사람이 회개하는 것을 하늘에서는 더 기뻐할 것이다").
31) 루가 15:4-6 ("잃은 양을 찾아 헤매지 않겠느냐? 그러다가 찾게 되면 기뻐서 양을 어깨에 메고 집으로 돌아와…").
32) 루가 15:8-10 참조. 잃었다 다시 찾은 은전을 교회에 입교하는 빅토리누스에 재치 있게 비유한다. '당신의 금고'는 유다스가 예수님의 몸값으로 받았다가 성전 안에 내던진 돈을 거두면서 수석 사제들이 "이것은 피 값이니 헌금궤에 넣어서는 안 되겠소"(마태오 27:6)라고 하던 말도 암시한다.
33) 루가 15:32.
34) 루가 15:10("죄인 하나가 회개하면 하느님의 천사들이 기뻐할 것이다") 참조.

3.7 아끼는 물건을 두고두고 지니고 있을 때보다도 잃었다가 되찾거나 다시 얻었을 때에 더 기쁜 이유는 영혼에 무엇이 작동하기 때문입니까? 그밖의 얘기들도 그렇고, 저 모든 일이 "정말 그렇구나!"라고 소리치는 증거로 가득 차 있습니다.[35] 사령관이 승리자로서 개선행진凱旋行進을 하는데, 싸움을 하지 않았더라면 이기는 일도 없었을 것입니다. 또 전투에서 위험이 크면 클수록 개선행진의 기쁨도 더할 것입니다.

폭풍이 뱃사람들을 까불어놓아 파선의 위협이 닥치면 모두가 임박한 죽음 앞에 하얗게 질립니다.[36] 그러다 하늘과 바다가 잠잠해지면, 너무나 무서웠던 그만큼 아주 기뻐 날뜁니다.[37] 사랑하는 사람이 병들고 그의 혈맥이 불길한 예감을 줍니다. 그가 살아나기 바라는 사람은 마음으로 모두 함께 앓습니다. 그러다 잘되면 그 기쁨이란, 아직은 이전과 같은 기운으로 걷지는 못하더라도, 예전에 건강하고 힘차게 걸어 다닐 때의 기쁨에 비할 바가 아닙니다.

인생의 쾌락이란 고생을 대가로 얻어집니다. 사람들은 뜻밖의 고생이나 의도하지 않은 고생뿐만 아니라 예견하고 의도적으로 겪은 고생을 대가로도 쾌락을 얻습니다. 주리고 목마른 괴로움을 먼저 경험하지 않는다면 먹고 마시는 쾌감도 전혀 없을 것입니다. 술꾼들은 뭔가 맵고 짠 것을 먼저 먹어서 심한 갈증을 겪다가 음주로 그것을

---

35) 잃은 양, 잃은 드라크마, 잃은 아들을 되찾는 기쁨을 하느님의 기쁨으로 얘기하는 말씀을 두고, 하느님의 모상인 인간도 그런 기쁨을 체험한다는 뜻에서 격전을 치른 장군, 폭풍에서 살아난 뱃사람들, 애타게 약혼녀를 기다리는 남자 얘기를 꼽는다.
36) pallida morte futura: 원래 아이네이스가 자기를 버리고 떠나자 자결을 결심한 카르타고 여왕 디도의 얼굴을 표현하는 문구였다(베르길리우스, 『아이네이스』, 4,644).
37) 심해에 표류하다 깨달음을 얻어 포구로 돌아오는 탐구자의 긍지가 하느님의 자비로 목숨을 구한 기쁨으로 대체된다.

가라앉힐 때 쾌감을 느낍니다.[38] 또 약혼한 여자들을 약혼자들에게 바로 넘겨주지 않는 제도가 있는데 약혼자가 혼인이 미뤄져 약혼녀를 애타게 기다리게 함으로써 남편이 손에 들어온 여자를 값싸게 여기는 일이 없게 하려는 것입니다.

3.8 추잡하고 남부끄러운 환락에서도 이렇고, 사회가 허용하는 합법적인 환락에서도 이렇고, 우정이라고 하는 아주 진지한 미풍양속에서도 이렇고, 죽었다가 되살아났고 잃었다가 되찾았다는 사람의 경우에도 이렇습니다. 보다 큰 기쁨은 어디서든지 보다 큰 고생을 앞세우고 옵니다.

주 저의 하느님, 이것이 어찌 된 일입니까? 당신께는 당신이 영원한 기쁨, 당신 스스로 기쁨이신데, 어떤 것들이 당신으로 인해서 당신 곁에서 항상 기쁨을 누린다니 어찌 된 일입니까? 만물의 이 부분에서 성成과 쇠衰가 교차하고 화和와 쟁爭이 교차하는 까닭은 무엇입니까?[39] 당신께서 부여하신 저것들의 정도[40]라는 말씀입니까? 하늘 꼭대기에서 땅 밑바닥까지, 세기 초부터 세기 말까지, 천사로부터 벌레에 이르기까지, 최초의 운동부터 최후의 운동에 이르기까지, 어떻게 온갖 종류의 선善과 당신의 의로운 모든 선업이 제각기 고유한 자리에 놓이고, 제각기 고유한 시각에 이루어지는 것입니까? 아아, 당

---

38) 타락했다가 구원받는 실존적 기쁨을 체득한 아우구스티누스가 그 경이감을 여러 가지 감각적 표상으로 부각시키고 있다.
39) 헤라클리투스는 만물의 생성변화를 화쟁(和爭, amor-odium 혹은 conciliatio-offensio)의 길항(拮抗)으로 설명한 바 있다.
40) modus: 존재자의 형이상학적 범주 가운데 하나. 존재자에게는 "하느님에 의해서 일체의 정도, 일체의 형상, 일체의 질서가 있다. 이 셋이 큰 곳에서는 선도 크다. 그리고 작은 곳에서는 선도 작다. 또 이 셋이 전혀 없는 곳에서는 선도 전혀 존재하지 않는다"(『선의 본성』, 3.3).

신께서 저 드높은 것들 가운데서 얼마나 드높으시고 저 심원한 것들 가운데서 얼마나 심원하신지 모릅니다.[41] 또 당신께서 저희한테서 떠나신 적이 결코 없는데도 저희가 당신께 돌아가기는 이토록 어렵습니다.[42]

4.9. 유명 인사들의 회심은 다수 인간들에게 기쁨을 주고 구원에 유익을 미친다

주님, 어서 하십시오! 몰아세우십시오! 저희를 불러주십시오! 타오르게 만드시고 끌어당겨주십시오! 달구어주시고 애무해주십시오! 사랑하게 해주십시오! 치닫게 해주십시오! 그 많은 이가 빅토리누스가 처했던 것보다 더 깊은 맹목의 지하[43]에서 빠져나와 당신께 돌아오지 않았습니까? 당신께 다가가서 빛을 받아 빛을 발하고 있지 않습니까?[44] 그 빛을 받아 당신의 자녀가 되는 권한을 당신께 얻지 않습니까?[45] 일반인에게 덜 알려진 사람들의 경우, 당사자들을 알고 있던 사람들이라고 하더라도 그들을 두고 덜 기뻐하게 마련입니다.

---

41) 자기 개인 체험에서는 "당신께서는 제 가장 내밀한 데보다 더 내밀하게 계셨고 제가 도달할 수 있는 가장 높은 곳보다 더 높이 계셔습니다"(이 책, 3.6.11)라는 문장으로 이미 표현된 바 있다.
42) 창조계가 일자인 하느님에게서 멀어져갔다가 일자로 회귀하는 과정으로 묘사한다. 교부는 피조물의 타락은 자유의지로 이루어지지만 회귀는 은총으로만 가능하다는 것을 깨달았다.
43) 빅토리누스에게는 오만이 '맹목의 지하'였지만 아우구스티누스는 "애욕은 지옥과 같다. 끈끈이가 있어 저 심연으로 끌어내리며 하늘로 날아오를 깃털을 갖추지 못했다"(『시편 상해』, 140.1)라고 기억한다.
44) 지혜와 덕성으로 빛나는 인간상을 표현한다.
45) 요한 1:12 참조("그러나 그분을 맞아들이고 믿는 사람들에게는 하느님의 자녀가 되는 특권을 주셨다").

그 대신 많은 이에게 기쁨이 올 때 각자에게 일어나는 기쁨도 더 풍족해지는 이유는 자기를 달아오르게 하면서도 서로의 불꽃을 당겨 주기 때문입니다. 더구나 많은 사람들에게 알려진 인물들이라면 그 만큼 많은 이들에게 권위를 갖고 있기에 구원에 이익을 주고, 뒤따라 올 많은 이들을 선도하게 됩니다. 그런 인물들을 두고서는 그들을 앞장서가는 사람들마저 즐거워하게 마련인데 단지 그들만을 두고 즐거워하는 것이 아니기 때문입니다.

그렇다고 당신 장막마저 부유층 인물들이 가난한 이들보다 우선한다거나 귀족들이 세상의 하층민에 앞선다고 받아들여져서는 절대 안 됩니다. 오히려 당신께서는 강한 것을 부끄럽게 하시려고 이 세상의 약한 것을 선택하셨으며, 또 이 세상의 비천한 것과 천대받는 것, 곧 없는 것을 있는 것처럼 선택하셔서 있는 것들을 치워 없애려고 하셨습니다. 당신의 사도들 가운데 가장 작은 사람, 당신께서는 바로 그 사람의 혀를 빌려 방금 드린 말씀을 발설하셨습니다.[46] 지방총독으로 있던 파울루스[47]마저도 사도의 전투를 겪은 다음에 오만이 꺾였고, 당신의 그리스도의 가벼운 멍에 밑으로 지나갔으며[48] 이를 통해 위대한 임금의 속주민屬州民이 되었던 것입니다.[49] 그래서 사도 본인도 이전의 사울로 대신 바울로라 불리기를 더 좋아했으니 그 이름을 그 위대한 승리의 훈장으로 삼은 셈입니다.[50] 적이 어떤 사람을 철저

---

46) 1고린토 1:27-28 참조.
47) 키프로스 총독 파울루스는 사도의 설교와 기적을 목격하고서 "주님의 가르침에 깊은 감동을 받아 믿게 되었다"라고 전한다(사도행전 13:4-12 참조).
48) 로마에서 패자들은 손이 뒤로 묶인 채 멍에 형태로 설치한 막대 밑을 오리걸음으로 통과하는 굴욕을 겪어야 했다.
49) 로마 집정관 대리로 온 파울루스(Paulus pro consule)가 그리스도에게 패배해 그리스도라는 임금의 속주민이 된(provincialis effectus) 것은 바울로의 군사작전에 정복당했기 때문이라는 표현이다.
50) 사도행전 9장에는 그리스도교를 박해하던 사울이 그리스도신자가 되고 이

히 장악하고 있고 그 어떤 사람을 내세워 보다 많은 사람들을 장악하고 있는 터에 그 어떤 사람이 패한다면 패배가 그만큼 큰 법입니다.

빅토리누스는 귀족의 명색으로 오만한 자들을 더 많이 장악하고 있었고 그 오만한 자들을 내세운 권위의 명색으로 더욱더 많은 사람들을 거느리고 있었습니다. 그러니까 빅토리누스의 가슴이 감사의 생각을 크게 품고 있었다면 당신의 자녀들로서는 그만큼 더 기뻐할 수밖에 없었습니다. 악마는 빅토리누스의 가슴을 마치 난공불락의 보루처럼 장악하고 있었고, 빅토리누스의 혀로 말하자면 길고도 날카로운 창처럼 허다한 사람들을 파멸시켜왔기 때문입니다. 저희 임금이 힘센 자를 묶어놓으신 마당에,[51] 그에게서 빼앗은 그릇이 깨끗이 씻기고 당신께 영예를 드리기 알맞게 만들어지고 주님께 요긴한 그릇이 되어 온갖 좋은 일에 쓰일 때에는 더 그렇습니다.[52]

5.10. 두 의지가 아우구스티누스의 영혼을 갈라놓고 나쁜 습관이 그 영혼을 붙잡고 있다

당신의 사람 심플리키아누스가 빅토리누스에 관한 이야기를 저에게 들려주었을 때 불현듯 그를 본받아야겠다는 열망이 불타올랐습

름도 사울로에서 바울로로 바꾼 사건이 서술되어 있다. 그의 이름 파울로스는 작은 사람(parvulus)을 뜻한다.
51) 마태오 12:29 참조("또 누가 힘센 사람의 집에 들어가서 그 세간을 빼앗아가려면 먼저 그 힘센 사람을 묶어놓아야 하지 않겠느냐? 그래야 그 집을 털어 갈 수 있을 것이다").
52) 바울로가 "그 사람은 내가 뽑은 인재로서 내 이름을 이방인들과 제왕들과 이스라엘 백성들에게 널리 전파할 사람이다"(사도행전 9:15)라는 말씀을 들었듯이 로마의 지성인 빅토리누스도 같은 역할을 했다는 칭송이다.

니다. 그가 그런 이야기를 해준 것도 그런 뜻이었습니다. 그는 덧붙여 이런 이야기도 했습니다. 율리아누스 황제 시대에는 법으로 그리스신자는 문학과 웅변술을 가르칠 수 없도록 했는데,[53] 빅토리누스는 그 법에 수긍했습니다. 어린아이들의 혀도 유창하게 만들어주시는 당신의 말씀을 버리기보다는 차라리 수다를 가르치는 학교를 떠나기로 작정한 것입니다. 제게는 그가 용감하다기보다도 다행스럽게 보였습니다. 당신께 모든 시간을 바칠 기회를 찾았기 때문입니다.[54]

제가 간절히 바란 것도 바로 그런 처지였으나 저는 묶인 채, 그것도 다른 사람의 쇠사슬이 아니고 제 의지라는 쇠사슬에 묶여 있었습니다.[55] 바라는 마음은 제 것인데도 원수가 그것을 손에 넣고서는 그것으로 저한테 사슬을 만들어 저를 결박해두었던 것입니다.[56] 그렇게 거꾸로 뒤집힌 의지에서 육욕이 생겼고, 육욕을 섬기는 가운데 습관이 생겼고, 습관에 저항하지 않다 보니 당위가 되고 말았습니다.[57] 그것이 마치 고리처럼 서로 뒤얽혀(그래서 제가 사슬이라고 불렀습니다) 모진 종살이가 저를 단단히 붙들어두었습니다.[58]

---

53) 율리아누스 황제(361-363)는 전통 종교문화를 복원하기 위해 362년 고전을 가르치면서 새 종교를 신봉하는 사람들은 교직에서 물러나도록 했다.
54) 그리스도교에 입교하기 전에는 아리스토텔레스와 플로티누스의 저서의 라틴어 번역으로 유명했다. 공직에서 물러난 다음에는 플라톤 철학의 개념과 용어로 아리우스파를 반박하면서 삼위일체 교리에 관한 10여 권의 책을 저술했고 말년에는 바울로 서간들에 관한 주석을 남겼다.
55) 악에 동의하고 끌려가는 의지를 "쇠로 엮어진 제 의지에 묶인 몸"(ligatus mea ferrea voluntate)이라는 역설적 표현으로 부각시켰다.
56) 아담의 범죄와 인류의 타락으로 악마의 권세가 떨치고 있지만 악마의 유혹에 동의하는 자유의지가 제 것이므로 나에게도 책임이 있다고 생각했다.
57) '습관'으로 번역되는 consuetudo가 로마사회에서는 '동거'를 가리키는 은어였다.
58) '모진 종살이'와 달리 은총에 따라서 "필연이 아니고 사랑이 종살이하는 경우에는 자유로운 종살이라고 하겠다"(『시편 상해』, 99.7)라는 표현도 있다.

저에게 존재하기 시작한 새 의지는, 하느님, 기꺼이 당신을 섬기고 당신을 향유하고 싶었고, 그 의지 하나만은 확실히 유쾌했으나 오래 묵어 굳어진 첫 번째 의지를 극복하기에는 아직 적절치 못했습니다. 그래서 저의 두 의지,[59] 하나는 묵었고 하나는 새것, 전자는 육적이고 후자는 영적인 두 의지가 서로 맞부딪치고 어긋나며 저의 영혼을 갈가리 찢어놓았습니다.

5.11 어떻게 해서 육은 영을 거슬러 욕망하고 영은 육을 거슬러 욕망하느냐를 두고 제가 읽었던 바를[60] 저는 말 그대로 몸으로 경험하면서 깨닫게 되었습니다. 저는 어느 편에나 있었지만 제 속에서 제가 싫다고 비난하는 편보다는 제 속에서 제가 좋다고 동조하는 편에 더 가까이 있었습니다. 제가 싫다고 비난하는 쪽에 제가 가 있지 못했던 까닭은 거기서는 제가 자발적으로 행했다기보다는 대부분 억지로 당했기 때문입니다. 그러나 갈수록 악착스럽게 저를 거스르는 습관은 어디까지나 제가 만든 것이니 비록 싫은 곳이 종착지라 해도 제가 좋아서 다다른 까닭입니다.[61]

죄지은 사람에게 정당한 벌이 따른다는 것에 그 누가 당당하게 반

---

59) 로마 7:18-19*("선을 원하는 것은 내게 해당하지만 선을 수행하는 것은 그렇지도 않습니다. 나는 내가 원하는 바 선을 하지 않고 오히려 내가 원치 않는 바 악을 하고 맙니다")에 근거한 표현이지만, '선한 의지'와 '악한 의지'의 공존을 주장하는 것은 마니교의 오류이므로 이후(이 책, 8.10.22)에서는 이런 표현을 조심한다.
60) 예컨대, 방금 인용한 로마 7:18-19이나 갈라티아 5:17("육체의 욕망은 성령을 거스르고 성령께서 원하시는 것은 육정을 거스릅니다. 이 둘은 서로 반대되는 것이기에 여러분은 자기가 원하는 일을 할 수 없게 됩니다")을 교부는 인간의 '영'과 '육'의 관계로 해석하고 주석한다.
61) 습관 역시 이전에 본인의 자유의지 행사로 축적된 것이니 좋아서 싫은 곳에 다다랐으므로 습관을 빙자하여 죄책을 면치 못한다.

박을 하겠습니까? 아직 진리 파악이 확실치 않다는 핑계를 내세워, 세상을 멸시하고 당신을 섬기러 나서지 않아도 되는 것처럼 보이던 저 변명은 더 이상 없었습니다. 이미 그 점도 분명했던 것입니다.[62] 그러나 저는 여전히 땅에 붙어 당신을 따르기를 꺼리던 참이었고, 장애물에 묶일까 두려워해야 마땅한데 오히려 모든 장애물에서 놓여날까 두려워했습니다.[63]

5.12 그러다 보니 저는 속세의 짐에, 마치 꿈결처럼 달콤하게[64] 짓눌려 있었습니다. 제가 당신을 두고 하는 사념이라곤 눈을 뜨고는 싶은데 무거운 졸음에 취해서 다시 가라앉고 마는 사람들의 몸부림과 흡사했습니다. 항상 잠들어 있고 싶은 사람이야 아무도 없고, 모두의 건실한 판단으로는 자는 것보다 깨어 있는 것이 더 낫습니다. 하지만 사지에 나른한 졸음이 닥치면 사람은 대개 잠을 쫓기를 미루는 법입니다. 일어날 시간이 닥쳐옴에도 마지못한 척 굴복한 졸음이 사람을 기분 좋게 사로잡습니다. 저도 정욕에 밀리기보다는 당신의 사랑에 밀리는 편이 훨씬 낫다고 생각은 했습니다.[65] 후자가 뜻에 맞

---

62) 신플라톤 철학의 도움으로 회의론을 극복했으나, 윤리생활에서 진리를 파악하면 의지는 당연히 그 진리를 실천에 옮기리라는 신념이 환상으로 드러나면서 교부는 하느님의 은총으로 시선을 돌리게 된다.
63) "당신께서 저의 기도를 당장 들어주실까 두려웠고 육욕의 질병을 즉시 낫게 해주실까 겁났으니 사실 육욕이 꺼지기보다는 채워지기를 더 바랐던 것입니다(이 책, 8.7.17)라고 실토한다.
64) 교부는 쾌락주의자로서 행복을 최고의 가치로 추구하고 진리와 하느님을 향유(frui deo)하는 것이야말로 '참된' 행복이라고 주장하므로 '달콤하다'라는 어휘를 많이 구사한다.
65) "나는 사랑이란 하느님 때문에 하느님을 그리고 하느님 때문에 이웃을 향유하려는 정신의 움직임이고 정욕이란 하느님이 아닌 동기에서 자신과 이웃과 무슨 물체든 향유하려는 정신의 움직임이라고 정의한다"(『그리스도교 교양』, 3.10.16).

고 또 이겨내기도 하지만, 그대로 그냥 괜찮다면서 꼼짝 못 하게 묶는 것은 전자였습니다. 그러다 보니 "잠에서 깨어나라. 죽음에서 일어나라. 그리스도께서 너에게 빛을 비추어주시리라"[66]라는 말씀을 제게 건네시는 당신께 아무런 대답도 드릴 수 없었습니다. 당신께서 진리만을 말씀하고 계시다는 것을 사방으로 보여주심에도 불구하고 진리를 깨우친 사람답게 할 말이 도무지 없었습니다. 기껏 한다는 소리는 잠꼬대처럼 느리게 "금방", "네, 금방", "조금만 놔두십시오"였습니다.[67]

하지만 그놈의 "금방 또 금방"은 아예 대중이 없었고 "조금만 놔두십시오"는 오래도 갔습니다. 내적 인간에 따라서 당신의 법을 좋아하기는 했지만 그래도 헛일이었습니다. 저의 지체 속의 다른 법은 제 지성의 법에 저항하고 있었을 뿐만 아니라 저를 아예 포로로 잡아 제 지체 안에 똬리 틀고 있던 죄의 법으로 계속 끌고 갔습니다.[68] 죄의 법이란 습관의 횡포였으니, 자발적으로 그 습관 속에 빠져들었던 그 온당한 값으로[69] 영혼은 억지로 그것에 끌려가고 그것에 붙들려 있습니다. 비참한 저를 누가 이 죽음의 몸에서 구해주겠습니까? 저희 주 예수 그리스도를 통해 오는 당신의 은총밖에 없습니다.[70]

---

66) 에페소 5:14.
67) 조금 뒤(이 책, 7.17)에 나오는 "저에게 순결과 절제를 주소서. 그러나 금방은 말고"와 더불어 『고백록』에서 가장 유명한 글귀다.
68) 로마 7:23 참조("내 몸 속에는 내 이성의 법과 대결하여 싸우고 있는 다른 법이 있다는 것을 알고 있습니다. 그 법은 나를 사로잡아 내 몸 속에 있는 죄의 법의 종이 되게 합니다").
69) "이런저런 죄악을 쉽사리 짓는 일 자체도 이전 죄에 대한 일종의 벌이다"(*De diversis quaestionibus 83*, 79.1).
70) 로마 7:24-25 참조.

6.13. 아우구스티누스, 알리피우스 그리고 네브리디우스의 여가와 활동

저를 꼼짝 못 하게 묶어놓았던, 성애의 욕망이란 사슬과 속세 업무의 예속으로부터 당신께서 저를 어떻게 풀어주셨는지 얘기하겠습니다. 주님, 저의 보호자이며 저의 구속주시여, 당신의 이름에 고백을 드리겠습니다. 불안은 커져가는 가운데 그저 일상사를 처리할 뿐이었고 당신께 대한 그리움은 날마다 쌓여갔습니다. 그래서 짓눌려 시달리던 업무로부터 놓여날 때마다 당신의 교회를 찾아갔습니다. 제 곁에는 법률보좌관 세 번째 임기를 지내고 다음 업무에서 휴가를 얻은 알리피우스가 함께 있었습니다. 언어 능력이라는 것을 사람이 가르쳐서 제공할 수라도 있다는 듯이[71] 제가 말재간을 팔아먹고 있던 것처럼, 그 사람 역시 법률 상담을 팔아먹을 상대를 찾고 있던 중이었습니다.

네브리디우스[72]는 저희 우정에 떠밀려 밀라노 시민이자 문법학자인 베레쿤두스[73]를 도와 그 밑에서 가르치고 있었습니다. 베레쿤두스가 아주 강력히 요청하고 저희 친분을 내세워 조르면서 저희 일행의 신실한 도움을 당부했기 때문입니다. 그에게 절실하던 손길이었습니다. 그런데 네브리디우스를 끌어당긴 것은 수입(본인이 원하기만 하면 문학적 소양을 이용해서 훨씬 큰 수입을 올릴 수 있었습니다)에 대

---

71) 그의 초기 대화편 『교사론』은 언어라는 '기호'는 상대방의 언어체계에서 이미 파악하고 있던 '의미'를 상기시킬 따름이고, 새로운 지식을 전달하는 것은 아니라는 철학을 전개한다.
72) 이 젊은이는 이 책의 앞부분(4.3.6)에 등장하고 중간(6.10.17; 7.11.12)에도 언급된다. 교부는 그의 때 이른 죽음(9.3.6)에 대해서도 이야기한다.
73) 베레쿤두스(Verecundus): 밀라노의 문법학자로 세례 전에 은둔하던 아우구스티누스와 그 식솔들에게 카시키아쿰의 별장을 빌려준 인물이다.

한 욕심이 아니었습니다. 워낙 상냥하고 선량한 친구여서 호의를 당부하는 저희의 청을 거절할 수 없었던 것입니다. 그는 아주 슬기롭게 그 일을 수행하면서 이 세상의 풍조대로 거물들에게 알려지기를 삼가고 그런 번거로움에서 오는 정신적 불안을 일체 피했습니다. 자유로운 정신을 보전하고 싶어 했고, 뭔가를 탐구하거나 지혜에 관해 읽거나 듣는 것에 되도록 많은 여유 시간을 쓰고 싶어 했습니다.[74]

6.14. 수도자 안토니우스에 관한 폰티키아누스의 설교

그런데 보십시오. 그러던 어느 날, 폰티키아누스라는 사람[75]이 집으로 저와 알리피우스를 찾아왔습니다. 네브리디우스는 그때, 무슨 용건인지는 몰라도 자리에 없었습니다. 그는 아프리카 사람이라는 점에서 저희와 동향인이고 궁중에서 군무軍務를 보며 요직을 맡고 있던 사람이었는데 저희한테 뭘 바라고 왔는지는 알 수 없었습니다. 여하튼 얘기를 나누려고 둘러앉았습니다. 그 사람은 우연히 저희 앞에 있던 오락 탁자 위에 놓인 필사본에 눈길을 보냈습니다. 그는 그것을 집어서 펼쳐보더니 그것이 사도 바울로의 서신임을 알아보았습니다. 아주 뜻밖이라고 생각했었나봅니다. 제가 수업에서 고생하며 다루는 서적들 가운데 어떤 것이려니 생각했었던 것 같았습니다. 그는 호감을 보이는 표정으로 한참 저를 쳐다보면서 미소를 짓더니 제 앞에 그

---

74) 아우구스티누스의 이 묘사에 따르면 네브리디우스는 "세상에 있는 모든 것, 곧 육체의 쾌락과 눈의 쾌락과 재산을 가지고 자랑하는 것"(1요한 2:16)을 극복한 경지에 와 있었던 셈이다.
75) 폰티키아누스(Ponticianus): 아우구스티누스처럼 로마 시장 심마쿠스(Symmachus)의 추천을 받아 밀라노의 황제 근위대에 근무하던 인물이다. 열성적인 그리스도신도로 그려진다.

책이, 또 그 책만 있었던 것이 의외라고 했습니다.

그는 신실한 그리스도신자였습니다. 자주 성당에 가서 저희 하느님 당신께 엎드려 오랜 기도를 올리던 사람이었습니다. 제가 그 성경에 심혈을 기울여 매달리고 있다고 하자[76] 이집트인 수도자 안토니우스[77]에 관한 얘기가 나왔습니다. 그 수도자의 이름은 당신 종들 사이에는 아주 유명했는데도 저희는 그때까지 전혀 알지 못했습니다. 폰티키아누스는 그 사실을 알고는 저희의 무지에 대해 놀라면서도 무지한 사람들에게 그 위대한 인물을 소개할 양으로 이야기를 길게 끌었습니다. 이야기를 들으면서 저희는 깜짝 놀랐습니다. 그것도 최근의 기억이요 가까운 저희 시대에 일어난 일이고, 정통 신앙과 가톨릭교회 안에서 일어난, 당신께 크나큰 증언이 되는 놀라운 일이었습니다. 저희 모두가 놀라워했는데, 저희는 너무나 엄청난 이야기라 놀랐고, 그 사람은 저희에게 그런 일들이 금시초문이란 사실에 놀랐습니다.

6.15. 폰티키아누스와 그의 세 친우가
   트레베리에서 산책하다 일어난 일

그러다 그 사람의 얘기는 수도원들의 집단이며, 당신의 감미로운 향기가 스며든 풍속이며, 은수생활^{隱修生活}이 퍼져 있는 광야로 번져나갔는데 이것들은 저희가 전혀 알지 못하던 것들이었습니다. 밀라노

---

76) "나는 비틀거리고 서두르고 망설이면서 사도 바울로의 책을 집어 들었고 … 그의 책 전체를 아주 정성들여 아주 경건하게 일독했습니다"(『아카데미아학파 반박』, 2.2.5).
77) 안토니우스(Antonius monachus): 그의 생애(251-355년경)에 관한 책으로는 *Vita Antoni*(안토니우스 생애)가 있다. 이집트 태생으로 콘스탄티누스 대제 시대에 테바이스 사막에서 은수생활을 개시한 인물로 전해진다.

에도 도시를 두른 성벽 밖에 수도원이 있었는데 그것마저도 저희는 몰랐습니다.[78] 그곳은 암브로시우스가 보살피는 가운데 선량한 수사들로 가득 찬 곳이랍니다. 그는 얘기를 이어갔고 저희는 말없이 귀담아 듣고 있었습니다. 어쩌다 그가 이런 말을 했습니다. 언젠가 자기와 다른 동료 장교 셋이 트레베리[79] 근방에서 황제가 경기장의 오후 경기에 정신이 팔려 있는 동안 성벽에 잇닿은 공원으로 산책하러 나갔다고 합니다. 도중에 어쩌다 패가 갈라져서 하나는 자기와 함께 가고 나머지 둘은 따로 가게 되었답니다.

다른 쪽으로 간 저 둘은 이리저리 돌아다니다 어느 움집으로 불쑥 들어가게 되었습니다. 거기에는 당신의 종들, 곧 하늘나라가 그들의 것이라는, 마음이 가난한 사람들 몇이 살고 있었고[80] 두 사람은 그곳에서 책을 한 권 발견했는데 거기에 안토니우스의 생애[81]가 적혀 있었습니다. 둘 중 하나가 그 책을 읽기 시작하더니 탄복을 하고 열성에 타오르고 읽는 도중에 벌써 자기도 그런 생활을 받아들일까, 또 속세의 군무를 버리고 당신을 섬기면 어떨까 궁리하기 시작했습니다. 그들은 소위 재무관이라는 축에 드는 요원들이었습니다. 갑자기 성스러운 사랑이 차오르고 경건한 부끄러움이 일면서 자신에게 한심한 생각이 들었는지 친구를 빤히 쳐다보면서 그에게 이런 말을 했답니다.

"말해보게. 우리가 이렇게 고생하면서 도달하겠다는 데가 대체 어

---

78) 밀라노의 주교 암브로시우스는 *De virginibus*(동정녀), *De virginitate*(동정생활) 등의 저서를 내면서 수도 생활, 특히 여성들의 순결을 적극 권장했다.
79) 트레베리(Treveri): 황궁이 있던 밀라노의 지역 이름이다. 그 일대에 수도원들이 있었다는 기록과 유적이 남아 있다.
80) 마태오 5:3 참조("마음이 가난한 사람은 행복하다. 하늘나라가 그들의 것이다").
81) 『안토니우스 생애』: 알렉산드리아의 주교 아타나시우스가 밀라노로 유배와 있던 시기(335-337)에 그리스어로 집필한 성인전(聖人傳)으로 에바그리우스(Evagrius)에 의해 368년경 라틴어로 번역되어 널리 읽히고 있었다.

디까지인가? 우리가 찾는 게 뭔가? 우리가 무슨 명분으로 공직 생활을 하고 있는가? 우리가 궁중에서 품는 희망이란 것이 황제의 측근[82]이 되는 것 이상 무엇이겠는가? 또 그 자리에 오른다 하더라도 덧없지 않은 것이 무엇이며 위험이 가득하지 않은 것이 무엇이던가? 그 숱한 위험을 겪고서 도달하고 보면 결국 더 큰 위험이 아니던가? 또 그것이 과연 언제겠나? 그 대신 하느님의 측근이야 내가 되기로 마음만 먹는다면 지금 당장 될 수 있다네."

그 사람은 이렇게 말하고서 새 생명이 태어나는 산통을 느껴 당황했는지 책갈피로 다시 눈을 돌렸다고 합니다. 글을 읽었고, 그동안 당신께서 지켜보고 계시던 그 내면에서 변화가 일었습니다. 그의 지성은 세상에서 벗어나고 있었고 이 사실은 곧이어 겉으로 드러났습니다. 그가 읽어 내려가는 동안 그의 마음에 파도가 일었습니다. 잠시 몸을 떨더니 그는 드디어 결단을 내렸습니다. 보다 나은 결단을 내린 것입니다. 그렇게 그는 당신의 측근이 되어 자기 측근에게 이렇게 말했습니다. "난 여태까지 우리가 품어오던 그 희망을 이미 끊었네. 하느님을 섬기기로 작심했어. 바로 이것을 바로 이 시각부터, 바로 이 장소에서 시작하겠네. 만일 본받기 꺼려지거든 제발 막지만 말아주게." 그러자 그 친구는 그토록 보상이 크고 그토록 위대한 복무라면 자기도 동료로서 한몫 끼겠다고 대꾸했답니다. 그렇게 두 사람은 이미 당신의 측근이 되어 탑을 세우고 있었습니다. 자기 것을 모두 버리고 당신을 따르는 게 알맞다고 계산을 마친 것입니다.[83]

---

82) amici imperatoris(amici Caesaris)는 제국 시대 황제의 고위 자문들을 가리킨다. 그리스도인들이 말하는 '하느님의 측근[친구]'(amici Dei)과 대조된다.
83) 루가 14:28 참조("너희 가운데 누가 망대를 지으려 한다면, 그는 먼저 앉아서 그것을 완성하는 데 드는 비용을 따라 과연 그만한 돈이 자기에게 있는지 곰곰이 생각해보지 않겠느냐?")

그제야 공원의 다른 쪽을 산책하던 폰티키아누스와 친구는 다른 둘을 찾다가 같은 장소에 이르렀고 그들을 발견하고서는 돌아가자고 했습니다. 날이 이미 기울었기 때문입니다. 그들은 자기들의 각오와 계획을 얘기했고 어떻게 해서 자기들에게 그런 뜻이 생겨났고 또 마음을 다지게 되었는지를 말해주었으며 자기들과 함께 남을 생각이 없거든 부디 자기들을 귀찮게 하지 말아달라고 부탁하더랍니다.

다른 두 사람은 품은 마음을 조금도 바꾸지 않은 터여서, 폰티키아누스가 저희에게 하던 말에 의하면, 폰티키아누스와 친구는 자기 신세를 두고 눈물을 흘렸고, 그 두 사람을 경건하게 축하해주었습니다. 그들은 그들의 기도에 자기들을 맡기고서는 땅에다 마음을 붙들어맨 채로 궁전으로 돌아갔고 이들은 하늘에 마음을 붙들어매고서 움집에 머물렀습니다. 두 사람 다 아내를 두고 있었는데 여자들도 이 얘기를 듣고서 당신께 정결을 바쳤다고 전해집니다.

7.16. 가련하게도 미지근한 아우구스티누스

폰티키아누스가 해주던 얘기는 이런 것이었습니다. 주님, 당신께서는 그가 얘기하는 사이사이에 저를 제 앞에 돌이켜 마주 세우셨습니다.[84] 제가 저를 주의 깊게 살피기 싫어서 지금까지 저를 제 등 뒤에다 놓아두었는데 당신은 저를 제 등에서 떼내어 제 얼굴 앞에다 마주 세워놓으셨습니다.[85] 제가 얼마나 추한지, 얼마나 비뚤어지고 더러

---

84) "저로 하여금 제 자신을 돌이켜보게 하셨습니다"라는 뜻으로 은총의 선행적 측면을 강조한 문장이다.
85) 플라톤의 동굴의 비유(『국가』, 518c)에 나오는 굳어진 목을 억지로 돌리는 표현을 빌려 그리스도교에서 말하는 회심을 묘사했다.

운지, 얼마나 때 묻고 종기투성이인지 정면으로 보라고 하신 것입니다. 저를 보고 제가 소스라쳤는데 저 자신을 피해 어디로 가고 싶어도 도망갈 곳이 없었습니다. 또 제가 저한테서 시선을 돌리려고 아무리 애써도, 그 사람은 하던 이야기를 여전히 계속하고 있었고, 또 당신께서는 여전히 저한테 저를 마주 세워놓고 계셨으며, 제 눈앞으로 저를 떠밀고 계셨습니다. 저더러 제 사악함에 눈 뜨고 미워하게 하려는 것이었습니다. 저는 알았으면서도 모른 체했고 억눌렀고 잊어버리려 했습니다.

7.17 저 두 사람이 병이 낫기 위해 당신께 자신들을 전적으로 맡기던 건전한 열정을 들으면서 저로서는 그들을 얼마나 사모하게 되었는지 모릅니다. 그들을 좋아하는 그만큼, 그들과 너무나 대조되는 제 자신이 얼마나 역겹고 미워졌는지 모릅니다. 제게는 아마도 여러 해, 그러니까 무려 열두 해가 허송세월로 흘러갔기 때문이었습니다. 저의 나이 열아홉 살 때 키케로의 『호르텐시우스』[86]를 읽고서 지혜의 공부에 매진하라는 충동을 받았으면서도, 지상의 행복을 경멸하고 지혜를 탐구하는 데 전념하기를 여태껏 미루고만 있었던 것입니다. 지혜의 발견은 아니더라도 그 탐구만이라도[87] 이미 앞세웠어야 마땅합니다. 보물과 뭇 민족의 왕국들을 발견한 것보다, 눈짓 한번에 사방에서 밀려드는 육체의 쾌락들보다 앞세웠어야 마땅합니다.

하지만 저는 참으로 가련하게도 청년 시절부터, 저 청년 시절의 끝

---

86) 이 서적이 진리 탐구의 불을 붙였고(이 책, 3.4.7-8 참조) 그의 재물에 대한 탐욕을 잠재웠다(『독백』, 1.10.17 참조). 그는 제자들에게도 일독을 권했다(『아카데미아학파 반박』, 1.1.4; 3.4.7 참조).
87) 진리 탐구만으로도 행복해지느냐, 진리를 획득해야 행복하냐는 고전철학의 토론주제였다. 교부의 『행복한 삶』도 이 주제를 다룬다.

자락에서도 가련하게도 당신께 순결을 빌었으며, 빌면서도 이렇게 말했습니다. "저에게 순결과 절제를 주소서. 그러나 금방은 말고." [88] 당신께서 저의 기도를 당장 들어주실까 두려웠고 육욕의 질병을 즉시 낫게 해주실까 겁났으니, 사실 육욕이 꺼지기보다는 채워지기를 더 바랐던 것입니다. 그러다 저는 여전히 신성모독의 미신[89]에 빠져 삿된 길을 갔고, 그것도 그 길에 확신이 있었기 때문이 아니라 다른 것들보다는 그래도 낫다는 생각에서였습니다.[90] 다른 길들을 두고 경건하게 탐색하기보다는 적의를 갖고 공격을 일삼았습니다.

8.18 속세의 희망을 무시하고 오로지 당신만을 따르기를 하루하루 미룬 이유는 제 인생행로를 잡아줄 만큼 확실한 무엇이 제게 나타나지 않았기 때문이라고 생각하고 있었습니다. 그러다 그날이 드디어 오고야 말았습니다. 저는 제 자신한테 발가벗겨졌고 저의 양심은 제 속에서 이렇게 꾸짖었습니다. "혀는 어디 갔는가?[91] 네 딴에는 진리가 확실하지 않아서 허망의 짐더미를 내려놓기 싫다고 해왔다. 그런데 보라, 확실해진 지 오래다. 저 짐더미가 여태껏 너를 짓누르는 데 비해서 저 사람들은 어깨를 자유롭게 털고서 가뿐한 날개를 얻는 중이다. 그들은 진리를 찾는답시고 그토록 열을 내지도 않았고 십여 년

---

88) da mihi… sed noli modo: 아우구스티누스의 고백문 가운데 가장 솔직한 문장으로 꼽힌다.
89) 교부가 한때 자기가 몸담은 마니교를 지칭하며 자주 쓰는 표현이다(이 책, 4.1.1; 6.7.12 등).
90) "나는 그들에게 동조한 것은 아니었지만 저런 보자기로 그들이 뭔가를 감추고 있다고 생각했고 그것이 언젠가는 나에게 열리리라고 여겼습니다"(『행복한 삶』, 1.4).
91) "입이 달렸거든 말해보라!"라는 구어다. 지성적 확실성에 이르고서도 의지의 무력감이 여전함에 당혹하는 대목이다.

을 두고, 아니 그 이상을 두고 머리를 쥐어짜지도 않았다." 폰티키아누스가 저런 얘기를 하는 내내 저는 속으로 쥐어짜이며 괴로웠고 지독한 수치심으로 몸 둘 바를 몰랐습니다.

얘기도 끝났고 찾아온 용건도 끝났고 그는 떠나갔으며 저도 제정신으로 돌아왔습니다. 속으로 무슨 말인들 하지 않았겠습니까? 당신의 뒤를 따르겠다며 갖은 애를 쓰면서 저의 영혼에게 저를 따라오라고 채찍질할 때 얼마나 그럴듯한 명언을 들이대면서 매질했겠습니까? 하지만 저의 영혼은 버티고 변명조차 하지 않았습니다. 모든 논리가 바닥나고 무너지고 말았습니다. 말 못 할 고민만 남았습니다. 습관의 물결과 죽음에 쓸려가면서도 그 물결에서 끌려나오는 것을 죽음만큼이나 겁내고 있었습니다.

8.19. 아우구스티누스가 알리피우스를 데리고 집을 떠나 어느 정원으로 들어가다[92]

제 내면의 집에서 일어난 저 커다란 말싸움, 제 골방에서 저의 영혼과 심하게 벌인 말싸움으로[93] 정신과 얼굴이 모두 흥분한 채로 알리피우스를 붙들고 이렇게 소리질렀습니다.

"우린 뭘 보고만 있지? 저게 뭐야? 자네도 들은 저 얘기? 배우지 못한 사람들이 들고일어나 하늘을 빼앗아가는 마당에[94] 마음도 없는

---

92) 밀라노에서 세를 살고 있던 저택의 정원에서 자기의 회심과 결단이 극적으로 발생하는 심리적 굴곡을 자세히(이 책, 8.8.19-8.12.30) 묘사한다. 386년 8월 초순이었다.
93) "그대도 인간인 이상, [은총과 벌이는] 이런 말싸움이 없으란 법 있는가?" (*Sermones*, 30.3.4).
94) 마태오 11:12 참조("세례자 요한 때부터 지금까지 하늘나라는 폭행을 당해

우리네 학문을 끌어안고 정작 뒹구는 곳이라곤 살과 핏속이네.[95] 저들이 앞섰으니 뒤따라가기 부끄럽다면서, 아예 따라가지도 않는 일은 부끄럽지도 않단 말인가?"

정확히 기억나지는 않지만 대강 이런 말을 했고 저는 감정이 북받쳐 그를 떼어놓고 나왔습니다. 그는 놀라서 저를 지그시 바라보며 말이 없었습니다. 저의 말소리도 예사가 아니었습니다. 제가 입 밖에 내던 말보다는 이마, 뺨, 눈, 안색, 어조가 제 심경을 더 잘 대변했습니다. 저희 숙소에 딸린 자그마한 정원이 있었는데 집 전부를 쓰듯이 저희가 그 정원도 쓰고 있었습니다. 저희를 맞아준 사람, 말하자면 집주인이 거기 살지 않았기 때문입니다. 가슴에 일렁이는 소란이 저를 그리로 끌어갔고 거기에서는 심중에서 이는 격한 말싸움을 말릴 사람이 아무도 없었습니다. 어떤 결말이 날 때까지, 제가 저 자신을 공격하던 싸움이었습니다. 그 결말을 당신께서는 알고 계셨지만 저는 알지 못했습니다. 저는 미쳐갔지만 구원에는 유익했고 죽을 지경이었지만 살아나기 위함이었습니다. 제가 얼마나 나쁜 놈인지는 알고 있었지만 잠시 후 제가 얼마나 좋은 놈이 될지는 모르고 있었습니다.

어떻든 저는 정원으로 나갔고 알리피우스가 한 걸음 한 걸음 뒤따라왔습니다. 그가 곁에 있다고 해서 저의 고립감이 덜한 것은 아니었습니다. 하지만 그토록 시달리는 저를 그가 어떻게 혼자 내버려둘 수 있겠습니까? 저희는 건물에서 되도록 멀리 떨어져 앉았습니다. 저는 얼빠진 듯 으르렁거리고 있었고 한없이 끓어오르는 분개심에 씩씩거리고 있었습니다. 저의 하느님, 당신과 전적으로 뜻과 의사를 맞추어

왔다. 그리고 폭력을 쓰는 사람들이 하늘나라를 빼앗으려고 한다").
95) 1코린토 15:50 참조("살과 피는 하느님의 나라를 이어받을 수 없고, 썩어 없어질 것은 불멸의 것을 이어받을 수 없습니다").

나아가지[96] 못했다는 일 때문이었습니다. 저의 모든 골수가 그리로 가야 한다고 소리를 내지르고 있었고 찬미를 곁들여 하늘로 치솟고 있는 터에 말입니다. 그리로 가는 일이야 배로 가거나 수레로 가거나 발로 가는 것도 아니고, 집에서 저희가 앉아 있던 자리까지 걸어온 거리만큼 멀지도 않았습니다.[97] 가는 일뿐만 아니고 거기 도달하는 일도 결국은 가고 싶은 마음 하나 외에 다른 것이 아니었습니다. 그것도 반쯤 상처 입은 의지로 이리 기울었다 저리 기울었다 해서는 안 되고, 한쪽은 올렸다가 한쪽은 내렸다 하면서 용을 쓰는 그런 의지여서도 안 되고 단지 결연하게 또 온전히 가고 싶다는 마음이어야 했습니다.

8.20 저렇게 갈피를 잡지 못하고 번민하면서 제 나름대로 많은 몸짓을 해보이는 중이었습니다. 하지만 그것은 뭔가를 하고는 싶은데 할 힘이 없는 사람들, 아예 사지가 없거나, 있어도 사슬에 묶여 있거나, 풀려 있더라도 질병이나 다른 모양으로 장애를 입은 모양새였습니다. 만일 제가 머리칼을 쥐어뜯거나 이마를 짓찧거나 손가락으로 깍지를 끼고 무릎을 싸안아 당긴다면, 제가 하고 싶어서 그런 것입니다. 사지의 움직임이 따라주지 않는다면, 하고 싶을 수는 있지만 행할 수는 없을 수도 있었습니다. 그렇게 저는 '하고 싶다'는 것이 곧 '할 수 있다'는 것이 아님을 드러내는 짓을 많이 했습니다. 비할 데 없는 열정을 가졌고 제 마음에 쏙 들던 일인데도 그것을 하지 않곤

---

96) 개인 간이나 집단 간에 완전 화의를 공표하는 데 들어가던 관용적이고 정치적인 문구다.

97) "당신에게서 떠나든 당신에게로 돌아오든 발이나 공간으로 하는 것이 아닙니다. 당신의 그 작은아들도 말이나 수레나 배를 구한 것이 아니고 … 오금을 놀려가며 길을 간 것도 아닙니다"(이 책, 1.18.28).

했습니다. 하고 싶다는 마음이야 하고 싶다는 그것으로 족하니까 하고 싶다면 당장 할 수 있는데도[98] 하지 않곤 했습니다.[99] 적어도 여기서는 할 수 있는 능력이 곧 하고 싶은 의지였고, 하고 싶다는 것은 곧 한다는 것이었습니다.

그럼에도 그렇게 되지 않았습니다. 신체는 영혼의 소소한 의지에도 복종하기 때문에 그 눈짓에 따라 사지를 움직이는 일이 더 쉽습니다. 영혼이 스스로 복종해서 의지 하나만으로 자기의 거창한 의지를 실현하는 작업보다 훨씬 더 쉽습니다.[100]

9.21. 온 의지로 명령하지 않는다면 명령하는 일이 이뤄지지 않는다

이런 기이한 일이 어디서 유래합니까? 또 왜 그런 일이 생깁니까? 당신 자비의 비추임으로 제가 제대로 묻게 해주십시오. 인간들이 받는 저 암담한 죄벌, 아담의 자식들이 처한 저 어두운 고뇌가[101] 저에게 답변을 제공해줄 수 있는지 묻고 싶습니다. 어디서 이 기이한 일이 유래합니까? 또 왜 그런 일이 생깁니까? 영혼은 신체에 명령하고 신체는 즉각 순종합니다. 그런데 영혼이 영혼 자체에 명령한다면 반

---

[98] "의지만큼이나 우리 통제력에 속하는 것은 아무것도 없다. 의지는, 우리가 원하기만 하면 당장, 촌각의 여유도 없이, 즉시 현전한다!"(『자유의지론』, 3. 3.7).
[99] 교부의 은총론을 대표하는 문장이다. "'하고 싶다'는 것이 곧 '할 수 있다'는 것이 아니다"(ubi hoc non erat velle quod posse)라는 문장을 보충한다.
[100] "자연본성의 차원에서는 응당 정신이 신체에 우선함에도 불구하고, 정신이 자신에게 명령하기보다 신체에 명령하기가 더 수월하다"(『신국론』, 14.23. 2).
[101] 인류를 아담의 자식들로 보는 시각은 아담의 범죄가 인류의 본성 자체에 어떤 흔적을 남긴다는 원죄설을 담고 있다.

발을 당합니다.102) 영혼이 손에게 움직이라고 명령하면 아주 쉽게 그렇게 되므로 복종과 명령 사이가 거의 구분이 안 될 정도입니다.

그러나 엄연히 영혼은 영혼이고 손은 신체입니다. 영혼은 영혼이 하고 싶은 대로 명령합니다. 명령하는 의지와 명령받는 의지가 서로 다르지도 않습니다. 그런데도 하지 않습니다. 이 기이한 일이 어디서 유래합니까? 또 왜 그런 일이 생깁니까? 말씀 드리거니와, 하고 싶어서 명령합니다. 하고 싶지 않다면 명령을 내리지 않을 것입니다. 그런데도 명령하는 바를 이행하지 않습니다. 영혼이 전적으로 하고 싶지는 않아서 전적으로 명령하는 것은 아닌가 봅니다.103) 사람이란 하고 싶은 만큼 명령을 내리게 마련이고, 따라서 하고 싶은 마음이 없는 그만큼, 명령하는 바도 이루어지지 않습니다. 의지가 명령을 내리는 것은 의지로서 존재하기 위함이고, 그것도 다른 의지가 아니고 자신의 의지로서 존재하기 위해서이기 때문입니다.104) 그러므로 온 의지로서 명령을 하지 않는 것이 아닙니다.

따라서 명령하는 주체도 존재하지 않습니다. 만약 의지가 오롯하다면, 의지로서 존재하려고 명령을 내리지는 않습니다. 이미 의지로서 존재하고 있는 까닭입니다. 그러니 일부는 하고 싶고 일부는 하기 싫은 것은 이상한 무엇이라기보다는 오히려 영혼의 질병입니다.105) 진리가 떠받쳐주어도 영혼이 습관에 짓눌려 오롯이 일어서지 못합니

---

102) 둔감한 신체는 의지의 충동에 철저히 순응하는데 의지는 의지 자체에 순응하지 못하는 기이한 현상을 체험하면서 이를 한탄한다.
103) 의지의 분열된 모습에서 자아의 분열을 보는 심리학적 고찰이다.
104) 의지 작용의 원인을 의지가 아닌 다른 곳에서 찾으면 안 된다. 그가 마니교 이원론에 빠져 자기를 기만하던 술수가 그것이었다.
105) 인간 안에 상반된 욕망을 지적하는 성경(로마 7:15-25 참조)도 "나는 과연 비참한 인간입니다. 누가 이 죽음의 육체에서 나를 구해줄 것입니까?"(24절)라는 구절로 병자의 신음을 토로한다.

다. 그러니 두 개의 의지가 있습니다. 그중 어느 하나도 완전하지는 못해서 하나에게 없는 것이 다른 하나에는 있습니다.[106]

10.22. 인간 내부에 상반된 두 본성이 갈등을 일으킨다기보다는 같은 영혼이 온전한 의지로 무엇을 바라지 않는 것이다

하느님, 황당한 말을 하고 정신을 기만하는 자들은 당신 얼굴 앞에서 사라져야 합니다. 사람이 결정을 내리는 데 필요한 두 개의 의지를 간파하고 두 지성에서 오는 두 자연본성이 있다고 주장한 자들, 그래서 하나는 선하고 다른 하나는 악하다고 하는 자들 말입니다.[107] 저런 나쁜 생각을 하고 있는 한 그 자들은 정말 나쁜 사람이고, 그 사람들이 진실한 생각을 하고 진리에 동조한다면 또한 좋은 사람이 될 것입니다. 당신의 사도가 그들에게 "여러분이 전에는 어둠의 세계에서 살았지만 지금은 주님을 믿고 빛의 세계에서 살고 있습니다"[108] 라고 말한 그대로입니다. 저 사람들이 영혼의 자연본성이 곧 하느님이라고 생각해서[109] 주님 안에서 빛이 되려고 하지 않고 제 자신 안

---

106) 자신이 깨달은 진리에 정진하고 싶은 의지와 뜻대로 행동에 나서지 못하는 유약한 의지로 절감되는 심리적 분열 상태를 '두 의지'라고 일컫는다.
107) 우주의 빛과 어둠 두 원리를 설정하던 마니교나 영지주의는 하느님으로부터 유래하는 영혼과 물질 혹은 악령으로부터 오는 물체(신체)를 대립시키며, 이것들이 상반된 두 본성이고, 그 두 본성을 관장하는 두 지성 혹은 두 영혼이라고 상정했다.
108) 에페소 5:8.
109) animae naturam hoc esse, quod deus est라는 문장은 "영혼의 자연본성이 하느님의 본질과 같다"라고 의역할 수 있다. 그들은 하느님의 존재와 본질이 같은 존재의 편린이라면 자기들도 빛의 편린이니 곧 빛이라고 자처했다.

에서 빛이 되고 싶어 하는 한, 저들은 스스로 더없이 짙은 어둠이 됩니다. 그 가증스러운 교만으로 인해 그들은 당신께로부터, 이 세상에 오는 모든 사람을 비추는 참다운 빛110)이신 당신께로부터 멀리멀리 떨어져나갔습니다. "무슨 말을 할지 조심하여라. 부끄러워하며 그분께 나아가거라. 그러면 너희가 빛나고 너희 얼굴이 부끄러움을 타지 않으리라."111)

오래전 계획한 대로 주 저의 하느님을 섬기겠다고 결정을 내린 것도 저였고, 그렇게 하고 싶었던 것도 저였고 하기 싫었던 것도 저였습니다. 저, 결국 바로 저였습니다.112) 그런데 저는 오롯이 하고 싶었던 것도 아니고 오롯이 하기 싫었던 것도 아니었습니다. 결국 저는 저와 싸우고 있었고 저로부터 이탈되어 있었습니다. 이 이탈은 저의 의사에 반해 생기는 것이었지만 다른 이의 지성에서 오는 본성을 보여주는 것은 아니었고 제 지성의 죄벌을 보여주었습니다. 그러니 그런 일을 하는 것은 더 이상 제가 아니라 제 안에 자리 잡고 있는 죄였고113) 이는 제가 자유롭게 지은 죄에 대한 형벌이었습니다.114) 제

---

110) 아우구스티누스는 거의 모든 저작에서 요한 1:9("말씀이 곧 빛이었다. 그 빛이 이 세상에 와서 모든 사람을 비추고 있었다")을 "이 세상에 오는 모든 사람을 비추는 참된 빛"이라고 판독하고 해설한다.
111) 시편 34[33]:6* 참조("그분께 다가가라. 그러면 너희가 비추임 받으며, 네 얼굴에 부끄럼 없으리라").
112) '나'를 거듭 강조하여 범죄와 나약한 의지를 하느님께 돌리지 않겠다는 책임을 부각시킨다. "같은 영혼이 동시에 무엇을 하고 싶어 하기도 하고 하기 싫어하기도 하는 일은 가능하다. 하지만 같은 사물을 하고 싶으면서 동시에 하기 싫어 하는 일은 있을 수 없다"(*De duabus animabus*, 10.14).
113) 로마 7:17 참조("그렇다면 그런 일을 하는 것은 내가 아니라 내 속에 도사리고 있는 죄입니다").
114) 교부는 범죄 이전의 원조, 은총을 많이 받은 사람, 보다 많이 아는 지성인의 범죄를 '보다 자유롭게 지은 죄'(liberiore peccatum)로 부르면서 거기서 오는 '죄벌'(poena peccati)이 악습과 의지의 나약성을 드러낸다고 보았다.

가 아담의 자손이었기 때문입니다.

10.23 한 사람 안에서 갈등하는 의지의 수효에 따라 서로 대립하는 본성이 여럿 있다면 본성은 둘이 아니라 많이 있다고 보아야 합니다.[115] 만약 어느 누가 마니교도들의 '소집회'에 갈지 아니면 극장에 갈지 선택을 고민한다면 저 사람들은 이렇게 소리 지릅니다. "보라, 여기 두 본성이 있다. 하나는 선해서 이리로 끌려오고 하나는 악해서 저리로 밀려간다. 그렇지 않고서는 서로 상반되는 의지의 이런 망설임이 어디서 오겠는가?" 저 같으면 저들을 '소집회'[116]로 끌어오는 것도 극장으로 밀고 가는 것도 마찬가지로 둘 다 나쁘다고 하겠습니다. 그러나 저 마니교도들은 자기들한테 오게 만드는 것이 아니라면 좋다고 믿지 않습니다. 왜 그러냐고요? 만일 저희 중 하나가 극장으로 향할 것인가 저희 교회로 향할 것인가 하는 두 개의 의지를 두고 혼자 오락가락하면서 망설인다면 저자들도 과연 뭐라고 대답해야 할지 몰라 망설이지 않겠습니까?

자기네 교회의 성사^{聖事}로 보양되었고 거기 전념하는 사람들이라면 그들이 자기네 교회로 가듯이, 선한 의지로 움직인다면 저희도 저희 교회로 향하게 마련이라고 실토할 것입니다. 저희 교회로 가는 일이 선한 의지에서 우러나는 것이라고 토로할 것입니다. 저희가 교회에 가는 것이 그들로서는 싫을지라도 말입니다.

그렇지 않으면 단일한 인간 내면에서 두 개의 악한 본성들, 두 개의 악한 지성들이 서로 충돌을 일으키고 있다고 여길 것입니다. 이럴 경우 그들이 평소에 하던 말, 곧 두 본성이 있어서 하나는 선하고 하

---

115) 걸핏하면 인간의 의지를 곧 인간의 본성과 동일시하면서 선악이원론에 빠지는데 그 본성을 굳이 둘로 국한시킬 필요가 있느냐는 반문이다.
116) 마니교도들은 자신들의 예배 모임을 '소집회'라고 불렀다.

나는 악하다는 주장은 사실이 아니게 됩니다. 그것이 사실이 아니니 그들은 진리에 회심해야 합니다. 그들은 누구든지 선택결정을 할 때면 단일한 영혼이 다수 의지들로 인해서 고민한다는 사실을 부인하지 못할 것입니다.[117]

10.24 그러므로 한 사람 안에서 두 의지가 서로 겨루는 것처럼 느껴질 때, 상반된 두 실체에서, 또 상반된 두 원리에서 유래하는 상반된 두 지성, 하나는 선하고 다른 하나는 악한 두 지성이 충돌한다고 주장해서는 안 됩니다. 진실하신 하느님, 당신이 보시기에는 양편 다 악한 의지로 행동하는 것이므로 당신께서는 저들을 꾸짖으시고 논박하시며 심판하십니다. 예를 들어 누군가 사람을 독약으로 처치할 것인가 아니면 칼로 처치할 것인가 선택하는 경우처럼, 남의 토지를 둘 다 강탈할 수 없어서 이것을 뺏을까 아니면 저것을 뺏을까 선택하는 경우처럼, 돈을 낭비하며 호사롭게 쾌락을 살까 아니면 인색하게 돈을 아낄까 선택하는 경우처럼, 하루에 둘 다 구경할 수 없으니 서커스를 보러 갈까 아니면 극장으로 갈까 선택하는 경우가 그렇습니다.[118] 마지막 경우에는 세 번째를 보태어 '기회가 닿으면 남의 집에 들어가 도둑질을 할까' 고민하는 가능성도 보탤 만합니다. 또 동시에 그럴 여유가 있다면 '그 자리에서 간통을 저지를까' 하는 네 번째 가능성도 보탤 수 있습니다.

---

117) 자신들의 종교 집단은 선이고 다른 종교 집단은 악이라면서 가톨릭교회에 가느냐, 극장에 가느냐 하는 고민은 둘 다 나쁜 일이므로 두 개의 악한 의지 사이의 갈등이라고 답한다. 그리하면 본성이든 의지든 그 숫자가 자꾸만 많아진다.
118) 아우구스티누스가 젊어서 즐겼던(이 책, 3.2.2-4; 6.7.11-12) 연극은 그 선정성으로, 원형극장의 결투는 그 잔인한 폭력성으로 인해서 그리스도교가 기피하던 오락이었다.

저 모든 일이 한순간에 밀어닥치고 그 모두가 똑같이 욕구 대상이 됩니다만 한꺼번에 다 저지르는 것은 불가능합니다. 그러다 보니 이 욕구 대상들이 서로 상충되는, 무려 네 개의 의지를 갖고서 욕구하는 사물의 수 그 이상으로 당사자의 영혼을 갈기갈기 찢어놓습니다. 그렇다고 해서 나쁜 의지들의 숫자만큼 상이한 실체들이 있다는 말은 보통 하지 않습니다. 선한 의지들로 행하는 경우도 마찬가지입니다. 제가 저 사람들에게 묻는다고 합시다. 사도 바울로의 글을 읽는 데 재미를 붙이는 것이 좋은가, 수수한 시편을 즐기는 것이 좋은가, 복음서를 읽고 토론함이 좋은가 묻는다면 이 물음 하나하나에 전부 "좋다"라고 대답할 것입니다.[119] 그렇다면 어떻게 해야 합니까? 만약 이 모두가 똑같이, 동시에, 한꺼번에 다 재미있다고 한다면, 그중에서 어떤 것을 손에 집을 것인가 결정하는 다른 의지들이 인간의 마음을 헷갈리게 하지 않겠습니까? 모두 선한 의지들이지만 하나가 선택되기 전까지는 서로 겨룹니다. 그러다가 하나가 선택되면 여럿으로 나뉘었던 의지가 그 하나로 온통 쏠려야 하는 것입니다.[120]

이와 마찬가지로, 영원이 위로 이끌어 기쁨을 주고 잠깐의 선이 주는 쾌락이 아래로 끌고 갈 때, 비록 같은 영혼이지만 오롯한 의지가 저것이나 이것을 원하는 것이 아닙니다. 그럴 경우 영혼은 진리에 입각해서 전자를 중시하면서도 친숙함에 의거해서는 후자를 놓지 못해 지독한 번민으로 갈라집니다.

---

119) 마니교도들도 구약의 시편과 요한복음과 바울로 서간은 즐겨 읽으며 종교 경전으로 간주했다.
120) "물체는 제 중심에 따라서 제자리로 기웁니다. … 제 중심은 저의 사랑입니다. 사랑으로 어디로 이끌리든 그리로 제가 끌려갑니다"(이 책, 13,9,10).

11.25. 망설이고 미적거리던 아우구스티누스

저는 이처럼 병을 앓고 있었고, 제가 만든 사슬에 묶여 있던 스스로를 평소보다 매섭게 꾸짖고 굴리면서 몸부림치고 있었습니다. 저는 여전히 사슬에 묶여 온몸이 풀려나기 위해 몸부림치는 중이었습니다. 사슬은 이미 가늘게 닳아 있었으나 그래도 묶이긴 묶여 있었습니다. 주님, 그런데 당신께서는 제가 숨은 밑바닥에서 저를 몰아붙이시는 중이었고, 엄한 자비로, 두려움과 부끄러움 두 가닥으로 꼬인 채찍으로 저를 거듭 내리치시는 중이었습니다.[121] 그렇게 해서 제가 다시 물러서는 일이 없게, 아직 남아 있는 저 가늘고 약한 쇠사슬을 끊지 않고 남겨두는 일 없게, 남겨두었다가 저 사슬이 다시 굵어져 전보다 더 세차게 저를 잡아 묶어버리는 일이 없게 하기 위함이었습니다.

저는 속으로 저 자신에게 이런 말을 하는 중이었습니다. "자, 이제 진짜 하자. 이제 진짜 하자." 그렇게 말로는 벌써 결심을 하고도 남았습니다. 아니, 거의 할 뻔했습니다만 하지 않았고 아직 전에 하던 짓으로 미끄러져 떨어지지는 않았지만 거의 그 언저리에 멈춰 숨을 고르고 있었습니다. 또 한 번 용을 써보려고 했지만, 약간 못 미칠 정도에 도달하더라도 약간 못 미칠 정도일 뿐이었고, 거의 닿을 듯, 거의 붙잡을 듯하더라도 그 정도일 뿐이었습니다. 저는 거기 도달해 있지도 않았고, 닿지도 않았으며, 붙잡지도 못했습니다.[122]

저는 죽음에 죽고 생명에 살아나기를 망설이고 있었습니다. 더 좋

---

121) 하느님의 손길은 '엄격과 자비'로, 인간에게 내리는 가책은 '두려움과 부끄러움' 두 가닥이 한 쌍으로 말린 채찍으로 형용된다.
122) "그럼에도 저는 못 해냈고 닿지도 못했고 붙잡지도 못했습니다"라는 번역도 가능하다.

지만 아직 낯선 것보다는 더 못하지만 제게 덕지덕지 엉겨붙은 것이 제게 더 큰 영향을 미쳤습니다.[123] 제가 다른 무엇이 되려는 시간, 그 시간이 가까이 다가오면 올수록 그만큼 두려움이 커졌습니다. 그렇다고 뒤로 빼거나 고개를 돌리지는 않았고 그냥 어정쩡하게 미적거리고 있었습니다.

11.26 하찮은 짓들 중의 하찮은 짓들, 허풍쟁이들의 허풍들이[124] 옛 친구랍시고 제 뒷덜미를 잡아 끌고 제 육신의 옷자락을 붙들고 이렇게 원망조로 수군거렸습니다.[125] "우릴 버리기예요?" 또 "이 순간부터 영원히 우린 더 이상 그대와 함께 있지 못하나요?" 또 "이제부터 그댄 이런 일 저런 일을 영영 하지 못한다는 말인가요?" 저의 하느님, 저것들이 수군거리던 '이런 일 저런 일'이라는 말을 제가 중얼거릴 때 과연 무엇을 떠올렸습니까? 당신의 자비로 제발 당신 종의 영혼이 이따위 것들을 멀리할 수 있게 해주십시오! 얼마나 추잡한 것들을 떠올려왔는지, 얼마나 치사한 것들을 떠올려왔는지 모릅니다. 저는 그런 말을 듣긴 들었지만 거의 반도 듣지 않고 흘려들었습니다. 제게 마주 와서 멋대로 시비를 거는 말투는 아니었지만 어차피 떠날 사람을 두고 등 뒤에서 쏙닥거리고 몰래 험담을 하는 말투로 뒤를 돌아보도록 수작을 부리고 있었습니다. 그러한 것들이 제가 머뭇거리며 늑장을 부리게 만들기는 했습니다. 그것들은 제가 그것들한테서

---

123) 낯선 금욕(더 좋지만 아직 낯선 것)과 묵은 습성(더 못하지만 덕지덕지 엉겨붙은 것)을 대조시켰다.
124) 초기에 아우구스티누스는 전도서 1:2("헛되고 헛되다, 설교자는 말한다, 헛되고 헛되다. 세상만사 헛되다")을 허풍쟁이들의 허풍으로 판독하고 인용했다.
125) 앞에서(이 책, 4,16,30) 교부는 '욕정'을 '창녀'라고 일컬었다. 구체적으로는 출세욕, 물욕, 색욕이 욕정이라고 실토했다(이 책, 6,6,9).

몸을 빼내서 털고 나오는 일도, 부름 받던 쪽으로 뛰어가는 일도 머무적거리게 만들었습니다. 습관이라는 것이 발끈해서 저에게 윽박질렀습니다. "네가 저것들 없이 해낼 성싶으냐?"

11.27. '금욕'의 권유

그러나 그 어조는 벌써 맥이 풀린 소리였습니다. 다른 쪽에서 금욕의 순결한 기품이 자태를 보이던 참이었기 때문입니다. 제가 고개를 돌려 바라보려던 쪽, 그럼에도 건너가기를 머뭇거리던 쪽에서 제게 뻗치는 손이 있었습니다. 평온하고, 명랑하지만 헤프지 않고, 매혹적이지만 고결한 자태로, 의심치 말라며 저를 받아주고 끌어안아주려고 하던 경건한 손이었습니다. 그 팔에는 착하고 모범적인 무리들이 그득했습니다. 숱한 소년 소녀들과 수많은 청장년들이며 온갖 연령층과 나이 지긋한 과부들, 동정으로 늙은 여인들이[126] 있었습니다. 그 모든 사람들은 금욕이라는 것 자체로 단순한 돌계집이 결코 아니었으니 주님, 당신을 남편으로 삼아 아들들을 두고 기뻐하는, 소생 많은 어머니였습니다.[127] 금욕은 격려가 담긴 비웃음으로 저를 얕잡아 보면서 이런 말을 하는 것 같았습니다.

"저 사내들도 해내고 저 아낙들도 해낸 일을 너는 못 하느냐?[128]

---

126) virgines anus: 직역하면 '노처녀'. '처녀'와 '노파'라는 단어가 병치되어 만들어진 이 말은 이교세계에서는 비웃음을 샀지만 동정생활을 장려하는 그리스도교에서는 의미가 깊었다.
127) 시편 112:9 참조("아이를 낳지 못하는 여인도 집 안에서 살며 여러 아들 두고 기뻐하는 어머니 되게 하시는 분").
128) '금욕'의 덕은 '저 사내들', '저 아낙들'이라는, 경멸이 담긴 지시대명사가 지성인 교부의 자존심을 건드렸다.

저 사내 저 아낙들이 자기 스스로의 힘으로 해낸다고 생각하느냐? 자기네 하느님이신 주님 안에서 해내는 것이 아니더냐? 그들의 주 하느님께서 그들에게 나를 선물로 주셨다. 어째서 너는 스스로 감당하겠다면서 감당하지 못하느냐?[129] 그분께 너 자신을 던져라! 겁내지 마라! 그분은 네가 땅바닥에 떨어지게 몸을 빼지 않으실 것이다. 마음 놓고 너를 던져라! 너를 받아 안아 고쳐주실 것이다."

저는 너무나 부끄러웠습니다. 저 하찮은 것들의 푸념에 아직도 귀를 기울이고 망설이고 머뭇거리던 중이었기 때문입니다. 다시금 금욕이 저에게 마치 이런 말을 하는 것 같았습니다. "극기를 하려거든 저 불결한 네 지체들에게는 지상에서 귀가 먹도록 하여라. 그것들이 죽게 내버려둬라! 너한테 즐거움을 얘기해주지만 주 네 하느님의 율법만은 못하다." 저의 마음속에서 이는 이런 입씨름은 제 자신에 관해서 제 자신을 상대로 벌어지는 싸움이었습니다.[130] 알리피우스는 제 곁에 딱 붙어서 심상치 않은 저의 동요와 거기서 오는 결말을 말없이 지켜보고 있었습니다.

12.28. 많은 눈물을 흘리면서 하느님의 자비를 빌다

그러는 사이에 깊은 상념이 저의 가련함을 저 깊은 밑바닥에서 통째로 끄집어내더니 제 마음의 눈앞에다 턱 하니 쌓아놓았습니다. 그

---

129) "어째서 스스로 감당하겠다면서 감당하지 못하느냐?"라는 짧은 문구는 신의 보우 없이 자력으로, 특히 금욕에 들어가지 못함을 터득한 글귀로 후대인들에게서 인용된다.
130) 초기 대화집 『독백』에서 "내가 묻고 내가 내게 답하고 하면서, 마치 이성과 내가 두 사람인 것처럼 썼다. 내가 나 혼자이면서도 그렇게 했다"(*Retractationes*, 1.4.1)고 썼듯, 교부는 이미 이런 자문자답을 경험했다.

러자 거대한 폭풍이 거대한 눈물의 소나기를 싣고 왔습니다. 통곡하며 그 눈물을 모조리, 소리 내어 쏟아낼 양으로 저는 알리피우스 곁에서 일어섰습니다(우는 데는 혼자 있는 것이 더 낫다는 생각이 들었던 까닭입니다). 그가 현전하는 것마저도 부담스러울 수 있겠다 싶어 한참 멀리 물러갔습니다. 그때 저의 심경이 그랬고 그도 그 마음을 알아차렸습니다. 기억나지 않지만 저도 모르는 무슨 말을 했던 것 같고, 제 목소리의 어조가 벌써 울음을 담고 있음이 분명해졌습니다. 그래서 저는 일어서고 말았던 것입니다. 그는 너무 놀라 저희가 앉아 있던 그곳에 그대로 남아 있었습니다.

어떻게 됐는지 모르지만 저는 어느 무화과나무 밑에 주저앉았고[131] 눈물을 주체하지 못했습니다. 결국 눈물보가 터지고 말았습니다. 그것은 즐겨 받으실 만한 당신의 제사였습니다. 꼭 이런 말은 아니었지만, 저는 대강 다음과 같은 문구로 당신께 부르짖었습니다. "도대체 주님, 언제까지입니까? 주님, 언제까지 끝끝내 진노하시렵니까? 저희의 옛 죄악을 기억하지 마십시오." 옛 죄악에[132] 제가 꽉 붙잡혀 있음을 절감하고 있었습니다. 애절한 목소리를 내뱉고 있었습니다. "언제까지, 언제까지, 내일 또 내일입니까?[133] 왜 지금은 아닙니까? 어째서 바로 지금 저의 추접을 끝장내지 않으십니까?"

---

131) 상징적으로 풀이하면 무화과나무는 원죄의 범죄가 가져온 흔적(창세기 3:7 참조: "그러자 두 사람은 눈이 밝아져 자기들이 알몸인 것을 알고, 무화과나무 잎을 엮어 앞을 가렸다")을 가리키기도 하고, 구원에 부름 받는 징조 (요한 1:48 참조: "필립보가 너를 찾아가기 전에 네가 무화과나무 아래 있는 것을 보았다")를 가리키기도 한다.
132) 시편 79[78]:5; 8 참조("주님, 언제까지나 마냥 진노하시렵니까? 언제까지나 당신의 격정을 불처럼 태우시렵니까? 선조들의 죄를 저희에게 돌리지 마소서").
133) 자기를 바로잡는 일을 두고 "그대가 하는 '내일 내일'(cras cras) 타령은 까마귀 소리다. 비둘기처럼 울고 그대 가슴을 두드리라"(Sermones, 82.11.14).

12.29. "집어라, 읽어라!"

저는 이런 말을 하고 있었고 제 마음의 쓰리고 쓰린 뉘우침으로 통곡하고 있었습니다. 그러다 난데없이 이웃집 사람의 목소리를 들었습니다. 노래부르고 자꾸만 되풀이하던 소리로 소년인지 소녀인지 모를 목소리였습니다. "집어라, 읽어라! 집어라, 읽어라!" 저는 즉시 낯빛을 바꾸고, 아이들이 놀면서 저것과 비슷한 노래를 한 적이 있던가 골똘히 생각하기 시작했습니다. 여태까지 제가 한 번도 들어본 적이 없는 노래였습니다.

저는 걷잡을 수 없이 흐르는 눈물을 억누르고서, 성서를 펴들고 눈에 들어오는 첫 대목을 읽으라고 하늘에서 제게 시키시는 것이 분명하다고 해석하고서는[134] 벌떡 일어났습니다. 안토니우스에 관해서 듣기로도, 그 역시 우연히 복음서를 펼쳐 *"가서 너의 가진 것을 모두 팔아 가난한 이들에게 주어라. 그러면 네가 하늘에서 보물을 차지하게 될 것이다. 그리고 와서 나를 따라라"*[135]라는 구절을 읽었는데, 거기서 읽은 구절이 바로 자기한테 건네진 권고로 받아들여졌다고 합니다. 그런 신탁을 받은 그 사람은 자리에서 곧바로 당신께 회심했다는 것입니다.

저는 알리피우스가 앉아 있던 자리로 급히 돌아갔습니다. 제가 일어섰던 그 자리에 사도의 책을 놓아두었기 때문입니다.[136] 집어 들었습니다. 폈습니다. 그리고 읽었습니다.[137] 제 눈이 가서 꽂힌 첫 대목

---

134) 로마 지성계에서는 새의 비행, 도살한 짐승의 내장 색깔 등의 자연현상에서 초자연적 신탁을 파악하려는 노력은 물론, 고전작품이나 시문의 한 구절에서 그런 영감을 찾으려는 시도도 있었다.
135) 마태 19:21.
136) 이 책 7, 8권에 바울로의 로마서 7장을 일곱 번이나 인용한다.
137) arripui, aperui, et legi: 이 세 현재완료형 동사는 카이사르의 승전보 "왔노

을 소리 없이 읽었습니다. "술상과 만취에도 말고, 잠자리와 음탕에도 말고, 다툼과 시비에도 말고 주 예수 그리스도를 입으시오. 그리고 욕망에 빠져 육신을 돌보지 마시오."[138] 저는 더 읽을 마음도 없었고 그럴 필요도 없었습니다. 이 구절의 끝에 이르자 순간적으로 확신의 빛이 저의 마음에 부어지듯 의혹의 모든 어둠이 흩어져버렸습니다.[139]

12.30 저는 손가락이나 다른 어떤 것으로 표시를 한 다음 책을 덮고 다시 평온해진 얼굴로 알리피우스에게 무슨 일이 일어났는지 털어놓았습니다. 그러자 그도 자기 안에서 무슨 일이 일어나고 있었음을 (저는 그것을 모르고 있었습니다) 이렇게 알려주었습니다. 그는 제가 무슨 구절을 읽었는지 보고 싶다고 했습니다. 제가 펴보였더니 그는 제가 읽은 대목 더 아래로 시선을 보냈습니다. 저는 무슨 말씀이 뒤에 나오는지 몰랐습니다. "믿음이 약한 이를 받아들이시오"[140]라는 구절이 따라왔습니다. 이것을 그는 자기와 연관시켰습니다.

어떻든 그 권유로 그의 신념은 굳어졌으며, 기꺼이, 또 선량하면서도 자기 행실에 극히 걸맞는 각오를 세워 아무런 거리낌이나 망설임 없이 저와 뜻을 함께했습니다. 그의 행실로 말하자면 저보다 훨씬 나왔고 오래전부터 아주 멀리 앞지르고 있었습니다.[141] 그길로 저희는 어머니한테 돌아가서 털어놓았습니다. 기뻐했습니다. 어떻게 그렇게

라, 보았노라, 이겼노라"(veni vidi vici)를 연상시킨다(수에토니우스, *De vita Caesarum*, 1.37).

138) 로마 13:13-14 참조.
139) 아우구스티누스의 회심의 마지막 걸림돌이 완전한 금욕생활이냐 성애의 만족이냐는 양자택일이었다는 고백으로 미루어, 이 구절은 육욕의 그 질긴 사슬에서 놓여나는 '자유의지의 갑작스런 해방'으로 읽힌다.
140) 로마 14:1 참조.
141) 알리피우스는 아우구스티누스보다 훨씬 먼저 사변적·도덕적 위기를 극복했다는 찬사다.

되었는지 이야기했더니 어머니는 기뻐 어쩔 줄 모르고 환성을 지르고 당신께 찬미를 올렸습니다. 당신께서는 능하셔서 저희가 청하거나 깨닫는 것보다 훨씬 더 많이 이루어주시는 분이시고[142] 저를 두고도 그이가 가련하게 울며 신음하며 애걸해오던 것보다 당신께서 훨씬 폭넓게 베풀어주셨음을 보았기 때문입니다.

당신께서 저를 당신께로 전향시키셨습니다. 신앙의 그 잣대 위에 서서, 벌써 여러 해 전 저를 세워두고 그이에게 밝혀 보이신 그 잣대 위에 서서,[143] 제가 더 이상 아내를 구하거나 속세의 어떤 희망도 추구하지 않게 하셨습니다. 또 그이의 비탄을 기쁨으로 바꾸어주셨습니다. 그이가 원하던 것보다 훨씬 더 풍족하게, 저의 육을 통해서 보게 될 손자들한테서 바라던 것보다[144] 훨씬 더 귀하고 훨씬 더 순정하게 베풀어주셨습니다.

---

142) 에페소 3:20 참조.
143) 어머니 모니카는 오래전 아들이 '신앙의 잣대'로 돌아오는 꿈을 꾸었다. "그이가 꿈에서 보니 자기가 나무로 된 잣대 위에 서서 슬퍼하고 기진맥진해 있는데 눈부시게 환한 젊은이 하나가 명랑하게 함빡 웃으면서 다가오더랍니다. … 정신을 차리고 자세히 보니 같은 잣대 위에 제가 자기 곁에 나란히 서 있더랍니다"(이 책, 3.11.19).
144) 그의 아버지도 아들의 성징을 보자 손자를 본 듯이 반겼고(이 책, 2.3.6 참조) 어머니도 손자 아데오다투스를 몹시 아꼈고 손자들을 보려고 아들을 양갓집 규수에게 정혼시킨 바 있었다(이 책, 6.13.23).

제9권
세례와 아프리카 귀환*

* 첫 권부터 긴장이 고조되던 아우구스티누스의 고백은
  제8권에서 그 격정이 최고조에 이른다. 이후 이어지는 제9권에는
  평온과 기쁨의 목가적 분위기가 흐른다.
  황실 수사학 교수직의 사임(1.2-4.7), 카시키아쿰에서 문하생들과
  철학적 대화를 나누고 기도에 몰두하던 은둔생활(4.8-11),
  387년 부활전야의 세례(4.12-8.17)로 밀라노 생활이 마무리된다.
  제9권의 나머지(8.17-13.37)는 교부의 사모곡이라 부를 만한,
  '성녀 모니카전(傳)'이다. 특히 오스티아에서 모자간에 나눈
  신비체험(10.23-26)은 정독할 만하다.

1.1. 하느님께 드리는 감사와 찬미

아, 주님, 저는 당신의 종, 당신의 종이자 당신 여종의 아들입니다. 당신이 저를 쇠사슬에서 풀어주셨으니, 당신께 찬미의 제물을 바치겠습니다.[1] 제 마음과 제 혀가 당신을 찬미하게 해주십시오. 저의 모든 뼈가 "주님, 누가 당신과 같습니까?"[2]라고 말씀드리게 해주십시오. 그렇게 말씀드리게 해주십시오. 제게 대답해주시고 제 영혼에 말씀해주십시오. "내가 너의 구원이다."[3] 저는 누구이며 도대체 어떤 인간입니까? 제 행실치고 악 아닌 것이 무엇이었습니까? 행실이 아

---

1) 시편 116:16-17[115:7-8] 참조("아, 주님, 저는 정녕 당신의 종, 저는 당신의 종, 당신 여종의 아들. 당신께서 저의 사슬을 풀어주셨습니다. 당신께 감사의 제물을 바치며 주님의 이름을 받들어 부릅니다").
2) 시편 35[34]:10* 참조("주님, 당신과 견줄 자 누구리이까? 당신은 권세 있는 자에게서 없는 이를 빼내시고, 수탈하는 자에게서 가난하고 빈궁한 이를 구하시거늘?").
3) "내가 너의 구원이로다"(시편 34:3)라는 문구는 이 책 첫 대목부터 아우구스티누스 신관과 은총론의 기조가 되는 성경 구절이다.

넌 제가 한 말이, 말이 아니었다면 제 의지 중 악 아닌 것이 무엇이었습니까? 그러나 주님, 당신은 선하시고 자비로우셨고, 당신 오른손은 제 죽음의 깊이를 굽어보시면서 제 마음의 밑바닥으로부터 부패의 구렁텅이를 비워내셨습니다. 이것이 전부였습니다. 곧 제가 하고 싶던 것이 하기 싫어지고 당신께서 하시고 싶던 바가 하고 싶어지는, 바로 그 마음입니다.[4]

하지만 여러 해 걸친 그 세월에 저의 자유의지는 도대체 어디 있었습니까? 대체 얼마나 낮고 깊고 은밀한 데서부터 제 자유의지가 일거에 불려나온 것입니까? 그리스도 예수님, 저의 도움, 저의 구속주여, 제가 어쩌다 당신의 편한 멍에에 목덜미를 숙여 내밀었고 당신의 가벼운 짐에 어깨를 내밀었습니까?[5] 하찮은 것들의 감미를 놓치는 일이 제게 얼마나 감미로운 일이 되었는지 모르고, 그것들을 놓치는 일이 두려움이었는데 어느덧 그것들을 내버리는 일이 기쁨이 되었습니다. 당신은 그것들을 저한테서 몰아내고 계셨습니다.

참스럽고 지고하신 감미로움이시여, 그것들을 몰아내고 계셨고 그것들 대신에 들어오시는 중이었습니다. 당신께서는 모든 쾌락보다 감미로우시지만 육신에 감미로우신 것은 아닙니다.[6] 당신께서는 모든 빛보다 드맑으시며, 모든 내밀보다 그윽하시고, 모든 영예보다 숭고하시지만 스스로 숭고한 척하는 자들에게는 그렇지 않으십니다. 내 영혼은 심란한 걱정거리에서, 야심을 품고 손아귀에 넣고 쾌락에

---

[4] 로마인들의 우정관도 연상시키고 그리스도의 자기 비움(마르코 14:36; "아버지, 나의 아버지! … 제 뜻대로 마시고 아버지의 뜻대로 하소서")을 떠올리게 하기도 한다.

[5] 마태오 11:29-30 참조("내 멍에를 메고 나에게 배워라 … 내 멍에는 편하고 내 짐은 가볍다").

[6] "제 사슬을 부서뜨리신 주님 안에 자랑하겠습니다. 도망 길에서 돌아와 저를 당신한테 다시 묶어드렸습니다"(『시편 상해』, 115.7).

뒹굴고 색욕의 부스럼 딱지를 긁어대는 근심걱정에서 이미 놓여나 있었습니다, 이제는 제가 당신께 조잘거리고 있었습니다, 저의 광명, 저의 부, 저의 구원이신 주 나의 하느님께.

2.2. 휴가를 기다리다

그리고 당신께서 보시는 앞에서 이렇게 하는 것이 좋겠다는 생각이 들었습니다. 장광설을 팔아먹는 시장에서 제 혓바닥의 직업을 무난하게 거둬들이자는 것입니다. 소란스럽게 단절하려던 것은 아니지만, 그래야만 아이들이 자기네 광기에 쓸 무기를 제 입에서 사들이는 일이 더 이상 없으리라는 생각이 들었습니다. 저는 당신의 법도 궁리하지 않고 당신의 평화도 도모하지 않고서 거짓말하는 치기나 공회당의 설전이나 사고팔았었기 때문입니다.[7]

때마침 포도 수확절 휴가[8]가 며칠밖에 남지 않아서 며칠은 참기로 작정했습니다. 그다음 정식으로 사직하고 나서, 당신께 속량된 몸이니 다시는 팔리는 몸으로 돌아가지 않을 심산이었습니다. 당신께서 보시는 앞에서 세운 계획이지만 저희 일행이 아닌 다른 사람들 앞에서 세운 것은 아니었고, 여기저기 아무한테나 소문을 내지 않기로 저희끼리는 합의를 보았습니다. 통곡의 골짜기에서 올라가면서 층계송

---

7) 자기가 가르쳐온 수사학을 두고 '하느님의 율법'과 '거짓말하는 치기', '하느님의 평화'와 '법정의 설전'을 대조시키면서 그것이 '진리'보다는 '말재주'의 도구가 되고 있다는 자괴감을 드러낸다(이 책, 7.12.18; 8.2.4 참조).
8) 389년 이래 로마력으로 8월 23일부터 10월 15일까지였고 공휴일이자 학생들의 농번기 방학이다. "선생님들 회초리여, 막대기여, 10월 보름까지는 안녕! 애들은 여름 내내 건강을 얻고 배울 만큼 배우리라"(마르티알리스, *Epigrammata*, 10.62,11-12).

을 부르던 저희에게[9] 당신께서는 간사한 혓바닥에 대항할 만한 날카로운 화살과 집어삼키는 숯불을 주셨기 때문입니다.[10] 저런 혓바닥은 조언하는 척하면서 반대론을 펴고, 음식을 두고 하듯, 좋아하는 척하면서 삼켜버리곤 합니다.

2.3 당신께서는 저희 심장에 당신 사랑이라는 화살을 쏘아 맞히셨고, 당신 말씀은 오장육부에 박혔는데, 저희는 박힌 채로 그것들을 고스란히 지고 가는 중이었습니다.[11] 또 당신 종들의 모범이야말로 저희 생각 깊숙이 파고들어 저희를 닦달할뿐더러, 혹시라도 저희가 저 밑바닥으로 떨어지는 일이 없게끔 저희 눈꺼풀에서 무거운 졸음을 아예 앗아가버렸습니다. 당신께서는 그 종들을 시키먼 무리에서 반짝반짝 빛나는 사람으로 만드셨고 죽은 자들 가운데서 산 사람으로 만드신 바 있습니다.

오히려 그들은 저희한테 단단히 불을 붙여주었습니다. 저 간교한 혓바닥에서 나오는 온갖 거슬리는 허풍이 저희를 더 화끈하게 타오르게 할 수 있을망정 저희 안의 불을 꺼뜨리지는 못합니다. 온 땅에서 거룩하신 당신의 이름 때문에[12] 제가 공직에서 물러난다면 저의 소원과 결심을 역시 칭찬해줄 사람들이 없기는 했겠지만, 바싹 다가

---

9) 시편 120-134[119-133]에 해당하는 15편의 시편은 이스라엘인들이 예루살렘 성전으로 올라가며 불렀으므로 '순례의 노래' 혹은 '층계송'이라 불렸다. 그리스도교에서는 신앙생활의 영적인 성장을 층계로 비유했다.
10) 시편 120[119]:4 참조. 아우구스티누스는 이 구절을 해설하면서 '화살'은 하느님의 말씀, '숯불'은 회심한 죄인들을 상징한다고 풀이한다.
11) 주님과 그분의 손길을 에로스신과 그의 화살에 비유하고 있다.
12) 에제키엘 36:23 참조("너희는 내 이름을 뭇 민족에게 멸시받게 했지만 나는 야훼다. 내 이름이 다시는 멸시를 받지 않고 오히려 들날리게 하리라. 주 야훼가 하는 말이다. 너희에게서 나의 거룩함을 드러내면, 뭇 민족은 이를 보고 내가 야훼임을 알게 되리라").

온 휴가를 기다리지 않고 공직에서, 그것도 모든 사람의 눈이 지켜보는 직책에서 미리 물러가는 일은 허세처럼 보일 수도 있었습니다. 임박한 포도 수확의 날이 닥쳐오기를 바라지 않고 먼저 일을 관둔다면, 저를 유심히 지켜보고 있는 모든 사람들의 입이 제 행동을 두고 입방아를 찧고, 제가 마치 대단한 사람처럼 보이고 싶은 욕심이 있는 것처럼 보이게 마련이었습니다.[13] 그렇게 했다가 제 본심을 두고 추측과 험담이 일거나 저희의 좋은 일이 욕을 먹게 된다면 그것이 저에게 무슨 보탬이 되겠습니까?[14]

2.4. 그 무렵 아우구스티누스는 흉통을 앓고 있었다

그뿐이 아니었습니다. 그해 여름 과중한 문학 수업으로 폐가 약해지기 시작했고, 숨을 들이쉬기가 힘들어졌습니다. 가슴의 통증으로 가슴에 병이 들었다는 증거가 나타났고, 맑은 목청을 내기도, 길게 소리를 뽑기도 힘들었습니다.[15] 처음에는 저도 당황했습니다. 그 병이 교직의 짐을 어쩔 수 없이 내려놓게 만들거나, 만에 하나 제가 치료받고 회복될 수 있더라도 한동안 교직을 중단하도록 강요하는 것임은 확실했기 때문입니다. 그렇지만 휴식을 취하고 싶다는 의지, 당신께서 주님이심을 살피고 싶다는 의지가 가득 생겨났고 또 확고해

---

13) "플로티누스의 책자 몇 권을 읽었을 뿐인데, 나는 나에게 신적 비의(祕義)를 전수해준 책들의 권위와 비교하면서, 나는 나를 붙들어 매던 모든 닻을 끊어 버리고 싶을 만큼 열성에 타올랐습니다. 몇몇 사람들의 생각이 나를 만류하지 않았더라면 그렇게 했을 것입니다"(『행복한 삶』, 1.4).
14) 로마 14:16[200주년] 참조("여러분이 좋다고 생각해서 하는 일이 다른 사람의 비난의 대상이 되지 않도록 하십시오").
15) 그의 초기 저술인 대화편에 여러 번 이 질병이 언급된다.

진 이상(저의 하느님, 당신께서는 아십니다) 저는 기분이 좋아지기 시작했습니다. 자기네 자식들 때문에 제가 자유로운 몸이 되는 일을 결코 바라지 않던 사람들의 속상한 마음을 어느 정도 가라앉힐 만한, 거짓말 아닌 핑계가 생겼기 때문입니다.[16]

그런 기쁨으로 뿌듯해져서 그때까지 남은 기간(이십여 일쯤 되었는지는 잘 모르겠습니다)이 지나가도록 기다리고 있었습니다. 하지만 욕심, 가르친다는 무거운 직책을 견뎌내게 거들어주던 그 욕심마저 사라져버렸기 때문에 꾹 참고 견뎌야 했습니다. 정말 인내심이라도 따라주지 않았더라면 저라는 사람은 짓눌려버렸을지 모릅니다. 제가 당신의 전장에 나가 싸우겠다는 마음이 가득하면서도[17] 거짓말을 가르치는 강단에 어쩔 수 없이 한 시간이라도 더 눌러앉아 있었다면, 당신 종들 가운데 누구는, 혹은 제 형제들 가운데 누구는 바로 그 점 때문에 제가 죄를 지었다는 말을 할지도 모르겠습니다. 그 점을 두고 제가 따지지는 않겠습니다. 하지만 지극히 자비로우신 주님, 가증스럽고 죽어 마땅한 나머지 죄들과 더불어 당신께서는 그 죄마저 거룩한 물에 담가버리고 저를 용서하지 않으셨습니까?

3.5. 베레쿤두스의 고민

저희의 이런 행복에 대해서 베레쿤두스[18]는 고민으로 야위어 갔습니다. 그는 단단히 묶여 있던 자기의 사슬 때문에 저희의 결속으로

---

16) 아우구스티누스에게 교육을 맡긴 학부모, 특히 황실가족의 반발이 예상됐다.
17) '그리스도를 따름'(sequela Christi)을 '그리스도의 병사로 복무함'(militia Christi)으로 비유하는 일은 교부들에게 흔한 직유였다.
18) 이 책, 8,6,13 참조.

부터 배제당하고 있다고 느꼈던 것입니다. 그는 아직 그리스도인이 아니면서 신자를 아내로 두고 있었는데, 바로 그 문제가 단단한 족쇄가 되어 저희들이 발을 갓 내디딘 여로에서 뒤처지고 있었습니다. 그런데 정작 본인으로서는 그리스도인이 될 수 없는 방법이 아닌 다른 방법으로는 그리스도인이 되고 싶지 않다고 우기던 중이었습니다.[19] 그러면서도 그는 더없이 관대하게 저희가 머물고 싶은 동안 자기 집에[20] 머물러도 좋다고 해주었습니다.

주님, 그에게 이미 의인들과 같은 운명을 베풀어주셨으니 의인들의 부활처럼 그의 이 선행을 갚아주실 것입니다. 저희가 이미 로마로 와 있어서 그의 곁에 없을 때 그는 몸에 병을 얻어 신음하다가 병중에 그리스도신자가 되어 이승을 하직했습니다. 그렇게 해서 당신께서는 그 사람뿐 아니라 저희에게도 자비를 베푸셨습니다. 그렇지 않았다면 그가 저희에게 보여준 고귀한 인정을 생각하면서도, 당신의 양 떼에 속한 사람으로 그를 헤아리지 못해 견딜 수 없는 고통에 시달릴 뻔했습니다.

저희 하느님, 당신께 감사드립니다. 저희는 당신의 것입니다. 당신의 격려와 위안이 저희가 당신 것이라는 사실을 말해줍니다. 당신께서는 약속을 성실하게 지키는 분이시니 카씨키아쿰에 있던 별장을 쓰게 해준 베레쿤두스에게 마땅한 보상을 주십시오.

그 별장에서 저희는 세속의 근심 걱정에서 풀려나 당신 안에서 휴식을 얻었습니다. 영원히 푸르른 당신 낙원의 절경을 그에게 상으로 주십시오. 당신께서는 지상에서 그가 저지른 죄를 사해주시고 치즈가

---

19) 가톨릭신자들 사이의 이혼을 허용하지 않는 가톨릭교회는 본인의 입교 당시 이미 가톨릭신자였던 배우자와 이혼하는 것도 허용하지 않는다.
20) 밀라노 사람인 베레쿤두스는 밀라노로부터 하룻길인 카씨키아쿰(지금의 Cassago in Brianza 혹은 Casciago)에 농장을 갖고 있었다.

풍족한 산에,[21] 당신의 산에, 풍요한 산에 그를 데려다놓으셨습니다.

3.6. 네브리디우스도 얼마 뒤 신자가 되었다

그 무렵 그는 초조해하고 있었는데 네브리디우스는 우리처럼 기뻐하고 있었습니다. 그 사람도 아직 그리스도신자가 아니었습니다. 그러나 극히 해로운 오류의 함정에 빠져 진리이신 당신 아드님의 육신을 한낱 허깨비였다고까지 여기던 믿음에서[22] 막 벗어나던 참이었고, 당신 교회의 어느 성사로도 아직 입문한 것은 아니었으나 더없이 열렬하게 진리를 탐구하던 중이었습니다. 그는 저희가 회심해 당신의 세례를 통해 재생한 지 얼마 되지 않아서 가톨릭신자가 되었고 그의 온 집안이 그 덕분에 그리스도교 집안이 되었습니다. 아프리카에서 집안 사람들과 살면서 완벽한 정결과 금욕으로[23] 당신을 섬기고 있던 그를 당신께서 육신에서 풀어주셨습니다.

그는 지금 아브라함의 품에서 살고 있습니다.[24] 그 '품'이라는 말이 무엇을 뜻하든 그곳에 저의 네브리디우스가 살고 있습니다. 주님, 저의 다정한 벗이자 해방 노예에서 당신의 양아들이 된[25] 그가 거기

---

21) '치즈가 풍족한 산'이라는 문구는 그의 별장이 있던 카씨키아쿰의 아름다운 풍광을 묘사한다. 카씨키아쿰은 알프스를 배경으로 목축업으로 번성했다.
22) 마니교는 타락한 물질계로 내려오는 그리스도의 육화를 이론상 용납하지 못했다. 그는 차라리 가현설(假現說)이 수긍할 만하다고 생각했다.
23) 당시 그리스도교에서는 종교적·수덕적 명분으로 부부간에도 금욕 생활을 권장했다.
24) 루가 16:22("얼마 뒤에 그 거지는 죽어서 천사들의 인도를 받아 아브라함의 품에 안기게 되었고") 이래로 천상낙원을 가리키는 표현으로 쓰인다.
25) 그리스도교는 인간을 죄의 노예(servus)였다가 그리스도의 속량으로 해방되어(libertus) 은총으로 하느님께 입양된 신분(adoptivus filius)이라고 해설

살고 있습니다. 그런 영혼이 갈 곳이 달리 있겠습니까? 그는 무식한 소인[26]에게 그곳을 두고 많은 것을 묻곤 했는데, 이제 그는 거기 살고 있습니다. 더 이상 제 입에 귀를 기울일 것도 없이, 영적인 입을 당신 샘에 대고서 힘닿는 대로 제 욕심껏 지혜를 들이키면서 끝없이 행복할 것입니다. 하지만 그가 아무리 지혜에 취하더라도 저를 잊으리라고 생각지는 않습니다.

주님, 그가 당신을 들이킬 때마다 당신께서는 저희 또한 기억하십니다. 그 당시 저희 처지가 이랬습니다. 즉 우정은 변치 않은 채로 저희의 회심을 두고 섭섭해하는 베레쿤두스를 위로하기도 하고, 자기 신분, 다시 말해서 혼인생활에 신의를 다하라고 권하기도 하는 한편, 네브리디우스가 과연 언제 회심해 따라와줄지 기다리고 있었습니다. 그는 거의 해내기 직전이었습니다. 벌써 와 있었습니다. 그런 나날이 마침내 흘러가고 나자 정말 그는 해낼 모양새였습니다. 저에게 그 나날이 그토록 기나길던 까닭은 여유 있는 자유를 사랑했기 때문이었고, 오장육부를 다해서 이렇게 노래를 부르고 싶어서였습니다. "저의 마음이 당신께 말씀드렸습니다. 제가 당신 얼굴을 찾았습니다. 주님, 제가 당신 얼굴을 찾겠습니다."

4.7. 카씨키아쿰 별장에 머무는 동안 아우구스티누스는 어떤 문학활동을 했는가

몸이 행동으로 수사학 교수직에서 풀려나는 날이 드디어 왔습니

한다.
26) '키 작은 사람'(homunculus)이나 '천한 사람'(homuncio)을 이렇게 낮춰 불렀다.

다. 생각으로야 벌써 풀려나고 남았었지만 말입니다. 일은 이렇게 되었습니다. 훨씬 전에 제 마음을 거기서 풀어주신 당신은 제 혀도 풀어주셨습니다. 그리고 저는 당신을 찬미하면서 제 사람들 모두를 거느리고서[27] 유쾌히 별장으로 떠났습니다. 제가 거기서 무슨 문학 활동을 했는지는 그곳에 있던 사람들과 벌인 토론과 당신 면전에서 홀로 독백을 하며 쓴 책들,[28] 그리고 그 자리에 없던 네브리디우스와 주고받은 편지가 입증해줍니다.[29] 그 문학은 이미 당신께 봉사하는 글이었으면서도 동시에 아직껏 건방진 학당의 냄새를 풍기던 글이었습니다.[30] 그 무렵 저희에게 베푸신 당신의 크나큰 은혜를 모조리 회고할 만큼 넉넉한 시간이 있었겠습니까? 저는 다른 더 굵직한 것들만 얘기하는데도 빠듯한데 말입니다.

저의 추억이 저를 일깨우며, 주님, 제게는 당신께 고백을 드리는 것이 달콤하기만 합니다. 내면의 어떤 채찍을 쓰셔서 당신께서 저를 길들이셨는지, 제 사유의 산들과 언덕들을 두고 어떻게 저를 겸손의 평지처럼 고르게 만드셨는지, 어떻게 해서 저의 굽은 것들을 곧게 펴시고 거친 것들을 부드럽게 만드셨는지, 더구나 제 마음의 형제인 그 사람, 알리피우스를 당신 외아드님으로, 저희 주님이요 구원자이신 예수 그리스도의 이름 아래로 숙이고 들어오게 만드셨는지를 추억합니다. 알리피우스는 처음에 저희의 학문에 예수 그리스도라는 이름

---

[27] 책(『행복한 삶』, 1.6)에 의하면 그 일행은 "어머니 모니카, 아우 나비기우스, 동향인 제자 트리게티우스와 리켄티우스, 사촌 라르티디아누스와 루스티쿠스, 아들 아데오다투스" 그리고 친우 알리피우스였다.

[28] '카씨키아쿰 대화편'으로 알려진 아우구스티누스의 초기 저술로『아카데미아학파 반박』, 『행복한 삶』, 『질서론』이라는 대화 토론집과『독백』이 있다.

[29] 아우구스티누스의 *Epistolae*(서간집)의 서한 3과 4는 그 당시 베레쿤두스 밑에서 조교로 지내던 네브리디우스에게 보낸 편지다.

[30] '카씨키아쿰 대화편'이라고 불리는 글이 여전히 철학적 사변을 담고 있어 지적 오만을 드러내지 않았는지 염려스럽다는 글이다.

이 끼어드는 것을 못마땅해하던 사람이었습니다.[31] 그는 그 학문들이 뱀들과는 상극이자 구원에 유익한 교회의 향초 냄새가 아닌 학원의 향백나무(주님께서 벌써 부러뜨리셨는데도) 냄새를 풍기기를 더 원했습니다.[32]

4.8. 다윗의 시편을 읽다

제가 다윗의 시편을 읽으면서,[33] 곧 저 신앙 어린 노래, 거만한 정신을 아예 품고 있지 않은 경건의 소리를 읽으면서, 저의 하느님, 제가 당신께 어떤 목소리를 냈었는지요! 그때 저는 당신의 순수한 사랑에 미숙했고, 예비자로서 같은 예비자인 알리피우스와 함께 시골 별장에서 휴가를 보내는 중이었으며 어머니도 언제나 저희와 함께했습니다. 그이로 말하자면 겉으로야 여자이지만 믿음으로는 대장부요 든든함으로는 할머니요 사랑으로는 모친이요 경건심으로는 그리스도인이었습니다!

저 시편들을 읽으면서 제가 얼마나 간절한 목소리로 당신께 부르짖었습니까! 시편 덕분에 얼마나 당신께로 불타올랐습니까! 할 수만 있다면 전 인류의 교만에 맞서[34] 온 세상에 시편을 낭송해주고 싶다

---

31) 알리피우스는 당대 지성인답게 그리스도를 '구세주'보다는 '깨달은 자'나 '진리의 계시자'로 여겼다. 그는 'salvator'(구세주)라는 용어도 낯설어했다.
32) 지성인들의 고고한 철학적 사유를 레바논산의 고고한 '향백나무'로, 교회의 소박한 종교적 설교를 은은한 '향초'로 비유하고 있다.
33) 카씨키아쿰에서 은둔할 때 아우구스티누스가 즐겨 읽은 것은 바울로의 서간(특히 로마서)과 시편이었다. 이 4장(8-11절)은 아예 시편 제4편의 강해에 해당한다.
34) 소박한 시편의 심원한 종교심을 접하면서 자신의 지식인 특유의 오만이 부

는 열성이 얼마나 끓어올랐습니까! 온 세상에서 시편이 노래로 불리고 있고 당신의 열기 앞에서 숨을 자 없습니다. 제가 얼마나 격하고 비통한 심정으로 마니교도들에게35) 분개했는지 모릅니다. 이토록 훌륭한 비사秘事도 모르면서 이토록 훌륭한 묘약도 모른 채로 자기들을 낫게 해줄 수 있는 해독제를 뿌리치고 미쳐 날뛰고 있는 그들이 얼마나 측은했는지 모릅니다.

그때 제 소원은 그들이 저 모르게라도 어딘가 가까이 있어주었으면 했고, 자기들이 있던 자리에서 부디 저의 얼굴을 살펴주었으면 했고, 그들이 쉴 때 제가 시편 4편을 낭송하는 음성을 들어주었으면 했습니다. 그 시편이 제게 얼마나 감명을 주었는지 그들이 좀 알아주었으면 했습니다. "제 의로움의 하느님, 제가 당신께 부르짖을 때 저의 청을 들어주셨습니다. 환난 중에 길을 터주셨습니다. 주님, 저를 불쌍히 여기시어 저의 기도를 들어주십시오."36) 저 모르게라도 그들이 들어주었으면 했다는 말은, 시편의 말씀 사이사이에 제가 무슨 말을 하더라도 마치 자기들이 듣고 있어서, 자기들을 염두에 두고서 제가 그런 말을 한다고 생각지 않았으면 한다는 말입니다. 제가 하는 말을 그들이 듣고 있고 또 저를 지켜보고 있다고 생각했더라면 저는 그런 말을 발설하지도 않았을 테고 했더라도 굳이 그런 식으로 발설하지는 않았을 것입니다. 설령 제가 그런 식으로 말을 했더라도 저 혼자서 그런 말을 하거나 제 영혼의 친숙한 정감에서 우러나 당신 앞에서 말하는 그런 식의 말로는 받아들이지 않았으면 해서 하는 말입니다.

끄러워지기 시작했다고 털어놓는다.
35) 돌연 시편 4편의 해설에 착수하는 긴 글이(이 책, 9.4.8-11) 나온다. 무려 서른 번 가까이 옛 마니교도 동료들을 언급하면서 그들이 지적 허세를 털어버리고 진리에 접근하는 겸손을 익히길 바라는 마음을 드러낸다.
36) 시편 4:2를 아우구스티누스는 재래 라틴어본으로 읽고 해설한다.

4.9. 시편 제4편 묵상

저는 겁이 나서 두려움에 떨었고 그러면서도 아버지,[37] 당신 자비에 대한 희망으로 기쁨에 차서 북받치기도 했습니다. 이 모든 감정이 저의 눈빛과 목청으로 쏟아져나왔습니다. 당신의 선한 영께서 저희에게로 몸을 돌려 저희에게 이런 말씀을 하셨기 때문입니다. *"사람의 아들들아, 언제까지 마음을 모질게 먹을 생각이냐? 무엇 때문에 헛된 것을 사랑하며 거짓을 찾아다니느냐?"*[38] 저는 헛된 것을 사랑했고 거짓을 찾아다녔습니다. 그런데 주님, 당신께서는 당신의 거룩한 이를 영예롭게 만드셨고 그분을 죽은 이들 가운데서 일으키시고 당신 오른쪽에 앉히셨습니다.[39] 그리고 거기 드높은 데서 당신의 약속, 곧 진리의 영인 파라클레투스를 보내주시겠다고 하셨습니다.[40] 또 그를 벌써 보내셨는데 저는 알지 못했습니다.

당신의 거룩한 분은 죽은 이들 가운데서 일어나셔서[41] 하늘로 오르심으로써 이미 영예로워지셨기 때문에 그분이 파라클레투스를 보내신 것입니다. 그전에는 영께서 아직 와 계시지 않았으니 예수님이

---

37) 지금까지 '하느님'께 드리던 고백이 '아버지', '당신의 거룩한 이', '당신의 영'이라는 삼위일체 호칭으로 세분되어, 여기서부터는 성부께 바쳐지는 고백이 이어진다.
38) 시편 4:3.
39) 에페소 1:20 참조("하느님께서는 그 능력을 떨치시어 그리스도를 죽은 자들 가운데서 다시 살려내시고 하늘나라에 불러 올리셔서 당신의 오른편에 앉히시고").
40) 요한 14:26("이제 아버지께서 내 이름으로 보내주실 성령 곧 그 협조자는 모든 것을 너희에게 가르쳐주실 뿐만 아니라 내가 너희에게 한 말을 모두 되새기게 하여주실 것이다") 및 요한 16:7("내가 떠나가지 않으면 그 협조자가 너희에게 오시지 않을 것이다. 그러나 내가 가면 그분을 보내겠다") 참조.
41) 가톨릭 새 번역 성경은 '부활'의 뜻으로 번역되던 suscitare를 '일으키다'로도, resurgere를 '일어나다' 혹은 '다시 일어나다'로도 번역한다.

아직 영광을 받지 않으셨습니다.

또 예언서는[42] 이렇게 외칩니다. "*언제까지 마음을 둔하게 가질 생각이냐? 무엇 때문에 헛된 것을 사랑하며 거짓을 찾아다니느냐? 주님께서 당신의 거룩한 이를 영예롭게 만드시리라는 것을 너희가 알아라.*"[43] 그 예언서는 "언제까지?" 그리고 "너희가 알아라!"고 소리치는데도 저는 그것을 모른 채로 헛된 것을 사랑했고 거짓을 찾아다녔습니다. 그러다가 그 말씀을 듣기에 이르자 무서워 몸을 떨었습니다. 어떤 인간들을 두고 그런 말씀을 하시는지 돌이켜보았는데 바로 제가 그런 사람이었음을 깨달았기 때문입니다.

저는 진리 대신에 허깨비를 붙들고 있었으니 그것이 곧 '헛된 것'이요 '거짓'이었습니다. 그래서 저는 과거를 떠올리는 아픔에 못 이겨 힘껏 격하게 많이도 소리를 질러댔습니다. 그렇게라도 해서 아직까지도 헛된 것을 사랑하면서 거짓을 찾아다니는 자들이 제 소리를 들어 주기를 바랐기 때문입니다. 혹시라도 그들이 역겨움을 느끼고 그따위 것을 토해내면서 울부짖을 때 당신께서 그들의 애원을 들으실까 해서입니다. 저희를 위해 당신께 전구轉求하시는 분은 저희를 위해 육신의 진짜 죽음으로 죽음을 겪으셨습니다.

4.10 "*너희는 성을 내어라. 그리고 죄를 짓지는 마라*"[44]라는 말씀을 읽었을 때, 저의 하느님, 제가 얼마나 감명받았는지 모릅니다. 지

---

42) 아우구스티누스는 성경에서 구약성경을 통칭하는 '율법'(Leges)과 '예언자' (Prophetia) 또는 '예언서'라는 표현을 별로 사용하지 않는다. 그러면 '시편'은 '예언서'에 들어가는데 루가 24:44는 "모세의 율법과 예언서와 시편"을 나누어 언급하기 때문이다. 여기서는 예언서(Prophetae)를 '예언'(Prophetia)이라고 한다.
43) 시편 4:3-4.
44) 시편 4:5.

난 일을 두고 제가 저에게 분노하는 법을 이미 배웠으니 더 이상 죄 짓지 않게 될 것입니다. 제대로 분노하는 법도 배웠습니다. 어둠의 족속에서 오는 어떤 다른 본성이 저를 두고 죄를 지은 것이 아니었습니다.[45] 자신에게 분노할 줄 모르는 자들, 그러다 보니 당신의 의로운 심판이 드러나는 계시와 분노의 날을 두고 스스로 분노를 쌓는 자들이 그런 말을 했습니다.[46] 제 선악은 더 이상 밖에 있지 않았고 저 태양에서 육안으로 찾는 것이 아니었습니다.[47]

바깥에서 즐거움을 얻고 싶어 하는 사람들은 쉽사리 허전해지고, 눈에 보이지만 잠시로 그치는 사물들 속으로 흩어져 들어가며, 결코 배부르지 않은 상상으로 저런 것들의 허깨비나 핥고 있을 따름입니다. 그러니 저 사람들이 배고픔에 지쳐서 *"그 누가 우리에게 좋은 일을 보여줄까?"* 라는 말을 하기에 이른다면 얼마나 좋겠습니까? 그럼 저희는 *"주님, 당신 얼굴의 밝으신 빛이 우리에게 박혔나이다"*[48]라고 대답해야 마땅하고 그자들은 그 소리에 귀를 기울여야 할 것입니다. 저희가 모든 사람을 비추는 빛이 아닙니다. 오히려 저희는 당신께 비추임을 받고 있을 뿐이며, 그렇게 해서, 한때 어둠이었던 저희가 당신 안에 있는 빛이 되려는 것입니다.[49]

---

45) 죄를 지은 것은 내가 아니고 내 안에 있는 다른 본성이라는 자기기만을 도모한 적이 있었다(이 책, 5.10.18 참조).
46) 로마 2:5 참조("그러고도 마음이 완고해서 회개할 생각도 하지 않으니 이런 자는 하느님의 공정한 심판이 내릴 진노의 날에 자기가 받을 벌을 쌓아올리고 있는 것입니다").
47) 마니교도들은 "신성한 사물들 가운데서도 눈으로 식별되는 저 빛(햇빛)이야말로 가장 높이 섬김을 받아야 한다고 생각하는 사람들"이었다(『행복한 삶』, 1.4).
48) 시편 4:6.
49) 에페소 5:8[가톨릭 성경] 참조("한때 여러분은 어둠이었으나 지금은 주님 안에 있는 빛이기 때문입니다. 빛의 자녀답게 살아가시오").

아, 저 사람들이 영원한 내면을 볼 수 있는 지경에 이르면 좋겠습니다. 제가 그것을 맛본 터였으므로,[50] 그들에게 그것을 보여줄 능력이 저한테 없는 것이 너무 원통했습니다. 저 사람들이 당신 밖에서라도, 자기네 눈길에나마, 진심을 담아서 터놓고 말했으면 좋겠습니다. "누가 우리에게 좋은 것을 보여줄까?"라고 말입니다. 제가 저를 두고 화냈던 지점이 바로 그 내면입니다. 침상에서도 속으로 곰곰이 생각하던 곳이 그곳입니다. 제 안의 묵은 인간을 도살해 제물로 바치던 곳이 그곳이고, 저를 새로이 하겠다는 각오로 명상을 시작하고서 당신께 희망을 걸었던 곳이 바로 그곳입니다. 바로 거기서 당신께서 제게 감미로운 애무를 시작하셨고 *"제 마음에 기쁨을"* 주셨던 것입니다! 저는 이런 말씀들을 읽으면서 겉으로는 탄성을 질렀고, 안으로는 깨달음을 얻었으며, 시간을 삼키고 시간에 삼켜지면서[51] 지상 재화로 저 자신을 부풀리겠다는 그런 생각이 없어졌습니다. 저는 영원한 단순함을 갖추어 전혀 다른 *"곡식과 포도주와 기름"*을 갖고 싶었던 까닭입니다.[52]

4.11 뒤따라오는 구절이 제 마음의 크나큰 비명을 자아냈습니다. *"아, 평안히!" "아, 그 자체이신 분!"*[53] 그리고 시편 작가가 한 말은

---

50) 그의 철학적 직관(이 책, 7.17.23), 밀라노 정원의 체험(이 책, 8.12.29) 또는 모친과 함께 겪은 오스티아의 신비 체험(이 책, 9.10.24) 어느 것을 가리키는지 분명치 않다.
51) 재산을 얻는 데 시간을 허비하지만 그 시간이 가면서 인간성도 소진되는 모습을 표현한 문구다.
52) 시편 4:8* 참조("곡식을 거둘 때, 자기네 포도주와 기름이 많이 불었나이다").
53) 아우구스티누스는 시편 4:9*("평화 중에 들자마자 저는 잠들고 단잠에 들겠나이다")를 불가타본에 따라 'in pace in idipsum dormiam et requiescam'를 "평안히, 그대로 잠들고 쉬고 싶습니다"라고 읽고, '(in) id ipsum'을 하느님이 '존재 자체'이심을 표현하는 형이상학적 용어라고 풀이한다. "당신은 이때

또 무엇입니까? *"평안히 눕고 싶고 잠들고 싶습니다", "승리가 죽음을 삼켜버렸다"* 라고 성경에 기록된 말씀이 이루어질 때 과연 누가 저희한테 맞서겠습니까?[54] 당신이야말로 '그 자체이신 분'이시고 변하지 않는 분이시니 당신 안에는 모든 수고를 잊게 하는 안식이 있습니다. 다른 누군가가 당신과 더불어 존재하지도 않기 때문이고, 저희가 당신이라는 존재가 아닌 것들을 더 많이 탐할 이유도 없기 때문입니다. *"주님, 당신만이 유독 저를 희망으로 든든히 세워주십니다."*[55] 저는 이 구절을 읽고 마음이 불타면서도 이미 죽은 저 귀머거리들에게 무엇을 해주어야 할지 몰랐습니다. 저도 한때 저 사람들 가운데 하나였고, 염병 같은 놈이었고, 천상의 꿀로 단맛을 내고 당신 빛으로 환하던 문자들을 향해서 눈을 감고 짖어대던 놈이었습니다. 그러던 제가 그즈음에는 이 성경의 적들을 두고 애태우는 처지가 되어 있었습니다.

4.12. 아우구스티누스가 기적같이 치통에서 낫다

휴가를 보내던 그 나날의 모든 일을 어떻게 다 기억하겠습니까? 하지만 당신 채찍의 쓰라린 맛이며 당신 자비의 놀라운 신속함은 잊지도 않았을뿐더러 입 다물고 넘어가지도 않겠습니다. 그 무렵 당신께서는 치통으로 저를 닦달하고 계셨는데 통증이 하도 심해져 말도 하

는 다른 것으로서 존재하시고 저때는 또 다르게 존재하시는 분이 아니시고, 오로지 그 자체, 그 자체, 그 자체이십니다"(이 책, 12.7.7).
54) 1고린토 15:54 참조("썩을 이 몸이 썩지 않는 것을 입고 죽을 이 몸이 죽지 않는 것을 입으면 그때 성경에 씌어진 이 말씀이 이루어질 것입니다. '죽음은 승리 안에 삼켜졌구나!'").
55) 시편 4:10* 참조("주님, 당신 홀로 제가 희망에 걸고 살게 하셨나이다").

지 못할 정도가 되었을 때[56] 제게 문득 한 가지 생각이 떠올랐습니다. 주변 사람들에게 부탁을 해서 모든 사람들에게 건강을 주시는 하느님 당신께 저를 위해 기도해달라고 부탁할 마음이 생긴 것입니다. 말도 하지 못하던 상태여서 밀랍판에[57] 글을 써서 그들에게 주어 읽도록 했습니다. 그런데 저희가 애원하려고 무릎을 꿇자마자 그 통증이 사라질 수 있습니다. 얼마나 심한 통증이었습니까? 그런데 어떻게 그렇게 빨리 사라질 수 있었습니까?

저의 주 저의 하느님, 저는 너무도 놀랍고 두려웠습니다. 제가 어렸을 때부터 그런 아픔은 한 번도 겪어보지 못했던 까닭입니다. 당신께서 깊숙한 데서 저희 기도에 머리를 끄덕여주고 계심을 넌지시 깨달았으며, 믿음으로 기뻐하며 당신 이름을 찬미했습니다.[58] 그렇다고 그 믿음이 저의 지나간 죄악을 그냥 두고 넘어가게 두지는 않았으니 아직은 당신의 세례를 통해서 사함을 받지 않았기 때문입니다.

5.13. 포도 수확기 휴가가 끝나고서 수사학 교수라는 공직에서 사임하다

포도 수확기 휴가가 끝나고서 저는 밀라노 사람들에게 말로 장사를[59] 할 다른 사람을 구하라고 통보했습니다. 제가 당신을 섬기기로

---

56) "요 며칠간 나는 심한 치통으로 고생을 하고 있는데 그것은 아마 내가 이미 배운 것이 아니고서는 생각을 가다듬게 놓아두지를 않았다"(『독백』, 1.12.21).
57) 자그마한 나무판자(tabula)에 밀초(cera)를 매겨 펜촉(stylum)으로 글씨를 새겨 쓰던 공책을 이렇게 불렀다.
58) 아우구스티누스가 자기 언행을 두고 처음으로 '찬미의 고백'을 바치는 대목이다.
59) 로마 시대의 일반 교사들은 학생들의 월사금으로 생계를 유지했다. 아우구스

작정했기 때문이기도 했지만 호흡 곤란과 가슴 통증으로 그 직업을 감당할 여력이 없었습니다. 아울러 당신의 주교요 거룩한 인물 암브로시우스에게 서면으로 저의 지나간 방황을 넌지시 알리고 현재의 결심을 전했습니다. 그리고 당신의 크나큰 은총을 받기 위해 보다 준비되고 적격한 사람이 되려면 당신의 성경 가운데 어느 부분을 먼저 읽으면 좋을지 조언해달라고 했습니다. 그러자 그는 저에게 이사야 예언자를 읽어보라고 조언했습니다. 이사야가 복음과 이방인들의 소명에 관해서 다른 이들보다 더 적절하게 예고했기 때문이라고 생각합니다.[60] 하지만 저는 그 책의 첫 대목부터 이해하지 못하고서는 나머지 부분도 어려우리라 생각하고 주님의 말씀에 더 익숙해진 다음에 손대기로 마음먹고 뒤로 미루고 말았습니다.

6.14. 아우구스티누스가 알리피우스 및 아데오다투스를 데리고 밀라노에서 세례를 받다

그러다 세례 예비자 명부에 이름을 올릴 때가 와서[61] 저희는 시골을 떠나 밀라노로 가게 되었습니다. 알리피우스도 당신 안에서 저와 함께 다시 태어난다는 사실을 좋아했습니다. 그는 이미 당신의 성사를 받기에 알맞은 겸손을 갖추었으며, 매우 용기 있게 결단을 내려 육신을 제어한 결과 얼어붙은 이탈리아 땅을 맨발로 돌아다니는 예

티누스는 밀라노 황실 수사학자였으므로 녹봉을 받고 있었다.
60) 암브로시우스는 가장 탁월한 이 예언서가 아우구스티누스 같은 지성인에게 알맞으리라고 생각해 그에게 권유한 듯하다.
61) 예비자는 사순절에 들어가면서 세례 신청 명단에 이름을 올리고 본격적으로 세례 준비에 들어갔다. 아우구스티누스가 세례를 받던 해의 사순절은 3월 10일에 시작했고 부활절은 4월 25일이었다.

사롭지 않은 모험을 할 정도였습니다.[62] 그리고 저는 제 육체적인 죄에서 난 자식인 아데오다투스[63]를 저희에게 합류시켰습니다. 당신께서는 그에게 잘해주셨습니다. 아이는 열다섯 살쯤인데도 불구하고 권위 있고 유식한 많은 어른들의 재능을 능가하고 있었습니다.

당신의 선물을 놓고 당신께 아뢰는 말씀이니, 주 저의 하느님, 만물의 창조주시여, 당신은 저희의 일그러진 것들을 갖고서도 꼴을 갖추어주실 만큼[64] 크게 능하십니다. 그 아이 안에 제 것이라고는 죄악 말고는 없습니다. 비록 아이가 당신의 규율 속에서 저희 손에 자라기는 했지만 저희에게 그렇게 기르도록 이끌어주신 이는 다른 누구도 아닌 당신이십니다. 당신의 선물을 두고 당신께 아뢰고 있습니다. 『교사론』[65]이라는 제목이 붙은 제가 쓴 책이 있는데 거기서 대담자의 시각으로 저와 대화하는 사람이 바로 그 아이입니다. 겨우 열여섯 살 난 아이가 대담자의 자격으로 거기서 자신의 모든 소견을 피력했음을 당신께서는 아십니다. 이외에도 저는 그 아이의 다른 많은 신통한 재능을 보았습니다. 그래서 아이의 대단한 재능이 두렵기까지 했습니다. 당신 말고 그 누가 그런 신통한 것들을 만들 수 있겠습니까? 당신께서는 그의 생명을 일찍 지상에서 거두어가셨으니[66] 차라리 저

---

62) 일종의 고행 삼아 추운 밀라노를 맨발로 걸어 다닌 듯하다.
63) 시편 51[50]:7* 참조("보소서, 저는 죄 중에 배었습니다. 그리고 죄 중에 제 어미가 태중에서 저를 길렀나이다"). 그가 카르타고에서 여자와 동거를 시작하면서 아이가 태어났다는 암시는 있었지만(이 책, 4.2.2) 자세히 나오지 않다가 이 대목에 이르러 그 이름과 자질이 처음 언급된다.
64) 아우구스티누스는 같은 어근(forma: '형상')으로 창조(formare: '형상 부여')와 타락(de-formari: '형상 훼손') 그리고 구원(re-formare: '형상 재부여')을 표현한다.
65) 세례 후 로마를 거쳐 아프리카로 귀환한 다음(388-391경) 아들과 나눈 대화편이다. 진선미에 관한 인간의 근본지식은 타인의 가르침이 아닌 선천적으로 내면에서 비추어주는 교사(그리스도)의 가르침에서 유래한다는 내용이다.
66) 아프리카 귀환 후 얼마 안 되어 아들이 죽었다는 얘기다.

는 그의 소년기도 청년기도 어른으로서도 전혀 걱정할 것이 없어 마음 놓고 그 아이를 떠올릴 수 있습니다.

저희는 당신 은총에 있어서는 그 아이를 동년배 대하듯 했고 당신의 규율로 그를 가르치려 했습니다. 드디어 저희가 세례를 받고 나니 지나간 생애에 대한 근심걱정이 사라져버렸습니다. 그즈음에는 인류의 구원을 위한 당신의 심오한 경륜經綸을 숙고하는 일, 그 놀라운 감미로움을 제대로 맛보지 못하고 있었습니다.[67] 당신 교회에 감미롭게 울려 퍼지는 당신의 시편과 찬미가에 얼마나 많은 눈물을 흘렸는지 모르며 그 노랫소리에 얼마나 깊이 감동했는지 모릅니다. 그 소리들은 제 귀에 스며들고 있었고, 진리는 저의 마음에 배어들고 있었으며, 신심의 열기가 타올라 눈물은 흐르고 흘렀는데 제게는 마냥 흐뭇하기만 했습니다.[68]

7.15. 밀라노 교회에서 시편을 염송하던 방식

밀라노 교회가 신자들을 위로하고 격려하는 이런 종류의 예절을 개시한 것은 그다지 오래되지 않았습니다. 교우들이 목소리와 마음을 합해 함께 노래하는 큰 노력으로 예절을 거행하는 일 말입니다. 그때는 즉위한지 일 년 아니면 기껏해야 좀더 되었을 뿐인 어린 임금 발렌티니아누스[69]의 어머니 유스티나가 아리우스파들에게 미혹

---

67) 당시에는 세례 직후 일주일 동안 신입 신자를 위해 신비교육(mystagogia)이라는 특별 설교를 해주었다.
68) 서기 387년 4월 24일(부활 전야) 암브로시우스 주교에게 받은 세례와 그 분위기를 묘사하고 있다.
69) 콘스탄티우스 2세(Constantius II, 재위 337-361)와 율리아누스(Iulianus, 재위 361-363) 이후 군부의 추대로 제위에 오른 발렌티니아누스 1세(Valentinianus

당한 자기의 이단異端을 비호하느라 당신의 사람 암브로시우스를 박해할 무렵입니다.[70]

경건한 교인들은 성당 안에서 당신의 종이요 자기들의 주교인 인물과 더불어 죽을 각오를 하고 밤을 새우고 있었습니다. 당신의 여종인 저의 모친도 그곳에서 근심하며 철야에 앞장서면서 기도하고 있었습니다. 그때 저희는 당신 성령의 열기에는 아직 냉랭한 편이었지만 시내가 온통 놀란 사람들로 소란스러울 지경이어서 덩달아 흥분했습니다. 바로 그때 동방의 관습을 따라서, 회중會衆이 비탄과 지루함에 지치지 않도록 만들어낸 찬미가와 시편을 노래했습니다.[71] 그때부터 오늘에 이르기까지 당신의 많은 양 떼들, 아마 거의 모든 양 떼들이 그 관습을 받아들였고 세계 여타 지역에서도 이를 본받고 있습니다.

7.16. 순교자 프로타시우스와 게르바시우스의 유해를 파내어 암브로시우스의 대성당으로 옮겨오다

바로 그 무렵 당신께서는 위에서 말씀드린 당신의 주교에게 현시를 통해서 순교자 프로타시우스와 게르바시우스의 유해가 어느 장소

I, 재위 364-375)의 아들이다. 아버지의 전사 후 4세에 불과한 나이에 제위에 올라(375년) 어머니 유스티나의 섭정을 지냈다. 392년에 스무 살의 나이로 사망해 암브로시우스의 장례로 밀라노에 묻혔다.
70) 386년 사순절, 아리우스파에 호의를 보인 황태후 유스티나가 밀라노 포르시아나 성당을 아리우스파에게 내주어 예식을 거행케 하라고 명하자 암브로시우스 주교와 신도들이 그 성당을 점령하고 철야농성을 해 황후의 뜻을 저지한 사건이 있었다.
71) 암브로시우스 주교가 그 농성 중에 동방교회의 전례를 본받아 라틴어로 '찬미가'를 작사하고, 선창자의 시편 낭송과 신자들의 대답으로 이루어진 성가를 보급했다.

에 숨겨져 있는지 밝혀주셨습니다.[72] 당신은 그 유해를 오랜 세월 동안 당신의 신비로운 보고 속에다 썩지 않게[73] 보존해두셨다가 한 왕실 여자의 광기를 잠재우기 위해서 적절하게 드러내주신 것입니다. 유골을 발굴한 다음 합당한 예를 갖추어 암브로시우스의 대성당[74]으로 옮기는 동안 더러운 영들에게 괴롭힘을 받던 사람들 다수가 치유를 받는가 하면(악마들도 자백했습니다), 눈이 먼 지 여러 해가 되었고 시내에서도 잘 알려진 어느 시민이 낫기도 했습니다.

기뻐서 떠들썩하게 소란을 피우던 사람들에게 그 장님이 까닭을 물었고, 그 이유를 듣자마자 벌떡 일어서서 자기 길잡이에게 자기를 그곳으로 데려가달라고 부탁했답니다. 그곳으로 이끌려가자 당신 성자들(그 죽음이 당신 면전에 고귀합니다[75])의 관에 손수건을 대도 좋다는 허락을 받았고 손수건을 눈에 대자마자 바로 눈이 떠졌습니다. 그러자 소문이 퍼져나갔고 그 일로 당신께 드리는 찬송이 열렬하게 울려 퍼지며 당신의 영광이 찬란하게 빛났습니다. 사태가 그 지경에 이르자 적개심을 품고 있던 저 여자의 마음도 움직여 박해하던 분노를 가라앉혔습니다. 비록 건전한 믿음의 길까지 받아들이지는 않았지만 말입니다.

저의 하느님, 당신께 감사드립니다! 어디서부터 어디로 저의 기억을 이끌어가시기에 이런 일들을 두고 당신께 고백을 드리게 하십니

---

[72] 순교자 게르바시우스(Gervasius), 프로타시우스(Protasius)는 데오클레티아누스 황제 때 순교한 것으로 알려졌다. 밀라노의 나보르와 펠릭스 성당 근처에서 그 유해가 발견되었다.
[73] 발견 당사자인 암브로시우스의 기록(*Epistulae*, 77)에는 '뼈와 혈흔'이 나왔다고 되어 있지만 대중에게는 시체가 썩지 않았다는 소문까지 퍼졌다.
[74] 암브로시우스가 세운 성당으로 386년 6월 19일에 성대한 예식을 거쳐 유해가 옮겨져 지금까지 남아 있다(암브로시우스, *Epistulae*, 77).
[75] 시편 116:15[115:6] 참조("당신께 성실한 이들의 죽음이 주님의 눈에는 소중하네").

까? 그 큰일을 제가 잊고 지냈는데 말입니다. 그때 당신 향유의 냄새가 그토록 향기로웠지만 곧바로 당신 뒤를 쫓아가지는 않았었습니다. 그랬기 때문에 저는 당신께 드리는 찬미가 사이사이에 더 많은 눈물을 흘렸습니다. 한때는 저 노래도 한숨을 쉬며 당신께 올렸는데 이제는 이 초가집 안에[76] 감도는 기운만큼 기운차게 당신께 내뿜기도 합니다.

8.17. 모니카의 교육[77]

사람들을 한마음으로 집 안에 살게 하시는 당신께서 저희 도움에서 온 청년 에보디우스[78]를 저희와 엮어주셨습니다. 그는 공무를 맡아서 수행하던 중 저희보다 앞서 당신께 회심하고 세례를 받고서는 속세의 직무를 내놓고서 당신 일에 봉사할 준비를 하고 있었습니다. 저희는 성스러운 약조를 맺고 함께 살 작정이었습니다. 당신을 섬기며 살기에 어느 장소가 더 이로울까를 물색하고 있었습니다. 그렇게 다 함께 아프리카로 돌아가던 길이었습니다. 저희가 티베르강 하구 오스티아[79] 부근에 가 있었을 때 어머니가 세상을 떠났습니다. 많이

---

76) "모든 인생은 한낱 풀포기, 그 영화는 들에 핀 꽃과 같다!"(이사야 40:6)는 구절에 의거해서 교부에게 초가집(domus faenea)은 '인간 육체'를 형용한다.
77) 제9권의 나머지 절반(8.17-13.37)은 어머니 모니카의 생애와 죽음에 관한 사모곡이다.
78) 에보디우스(Evodius): 아우구스티누스와 동향 출신으로 황실에서 재정을 맡고 있었다. 그는 세례 입교 후 공직을 내놓고 아우구스티누스와 함께 아프리카로 돌아갔고 후일 우잘리스(Uzalis)의 주교가 된다. 교부의 저서 『자유의지론』에서 대담자로 등장하며, 교부와 서간(163-164)을 나누기도 한다.
79) 387년 스페인 출신 장군 막시무스가 이탈리아를 통치하던 발렌티니아누스 2세를 공격해 내전이 발생한 바람에 아프리카로 가던 뱃길이 끊겨 아우구스

서두르다 보니 제가 많은 얘기를 건너뛰는 중입니다. 그렇더라도 저의 하느님, 비록 제가 헤아릴 수 없이 많은 일들을 말하지 않고 넘어가더라도 당신께 드리는 저의 고백과 감사를 받아주십시오.

하지만 당신의 저 여종에 관해서 제 영혼이 빚는 내용이라면 무슨 얘기든 지나치지 않겠습니다. 저 여종은 몸으로 저를 이 현세의 빛 속으로 빚어주고 마음으로는 제가 영원한 빛 속에서 태어나게 해주었습니다. 제가 얘기하려는 것은 제게 베푼 그이의 은혜가 아니라 그이에게 베푸신 당신의 은혜입니다. 그이가 스스로 자기를 만들어낸 것도 아니었고 스스로 자기를 교육시킨 것도 아닙니다.[80] 당신께서 그이를 창조하셨으니, 아버지도 어머니도 자기들한테서 어떤 아이가 생겨날지 전혀 몰랐습니다. 당신 그리스도의 회초리가 그이로 하여금 당신께 두려움을 지니게 만들었고, 당신 외아드님의 기강이 당신 교회의 선량한 지체라고 할 수 있는 믿음 있는 집안에서 그이를 키워냈습니다.

그이는 자기 몸에 밴 예의범절에 관해서 얘기할 때 자기 어머니의 근면함 못지않게 백발노인 하녀의 근면함을 치켜세우곤 했습니다. 어린애들이 큰애기들[81]의 등에 업혀 다니는 풍습대로, 그 하녀는 그이의 아버지가 갓난아기일 때 업고 다녔다고 합니다. 그 하녀는 그런 사연과 또 훌륭한 예의범절을 갖췄다는 점 때문에 그리스도교 집안에서 제대로 대접받고 있었습니다. 그래서 주인의 딸들을 보살피는 일도 맡게 됐습니다. 그는 성심성의껏 그 일을 수행했는데 필요에 따라 아이들을 나무라야 할 경우에는 경건함을 갖추고 엄격하게 훈육

티누스 일행은 오스티아에 머물고 있었다.
80) '교육하다'(e-duco: 자기한테서 자기를 끄집어내다)라는 어감이 좋지 않아 '스스로 자기를 만들어내다'(se ipsa fecerat)라는 문구를 앞에 덧붙였다.
81) grandiusculae puellae: 아우구스티누스가 만든 라틴어 신조어.

했고, 아이들을 가르칠 때에는 소탈하고 슬기롭게 대했습니다.

그 하녀는 부모님과 함께하는 아주 검소한 식사 시간을 빼놓고는 아이들이 목이 말라도 물을 마시도록 허락하지 않았습니다. 그릇된 습관이 형성되지 않도록 하기 위함이었습니다. 그는 그러면서 "당장은 아가씨들이 포도주를 손에 넣을 수가 없으니 물을 마시지만 시집을 가서 광이나 창고의 안주인이 되고 나면 물은 맛이 없어서 술을 마시는 게 버릇이 될 것이오"라고 건전한 한마디도 덧붙이더랍니다. 그 하녀는 이렇게 이성으로 가르치고 권위 있게 명령해[82] 아가씨들의 소싯적 탐욕을 제어하게, 갈증까지도 적절히 다스리게 훈련시켰으며, 합당한 것이 아니면 용납하지 않도록 일찍부터 가르쳤습니다.

8.18. 모니카가 어떻게 술버릇에서 벗어났는가

그럼에도 술버릇이 생겼답니다.[83] 이것은 당신의 여종이 아들인 제게 들려준 얘기입니다만 그이에게 술버릇이 생겼답니다. 부모님이 그이가 술을 마시지 않는 아가씨인 줄 알고 으레 하듯이 술통에서 포도주를 따라오도록 시켰습니다. 높은 데 있는 술통의 마개를 열고 대접으로 술을 내려 순포도주를 단지에 붓기 전에 입술 끝으로 조금씩 핥아 먹었습니다.[84] 그 이상은 비위가 상해 마시지는 못했습니다. 취하고 싶은 욕심에서 한 행동이 아니고 그 또래들처럼 도가 넘치는 객기

---

82) 이성과 권위는 아우구스티누스 인식론의 주춧돌에 해당한다.
83) "로물루스의 치하에서는 귀부인이 술을 훔쳐먹는다고 남편 메텐니우스에게 살해당했는데도 벌을 받지 않았다"(테르툴리아누스, *Apologeticum*, 6.4-5)라는 글이 나올 정도로 로마 사회에서 여자들의 음주는 논란거리였다.
84) 술광에 내려가 참나무 술통에 달린 꼭지를 열어 넓은 진흙 대접으로 술을 받아 포도주 단지에 담았다.

에서 비롯된 행동이었습니다. 이 정도야 장난기로 잠시 드러났다가 어른들의 압력에 짓눌려 치기 어린 마음에서 사라지게 마련입니다.

그런데 그 '조금만'에다 나날의 '조금만'이 보태지면서, 작은 것을 무시하는 자는 조금씩 망하는 것처럼 그이는 조그만 잔들에 순포도주를 거의 가득 채워 홀짝홀짝 들이킬 정도로 음주에 빠지고 말았습니다. 그 무렵 그 슬기롭다는 노파와 그 엄한 금기는 어디 있었습니까? 주님, 저희 위에서 눈 뜨고 지켜보시는 당신의 의약이 아니고서야 숨은 질병에 효험 있는 것이 무엇이겠습니까? 아버지나 어머니나 유모들이 없더라도 당신께서는 계십니다. 창조하신 분이 당신이시고 부르시는 분이 당신이시고 윗사람들을 시켜 영혼의 구원에 선한 일을 행하시는 분도 당신이십니다.

저의 하느님, 그때 당신께서는 어떻게 하셨습니까? 그 버릇을 어떻게 치유하셨습니까? 어떻게 낫게 하셨습니까? 그때 당신께서는 다른 사람을 시켜서, 마치 당신의 숨겨진 비방秘方에서 나온 수술 칼처럼, 모질고 날카로운 욕설이 튀어나오게 하셨고, 단 한 번의 칼질로 그 종기를 도려내지 않으셨습니까? 늘 함께 술광을 오가던 여종이 한번은 작은아씨와 흔히 하듯 일대일로 말다툼을 벌이던 중에 그 죄상을 까발려 그이를 '모주망태'[85]라고 부르면서 혹독한 조롱을 퍼부었던 것입니다. 그 말에 찔린 그이는 충격을 받았고 자기의 보기 흉한 점을 되돌아보고서는 그 짓을 스스로 다그치며 당장 벗어 던져버렸다는 것입니다. 아첨하는 벗들이 저희를 망치듯이, 욕하는 원수들이 사람을 바로잡아주기도 하는 법입니다. 하지만 원수 같은 사람들에게 당신께서 되갚아주실 때는 그들을 통해서 당신께서 이루시는 바를 두고 갚아주시기보다 본인들이 무슨 의도로 했느냐를 두고 갚아

---

85) 모니카는 'meribibula'라고 놀림받았는데 '순포도주[밑술]를 마시는 사람'이라는 뜻이다. 로마인들은 포도주에 물을 타서 마셨다.

주십니다.[86] 화를 낸 저 하녀는 작은아씨의 버릇을 고쳐주기보다는 골려주려는 속셈이었을 테고, 말싸움 벌일 만한 때와 장소를 은근히 벼르고 있었던가, 그 버릇을 너무 늦게 알렸다가는 도리어 자기 처지가 곤란해질까 그랬던가 둘 중 하나였을 것입니다.

그러나 주님, 당신께서는 천상 사물과 지상 사물 모두의 통솔자이시고, 여울의 깊은 흐름도 파란만장한 세기들의 흐름도 질서 있게 당신의 뜻대로 이끄시는 분이시므로, 다른 영혼의 광기를 이용해 또 다른 영혼을 낫게도 하십니다.[87] 이런 말을 하는 이유는, 누군가를 바로잡아주고 싶어 하다가 자기 말로 인해서 바로잡힌다고 해서, 그 성과를 자기 능력에 돌리지 말라는 뜻에서입니다.

9.19. 모니카는 성깔 있는 남편을 자기 유순한 성품으로 길들였다

이렇게 해서 정숙하고 단정하게 자란 그이는 부모로 인해서 당신께 순종했다기보다는 당신으로 인해서 부모에게 순종했다고 볼 수 있습니다. 그러다 시집갈 나이가 되었고, 남편을 맞자 상전처럼 섬겼습니다. 당신께서 누구신가를 자신의 조신한 행실로 남편에게 이야기해 당신께 남편을 끌어오려고 애썼습니다.[88] 당신께서는 그런 행

---

86) 인간의 선악은 행위자의 '의향'으로 평가받고 보상받는 것이지 '결과'만으로 평가되는 것이 아니다.
87) 하느님이 악의 장본인으로서 창조계에 발생하는 악을 책임지는 분이 아니고 이미 발생한 악에 대해서 제재를 가하고 질서를 바로잡는 분이라는 설명이다.
88) 1베드로 3:1("아내된 사람들도 마찬가지로 남편에게 복종해야 합니다. 하느님의 말씀을 믿지 않는 남편들도 자기 아내의 행동을 보고 믿게 될 것입

실로 그이를 아름다운 여자로 만드셨고 남편에게 사랑스럽고 경탄스러운 여자로 존경받게 하셨습니다. 심지어 침상의 부정마저도 참고 견뎠고, 그 일을 두고 한 번도 남편에게 앙심을 품지 않았습니다. 그이가 기다리던 바는 남편 위에 내리는 당신의 자비였으니 당신을 믿고 그가 정숙해지기를 바랐던 것입니다.

남편은 정이 많은 대신에 걸핏하면 화를 내는 성미였습니다. 그러나 그이는 남편이 화가 났을 때 행동뿐만 아니고 말로도 맞서지 않는 법을 터득했습니다. 다만 분이 꺾이고 가라앉은 다음에 적당한 때라고 생각되면 남편 행동의 명분을 짚어서 혹시 무분별하게 흥분하지 않았는지 가려내곤 했습니다. 더 온순한 남편을 두고 사는 부인들도 얼굴에 남부끄러운 손찌검 자국을 지니고 있곤 했는데 그들이 친근하게 속내를 털어놓으면서 남편들의 흉을 보면 그이는 농담조로 점잖게 그들을 타일렀습니다. 혼인장婚姻狀이라 일컫는 서판[89]이 낭독되는 소리를 듣는 순간부터, 여자는 자기가 여종 신세가 되었다고 여기지 않으면 안 된다고 말했습니다. 그런 처지를 염두에 두고서 주인한테 맞서 뽐을 내지 말아야 한다는 것입니다.

부인들은 그이가 얼마나 포악한 배필을 견뎌내면서 살고 있는지 알고 있었는데, 파트리키우스[90]가 아내를 때렸다거나, 단 하루라도 부부 싸움을 했다는 얘기를 본인 입에서 들어본 적이 없었을뿐더러, 그런 내색을 하는 일이 없었으므로 이상하게들 여겼습니다. 그래서 은근히 그 까닭을 물어오면 그이는 방금 말씀드린 자기 비책을 가르

니다").
89) 당시 혼인식에서 "여자는 신사(神事)와 인간사(人間事)에서 동반자가 된다"(로마법 대전; 학설휘찬, 23.2)는 성혼 선언문을 낭독하면서 쌍방 동의, 백년 해로, 자녀 생산, 아내의 순종(in manu mariti)을 언명했다. Cf., Valla *ad loc.*
90) 파트리키우스(Patricius): 아우구스티누스는 이 대목에서 아버지의 이름을 처음으로 언급한다.

처주곤 했습니다. 그 가르침을 지켜본 여자들은 효험을 보고 고마워했고 지키지 않은 여자들은 여전히 잡혀 살며 고생을 하는 것이었습니다.

9.20. 모니카는 시어머니와도 놀랍도록 화목을 이루었다

그이의 시어머니는 처음에는 못된 하녀들의 수군대는 말들 때문에 그이가 못마땅해 안달이었지만 그이는 그런 시어머니를 인내와 유순함으로 꾸준히 모셔서 마침내 이겨냈습니다. 그러다 보니 시어머니는 자기와 며느리 사이에서 이간질하는 혓바닥, 집안의 화평을 어지럽힌 하녀들에게 벌을 주라고 아들에게 요청하기까지 했습니다. 그러자 남편도 어머니에게 순종해 집안의 기강을 바로잡았고, 식구들의 화합을 염려해서 그 일을 드러낸 어머니의 뜻을 받들어 잘못이 드러난 하녀들을 매질로 다스렸습니다.[91] 시어머니는 자기 눈에 들기 위해 자기 며느리를 두고 그 어떤 나쁜 말이라도 할라치면 자기한테서 응분의 대가를 치를 각오를 해야 한다고 다짐하기에 이르렀습니다. 그 후로는 누구 하나 감히 그런 짓을 할 엄두를 내지 않았으므로 고부간은 서로 사이좋게 단란하게 잘 살았습니다.[92]

---

91) 로마 사회에서 가솔을 징벌하는 일은 가장의 권한이었으나 이 일화로 미루어 시어머니의 간섭과 역할도 컸음을 알 수 있다.
92) vixerunt: vivo(살다) 동사의 현재완료 시제이므로 보통은 '살다 죽었다'로 번역된다.

9.21. 다투는 사람들 사이에서도 모니카는 화해를 도모했다

저의 하느님, 저의 자비시여, 당신께서 그 태중에서 저를 창조하신, 당신의 저 착실한 여종에게[93] 또 다른 큰 선물을 베푸셨습니다. 즉 어떤 영혼들이든 서로 갈라진 사이이거나 불화하는 사이를 힘닿는 데까지 화해시키는 역할에 나서게 한 것입니다.[94] 우선 양쪽이 서로 상대방을 헐뜯는 별의별 소리를 다 들어주었습니다. 대개 터무니없이 부풀려지고 속으로 삭이지 못한 반목이 그런 말들을 내뱉게 마련입니다. 그 자리에 없는 미운 사람을 두고 그 자리에 있는 친구한테 신물 나는 험담을 하며 사정없이 미움을 쏟아내곤 합니다. 그이는 두 사람을 화해시키는 데 도움이 되는 경우가 아니면 결코 한쪽의 말을 다른 쪽에 옮기지 않았습니다. 제가 수많은 사람을 겪어보지 않았더라면 저런 덕성이 대수롭지 않게 보였을지도 모릅니다. 하지만 단지 앙심을 품은 원수들이 한 말을 앙심을 품은 원수들에게 건네는 데서 그치지 않고 하지 않은 말까지 덧붙이는 가공할 만한 죄악의 돌림병이 얼마나 널리 퍼지는지 모릅니다.

그와 반대로, 인정 있는 사람이라면, 좋게 말함으로써 원한을 풀어주도록 노력하지 못할 바에야, 못된 말로 인간들의 원한을 부채질하거나 그 원한을 증폭시키는 일을 대수롭지 않게 여기지 말아야 합니다. 그이가 바로 그런 여자였습니다. 당신께서 내면의 교사로서, 마음의 학교에서 가르치고 계시기 때문입니다.[95]

---

93) 아우구스티누스는 자기 모친을 '당신의 착실한 여종'이라고 말하는데, 여기서 '여종'이라는 단어를 mancipium(소유재산으로서의 [하느님의] 노예)이라는 법률 용어로 표기했다.
94) 교부는 신앙인들이 불화하는 사람들을 화해시켜야 한다는 말을 자주 한다 (*Sermones*, 49.6).
95) 아우구스티누스에 의하면 인간은 타인들에게서 정보를 얻기는 하지만 진선

9.22. 하느님의 종들을 섬기는 여종이 된 모니카

끝으로 그이는 남편의 이승살이 마지막에 그를 당신께 인도했습니다.[96] 남편이 아직 신자가 아니었을 때에도 다 참고 살았던 터라서 이미 신자가 된 남편을 두고는 울 일이 전혀 없었습니다. 또한 그이는 당신의 종들을 섬기는 여종이기도 했습니다.[97] 그 종들 가운데 그이를 알고 있던 사람은 누구나 그이를 두고 당신을 찬미하고 기리며 사랑하고 있었습니다. 경건한 행실이라는 결실을 증거 삼아 그이의 마음에 당신이 현존하심을 누구나 감지할 수 있었습니다. 그이는 한 남편의 충실한 아내였고,[98] 어버이의 은덕에 보답했고, 자기 집안을 경건하게 건사했으며, 선행에서 비롯한 높은 평판을 지니고 있었습니다. 자식들이[99] 당신에게서 멀어져간다고 느낄 때마다 산고를 다시 겪다시피 하며 그들을 길렀습니다.

당신의 은덕으로 당신의 종들에게 허락하시니 말씀드립니다만, 주님, 마지막에는 그이가 당신 안에서 영면하기 전에 저희 모두가 당신 세례의 은총을 받고서 한데 모여 살았습니다.[100] 그래서 그이는 저희

미와 확실성의 지식은 인간 내면의 교사 곧 하느님이 가르치시는 것이다(『교사론』, 14.46).
96) 아버지 파트리키우스는 아우구스티누스가 열일곱 살 되던 해에 세례를 받고 세상을 떠났다(이 책, 3.4.7 참조).
97) 모니카가 밀라노에서 아우구스티누스 주변에 모인 식솔을 돌본 일을 언급하며 '주님의 종들을 섬기는 여종'으로서 살았다는 칭송이다.
98) 이혼하지 않고 일부종사한 여자는 로마 사회와("나는 오로지 그이의 아내였음을 나그네여, 내 비석에서 읽어다오": 프로페르티우스, *Elegiae*, 4.11.36) 그리스도교 모두에게 존중받았다.
99) 모니카는 아들 둘(아우구스티누스, 나비기우스)과 딸 하나를 낳았다(포시디우스, 『아우구스티누스의 생애』, 26.2).
100) 두 아들 아우구스티누스와 나비기우스, 손주 아데오다투스 외에도 알리피우스 등의 친구들이 어머니의 소원대로 세례를 받고 몇 달간 함께 지냈다.

모두를 마치 자기가 낳은 것처럼 거두었고, 또 자기가 저희 모두에게서 태어난 것처럼 저희 모두를 섬겼습니다.[101]

10.23. 티베르강 어귀 오스티아에서 모자가 얘기를 나누다

그이가 이승살이를 떠나는 날(저희는 모르고 있는데 당신께서는 그날을 알고 계셨습니다)이 가까워, 제가 믿기로는, 당신만의 은밀한 방도로 당신께서 어떤 일을 행하셨습니다. 저와 그이 둘이서만 어느 집 창가에 기대고 서 있었는데, 거기서 저희가 묵던 집 안쪽으로 정원이 내다보였습니다.[102] 티베르강 어귀 오스티아였습니다. 고생스럽던 긴 여로의 끝이라 군중에서 멀리 떨어져 배를 타려고 쉬는 중이었습니다. 그이와 저는 단둘이서 즐겁게 얘기를 나누고 있었습니다. 지나간 것들은 잊어버리고 앞에 있는 것을 향해 마음을 열고 성인들의 영원한 생명은 어떤 것일지 헤아리고 있었습니다. 진리이신 당신 앞에서 누리는, 눈으로 본 적도 없고 귀로 들은 적도 없으며 사람의 마음에 떠오른 적도 없는 그 생명에 대해서 말입니다.[103]

하지만 저희는 마음의 입으로 당신의 샘, 당신 앞에 있는 생명의 샘에서 흘러나오는 천상의 물줄기를 목말라하고 있었습니다. 저희는 능

그는 이 일을 어머니께 드린 가장 큰 효도로 여겼다.
101) 아우구스티누스의 식솔 전부를 친자식처럼 돌보는 것뿐만 아니라, 하느님의 종들의 딸처럼 식솔들을 섬겼다는 칭송이다. "한 남편의 아내였고"로 이어지는 문장은 로마인의 묘비명 형식에 따라 어머니에게 드리는 교부의 송덕문이다.
102) 밀라노에서의 회심에도(이 책, 8.8.19), 오스티아에서의 신비체험에도 '정원'이 등장한다. 로마 주택은 네모난 형태여서 마당 한가운데가 정원을 이루곤 한다.
103) 1고린토 2:9 참조.

력껏 그 물보라를 뒤집어쓰고서[104] 그토록 엄청난 사물을 어떻게 해서든지 헤아려보는 중이었습니다.

10.24 저희의 얘기는 결국 육체적 감관의 즐거움이 제아무리 크고 제아무리 찬란한 물질적 광휘에 감싸인다고 하더라도, 저 생명의 유쾌함에 견준다면 비교도 되지 않을뿐더러 아예 언급할 가치조차 없어 보인다는 것으로 이르렀습니다. 바로 그 순간 저희는 뜨거운 열정으로 치솟아[105] 변함없으신 분을 향해 오르더니 온갖 물체들 사이를 두루 다니고 거기서부터 해와 달 그리고 별들이 지상을 비추는 천계 자체를 두루 거닐었습니다. 저희는 여전히 위로 위로 오르고 있었고 그러면서도 속으로는 사념하고 말을 하고 당신의 업적을 찬탄하고 있었습니다.[106] 그러다 저희는 저희 지성에 이르렀고 다시 그것을 초월해서 풍요의 영역, 당신께서 진리를 여물로 삼아 이스라엘을 먹이시는 곳, 다함없는 풍요의 영역[107]에 다다르려고 위로 위로 올라갔습니다. 거기서는 지혜가 곧 생명입니다. 저 만상, 존재했던 모든 것, 존재할 모든 것이 그 지혜를 통해서 생겨납니다.[108]

---

104) 아우구스티누스 저작에서 동사 aspergere([물이나 빛을] '뿌리다')는 계몽이나 계시 혹은 관상의 경지를 체험하는 경우에 사용된다.
105) 신비가들이 extasis(탈혼, 脫魂)라는 용어로 표시하는 정신 현상이다. 제정신으로 돌아오는 것은 enstasis(입혼, 入魂)라고 부른다.
106) ascendebamus interius: 만유를 파악하는(=초월하는) 자기의 지성을 관찰하면서 그 지성마저 초월해 하느님께 나아가는 길이다. 이는 신에 대한 교부의 인식의 요체다.
107) 아우구스티누스가 이전에 하느님을 떠나 헤매던 '빈곤의 영역'(regio egestatis)(이 책, 2.10.18)과 대조되어 하느님이 계시는 '풍요의 영역'(regio ubertatis)을 향해서 상승한다.
108) "이성적 영혼 위에 있는 불변의 본성이 곧 하느님임은 이론의 여지가 없다. 아울러 원초적 생명과 원초적 유(有)는 원초적 지혜가 있는 곳에 존재한다는 것에도 이의가 없다. 왜냐하면 이 지혜야말로 다름 아닌 불변하는 진리

그렇지만 지혜 자체는 생겨나지 않고 그냥 존재하는 것이며, 존재했던 대로 존재하고 또 항상 그대로 존재할 것입니다. 지혜에는 '존재했다'거나 '존재할 것이다'라는 말은 아예 없고 '존재한다'만 있는데, 이는 지혜가 영원하기 때문입니다. '존재했다'거나 '존재할 것이다'는 영원하지 않기 때문입니다.[109]

그 지혜에 관해서 이야기하고 동경하던 중에 마음의 일격으로[110] 지혜에 일순간 닿았습니다. 그리고 길게 탄식했고, 겨우 붙잡았던 영靈의 첫 선물을[111] 거기 남겨두고 떠났으며, 저희 입에서 나오는 시끄러운 소음이 들리는 곳으로 노를 저어 왔으니 여기서는 말마디에 시작이 있고 끝이 있었습니다. 낡지 않고 스스로 항속하면서 모든 것을 새롭게 하는 당신의 말씀, 저희의 주님이신 당신의 말씀과 비슷한 것이 과연 무엇이겠습니까?

20.25 그래서 저희는 이런 말을 했습니다. "우리에게서 육신의 소란이 잠잠해진다고 하자. 흙과 물 그리고 공기의 표상들이 잠잠해진다고 하자. 하늘이 잠잠해지고 심지어 영혼도 스스로 잠잠해져 더 이상 스스로 사유하지 않아 스스로를 넘어선다고 하자. 꿈이며 사상

이고, 이 진리가 의당히 모든 예술의 법이라 불리고 또한 전능하신 예술가의 예술이기도 하기 때문이다"(『참된 종교』, 13.57).
109) "무엇이 존재한다(esse)는 것은 그것이 항속하는(manere) 한에서 하는 말이다"(*Epistolae*, 18.2)라는 명제와 "영원, 이것이야말로 하느님의 실체다(aeternitas, ipsa dei substanatia)"(『시편 상해』, 101.10)라는 명제대로, 아우구스티누스는 신플라톤 철학의 영향으로 생성(fieri)과 존재(esse)를 항상 대비시킨다.
110) 온 마음의 일격으로(toto ictu cordis): "'한눈에'라는 것이 무슨 뜻인가? 눈꺼풀을 열었다 닫는 순간을 말하는 것이 아니라, 노려보는 대상에 안광을 쏘아붙여 타격하는 것을 말한다"(*Sermones*, 362.20).
111) 신비경에서 딱 한 번 지성으로 손아귀에 붙잡았던 '영원한 지혜'를 인간의 지성이 받을 '첫 번째 선물'이라고 부른다.

을 띠는 계시며¹¹²⁾ 모든 언어와 모든 기호와 변화하는 중에 생겨나는 온갖 사물이 완전히 잠잠해진다고 하자. 만약 누가 들어준다면 저 모든 것들이 이런 말을 하리라. '우리가 스스로 우리를 만들지 않았소. 영원히 머무시는 분이 우리를 만드셨소.' 이런 말을 하고서 저것들은 더는 말이 없어지고, 잠잠해져 자기들을 만드신 분에게 귀를 쫑긋 세운다고 하자. 그래서 그분 홀로 말씀을 하신다고, 저것들을 통해서 말씀하시지 않고 친히 말씀하신다고, 그리하여 우리가 당신 말씀은 육신의 혀나 천사의 음성, 천둥소리로나 수수께끼 같은 비유를 통하지 않으신다고 하자. 이 사물들 안에서 우리가 사랑하는 분은 그분이니까, 그분 말씀을 그러한 것들 없이 그분 말씀을 듣는다고 하자. 우리 자신을 한껏 뻗쳐서 쾌속의 사유로 영원한 지혜, 만유 위에 항속하는 영원한 지혜에 가닿았다고 하자.

이런 상태가 지속될 수 있다면, 이것과는 도저히 견줄 수 없는 다른 현시들은 걷히고 이 한 가지 현시가 우리를 사로잡고, 우리를 빨아들이고, 지혜가 자기를 우러르는 자를 내면의 법열^{法悅} 그 속으로 품어주었으면 좋겠다.¹¹³⁾ 영원한 생명이란 우리가 그토록 동경하던 그 깨달음이요 바로 이것이 *"네 주인과 함께 기쁨을 나누어라"*라는 말씀 아닐까?¹¹⁴⁾ 그렇다면 그것이 언제일까? 우리 모두 부활하지만 모두 변화하지는 않으리라던¹¹⁵⁾ 그때가 아닐까?"

---

112) 앞에 나오는 '영상'(phantasia)은 직접 감각적 표상에서 만들어지는 것이고, 지금 말하는 '사상'(phantasma)은 눈앞에 없는 사물을 두고 조합되는 것이다.

113) "우리 지성과 이성보다 숭고한 무엇 … 바로 진리 자체 … 힘 닿으면 진리를 얼싸안으라! 진리를 향유하라! 주님 안에서 즐거움을 누리라!"(『자유의지론』, 2.13.35).

114) 마태오 25:21.

115) 1고린토 15:51-52 참조("우리 모두 죽지 않고 다 변화할 것입니다. … 나팔

10.26 꼭 이런 식으로 말한 것은 아니지만 저는 대강 그런 얘기를 하고 있었습니다. 주님, 당신께서는 아십니다, 바로 그날 저희가 저런 얘기를 나누는 동안, 말을 주고받던 저희에게 이 세상은 그 온갖 쾌락과 더불어 하찮은 것이 되고 말았음을![116) 그때 그이가 이런 말을 했습니다.

"아들아, 나는 이승의 삶은 이미 무엇도 재미가 없어졌다. 이 세상에 대한 희망이 다 채워진 마당에 여기서 아직도 뭘 해야 하는지, 왜 여기에 있어야 하는지 모르겠구나. 내가 조금이라도 이승에 더 머물고 싶었다면 그것은 오직 하나, 죽기 전에 네가 가톨릭 그리스도신자가 되는 것을 보고 싶어서였다. 그런데 그것을 나의 하느님께서 나한테 과분하게 베풀어주셔서 네가 지상 행복을 멸시하고 그분을 섬기는 종이 되는 것을 보게 해주셨구나. 그러니 여기서 내가 더 뭘 하겠느냐?"

11.27. 여드레를 앓다가 모니카가 세상을 떠나다

이런 말을 듣고 그이에게 제가 뭐라고 대답했는지는 제대로 기억나지 않습니다. 겨우 닷새인지, 아무튼 얼마 지나지 않아 그이는 열병으로 몸져누웠습니다. 그이는 병을 앓다가 의식을 잃고서 얼마간 주위의 사물을 알아보지 못한 적이 있습니다. 저희는 급히 달려갔습니

이 울릴 때에 순식간에 눈 깜짝할 사이도 없이 죽은 이들은 불멸의 몸으로 되살아나고 우리는 모두 변화할 것입니다"). 마지막 구절을 교부는 "모두 변화하지는 않을 것입니다"라고 읽고 해설한다.
116) 밀라노 정원의 회심으로 아우구스티누스를 그토록 사로잡고 있던 육욕의 사슬이 끊겼고, 오스티아의 이 환시로 그 쾌락에 대한 미련마저 사라졌음을 의미한다.

다. 그이는 곧 의식을 회복하고 둘러선 저와 제 동생을[117] 올려다보더니 무언가 묻는 듯이 "내가 어디 있었더라?"라고 말했습니다. 슬픔에 겨워 어쩔 줄 모르는 저희를 지그시 바라보면서 "너희 어미를 여기다 묻는구나"라고도 말했습니다. 저는 말문이 막혀 울음을 참고 있었습니다. 하지만 아우는 무언가 얘기해드렸는데 나그네로 타지에서 돌아가시면 안 되고 고향에서 돌아가시기를 간곡히 빈다는 말이었습니다.

그 말을 듣고 그이는 근심어린 얼굴로 아직도 그런 생각을 하느냐는 눈으로 그를 꾸짖었습니다. 그러고는 저를 바라보면서 "애가 무슨 소리를 하는지 보려무나"라고 했습니다. 곧이어 저희 둘한테 말했습니다. "이 몸이야 아무 데나 묻어라. 그 일로 너희가 조금도 걱정하지 말거라.[118] 한 가지 부탁만이 있는데 너희가 어디 있든지 주님의 제단에서 나를 기억해다오." 그이는 말을 할 수 있는 데까지 간신히 이런 뜻을 표명하고서는 입을 다물었고, 병세는 더 심해졌습니다.

11.28 눈으로 볼 수 없는 하느님이시여, 당신 신자들의 마음에 당신께서 넣어주시는 당신의 선물을 생각하면서 저는 속으로 은근히 기뻐하고 당신께 감사를 드리고 있었습니다. 거기서 놀라운 결실이 생기기 때문입니다. 그이가 자신의 무덤에 관해 몹시 마음을 썼고 남편의 몸이 묻힌 자리 옆에다 자신의 묫자리를 정해두었다는 것이 생각났습니다. 두 분 아주 금슬 좋게 살았으므로, 그런 행복에 보태서, 인간의 정신은 하느님의 것임을 알아듣기에는 한참 모자라므로 응당 바라듯이, 이런 행운이 덤으로 주어져 사람들에게서 그렇게 기억되

---

117) 나비기우스(Navigius)를 말한다.
118) 아우구스티누스는 이 무렵을 회상하며 40여 년 후 *De cura promortuis*를 집필하기도 한다.

기를 바랐습니다. 바다를 건너가는 타향살이를 끝낸 다음에도 두 부부의 진토(塵土)가 나란한 흙으로 덮였으면 하는 행운 말입니다. 당신의 충만한 선하심을 입어 그 헛된 소원이 언제부터 시작해서 그이의 마음에 더 이상 남아 있지 않게 되었는지 몰랐지만, 그 점이 제게도 이렇게 뚜렷하게 드러난 것이 놀랍기도 하고 기쁘기도 했습니다.[119] 또 저희가 창가에서 나눈 그 대화에서, "여기서 내가 더 뭘 하겠느냐?"라고 했을 때에도 고향에서 죽고 싶다는 생각은 드러나지 않았습니다.

제가 훗날 들은 얘기입니다만, 저희가 오스티아에 있을 때 그이가 제 친구 몇 사람과 모정 어린 신뢰를 갖고 속내를 나누었답니다. 이 승살이에 대한 업신여김과 죽음의 선익에 관한 이야기였습니다. 저는 그 자리에 없었지만, 그 친구들은 한 여자의 덕성(당신께서 베푸신 것이어서 그랬을 것입니다만)에 놀랐습니다. 아울러 그이의 도읍에서 이렇게 멀리 떨어진 곳에 몸을 남기고 죽는 것이 두렵지 않느냐고 묻는 그들에게 이렇게 대꾸하더랍니다. "하느님으로부터 멀리 떨어진 것은 아무것도 없단다. 세상 종말에 그분이 나를 어디에서 부활시켜야 할지 모르실까봐 두려워할 필요는 없단다." 그렇게 병석에 누운 지 아흐레 되던 날, 그이의 나이 쉰여섯, 제 나이 서른셋 되던 해에[120] 그 독실하고 경건한 영혼이 육신에서 놓여났습니다.

---

119) 묻힐 묫자리에 그렇게나 마음을 쓰던 어머니가 지금은 마음을 바꾸어 아무데나 묻혀도 좋다고 유언한 것을 두고 하는 말이다.
120) 이 산술로 미루어 모니카의 출생은 331년, 사망은 387년 11월 13일(아우구스티누스의 만 서른세 살 생일) 이전으로 추정된다.

12.29. 어머니의 죽음은 통곡할 일이 아니었다

저는 그이의 눈을 감겨드렸고 그러자 크나큰 서러움이 제 마음속에 밀려들어와 눈물이 쏟아졌습니다. 그렇지만 저의 정신이 강력한 명령을 내리는 바람에 제 눈은 그 눈물의 샘을 다시 빨아들여 아예 말려버렸으니 이런 싸움으로 저는 아주 힘겨웠습니다. 그이가 마지막 숨을 거두자 어린 아데오다투스가 울음을 터뜨리며 소리를 질렀으나 저희 모두가 말려 아이도 입을 다물고 말았습니다.

제 속에도 아이 같은 감정이 있어 금방이라도 울음이 터져 나올 것 같았지만 마음에서 우러나는 소리, 어른스러운 목소리로 인해서 참고 잠잠해졌습니다. 저희는 그 장례를 탄식과 눈물과 한숨으로 치르는 것이 적절치 않다고 여겼습니다.[121] 그런 것들은 대개 죽어가는 사람이 불쌍하다거나 그가 완전히 소멸된다고 여겨 슬퍼하는 사람들이 하는 짓이기 때문이었습니다. 그런데 그이는 불쌍하게 죽어간 것도 아니고 다 죽어버린 것도 아니었습니다. 이 점은 그이의 선한 행실과 거짓 없는 믿음과 확실한 이치에 근거를 두고 저희가 알고 있었습니다.

12.30. 아우구스티누스가 모친의 죽음으로 괴로워하고 번민하다

그렇다면 제가 마음으로 그렇게도 극심하게 아파한 이유가 무엇이

---

121) 스토아 사상에 따르면 현자는 누구의 죽음을 두고도 대성통곡하지 않는 결연함을 지녀야 했음에도 불구하고, 본인도 오랫동안 이 행동을 후회했고 주변의 험담도 있었음이 드러난다.

었겠습니까? 함께 지내온 지극히 감미롭고 사랑스러운 삶의 인연이 갑작스럽게 단절됨과 동시에 생겨난 새로운 상처 때문이 아니겠습니까?[122)] 그래도 그이가 남긴 말씀에 고양되기도 했으니, 바로 그 마지막 병상에서 제가 드리는 시중을 두고 그이는 아양에 가까운 말투로 저를 효자라고 불렀습니다. 커다란 애정을 보이면서 제가 자기한테 쏘아붙이거나 무례한 소리를 하는 것을 한 번도 들은 적이 없다는 말로 저를 일깨워주었습니다.

하지만 저의 하느님, 저희를 만들어내신 분이시여, 제가 그이에게 드린 공경과 그이가 저에게 바친 섬김을 어찌 비교할 수 있겠습니까? 그토록 큰 그이의 위안을 빼앗긴 처지였으므로 제 영혼은 쓰라리게 아팠고, 저의 목숨과 그이의 목숨이 하나와 같았기에 목숨은 찢겨나가는 듯했습니다.[123)]

12.31 아이가 통곡하는 것을 말리고 나서 에보디우스가 시편집을 손에 들더니 시편을 노래하기 시작했습니다. 그러자 그 노래에 저희 온 집안사람이 화답했습니다. "*주님, 당신께 노래하리이다, 자비와 정의를!*"[124)] 저희 집에서 무슨 일이 일어났는지 소문을 듣고서 많은

---

122) 그는 어려서 친우를 잃은 슬픔을 이렇게 표현한 적 있다. "저는 저의 영혼과 그의 영혼이 두 몸 속에 깃든 한 영혼이라고 느꼈습니다. 그래서 반쪽으로 살기가 싫었고 살아 있는 것이 가증스러웠습니다. 또 한편으로는 죽기 또한 몹시 두려웠으니 그토록 사랑했던 그가 혹시나 온 채로 죽어버리지나 않을까 해서였습니다"(이 책, 4.6.11).
123) 아데오다투스의 생모를 떠나보내던 아픔도 이렇게 묘사한 바 있다. "저는 저의 영혼과 그의 영혼이 두 몸 속에 깃든 한 영혼이라고 느꼈습니다. 그래서 반쪽으로 살기가 싫었고 살아 있는 것이 가증스러웠습니다. 또 한편으로는 죽기 또한 몹시 두려웠으니 그토록 사랑했던 그가 혹시나 온 채로 죽어버리지나 않을까 해서였습니다"(이 책, 6.15.25).
124) 시편 101[100]:1 참조("자애와 공정을 제가 노래하오리다. 주님, 당신께 찬미 노래 부르오리다").

교우와 경건한 여인들이 모여들었습니다. 풍습에 따라 장례를 맡은 사람들이 일을 보살피는 동안 저는 따로 떨어져서 상주인 저를 혼자 둬서는 안 된다고 여기던 사람들 몇과 함께 다른 방에서 그 상황에 맞는 주제를 두고 담론을 나누고 있었습니다. 저는 치열한 아픔을 진리의 향유로 가라앉히고 있었습니다만, 그 고통은 당신만 아실 뿐 다른 사람들은 알지 못했고, 그러기에 그들은 제 말을 주의 깊게 들으면서도 제게는 고통의 감정이 없다고 생각했습니다.[125] 그렇지만 저는 저 사람들이 듣지 못하는 가운데, 당신의 귀에다 대고 제 감정의 연약함을 꾸짖고 있었고 터져나오려는 슬픔의 봇물을 억누르고 있었습니다. 그렇게 하면 잠시나마 슬픔이 제 앞에서 물러났습니다.

하지만 곧바로 격한 충동과 함께 다시 밀려왔는데 그렇더라도 눈물이 쏟아져 나오거나 안색이 변할 정도는 아니었습니다. 제 마음속에 억누르고 있는 것이 무엇인지는 제가 알고 있었습니다. 또 이런 인간사들이 제 안에서 그토록 큰 위력을 발휘한다는 사실이 저로서는 무척 마음에 들지 않았습니다. 그런 감정은 저희 인간에게 정해진 질서와 운명에 의해서 필연적으로 일어나게 마련이지만 말입니다. 저는 저의 고통을 또 다른 고통으로 괴로워하고 있었고 이중의 슬픔에 시달리고 있었습니다.[126]

---

125) 심지어 곡하는 여자까지 불러와 곡을 하던 로마인들의 장례풍습에 비추어 볼 때, 상주가 장례 절차 내내 울지 않았으니 안 좋은 소문이 아프리카까지 뒤따라온 듯하다. 교부는 상당히 긴 지면을 할애해 이를 해명한다.
126) 로마 상류사회의 스토아 철학을 익힌 지성인답게 아우구스티누스도 어머니의 죽음을 생자필멸의 이치로 여겨 초연하게 감당하려 하지만, 뜻대로 안 되는 천성적인 고통으로 이중의 아픔을 느꼈다는 고백이다.

12.32. 모니카의 장례가 치러지다

　보십시오, 드디어 시신을 내갔으며 가는 길에도 돌아오는 길에도 저희는 눈물을 흘리지 않았습니다. 하관 전에 저희가 무덤 옆에 시신을 놓고서 으레 하던 관습대로 그이를 위한 속량贖良의 제사를 바치면서127) 당신께 기도를 쏟아내던 중에도 저는 울지 않았습니다. 하지만 하루 종일 남 몰래 슬퍼했고, 산란한 정신으로 제 고통을 낫게 해달라고 당신께 간절히 빌었습니다. 그러나 당신께서는 저의 기도대로 해주지 않으셨습니다. 그렇게 하신 까닭은 이번 일을 사례로 삼아 한 가지 사실을 제 기억에 새겨 두시기 위함이었을 것입니다. 즉 저희 지성이 더 이상 기만하는 언어를 양식으로 삼지 않는다고 할지라도 온갖 습속의 굴레가 지성에 반항한다는 사실 말입니다.

　장례를 마치고 목욕을 하러 가는 것이 좋겠다는 생각이 들었습니다. 그리스인들이 걱정근심을 마음에서 몰아내는 일을 '발라니온'이라고 했다는 것에서 '욕탕'이라는 명사가 나왔다고 들었기 때문입니다.128) 고아들의 아버지시여, 당신의 자비에 기대어 이 말씀을 드립니다만, 저는 씻긴 씻었지만 씻기 전과 다른 것이 없었습니다. 쓰라린 슬픔을 아직도 제 마음에서 땀으로 흘려보내지 못했기129) 때문입니다. 이후 자고 깨고 하는 사이에 저의 고통이 꽤 가라앉았음을 발견했고 마침내 제 침상에 혼자 있게 되자 당신의 암브로시우스의 진솔한 시구詩句를 상기해냈습니다.

---

127) 당대에는 신도의 무덤관을 내리기 전에 성찬식을 거행했다는 기록들이 남아 있다.
128) 욕탕이라는 말이 '근심을 떨친다'는 뜻의 그리스어에서 왔다는 민간설화적 어원을 따른다(이시도루스, *Origines*, 15.2.40).
129) 로마인들의 목욕은 땀을 흘려내는 것에 중점을 두었으므로 공중탕에는 한증탕(汗蒸湯)이 많았다.

만물의 창조주신 하느님이여
하늘의 지배자도 당신이시니
낮에는 빛으로서 입혀주시고
밤에는 단잠으로 은총주시네

피로로 풀리고만 사지들일랑
안식이 수고할 힘 되돌려주고
곤해진 마음마저 치켜올리어
근심과 걱정들을 풀어주시네[130]

12.33. 돌아가신 어머니 생각에 기어코 통곡하고 말다

그러고 나니 차츰 이전의 감정으로 돌아갔습니다. 당신의 여종을, 당신께는 경건하게, 저희에게는 성스럽게 대해준 부드럽고 상냥했던 언행을 떠올렸습니다. 그러던 그이를 졸지에 여의게 됐기에 당신 앞에서 울고 싶어졌습니다. 그이를 두고, 그이를 위해, 저를 두고, 저를 위해 울고 싶어졌습니다. 그래서 억눌렀던 눈물을 맘껏 흐르게 놓아두어 제 마음을 흠뻑 적시게 두었더니 과연 제 고통이 조금 가라앉았습니다. 제 마음이 눈물에서 평안을 찾았으니, 제 통곡을 두고 건방지게 해석할 사람이 저의 눈물에 귀를 열 리 없지만 거기에 당신의 귀는 있었기 때문입니다.

이제야 주님, 글로써 당신께 고백합니다. 읽고 싶은 사람은 마음대

---

130) 지금도 가톨릭교회의 '성무일도' 제1주간 주일 제1저녁기도 때 부르는 '찬미가'는, 암브로시우스가 작사한 *Deus creator omnium*(만물의 창조주 하느님)이다.

로 해석해도 좋습니다. 제가 제 어머니의 죽음을[131] 두고 운 시간이 그토록 짧았다는 사실이 죄라고 여기는 사람은 저를 비웃을 일이 아닙니다. 당신 눈에 저를 살아 있게 하려고 저를 두고 여러 해를 울었던 어머니인데, 임시로 저의 눈에 죽은 것처럼 보인다고 해서 제가 제 어머니의 죽음을 두고 그토록 조금만 울었다고 비웃을 일이 아닙니다. 그보다도, 그 사람이 만약 커다란 애덕을 갖추고 있다면 본인이 나서서 어머니 대신 저의 죄를 위해서 당신 앞에서 울어야 할 것입니다. 당신 그리스도의 모든 형제들에게 아버지 되시는 당신 앞에서 울어야 할 것입니다.[132]

13.34. 크나큰 희망이 우리 하느님의 용서寬恕하심에 우리를 붙들어 매준다

제 마음이 육정肉情이라고 지탄받을 만한 상처에서 이미 나았으므로, 저희 하느님, 저는 이제 당신의 저 여종을 위해 당신께 눈물을 쏟습니다. 아담 안에서 죽어가는 모든 영혼의 위험을 생각해서 혼미해진 정신으로부터 흘러나오는 울음과는 사뭇 다른 종류의 눈물을 쏟습니다.[133] 그이는 육신에서 풀려나기 전에 그리스도 안에서 생명을 얻었고, 그이의 신앙과 행실로 당신의 이름이 찬미를 받으시도록 사

---

131) 아우구스티누스의 '사모곡'에 해당하는 긴 글(이 책, 9.8.17-9.12.33) 동안 하느님 앞에서는 자기 어머니를 줄곧 '그이'라고 호칭했음을 유의할 만하다.
132) 어머니의 죽음 앞에서 무정해보였다고 내 잘못을 비웃지 말고, (우리가 그리스도 안에서 서로 형제이니까) 우리 어머니 생전처럼, 나의 죄과를 두고 하느님 앞에서 울어달라는 부탁이다.
133) 아우구스티누스가 어머니의 영혼을 위해 드리는 기도는 원죄를 지닌 채 죽은 이를 위한 기도와 다르다.

셨지만, 당신께서 그이를 세례로 재생시키신 이래로 그이의 입에서 당신의 계명을 거스른 말이 한 번도 나온 적이 없다는 말씀은 감히 드리지 못하겠습니다. 당신 아드님이 진정으로 하신 말씀이 있습니다. *"자기 형제더러 미친놈이라고 하는 사람은 불붙는 지옥에 던져질 것이다."*134)

만일 당신께서 자비를 거두시고 평생을 따지신다면 인간들의 칭송을 받는 인생 역시 저주를 받고도 남을 것입니다. 저희가 신뢰를 갖고 당신 앞에 한 자리를 얻으리라는 소망을 품는 것은 당신께서 죄악을 사정없이 캐묻지 않으시는 까닭입니다. 누구든지 당신께 자기의 진짜 공적을 헤아리기로 한다면, 당신의 선물을 빼놓고 무엇을 들어 당신께 헤아릴 수 있겠습니까?135) 아, 인간은 어디까지나 인간임을 깨달았으면 좋겠습니다. 자랑하려는 자는 주님 안에서 자랑해야 합니다.

13.35. 어머니의 죄를 두고 하느님께 드리는 애원

저의 찬양, 저의 생명, 제 마음의 하느님이시여, 어머니의 선한 행실은(그런 행실을 두고는 기꺼이 당신께 감사를 드릴 일입니다) 잠시 미뤄둔 채로 지금은 제 어머니의 죄를 두고 당신께 애원합니다. 저희 상처를 낫게 하시는 의약을 보시어 저의 기도를 들어주십시오. 그분은

---

134) 마태오 5:22. 웬만한 신앙인도 주님의 자비를 크게 필요로 한다는 얘기다.
135) "은총 이전에 은총을 받을 만한 자 없고, 공로를 인정받을 선행이야 은총에 의해서가 아니면 우리 안에 이루어지지 않았고, 하느님이 우리 공로에 화관을 씌워주신다면야 당신 선물에 씌우시는 것과 다름이 없다"(*Epistolae*, 194.5).

나무에 매달려 계시고,[136] 당신 오른쪽에 앉아 계시면서 저희를 위해 간구해주십니다. 어머니는 자비로이 처신했고 자기에게 빚진 사람들의 빚을 진심으로 탕감해준 줄로 압니다.[137] 그러니 그이가 구원의 물로 세례받은 후에 그 많은 시간 동안 혹시라도 진 빚이 있거든 당신께서도 그이의 빚을 탕감해주십시오.

주님, 탕감해주십시오. 비오니 탕감해주십시오. 저의 어머니를 데리고 법정에 들지 마십시오.[138] 자비는 심판을 이깁니다.[139] 당신의 말씀은 진실하시니 당신께서는 자비로운 사람들에게 자비를 약속하셨습니다. 사람들이 자비로운 사람이 되는 것은 당신께서 그들에게 베풀어주셨기 때문입니다. 당신께서는 불쌍히 여기려는 자를 불쌍히 여기실 테고 자비로이 대하려는 자에게 자비를 베푸십니다.

13.36 또 저는 믿습니다, 당신께 지금 비는 바를 당신께서는 이미 이뤄주신 것으로 말입니다. 주님, 그래도 제 입이 스스로 자원해드리는 바를 받아주십시오. 자기가 풀려날 날이 임박하자 어머니는 자신의 몸을 호사롭게 입히는 일이나 향유로 바르는 일 따위는 생각하지 않았고, 훌륭한 묘비명도 탐하지 않았으며,[140] 고향 땅에 묻히기를

---

136) 갈라디아 3:13 참조("'나무에 달린 자는 누구나 저주받을 자다'라고 성서에 기록되어 있듯이, 그리스도께서는 우리를 위하여 십자가에 달려 저주받은 자가 되셔서 우리를 율법의 저주에서 구원해 내셨습니다").
137) 성경 구절의 라틴어본(et dimitte nobis debita nostra, sicut et nos dimittimus debitoribus nostris)을 직역하면 "저희의 빚쟁이들에게 저희가 탕감해주듯이 저희 빚을 탕감해주시고"라는 표현이 된다.
138) 시편 143[142]:2 참조("당신의 종과 함께 법정으로 들지 마소서. 산 이는 누구도 당신 앞에서 의로울 수 없습니다").
139) 야고보 2:13 참조.
140) 1945년 오스티아의 옛 무덤을 조사한 학자는 바수스(Bassus)라는 인물의 위촉으로 새겨진 모니카의 대리석 비문 조각들을 발굴해 복원했다. "오, 아우구

바라지도 않았습니다. 그따위 것들을 저희에게 지시하지 않았고 오로지 당신 제단에서, 그이가 하루도 빠짐없이 받들던 제단에서 자신이 기억되기를 바랐을 뿐이었습니다. 그 제단에서 거룩한 제물이 마련될 것을 그이는 알았고, 그 제물 덕분에 저희에게 불리한 빚 문서가 지워짐을 알았으며,[141] 그 덕분에 저희 죄목을 헤아리고 있으면서 걸고넘어질 기회를 엿보던 원수가 그분에게서 아무 죄목도 찾아내지 못함으로써 패배를 당할 것을 그이는 알았던 것입니다(저희가 원수를 이긴다면 그분 안에서입니다).

무죄한 피를 누가 그분에게 돌려드리겠습니까? 저희를 원수에게서 벗어나게 하려고 저희를 속량하신 몸값을 누가 그분에게 갚아드리겠습니까?[142] 당신 여종은 그분이 저희 몸값으로 제공하신 성사에다 신앙의 사슬로 자기 영혼을 얽어맸습니다. 그러니 그 누구도 그이를 당신의 보호에서 떼어내지 못하게 해주십시오. 사자와 용이 완력으로든 속임수로든 끼어들지 못하게 해주십시오.[143] 교활한 고발자

스티누스, 지극히 정숙하신 그대의 어머니가 여기 후손에게 재를 남기셨느니,/ 그대의 공적에 새로운 광명이며/ 그대 평화를 끼치는 천상적 특권에 충직한 사제여,/ 그대에게 맡겨진 백성들에게 양속을 가르쳐 인도하도다./ 두 분 업적에 바쳐지는 찬사가 크나큰 영광이 되어/ 두 분에게 화관으로 돌아오느니/ 지극히 덕성스러우신 어머니,/ 아들로 인하여 더욱 복도 많으신 이여!"

141) 골로사이 2:14 참조("또 하느님께서는 여러 가지 달갑지 않은 조항이 들어 있는 우리의 빚문서를 무효화하시고 그것을 십자가에 못박아 없애버리셨습니다").

142) 대속론(代贖論)의 근간은 하느님의 지존한 권위가 인간들의 범죄로 손상되었으므로 무죄한 이가 죄인들을 대신해서 속죄제를 바쳐야만 했다는 히브리 종교 사상과, 유죄한 인간들은 죗값을 갚지 못해 악마의 수중에 들어갔으므로 그 인간들을 자유민으로 하기 위해서는 그리스도의 죽음과 피라는 몸값이 필요했다는 로마법 사상이다.

143) 시편 90:13 참조("너는 사자와 독사 위를 걸어다니고 힘센 사자와 용을 짓밟으리라").

한테[144] 넘어가거나 책잡히지 않도록 어머니 역시 자기는 아무 빚도 없다고 답하지는 않을 테고 그분이 자기 빚을 탕감하셨다는 답만 할 것입니다. 그분은 저희에게 빚이 없으면서도 저희 대신 빚을 갚아주셨으므로 어느 누구도 그분께 갚을 길이 없습니다.

13.37. 이 글을 읽는 누구든 하느님의 제단에서 모니카와 파트리키우스를 기억해주기를

그러니 이제는 그이가 남편과 더불어 평안히 있게 해주십시오. 그 남편 이전에 누구와도 혼인한 적 없고 남편 이후에 누구와도 혼인한 적이 없었습니다.[145] 남편을 당신께 인도하기 위해서 그이는 인내로써 남편을 섬기며 당신께 열매를 가져다 바쳤습니다. 저의 주님, 저의 하느님, 그럴 마음이 생기게 해주십시오. 당신 종들에게, 제 형제들에게, 당신 아들들에게, 제 주인들에게 그럴 마음이 생기게 해주십시오. 마음으로, 음성으로, 글로써 제가 섬기는 그 사람들이 이 글을 읽을 때 당신 제단에서 당신 여종 모니카[146]를 기억하게 해주십시오. 한때 그이의 배필이었던 파트리키우스와 함께 말입니다. 어떻게 해서인지는 저도 모르나 당신께서 그 둘의 육신을 통해서 저를 이승의 생명으로 들어오게 하셨습니다.

---

144) 묵시문학에서 악마는 인간의 죄를 하느님 앞에 고발해서 자기 감옥으로 끌어가는 자로 묘사되곤 한다. 묵시록 12:9-10 참조("그 큰 용은 악마라고도 하고 사탄이라고도 하며 온 세계를 속여서 어지럽히던 늙은 뱀인데, 이제 그놈은 땅으로 떨어졌다 … 우리 형제들을 무고하던 자들은 쫓겨났다. 밤낮으로 우리 하느님 앞에서 우리 형제들을 무고하던 자들이 쫓겨났다").
145) 로마 부인들에게 일부종사는 큰 명예였다.
146) 그의 전집에서 유일하게 어머니의 이름이 기록되어 있다.

둘은 이 지나가는 빛 속에서는 제 부모였고, 당신을 아버지로 가톨릭교회를 어머니로 해서는 제 형제이며, 영원한 예루살렘에서는 제 겨레이니 경건한 정으로 그들을 기억하게 해주십시오. 당신 백성의 나그넷길은 떠나면서 돌아오기까지 오로지 저 예루살렘만을 그리워하게 마련입니다.[147] 그이가 마지막으로 제게 말한 소원이 저의 기도를 통해서보다는 저의 이 고백을 통해 많은 이들의 기도 속에 더 풍족하게 이루어지게 해주십시오.

---

147) 교부 생애의 고백(1-9권) 부분을 닫는 부분에서, 이 책 첫머리(1.1.1)의 고백("당신을 향해서 저희를 만들어놓으셨으니 당신 안에 쉬기까지는 저희 마음이 안달합니다")을 연상시킨다.

제10권
하느님을 찾고 인식하여*

---

* 제9권으로 아우구스티누스의 인생 여정에 관한
고백과 찬미는 완료되었다. 교부는 일평생 추구한 진리를
'예수 그리스도의 아버지 하느님'으로 발견해 회심하고
세례를 받아 입교한 뒤 "무엇을 알고 싶은가?
하느님과 영혼을 알고 싶다. 더 이상 아무것도 없는가?
전혀 아무것도 없다"(『독백』, 1.2.7)라는 고백으로
하느님 인식과 인간 인식을 간추렸다.
제10권의 절반(5.7-27.38)도 이와 비슷하게 하느님 인식을 다루고,
나머지 절반은 자아 인식 혹은 회심 후 아우구스티누스의
양심성찰(28.39-39.64)을 다룬다.

1.1. 하느님이 그의 희망

저를 아시는 분이시여, 당신을 알고 싶습니다. 그리고 제가 알려져 있음과 같이 저도 알고 싶습니다.[1] 제 영혼의 기력이시여, 그 안으로 들어오시고 그를 짝으로 맞추셔서 티도 주름살도 없이 그를 가지시고 차지하십시오.[2] 이것이 제 희망입니다. 그래서 제가 말씀을 드리고, 제가 건실한 즐거움을 누리며 바로 이 희망을 두고 즐거워하는 것입니다. 현세의 다른 일들은 사람들이 더 슬퍼할수록 덜 슬퍼해야 하고, 그 일을 두고 덜 슬퍼할수록 더 슬퍼해야 마땅합니다. 보십시오, 당신께서는 진리를 사랑하셨고 진리를 행하는 이는 빛으로 나아갑니다. 진리를 제가 행하고 싶습니다. 고백을 통해 당신 앞에서는 제 마음으로 행하고 이 글을 읽을 많은 증인들 앞에서는 제 필묵으로 하

---

1) 아우구스티누스의 필생에 걸친 진리 탐구는 "하느님, 당신을 알고 싶습니다"(cognoscam te)와 뒤이어 나오는 "저를 알고 싶습니다"(cognoscam me)로 요약한다.
2) 에페소 5:27 참조.

고 싶습니다.3)

2.2. 주님께는 이미 모두 드러났다

주님, 당신의 눈에는 인간 양심의 심연4)까지도 벌거벗는데, 제가 당신께 고백하고 싶지 않다 한들 제 안에 있는 무엇이 당신께 숨겨지겠습니까? 제가 저한테 당신을 숨길 수는 있지만 저를 당신께 숨기지는 못합니다. 지금 제가 저의 마음에 들지 않으니 제 한숨이 그 증거입니다. 지금 당신께서는 빛을 발하시고 저의 마음에 드시고 사랑을 받으시며 욕망의 대상이 되십니다. 그 결과 저는 제 자신이 스스로 부끄럽고 저를 내팽개치는 대신 당신을 택하게 됩니다. 또 당신으로부터 연유하지 않으면 당신 마음에도 들지 않고 저의 마음에도 들지 않게 됩니다.

주님, 저는 있는 그대로 당신께 드러나 있습니다. 제가 무슨 성과를 바라고 당신께 고백을 하는지도 말씀드렸습니다. 육신의 말마디나 목소리로 하는 것이 아닙니다. 당신의 귀가 알아듣는 영혼의 말마디로, 사색의 외침으로 고백하고 있습니다. 제가 악할 때는 제가 저의 마음에 들지 않는다는 점 말고는 당신께 고백할 것이 아무것도 없습니다.5) 경건할 때는 이것이 저에게 돌릴 것이 아니라는 점 말고는

---

3) 『고백록』 제1권부터 9권에 실린 과거사를 읽고 회심 후 지금의 교부 심경을 문의하는 독자들의 요청이 쇄도해 제10권을 집필했다는 해명처럼 들린다.
4) "양심[의식] 내부에는 거대한 광야가 있어 인간 누구도 다 건너지 못하고 다 살피지 못한다"(*Sermones*, 47,23).
5) "이곳에서 나는 못되게 살았습니다. 그 점은 내가 고백합니다. 다만 내가 무엇이었든지, 그것은 그리스도의 이름으로 지나간 일입니다"(『시편 상해』, 36,3. 19).

고백할 것이 아무것도 없습니다. 주님, 의인을 축복하시는 이가 당신이시지만 불경스러운 사람이었을 때 사람을 먼저 의롭게 하시는 이도 당신이십니다.[6]

저의 하느님, 바로 그래서 당신 앞에서 이루어진 저의 고백이 말없이 이루어진 것이기도 말이 없지 않기도 합니다. 목청으로야 말이 없지만 감정으로는 비명을 내지르고 있는 까닭입니다. 제가 사람들에게 하나라도 바른 말을 한다면, 당신께서 먼저 귀 기울여 당신께서 들어주셨기 때문입니다. 당신께서 먼저 저에게 말씀을 건네시지 않고는 그런 말마디를 당신께서 저로부터 들으실 일이 없습니다.

3.3. 사람들이 듣게 해달라고 주님께 고백하다

제가 사람들과 무슨 상관이 있어서, 마치 저들이 제 병약함을 모두 고쳐주기라도 할 것처럼 저들에게 제 고백을 들어달라는 것입니까? 사람이란 남의 사생활에 관해 호기심 많은 족속이면서도 자기 삶을 바로잡는 데는 게으른 족속입니다.[7]

자기들이 누구인지를 두고 당신 말씀을 듣기 싫어하는 자들이 제가 누구인지 들어보겠답시고 제게 물어오는 까닭이 무엇이겠습니까? 사람 속에 있는 그 사람의 영이 아니고서야 사람 속에 무엇이 일어나는지 어떤 사람도 알지 못하는 터에, 제가 저를 두고 하는 말을 들으면서 제가 참말을 하는지 어떻게 알겠습니까? 당신께 자신들에

---

6) 로마 4:5* 참조("불경한 자를 의롭게 하시는 분을 믿는 사람에게는 믿음의 의로움으로 간주됩니다").
7) 교부는 여러 저술을 통해 자기 삶을 걸고 진리 탐구에 정진하지 않고 그저 호기심으로 그치는 사람들을 경멸한다.

관한 말씀을 듣는다면야 "주님이 거짓말을 하신다"라고는 말 못 할 것입니다. 자기들에 관해서 당신께 말씀을 듣는다 함은 자기를 인식한다는 말 아니고 무엇입니까? 누가 자기를 인식하며 "거짓이다"라고 말하겠습니까. 스스로 거짓말을 하는 경우가 아니라면 말입니다.

그런데 사랑은 모든 것을 믿으며[8] 사랑이 서로 하나로 묶어주는 사람들 사이에서는 특히 그렇기 때문에, 주님, 저 역시 사람들이 들으라고 당신께 고백하는 것입니다. 제가 진실을 고백하는지 그들에게 증명할 길은 없습니다. 사랑이 그들의 귀를 저한테 열어놓았다면 제 말을 믿을 것입니다.[9]

3.4. 자기가 어떤 인간이었는지는 이미 고백했고 지금은 어떤 인간인지를 고백하다

하지만 저의 가장 속 깊은 의사(醫師)이시여,[10] 제가 무슨 성과를 위해 이런 일을 하는지 제게 일러주십시오. 저의 지나간 악들에 관한 고백이야 (당신께서 그 악들을 용서하시고 덮어주셨습니다) 신앙과 당신의 성사를 통해 저의 영혼을 변화시키시고[11] 그렇게 저를 당신 안에서 행복하게 만들어주시기 위함이었습니다. 그래서 저의 고백이 읽히고 들릴 때면 사람들 마음이 고양되어 마음이 절망으로 혼미해지고 "나는 못 해!"라고 말하는 일 없이 당신 자비의 사랑으로, 당신 은

---

8) 1고린토 13:7 참조.
9) 방금 인용한 성경 구절대로, 사람 사이의 '믿음'은 '사랑'에 근거하므로, 사랑이 전제되지 않으면 자기 언행의 진정성을 입증할 길이 없다.
10) 아우구스티누스의 고백은 '아버지 하느님'께 행해지고 있으므로 간혹 고백의 대상이 되는 그리스도는 의사이신 하느님의 의약(medicina)으로도 불린다.
11) 입교해 죄를 용서받음이 신앙과 (세례)성사로 이루어졌음을 강조한다.

총의 감미로움으로 깨어납니다. 그 은총으로 자신의 연약함을 스스로 의식하는 사람이라면, 연약한 사람 모두가 그 은총으로 강한 사람입니다. 한때 악행을 저질렀으나 벌써 그 악행이 없어진 사람들의 경우, 선한 사람들마저 저 사람들의 악행에 관해서 듣기를 즐깁니다. 그것이 악행이어서 즐기는 것이 아니고 악행이 있었는데 지금은 없어졌기 때문에 즐기는 것입니다.

그러니까 저의 주님, 저의 양심이 날마다 고백을 드리는 것은, 자체의 무죄함이 아닌 당신의 자비에 대한 희망에 자신감을 갖자는 것입니다. 그런데 무슨 성과를 보자고 당신 앞에서, 또 이 글을 통해서 사람들에게 고백을 하는 것입니까? 제가 누구였는지를 두고서가 아니라 지금의 제가 누군지를 두고 고백하는 이유가 무엇입니까? 과거에 관한 고백이라면 성과가 있었고 제가 그것을 기억합니다. 하지만 저를 알던 사람들이든 저를 알지 못하던 사람들이든, 저한테서 들었든 저에 관해서 타인에게 뭔가 들었든 간에, 제가 누구인지, 제 고백을 하고 있는 이 시점의 제가 누구인지, 이것을 알고 싶어 하는 사람들이 많습니다. 그리고 그들의 귀는 제 마음속까지 다다르지는 못하며, 어디까지나 제 마음속에서만 있는 그대로의 저입니다.[12]

따라서 그들은 제 속의 제가 어떤 사람인지를 저의 고백을 통해 듣고 싶어 하니 거기까지는 눈도 귀도 심지어 지성도 뻗칠[13] 수 없기 때문입니다. 마음이 있으면 믿을 수야 있겠지만 그렇다고 알 수 있겠습니까? 사람을 선량하게 만드는 것은 사랑입니다. 제 자신을 고백하

---

12) ubi ego sum quicumque sum: 개인의 속마음을 표현하면서 실제로는 출애굽기(3:14)의 하느님 이름(ego sum qui sum: '나는 나다')을 연상시키는 문장을 만들었다.
13) 인식 기능의 능동적 역할을 강조하는 스토아 인식론을 따르는 아우구스티누스는 육안이나 지성이 그 시선을 대상물에 '뻗쳐나가서' 대상을 일격함으로써 감각과 인식이 발생한다고 주장한다.

는 제가 거짓말을 하고 있지는 않다고 그들에게 일러주는 것도 사랑입니다. 그 사람들 속에서 저를 믿어주는 것 또한 사랑입니다.

4.5. 고백을 읽는 사람들은 아우구스티누스의 선업을 두고는 안도의 한숨을, 그의 악업을 두고는 탄식의 한숨을 쉬리라

그럼 저들은 무슨 성과를 바라고서 그러고 싶다는 것입니까? 당신의 은혜로 제가 당신께 얼마나 가까이 가는지 듣고서 저를 축하해주겠다는 것입니까? 아니면, 제가 저의 무게 때문에 얼마나 머뭇거리는지 듣고서 저를 위해 기도해주겠다는 것입니까? 그런 사람들한테는 제가 저를 손가락질해서 보여주겠습니다.

주, 저의 하느님, 저희가 하는 것을 보고 많은 사람들이 당신께 감사를 올린다면, 또 많은 사람들에게서 저희를 위한 기도를 받으신다면, 적지 않은 성과입니다. 당신께서 사랑하라고 가르치시는 형제 같은 마음을 제 안에서 발견하고 사랑했으면 좋겠습니다. 당신께서 마음 아파하라고 가르치시는 바를 제 안에서 발견하고 아파했으면 좋겠습니다. 이런 일은 형제 같은 마음이 이루어내야지 남남 같은 마음이어서는 안 되고 남의 자식들의 마음이어서도 안 됩니다.[14] 그들의 입은 허황한 말을 하는 입이고 그들의 오른손은 악행을 하는 오른손입니다.[15] 저 형제 같은 마음으로, 저를 옳다고 생각할 때는 저를 두

---

[14] 자기의 고백은 신앙을 함께하는 사람들에게나 의미 있게 읽히는 것으로 종교적 배경이 전혀 다른 사람들은 남남과도 같아서 이를 이해하지 못하리라고 해석할 수 있다.

[15] 시편 144[143]:7-8 참조("이방인들의 손에서 저를 구하소서. … 저들의 오른

고 기뻐하면 좋겠고, 저를 그르다고 생각할 때는 저를 위해 슬퍼했으면 좋겠습니다. 그래야만 저를 옳다고 보든 그르다고 보든 저를 사랑하는 셈이 됩니다. 그런 사람들에게 저는 제 자신을 손가락질해 보이겠습니다.

저는 그들이 저의 선업을 두고는 안도의 한숨을, 저의 악업을 두고는 탄식의 한숨을 쉬면 좋겠습니다. 저의 선업은 당신의 업적이자 당신의 선물이며, 저의 악업은 저의 죄악이자 당신의 심판입니다. 저 형제 같은 마음에서 당신의 향로에서 향이 타오르듯, 찬가와 울음이 함께 올라갔으면 좋겠습니다. 주님, 당신께서는 당신의 거룩한 성전의 향기를 즐겨 받으시니 당신의 이름 때문에,[16] 당신의 크신 자비에 따라 저를 불쌍히 여기십시오. 당신께서 시작하신 일을 제발 그만두지 마시고 제가 완성 못 한 일을 제발 완성시켜주십시오.[17]

4.6 제가 어떤 사람이었느냐가 아니고 제가 어떤 사람이냐를 얘기하는 제 고백의 성과는 바로 이것입니다. 떨리면서도 은밀한 기쁨으로, 희망에 찬 은밀한 슬픔으로[18] 당신 앞에서만 고백을 하는 것이 아니라 신앙을 가진, 사람의 아들들의 귀에 대고도 고백하는 것입니다. 이 사람들은 제 기쁨을 나누는 동료요, 죽음이라는 운명을 함께하는 반려자들이며, 제 동료 시민들이고, 앞서거니 뒤서거니 하면서 저

손은 간계의 오른손입니다").
16) 구약성경은 은총의 무상성(無償性)을 설명하기 위해 하느님이 '당신의 이름 때문에'(체면 때문에) 이스라엘을 구제하시고 용서하신다는 표현을 자주 구사한다.
17) 필리피 1:6 참조.
18) 시편[VL] 2:11 참조("두려움에서 주님을 섬기라. 떨림으로 그분께 환호하라"). 두 단락(secreta exultatione cum tremore ↔ secrete macrore cum spe)은 수사학적으로 완벽한 교착배열을 이룬다.

와 함께 가는 순례자들이고, 제 인생의 동반자들입니다.[19] 이들은 당신의 종들이자 저의 형제들이고, 당신께서는 이들이 당신 아들들이자 제 상전들이 되기 바라셨으며, 제가 당신을 모시고 당신으로 인해 살고 싶다면 이들을 섬기라고 제게 명하셨습니다. 하지만 말로만 명령하셨고 행동으로 앞장서지 않으셨더라면, 당신의 이 말씀도 제게는 대수롭지 않게 받아들여졌을 것입니다. 저 역시 행동과 언사로 그렇게 섬기며 살고 있고 당신 날개 밑에서 그것을 수행하고 있습니다.[20]

그러나 저의 영혼이 당신 날개 밑에 수그리지 않고 제 나약함이 당신께 익히 알려져 있지 않다면, 이는 아주 큰 위험을 무릅쓰는 일입니다.[21] 저는 어린아이입니다만 제 아버지께서 항상 살아계시고 또 제 후견인께서는 제게 딱 맞는 분이십니다. 저를 낳으신 이나 저를 후견해주시는 이 모두 똑같은 분이십니다. 당신은 친히 저의 모든 좋은 것이시며, 당신께서는 전능하시고, 당신께서는 저와 함께 계시며, 제가 당신과 함께 있기 전에도 그러하셨습니다.[22] 당신께서 저에게 섬기라고 명령하신 바로 그 사람들, 그런 사람들에게 제가 저를 두고 손가락질해 보이겠습니다. 제가 누구였는지가 아니라 이미 누구인지, 또 아직 누구인지[23] 가리켜 보이겠습니다. 하지만 제가 저 자신을 심

---

19) 앞에서는 (이 책, 9.13.37) 자기 부모를 두고 "이 지나가는 빛 속에서는 제 부모였고, 당신을 아버지로 가톨릭교회를 어머니로 해서는 제 형제이며, 영원한 예루살렘에서는 제 겨레"라고 설명했다.
20) 지금은 성직자이자 주교로서 가르치고 실천하고 있다는 말이다.
21) 사제라는 이 "직책을 나는 아주 위험하다고 판단했습니다. 저의 사제 서품 때 쏟아지던 눈물을 사람들이 보았는데 그 눈물은 여기서 비롯했습니다" (*Epistulae*, 31.3).
22) 누가 존재로 불려오기 전에도 가장 먼저 창조주 하느님이 함께 계시고, 하느님께로부터 멀리 떠나 있을 때에도 하느님은 은총으로 늘 함께 계신다는 깨달음이다.
23) 하느님의 은총으로 '이미' 용서받은 몸(quis iam sum)이고, 그 은총으로 '아

판하지는 않습니다. 그러니 사람들이 그렇게 들어주었으면 합니다.

5.7. 주님 홀로 사람을 다 아신다

당신께서 저를 심판하고 계십니다, 주님. 사람 속에 있는 사람의 영이 아니고서는 사람의 것을 그 어떤 사람도 알지 못한다지만, 사람 속에 있는 사람의 영마저 알지 못하는 사람의 무엇이 있는 법입니다. 그렇지만 주님, 당신께서는 사람을 만드신 분이시므로 사람의 모든 것을 아십니다. 저로 말하면 당신 면전에서는 저를 낮춰보고 스스로를 흙이나 재로 여기면서도, 저에 관해서는 모르지만 당신에 관해서는 뭔가 알고 있기도 합니다.[24] 물론 지금은 분명히 거울을 통해 어렴풋이 보듯이 알 뿐이고 아직은 얼굴과 얼굴을 마주 보듯 선명히 알지는 못합니다.[25] 그러므로 당신께로부터 떨어져 떠도는 동안은 제가 당신에게보다도 저에게 더 가깝게 현전합니다. 저는 무슨 수로도 당신을 침범할 길이 없음을 압니다.

그러나 제가 어느 유혹에는 버틸 힘이 있고 어느 유혹에는 버틸 힘이 없는지 모릅니다. 그래도 당신께서는 성실하셔서 저희가 감당할 수 있는 것 이상으로 유혹당하도록 놓아두지 않으시고, 저희가 버틸 수 있게 유혹과 함께 벗어날 길도 만들어주시므로 희망은 있습니다.

직도' 용서받아야 할 몸(quis adhuc sim)임을 현재동사(sum, sim)만으로 유려하게 표현했다.
24) "제가 저를 두고 모르는 바가 있는데, 당신을 두고는 뭔가를 제가 압니다"라는 해석도 가능하다.
25) 1고린토 13:12 참조("우리가 지금은 거울에 비추어보듯이 희미하게 보지만 그때 가서는 얼굴을 맞대고 볼 것입니다"). 구리판을 닦아 거울로 쓰던 시기에는 자기 얼굴이 거울에도 '어렴풋이'밖에 보이지 않았다.

그러니 저에 대해서 제가 아는 바를 고백하게 해주시고, 저에 대해서 제가 무엇을 모르는지도 고백하게 해주십시오. 저를 두고 제가 아는 것은 당신께서 비춰주셔서 아는 것이고, 저를 두고 제가 모르는 것은, 당신 얼굴 앞에서 저의 어둠이 대낮처럼 밝기까지는 제가 모르게 마련입니다.[26]

6.8. 하느님이 사랑받으신다 함은 무엇이 사랑받는다는 말인가

모호하지 않은 뚜렷한 의식으로 주님, 당신을 사랑합니다. 당신 말씀으로 당신께서 제 마음을 흔들어놓으셨습니다. 그리고 저는 당신을 사랑하게 되었습니다. 하늘도 땅도 그 안에 있는 모든 것도 어디서나 저에게 당신을 사랑하라고 말합니다. 사람들이 변명할 수 없게 그것들은 이 말을 끊임없이 건넵니다. 당신께서는 불쌍히 여기시려는 자를 더 깊이 불쌍히 여기시고 자비로이 대하시려는 자에게 자비를 베푸십니다.[27] 그렇지 않다면 하늘도 땅도 귀머거리들을 상대로 당신 찬미가를 들려주고 있는 셈입니다. 제가 당신을 사랑할 때 제가 사랑하는 것은 과연 무엇입니까? 몸의 자태도 아니고 순간의 아름다움도 아닙니다. 눈에 즐거운 빛의 찬란함도 아니고 온갖 노래의 달콤한 가락도 아니고 꽃과 향유와 향기의 입맞춤도 아니고 만나와 꿀도 아니고 안아서 흐뭇한 육신의 지체도 아닙니다.

---

26) 이사야 58:10 참조("너의 빛이 어둠에 떠올라 너의 어둠이 대낮같이 밝아오리라").
27) 로마 9:15* 참조("나는 내가 자비를 베풀고 싶은 사람에게 자비를 베풀고 동정하고 싶은 사람을 동정한다").

저의 하느님을 사랑할 때 제가 사랑하는 것은 이런 것들이 아닙니다. 제가 하느님을 사랑한다고 할 때 저는 어떤 빛, 어떤 음성, 어떤 향기, 어떤 음식, 어떤 포옹을 사랑합니다.[28] 제 내면 인간의 빛, 소리, 향기, 음식, 포옹을 사랑합니다. 거기서는 공간이 담지 못하는 무엇이 제 영혼을 향해 반짝거리고, 시간이 붙들지 못하는 무언가가 소리를 내고, 숨결이 흩어지지 못하는 무언가가 향내를 풍기고, 실컷 먹어도 줄지 않는 무언가가 맛을 내고, 흡족하고도 풀려버리지 않는 무언가가 사로잡고 있습니다. 저의 하느님을 사랑할 때 제가 사랑하는 것은 바로 이것입니다.[29]

6.9. 하느님은 모든 물체 위에서 찾아야 한다

그러면 이것이 무엇입니까? 세계라는 덩어리에게 저의 하느님에 관해서 묻자 이렇게 대답했습니다. "나는 아니다. 오히려 그분이 나를 만드셨다." 땅에게 제가 물었는데 역시 "나는 아니다"라고 했습니다. 그 안에 있는 모든 것도 같은 고백을 했습니다. 제가 바다와 심연, 생혼生魂이 있는 길짐승들에게 모두 물었으나 "우리는 너의 하느님이 아니다. 우리 위에서 찾아라"라고 대답했습니다. 산들바람에게 제가 물었더니 대기권 전체가 그 안에 사는 주민들과 더불어 말했습니다. "아낙시메네스가 틀렸다.[30] 내가 하느님이 아니다." 하늘, 태양, 달과

---

28) "우리는 내적 사람의 감각을 갖추고 있으며 그 감각으로 의로운 것과 불의한 것을 감지한다. … 그 감각에 힘입어서 나는 내가 존재한다는 것과 그것을 인식한다는 것을 확실하게 안다"(『신국론』, 11.27.2).
29) 교부의 글에서는 플라톤 철학의 '영적 감관' 개념이 차용되고 있다. '내면 인간'(homo interior), 구체적으로는 '마음의 눈', '마음의 음성', '마음의 귀'라는 표현이 그 개념을 담고 있다.

별들에게 물었습니다. 그랬더니 "우리도 네가 찾는 하느님이 아니다"라고 했습니다.[31] 제 육신의 출입문 주변에 있는 모든 것들에게 "내 하느님에 관해서 내게 말해다오. 너희가 하느님이 아니라면 그분에 관해서 뭔가 얘기해다오."라고 했더니 그것들이 큰 소리로 외쳐댔습니다. "그분이 우리를 내셨다!"

제 질문은 저의 지향^{指向}으로 제기되었고, 그들이 갖춘 형상이 곧 그들의 대답이었습니다.[32] 저는 제 자신에게로 저를 돌려세워 "너는 누구냐?"라고 스스로 물었습니다. 제가 대답했습니다. "사람이다." 그러자 제 속에 있는 신체와 영혼이 제 앞에 대령합니다. 하나는 밖에, 또 하나는 안에 있는 것 말입니다. 저의 하느님을 이 중 어느 것에서 찾아야 합니까? 신체를 움직이기로 하고, 땅에서부터 하늘에 이르기까지 제 눈의 광선을 심부름꾼으로 보낼 때에[33] 도대체 어디까지 보낼 수 있겠습니까? 그럴 바에야 차라리 안쪽이 낫습니다.

신체의 심부름꾼들은 그것들을 통솔하고 그것들이 가져오는 대답들에 관해서 판단을 내리는 안쪽에다 하늘과 땅과 그 안에 있는 만물의 답변을 전달합니다. "우리는 하느님이 아니다." 또 "그분이 우리를 내셨다"라고 말하는 답변을 전달합니다. 내적 인간[34]은 외적 인

---

30) 아낙시메네스(Anaximenes, fl. 564): 탈레스와 아낙시만드로스에 뒤이은 이오니아학파(밀레토스학파) 인물로 '공기'가 만유의 원리라고 주장했다.
31) 이로써 자연철학자들이 우주의 원리라고 일컬은 '땅', '물'(바다), '공기'(바람과 대기), '불'(태양) 네 원소 전부가 "그분이 나를 만드셨다"고 고백한 셈이라는 뜻이다.
32) 아우구스티누스의 인식론에서 지성은 감각 대상을 향해 '지향'(intentio)을 뻗쳐나가 대상물이 갖추고 있는 진선미의 '형상'(species=rationes=ideae)에 가닿는다. 그렇게 가닿는 사물의 형상은 지성의 지향에게 창조주를 일러주는 신탁과도 같다.
33) 감각의 적극적 기능을 강조하는 스토아 인식론에 따르면 눈으로부터 심부름꾼을 보내듯이 안광이 대상물에 닿으면서 시각이 발생한다.
34) homo interior: 라틴어법상 이 단어는 '인간 내면'이라고도 번역될 수 있다.

간의 심부름을 거쳐서 이것들을 알아냈습니다. '내면의 나'가 이것들을 알아냈습니다. '나', '영혼인 나'35)가 제 신체의 감관을 통해서 알아냈습니다.

6.10 감각이 온전한 사람들 모두에게 나타나는 것이 형상形象 아니겠습니까? 그런데 그 형상이 모두에게 똑같은 말을 해주지 않는 이유가 무엇이겠습니까? 크고 작은 동물들도 이 형상을 봅니다만 질문할 능력은 없습니다. 감관들이 전달하면 그것을 두고 판단을 내릴 이성36)이 갖추어져 있지 않기 때문입니다. 인간들은 물음을 건넬 수 있어서 하느님의 보이지 않는 사물들을 만들어진 조물을 통해서 알아보고 깨달을 수 있지만, 인간은 그것들에게 사랑으로 예속되며, 예속된 자는 판단을 내릴 능력이 없습니다.

저 사물들은 저런 질문을 듣더라도 판단을 내릴 줄 아는 사람이 아니라면 대답을 내놓지 않으며, 또 만약 누구는 보기만 하고 누구는 보면서 질문을 하더라도, 자체의 음성도, 다시 말해서 자체의 형상도 바꾸지 않습니다. 전자와 후자에게 각각 다르게 나타나지도 않고, 양편에 동일하게 나타나면서 보기만 하는 사람에게는 입을 다물고 질문까지 하는 사람에게는 말을 건넵니다. 모두에게 말을 건네는데, 그 음성을 밖에서 받아들여 안에서 진리와 견주어보는 사람들은 그 말을 알아듣습니다.37)

---

35) 본래 교부의 생각은 "우리가 육체와 영혼으로 합성되어 있다는 것이 분명하다. … 즉 신체 없이도 영혼 없이도 사람일 수는 없다"(『행복한 삶』, 2.7)라는 것이다. 'ego interior'(내면의 자아), 'ego'(자아), 'ego animus per sensum corporis mei'(내 신체의 감관을 통한[감관을 구사하는] 영혼으로서의 자아) 등의 연속적 배열은 플라톤 철학의 영향을 드러낸다.
36) 감각적 전제를 자료 삼아 그 사물에게 반영된 진선미(여기서는 '형상이라는 아름다움'을 뜻한다)에 관한 판단을 내리는 것은 지성의 역할이다.

진리가 저에게 이렇게 이릅니다. '땅도 하늘도 모든 물상物象도 너의 하느님이 아니다.' 그것들의 자연 본성은 이런 말을 합니다.[38] '알겠느냐? 저것들은 덩어리일 뿐이다. 덩어리는 전체로 있을 때보다 부분으로 있을 때 더 작은 법이다. 그러니 영혼이여, 너에게 말하거니와 네가 저 덩어리보다 더 훌륭하다. 네 신체의 덩어리에 생명을 주어 살리는 것이 너이기 때문이다. 생명으로 살리는 일은 어느 물체도 물체에게 제공할 수 없다. 그리고 너의 하느님은 너에게 생명의 생명이시다.'[39]

7.11. 하느님은 생명과 감각 그 위에서 찾아야 한다

"나의 하느님을 사랑할 때 과연 나는 무엇을 사랑하는 것일까? 내 영혼의 머리[40] 위에 계시는 분[41]이 누구신가? 나는 바로 내 영혼을 통해 그분께로 올라가겠다.[42] 육체와 결합하고 육체의 틀을 생명으로 채우는 내 힘도 넘어서겠다. 그 힘으로 내 하느님을 발견하는 것이 아니다. 그 힘을 갖고 발견하는 것이라면 오성 없는 말이나 나귀

---

37) 지성이 감관으로 받아들인 감각적 여건을, 지성을 비추는 신의 광명에 비추어 진선미에 대한 판단을 한다는 이론을 아우구스티누스의 '조명설'(照明說)이라고 한다.
38) 대화체로 구성된 하느님께 드리던 고백이 여기서부터 8.14까지 돌연 아우구스티누스의 독백으로 바뀐다.
39) 마니교에 빠져 있을 때 아우구스티누스는 하느님도 일종의 물체, 만유를 부분들처럼 내포하는 거대한 덩어리라고 간주했다.
40) 지성(mens)을 '영혼의 머리'(animae nostrae caput)라고 일컬었다.
41) "이성적 영혼 위에 있는 불변의 본성이 곧 하느님임은 이론의 여지가 없다"(『참된 종교』, 31.57).
42) 아우구스티누스는 여기서부터 현재의 자기 처지에 대한 고백이라는 주제를 떠나서 '기억'에 대한 분석과 고찰을 개진해 자아와 하느님께 대한 진리를 탐구한다(10.7.11-10.17. 26).

도 하느님을 발견할 것이다. 그것들의 몸체들도 그 힘으로 살아가기 때문이다.

주님이 나에게 빚어주신 내 육신으로 내가 살뿐더러 지각하게 만드는 다른 힘이 있으니, 이것은 주님께서 나에게 주신 것이다. 그 힘은 눈에게 들으라고 명령하지 않고 귀에게 보라고 명령하는 일이 없다. 눈에 명령하면 눈을 통해 내가 보고 귀에 명령하면 귀를 통해 내가 들으며, 다른 감관에도 각각 제자리와 제 역할을 부여한다. 그런 감관들을 통해서 나라는 단일한 영혼이[43] 이토록 많은 일을 한다. 그런데 나는 바로 그 힘마저 넘어서겠다. 말과 노새도 그런 능력은 갖고 있기 때문이다. 그것들도 신체를 통해서 감각을 하는 것은 마찬가지다."

8.12. 기억의 보고寶庫[44]

"그러니까 내 자연본성의 그 힘도 넘고 층계를 밟아 나를 지으신 그분께로 올라가겠다.[45] 그러다 보면 기억의 평원, 널찍한 궁정에 이르며, 그곳에는 갖가지로 지각된 사물들에서 입수된 무수한 표상들의 보물창고가 있다. 거기에는 감각이 포착한 바를 놓고서 첨가하거나 삭제하거나 또한 변경해가면서 사유하는 모든 것이 소장되어 있

---

43) 생혼(生魂, anima vivificans)과 각혼(覺魂, anima sensificans)을 언급하고 나서 영혼(靈魂, anima rationalis = animus)을 논한다. 다만 인간의 단일한 합리적 영혼이 생명, 감각, 이해, 기억을 총괄하므로 우선 감각 기능(동물의 각혼과 같다)을 뛰어넘는 '기억'을 예고한다.
44) 인간은 하느님의 모상이므로, 모상의 가장 큰 능력인 '기억'을 분석하면 원형인 하느님을 유추할 수 있으리라는 방법론이다(이 책, 8.13-27.38).
45) "그대 자신도 초월하라. 하지만 기억하라, 그대가 그대 자신을 초월할 때 그대는 추론하는 영혼을 초월하고 있음을! 그러니 이성의 원초적 광명이 밝혀져 있는 그곳을 향해서 나아가라!"(『참된 종교』, 39.72).

다. 무엇이든 그곳에 간직되고 저장되어 있는 이상, 아직 망각에 삼켜지거나 묻히지 않은 셈이다.

내가 거기에 있으면 내가 요구하는 것은 무엇이든지 불려나온다. 물론 어떤 것은 당장 튀어나오고, 어떤 것은 깊숙이 감춰진 창고 속에서 나오듯이 한참 찾아야만 나오고, 어떤 것은 서로 무리지어 나오고, 찾고 있는 것이 아닌데도 '혹시 우리 아닌가요?' 하는 투로 중간에 불쑥 나서기도 한다. 그럴 때마다 나는 저것들을 마음의 손짓으로 내 회상의 면전에서 쫓아내 내가 바라는 것이 바로 나오게 하고 숨은 데서 내 앞에 나타나게 한다.

또 다른 것들은 부르는 대로 쉽사리 또 막히지 않고 술술 연달아 나오고, 앞서 나온 것은 뒤따른 것에 자리를 내주고 사라지며 뒤로 물러서 기다리고 있다가 내가 원할 때 다시 앞으로 나선다. 내가 기억을 더듬어 뭔가를 얘기할 때에 이 모든 일이 일어난다."[46]

8.13. 감관으로 지각한 사물의 표상

"거기에는 모든 것이 개별로도 종류로도 보전되어 있으니 이는 각기 자기 통로를 거쳐서 반입된 것들이다. 빛과 온갖 색채와 물체의 형태는 눈을 통해서, 온갖 종류의 소리는 귀를 통해서, 모든 냄새는 코의 통로로, 모든 맛은 입의 통로로, 몸 밖에 있든 몸 안에 있든 단단하고 부드러운 것, 따뜻하고 찬 것, 부드럽고 거친 것, 무겁고 가벼운 것은 전신에 퍼져 있는 감관을 통해서 반입된다. 기억의 거대한 창고, 정확히 알 수는 없지만 기억의 내밀하고 형언 못 할 깊숙이 감춰

---

46) 교부가 구사한 용어를 살려 memoria는 '기억', recordatio는 '회상', reminiscentia는 '상기'로 구분해 옮겼다.

진 창고 속에 이 모든 것을 수용하고 있다가 필요할 때 부를 수 있도록 간직되어 있고, 재검토할 수 있게[47] 보관 중이다. 이 모든 것들이 각기 고유한 관문을 거쳐서 기억 속에 들어와서는 그 안에 저장된다. 그렇다고 그 사물들 자체가 들어가는 것은 아니고 지각된 사물들의 표상이 그 사물들을 상기해내는 사유 앞에 나타날 따름이다.[48]

그 표상들이 어떤 감관에 포착되어 내부에 저장되었는지는 분명하지만, 그 표상들이 어떤 방식으로 만들어졌는지 누가 알겠는가? 내가 어둠 속에서 침묵을 지키고 있는 동안에도 내가 원한다면 내 기억 속에 색깔을 떠올리고 하양과 검정을 구분하며 하고 싶은 대로 얼마든지 다른 색깔들과 구분해내기 때문에 하는 말이다. 색깔을 떠올리면서 소리가 끼어들지 않고, 눈으로 포착한 바를 사색하는 것을 소리가 교란시키지도 않는데, 소리는 그 자리에 있으면서도 마치 따로 저장된 듯이 숨어 있다. 그러다가도 마음이 내켜 소리를 불러내면 당장 와 있고, 심지어 혀는 가만히 있고 목청은 잠잠한데 멋대로 노래를 부르기도 한다. 저 색깔의 표상들이 그 자리에 없지 않지만, 귀로 흘러들어온 다른 창고가 작동하고 있는 한, 끼어들지도 않고 훼방하지도 않는다.

그밖의 다른 감관들을 통해서 들어오고 쌓인 여타의 것들도 마음 내키는 대로 회상하고, 코로 아무 냄새도 맡지 않으면서 백합의 향기

---

47) 사유라는 것은 앞 절에서는 기억에 축적된 감각적 자료를 "첨가하거나 삭제하거나 또한 변경하는" 활동으로, 이 절에서는 기억된 자료를 '재호출하고 재검토하는' 활동으로 정의되었다.
48) 표상은 기억을 통해서 사물을 인식하는 매개체다. "기억의 심층에 간직되어 있는 표상은 전에 감지된 사물들의 모종의 표본이며 우리는 정신으로 그것을 응시하면서 [사물을 이야기하고] 그런 말을 듣는 사람이 자기도 전에 그것을 감지했으므로 그 말로 배운다기보다는 본인 스스로 그 표상들을 일깨워내서 인식한다"(『교사론』, 12.39).

를 오랑캐꽃과 구분하고, 아무 맛도 보지 않고 손도 대보지 않고서도 상기하는 것만으로 포도즙[49]보다 꿀이 낫다 하고 거친 것보다 부드러운 것이 낫다 한다."[50]

8.14. 본인이 경험하거나 남의 말을 믿는 것 모두 기억의 대상

"나는 안에서 이 일을 한다. 내 기억의 거대한 궁정 속에서 한다. 거기서는 하늘도 땅도 바다도, 그것들 안에서 내가 감지할 수 있었던 모든 것들과 더불어 내 앞에 현전하고 있다.[51] 내가 망각한 것을 빼놓고 말이다. 내가 나를 만나며, 내가 무엇을, 언제, 어디서 어떤 모양으로 했는지도 거기서 기억하고, 그것을 했을 때 어떤 기분이었는지도 거기서 기억한다. 내가 경험한 것으로 기억하든 남의 말을 사실이라고 믿었다고 기억하든 모두 그곳에 있다.

내가 직접 경험한 사물들의 방대한 유사상類似像을 갖고서, 혹은 내가 경험한 바를 바탕으로 믿게 된 사물들의 유사상을 갖고서[52] 나는 지나간 것들에서 이런저런 형태로 구성해보기도 하고, 또 지나간 것들에 비추어 장차 올 행동과 사건과 희망을 엮어내기도 한다. 그러

---

49) 끓여서 시럽으로 만든 포도즙.
50) 현재라는 순간이 찰나에 과거로 사라지므로 '기억의 깊숙한 곳'에서만 그 순간들을 정지된 양상처럼 고찰할 수 있다.
51) 이 책, 10.11.18에 부언되듯이, 기억의 자료는 깊숙한 밀실로 사라져버리는 까닭에, 다시 불러내려면 마치 그곳으로부터 새로 '생각해내듯이' 해야 하고, 인식하려면 다시 긁어모으듯이 해야 한다.
52) 기억에 남겨진 물리적 사물의 표상은 직간접 경험을 막론하고, 수학이나 이념과는 다른 해당 사물의 유사상이다.

면서 지나간 것들도 장차 올 것들도 나는 마치 현재 일처럼 구상한다.[53] 내 정신의 거창한 창고, 무수한 사물들의 표상들로 가득 찬 은닉처에서 내가 나에게 '이것을 하고 저것을 하겠다'라고 말하면, 당장 이것이나 저것이 따라 나온다. 내가 '아, 만약 이것이었으면, 아니 저것이었으면!' 하거나 '하느님이 이 일에서, 아니 저 일에서 벗어나게 해주셨으면!' 하고 혼자 말하는 순간, 기억의 창고에서 내가 중얼거린 그 사물들의 표상이 당장 나타난다. 그러니까 그것들이 아예 존재하지 않았다면 내가 그 어느 것도 입에 올리지 못했을 것이다."[54]

8.15. 기억의 위력

저의 하느님, 기억의 저 능력은 참 크기도 합니다. 너무 큽니다. 광활하고 무량한 지밀至密입니다. 과연 그 누가 밑바닥에까지 이르겠습니까? 엄연히 제 정신의 능력이고 제 본성에 속하는 것임에도 저 자신도 저를 전부 차지하지 못합니다.[55] 자기 자체를 다 차지하기에는 정신이 너무 옹색한 무엇이라면, 자체에서 다 차지 못하고 남는 것은 도대체 어디에 존재한다는 말입니까?[56] 자기 안이 아닌 자체 밖에

---

53) 조금 뒤의 시간론(이 책, 11.18.23-11.20.26)에도 나오지만 인간은 기억과 예기 속에서 모든 시간을 현재의 시점과 연관지어 현존으로 엮는 능력이 있다.
54) 절대 망각의 상태란 존재하지 않는다. 인간의 모든 사유나 회상이나 발상은 기억을 자료로 엮인다. 기억에 관한 교부의 '독백'은 여기서 끝난다.
55) 지중해는 물론 대서양의 외연(外延)도, 성좌들이 가득한 천계의 외연도 대수롭지 않게 의식의 지평 안에 내포시키는 인간 지성이 기억에 간직된 자기 자신은 의식의 외연에 담지 못한다는 경이로움을 실토한다.
56) "인간은 자기 자신에게 미지의 존재입니다. 그리고 사람이 자기를 알려면 감관으로부터 멀어지고, 정신을 가다듬어 자신에게 집중하며, 자기 자신 안에

존재한다는 말입니까? 대체 어째서 차지하지 못하는 것입니까?⁵⁷⁾ 이것을 두고 많고 많은 경이감이 저에게 솟아오르고 아득한 혼미함이 저를 사로잡습니다.⁵⁸⁾

사람들은 높다란 산들과 바다의 거대한 파도, 넓디넓은 폭의 강들과 대양의 끝, 별자리의 운행을 감상하러 갑니다. 그러면서도 정작 자기를 두고는 소홀해 제가 눈으로 직접 보지 않고도 이 모든 것을 얘기할 수 있다는 사실에 대해서는 놀랍게 생각하지 않습니다. 산이며 파도며 강이며 별자리는 제가 본 것으로 이야기하고, 대양은 제가 보지 못해서 믿기만 하는데, 제 기억 속에서 거대한 공간에 놓고서 보듯이, 바깥으로부터 보듯이 합니다. 그렇다고 제가 눈으로 보았을 때 저것들을 보고 제 속으로 흡입한 것도 아니고, 그것들이 제 앞에 자리 잡고 있는 것도 아니며, 단지 그것들의 표상이 제 앞에 있을 뿐이었습니다. 단지 제가 아는 것은 신체의 어떤 감관에 의해서 무엇인가 제게 각인되었다는 사실입니다.

9.16. 자유학예로 습득한 모든 개념

제 기억의 그 무한한 용량이 저런 것들만 저장하는 것이 아닙니다.

정신을 붙들어 놓아야 합니다"(『질서론』, 1.3.3).
57) 교부는 인간의 기억에서 '하느님을 포괄하는 능력'(capax dei)까지도 간파한다. 인간은 "하느님을 수용할 만하다는 점과 하느님께 참여할 수 있다는 점에서 하느님의 모상이다. 그러니 분명히 지성은 자기를 기억하고 자기를 이해하며 자기를 사랑한다"(『삼위일체론』, 14.8.11).
58) 제10권 끝부분에 "제 기억의 그윽한 처소로 … 들어갔으며, 숙고했고, 두려움을 느꼈으며, 저는 당신 없이는 그중의 무엇도 분별할 능력이 없었고, 또 그중 무엇도 당신이 아님을 발견했습니다"(10.40.65)라는 문장으로 이 경이로움을 나타낸다.

여기에는 자유학예에서 습득한 아직 망각되지 않은 것들도 모두 있습니다. 그것들은 그윽한 내면의 공간(그냥 공간이 아닙니다)에 자리잡고 있고, 여기서 제가 처리하는 대상은 그것들의 표상이 아니라 그 사물 자체입니다.[59] 문학이 무엇인지, 변증법이 무엇인지,[60] 토론 주제가 몇 개인지에 관해서 제가 아는 것이 있다면 그것들이 저의 기억에 그대로 존재합니다. 이런 경우 제가 표상만 취하고 사물은 밖에 남겨두는 것이 아닙니다. 이와 달리 소리는 한 번 소리 나고 지나가 버리지만 귀를 통해서 각인된 소리는 메아리처럼 자취를 남겨 더 이상 소리가 울리지 않음에도 그 자취에 의해서 소리가 나는 것처럼 생생합니다.

냄새 역시 지나가고 바람에 흩어져버리지만 후각을 자극해 냄새의 표상을 기억에 전달하고 그 표상을 상기함으로써 저희가 냄새를 되새기게 됩니다. 음식 또한 뱃속에서는 이미 그 맛이 느껴지지 않지만 기억에서는 아직도 그 맛이 납니다. 신체로 만져서 감지되는 것 역시 저희 신체와 분리된 뒤에도 기억에 의해 영상이 떠오릅니다.[61] 이 모든 경우에 저 사물들 자체가 기억 속으로 들어오는 것은 아니고 저것들의 표상들만 놀랍고도 빠르게 붙잡힙니다. 이것들은 신기한 쪽방들에 배치되어 있다가 상기하는 순간 신기하게도 다시 튀어나오곤 합니다.

---

59) 오관으로 감지한 물체들은 표상을 통해서 기억에 존재하지만 숫자와 추상적 이념 등은 그 자체로 기억에 존재한다.
60) 문학에 관해서 아우구스티누스는 *De grammatica*(문법론), 논리학에 관해서는 *De dialectica*(변증법)을 집필해 남겼다.
61) 교부에게 감각적 사물에 대한 '사유'란 그것이 감관에 각인시킨 '표상들'을 조작하는 과정이다. 그런데 숫자나 원리나 이념 같은 추상적 대상은 이처럼 사유되지 않는다.

10.17. 학식이나 지식은 어디서 어떤 경로로 기억에 들어가는가

그 대신 토론 주제의 숫자가 셋이라면서, "존재하느냐?", "무엇이냐?", "어떤 것이냐?" 하는 말을 제가 들을 경우,[62] 이 문장들의 단어를 이루는 음성들의 표상은 제가 간파하고 있지만, 그 소리들은 발성을 거쳐 귀를 통해 전달되고 나면 더 이상 존재하지 않음을 압니다. 그 소리로 지시되는 사물 자체는 신체의 어느 감관으로도 포착되지 않으며 저의 정신 밖 어디에서도 보이지 않습니다. 기억에 저장되어 있는 것은 그 사물들의 표상이 아니고 그 사물들 자체입니다.

그러면 그것들이 어디서 저에게 들어왔는지, 가능하다면 누가 말해주었으면 좋겠습니다. 왜냐하면 제 육신의 모든 출입문들을 샅샅이 살펴보아도 그것들이 들어온 문을 제가 찾아내지 못했기 때문입니다. 눈은 이렇게 말합니다. "색깔을 띤 것이라면 우리가 전달했다." 귀는 이렇게 말합니다. "소리가 났더라면 우리한테 신고되었을 것이다." 코는 "냄새가 났더라면 우리를 통과해서 전달되었다"고 합니다. 맛을 보는 감관도 "맛이 없는 것이라면 나한테 아무것도 묻지 마라"라고 합니다. 촉각은 말합니다. "몸체가 아니라면 내가 만지지도 못했고, 내가 만지지 못했다면 신고하지 않았다."

그럼 저런 것들이 어디서 어디를 거쳐 제 기억 속으로 들어왔습니까? 어찌 된 일인지 저는 모릅니다. 제가 저것들을 배운 것은 저에게 일러주는 남의 마음을 믿어서가 아닙니다. 저의 마음[63]으로 알아

---

62) 조금 아래에서도(10.40.65) 경험계의 사물들을 총칭해 "과연 그것들이 존재하는지(an essent), 무엇인지(quid essent), 얼마나 가치를 부여해야 하는지(quanti pendenda essent) 저 빛에게 묻는다."

63) 아우구스티누스에게 '마음'은 '지성'과 동일하면서, 지성과 의지와 감성을 한

냈으며, 그것이 진리라고 수긍했고,[64] 그런 다음 어딘가에 보관하듯이 기억에 맡겼으며 원할 때마다 꺼낼 생각이었습니다. 그러니까 제가 그것들을 배워 알기 전에도 그것들이 거기에 있기는 했는데 단지 기억에는 없었을 뿐입니다. 그런데 그것들이 언급될 때 제가 인정했고 "그렇다. 참말이다"라는 말을 했는데,[65] 이미 기억 속에 자리 잡고 있었기 때문이 아니라면 어디서 혹은 어째서 그렇게 했다는 말입니까?[66] 깊숙이 숨겨진 동굴 속처럼 아득하고 까마득한 기억이어서, 누군가 암시를 해주지 않으면 저로서는 생각조차 할 수 없었던 것 아닙니까?

11.18. 왜 사유는 흩어진 것을 거두는 모양으로 발생하는가

그러므로 저희가 저런 것들을 배운다 해도[67] 다음과 같이 생각할

데 일컫는 말이다.
64) 추상적 개념이 머릿속에 떠오른 경우 지성은 내면에 거처하는 신적 광명 또는 교사에게 문의해 진위와 확실성을 판단하고 수긍하게 된다는 것이 아우구스티누스의 조명설이다.
65) "천상 물체든 지상 물체든 물체의 아름다움을 감상하면서, 대체 무엇이 제 앞에 현전하기에, 제가 가변적인 사물들을 두고 '이것은 이래야 되고, 저것은 저래야 된다'라고 판단하거나 말하는지, 그 근거가 무엇인지 따지게 되었습니다. 다시 말해서, 제가 그런 판단을 내릴 때에 무엇에 근거해서 판단하느냐를 탐구하면서 저는 가변적인 저의 지성 위에 있는 진리의 영원, 불변하고 참된 영원을 발견했습니다"(이 책, 7.17.23).
66) 이념들은 "공간에 있는 가시적이거나 감촉되는 사물들이 신체 기관에 현전하듯이, 그것들은 비물체적인 자연본성을 갖춘 채로 지성의 시선에 알 만한 사물로서 현전한다"(『삼위일체론』, 12.15.24).
67) 감각적 지각에서 유래하지 않고 따라서 표상도 간직되지 않은 추상적 개념들을 어떻게 '배운다'고 말할 수 있는지 설명한다.

수밖에 없음을 깨닫기에 이릅니다. 우선 감관을 통해 저것들의 표상을 이끌어내는 것이 아닙니다. 저것들은 아예 표상이 없으며, 존재하는 그대로, 그 자체를 통해 저희가 내면에서 감지합니다. 아마도 기억이 여기저기 정돈되지 않은 채 그것들을 간직하고 있었는데 사유함으로써 마치 그것들을 한데 긁어모으고,[68] 주시注視함으로써 그것들을 보살피는 것이 아닐지도 모릅니다.

처음에는 기억에 흩어져 내팽개쳐진 채로 숨겨져 있던 것들이 기억 속에서 손에 닿는 위치에 놓이고 일단 친숙해진 지향指向과 쉽게 마주친다는 것입니다.[69] 제 기억이 이런 종류의 것들을 얼마나 많이 운용하고 있는지 모르지만, 저런 것들이 일단 발견되고, 제가 방금 말한 대로, 마치 손에 닿는 위치에 놓일 때 '우리가 배웠다', '우리가 안다'라고 말합니다.[70] 제가 만일 상당한 시간 간격을 두고 저런 것들을 떠올리기를 그만둘 경우, 다시 가라앉아 깊숙한 밀실로 사라져버립니다. 이후 다시 불러내려면, 마치 새로운 것들을 생각해내듯이[71] 그곳으로부터 불러내야 하고(저것들이 자리 잡은 다른 영역이 따로 없기 때문입니다) 인식하려면 다시 긁어모으듯이 해야 합니다.

다시 말해서 일종의 분산分散으로부터 응집凝集시키듯이 하므로 '생각을 모으다'라는 말이 나왔습니다. cogo와 cogito라는 동사는 ago와 agito, facio와 factito 사이의 관계와 흡사하기 때문입니다.[72] 여하튼

---

[68] 아우구스티누스의 설명에 의하면, 개념적 사유의 첫 단계는, 영원한 진리로부터 인간 오성에 직접 부여된 개념들이 기억에 간직되어 있다가 인간 지성이 사유를 전개하면서 그것들이 한데 응집되는 작업이다.
[69] 다음 단계는 그렇게 간추려진 개념들을 지성이 유의함으로써 그것들이 언제든지 지성의 지향에 호출되어 나오도록 하는 일이다.
[70] 적어도 추상적 개념들은 지성에 의해서 발견되고, 가용적이 되면서 '배웠다'는 단계를 따른다.
[71] '생각해내다'(ex-cogitare)라는 동사는 전치사(ex)대로 '…에서 생각을 끄집어내다'라는 의미다.

정신은 이 단어를 어디까지나 자기 것이라고 주장했습니다. 다른 곳이 아닌 정신 안에 '긁어모아진다'는 뜻으로, 그야말로 '모아진다'는 뜻으로 그 말을 채택했습니다. 그렇게 해서 사유를 고유하게 '생각을 모으다'라고 일컫습니다.[73]

12.19. 수와 차원의 개념과 법칙

기억은 또한 수와 크기에 관한 무수한 개념과 법칙도[74] 간직하고 있습니다. 이 가운데 어느 개념이나 법칙도 색채를 띠지도 않고 소리를 내지도 않고 냄새를 풍기지도 않으며 맛이 나거나 만져지지도 않는 것을 보면 신체 감관이 각인시킨 것이 아닙니다. 그런 개념들을 놓고 토론할 때 의미를 지시하는 단어들의 소리는 들었습니다만 소리와 개념은 다른 것입니다. 단어의 소리는 그리스어에서 다르고 라틴어에서도 다르지만 개념은 그리스어도 아니고 라틴어도 아니고 그 외 어떤 종류의 언어도 아닙니다.

저는 건축기사들이 그려내는 아주 가느다란 선, 거미줄처럼 가느다란 선을 본 적이 있습니다. 그렇지만, 기하학의 선은 육안이 제게 알려준 표상과는 다른 별개의 선입니다. 누구든지 선을 아는 사람은 어떠한 물체도 머릿속에 떠올리지 않은 채로 내면에서 그 선을 파악합

---

72) 동사 agito(하게 만들다)가 ago(행동하다)에서 파생되었고, factito(자꾸 만들다)가 facio(만들다) 동사에서 나왔듯이 동사 cogito(생각하다)는 cogo(한데 모으다)에서 유래했다는 설명이다(바로, *De lingua Latina*, 6.43).
73) conligitur(긁어모으다)가 cogitur(모으다), cogitare(생각을 모으다=생각하다)로 이어졌다는 어원학적 설명을 계속한다.
74) '수'는 대수(代數)를, '크기'는 기하를, '개념'은 사칙연산, 비례, 도형 등을, '법칙'은 공리와 증명을 가리키던 수학 용어였다.

니다.[75] 숫자라는 것을 저희는 신체의 모든 감관을 통해 감지하고 셉니다. 그렇지만 저희가 계산에 사용하는 수리^{數理} 자체는 전혀 다른 수입니다. 이 수리는 신체 감관으로 감지하는 숫자의 표상도 아닙니다. 그래서 이 수리야말로 참으로 존재합니다.[76] 수리를 보지 못하는 사람이 이런 말을 하는 저를 비웃어도 상관없습니다. 저 역시 저를 비웃는 사람을 두고 탄식하고 싶습니다.

13.20. 이 모든 것이 어떻게 인식되는가[77]

저는 이 모든 것들을 기억으로 간직하고 있고, 이것들을 어떻게 배웠는지도 기억으로 간직하고 있습니다. 이 사실에 관한 그 많은 논지들, 곧 이런 사실에 반대해 제기되는 지극히 거짓된 논지들을 제가 들었는데 그것을 간직하고 있는 것 또한 기억입니다. 그 논지들은 허위이지만 제가 그 논지들을 기억하고 있다는 사실은 허위가 아닙니다. 또 저 참된 논지들과 거기에 맞서서 제기되는 이 거짓 논지를 제가 구분했다는 사실마저 저는 기억합니다.

그런가 하면 다음 두 가지가 엄연히 다르다는 사실도 저는 기억하고 있습니다. 저것들을 제가 구분하고 있다는 사실을 지금의 제가 인

---

75) "모든 숫자가 불변하고 확고하고 불후하다고 생각하는 이 법칙을 도대체 우리는 어디서 직관하는가? 신체적 감관은 알지 못하는 내면적 빛 안에서 관조되지 않는다면, 도대체 어떤 표상이나 영상으로 우리는 무한한 계열의 숫자들에 해당하는 이 확실한 수의 진리를 그토록 자신 있게 아는가?"(『자유의지론』, 2.8.23).
76) 교부는 추상적인 가지수(可知數)와 경험적으로 헤아리는 감각수(感覺數)를 구분한다.
77) 인간의 기억 자체를 분석하며 그 엄청난 포괄능력(capax)에 놀라게 된 아우구스티누스는 '기억은 곧 영혼'이라는 결론에 접근한다.

식하고 있다는 점과, 제가 과거에 저것들을 자주 생각하면서 저것들을 수시로 구분했다는 사실을 지금 기억하고 있다는 점은 엄연히 다릅니다.[78] 제가 과거에 그것들을 자주 인식하였다는 사실을 제가 지금 기억하고 있을뿐더러, 지금 제가 그것들을 구분하고 인식하고 있다는 사실도 기억하고 있으며, 훗날 제가 그것들을 인식했었다는 사실을 기억해내려고 구분하고 인식했다는 것 역시 기억에다 저장하는 중입니다.[79] 그러니 제가 기억하고 있음을 저는 기억하며, 제가 지금 떠올릴 수 있었다는 사실을 만약 제가 훗날에 회상할 것이라면, 그 일 역시 기억의 힘으로 떠올릴 것입니다.[80]

14.21. 영혼의 정서 상태

제 영혼의 정감들을[81] 간직하는 것도 같은 기억입니다. 그런데 영혼 자체가 그 정감들을 수용하면서 기억하게 되는 그런 양상으로 기억되는 것이 아니고, 그와는 매우 다른 방식으로, 곧 기억력의 정도에

---

78) '기억에 관한 견해 차이'를 지금 파악하고 있고, 과거에 파악했고, 미래에도 떠올리는 사유의 전일성(全一性) 곧 전적으로 현재에서 출발해 과거로 소급하고 미래를 예기하는 기억의 능력을 말한다.
79) "인간 지성의 시선은 잠시 스쳐가는 것이면서도 무엇인가 덥석 물어 마치 뱃속에 삼키듯이, 기억 속에다 저장해두고, 그것을 상기해내어 어떤 방식으로든 반추하며, 이렇게 습득한 바를 지식에다 저장할 수 있는 듯하다"(『삼위일체론』, 12.15.24).
80) 교부가 쓰는 '기억'(memoria), '회상'(recordatio), '상기'(reminiscentia) 세 단어를 한 문장에서 모두 구사한다.
81) 영혼의 감수성(affectiones animi): 그리스어 'πάθη', 'πάθος'의 번역이다. 일반적으로는 '수용', '반응', 감관이나 기억에 남는 '인상', 인간 심성에 일어나는 '정감', '감성', 이성적인 면과 대조되어 쓰이면 '감정', '격정'으로 번역이 가능하다.

따라서 기억됩니다. 제가 지금 즐겁지 않으면서도 제가 한때 즐거웠다는 사실을 떠올릴 수 있고 제가 슬프지도 않으면서 지나간 내 슬픔을 회상하며, 두려움이 없으면서도 제가 한때 무엇을 두려워했다는 사실을 회고하고, 욕심이 없으면서도 과거에 욕심 부리던 일을 추억합니다.

이와는 반대로 지나간 제 슬픔을 지금은 즐겁게 떠올리는가 하면 기뻤던 일을 슬픔에 잠겨 회상하기도 합니다. 신체를 두고 이러한 일이 일어난다면 이상할 것이 없습니다. 영혼이 다르고 신체가 다르기 때문입니다.[82] 신체의 지나간 괴로움을 제가 즐겁게 기억하는 것은 그다지 이상하지 않다는 말입니다. 그런데 이것은 아주 다릅니다. 기억 자체가 곧 영혼이기 때문입니다. 이렇게 기억 자체를 영혼이라고 부르면서[83] 무엇을 기억하고 간직해두라고 명령할 때 저희는 "그것을 마음에 간직하도록 하라!" 하고 말합니다. 또 저희가 무엇을 잊어버리면 "마음에 두지 않았다"거나 "마음에 없었다"라고 합니다.[84] 사실이 그렇다면 이것은 어찌 된 일입니까? 곧 제가 지나간 슬픔을 기억하며 기뻐하는 경우, 마음은 기쁨을 품고 있고 기억은 슬픔을 품고 있으니 말입니다. 마음이 기쁜 것은 그 속에 기쁨이 있기 때문일 텐데 기억은 그 속에 슬픔이 내재하고 있는데도 왜 슬퍼지지 않는 것입니까? 기억이 마음에 딸리지 않았다는 말입니까? 누가 그런 말을

---

[82] 아우구스티누스의 저술에서 '감각'이란 "신체 감관에서 일어난 반응을 영혼이 놓치지 않는 것"으로 정의된다.
[83] 아우구스티누스가 이성적인 영혼(anima rationalis)을 지칭하는 데 쓰는 animus는 문맥에 따라, '정신', '마음'으로도 번역이 가능하다. 이하 마음으로 번역했다.
[84] 라틴어 관용구 illud in animo habeas는 "마음에 간직하라[염두에 두라]", non fuit in animo는 "마음에[염두에] 두지 않았다", elapsum est animo는 "정신없었다"라는 뜻이다.

하겠습니까?

만일 그렇다면 기억은 영혼의 위장 정도인 셈이고 기쁨이니 슬픔이니 하는 것은 단 음식이나 쓴 음식과 비슷한 것이 됩니다. 기쁨과 슬픔이 기억에 맡겨질 때는 마치 위장 속에 들어간 음식처럼 거기 담겨 있을 수는 있지만 맛을 낼 수는 없는 것처럼 말입니다. 전자를 후자와 비슷하다고 여기는 것은 우스운 일이지만 그렇다고 전혀 다른 것도 아닙니다.[85]

14.22 보십시오, 제 영혼의 격정이 욕망, 기쁨, 두려움 그리고 슬픔 네 가지라고 언급할 때에는 기억에서 끄집어내는 것입니다. 그중 어느 것이든 나름대로 하나씩 그 고유한 종^種과 유^類에 따라서 나누고 정의함으로써[86] 토론을 할 수 있습니다. 그렇더라도 결국은 제가 말하는 것은 기억에서 찾을 수 있으며 거기 기억에서 꺼내집니다. 제가 저런 격정들을 되새기며 기억해낸다고 하더라도 저 격정들 가운데 어느 한 것에라도 제가 동요하는 일은 없습니다. 저에게 되새겨져서 다시 다뤄지기 전에도 그것들은 거기 기억에 자리 잡고 있었습니다. 바로 그래서 회상을 통해서 그곳으로부터 끌려나올 수 있었던 것입니다. 아마도 음식이 되새김질되면서 위장에서 나오듯이[87] 저것들도 기억으로부터 회상되면서 떠오르는 것입니다.

---

85) 희로애락에 관한 기억은 그러한 정감이 발생했다는 기억이므로 그 사태 발생에 관한 도덕적 판단이 수반되기 마련이다. 그러므로 교부는 쓴맛과 단맛은 기억하지만 그 맛이 느껴지지는 않는 것과 흡사하다고 비유했다.

86) 사물(예: '사람')의 정의를 내리는 일은 유(genus: '동물')에 종차(種差: '이성')를 첨가함으로써 인간이라는 종을 동물이라는 유(類)로부터 분리해서 "인간은 이성적 동물이다"라는 명제를 만드는 작업이다.

87) 앞 절에서 '기억'과 '정감'을 위장과 음식으로 비교했으므로 떠올리는 것은 소의 '되새김질'로 비유된다.

그렇다면 토론하는 당사자 곧 상기해내는 사람으로서 생각하는 입에 기쁨의 단맛이나 슬픔의 쓴맛이 왜 느껴지지 않는 것입니까? 모든 점에서 유사하지는 않기에 다른 것입니까? 슬픔이나 두려움을 입에 올릴 때마다 어쩔 수 없이 슬퍼지고 두려워진다면 누가 이런 말을 입에 올리고 싶겠습니까? 하지만 신체 감관에 의해서 인각된 표상들에 상응하는 명사들의 소리만 기억에 간직되는 것이 아니고 사물 자체의 개념까지도 저희 기억에서 발견할 수 없다면, 저희가 저런 것들을 입에 올리지 못할 것입니다. 그 개념들은 어떠한 육신의 관문을 통해서 받아들인 것이 아니고 영혼 자체가 저런 정감들을 수용하며 저것들을 감지하고 기억에다 위탁했거나, 기억 자체가 저런 것들을 위탁받은 바 없이 스스로 저장하고 있었거나 둘 중의 하나입니다.[88]

15.23. 모든 것이 표상을 통해서 상기된다고 단정하기 어렵다

하지만 이런 작용이 표상을 통해서 이뤄지는지 아닌지 누가 쉽사리 말할 수 있겠습니까? 제가 '돌'을 말하고 '태양'을 말할 때에 제 감관에 그 사물들이 실재하는 것은 아닙니다. 하지만 제 기억에는 그 사물들의 표상이 당연히 현전합니다.[89] 그런데 '신체의 고통'을 말하더라도 아픈 곳이 없는 한 그것이 제게 실재하는 것은 아닙니다. 그러나 제 기억 속에 그것의 표상이 실재하지 않는 한 제가 하는 말이

---

[88] 기억에 간직된 것은 신체가 경험한 결과이거나 직접 수여받은 개념이거나 둘 중 하나라는 주장이다.
[89] 물리적 사물은 감각적 지각에서도 기억에서도 사물 자체가 실재하는 것이 아니라 그 사물의 표상이 현전하는 것이다.

무슨 말인지 알 길이 없을뿐더러, 신체의 고통을 거론하면서 이를 쾌락과 구분하지도 못합니다. 제 몸이 건강할 때 '몸의 건강'이라는 말을 합니다. 그러니까 그럴 때에는 저에게 건강이라는 사물 자체가 실재합니다. 하지만 저의 기억 속에 그 사물의 표상이 내재하지 않는다면 '건강'이라는 이 명사의 소리가 무엇을 의미하는지 전혀 상기하지 못할 것입니다. 병치레를 하고 있는 사람들도 '건강'이라는 단어가 무엇을 말하는지 알아듣는 이유는, 건강이라는 사물 자체는 비록 신체에 부재하지만, 기억의 힘으로 건강에 대한 동일한 표상을 간직하고 있기 때문입니다.

그런데 저희가 계산하는 데 사용하는 수리를 제가 말하는 경우 저의 기억 속에 실재합니다만 그것은 수리의 표상이 아니고 수리 자체입니다. 제가 '태양의 표상'이라는 것을 말할 경우, 그 표상이 저의 기억 속에 실재합니다. 이때 태양의 표상의 표상을 제가 상기하는 게 아니고 표상 자체를 기억에 떠올립니다. 그것을 상기하는 저에게 태양의 표상 자체가 현전하는 것입니다. 제가 '기억'을 부르고 제가 말하는 것이 무엇인지 압니다. 그런데 기억 자체 그 속에서가 아니면 어디서 알 수 있겠습니까? 기억이 기억 자체의 표상을 통해서 기억 자체에 실재하는 것이고 기억 자체를 통해서 실재하는 것이 아니라는 말입니까?[90]

16.24. 망각

제가 '망각'을 말할 때에 제가 부르는 그것을 저는 인식하고 있습

---

[90] 표상의 표상(imago imaginis), '기억' 또는 추상적 개념들은 표상 없이 기억에 현전한다.

니다. 제가 기억하고 있지 않다면 무슨 수로 망각이라는 것을 인식하겠습니까? 제가 안다는 말은 '망각'이라는 낱말의 소리가 아니고 그 낱말이 의미하는 사물입니다. 그 사물을 망각하고 있다면 저 소리가 무슨 가치를 띠는지 인식하지 못할 것입니다. 그러므로 제가 기억할 때 기억은 자체를 통해서 현전하는 셈입니다. 또 제가 망각을 기억할 때에는 기억도 현전하고 망각도 현전하고 있으니, 기억은 제가 그것으로 망각을 기억해낸다는 점에서 현전하고 망각은 제가 망각을 기억하고 있다는 점에서 현전합니다.[91] 하지만 망각이란 기억의 결핍이 아니면 무엇입니까?[92] 그렇다면 망각은 어떤 식으로 실재합니까? 망각이 실재하는 한 제가 기억해내는 일이 불가능할 텐데 어떻게 제가 망각을 기억한다는 말입니까? 저희가 기억하는 내용을 기억으로 간직하고 있는 만큼, 망각 역시 기억하고 있지 않았더라면 '망각'이라는 낱말로 듣고서 그 낱말이 의미하는 것을 절대로 인식 못 했을 것이므로, 망각 역시 기억에 의해서 간직되어 있습니다.

   그러니까 망각이 실재하면 저희가 망각하고 말아야 하니 망각은 저희가 망각하지 않을 만큼만 실재하는 것입니다. 그렇다면 저희가 망각을 기억하는 경우, 망각이 그 자체로 기억에 내재한다기보다는 자체의 표상을 통해서 내재한다고 이해해도 되겠습니까? 망각이 만약 그 자체로 현전한다면 저희는 기억하는 것이 아니라 망각하게 될 것이기 때문입니다. 하지만 과연 누가 이것을 조사해볼 수 있겠습니까? 사실이 어떤지 누가 이해할 수 있겠습니까?

---

91) 망각과 기억의 공존은, 제가 망각한 사실을 기억하고, 기억을 갖고서 망각한 사실을 기억한다는 사실, 곧 기억하는 망각(qua)과 기억된 망각(quam)이 둘 다 현전한다는 사실을 시사한다.
92) 어둠은 빛의 결핍이요 침묵은 소리의 결핍이지만(이 책, 13.2.3 참조) 망각은 무지(無知), 곧 지식의 완전 결핍과 같지 않다.

16.25   주님, 저는 바로 이러한 점에서 고생하고 있습니다. 제 자신을 두고 고생하고 있습니다. 제가 저 자신에게 고통의 땅, 지나치게 땀을 흘리게 하는 땅이 되고 말았습니다.[93] 저희는 지금 천계의 구석구석을 탐구하는 것도 아니고 성좌들 간의 거리를 재거나 땅의 무게를 저울질하는 것도 아닙니다. 저, 기억을 하는 저, 영혼인 저일 뿐입니다.[94] 저 아닌 것이 저한테서 멀리 있다면야 그다지 놀랍지 않습니다. 저보다 저한테 가까운 것이 무엇이겠습니까?[95]

그런데도 제 기억의 위력은 저에게 파악되지 않습니다. 기억이 없다면 제가 저를 명명하지도 못하는 터에 말입니다. 만일 "망각을 기억한다는 것이 나에게는 분명하다"라고 말할 때 저는 과연 무슨 말을 하고 있는 것입니까? 제가 기억하는 바가 저의 기억 속에 존재하지 않는다는 말을 하려는 것입니까? 그것이 아니라면 망각이 저의 기억 속에 내재하는 것은 제가 망각하지 않기 위함이라는 말을 하려는 참입니까? 둘 다 불합리한 말입니다. 그러면 이 세 번째는 어떻습니까? 제가 망각을 기억해낼 때 제 기억에 의해서 간직되고 있는 것은 망각 자체가 아니라 망각의 표상이라는 말인데, 무슨 수로 그런 말을 합니까?

어떤 사물의 표상이 기억에 각인될 수 있으려면 먼저 사물 자체가 존재할 필요가 있습니다. 그런데 어떻게 그런 말이 가능합니까? 제

---

93) 창세기 3:17-19 참조("땅 또한 너 때문에 저주를 받으리라. 너는 죽도록 고생해야 먹고 살리라. … 너는 흙에서 난 몸이니 흙으로 돌아가기까지 이마에 땀을 흘려야 낟알을 얻어먹으리라. 너는 먼지이니 먼지로 돌아가리라").
94) 기억이 영혼의 한 기능인 것이 아니라 영혼 자체가 곧 자아라는 뜻이다.
95) "자기를 [알려고] 모색한다는 바로 그점에서 자기가 자기에게 미지의 존재이기보다는 기지(既知)의 존재임이 확인된다. 자기를 인식하려고 모색하는 이상, 자기가 모색하는 사람이면서도 또한 [자기를] 모르는 사람임을 알고 있다"(『삼위일체론』, 10.3.5).

가 카르타고를 기억하는 것이 그렇고, 제가 가본 모든 장소를 기억하는 것도 그렇고, 제가 본 적 있는 사람들의 얼굴이 그렇고, 여타 다른 감각들의 제보가 그렇고, 신체의 건강이나 고통이 그렇습니다.

저런 것들이 현전할 때에 기억이 저것들로부터 표상을 포착한 것입니다. 그렇기에 이후 저것들이 부재함에도 불구하고 저것들을 회상해낼 때에는 그 표상들이 현존하는 것처럼 직관하고, 마음으로 그 표상들을 재검토하기에 이를 수 있습니다.[96]

그래서 만약 망각이 그 자체를 통해서가 아니라 그 표상을 통해서 기억 속에 간직된다면, 그 표상이 포착되려면 그것 자체가 실재했어야 합니다. 다만 망각 자체가 실재했다면, 어떻게 자체의 표상을 기억 속에다 각인시킬 수 있었겠습니까? 망각이라는 것은 이미 인지되었다고 확인된 것마저 자체의 현전만으로도 지워버리는데 말입니다.[97] 그럼에도 불구하고 망각 그 자체, 저희가 기억하는 바를 말살시키는 그 망각을 제가 기억하고 있음은 분명합니다.[98] 그 방식이 비록 불가해하고 설명할 수 없다고 하더라도 어떤 방식으로든 제가 망각을 기억하고 있습니다.

---

96) 물체가 감관 앞에 현전하는 동안은 마치 도장이 밀초에 박혀 있는 것과 같아서 물체가 사라지면서 그 표상이 마음에 떠오른다. 도장이 치워져야 밀초에 새겨진 인장이 눈에 보이는 것처럼 말이다.
97) 기억에서 없애는 망각이 망각 자체의 표상을 기억에 각인시켜 남긴다는 말은 모순되는 이야기다.
98) 망각은 그 자체로도, 표상으로도 기억에 실재한다고 단정할 수 없는 이유는 망각이 전체적인 것이 아니고 부분적이기 때문이라는 해답이다. 뭔가를 잊었다고 하면서 그것을 상기하려는 노력은 망각이 부분적임을 입증한다.

17.26. 기억을 넘어서 그 위로 하느님을 찾아야 한다

기억의 위력은 대단합니다. 뭐가 두려운지는 저도 모르겠으나, 저의 하느님, 바닥을 모르시고 한계도 없으신 그 다면성! 바로 이것이 영혼이고 바로 이것이 저 자신입니다.[99] 그렇다면 저의 하느님, 저란 대체 무엇입니까?[100] 저라는 것은 도대체 어떠한 자연본성입니까? 다양하고 다채로운 생명, 어처구니없이 무량한 생명입니다.

보십시오, 제 기억의 무수한 광장과 동혈洞穴과 동굴은 무수한 종류의 사물로 도저히 헤아릴 수 없을 만큼 가득 차 있습니다. 모든 물체들의 경우처럼 그 표상을 통해서, 학문들의 경우처럼 그 현존을 통해서, 마음의 정감들처럼 저도 이해하지 못하는 개념이나 기호들의 관계를 통해서 가득 들어와 있습니다.[101] 마음이 현실적으로 지각하고 있지 않는 동안은 이것들을 기억이 간수하고 있습니다, 물론 기억 속에 존재한다는 것은 영혼 속에 존재하는 것이지만요. 이 모든 것을 통해서 저는 이리저리 치닫고 이리저리 날아다니며 가능한 만큼 들어가는데도 어디에도 끝이 없습니다.

비록 죽음으로 사는 인간 속에 있지만[102] 기억의 힘은 이토록 위대

---

99) "기억이 곧 영혼이고 기억이 곧 저의 자아입니다"라고도 번역할 수 있다.
100) "제 자신이 제게 커다란 수수께끼가 되었고"(이 책, 4.4.9). "인간이란 그 자체가 실로 위대한 심연입니다"(이 책, 4.14.22). "여러분도 인간에게 대단한 깊이가 있다고 믿지 않습니까, 자기 안에 있는 그 깊이가 본인에게도 숨겨질 만큼? … 그러므로 모든 인간은 하나의 심연입니다"(『시편 상해』, 41. 13).
101) 감각적 사물은 표상을, 수리 같은 학문지식은 그 자체를, 마음의 감정은 인식론적 측면에서는 개념을, 경험적 측면에서는 기호와의 연관을 기억에 남기는 것으로 설명한다
102) "제가 막상 드리고자 하는 말이 제가 어디로부터 이곳에 왔는지 모른다는 것 말고 무엇이겠습니까? 말하자면 어디로부터 이 죽을 생명, 아니면 산 죽

하고 생명의 힘도 이토록 위대합니다. 저의 하느님, 저의 참생명이신 분이시여, 제가 이제 무엇을 해야 합니까? 저는 기억이라고 불리는 저의 이 힘마저 통과해 넘겠습니다. 그것을 통과해 넘어서, 달콤한 빛이시여, 당신께로 곧장 달려가겠습니다. 제게 무슨 말씀을 하시겠습니까? 보십시오, 저는 저의 영혼을 통해서 당신께로, 제 위에 머무시는 까마득하게 먼 당신께로 오르면서 기억이라 불리는 저의 이 힘마저 통과해 넘겠습니다.[103] 당신께서 만져지실 수 있는 한까지 당신을 만지고 싶어서, 당신께서 안기실 수 있는 한까지 당신을 안고 싶습니다. 짐승과 새들도 기억을 갖고 있습니다. 그렇지 않다면 둥지와 소굴을 찾지 못할 것이고 습관적인 다른 여러 행동도 못 할 것입니다. 기억을 통하지 않으면 어떤 일에도 습관이 생길 수 없기 때문입니다.

그러니 저는 기억도 통과해 넘겠습니다. 저를 네발짐승들로부터 구분해 갈라놓으신 분, 하늘의 날짐승들보다 저를 지혜롭게 만들어주신 분을 만져보기 위함입니다. 기억도 통과해 넘겠습니다만 어디서 당신을 만나뵐 수 있습니까? 참으로 선한 분이시여, 견고한 감미로움이시여, 어디서 당신을 만나뵐 수 있습니까? 제 기억 밖에서 당신을 뵙는다면 당신을 제가 기억하지 못한다는 말입니다. 제가 당신을 기억하고 있지 못한다면 어디서 어떻게 당신을 만나뵙겠습니까?[104]

음이 왔는지 모릅니다. 저는 모릅니다"(이 책, 1.6.7).
103) 인간의 가장 위대한 기능을 초월하려면 영혼의 의식은 그 위대한 기능(기억) 밖에 자리 잡고 있어야 한다. 그러나 인간 영혼은 기억을 통과해, '넘어서는' 이중 작업을 거치며 간접적으로 초월자 하느님을 의식한다.
104) '통과해 넘어서겠다'(transibo)라는 동사가 무려 다섯 차례나 나왔다. 교부는 '숨어 계시는 하느님'에 대한 기억이 어디서 유래하는지 평생을 탐구했다.

18.27. 기억과 망각

어떤 여자가 은전을 잃고 등불을 켜서 찾았다고 하는데[105] 잃어버린 은전을 기억하고 있지 않았더라면 찾아내지도 못했을 것입니다. 찾아냈더라도, 그 은전에 대해 기억하고 있지 않았더라면 잃어버린 그 은전인지 어떻게 알아보았겠습니까? 저도 잃어버린 물건을 찾은 일이 많고 결국 찾아낸 일을 기억합니다. 잃어버린 무언가를 찾으면서 "이건가?" "저건가?"라며 혼잣말을 합니다. 제가 찾던 것이 나타날 때까지는 "아니다" 하는데 그것을 제가 아는 것은 기억에 의해서입니다. 그것이 과연 무엇이었는지 제가 기억하지 못한다면 제게 들이밀어도 알아보지 못하므로 찾아내지 못합니다.

저희가 잃어버린 뭔가를 찾고 발견할 때는 꼭 이런 일이 일어납니다. 어떤 것이 만일 눈앞에서 없어지지만 기억에서는 사라지지 않을 경우, 특히 그것이 눈에 보이는 물체라면 그것의 표상이 내면에 간직되어 있으므로 찾게 됩니다. 눈앞에 다시 나타날 때까지 찾게 됩니다.[106] 그것을 발견했을 때 내면에 있는 표상에 비추어 제가 찾던 것임을 알아봅니다. 저희가 찾던 바로 그것임을 저희가 알아보지 못한다면 잃어버린 것을 찾지 못했다고 말합니다. 또 저희가 기억하고 있지 않다면 알아볼 방법도 없습니다. 그러니까 그것을 눈으로는 잃어버렸을지라도 기억으로는 간직하고 있었다는 말이 됩니다.

---

105) 루가 15:8-10 참조.
106) 망각이 갖는 역동적인 기능(잊힌 것을 기억하려는 노력)과 인식론적 기능(기억해 낸 것이 잃어버린 바로 그것임을 확인하는 판단)을 통해 기억이 그 대상을 어떤 모양으로든 간직하고 있음이 입증된다.

19.28. 기억이 잃어버리는 것들에 관해서

그렇습니까? 저희가 뭔가를 망각하고서 기억해내려고 애쓸 경우처럼 기억이 뭔가를 잃어버린다면, 기억 자체가 아니라면 어디서 찾겠습니까? 만일 저희가 찾던 것 대신에 다른 것이 튀어나오면 원하던 것이 나타나기까지는, 저희가 거듭 물리쳐버립니다. 그러다 그것이 나타날 경우에는 "이것이다"라고 합니다. 저희가 알아보지 못했다면 그런 말을 하지도 않을 것이고, 또 저희가 기억하고 있지 않았다면 알아보지도 못했을 것입니다. 때로는 저희가 정말 잊어버리기도 합니다. 그럴 경우에도 전부가 사라진 것은 아니어서 아직 간직된 부분으로 잊혀진 다른 부분을 찾아내려는 것이 아닙니까?

기억은 한꺼번에 작동하게 마련인데 그때만큼은 한꺼번에 작동하지 않는다는 사실을 감지하면서,[107] 평소의 습성 한쪽이 잘려나간 것처럼 절뚝거리며 기억이 잘려나간 부분을 되찾으려고 애쓰는 것이 아니겠습니까?[108] 아는 사람이 눈에 띄거나 생각날 때에 그 이름을 잊고 있으면 저희는 그 이름이 무엇이었는지 묻게 되고 이것저것 떠올리지만 연결이 안 됩니다. 그 사람을 두고 이런저런 이름으로 생각하던 습관이 없었으므로 그의 이름이 떠올라서 그 사람에 관해서 몸에 배어 있던 지식이 더 이상 어색하지 않다고 느끼기까지는[109] 기억나는 이름들을 자꾸 물리치게 됩니다.

---

107) "우리가 상기해내고 싶은 사물의 전체 혹은 어떤 부분을 우리가 기억의 저 은밀한 처소에 간직하고 있지 않는 한, 무엇을 회상해내려는 의지는 아예 존재할 수 없다"(『삼위일체론』, 11.8.12).
108) 갑자기 절름발이 증세를 보이면 의아해하며 그 원인을 찾는 모양이 기억이 망각을 뒤져 대상을 회상하려고 노력하는 것과 흡사하다는 설명이다.
109) 잊은 것을 기억해내려는 의지가 영혼의 평화를 찾는 원초적인 욕구(inquietum est cor nostrum: 이 책, 1.1.1)와 결부되어 있음을 나타낸다.

그런데 본래 이름 역시 기억 자체가 아니면 어디서 나오겠습니까? 다른 사람이 넌지시 일러주어 알아낼 때에도 기억에서 나오는 것입니다. 남이 일러준다고 해서 새 이름을 믿고 받아들이는 것이 아니고, 잊었던 것을 상기해냄으로써 그가 말한 바가 바로 그 이름이었음을 저희가 인정하는 것입니다. 마음에서 아예 지워져버렸다면 남이 일러준다고 해도 기억해내지 못합니다. 저희가 뭔가 잊어버렸다는 사실을 기억해낼 수 있다면 아직 완전히 잊어버린 것이 아닙니다. 저희가 완전히 망각해버렸다면 뭔가 잃어버렸으니 되찾아야겠다는 생각마저도 못 할 것입니다.

20.29. 하느님을 찾을 때는 또한 행복한 삶을 찾는 것이다[110]

주님, 그러면 제가 어떻게 당신을 찾습니까? 저의 하느님이신 당신을 찾을 때 제가 찾는 것은 행복한 삶입니다.[111] 저의 영혼이 살기 위해 당신을 찾습니다. 저의 몸은 저의 영혼으로 살고, 저의 영혼은 당신으로 삽니다.[112] 그런데 제가 어쩌다 행복한 삶을 찾게 되었습니까? "족하다. 바로 여기 있다"라고 스스로 말하기까지 제게는 행복이

---

110) '기억'에 관한 여태까지의 장황한 분석은 인간 지성으로 하느님 인식에 도달하기 위한, 일종의 정신 훈련이었다. 이어지는 내용은 행복 추구를 계기로 기억의 작동에서 인간 지성이 어떻게 하느님을 찾고 있는지에 대한 단계적 설명이다.
111) 하느님을 찾는 것은 행복한 삶을 찾는 것이다. 그러면 행복한 삶이 기억에 어떻게 각인된 것인지 탐구해야 한다. 아우구스티누스는 이 주제를 단독으로 『행복한 삶』에서 다뤘다.
112) "누구든지 하느님을 모시는 자는 행복하다"(『행복한 삶』, 4.34)는 것이 교부의 결론이다. 궁극적 존재인 하느님이 곧 인간(영혼)의 생명, 곧 행복한 삶이라는 통찰은 이 책 첫머리부터 나타난다.

없었기 때문입니다.

하지만 "어쩌다 내가 행복을 찾게 되었을까?"라는 물음은 대체 어디서 유래합니까? 회상을 통해서, 그러니까 마치 행복한 삶을 제가 망각해버렸지만 제가 망각했다는 사실은 아직 간직하고 있어서 그렇게 된 것입니까? 아니면 그냥 욕구를 통해서, 한 번도 안 적이 없었든, 그것을 까맣게 망각해버려서 제가 망각했다는 사실마저 기억하지 못하든 상관없이, 그냥 모르는 것을 배우고 싶은 욕구처럼 그렇게 된 것입니까? 누구나 원하는 것, 그것을 싫어하는 사람이 아무도 없는 것이 바로 행복한 삶 아닙니까?

그렇다면 어디서 알았기에 그토록 행복한 삶을 원합니까? 어디서 보았기에 그토록 좋아하게 되었습니까? 어떻게 해서인지는 모르지만 저희는 분명히 그것을 갖고 있습니다.[113] 그리고 갖고 있는 그 양상이 다릅니다. 그런 삶을 가지게 되어서야 비로소 행복하다는 사람도 있지만 그 삶에 대한 희망으로 이미 행복하다는 사람들도 있어서 하는 말입니다. 후자는 실제로 이미 행복한 사람들에 비하면 덜한 모양의 행복한 삶을 갖춘 셈인데, 희망으로라도 행복하지 못한 사람들에 비하면 더 낫습니다. 그렇지만 이런 사람들마저도 어떤 모양으로든 행복한 삶을 머릿속에 갖추고 있지 않다면 행복해지기를 그토록 원하지도 않을 것입니다. 그들이 행복해지기 원한다는 점은 더없이 분명합니다. 어떻게 해서 행복한 삶을 알게 되었는지 모르겠지만 그들은 그것을 알고 있었습니다. 저는 그들이 어떤 개념으로 그것을 갖고 있는지 몰라서 탐색하는 중입니다. 그 개념이 기억 속에 존재하느냐는 것

---

113) 행복처럼 인간의 본능적 추구대상은 "인간의 주된 능력인 기억에 인식이 내재하듯이, (그것에 대한) 사랑 또한 내재한다. 우리가 사유함으로써 도달할 수 있는 대상들은 기억에 준비되어 있고 저장되어 있음을 우리는 발견한다"(『삼위일체론』, 15.21.41).

말입니다. 만약 거기에 존재한다면 저희가 언젠가 과거에 행복한 적이 있었다는 뜻입니다.

과연 한때라도 저희가 저마다 다 행복했었는지, 아니면 최초의 죄를 저지른 그 사람(그 사람 안에서 저희 모두가 죽었고, 그 사람으로 말미암아 저희 모두 불행을 안고 태어났습니다[114]) 안에서 행복했었는지는 묻고 있는 것이 아닙니다.[115] 제가 지금 묻는 것은 행복한 삶이 기억 속에 존재하느냐입니다. 저희가 행복한 삶을 알고 있지 못하다면 좋아할 리도 없기 때문입니다. 저희는 모두 행복이라는 낱말을 들으면 바로 그것을 욕심낸다고 자백합니다. 그 낱말의 소리만으로 기분 좋아지는 것은 아닙니다. 왜냐하면 이 라틴어 낱말을 그리스인이 듣는다면, 무슨 말인지 모르기 때문에 기분이 좋아질 리 없기 때문입니다. 그리스인이 그리스어로 그 낱말을 듣고 기분이 좋아지는 것처럼 저희 역시 라틴어로 듣기에 기분이 좋아집니다.

행복한 삶이라는 사물은 그리스어도 아니고 라틴어도 아니며, 그리스인들도 라틴인들도 그밖의 다른 언어들을 쓰는 사람들도 그 사물을 얻으려고 애쓰기 마련입니다. 그러니 행복한 삶은 모두에게 알려져 있고, 따라서 행복해지고 싶냐고 한마디로 물을 수 있다면 모두가 서슴없이 그렇다고 대답할 것입니다. 이 낱말이 가리키는 사물이 그들의 기억에 간직되어 있지 않더라도 그런 일은 일어날 것입니다.[116]

---

114) 로마 5:12* 참조("한 사람을 통하여 죄가 세상에 들어왔고 죄를 통하여 죽음이 들어왔습니다. 또한 이렇게 [죄가] 모든 사람에게 미치게 되었으니 그 사람 안에서 모두가 죄를 지었던 것입니다").
115) "지성이 스스로 불행하다는 것과 행복해지기를 열망한다는 사실을 볼 때에 … (원초적인 행복은 스스로 전혀 기억해내지 못함으로 미루어) 이것은 마치 빛을 등지고 있을 때에도 어느 모로든 빛에 닿고 있으며 따라서 [행복을 추구함은] 빛을 향해 돌아서는 것과 흡사하다"(『삼위일체론』, 14,15,21).
116) "우리가 행복해지기 전에도 행복의 개념이 우리 지성들에 각인되어 있으며,

21.30. 행복한 삶에 대한 회고[117]

그러면 카르타고를 본 사람이 카르타고의 모습을 기억하듯이 행복한 삶을 기억하는 것입니까? 아닙니다. 행복한 삶은 물체가 아니어서 눈에 보이지 않습니다. 그럼 숫자를 기억하듯이 하는 것입니까? 아닙니다. 개념으로 숫자들을 간직하고 있는 사람은 그것을 획득해야 한다고 애쓰지 않지만 저희는 개념만으로 행복한 삶을 간직하고 있으면서도 그것을 사랑하고 또 그것을 획득해서 행복해지고 싶어 합니다. 그러면 웅변을 기억하듯이 하는 것입니까? 아닙니다. 이 낱말을 듣고서 그 사물을 상기하기도 하고, 아직 달변이 아닌 많은 사람들도 웅변가가 되고 싶어 하므로 그들의 개념에 웅변이 있기는 있습니다. 그런데 남들이 달변이라는 사실을 알게 되거나 그래서 기분이 좋아지거나 자기도 그렇게 되고 싶어지는 것은 신체의 감관을 통한 것입니다. 물론 내면의 개념에 힘입지 않고서는 기분이 좋아질 리도 없고, 또 기분이 좋아지지 않는다면 그렇게 되고 싶어지지도 않겠지만 말입니다.

그런데 행복한 삶이라는 것은 어느 신체의 감관으로도, 남들로부터 저희가 경험하는 무엇이 아닙니다. 그럼 저희가 기쁨을 기억하듯이 하는 것입니까? 아마 그럴지도 모릅니다. 불행한 채 행복한 삶을 기억하듯이 슬퍼하면서 기쁨을 기억하는 일도 있으며, 기쁨을 신체의 감관으로 보았거나 들거나 냄새 맡거나 맛보거나 만진 적이 결코 없기 때문입니다.[118] 그것은 제가 기뻤을 때 제 마음이 경험한 바이

이 개념 덕분에 우리는 의심 없이 우리가 행복하기 바란다는 것을 알고 또 자신 있게 그렇다고 말한다"(『자유의지론』, 2.9.26).
117) 행복이 기억에 간직된 양상은 카르타고 같은 도시를 본 기억도 아니고 숫자 같은 개념도 아니고 웅변 같은 학예도 아니며 오히려 '기쁨'의 추억과 흡사하다는 해설이다.
118) 조금 위(이 책, 10.14.21)에서 희로애락의 '표상'을 마음에 각인하는 주체

며 그 개념이 저의 기억에 달라붙었고, 그래서 제가 그 당시 즐거움을 누렸다고 기억해내는 이유가 달라짐에 따라서, 때로는 씁쓸한 기분으로, 때로는 그리움으로 회상해내는 기력이 생기는 것입니다.

한때는 추잡한 일로도 모종의 기쁨에 겨웠지만 지금 그것을 회상하면 역겹고 가증스러워지는가 하면, 다른 때는 선하고 고결한 일로 어떤 기쁨을 맛본 적 있는데 그것을 지금 회상하면 그리워지기도 합니다. 지금은 그것이 실재하지 않아서 아쉽다는 듯, 이전의 기쁨을 회상하면서 슬퍼지는 것입니다.[119]

22.31. 모두 행복해지고 싶어 한다

그러면 제가 언제 어디서 행복한 삶을 경험했기에 그것을 상기하고 사랑하고 그리워하기에 이르렀습니까? 저만 그런 것이 아니고, 소수의 인간들에게만 그런 공감대가 있는 것이 아니고, 저희 모두가 행복해지고 싶어 합니다. 저희가 확고한 개념으로 안 대상이 아니라면 확고한 의지로 욕망하지도 않습니다. 그러면 이 경우는 어떻습니까? 군에 입대하고 싶으냐고 두 사람에게 물었을 경우 그중 하나는 그러고 싶다 하고 다른 사람은 싫다고 답하는 일은 있을 법한 일입니다.

그런데 행복해지고 싶으냐고 둘에게 묻는다면 조금도 주저 않고 둘 다 그게 소원이라고 말할 테고, 행복해지고 싶다는 이유 말고는 다른 이유가 없을 것입니다. 전자가 다른 이유로 군에 입대하겠다는 것도 아니고, 후자가 싫다는 것도 다른 이유가 있는 것이 아닙니다. 누구는 여기서 누구는 저기서 기쁨을 찾기 때문이 아니겠습니까? 그

는 신체가 아니고 정신임을 강조한 바 있다.
119) 희로애락의 정감을 회상하는 데에는 도덕적 판단도 수반된다.

래서 자기가 행복해지고 싶다는 것은 모두 같고, 기쁨을 누리고 싶으냐고, 그 기쁨을 행복한 삶이라고 부르겠느냐는 물음에도 이구동성으로 그렇다고 할 것입니다.[120]

물론 이 사람은 여기서 저 사람은 저기서 얻어내려고 하겠지만 그 길로 도달하려고 애쓰는 것은 오직 하나, 기쁨을 누리기 위해서입니다. 기쁨이 어떤 것인지를 두고, 자기는 경험해보지 못했다는 말을 할 사람은 아무도 없으니까, '행복한 삶'이라는 단어를 들을 때마다 기억에서 그것을 더듬어 찾아내 확인하게 됩니다.

22.32. 하느님을 섬기는 사람들에게는 하느님이 기쁨이 되신다

그렇지만 주님, 마십시오! 당신께 고백을 드리는 당신 종의 마음에서 그런 생각이 일도록 내버려두지 마십시오. 제가 무슨 기쁨으로 기뻐하든 그것만으로 제가 행복하다고 여기게 내버려두지 마십시오! 불경스러운 자들에게는 주어지지 않는 기쁨, 당신을 섬기는 이들에게만 주어지는 기쁨이 따로 있으니, 당신 친히 곧 그들의 기쁨이십니다. 당신 곁에서, 당신을 두고, 당신 때문에 기뻐함,[121] 그것 자체가 바로 행복한 삶입니다. 그것 말고 다른 행복한 삶은 없습니다.[122] 행

---

120) 행복을 얻어내려는 방식은 사람마다 다르지만 모두 즐거움을 행복이라고 보는 것은 같다. 즐거움의 경험은 기억에 간직되지만, 자기가 경험한 즐거움이 진정한 행복인지 판별하는 일은 경험에 대한 기억 그 이상의 것이다.
121) 인간 행복의 목적, 원천, 동기로서 하느님을 거명한다.
122) 내면의 스승이신 "그분을 사랑하고 아는 것이 행복한 삶이다. 모두가 행복한 삶을 찾는다고 공언하지만 정말 그것을 찾아냈다고 기뻐하는 사람들은 소수에 불과하다"(『교사론』, 14.46).

복한 삶이 다른 것이라고 여기는 자들은 다른 기쁨을 뒤쫓게 마련이고 참된 행복을 좇지 않게 됩니다. 그렇더라도 그들의 의지는 기쁨에 관한 어떤 표상에서 벗어나지 못합니다.[123]

23.33. 진리에서 비롯한 즐거움을 모두 탐한다

그렇다면 당신 홀로 행복한 삶이신데 당신을 두고 기쁨을 누리고 싶어 하지 않는다면 그런 사람들은 행복한 삶 역시 바라지 않는 셈이므로 과연 모든 이가 행복해지고 싶은지도 확실하지 않습니다. 그렇다면 모두가 행복해지고 싶은 것이 아니라는 말입니까? 오히려 육肉은 영靈을 거슬러 욕망하고 영은 육을 거슬러 욕망하는데, 사람들은 자기가 하고 싶은 대로 해서는 안 되는 것 아닙니까? 저러다 보면 자기 힘이 미치는 곳에만 빠져들고 그것으로 만족하게 되지 않습니까? 그 까닭은 힘이 미치지 않는 것을 두고는 제가 충분할 만큼 욕심을 내지 않기 때문이 아닙니까?[124] 제가 진리를 두고 기뻐하고 싶은지, 거짓을 두고 기뻐하고 싶은지 모두에게 묻는다고 합시다. 그러면 사람들은 행복해지고 싶다는 말을 서슴없이 하듯이, 조금도 주저하지 않고 자기는 진리를 두고 더 기뻐하고 싶다고 말합니다. 그러니 행복한 삶은 진리를 두고 기뻐하는 것입니다.[125]

---

123) "최고선을 탐구해 장악할 때에 누구든지 행복한 사람이 되며 이것은 이론의 여지가 없이 우리 모두가 바라는 바다"(『자유의지론』, 2.9.26).
124) "영혼은 영혼이 하고 싶은 대로 명령합니다. 명령하는 의지와 명령받는 의지가 서로 다르지도 않습니다. 그런데도 하지 않습니다. … 영혼이 전적으로 하고 싶지는 않아서 전적으로 명령하는 것은 아닌가 봅니다. 사람이란 하고 싶은 만큼 명령을 내리게 마련이고, 따라서 하고 싶은 마음이 없는 그만큼, 명령하는 바도 이루어지지 않습니다"(이 책, 8.9.21).

하느님, 저의 빛이시여, 저의 낯을 살려주시는 저의 하느님, 그것은 진리이신 당신을 두고 기뻐하는 것입니다. 모두가 바로 이 행복한 삶을 바랍니다. 남을 속이고 싶어 하는 사람들을 저도 많이 겪었습니다만 속고 싶어 하는 사람은 아무도 못 만났습니다.[126) 따라서 또한 진리를 만나지 못했더라면 행복한 삶이라는 것을 어떻게 알았겠습니까? 속기 싫어한다는 점에서 사람들은 진리를 사랑하고 있으며, 행복한 삶(그것은 진리를 두고 기뻐하는 것 외에 다른 것이 아닙니다)을 사랑할 때 진리 또한 사랑하는 것입니다. 그들의 기억 속에 진리에 대한 어떤 개념이 존재하지 않았다면야 진리를 사랑하지도 않을 것입니다.

그렇다면 왜 사람들이 진리에서 기쁨을 얻지 않는 것입니까? 사람들이 왜 행복하지 못합니까? 사람을 행복하게 만드는 것, 희미하게나마 기억하고 있는 그것보다 아마도 사람을 차라리 불행하게 만드는 다른 것들에다 더 마음을 쓰기 때문입니다. 그래도 사람들 속에는 아직도 약간의 빛이 있습니다. 그러니 어둠이 덮치지 않게 걷고 또 걸어야 합니다.[127)

23.34 그렇다면 왜 진리가 미움을 낳고 당신의 사람이 진리를 설파하다 그들의 원수가 된 것입니까?[128) 행복한 삶이 사랑을 받고, 바

---

125) 행복한 삶에 대한 이 정의는 그의 여러 저술에서 발견된다. "힘 닿으면 진리를 얼싸안으라! 진리를 향유하라! 그대가 행복해지는 것 이상 바랄 바가 무엇이겠는가? 그리고 흔들리지 않고 불변하고 지극히 탁월한 진리를 향유하는 일보다 더 행복한 것이 무엇이겠는가?"(『자유의지론』, 2.13.35).
126) "누구든지 헤매고 있는 사람은 이성에 따라서 사는 것도 아니고 행복한 사람도 아닌 것으로 보인다. 항상 무엇을 찾지만 발견하지 못하는 사람은 모두 헤매고 있다"(『아카데미아학파 반박』, 1.4.10).
127) 요한 12:35 참조("빛이 너희와 같이 있는 것도 잠시뿐이니 빛이 있는 동안에 걸어가라. 그리하면 어둠이 너희를 덮치지 못할 것이다").
128) 요한 8:40 참조("그런데 너희는 하느님에게서 들은 진리를 전하는 나를 죽

로 그 행복한 삶이란 진리를 두고 즐거워하는 것 외에 다른 것이 아님에도 말입니다. 아마도 진리가 사랑을 받는 것은 맞지만, 사람들이 진리가 아닌 것을 사랑하면서 자기가 사랑하고 있는 바로 그것이 진리이기를 바라며, 또 누구나 기만당하기를 좋아하지 않지만 그만큼 기만당하고 있다는 사실도 인정하고 싶지 않기 때문인 듯합니다. 자기들이 진리라고 사랑하는 바로 그것 때문에 진리를 미워합니다. 진리가 빛을 발할 때는 사랑하지만 진리가 꾸짖을 때는 미워하는 것입니다. 사람들이란 속기는 싫어하지만 속이기는 원하는 사람들이어서 진리가 자체를 손가락질할 때는 좋아하지만 진리가 자기들을 손가락질할 때는 미워합니다.[129]

따라서 진리에 의해서 탄로나기를 싫어하는 사람들에게 진리는 이렇게 되갚습니다. 본인들이 싫어해도 진리는 그들을 드러내고 말며 그러면서도 진리는 그들에게 자체를 드러내 보이지 않는다는 사실입니다.[130] 이다지도, 이다지도, 그러니까 이다지도 인간 정신은 이다지도 눈멀고 병들고 더럽고 치사하게 자기를 숨기고 싶어 합니다. 그러면서도 어떤 것이 자기한테 숨기는 것은 원하지 않습니다. 하지만 그 갚음은 정반대로, 본인은 진리 앞에 숨지 못한 채로 진리가 그에게 숨는 결과를 부릅니다. 하지만 그 가련한 처지에서도 인간은 거짓을 두고 기쁨을 누리기보다는 진실을 두고 기쁨을 누리는 편이 더 낫다고 여깁니다. 그러니까 진리에 끼어들어 방해하는 것이 없다면, 인간은 행복할 테고, 모든 것을 진실한 것으로 만드는 진리 하나만으로

이려고 한다").
129) 요한 3:20 참조("과연 악한 일을 일삼는 자는 누구나 자기 죄상이 드러날까 봐 빛을 미워하고 멀리한다").
130) 거부당한 진리는 당사자의 거짓된(기만당한) 정체를 밝혀냄과 동시에 당사자에게서 자기를 은폐하는 보복을 가한다.

기쁨을 누리게 될 것입니다.

24.35. 기억 속에서 하느님이 드러나신다

주님, 보십시오! 저의 기억 속에서 당신을 찾아 얼마나 넓은 공간을 돌아다녔는지 모릅니다. 그리고 그곳 밖에서는 당신을 발견하지 못했습니다. 제가 기억하던 것이 아니면 당신과 관련된 그 무엇도 발견하지 못했습니다. 제가 당신을 배워 알게 된 그것으로부터 말입니다.[131] 제가 당신을 배워 알게 된 그것으로부터 당신을 잊은 적이 없었던 까닭입니다. 제가 진리를 찾아 만난 곳에서 진리 자체이신 저의 하느님을 만나뵈었습니다.[132] 그것으로부터 저는 진리를 배워 알게 되었고 저는 그 진리를 잊지 않았던 것입니다.

그러니 제가 당신을 배워 알게 된 그것으로부터 당신은 저의 기억 속에 머물러 계시며[133] 당신을 기억하고 당신을 두고 기쁨을 느낄 때마다 당신을 만나뵙니다. 이것이야말로 저의 성스러운 법열(法悅)이니 제 궁핍함을 굽어보시는 당신께서 당신의 자비로 저에게 선사하셨습니다.

---

131) 하느님은 기억의 대상도, 기억 자체도 아닌, 기억 자체가 작동하는 원리이시다.
132) "제가 진리를 찾아 만난 곳에서 진리 자체이신 저의 하느님을 만나뵈었습니다"라는 이 문장은 일평생 '진리로서의 하느님'을 찾았고 또 만났음을 밝히는, 『고백록』의 결론에 해당한다.
133) 하느님은 창조주로서 만유 안에 현존하시지만 인간 영혼, 특히 기억에 현존하신다(『질서론』, 2.2.4-5). '하느님과 함께 있음'은 인간이 기억을 더듬어 하느님께 지향을 돌릴 때 의식적으로 실현된다.

25.36. 하느님은 기억의 어느 위치에 거처하시는가[134]

그러나 주님, 정녕 당신께서는 제 기억의 어디에 머무십니까? 그곳 어디에 머무십니까? 당신은 어떤 침소를 만드셨습니까? 당신은 어떤 성소를 지어놓으셨습니까? 당신께서 제 기억 안에 머무르실 만큼 제 기억에 엄청난 품위를 부여하셨는데 그 안의 어느 부분에 머무시는지를 제가 궁금해합니다. 제가 당신을 기억할 때에는 짐승들도 갖추고 있는 기억 같은 것을 넘어섰습니다. 물체들의 표상들 사이에서 당신을 발견한 것이 아니기 때문입니다.

그러고서 제 영혼의 정감들을 맡겨놓은 곳에 이르렀습니다만 거기서도 당신을 만나뵙지 못했습니다. 그리고 제 영혼의 처소, 곧 제 기억 속에서 정신이 차지하는 곳으로 들어갔는데, 정신이 자기 자체를 또한 기억하는 곳이기 때문이었습니다만, 당신께서는 그곳에도 계시지 않았습니다. 당신께서는 물체적 표상도 아니시고, 생명체의 정감도 아니시기 때문입니다. 저희가 기뻐하거나 슬퍼하거나 욕심내거나 두려워하거나 기억하거나 잊거나 그와 비슷한 짓을 할 때 그렇게 만드는 생명체의 정감 말입니다. 마찬가지로 당신께서는 정신도 아니시고, 오히려 정신의 주 하느님이 당신이십니다.[135]

이 모든 것이 변하지만 당신께서는 만유 위에 불변하게 머물러 계시고 그러면서도 제가 당신을 배워 알게 된 그것으로부터 제 기억 속에 거처하시기로 하셨습니다.[136] 그렇다면 마치 기억 속에 어떤 공간

---

134) 마지막으로 감각적 기억도, 감각적 사물의 표상에 대한 기억도, 개념에 대한 가변적인 기억도 초월하면서 하느님에 대한 기억으로 상승해간다.
135) "만일 내가 우리 지성 위에 무엇이 존재함을 증명해보이면, 그보다 상위에 더 이상 아무것도 존재하지 않는 한, 하느님이 존재하심을 고백하겠다"(『자유의지론』, 2.15.39)는 구절을 연상시킨다.
136) 물체나 정감이 아닌 이상, 정신적 사물(res)과 정신적 사물의 개념(notitia)

들이 있기라도 하듯이 당신께서 기억의 어느 위치에 계시느냐고 묻는 이유가 무엇입니까? 제가 당신을 배워 알게 된 그것으로부터 제가 당신을 기억하는 것을 보면 당신께서 그 속에 거처하심은 분명합니다. 제가 당신을 회상할 때마다 당신을 만나뵙는 곳은 기억 속입니다.[137]

26.37. 하느님이 인식될 때에 어디서 만나뵙는가

제가 어디서 당신을 만나 당신을 배워 알았습니까? 제가 당신에 관해 배워 알기 전에 당신이 저의 기억 속에 계셨을 리 없습니다. 제 위에, 당신 안에서가 아니면 제가 어디서 당신을 만나 당신을 배워 알았겠습니까?[138] 그곳은 어느 모로도 공간이 아니며, 저희가 멀어지고 다가가고 하지만 어느 모로도 공간은 아닙니다.

진리이시여, 당신께 물음을 드리는 모든 이를 어디서든지 다스리시고, 제각기 다른 것을 묻더라도 모두에게 한꺼번에 답변을 주십니다. 당신께서는 명료하게 대답하시지만 모든 이가 명료하게 듣는 것은 아닙니다. 모두 원하는 대로 묻지만 항상 원하는 대답을 듣는 것은 아닙니다.[139] 정말 훌륭한 당신의 종이라면 원하는 바를 당신의 입으로 듣겠다고 벼르기보다는 차라리 당신께 듣는 바를 원하겠다고

은 지성 안에서 동일하다. 따라서 '기억 안에 있는 하느님 개념의 현존'과 '그 자체로 본 하느님의 현존'도 동일하다.
137) '기억'을 "제가 당신을 배워 알게 된 원리"로 표현하는 이유는 하느님이 기억이라는 공간에 한정되는 대상이 아니기 때문이다.
138) 하느님의 현존은 내재적이고 초월적이다. "당신께서는 제 가장 내밀한 데보다 더 내밀하게 계셨고 제가 도달할 수 있는 가장 높은 데보다 더 높이 계셨습니다"(이 책, 3.6.11).
139) 인간 지성이 하느님을 만나기 위해서는 '경계하는 지성'과 더불어 '올곧은 의지'가 필요하다.

마음먹어야 합니다.

27.38. 아우구스티누스는 늦게야 하느님을 사랑했다[140]

늦게야 당신을 사랑했습니다! 이토록 오래되고 이토록 새로운 아름다움이시여, 늦게야 당신을 사랑했습니다![141] 또 보십시오, 당신께서는 안에 계셨고 저는 밖에 있었는데, 저는 거기서 당신을 찾고 있었고, 당신께서 만드신 아름다운 것들 속으로 제가 추루하게 쑤시고 들어갔습니다.[142] 당신께서는 저와 함께 계셨지만 저는 당신과 함께 있지 않았습니다. 당신 안에 존재하지 않았더라면 아예 존재조차 하지 않았을 것들이 저를 당신께로부터 멀어지도록 붙들어놓고 있었습니다.

당신께서 저를 부르시고 소리 지르시고 제 어두운 귀를 뚫어놓으셨고, 당신께서 비추시고 밝히시어 제 맹목을 몰아내셨으며, 당신께서 풍기시는 향기를 깊이 들이켜고서 당신을 그리며 숨가빠하고,[143] 맛보고 나니까 주리고 목이 마르며, 당신께서 저를 만져주시고 나니까 저는 당신의 평화[144]가 그리워 불타올랐습니다.

---

140) 『고백록』을 통틀어 감성적으로도 운율적으로도 수사학적으로도 가장 아름다운 문장으로 꼽힌다. 아우구스티누스는 인간 내면 곧 기억에서 하느님을 찾는 작업을 여기서 매듭짓는다.
141) 두 번 반복되는 'sero te amavi'는 한평생 진리 탐구에 매진한 한 지성인의 정신적 유언이다.
142) 만유가 선한 하느님의 선한 사물이지만 그것을 궁극적인 목표로 삼고 돌진하다보니 스스로 추루한 인간이 되고 말았음을 고백한다.
143) 존재 근거인 분에게로 돌아감은 영혼의 근본갈증이지만 하느님 은총이 선행하지 않으면 인간은 그 갈증을 채울 방도가 없다.
144) "주 하느님, 저희에게 평화를 주십시오. 저희에게 모든 것을 베푸셨듯 정묵

28.39. 지상의 인간 생명[145]

저의 전부를 바쳐 당신께 의탁하고 나면 제게는 어떠한 고통과 수고도 없을 것입니다. 그러면 저의 목숨은 산목숨, 당신으로 가득 찬 목숨일 것입니다. 지금은 당신께서 채워주시는 사람을 위로 떠워주시는데, 저는 당신으로 가득 차지 못했기에 제 스스로 저의 짐이 되고 있습니다. 제 기쁨, 그것을 두고 슬퍼해야 마땅하고, 제 슬픔, 그것을 두고 기뻐해야 마땅한데, 그 기쁨과 겨루는 슬픔 중 어느 쪽이 승리할지조차 저는 모릅니다. 제 악한 슬픔이 선한 즐거움과 겨루고 있는데 여기서도 어느 쪽이 승리할지 알지 못합니다.[146] 아아, 가엾은 저! 주님, 저를 불쌍히 여기십시오! 아, 제 신세여! 보십시오, 제 상처를 숨기지 않겠습니다. 당신께서는 의사이시고 저는 아픈 병자입니다. 당신은 가련히 여기시는 마음이시고 저는 가련한 사람입니다.[147]

지상의 인생이 시련이 아니라면 무엇입니까? 번민과 고생을 누가 바라겠습니까? 당신께서는 그것들을 참고 견디라고 명하시지 좋아하라고 명하시지는 않습니다. 참고 견딘다는 사실을 좋아하더라도 참고 견디는 대상을 좋아하는 사람은 하나도 없습니다. 자신이 참고 견딘다는 사실을 비록 좋아할지라도 참고 견딜 만한 것이 차라리 존

의 평화, 안식일의 평화, 저녁 없는 평화를 주십시오"(이 책, 13.35. 50).
145) 제10권의 제2부(10.28.39-10.39.64)에 해당한다. 인간이 지상에서 겪는 세 유혹을 중심으로 현재의 수덕 생활을 고백한다.
146) 욥기의 "유혹이라는 말은 결투를 하는 경기장을 의미한다. 거기서 사람은 이기거나 아니면 진다"(*Adnotationes in Iob*, 7). "[자기의 욕정에] 진다는 것은, 결국은 자기의 부분들에게서 패배를 당하는 일이기 때문에, 말하자면 스스로에게 패배를 당하는 셈이다"(『신국론』, 14.23.2).
147) misericors es, miser sum: "제가 느끼는 바는, 제 상처들을 두고 그 상처가 더 이상 아프지 않다는 사실이 아니라 당신께서 즉각 그 상처를 낫게 하고 계시다는 사실입니다"(이 책, 10.39.64).

재하지 않기를 더 바랍니다.

저도 역경逆境 중에서 순경順境을 바라고 순경 중에서는 역경이 두렵습니다. 이 둘 사이에, 인생은 시험이 아니라고 할 만한 중간 지역이 어디 있겠습니까? 세상의 순경이라는 것도 결국 저주스러운 것이니 역경에 대한 두려움이 한 가지 저주요 기쁨의 무상함이 두 번째 저주입니다. 또 세상의 역경이라는 것도 결국 저주스러운 것이니 순경에 대한 소망 때문에 한 가지 저주요 그 곤경이 지속되기 때문에 두 번째 저주요 인내심을 꺾어버릴까 하는 마음 때문에 세 번째 저주입니다. 그러니 인생은 땅 위에서 쉴 새 없는 시련이 아니고 무엇입니까?[148]

29.40. 하느님은 절제를 명하신다

그래서 저의 희망 전부는 오로지 참으로 크신 당신의 자비가 아닌 다른 곳에 있지 않습니다. 명하시는 바를 베풀어주시고 원하시는 바를 명하십시오.[149] 당신께서는 저희에게 절제를 명하십니다.[150] 누군가 이런 말을 했습니다. "*하느님께서 주시지 않으면 아무도 절제할 수 없다. 이것이 누구의 선물인지 아는 것부터가 지혜 덕분이다.*"[151]

---

148) 욥기 7:1 참조("인생은 땅 위에서 고역이요 그의 생애는 품꾼의 나날 같지 않은가?").
149) da quod iubes et iube quod vis: 펠라기우스 논쟁에 자주 인용되는 이 명구는, 인간 본성의 나약함과 은총의 필요성을 동시에 나타낸다.
150) 아래로(이 책, 30.41-39.64) 세 가지 욕망의 절제를 두고 양심성찰을 하듯 인간 탐구를 전개한다. 회심 전에는 그가 지독한 탐미주의자였음을 감안해서 읽을 만하다.
151) 지혜서 8:21 참조.

절제를 통해서 저희가 일자一者로 모아지고 거두어지느니,[152] 저희가 그 일자에서 다수로 흩어져나갔었기 때문입니다.[153] 당신과 더불어 다른 것을 사랑하면서 당신 때문에 그것을 사랑하는 것이 아니라면 당신을 덜 사랑하는 것입니다.

오, 사랑이시여, 항상 타오르고 결코 꺼지지 않는 사랑, 저의 하느님이시여, 저를 불살라주십시오! 당신께서 절제를 명하십니다. 그러니 명하시는 바를 베풀어주시고 원하시는 바를 명하십시오.

30.41. 육의 욕망 (1) 색욕

당신께서는 저에게 육의 욕망과 눈의 욕망과 세속의 야심을 절제하라고 명하십니다.[154] 당신께서는 동침을[155] 삼가라고 명하셨고, 심지어 혼인을 두고도 당신께서 허락하신 것보다 더 나은 무엇을[156] 권하셨습니다. 당신께서 베풀어주신 덕택에 권고가 이뤄졌고, 그것도 제가 당신 성사聖事의 집전자가 되기 전에 이뤄졌습니다.[157] 제가

---

152) 만유의 근본인 일자로부터 소원해지는 것이 존재론적 타락이라는 신플라톤 사상을 전제로, '절제'(continentia)가 동사 contineo에서 유래하고 이 동사는 cum[함께]+teneo[붙들다]라는 존재론적 의미도 갖는다고 덧붙여 말한다.
153) 이 분열은 "상반된 두 원리에서 유래하는 두 가지 자연본성의 혼합을 말하는 것이 아니라, 단일한 본성이 죄를 두고 스스로에게 반항하는 데서 유래한다"(*De continentia*, 8.21).
154) 1요한 2:16. 이 성경 구절을 근거로 세 가지 욕망은 윤리적 악덕에서 그치는 것이 아니라 타락한 실존의 기본 성향으로 간주된다.
155) 원문은 concubitus(여자와의 동침)인데 대부분의 현대어 번역자들은 concubinatus(축첩)로 번역하고 있다.
156) 1고린토 7:38 참조("자기 약혼녀와 결혼하는 것도 잘하는 것이지만, 혼인하지 않는 사람은 더 잘하는 것입니다").
157) 아우구스티누스는 391년에 사제가 되고 396년에 주교가 되었는데, 밀라노

기억에 관한 많은 얘기를 했습니다만, 저의 습관이 저런 사물들의 표상들을 기억에 박아두었으므로 아직껏 저의 기억 속에 생생하게 살아 있습니다. 한낮에 저에게 덮쳐올 때에는 힘을 못 쓰지만, 꿈에서는 즐기다 못해 실제와 아주 흡사한 느낌을 받을 정도입니다.

저의 영혼에 작용하는 그 표상의 희롱이 저의 육신에 얼마나 강한 힘을 발휘하느냐 하면, 깨어 있을 때는 진짜 표상도 실제로 꾀어넘기지 못하는데, 잠자고 있을 때는 가짜 표상이 저를 꾀어 실제처럼 여기게 만들 정도였습니다.[158]

주 저의 하느님, 잠든 사이의 저는 제가 아니라는 말입니까? 제가 여기서 꿈속으로 건너가는 순간의 저 자신과 거기서 이리로 건너오는 순간의 저 자신 사이의 거리가 그토록 멉니까? 그때는 저의 이성, 깨어 있는 사람이 그런 암시에 저항하게 하고 그런 사물들이 끼어들어도 흔들리지 않게 하는 이성은 어디 있는 것입니까? 눈이 감기면 이성도 더불어 감긴다는 말입니까? 신체의 감관들과 함께 이성도 잠든다는 말입니까? 꿈결에서도 저희가 저항하고, 저희의 각오를 기억해 그 각오에 따라 아주 정결하게 처신해 불결한 것들에 전혀 동의하지 않는 일이 종종 있는데 그것은 어디서 유래합니까? 그런가 하면 꿈결에서 다르게 처신했을 경우에도 깨어나면서 저희가 양심의 평화로 돌아오기는 하지만, 앞의 경우와는 큰 차이가 있습니다. 꿈결에서도 저희가 그 일을 저지르지 않았다는 사실을 발견하는 경우와 비록 꿈결일지라도 저희에게 그런 일이 일어나고 말았다는 사실을 두고

회심 직후(387) 자신을 가장 얽매고 있던 여자 관계를 단번에 청산했다. "순간적으로 확신의 빛이 저의 마음에 부어지듯 의혹의 모든 어둠이 흩어져버렸습니다"(이 책, 8.12.29).
158) 심리분석의 색채가 농후한 묘사로서, 한낮이라면 상상으로 그치는 표상이지만, 꿈에서는 실제와 다름없는 생리적 쾌감과 몽정 등을 경험했다는 고백처럼 들린다.

한탄하는 경우, 둘 사이에도 상당한 거리가 있습니다.[159]

30.42 전능하신 하느님, 당신 손이 제 영혼의 모든 병약함을 낫게 할 만큼 능하지 못하다는 말입니까? 당신의 차고 넘치는 은총으로 제 잠결의 상스러운 충동을 꺼뜨리지 못한다는 말입니까? 주님, 제 안에 당신 은혜를 점점 더 늘려주시고, 그래서 제 영혼이 정욕의 끈끈이에서 놓여나 당신을 향해 나아가게 만드시고 스스로 반항하지 않도록 해주십시오. 꿈결일지라도 동물적인 상상 때문에 추잡한 충동을 받아서 육신의 유정遺精[160]에 이르지 않게 해주시고, 그에 동조하는 일 또한 없게 해주십시오. 저따위 것이 전혀 내키지 않거나 그다지 내키지 않아 고갯짓 하나로 털어버릴 수 있었으면 좋겠습니다.

당신께서는 저희가 청하거나 생각하는 것보다 훨씬 더 능하신 분이시므로 이런 생활은 물론이려니와[161] 이 나이인 제가[162] 잠결에도 순결한 감정 속에 머물게 해주심이 전능하신 분께는 대수로운 일이 아닐 것입니다. 제가 이런 종류의 제 악에 아직도 얼마나 깊이 빠져 있는지 선하신 저의 주님께 말씀을 드렸습니다. 저는 당신께서 베풀어주셨다는 점에서 몸을 떨며 기뻐 뛰고, 아직도 완결되지 못했다는 점에서 애통해하며, 오롯한 평화가 이루어지기까지 제 안에서 당신 자비를 완성시키시리라고 희망을 품고 있습니다. 죽음이 승리에

---

159) 꿈결에서도 정결을 지켰다는 안도감과 꿈결에 일어난 일이어서 고의로 저지른 일이 아니었다는 안도감 사이에 느껴지는 차이를 언급하고 있다.
160) '몽정'을 가리킨다.
161) 교부가 아프리카에 돌아오자마자 고향 타가스테에서 동지들과 함께 시작한 '수도 생활'과 성직자로서 금욕하던 삶을 의미하는 듯하다.
162) "저도 늙은 나이여서 원수도 기운이 빠졌습니다. 하지만 아직도 있긴 있습니다. 내 원수들은 어떻게 보면 지쳐 있지만 내 나이 때문이고, 약해졌으면서도 제 노년의 평안을 귀찮게 구는 갖가지 수작은 멈추지 않습니다"(Sermones, 128.9.11).

삼켜져버릴 즈음에는[163] 저의 안팎이 당신을 모시고 그 평화를 얻기에 이를 것입니다.

31.43. 육의 욕망 (2) 미각[164]

일상의 악덕이 또 하나 있는데 그것도 제발 그날 하루로 충분했으면 합니다.[165] 나날의 필요를 저희는 먹고 마심으로써 보충합니다. 당신께서 신묘한 포만감으로 그런 아쉬움을 없애주시고 이 썩을 몸을 길이 썩지 않는 것으로 입혀주시는 것은 음식도 위장도 없애버리시지 않는다면 그럴 것입니다. 지금으로서는 그런 필요가 오히려 제게 쾌감이기까지 한데 저는 거기에 사로잡히지 않으려고 그 쾌감에 맞서 주먹다짐을 하고 있습니다. 저는 재(齋)를 지키느라 매일 전쟁을 치르며 저의 몸을 노예로 내몰기도 합니다. 그러고서는 쾌락을 갖고 고통을 물리치곤 합니다. 주림과 목마름은 일종의 고통인데 음식이라는 약물이 돕지 않는다면 고통은 열병처럼 사람을 들쑤시고 죽이기 때문입니다. 그 약물이 당신이 주시는 위안의 선물이 되어 제게 가까이 있고, 땅과 물과 하늘이 그것으로 저희 연약한 몸을 섬겨주므로 기갈(飢渴)이라는 재앙이 되레 쾌감이라고 불립니다.

31.44 마치 약을 먹듯이 음식을 먹으라는 이 말을 당신께서 제게

---

163) 1고린토 15:54 참조.
164) 이하로 "배고프지 않으면 먹지 않고 목마르지 않으면 마시지 않는다"는 수도자로서의 고행과 금욕이 서술된다.
165) 마태오 6:34 참조("내일 일은 걱정하지 마라. 내일 걱정은 내일에 맡겨라. 하루의 괴로움은 그날에 겪는 것만으로 족하다").

가르치셨습니다. 하지만 필요라는 아쉬움에서 포만이라는 안도감으로 옮겨가는 동안, 옮겨가는 바로 그 순간에 욕망이라는 올가미가 저를 덮칩니다. 옮겨가는 일 자체가 일종의 쾌락이고, 옮겨가는 데 다른 방법이 없으며, 그 목표를 향하라고 강요하는 것은 필요이기 때문입니다.[166] 먹고 마시는 이유가 건강임에도 불구하고 위험스러운 쾌감이 마치 수행원인 양 따라붙고, 심지어 앞장서려 들기까지 하니, 말이나 본래의 의도로는 제가 그것을 하는 것은 건강 때문인데도 마치 쾌감이 먹고 마시는 이유가 되는 양 행세합니다.[167] 하지만 건강과 쾌감 양편의 척도가 달라서 건강에 충분한 음식이 쾌감에는 부족하게 마련입니다. 몸을 돌볼 필요에 의해서 섭식을 요구하는지, 아니면 욕망에서 오는 기만적 쾌락으로 봉사를 더 요구하는지 불확실한 경우가 흔하기 때문입니다.[168]

불행한 영혼은 이런 불확실한 점을 오히려 좋아하면서 핑계를 대는 비호처를 마련하는데, 건강 유지의 한계가 뚜렷하게 드러나지 않는다는 사실을 오히려 즐기는 것입니다. 이것은 건강의 획득을 명분으로 쾌락의 도모를 덮어두기 위함입니다. 저는 날마다 이런 유혹에 저항하려고 애쓰는 중이고, 당신 오른팔의 도움을 빌면서 저의 고충을 당신께 말씀드리는 중입니다. 이 사안에 관한 한 제게는 아직 확실한 견해가 서 있지 않습니다.

---

166) 수도자로서 배고픔을 면하는 '목표를 향해서' 음식을 먹는 일, 곧 '건너가는 과정'이 쾌락이어서 고민스럽다는 말이다.
167) "우리는 실제로 몸의 쾌락을 위해 하면서도 건강을 위한 것이라고 스스로 암시하곤 한다. 그러다 보니 쾌락과 필요의 경계가 어딘지 모르게 된다" (*Contra Iualianum*, 4. 14.70).
168) 필요한 만큼만 먹는 일과 만족할 만큼 먹는 일 사이에 정확한 선을 그을 수 없고 미묘한 심리적 기만이 이에 개입할 수 있다.

31.45 *"너희 마음이 과식과 만취로 둔해져서는 안 된다"*[169]라고 명하시는 저의 하느님의 음성을 듣습니다. 만취는 저와 거리가 멀기는 하지만 앞으로도 제게 가까이 오지 못하게 당신께서 자비를 베풀어주십시오. 과식은 적잖게 당신 종을 덮치곤 하니 제게서 멀어지도록 당신께서 자비를 베풀어주십시오. 당신께서 주시지 않으면 아무도 절제할 수 없습니다. 당신께서는 저희가 비는 많은 것을 주십니다. 그것이 무엇이든 저희가 빌지 않고 선한 것을 받았다면 역시 당신께 받은 것입니다. 훗날 깨달을 수 있도록 당신께 받은 것입니다.

저는 만취한 적이 한 번도 없습니다만 술주정꾼이었다가 당신 덕분에 절주하게 된 사람들은 알고 있습니다. 한 번도 술주정꾼이 아니었던 사람이 지금 술주정꾼이 아닌 것도 당신에 의해서 이루어진 일이고, 술주정꾼이었던 사람이 늘 그런 사람이 아닌 것도 당신에 의해서 이루어진 일이며, 두 경우 다 당신에 의해서 이루어진 일임을 아는 것도 당신에 의해서 이루어진 일입니다.[170]

당신의 다른 음성도 저는 들었습니다. *"네 정욕을 따라가지 말고 네 욕망을 억제하여라."*[171] 당신 은혜로 *"그것을 안 먹었다고 해서 손해될 것도 없고 먹었다고 해서 더 이로울 것도 없습니다"*[172]라고 하는 말씀도 들었는데 저는 그 말씀을 무척 좋아했습니다. 이것은 그런 사물이 저를 넉넉하게 만들지도 않고 그런 것이 저를 아쉽게 만들지도 않는다는 말입니다. 또 다른 말씀도 들었습니다. *"나는 어떤 처지에서도 자족하는 법을 배웠습니다. 비천하게 살 줄도 알며 풍족하게*

---

169) 루가 21:34 참조.
170) 악덕의 예방에도 은총의 위력이 미친다는 교부의 주장은 펠라기우스 논쟁으로 이어진다.
171) 집회서 18:30.
172) 1고린토 8:8.

살 줄도 압니다. 배부르거나 배고프거나 넉넉하거나 궁핍하거나 그 어떤 경우에도 적응할 수 있는 비결을 알고 있습니다. 나에게 능력을 주시는 분에게 힘입어 나는 무슨 일이든지 할 수 있습니다."[173] 보십시오, 그 말을 하는 사람은 천상 군영의 용사(勇士)이지 저희 같은 티끌이 아닙니다.

그러나 주님, 저희는 티끌임을 기억해주십시오. 당신께서 티끌에서 인간을 만드셨으며, 잃었다가 다시 찾아냈음을 기억해주십시오. "저를 북돋아주시는 분 안에서 저는 모든 것을 할 수 있습니다"라는 말을 하던 사람은 물론 당신 영감(靈感)의 숨결을 받아 그런 말을 했겠고, 그를 저는 무척 좋아했지만, 그 사람 역시 티끌이었으므로 자기 힘으로 저것을 해낼 수 있었던 것은 아닙니다. 그러니 제가 해낼 수 있게 저를 북돋아주십시오. 명하시는 바를 베풀어주시고 원하시는 바를 명하십시오. 저 사도는 그런 능력은 당신께 받은 것이라고 고백하고 있으며 자랑하더라도 주님 안에서 자랑하고 있습니다. 그런가 하면 저는 "위장의 욕망에서 저를 빼내주십시오"[174]라면서 그 은혜를 받겠다고 애원하는 사람의 소리도 들은 적 있습니다. 거룩하신 저의 하느님, 이뤄지라고 당신께서 명령하시는 바가 이뤄질 때에 당신의 베푸심이 드러납니다.[175]

31.46 선하신 아버지, "깨끗한 사람들에게는 모든 것이 다 깨끗합니다"[176]라고 저를 가르치셨고, "그러나 무엇을 먹어 남에게 상심이

---

173) 필립비 4:11-13.
174) 집회서 23:6 참조.
175) 제10권의 주제 문장인 "명하시는 바를 베풀어주시고 원하시는 바를 명하십시오."(da quod iubes et iube quod vis)의 풀이에 해당한다.
176) 디도 1:15.

되는 사람에게는 그것에 해롭다"고 저를 가르치셨습니다.[177] 당신의 모든 피조물이 선하고 "감사하는 마음으로 받으면 하나도 버릴 것이 없습니다"고 가르치셨습니다.[178] 또 "음식이 우리를 하느님께 가까이 나가게 해주는 것은 아닙니다"라고,[179] "음식이나 음료로 아무도 우리를 심판하지 못하게 하라"라고,[180] "아무것이나 먹는 사람은 가려서 먹는 사람을 업신여기지 말고 가려서 먹는 사람은 아무것이나 먹는 사람을 비난하지 마십시오"라고[181] 가르치셨습니다.

제가 이것을 배웠으니 당신께 감사를 드리고 당신께 찬미를 드립니다. 저의 하느님께, 저의 스승께, 제 귀를 울려주시는 분께, 제 마음을 비춰주시는 분께 드립니다. 저를 모든 유혹에서 건져주십시오. 제가 무서워하는 것은 식품의 부정함이 아니고 욕심의 부정함입니다. 제가 알기로 노아는 음식으로 쓰일 만한 온갖 종류의 살코기를 먹어도 좋다고 허락받았고,[182] 엘리야는 고기를 먹고 기운을 차렸으며,[183] 요한은 놀라운 고행을 견디고서 메뚜기 같은 동물을 음식으로 삼았어도 부정을 타지 않았습니다.[184] 또 제가 알기로는 에사우는 팥죽 욕심 때문에 속아 넘어갔고, 다윗은 물을 갈구하던 자기 자신을 꾸짖었으며 저희 임금께서는 고기가 아닌 빵으로 시험을 당하셨습니다.[185] 그러니까 광야의 백성은 고기를 탐했기 때문이 아니고

---

177) 로마 14:20 참조.
178) 1디모테오 4:4.
179) 1고린토 8:8.
180) 골로사이 2:16 참조.
181) 로마 14:3.
182) 창세기 9:3 참조("살아 움직이는 모든 짐승이 너희의 양식이 될 것이다. 내가 전에 푸른 풀을 주었듯이, 이제 이 모든 것을 너희에게 준다").
183) 1열왕기 17:6 참조.
184) 많은 교부는 특히 술과 고기를 금하는 내용의 글을 썼는데 아우구스티누스는 그렇게 하지 않았다.

음식에 대한 탐욕으로 주님을 원망했기 때문에 꾸지람을 듣게 된 것입니다.[186]

31.47 이런 시험들을 당하면서 저는 날마다 먹고 마시고 싶은 욕심에 맞서 싸우고 있습니다. 이런 일은 여자와의 잠자리를 두고 할 수 있었던 것처럼, 단번에 끊어버리고 다시는 가까이하지 않기로 결심하는 그런 것과는 다릅니다. 목구멍은 그 고삐를 풀었다 죄었다 조정하면서 유지해야 하기 때문입니다. 그리고 주님, 이 경우에 필요의 한계 이상으로 끌려가지 않는 사람이 누구입니까? 그런 사람이 있다면 그가 누구든 대단한 인물이니 당신의 이름을 찬미해 마땅합니다. 저는 그런 사람이 되지 못합니다. 죄 많은 사람이기 때문입니다. 하지만 저 역시 당신의 이름을 찬미하고 있으며, 세상을 이기신 분께서 제 죄를 위해서도 당신께 은혜를 구하고 있습니다.[187] 그분께서는 그분 몸의 가장 약한 지체들 가운데 저를 헤아려주셨고, 당신의 눈은 그 몸이 불완전함을 보고 아셨으며, 당신 책에는 모든 사람이 올려져 있습니다.[188]

---

185) 마태오 4:3 참조.
186) 민수기 11:1-20 참조.
187) "불완전한 이들은 그리스도의 몸에서 떨어지지 않도록 하십시오. 한 몸 안에서 그 지체들과 결합되어 있어, '저의 불완전함을 당신 눈이 보셨습니다'라는 말씀이 자기들에게서 이루어지도록 하십시오"(『시편 상해』, 138,21).
188) 시편 139[138]:16 참조("제가 아직 불완전한 몸이었을 때 당신 두 눈이 보셨고 … 당신 책에 그 모든 것이 쓰였습니다").

32.48. 육의 욕망 (3) 후각

저는 향기의 매력에 지나치게 몰두하지는 않습니다. 없으면 굳이 찾지 않고 있을 때는 굳이 마다하지 않으며 그것들이 아예 없어도 그만입니다. 저한테는 그렇게 보입니다. 제가 스스로 속는지도 모르겠습니다. 눈물겨운 그림자가 엄연히 존재하고, 그것으로 인해서 제 속에 있는 저의 능력도 알아볼 수 없을뿐더러, 저의 마음이 자기 힘을 두고 스스로 묻더라도 너무 쉽게 믿어서는 안 된다고 여기는 데는 이유가 있습니다. 안에 있는 것도 경험으로 드러나기 전에는 보통 숨겨져 있기 때문입니다. 인생 전체가 시험이라고 이름 붙여진 마당에, 누구도 이승에서 더 나은 사람이 될 수 있었다고 해서 더 나은 인간에서 더 못한 인간이 되지는 않으리라 안심해서는 안 될 것입니다. 오직 한 가닥 희망, 하나의 믿음, 하나의 든든한 언약은 당신의 자비뿐입니다.

33.49. 육의 욕망 (4) 청각

귀의 즐거움은 저를 더욱 강하게 끌어당겨 옴짝달싹 못 하게 만들어놓았는데 당신께서는 거기서 저를 풀어 자유롭게 해주셨습니다.[189] 당신의 말씀으로 생기를 불러일으키는 소리가[190] 감미롭고 세련된 목소리로 노래 불릴 때면[191] 제가 말씀드리건대, 그 소리에 빠

---

189) 아우구스티누스는 음악을 사랑해, 주로 음율을 다룬 철학서이긴 하지만 *De musica* (음악론)이라는 별도의 저작도 남겼다.
190) 성당에서 예배 중에 낭송되는 시편과 찬송가를 지칭한다.
191) 그 당시 성당에서는 독송하는 선창자가 시편 구절마다 음율을 넣어 낭송했

겨들면서 어느 정도 마음이 가라앉습니다. 하지만 그 소리에 사로잡힐 정도는 아니고 오히려 마음 내키는 대로 그냥 추스를 수 있을 정도입니다. 그 가락에 생명을 주는 것은 가사인데, 소리는 가사와 더불어 다가와서는 마음속에서 상당히 품위 있는 자리를 차지하려고 합니다. 그 가락에 걸맞은 자리를 내주는 일은 상당히 힘든 일인데, 때로는 제가 보기에도 그 가락에 온당한 자리보다 더한 예우를 하는 것처럼 보이기 때문입니다.

그 성스러운 말마디가 가락을 넣지 않고 불릴 때에 비해서 가락을 넣어 불릴 때일수록 저희 영혼이 보다 경건하게 보다 열렬하게 신심의 불꽃 속으로 움직이는 것처럼 느껴집니다만, 그럴 때일수록 정도 이상으로 가락에 비중을 두곤 합니다. 그때는 저희 영의 모든 감성들이, 그 나름의 차이를 갖춘 채로, 음성과 가락에서 고유한 운율을 얻게 되고, 저도 모르는 어떤 내밀한 친근감을 띠고서 고양되는 듯합니다. 그러나 제 육신의 쾌감은 간간이 저를 속이는데, 그 쾌감에 의해서 지성이 유약해지는 것은 옳지 않기 때문입니다. 그렇게 되면 감성이 뒤에 서서 잠자코 이성을 따르지 않고, 이성 때문에 감성이 허용됨에도 불구하고, 도리어 이성에 앞서 이성을 끌고 가려고 듭니다. 그래서 저는 미처 감지하지도 못하는 새에 죄를 짓고 뒤늦게야 이를 감지하곤 합니다.[192]

33.50 하지만 때로는 이런 속임수 자체를 지나치게 조심하다 보니, 비록 아주 드물기는 하지만, 지나치게 엄격해지는 실수를 저지르

고 회중이 후렴으로 되받았다. 찬미가는 온 회중이 함께 합창했다.
192) 성가의 노랫말이 신도들의 지성을 묵상으로 이끌어야지 노랫가락이 회중의 심금을 사로잡아 열락에 취하게 해서는 안 된다는 이런 입장은 후대에도 전수된다.

기도 합니다. 다윗의 시편을 감미로운 곡조로 노래하는 모든 가락을
제 귀에서 떨쳐버리고 싶고 심지어 교회에서마저 멀리하고 싶은 경
우가 그렇습니다.[193] 그러다 보니 알렉산드리아의 아타나시우스[194]
가 자주 하던 말이 제게는 더 안전해 보입니다. 그는 시편의 낭송자
로 하여금 가급적 소리의 굴곡을 적게 해서 창보다는 낭독에 가까운
소리를 내도록 만들었습니다. 그러나 제가 신앙을 회복하던 초기, 교
회 성가에다 쏟아내던 제 눈물을 떠올릴 때는 물론,[195] 부드러운 목
소리에 아주 적절한 가락으로 노래가 불리더라도 노래로 감동받기
보다는 노래의 내용에서 감동을 받는 지금에 와서도, 이런 관습이 크
게 유익함을 새삼 인정하게 됩니다. 이렇게 저는 음악에서 오는 쾌감
의 위험성과 유용성 사이에서 오락가락하고 있으며, 철회 못 할 주장
을 할 생각은 없고,[196] 나약한 정신이 귀의 호사^{豪奢}를 통해서나마 경
건한 감성으로 승화하라는 뜻에서나마 교회 안에서 노래하는 전통을
인정하고 싶습니다.[197] 그렇더라도 저 자신만을 두고 말하자면, 가사

---

193) "밀라노 교회가 … 동방의 관습을 따라서, 회중이 비탄과 지루함에 지치지
않도록 만들어낸 찬미가와 시편을 노래했습니다"(이 책, 9.7.15).
194) 알렉산드리아의 아타나시우스(Athanasius Alexandrinus, 295-373): 알렉
산드리아의 주교도. 아리우스파를 옹호하는 황제 측근들에게 미움받아 이
탈리아로 유배(339-346)당하기도 했다. 이 책(8.6.13)에는 그가 유배 중에
저술한 『안토니우스 생애』가 언급된다.
195) "당신 교회에 감미롭게 울려 퍼지는 당신의 시편과 찬미가에 얼마나 눈물을
흘렸는지 모르며 그 노랫소리에 얼마나 깊이 감동했는지 모릅니다. 그 소리
들은 제 귀에 스며들고 있었고, 진리는 저의 마음에 배어들고 있었으며, 신
심의 열기가 타올라 눈물은 흐르고 흘렀는데 제게는 마냥 흐뭇하기만 했습
니다"(이 책, 9.6.14).
196) 수도자가 되어 육신의 감관에 지나치게 엄격한 자기 태도는 인정하지만 단
정은 하지 않는다.
197) 교부가 이끌던 아프리카 교회에서도 성가를 부르는 일에 대한 논란이 있었
다. "아프리카에서는 교회의 다수 성원들이 지나치게 냉담하고 근엄해서 도
나투스파는 우리가 교회에서 부르는 예언자들의 찬미가가 너무 무미건조

보다는 부르는 곡조가 저를 더 감동시킨다는 점에서 벌받을 만한 죄를 짓고 있다고 자백하며, 그럴 때는 차라리 노래를 듣지 않는 게 낫다는 생각을 하기도 합니다.

"보시오, 내 처지가 이렇습니다! 감정을 조정하며 스스로 뭔가 좋은 것을 행하는 분들이라면, 저와 함께 울어주시오. 저를 위해 울어주시오. 행실은 거기서 나오는 법입니다. 그런 일을 겪지 않는 사람들이라면 이 말이 여러분에게 아무런 감흥도 주지 못할 것입니다."[198]

주 저의 하느님, 들어주시고 굽어살피시고 보아주시며 불쌍히 여기시고 저를 낫게 해주십시오! 당신의 눈으로 보시기에도 제가 저에게 의문점이 되고 말았으니 제 자신이 곧 제 번뇌입니다.

34.51. 육의 욕망 (5) 시각

제 육신에 저 눈의 쾌락이 남았습니다. 그것에 관한 고백을 말씀드릴 테니 당신의 성전에 달린 귀들이,[199] 형제다운 경건한 귀들이 들어주었으면 합니다. 그렇게 해서 육신의 욕망이 끼치는 유혹, 탄식하면서 하늘 거처를 옷처럼 덧입기를 갈망하는[200] 저를 아직도 마음 설레게 하는 유혹에 관한 얘기를 매듭지으려 합니다. 아리땁고 다양한

하다고 비난합니다"(*Epistolae*, 55.18.34).
198) 육신의 오관에서 일어나는 동요와 섬세한 유혹을 수도자다운 소심함으로 고백하던 그는 돌연히 독자들에게 몇 마디 건네고 다시 주님께 드리는 고백으로 돌아간다.
199) 1고린토 3:16 참조("여러분은 자신이 하느님의 성전이며 하느님의 성령께서 자기 안에 살아 계시다는 것을 모르십니까?").
200) 2고린토 5:2 참조("지금 육신의 장막을 쓰고 사는 우리는 옷을 입듯이 하늘에 있는 우리의 집을 덧입기를 갈망하면서 신음하고 있습니다").

맵시들과 화려하고 멋진 색깔들을 눈이 좋아합니다. 제발 이런 것들이 제 영혼을 사로잡지 않았으면 합니다. 이 모든 것, 참 좋은 것을 만드신 하느님께서 제 영혼을 사로잡으셨으면 합니다. 하느님께서 친히 제 선善이시고 이것들은 아닙니다. 그럼에도 불구하고 이것들은 제가 깨어 있는 한 하루 종일 저를 건드립니다. 노랫소리에는 침묵하는 틈새가 있고 모두 잠잠할 때도 있지만 이것들로부터는 안식이 주어지지 않습니다.

색채의 여왕인 저 빛이[201] 모든 것에 쏟아져내리므로 낮이면 어디서든지 제가 저것들을 감지하게 마련이고, 제가 다른 일에 골몰해 그 빛을 의식하지 못하더라도 가지가지로 스며들어 저에게 어른거립니다. 하도 세차게 스며들어 있기 때문에 갑자기 자취를 감추면 그리워 찾게 되고 한동안 없으면 마음이 우울해집니다.

34.52 오, 토비트가 보던 빛이여, 감긴 그 눈으로 아들에게 생명의 길을 가르쳐왔고, 자신의 발길로 한 번도 그르침 없이 아들을 앞서가며 보던 빛이여![202] 이사악이 보던 빛이여! 육신의 광채들은[203] 흐릿해지고 늙어 두 아들을 분간하지 못하고 축복했으면서도 실제로는 축복을 분간해냈던 빛이여![204] 나이가 너무 많아 눈이 멀었던 야곱이 아들들에게서 장차 올 백성의 예고된 족속들을 환한 마음으로 밝혀주던 빛, 요셉에게서 낳은 자기 손자들에게 신비롭게도 손을 엇갈려 얹었고, 아이들의 아버지가 겉으로 바로잡아주던 대로 하지 않

---

[201] "물체들 가운데서 빛이 첫 자리를 차지한다. … 그러한 광채를 혹자들은 지존하신 하느님의 실체처럼 숭배하는 지경까지 왔다"(『자유의지론』, 3.5.16).
[202] 토빗기 4:5-6 참조.
[203] 라틴문학에서 (육신의) '광채'(lumina)는 눈을 비유하는 말이다.
[204] 창세기 27:1-40 참조. 이사악이 동생 야곱을 형 에사우로 알고 축복했으나 그 실수는 사실 형이 동생을 섬기리라던 하느님의 뜻을 분간해낸 셈이었다.

고 자신이 분별한 대로 손을 얹으면서 그가 보았던 빛이여![205] 그것이 빛입니다.

이 빛은 하나이므로 빛을 보고 또한 사랑하는 사람들은 모두 하나가 됩니다. 그러나 제가 이야기하고 있던 저 빛은 물리적인 빛이어서 맹목적으로 세속을 사랑하는 사람들의 삶을 단맛으로(매혹적이지만 위험스럽습니다) 물들이고 맙니다.

만물의 창조주 하느님, 저들이 저 빛을 두고 당신을 찬송할 줄 알 때에는, 당신께 드리는 찬가에서 그 빛을 마음대로 다루는 것이지 자기 꿈결로 그 빛에 마냥 실려가는 것은 아닙니다.[206] 저도 저런 인물이 되기를 소망합니다. 제 발로 당신의 길에 들어서는 마당에 눈의 유혹에 걸려들어 제 발이 묶일까 저항합니다. 그래서 눈으로 볼 수 없는 눈을[207] 당신께 들어올리면서 저의 발을 올무에서 빼내주시길 바라며 무형의 눈을 당신을 향해 들어올립니다. 그 발이 자꾸만 걸려들어 당신께서 연달아 발을 빼내주십니다. 저는 사방에 흩어진 속임수에 걸려들기 일쑤인데 당신께서는 쉴 새 없이 빼내주십니다.[208] 이스라엘을 지키시는 당신께서는 잠들지도 않으시고 졸지도 않으시기 때문입니다.[209]

---

205) 창세기 48:3 및 49:28 참조. 신앙의 조상들이 눈이 멀어서도 마음의 눈으로 세상 돌아가는 것을 본 이야기들을 언급하고 있다.
206) 마니교도들은 햇빛에 매료된 나머지 태양을 신성한 존재로 섬기거나 해방된 영혼들을 잠재워 빛의 아버지에게로 실어가는 선박으로 숭배했다.
207) 육신의 광채(눈)와 마음의 눈을 대조하면서 물체 세계의 아름다움을 예찬한다. 그러나 동시에 그것에 압도되지 않으려는 수도자다운 달관을 시도한다.
208) "그대의 눈길을 항상 하느님께 들어올리시라! 그래야 그분이 그대 위에 당신 눈길을 보내시리라. 그러면 그대가 올가미에 떨어질까 두려워할 이유가 무엇입니까?"(『시편 상해』, 31.2.21).
209) 시편 121[120]:4 참조.

34.53 눈을 매료하기 위해 사람들이 의복, 신발, 그릇 그리고 별의별 제조품에다 갖가지 기술과 갖가지 공예를 발휘하면서 헤아릴 수 없는 것들을 얼마나 많이 만들어내는지 모릅니다. 그림과 각양각색의 조각으로, 필요하고 절제된 용도와 경건한 의미를 한참 넘어서는 것들에 사람들은 헤아릴 수 없이 많은 것들을 첨가했습니다. 그러다 보니 겉으로는 자기들이 만든 사물을 뒤쫓고, 안으로는 자기들을 만드신 분을 저버리며, 결국 자기들이 만들어진 목적을 말살하게 되는 것입니다. 하지만 저의 하느님, 저의 영광이시여, 저는 여기서도 당신께 찬미가를 그리며, 저를 거룩하게 하시는 분께 찬미의 제사를 올립니다. 무릇 영혼을 거쳐서 예술가들의 솜씨로 빚어지는 아름다운 것들은 영혼들 위에 존재하는 저 아름다움으로부터 유래하며,[210] 저의 영혼이 밤낮으로 그리워하는 대상이 바로 그 아름다움이기 때문입니다. 외적인 아름다움들을 만들어내는 장인들과 그 애호가들은 아름다움을 평가하는 척도를 저기서 이끌어내면서도 그것들을 사용하는 척도[211]는 거기서 끌어오지 않고 있습니다. 그 척도가 바로 거기 있는데도 사람들은 그것을 보지 못합니다. 제대로 본다면 사람들이 그것을 찾으러 멀리 가지 않아도 되고, 거기에 들일 기력을 당신께 간수하고서 달콤한 쾌락에 탕진해버리는 일이 없을 텐데 말입니다.

---

210) "선들을 달성하는 능력 자체가 하느님에 의해서 이성적 본성에 새겨져 있다는 사실만 해도 얼마나 커다란 선이며 얼마나 놀라운 일인가! … 어떤 그릇을 제조하는 데나 조각이나 그림을 다양하게 고안해내고 완성하는 데는 어떠한가?"(『신국론』, 22. 24.3).
211) "향유한다는 것은 어떤 사물 그 자체 때문에 그 사물에 애착한다는 것이다. 사용한다는 것은, 어떠한 용도로 쓰이는 사물을 우리가 성취하기 원하는 것에로 우리가 원해야 하는 것에로, 결부시키는 것이다"(『그리스도교 교양』, 1.4.4).

이런 얘기를 하고 분별을 할 줄 아는 저마저 저런 아름다운 것들에 발걸음이 묶이곤 하는데, 주님, 당신께서 풀어주십니다. 당신께서 풀어주시니 당신 자애가 저의 눈앞에 있는 것입니다. 저는 가련하게도 걸려들기만 하고 당신께서는 저를 자비로이 풀어주시는데[212] 때로는 하도 느슨하게 걸려 스스로도 감지하지 못하고, 때로는 이미 단단히 옭죄어 통증을 느끼곤 합니다.

35.54. 눈의 욕망 혹은 쓸데없는 호기심

여기에 덧붙여 여러모로 위험한 형태의 다른 유혹이 있습니다. 모든 관능과 쾌락을 즐기는 가운데 내재하는 육신의 욕망 말고도(그것에 예속되는 자들은 당신으로부터 멀어지다 스스로 멸망하곤 합니다), 육체의 똑같은 관능들을 경유해서 영혼에 내재하고 있는 호기심이 있습니다. 스스로 육신 안에서 쾌감을 즐긴다기보다는 육신을 통해서 허망하고 흥미 있는 것을 경험하려는 호기심이 앎과 지식이라는 명목으로 분장합니다.[213]

호기심은 알고 싶은 욕구 속에 자리 잡고 있는데, 감관 중에 무엇을 인식하는 데 첫째가는 것이 눈입니다. 거룩한 말씀에 따르면 '눈

---

212) 인간의 '가련함'(miserabiliter)과 하느님의 '자비함'(misericorditer)은 라틴어로는 같은 어원(miseria)에서 비롯한다. 따라서 "저는 가련하게도 걸려들기만 하고(ego capior miserabiliter) 당신께서는 저를 자비로이 풀어주시고(tu evellis misericorditer)"라는 문장은 대칭 구조를 이룬다.
213) 아우구스티누스는 호기심으로 학문하는 제자를 "그 사랑으로 학문을 갖춘 영혼들, 덕성으로 아리따운 영혼들이 철학을 통해서 인식과 결합하기에 이를 것이요 그런 영혼들은 단지 죽음을 피하는 데서 그치지 않고 참된 행복을 향유하기에 이른다"(『질서론』, 1.8.24)고 타이른다.

의 욕망'이라고 불립니다. 본래 눈에 해당하는 일은 보는 것입니다. 그런데 본다는 이 단어는 다른 감관들에도 사용하며 눈이라는 말을 인식하는 데도 사용하기도 합니다. "무엇이 번쩍이는지 들으라!"거나 "얼마나 밝은지 맡으라!"거나 "얼마나 찬란한지 맛보라!"거나 "얼마나 눈부신지 만져라!"는 말은 하지 않습니다. 그 대신 이것들 전부에 '본다'는 말을 합니다. "무엇이 번쩍이는지 보라!"고만 하지 않습니다. 그것을 감지할 수 있는 것은 눈뿐입니다. 그럼에도 "어떤 소리가 나는지 보라!"고도 하고 "무슨 냄새가 나는지 보라!"고도 하고 "무슨 맛이 나는지 보라!"고도 하고 "얼마나 단단한지 보라!"고도 합니다. 그래서 감관들의 경험 전반이, 앞서 말한 대로, '눈의 욕망'이라고 불리고, 보는 것에 가장 우선되는 것이 눈이지만 다른 감관들 역시 뭔가를 인지하려고 탐색할 때는 '본다'는 비유를 써서 그 기능을 공유하는 것입니다.[214]

35.55 여기서 감관을 통한 작용에서 어느 부분이 쾌감을 찾고 어느 부분이 호기심을 찾는지 훨씬 뚜렷하게 구분됩니다.[215] 쾌감은 자태가 예쁘고 음성이 곱고 냄새가 감미롭고 음식이 맛깔스럽고 만지면 보드라운 것을 찾는 데 비해서, 호기심은 이것들과 정반대되는 것들마저도(단지 고약한 것을 참고 견디는 데서 그치지 않고) 시도해보고 경험해보고 알아볼 욕심에서 우러납니다. 갈기갈기 찢긴 시체는 보기에도 소름이 끼칠 텐데 그 시체를 보면서 무슨 쾌감을 느낀다는 말입니까? 그럼에도 시체가 어딘가 쓰러져 있다며 사람들이 달려옵니

---

214) 호기심을 '눈의 욕망'이라고 일컫는 이유는 오관이 앎을 지향하는 모든 작용에 '보다'라는 동사가 적용되기 때문이다.
215) 지식욕과 호기심이 다르다는 뜻으로, 험악한 시체, 검투사의 잔인한 경기, 대자연의 비밀, 마술을 감상하고 자세히 탐색하는 별난 흥미들을 열거한다.

다. 와서 보고는 애통해하고 얼굴이 창백해집니다. 사람들은 꿈에라도 볼까 무서워합니다. 그런데 호기심으로 본 것이면서도 마치 누가 자기들에게 억지로 눈을 뜨고 보라고 시킨 것처럼, 또 멋진 구경이 있다는 소문에 넘어가서 어쩔 수 없었다는 식입니다. 여타 감관에서도 마찬가지이니, 다 꺼내자면 긴 얘기가 되겠습니다.[216]

이 호기심의 욕심에서 유래해 연극 공연에서는 그야말로 괴이한 일들이 연출됩니다.[217] 이런 호기심에서 비롯해, 알아도 쓸모없는 것들을 알자고, 저희 밖에 있는 대자연의 비밀을 탐구하겠다고 나서는데 여기서 사람들이 욕심내는 것은 그저 알고 싶은 마음뿐입니다.[218] 또 여기서 똑같은 목적으로 본말이 전도된 지식을 마술을 통해서 구하기도 합니다. 그러다 보니 심지어 종교에서도 어떤 구원을 바라는 마음이 아니라 그저 경험하고 싶은 마음으로 표징表徵과 이적異蹟을 졸라대며 하느님을 시험하기도 합니다.

35.56 저의 구원의 하느님, 보십시오! 함정과 위험이 가득한 이 널따란 숲속에서[219] 저는 많은 것을 잘라버렸고 저의 마음에서 털어

---

216) "구경거리, 극장, 악마들의 주술, 마술, 악행 따위에 호기심은 존재합니다. 때로는 하느님의 종들까지도 유혹해서 기적 비슷한 짓거리를 행하게 합니다"(『요한 서간 강해』, 2.18).
217) 『신국론』(21.6.1-2)에서는 비너스 신당의 꺼지지 않는 등잔이라든가 쇠로 만든 신상이 공중에 떠 있는 등의 기이한 일이 호기심을 끌기 때문에, 교부가 이에 대한 과학적 설명을 시도하기도 했다. 연극에서도 간간이 그런 조작이 동원되었다.
218) 교부가 '대자연의 비밀'에 대한 탐구를 무조건 말린 것은 아니다. "우리는 모든 이적(異蹟)들이 자연에 반하는 것으로 말하는데 사실은 그렇지 않다. … 이적은 자연에 반해 일어나는 것이 아니고 어디까지나 우리에게 알려져 있는 자연에 반해 일어날 뿐이다"(『신국론』, 21.8.2).
219) 로마 문학이나 아우구스티누스의 글에서 숲(silva)은 맹수, 산 도적 그리고 길 잃는 미로와 연관되어 '위험'을 상징했다(『아카데미아학파 반박』, 3.15.

버렸습니다. 당신께서 베풀어 저에게 시키신 대로 했습니다. 그러나 저희 일상생활을 에워싼 주변에서 이런 종류의 일들이 엄청난 소란을 피우는 마당에 언제쯤 이런 말씀을 감히 드리겠습니까? 저는 그중 어느 것도 거들떠보지 않으리라고, 황당한 호기심에 사로잡히지 않는 사람이 되었노라는 말씀을 감히 언제쯤 드릴 수 있겠습니까? 극장은 저를 사로잡지 못하게 된 지 오래고, 더는 별자리의 운행을 알겠다고 애쓰지도 않으며,[220] 혼령들에게서 응답을 구하지도 않았습니다. 성스러운 것을 모독하는 온갖 비술[221]을 혐오합니다.

주, 저의 하느님, 저는 겸손하고 순진한 종으로서 당신을 섬겨야 마땅한데 원수는 저에게 당신께 표징을 청해보라고 얼마나 수작을 부리고 들쑤시는지 모릅니다. 저희 임금님[222]을 내세워, 또 소박하고 순정한 고향 예루살렘을 두고 당신께 청합니다. 그런 일에 동의하는 짓이 지금도 저와 거리가 멀기는 하지만 언제나 멀리, 더 멀리 떨어지게 해주십시오. 혹시 누군가의 건강을 위해서 당신께 간청할 때에는 제가 의도하는 목표가 아주 다를 수 있습니다. 그럼에도 당신께서 뜻하시는 대로 하시는 바를 제가 기꺼이 따르도록 베풀어주시며 또 베풀어주시리라 믿습니다.[223]

---

34).
220) "창공의 아름다움이며 별들의 운행, 빛의 광휘며 낮과 밤의 교차, 달이 차고 기우는 순환이며 한 해가 4원소에 맞추어 사계절로 나누어짐. … 이 모든 일을 관찰하면서 없어질 헛된 호기심을 진작시키는 것이 아니고, 불사불멸하고 항속하는 사물로 (오르는) 계단으로 삼아야 한다"(『참된 종교』, 29.52).
221) 극장 연극, 점성술 등은 그가 젊었을 때 한때 몰두했던 일이다. 그는 강신술이나 흑마술을 호기심을 자극하는 악마의 개입으로 일어나는 현상으로 평가한다(『신국론』, 10.9-10).
222) 그리스도를 가리킨다. 요한 18:37 참조("'아무튼 네가 왕이냐?' 하고 빌라도가 묻자 예수께서는 '내가 왕이라고 네가 말했다'").
223) 신앙인다운 기도 자세를 "당신께서 뜻하시는 대로 하시는 바를(te facientem quod vis) 저로 하여금 기꺼이 따르도록(libenter sequi) 베풀어주시며 또 베

35.57 그럼에도 불구하고 시시하고 하찮은 일들을 두고 저희의 호기심이 얼마나 많이 발동하는지, 저희가 얼마나 자주 그 호기심에 말려드는지 누가 헤아리겠습니까? 황당한 얘기를 하는 사람들을 상대로, 처음에는 약한 사람들의 마음을 상하게 하고 싶지 않아 마지못해 듣고 있다가도 차츰 그런 얘기에 기꺼이 귀를 기울이곤 합니다. 경기장에서 벌어지는 토끼를 쫓는 개 구경은 더 이상 하지 않습니다. 그렇지만 우연히 들판을 가로지르다 사냥감을 보게 되면, 한참 중요한 생각을 하고 있더라도 그만 그 사냥감이 제 주의를 끌어당기고 맙니다.224) 그 사냥감이 제가 타고 가는 가축의 몸뚱이를 그 방향으로 돌리게 하지는 않지만225) 마음의 기울기를 그리로 돌리게 만들어 자칫하면 무엇에 홀린 듯 경망스러운 바보짓을 하고 맙니다.

저의 약점이 이미 제게 확인된 마당에 당신께서 당장 경고하지 않는다면, 그 광경에서 몇 가지 생각을 가다듬고 당신께로 마음을 올리거나 그런 광경을 아예 무시해버리고 지나치라고 하시지 않는다면, 그렇게 되고 맙니다. 또 집에 앉아 있는 저에게 도마뱀이 파리를 잡아먹는 것이 또 거미가 쳐들어온 놈들을 자기 그물로 휘감는 것이 깨우쳐주는 바가 무엇이겠습니까? 아주 하찮은 동물들이라 저런 일이 똑같이 일어나지 않는다는 말입니까?

그 장면에서 마음을 들어올려 놀라우신 창조주, 만물의 통치자 당신을 찬미하기에 이르겠지만 처음부터 그런 생각이 들지는 않습니다. 그러니 넘어졌다 곧장 일어서는 것과 아예 넘어지지 않는 것은

풀어주시리라 여기는 것(das mihi et dabis)"이라고 했다.
224) 다른 책(『질서론』, 1.8.25)에서는 수탉들의 싸움을 예리하게 관찰하기도 한다.
225) 아우구스티누스의 무수한 서한을 통해 교부가 주로 말을 타고 북아프리카 전역을 여행하면서 성직을 수행하고 있었다는 것을 알 수 있다.

별개의 일입니다. 정말 저의 삶은 이런 하찮은 실수로 가득하고 그래서 저의 희망은 오직 하나, 당신의 무척 크신 자비뿐입니다. 저희 마음이 이런 잡생각의 창고가 되고 말아서 허황한 패거리를 잔뜩 거느리고 다닐 때면 저희 기도마저 자주 끊기고 흔들리기 마련입니다. 심지어 당신 대전에서 마음의 소리를 당신 귀에 아뢰는 동안에도 어디서 들이닥치는지 모르는 잡다한 생각들로 인해서 그토록 큰 중대사가 끊기곤 합니다.[226]

36.58. 하느님의 멍에는 편하다[227]

그럼 이것 역시 대수롭지 않은 것으로 치부해야 합니까? 아니면 당신의 자애 말고 다른 무언가가 저희에게 희망을 고취해줄 수 있다는 말입니까? 당신의 자애는 익히 알려져 있고 그 자애로 당신께서 저희를 바꿔놓기 시작하셨습니다.[228] 그리고 얼마만큼 저를 바꿔놓으셨는지는 당신께서 아십니다. 당신께서는 우선 권리를 주장하고 싶은 욕심에서[229] 저를 낮게 하십니다. 그래서 당신께서는 저의 모든 악행에 관해서도 연민을 베푸시는 분, 저의 모든 고뇌를 낫게 하시는 분, 제 목숨을 부패에서 건져내시는 분, 자애와 자비로 제게 관을 씌워주

---

226) 수도자들의 흔한 고민 하나가 기도 중 마음이 흐트러지는 것인데 그것마저 소상하게 밝히는 아우구스티누스의 완벽주의를 엿볼 수 있다.
227) 제10권의 나머지(36.58-39.64)는 세 번째 시험, '세속의 야심' 곧 오만에서 드러나는 교부의 자화상을 그려낸다.
228) "세례받는 순간에 모든 병약함이 말살되는 게 아니다. 모든 죄의 사함으로 쇄신이 시작할 따름이다. 나머지는 실제로 이뤄지기까지 희망 속에 살아갈 뿐이다"(*De peccatorum meritis et remissione*, 2.7.9).
229) 오로지 하느님의 자비로 죄를 용서받은 주제에 자기를 내세우거나 덕성을 내세우는 일은 그야말로 탐욕스러운 권리 주장에 불과하다.

시는 분, 제 소원을 선으로 채워주시는 분이십니다. 당신께서는 당신께 대한 두려움으로 제 교만을 찍어누르셨고, 당신 멍에로 제 목덜미를 부드럽게 만들어주셨습니다.230) 그래서 지금도 저는 그 멍에를 메고 다니는 것이 편합니다. 당신께서 그렇게 언약하셨고 실제로 그렇게 해주셨습니다.231) 원래 그랬습니다. 그 멍에를 메기를 두려워했을 때에는 그것을 몰랐었습니다.

36.59. 세속의 야심232) (1) 직책

그런데 주님 과연, 이 세 번째 종류의 유혹이 과연 저에게서 멈췄습니까? 주님, 당신 홀로 거드름 없이 다스리시니 당신 홀로 참된 주님이시고 당신께는 주인이 따로 없습니다. 이승의 삶 전체에서 과연 이것이 멈출 수 있습니까? 사람들에게 경외심을 주고 싶고 사랑을 받고 싶다는 것에, 바로 거기에 즐거움이 있다는 이유 외에 다른 이유가 없다니 말입니다. 그런 것은 즐거움이 아닙니다. 가련한 삶이고 추잡한 허세입니다.233) 그렇게 되면 크게는 당신을 사랑하지도 못하고 적어도 순수하게 당신을 두려워하지도 못하게 됩니다. 그래서 당신께서는 교만한 자들을 대적하시고 겸손한 이들에게는 은총을 베푸시

---

230) 신명기 10:16 참조("그러므로 너희가 받을 할례는 마음의 껍질을 벗기는 일이다. 그리하여 다시는 고집을 세우지 않도록 하여라").
231) 마태오 11:29-30 참조.
232) "세속의 야심은 교만입니다. 인간은 명예로써 자신을 드높이고 싶어 합니다. 재물로나 권력 따위로 자신을 대단한 인물이라 여기기도 합니다"(『요한 서간 강해』, 2. 13).
233) "육체의 정욕은 저급한 쾌락을 사랑하는 사람들을 의미하고, 눈의 정욕은 호기심 많은 사람들을 가리키고, 세속의 야심은 교만한 사람들을 지적한다"(『참된 종교』, 38.70).

며, 세속의 야심에다가는 우렛소리를 내시니, 그 소리에 산들의 토대가 소스라치며 떱니다.[234]

인간 사회의 어떤 직분으로 말미암아 사람들에게 사랑받고 경외받는 일이 저희에게 필요합니다만, 저희의 참된 행복을 훼방하는 놈은 여기서도 사방에다 "잘한다! 잘한다!" 하며 덫을 깔고 저희가 욕심스럽게 그것에 몰두하다가 부주의하게 걸려들게 합니다. 그리고 저희 즐거움을 당신 진리로부터 따로 떼어내서는 인간들의 허위에서 즐거움을 느끼게 만듭니다. 그래서 저희가 당신 때문에 사랑받는 것이 아니고 당신 대신에 사랑받고 존경받기에 이르고, 그런 식으로 하다 보면 바로 그자와 비슷하게 되어버립니다. 결국 북녘 끝에 자기 왕좌를 세우기로 각오한 자가[235] 저희를 차지하며, 사랑의 유대로 저희를 끌고가는 것이 아니고 형벌을 함께 나누는 공동 운명체로 끌고 들어갑니다. 그렇게 해서 사람들은 어둡고 차가운 존재가 되어서, 잘못되고 비뚤어진 길로 당신을 본받으려 했던 자를 섬기게 됩니다.[236]

주님, 저희는 당신의 보잘것없는 양 떼이오니 당신께서 저희를 차지하십시오. 당신 날개를 펼쳐주십시오. 저희가 그 밑으로 숨겠습니다.[237] 당신께서 저희 영광이 되어주십시오. 당신 때문에 저희가 사랑을 받게 하시고, 저희 사이에 당신의 말씀을 두려워하는 마음이 생

---

[234] "교만한 자들의 희망은 이 현세에 걸었던 희망이어서 결국 흔들리고 말리라"(『시편 상해』, 17.8).
[235] 이사야 14:13 참조("너네가 속으로 이런 생각을 하지 아니하였더냐? '내가 하늘에 오르리라. 나의 보좌를 저 높은 하느님의 별들 위에 두고 신들의 회의장이 있는 저 북극산에 자리 잡으리라'").
[236] "악마와 그의 천사들은 빛으로부터, 사랑의 열기로부터 떨어져나감으로써 얼음같이 단단한 존재로 마비되고, 비유를 들자면 북녘 끝에 묶여 있게 된다"(*Epistolae*, 140.22.55).
[237] 시편 17[16]:8 참조("당신 눈동자처럼 저를 지켜주시고 당신 날개의 그늘 밑에서 저를 지켜주시리다").

기게 하십시오. 당신께서 꾸짖으시는데도 사람들에게 칭송받고 싶어 하는 자가 있다면, 당신께서 심판하실 때에 사람들에게 변호를 받지 못할 것이며, 당신께서 단죄하실 때에 모면하지 못할 것입니다. 죄인은 자기 영혼의 욕망으로 칭송받지 못하고 악을 행하는 자는 축복받지 못합니다. 사람이 칭찬받는 경우는 당신께서 그에게 선사하신 선물 덕분에 받는 것입니다. 그럼에도 불구하고, 저런 사람은 자기가 칭찬받을 만한 선물을 갖고 있다는 사실을 즐거워하기보다는 자기가 칭찬받는다는 사실을 좋아합니다.

그럴 경우 그 사람은 당신께 꾸지람을 받으면서 사람들에게 칭찬을 받는 셈이므로, 칭찬받은 본인보다도 그를 칭찬한 사람이 더 나은 인간입니다. 후자는 그 사람에게 하느님이 주신 선물을 마음에 들어 했고 전자는 하느님이 주신 선물보다 사람이 주는 선물을 마음에 들어 했기 때문입니다.[238]

37.60. 세속의 야심 (2) 사람들의 칭송

주님, 저희는 날마다 이런 시험으로 끊임없이 유혹당하고 있습니다. 저희가 매일 겪는 용광로, 그것은 사람의 혀입니다.[239] 이런 경우

---

[238] "신랑이 자기 신부에게 반지를 만들어주었다고 합시다. 만일 반지를 받은 신부가 이 반지를 자기에게 만들어준 신랑보다 반지를 더 사랑한다면, 결국 신랑이 준 선물 안에서 간음의 마음이 드러난 것 아니겠습니까?"(『요한 서간 강해』, 2. 11).

[239] 지혜서 3:6 참조("도가니 속에서 금을 시험하듯이 하느님께서 그들을 시험하시고 그들을 번제물로 받아들이셨다"). 아우구스티누스는 사람들의 칭송이 본인의 '세속적 야심'을 드러내는 용광로 같다는 뜻으로 이 성서를 뒤집어 인용했다.

에도 당신께서는 저희에게 절제를 명하십니다. 명하시는 바를 베풀어주시고 원하시는 바를 명하십시오. 이 일을 두고도 당신께 올리는 제 마음의 신음을, 제 눈의 강물을 당신께서는 아십니다. 그런 역병에서 제가 얼마나 깨끗해졌는지 쉽사리 가늠하지도 못할뿐더러 저의 숨겨진 잘못들은 훨씬 더 무섭습니다. 당신의 눈은 그것을 아는데 제 눈은 알아보지 못하기 때문입니다.[240]

다른 종류의 유혹들에 대해서는 스스로 살펴볼 능력이 어느 정도 있습니다만 이 종류에 관한 한 거의 아무런 능력도 없습니다. 제가 육신의 쾌락이나 무엇을 알고자 하는 쓸데없는 호기심을 얼마나 제어할 수 있는지는 압니다. 정작 그런 대상들이 제게 결핍되어 있을 때는 저의 의지로 그것을 제어했거나, 아예 그런 유혹이 없어서일 것입니다. 그럴 경우에 그런 사물을 갖지 못함이 저를 얼마나 더 고생스럽거나 덜 고생스럽게 할지 저 스스로에게 묻곤 합니다.

여기서 혹자에게 재산이라는 것이 저 세 가지 욕정 가운데 어느 하나 혹은 둘 혹은 셋 모두에 보탬이 되고, 그래서 재산을 간절히 바란다고 합시다. 그런데 재산을 실제로 갖고 난 뒤에 과연 자기가 그 재산을 경멸할 수 있을지 확신이 안 설 경우, 아예 그 재산을 버림으로써 그럴 능력이 있음을 입증할 수 있을 것입니다. 하지만 남의 칭송을 받지 않고 살겠다고, 그것을 직접 경험해보고 싶다고 해서 저희가 굳이 못되게 살아야 합니까? 누구든지 저희를 떠올리면 역겹기만 할 정도로 무도하고 짐승처럼 살아야만 하겠습니까? 이보다 어리석은 말이나 생각이 어디 있겠습니까? 칭송이라는 것이 선한 삶 그리고 선한 업적에 수반되는 게 예사이고 또 그래야만 된다면, 선한 삶을 버리는 일도 적절하지 않고, 거기 수반되는 것을 버리는 일도 적절하지

---

240) 시편 18:13 참조("뜻 아니 한 허물을 누가 깨달으리까? 제 숨겨진 잘못에서 저를 깨끗이 해주소서").

않습니다. 어떤 것이 결핍될 적에 제가 평온한 심경이 될지 혹시 언짢아질지 알아보기 위해 굳이 그것이 결핍되어야만 한다고는 생각하지 않습니다.[241]

37.61 주님, 이런 종류의 유혹을 두고 제가 지금 무슨 고백을 하고 있습니까? 제가 칭송을 즐기는 것이 아니면 무엇입니까? 제가 칭송보다 진실 자체를 더 즐긴다고 말씀드릴 수 있기를 바랍니다. 만일 누가 함부로 날뛰고 매사에 허둥대면서도 모든 사람한테서 칭송받는 편을 택하겠느냐, 아니면 항구하고 진리에 더없는 확신을 품고 있으면서도 모두에게서 비난받는 편을 택하겠느냐고 묻는다면, 제가 어느 편을 택할지는 분명합니다. 다만 타인의 입에서 나오는 지지가 있어야만 저의 어떤 선행에 대한 기쁨이 더 커지는 일은 바라지 않습니다.

하지만 고백하거니와, 타인의 지지는 기쁨을 증대시키지만 비난은 기쁨을 감소시킵니다. 또 제가 이런 가련한 모습으로 당황할 때 다른 핑계가 저에게 슬쩍 들어오는데 그것이 어떤 것인지 하느님, 당신께서는 아십니다. 그것이 저를 애매하게 만듭니다. 당신께서는 절제만, 즉 어떤 사물에 애착을 삼가야 한다고만 명령하신 것이 아니고 정의도, 다시 말해서 저희가 어디다 애착을 쏟아야 하는지도 명하셨기 때문입니다.[242] 또 저희가 당신만 사랑하기를 바라신 것이 아니고 이웃도 사랑하기를 바라셨습니다. 그래서인지 이웃이 저를 잘 이해하고

---

241) 교부는 타인에게서 오는 칭송을 반기되, 진실에서 우러난 칭송이어야 하며, 본인보다 타인의 유익을 위한 반가움이어야 하고, 덕성이나 공적을 갖춘 자신보다 자기에게 그런 선물을 주신 하느님께 돌아가는 칭송이어야 한다는 세 가지 조건을 제시한다.
242) 칭송받는 즐거움을 절제하는 일과 칭송해오는 이웃의 선익을 도모하는 정의 사이의 역설을 설명한다.

서 하는 칭송을 두고 기분이 좋을 때에는 제가 마치 그 이웃의 향상과 전망을 두고 즐거워하는 것처럼 보이고, 이웃이 알지도 못하는 일이나 좋은 일을 두고 저를 욕하는 말을 들을 때에는 마치 그의 손해를 두고 슬퍼지는 것처럼 보입니다. 또 저를 향한 칭송에도 서글퍼지는 경우가 있으니 저한테 있지만 제가 보기에 마음에 들지 않는 것이 오히려 칭송을 받는다거나, 소소하고 하찮은 선이 상상 그 이상으로 평가받는다거나 하면 그렇습니다.

그러나 제가 그런 심경이 되는 것이 어느 쪽인지 어떻게 알겠습니까? 당사자의 이익을 생각해서 마음이 움직인다기보다는 바로 그 선 곧 저한테 있어서 제 마음에 드는 그 선이 다른 사람의 마음에도 든다는 사실이 제게 더 유쾌한 것이 아니고, 과연 저를 칭찬하는 사람이 저에 관해 저와 의견을 달리하는 것이 싫어서 그런지 어떻게 알겠습니까? 제가 저에 관해서 품고 있는 제 견해가 칭송받지 못할 때에는 어느 모로도 제가 칭송을 받는 것이 아닙니다. 저의 마음에 들지 않은 점이 되레 칭송을 받거나, 제게는 조금밖에 흡족하지 않은 것이 그 이상으로 칭송을 받을 때도 그렇습니다. 그러니 이런 점을 두고 보더라도 제가 제 스스로에게 불확실한 것이 아닙니까?[243]

37.62   진리시여, 당신 안에서 저를 향한 칭송으로 인해서 감동할 때는 저 때문이 아니고 이웃의 유익 때문에 감동해야 마땅하다는 사실을 깨닫습니다. 제가 과연 그런 사람인지는 저도 모르겠습니다. 이 점에 관한 한 저는 당신보다 제 자신을 알지 못합니다.[244] 저의 하느

---

243) 타인의 칭송을 받아들이는 명분으로 '진리[진실]에 대한 사랑'과 '상대방의 선익'을 내세우지만 사실상 자신에 대한 인정이나 무난한 인간관계를 바라는 것이 아닌지 의심스럽다는 섬세한 고백이다.
244) 진실의 현양과 이웃의 유익이라는 하느님의 뜻은 분명하지만 자신이 과연

님, 비오니 제가 누구인지 제게 보여주십시오. 그래서 저를 위해서 기도해줄 저의 형제들에게 제 안에서 손상된 부분을 제가 발견하고 있다는 사실을 스스로 고백하게 해주십시오. 다시 한번 제 자신을 보다 철저히 따지게 해주십시오.

저를 향한 칭송을 두고 이웃의 유익을 생각해서 감동하는 것이라면, 어떤 타인이 부당한 비판을 당할 때에 왜 제가 당하는 것보다 마음이 덜 동요하는 것입니까? 제 앞에서 똑같이 부당하게 던져지는 경멸인데 타인에게 가해지는 것보다도 저에게 가해지는 것이 더 마음 아픈 이유가 무엇입니까? 제가 이것도 모른단 말입니까? 여기서도 어떤 여지가 있다는 말입니까? 제가 저 자신을 속이고 당신 앞에서까지 마음과 혀로 진실을 행하지 않을 수 있다는 것 말입니다. 주님, 저 따위 정신 나간 짓이 제게서 멀어지게 해주십시오. 저의 입이 '죄인의 기름'이 되어 저의 머리를 번지르르하게 만드는 일이 없게 해주십시오.245)

38.63. 세속의 야심 (3) 허영

저는 아쉽고 궁핍한 사람입니다. 저 자신이 마음에 들지 않아 당신 자비를 찾으면서 남몰래 신음하고 있다면 차라리 낫습니다. 저의 부족함이 채워지고 온전해져서, 건방진 인간의 눈은 못 알아보는 저 평

---

245) 그런 심경으로 남의 칭찬을 받아들이고 있는지는 불분명하다는 자백이다. "죄인의 기름은 제 머리를 살찌우지 않으리다'라는 말은 무엇을 뜻하겠습니까? 내 머리는 아첨으로 자라나지 않을 것입니다. 아첨은 거짓된 칭찬이고, 이것이 죄인의 기름입니다. 그래서 사람들도 거짓된 칭찬으로 어떤 사람을 조롱할 때, 그 사람에 대해서 '그의 머리에 기름을 발랐다'고 말합니다"(『시편 상해』, 140.13).

화에 이르면 좋겠습니다. 입에서 나오는 말이나 사람들에게 소문나는 행실은 자칫하면 칭송을 받고 싶은 마음을 일으킬 아주 큰 위험을 안고 있으니, 그런 취향은 사사로이 더 좋은 위치를 점하겠다면서 남의 지지를 구걸하는 지경으로 사람을 위축시킵니다. 제가 저를 대놓고 꾸짖는 것마저 유혹이 됩니다.[246] 대놓고 꾸짖는 바로 그 행위에서도 제가 허황한 영광을 경멸하리라는 생각을 하면서 보다 더 허황하게 자랑을 하는 수가 있습니다. 그러고 보면 영광에 대한 경멸 그 자체를 두고 자랑하는 것은 이미 아니라고 할 수 있습니다. 무엇이든 자랑하는 한 경멸하는 것은 아니기 때문입니다.[247]

39.64. 세속의 야심 (4) 자기만족

마음속 깊은 곳에서는, 저희 마음에서는 같은 종류이지만 또 다른 악이 우리를 시험합니다. 그 악 때문에 자기 자신의 마음에 들면 된다면서 우쭐댑니다. 다른 사람들 마음에 들건 말건 상관하지 않고 남들의 비위를 맞추려고 신경을 쓰지도 않습니다. 자기들 마음에야 무척 흡족하겠지만 당신 마음에는 그렇지 않을 것입니다. 선한 것이 아닌데 선한 것인 척하기 때문만은 아니고, 당신의 선인데 자기들의 선인 양 행세하기 때문이기도 하며, 나아가서 당신의 선인 양하면서도 어디까지나 자신의 공덕에서 유래한 것처럼 행세하기 때문이기도

---

246) "여러분은 의인에게 자비로 책망받기를 사랑하십시오. 죄인에게 조롱으로 칭찬받기를 원하지 마십시오."
247) 아우구스티누스는 사제이자 주교로서 신도들에게 받는 칭찬을 나름대로 경시해 비난을 감수하겠다는 자부심에도 허영의 함정이 있음을 경계하고 있다.

하며, 심지어 당신 은총에서 말미암은 것처럼 굴지만 사회적으로 반길 줄 모르고 타인들에게 그런 것이 있으면 되레 질투하는 까닭입니다.[248] 이런 모든 위험 때문에, 그리고 이런 종류의 위험과 고생 때문에 제 마음이 얼마나 전율하고 있는지 당신께서는 보고 계십니다. 제가 느끼는 바는, 제 상처들을 두고 그 상처가 더 이상 아프지 않다는 사실이 아니라 당신께서 즉각 그 상처를 낫게 하고 계시다는 사실입니다.

40.65. 저자가 하느님을 찾던 편력[249]

진리시여, 어디인들 당신께서 저와 함께 걷지 않으신 적이 있습니까? 어쭙잖은 저의 식견으로 제 힘이 미치는 데까지 당신께 말씀드리고 당신께 여쭈었을 때 당신께서는 뭘 조심하고 뭘 욕심내야 할지 가르치시면서 저와 함께 걷지 않으셨습니까? 저는 감관을 통해 제가 할 수 있는 데까지 세상을 두루 살펴보았고, 제 신체의 생명과 제 감각들을 익히 살펴보았습니다.[250] 그다음 제 기억의 그윽한 처소로, 신비로운 양상과 무수한 능력들이 가득 차 있는 널따란 공간들 속으로

---

248) 아우구스티누스에게 인간과 인류를 구원하는 것은 '사회적 사랑'이다. "두 사랑이 있으니 하나는 사회적 사랑이요 하나는 사사로운 사랑이다. 하나는 상위의 도성을 생각해 공동의 유익에 봉사하는 데 전념하고, 하나는 오만불손한 지배욕에 사로잡혀 공동선마저도 자기 권력 아래 귀속시키려고 한다. … 천사들로부터 시작해서 한 사랑은 선한 자들에게 깃들고 한 사랑은 악한 자들에게 깃들어서 두 도성을 가른다"(*De Genesi ad litteram*, 11.15. 20).
249) 제10권의 결론 내지 후기에 해당하는 부분이 이어진다.
250) 피조물을 통해 하느님께로 오르는 지적 탐구에서는 교부는 만물이 "우리가 하느님이 아니다"라는 선언과 "우리들은 하느님께 만들어졌다"는 고백이 었다.

들어가 깊이 성찰했고 또 두려움을 느꼈습니다. 저는 당신 없이는 그 중 무엇도 이해할 수 없었고, 그중 무엇도 당신이 아님을 깨달았습니다. 그것도 스스로 깨달은 것이 아니었습니다. 저는 모든 것을 답사했고, 그것들을 분류해 각각의 사물을 나름대로 평가해보려고 애썼습니다.[251]

어떤 것들에 대해서는 감관이 알려주는 대로 받아들이고 질문을 던졌습니다. 어떤 것들에 대해서는 저의 존재와 직결되어 있는 것으로 알고서 그것을 전달해준 심부름꾼들이 누구였는지 식별해보고 숫자로 헤아려 기억의 널따란 재산목록에 올리면서 어떤 것들은 꺼내고 어떤 것들은 집어넣었습니다. 그런데 제가 이 모든 작업을 수행하면서 구사하던 힘은 저 자신의 힘도 아니었고 당신의 힘도 아니었습니다. 당신께서는 항속하는 빛이시기 때문입니다.[252] 과연 저것들이 존재하는지, 무엇인지, 얼마나 가치 있는지에 관해서 저는 저 모든 것을 두고 이 빛에 물었던 것입니다.[253] 저는 그때마다 가르치고 명하시는 말씀을 듣습니다. 지금도 저는 자주 그렇게 합니다. 그 일이 저를 기쁘게 만들기에 꼭 해야만 하는 활동에서 놓여날 수만 있다면 저는 다시 그 낙으로 몸을 피합니다.[254]

당신께 여쭈면서 제가 하는 이 모든 활동에서도 저는 당신 안에서가 아니면 제 영혼의 안전한 처소를 찾아내지 못합니다. 거기서는 흩

---

251) 이 책 10.8.12-10.26.37 참조.
252) "가지적(可知的) 광명이신 하느님, 가지적으로 빛을 발하는 것 모두가 당신 안에서, 당신으로 말미암아, 당신을 통해서 가지적으로 빛을 발합니다"(『독백』, 1.1.3).
253) 사물의 존재, 본질, 그리고 가치에 관해서 인간 지성이 스스로 단언하기보다 내면의 진리에게 물어 그 확실성과 진선미를 판단해야 한다는 것이 아우구스티누스의 '인식론'이다.
254) 아우구스티누스는 오스티아의 신비체험(이 책, 9.10.23-25) 이후로 일반 기도를 하다가도 곧잘 관상기도(觀想祈禱)로 옮겨갈 수 있었던 듯하다.

어졌던 저의 것들이 수렴되고 저한테서 나오는 어느 것도 당신으로부터 떠나지 않습니다.[255] 당신께서는 때때로 저를 아주 생소한 정감 속으로 밀어넣으시는데 그 속에서 제가 맛보는 것이 얼마나 달콤한지 모릅니다. 만약 그 맛이 제 안에서 온전해진다면 그게 무엇일지는 몰라도 진정한 이승의 삶은 아닐 것입니다.[256] 그러다가도 귀찮은 짐들을 지고서 이리로 다시 떨어지게 되면 평소의 일상에 다시 붙들리고 말려들어서 많이도 울게 됩니다. 단단히 붙들리게 됩니다. 하지만 습관의 짐이란[257] 그만한 자격이 있습니다. 저는 여기에 있을 수 있는데 있고 싶지 않고, 저기에는 있고 싶지만 그럴 힘이 없으니 어느 쪽으로나 다 불쌍한 인간입니다.

41.66. 진리와 거짓말

저는 이 세 겹의 욕망에 비추어 제 죄의 증상을 살펴보았고, 제 구원을 바라며 당신께 오른손을 뻗어달라고 애원했습니다.[258] 상처 난

---

255) "진리는 … 태초에 계시는 말씀, 하느님과 함께 계시는 말씀이신 하느님이시다. 허위라는 것이 일자를 모방하는 자들에게서 오지만, 일자를 모방한다는 점에서 유래하지 않고 일자를 성취하지 못한다는 점에서 유래하듯이, 일자를 성취할 수 있었고 일자가 갖춘 그 존재가 된 데에 진리가 있다"(『참된 종교』, 36.66).
256) 아우구스티누스의 신비체험은 일상을 벗어나고("당신께서 밀어넣으시는") 정감에 차고("얼마나 달콤한지") 천상적이어서("진정한 이승의 삶은 아닐 것") 신비가들의 진술과 상응한다.
257) '관습의 짐'이란 악덕의 습관("습관을 이긴다는 것은 힘겨운 싸움입니다. 저는 알고 있습니다": 『시편 상해』, 30.2.13)일 수도 있지만 "그만한 자격"이라는 문구로 미루어 그의 성직과 그에 수반되는 피할 수 없는 업무를 가리킨다고 볼 수 있다.
258) 이 책 후반부(10.28.39-10.39.64)는 "육의 욕망과 눈의 욕망과 세속의 야

마음으로 당신의 광휘를 바라보며 눈이 부셔 이렇게 혼잣말을 합니다. "누가 저곳까지 이를 수 있으랴?" 저는 당신 눈앞에 엎드려 있습니다. 당신께서는 위에서 만유를 주재하시는 진리이십니다. 저는 제 인색한 탐욕 때문에 당신을 놓치기 싫어하면서도, 당신과 더불어 거짓도 소유하고 싶었습니다.259) 거짓말을 하더라도 무엇이 진실인지 모를 만큼 그렇게 함부로 거짓을 말하고 싶어 하는 사람은 아무도 없습니다. 그러다 보니 당신을 잃고 말았는데 당신께서는 거짓말과 더불어 모셔지는 일을 온당하게 여기지 않으실 분이기 때문입니다.

42.67. 하느님과 인간 사이에 속이는 중개자들이 어떤 사람들한테서는 칭송을 받기도 한다

저를 당신과 화해시켜줄 분으로 누구를 만나야 했겠습니까?260) 천사들을 찾아다니며 청탁했어야 합니까? 어떤 비사秘事로 무슨 청탁을 해야 한다는 말입니까? 제가 듣기로는, 많은 이가 당신께 돌아가려 애쓰면서도 자기 힘에 부쳐 이런 짓을 시도했습니다. 호기심에 찬 환시를 보고 싶은 욕망에 떨어져서는 결국 착각에 빠져 마땅한 자들로 간주되고 말았습니다. 그자들은 그렇게 간이 부어, 자기 가슴을 치지 않고 오만불손한 교설로 가슴을 내밀며 당신에게 따졌습니다. 그렇게 이 공중을 다스리는 세력들, 자기들과 마음이 비슷한 세

심"이라는 세 가지 욕심을 다루었다.
259) 진리와 거짓을 '한꺼번에' 소유하고 싶고, 하느님을 떠나기 싫으면서도 하느님께 복속하기를 거부하는 자기기만을 고백한다.
260) 교부는 자기기만으로 미루어 진리이신 하느님과 화해시킬 중개자가 필요하다는 착상에 이른다. 제10권은 육화하신 성자에게서 드러나는 성부의 사랑에 바치는 찬미와 신앙고백(이 책, 43.68-70)으로 마무리된다.

력들을 자기네 교만의 공모자 내지 공범자로 끌어들였으며,261) 마술의 신통력으로 그들한테 속아넘어갔습니다. 거기서 자기들을 정화시켜줄 중개자를 찾으려고 했지만 그런 자는 아예 없었습니다. 그야말로 빛의 천사로 위장한 악마였던 것입니다.262) 또 그자는 육신의 몸체를 갖지 못한 존재였기에 오만한 육신을 꾀어들였습니다.263) 저 사람들이야 사멸할 존재요 죄인들이었지만, 주님, 당신께서는, 저자들이 건방지게도 화해하겠노라고 대든 당신께서는 불멸하시고 죄가 없으십니다.

하느님과 인간 사이의 중개자라면 하느님과 비슷한 점과 사람과 비슷한 점을 모두 갖추어야 했습니다. 모두를 닮아야 하니까 사람들과만 비슷해서 하느님께로부터 멀어져도 안 되고, 하느님과만 비슷해서 인간들로부터 멀어져서도 안 되었습니다. 그렇다면 중개자가 아닐 것입니다. 그러니 저 중개자는 속이는 가짜이기에 당신의 내밀한 심판을 받아 교만 때문에 착각에 빠지게 마련입니다. 저자가 인간들과 함께 갖는 것이 하나 있으니 죄입니다. 하느님과 함께 갖는 것처럼 보이는 것이 다른 하나인데 육체의 죽음에 매이지 않는다는 점입니다. 그들은 이를 들어 자신을 불사불멸하는 자처럼 과시했습니다. 하지만 죄의 품삯은 죽음입니다.264) 이 점은 인간들과 공통으로 지니며, 그래서 죽음으로 함께 단죄받기에 이릅니다.

---

261) 교부는 『신국론』 제9권과 10권에서 신플라톤 철학은 천사들의 중재로 상정하고서 '정령'에게 그 역할을 부여하던 아풀레이우스나 포르피리우스의 '정령숭배'를 '가짜 중개자' 숭배라며 지탄한다.
262) 2고린토 11:14 참조("사탄도 빛의 천사의 탈을 쓰고 나타나지 않습니까?").
263) 그들은 '정령들'이 공기 신체를 지니고 있다고 믿었다. 정령들은 육체를 가지지 못했으면서도 '오만한 살덩어리', 즉 인간을 유혹하는 데에는 성공했다.
264) 로마 6:23 참조.

43.68. 하느님과 인간의 참중개자는 사람이신 그리스도 예수이시다

참다운 중개자,[265] 당신은 당신의 내밀한 자비로 그분을 사람들에게 보여주셨고 사람들에게 보내주셨으며 그분의 모범으로 그 겸손도 배우게 하셨습니다. 하느님과 사람 사이의 저 중개자는 사람이신 그리스도 예수이십니다.[266] 그분은 사멸할 죄인들과 불멸하고 의로운 분 사이에 나타나셨고, 사람들과 더불어 사멸하는 분이시며 하느님과 더불어 의로운 분이십니다. 의로움의 삯은 생명과 평화이므로 그분은 하느님과 결속된 의로움을 통해서 의로워진 죄인들의 죽음[267]을 쳐부수려고 하셨습니다. 그분은 죽음을 그들과 맞고자 하셨습니다. 옛 성인들에게 그분이 드러나신 것은, 저희가 과거에 있었던 수난에 대한 믿음을 통해서 구원받듯이,[268] 그분의 장차 올 수난에 대한 믿음을 통해서 그들도 구원받기 위함이었습니다. 그분은 사람이라는 점에서 중개자이시지만 말씀으로서는 중간에 계시는 분이 아니십니다. 하느님과 동등하시고, 하느님과 함께 계신 하느님이시고, 함께한 하느님이시기 때문입니다.[269]

---

265) 앞 절의 속이는 가짜 중개자(fallax mediator)와 대비되는 진실한 중개자(verax mediator)를 설정한다.
266) 1디모테오 2:5 참조("하느님은 한 분뿐이시고 하느님과 사람 사이의 중개자도 한 분뿐이신데 그분이 바로 사람으로 오셨던 그리스도 예수뿐이십니다").
267) "의인을 축복하시는 이가 당신이시지만 불경스러운 사람이었을 때 사람을 먼저 의롭게 하시는 이도 당신이십니다"(이 책, 10.2.2)라는 말에서 "의로워진 죄인들"이라는 표현이 나온다.
268) 지금까지 그리스도를 진리의 위대한 스승으로, 진리 탐구를 위한 "겸손의 본보기"(이 책, 7.18.24 참조)로서 얘기해오던 아우구스티누스가 그리스도를 드디어 수난하신 구속주(救贖主)로 받아들이기에 이른다.
269) 필립비 2:6 및 요한 1:1 참조.

43.69 좋으신 아버지,[270] 당신께서 저희를 얼마나 사랑하셨으면 당신 외아드님마저 아끼지 않으셨고 저희 불경한 자들을 위해서 그를 넘겨주기까지 하셨겠습니까![271] 당신께서 저희를 얼마나 사랑하셨으면 저희를 위해서 그분은 하느님과 같음을 노획물처럼 여기지 않으시고 당신께 자기를 낮추시어 십자가 죽음에 이르기까지 하셨겠습니까![272] 죽은 이들 가운데서 그분 홀로 자유로우시고 당신 목숨을 내놓을 권한도 그것을 다시 얻을 권한도 그분만이 갖고 계셨습니다.[273] 저희를 위해 당신께는 승리자이자 희생제물이 되셨으니,[274] 승리자이심은 또한 희생제물이시기 때문입니다. 저희를 위해 당신은 제관이자 제사가 되었으니 제관이심이 곧 제사이심이기 때문입니다.[275] 당신에게서 태어나심으로써, 또 저희에게 종노릇하심으로써, 그분은 종이던 저희를 당신의 아들로 삼아주셨습니다.

저로서는 의당히 그분 안에 믿음직한 희망이 있으니 당신이 그분을 통해서 저의 모든 상처를 낫게 해주실 것이라고 믿었습니다. 과연 그분은 당신의 오른쪽에 앉아 계시고 저희를 위하여 간구해주십니다. 그렇지 않다면 저는 절망하고 말 것입니다. 그 병약함이 많고도

---

270) 이 마지막 대목(43,69-70)은 이 책 전체를 갈무리하는 라틴어 문장으로나 수사학적 장식으로나 빼어나게 아름다운 '찬미가'다.
271) 로마 8:32("우리 모든 사람을 위하여 당신의 아들까지 아낌없이 내어주신 하느님께서 그 아들과 함께 무엇이든지 다 주시지 않겠습니까?") 참조.
272) 필립비 2:6-8 참조.
273) 요한 10:18 참조.
274) '승리자'(victor)와 '희생제물'(victima)의 어근이 동일하지는 않지만 과거분사가 유사해(victor ← vinco, victus ↔ victima ← vivo, victus) 운율상으로는 유사해 보이게 병치되었다.
275) "참된 한 분의 중개자로서 평화의 제사를 갖고 우리를 하느님과 화해시키는데, 당신은 제사를 올리는 대상인 하느님과 하나로 머물러 있고, 당신이 누구를 위해서, 바치는 그 대상과 스스로 하나 되었고, 당신이 바치는 주체이자 바치는 객체가 되어 하나다"(『삼위일체론』, 4.14.19).

심합니다. 하지만 당신의 의약이 더 훌륭합니다. 당신의 말씀께서 살이 되어 저희 가운데 사시지 않았더라면[276] 저희는 당신의 말씀이 인간의 접촉과는 동떨어져 있다 생각할 수 있었고, 따라서 저희 자신에 대해 절망했을 수도 있습니다.

43.70 저는 저의 죄로 몸을 떨었고 제 비참의 덩어리에 마음이 흔들렸으며 광야로 도망갈까 궁리하기도 했습니다. 그러나 당신께서는 저를 말리셨고 저를 북돋우시며 이런 말씀을 하셨습니다. "그리스도께서 이렇게 죽으신 것은 사람들이 이제는 자기 자신을 위하여 살지 않고 자기들을 위해서 죽으셨다가 다시 살아나신 분을 위하여 살게 하시려는 것이었습니다."[277] 주님, 보십시오! 저의 걱정을 당신께 던져드립니다. 제가 살기 위해서입니다. 그리고 당신 법을 두고 놀라운 일들을 헤아리겠습니다. 저의 미숙함과 나약함을 당신께서는 아십니다. 저를 가르치십시오! 저를 낫게 해주십시오! 당신의 저 외아드님, 그 안에 지혜와 지식의 모든 보물이 숨겨져 있는 분이[278] 당신 피로 저를 구속救贖하셨습니다.[279] 거만한 자들이 저를 무고하지 못하게 하십시오. 저는 그분이 치르신 제 몸값을 생각하고 있고, 그분을 먹고 마시며 나누고 있습니다.[280] 저는 가난하고 배고프므로, 그

---

276) 요한 1:14 참조.
277) 2고린토 5:15 참조. 입교 후 은둔생활을 시작했지만 어느새 성직자가 되어 활동하고 있음을 암시한다.
278) 골로사이 2:2-3("하느님의 심오한 진리이신 그리스도 … 속에는 지혜와 지식의 온갖 보화가 감추어져 있습니다") 참조.
279) "그분은 값을 치르셨습니다. 하느님의 외아드님이 우리를 위하여 피를 쏟으셨습니다. 그러니 영혼이여, 일어나십시오. 그대는 소중합니다"(『시편 상해』, 102,6).
280) 성찬을 주관하는 직책을 말한다.

분을 먹고 배부른 저 사람들 틈에서 그분으로 배부르기를 소망합니다.281) 그분을 찾는 이들은 주님을 찬미하고 있습니다.282)

---

281) 하느님의 한없는 사랑에 감복해("당신께서 우리를 얼마나 사랑하셨으면 …") 인류의 구원에 희망을 얻었고, 그리스도의 사랑에 감복해("당신 피로 저를 구속하신 분") 자기의 모든 상처를 낫게 해주시리라는 확신을 얻었고, "그분을 먹고 마시며 나눠주는" 성직을 수행할 수 있으리라는 용기를 얻었노라는 소박한 고백으로 '지금의 나'에 관한 고백을 끝마친다.
282) 시편 22[21]:27 참조.

제11권
하느님이 하늘과 땅을 창조하신 태초에 관한 주석*

* 제2부 첫 권으로 볼 수 있다. 창세기 1장 1절의
 '태초에', '하느님께서', '창조하셨다'는 세 마디를 주석해
 교부의 창조론을 수립했고(3-13장) 이후 하느님께서
 사물과 더불어 시간도 창조하셨고 시간은 '의식의 연장'이라는
 시간론을 내놓는다(14-31장).

1.1. 하느님의 사랑에 대한 사랑으로 아우구스티누스는 이런 고백을 행한다

주님, 영원이 당신 것인데 제가 당신께 말씀드리고 있는 바를 모르기라도 하십니까?[1] 아니면, 당신께서도 시간 속에 이루어지는 바를 시간으로 보신다는 말입니까?[2] 제가 뭣 때문에 저 숱한 사건들에 관한 얘기를 당신께 주절주절 털어놓고 있습니까? 당신께서 저를 통해 아시라고 드리는 말씀이 아니라, 당신께 쏠리는 제 정서[3]와 이 글을 읽는 사람들의 정서를 일깨워 우리 모두가 주님은 위대하시고 크게 찬양받으실 분이시라고 말씀드리자는 말입니다.

이미 드렸지만 다시 말씀드리겠습니다. 당신 사랑에 대한 사랑으

---

1) "영원, 그것이 하느님의 실체다"(『시편 상해』, 101.2.10). 그러므로 인간이 미처 마치지 못한 말이라고 해서 하느님이 못 알아들으실 리 없다.
2) "주님, 당신께서는 시간으로 보시거나 시간으로 움직이거나 시간으로 쉬시지 않습니다. 그럼에도 당신께서는 시간적인 관측을 만드시고 시간 자체를 만드시고 시간에서 기인하는 안식을 만들어주십니다"(이 책, 13.37. 52).
3) affectus: 영혼의 움직임. πάθος(정, 감정, 감동)의 번역어다.

로 이 일을 합니다. 저희가 기도를 드리는 것은 진리께서 *"너희 아버지께서는 너희가 그분에게 청하기도 전에 무엇이 필요한지 알고 계신다"*[4]라고 하시기 때문입니다. 저희 정서를 당신에게 열어 보여드림으로써, 저희의 비참과 저희 위에 내리는 당신의 자비를 한데 고백함으로써, 당신께서 저희를 구해주시기를 바랍니다.

당신께서 시작하셨습니다, 저희에게 저희 안에서 비참해지지 말고 당신 안에서 행복해지라고 말입니다.[5] 당신께서 저희를 부르셨습니다, 영으로 가난하고[6] 온유하고 슬퍼하고 외로움에 주리고 목마르며 자비롭고 평화를 이루는 사람이 되라고 말입니다. 보십시오, 제가 할 수 있는 대로, 하고 싶은 대로 많은 이야기를 당신께 합니다. 당신께, 저의 주 하느님께 고백하기를 당신이 먼저 원하셨기 때문입니다. 당신은 선한 분이시고, 당신의 자애는 대대에 이릅니다.

2.2. 새로운 어떤 열망이 그를 사로잡다

주님, 제가 어떻게 당신의 저 모든 훈계와 당신의 저 모든 경고와 위로, 당신의 백성에게 말씀을 선포하고 성사를 베풀라고 내리신 지침들을 다 열거해 쓸 수 있겠습니까? 설령 제가 차례차례 저것들을 제대로 열거할 수 있다고 하더라도 시간의 물방울들은 제게 너무도

---

[4] 마태오 6:8 참조.
[5] "'주님, 제 마음속에 아픔이 많을 때 당신의 격려가 제 영혼을 즐겁게 했습니다.' 그대는 짧은 햇수 동안 수고하고, 그 수고 속에서도 위로가, 매일의 기쁨이 없지 않습니다"(『시편 상해』, 93.24).
[6] "'영으로 가난한 사람은 행복하다. 하늘나라가 그들의 것이다.' 자기 영으로 가난하고 하느님의 영으로 풍요로운 사람은 행복합니다. 낮아지고 내 영이 기진할 때 당신께 고백했고, 당신 영으로 채워졌습니다"(『시편 상해』, 141.5).

비쌉니다.[7] 저는 당신의 법을 묵상하고 싶어 애가 타며, 그 법에 대한 저의 지식과 무지를 당신께 고백하고 싶어 애가 타고, 당신의 비추심이 뻗어나오던 첫 빛살과 아직 남은 제 어두움의 끝자락도 고백하고 싶어 애가 탑니다. 저의 약함이 당신의 굳셈에 삼켜질 때까지 말입니다.

그러므로 저는 자유로운 시간, 곧 몸을 보살필 필요라든가 영혼을 강화한다든가 빚진 일로든 빚지지 않은 일로든 사람들을 섬기는 것 외에 모처럼의 자유로운 시간이 다른 일로 허송됨이 싫습니다.

2.3. 하느님께 올리는 기도

주, 저의 하느님, 저의 기도를 귀 기울여 들어주십시오. 당신 자비가 제 소원을 들어주셨으면 합니다. 저 혼자에게만 절실한 소원이 아니고 형제간 사랑에도 이로움을 주는 소원입니다. 제 마음이 그러하다는 것을 당신께서 아십니다. 제 생각과 혀가 하는 머슴노릇을 당신께 제사로 바칠 터이니, 당신께 드릴 만한 것을 제게 먼저 주십시오.[8] 저는 궁핍하고 가난한 사람이고, 당신께서는 당신께 호소하는 사람 모두를 배불리십니다. 근심 없이 차분한 분이시면서도 저희에 대한 근심을 떠안고 계십니다. 제 안쪽 입술과 바깥 입술에서 온갖 무모함과 거짓말을 도려내주십시오. 당신 성경이 저의 해맑은 즐거움이 되게 하시고, 성경으로 제가 속는 일도 제가 남을 속이는 일도 없게 해

---

7) stillae temporum(guttae temporis): 물시계를 쓰던 시대에는 물방울이 값진 시간을 의미했다.

8) da quod offeram tibi: 모든 것이 거저로 받은 은총이라고 여기는 교부의 신념이 잘 드러나는 구절이다.

주십시오. 주님, 굽어보시고 어여삐 여겨주십시오.

주, 저의 하느님, 눈먼 자들의 빛, 약자들의 힘이시여. 아울러 보는 이들의 빛, 강자들의 힘이시여, 제 혼을 굽어보시고 깊은 데서 부르짖는 목소리를 들어주십시오. 깊은 데까지 당신의 귀가 미치지 않는다면 저희는 과연 어디로 가겠습니까? 어디에다 부르짖겠습니까? 낮도 당신의 것이고 밤도 당신의 것입니다. 순간순간이 당신의 눈짓을 받아 나는 것처럼 넘어갑니다. 그러니 당신 법도의 신비를 저희가 묵상할 틈을 베풀어주시고, 문 두드리는 사람 앞에 그 법도를 닫아걸지 마십시오. 그 숱한 책장의 컴컴한 비밀들이 그냥 기록으로만 남기를 바라시지는 않지 않습니까? 저 컴컴한 숲들 나름대로 사슴들을 거느려 그것들이 거기 깃들며 거닐고 풀 뜯어먹고 누워서 되새김질하도록 하지 않습니까?[9]

오, 주님! 저를 온전케 하시고 그 책장들을 저에게 열어 보여주십시오. 보십시오, 당신 음성이 제 기쁨이고, 당신 음성은 푸짐한 쾌락 그 위에 있습니다.[10] 제가 사랑하는 것을 주십시오. 저는 사랑합니다. 이것마저도 당신께서 주셨습니다. 당신의 선사품을 내버리지 마시고 당신의 초목을 목마른 채 버려두지 마십시오. 제가 당신의 책에서 무엇이든지 발견한다면 당신께 고백하겠고, 그 책에서 당신께 올려지는 찬미의 소리에 귀를 기울이겠으며, 당신을 빨아들이겠고, 당신 법도에 관한 현의도 헤아리겠습니다. 당신께서 하늘과 땅을 만드신 태

---

9) "'주님의 소리는 사슴들을 다듬어주실 테고 … 또한 숲들은 벗겨내시리라.' 그들에게 거룩한 성경들의 모호한 대목과 신비의 그림자들을 벗겨주시니 [사슴들이] 자유로이 풀을 뜯기에 이릅니다"(『시편 상해』, 28.9).

10) "'제가 당신 법을 묵상했습니다.' 이 묵상은 사랑으로 작용하는 믿음 안에서 이루어집니다. 이 묵상은 사랑하는 사람의 생각이고, 이 묵상의 사랑은 다른 이들의 불의가 아무리 심하게 몰려와도 식지 않을 만큼 강해야 합니다"(『시편 상해』, 118.19.4).

초로부터 당신을 모시고 영속할 당신의 거룩한 도성의 왕국에 이르기까지,[11] 그 현의를 헤아리겠습니다.

2.4 주님, 저를 불쌍히 여기시고 저의 소원을 들어주십시오. 제 소원은 땅에 관한 것이 아닙니다. 금은과 보석도, 화려한 의상도, 명예도, 권세도, 육신의 쾌락도, 신체와 나그네인 저희의 이 인생에 필요한 무엇도 아닙니다. 이 모든 것은 저희가 당신의 나라와 의로움을 찾을 때 곁들여 주어집니다.[12] 저의 하느님, 어디서 제 소원이 비롯하는지 보십시오. 불의한 자들이 제게 쾌락을 얘기해왔지만, 주님, 당신의 법도에 맞지 않았습니다. 그러니 어디서 제 소원이 비롯하는지 보십시오. 아버지, 보시고 살피시고, 보시고 허락해주십시오. 당신의 자비로운 면전에서 제가 당신 은총을 얻기에 합당한 사람이 되도록 해주셔서, 문을 두드리는 저에게 당신 말씀의 내밀이 열리게 해주십시오.

당신 아드님 저희 주 예수 그리스도를 통해 간청합니다. 그분은 당신 오른편에 선 사나이요,[13] 사람의 아들이요,[14] 당신의 중개자이자 저희의 중개자로 당신께서 확정해둔 이입니다. 저희가 당신을 찾지 않을 때도 당신께서는 그분을 시켜서 저희를 찾으셨고, 찾아내신 뒤

---

11) 이 책, 제11-13권의 주제이며 『신국론』 전체의 주제다. 아우구스티누스의 신학적 사색은 "태초에 하느님께서 하늘과 땅을 지어내셨다"(창세기 1:1)는 구절부터 "하늘로부터 내려오는 거룩한 도성 예루살렘"(묵시록 21:10) 구절까지 성경을 총망라한다.
12) 마태오 6:33 참조("너희는 먼저 하느님의 나라와 하느님께서 의롭게 여기시는 것을 구하여라. 그러면 이 모든 것도 곁들여 받게 될 것이다").
13) vir dexterae tuae: 교부는 여러 글에서 그리스도를 하느님의 '오른손[팔]'이라고 칭한다.
14) 시편 80[79]:18 참조("당신 오른쪽에 있는 사람 위에, 당신 위해 키우신 인간의 아들[사람의 아들] 위에 당신의 손을 얹어주소서").

에는 저희로 하여금 당신을 찾게 만드셨으니, 당신의 말씀 곧 그분을 통해 당신께서 모든 것을 만드셨고 그 모든 것에 포함된 저 역시 그분을 통해 만드셨습니다.15) 그분은 당신의 외아들이고 그분을 통하여 믿는 이들의 백성을 양자로 부르셨고 그 백성에 포함된 저도 부르셨습니다. 바로 그분을 통해서 당신께 애원합니다. 그분은 당신 오른편에 앉아 계시고, 저희를 위해 당신께 전구轉求하십니다. 그분 안에 지혜와 지식의 모든 보물이 숨겨져 있습니다. 당신의 책에서 제가 찾고 있는 보물들은 바로 이것입니다. 모세는 그분에 대해 이렇게 표현했습니다. 그분이 친히 이 말씀을 하셨고 진리께서 이 말씀을 하셨습니다.16)

3.5. 성경을 깨닫게 해주십사 청하다

당신께서 '태초에'17) 어떻게 하늘과 땅을 만드셨는지 듣고 싶고 또 알고 싶습니다. 모세가 이 말을 썼는데, 그는 쓰고 나서 가버렸습니다. 당신에 의해서 그 사람은 이곳에서 당신이 있는 곳으로 가버렸고

---

15) 마니교도들은 '창세기'에서는 하느님이 하늘과 땅을 만드셨다 하고 '요한복음서'에서는 말씀을 통해서 천지가 창조되었다고 하는 주장이 모순된다고 그리스도 신앙을 비웃었다. 이에 교부는 이렇게 답했다. "하느님께서 하늘과 땅을 태초에 만들었다는 말씀에서 시간의 태초를 뜻하는 것이 아니라, 성부 하느님 곁에 계시는 말씀이신 '그리스도를 통하여'란 뜻으로 알아들어야 하며, 그분을 통하여 또한 그분 안에서 모든 만물이 창조되었다"(『마니교도 반박 창세기 해설』, 1,2,3).
16) 요한 5:46 참조("너희가 모세를 믿는다면 나를 믿었을 것이다. 모세가 기록한 것은 바로 나에게 관한 것이기 때문이다").
17) in principio: 신구교 공동번역본과 가톨릭 번역본 모두 "한처음에"라는 표현을 썼으나, 이 책, 제11-13권을 염두에 두고 '태초에'로 통일해서 표기했다.

이제 더 이상 제 앞에 있지 않습니다. 만일 있었더라면 그를 붙들고 그에게 묻고, 저에게 그 점을 해설해달라고 요구하고, 그의 입에서 울려 나오는 목소리에 육신의 귀를 기울였을 것입니다. 만약 그가 히브리어로 말한다면 저의 감관을 헛되이 두드리는 셈이기에 저의 지성에 아무것도 도달하지 못할 것입니다. 반면 그가 라틴어로 말한다면 무슨 얘기를 하는지 제가 알 수도 있습니다.

하지만 그가 참말을 하는지 제가 무슨 수로 알겠습니까?[18] 그러려니 생각해 안다고 하더라도 과연 그것이 그 사람한테서 제가 알아내는 것입니까? "그가 참말을 한다"의 여부는 내면이 제게 알려주고, 내면에서 사유가 상주하는 장소에서 알려줄 것입니다.[19] 진리는 히브리어도 그리스어도 라틴어도 이방인의 언어도 아닌 말로, 입이나 혀라는 기관을 쓰지 않고 음절의 소란도 없이 우리에게 말해줄 것입니다. 그러면 저는 확신을 품고서 당신의 사람한테 "과연 참말을 하십니다"라고 자신 있게 말하겠습니다. 하지만 당신으로 충만해 진실을 말했던 그 인물에게 제가 물을 수 없는 처지이니, 진리시여, 제가 당신께 여쭙습니다. 저의 하느님, 비오니 저의 죄를 용서하시고, 이런 말을 하라고 당신의 그 종에게 시키신 만큼, 제게도 이 말을 알아들으라고 해주십시오.

---

18) 청각의 감관과 지성의 인식은 상관관계에 있다. "소리 나는 말은 사라진다. 그 대신 그 소리가 의미하는 바는 말하면서 생각하는 주체 속에 있고 들으면서 이해하는 주체 속에 있다"(*In Ioannis evangelium tractatus*, 1,8).

19) "우리가 지성으로 관조하는 사물들에 관해서 다룰 때에는, 진리의 내면적 빛 속에 현전하는 것으로 관상하는 그 사물들을 두고 얘기한다. 내적 인간이라고 불리는 그 존재가 [진리에] 비추임 받고 진리를 향유하는 것이다"(『교사론』, 12,40).

4.6. 하늘과 땅은 분명히 존재하고 이것이 창조되었음도 분명하다

보십시오. 하늘과 땅이 있고, 자기들은 만들어졌다고 외칩니다. 변하고 달라지기 때문입니다.[20] 만들어지지 않고 존재하기만 하는 것 속에는 이전에 존재하지 않았던 것이 하나도 없습니다. 즉 변하고 달라지는 일이 없습니다. 하늘과 땅은 자기를 스스로 만들지 않았다고 외칩니다. "우리가 존재함은 만들어졌기 때문이다. 따라서 우리가 존재하기 전에 우리는 없었다. 그렇지 않으면 우리 스스로 생겨날 수 있는 것처럼 되고 만다." 그것들의 말소리 자체가 자명합니다.

주님, 아름다우신 당신께서 저것들을 만드셨습니다. 저것들이 아름답기 때문입니다.[21] 당신께서 선하십니다. 저것들이 선하기 때문입니다. 당신께서 존재하십니다. 저것들이 존재하기 때문입니다. 그러나 저것들은 조물주이신 당신만큼 아름답지도 선하지도 존재하지도 않습니다. 당신에 비하면 저것들은 아름답지도 않고 선하지도 않고 존재하지도 않습니다.[22] 저희는 이 점을 알기에 당신께 감사를 드립니다. 저희의 이런 지식도 당신 지식에 비하면 차라리 무지에 가깝습니다.

---

20) 사물이 변하면서도 엄연히 존재하는데, 변한다는 점에서 존재의 충족 이유를 갖추지 못하므로, 불변하는 존재에게 존재를 의존한다(=창조받는다)는 것이 아우구스티누스의 논지다.
21) 하느님도 "예술로 제작된 것들보다 예술 자체가 더 아름답다는 것을 정신에서 내심으로 알고 계셨습니다"(『마니교도 반박 창세기 해설』, 1.8.13).
22) "그분이 존재하시는 방식에 비한다면, 그분에게서 지음 받은 것들은 존재하지 않는 것이나 마찬가지입니다. 하느님과 비교하지 않고 말할 때에만 그것들은 존재하는 셈입니다. 그분에 힘입어서 존재하기 때문입니다. 참다운 존재는 불변하는 존재이기 때문입니다. 그리고 불변하는 존재는 하느님 한 분뿐이십니다"(『시편 상해』, 134.4).

5.7. 사람은 그림을 그리고 하느님은 창조하신다

그런데 당신께서는 어떻게 하늘과 땅을 만드셨으며, 이토록 위대한 작업에 쓰신 연장은 대체 무엇이었습니까? 장인은 유능한 혼백의 수완으로 물체에서 물체를 빚어내고, 내면의 눈으로 자기 안에서 파악한 형상을 그 물체에 부여합니다. 당신께서 그 혼백을 수완 있게 만들지 않으셨다면 어디서 그런 수완이 나오겠습니까? 장인이 하는 일은 이미 존재하고, 또 존재한다는 점에서 이미 형상을 갖추고 있는 사물에다 형상을 부여하는 것입니다.[23] 그들은 흙이나 돌이나 나무나 금 같은 어떤 종류의 물건에다 그렇게 합니다.

당신께서 저 물건들을 마련하지 않으셨다면 저것들이 어디서 존재하겠습니까? 당신께서 장인에게 신체를 만들어주셨고, 당신께서 사지를 지배하는 영혼을 만들어주셨으며, 당신께서 그가 뭔가를 만들어내는 재료를 만들어주셨고, 장인이 기술을 익히고 밖에서 무엇을 할지 안에서 파악하는 재주도 당신께서 만들어주셨습니다. 신체의 감관을 당신께서 만들어주셨고 그 감관이 통역을 해서 영혼이 만드는 일을 재료에다 옮겨주게 하셨고, 무엇이 만들어졌는지 영혼에다 보고하게 하셨고, 그것이 잘 만들어졌는지를 영혼이 속으로 자기를 주재하는 진리에 문의케 하는 신체의 감각도 당신께서 만드셨습니다.[24]

이 모두가 당신을 만물의 창조주로 찬미하는 중입니다. 그러나 당

---

[23] 형상은 정도 및 질서와 더불어, 존재하는 모든 사물의 형이상학적 범주다.
[24] "하느님이 무(無)로부터 만물을 지어내신 예술, 전능한 분의 지고한 예술 … 그것이 인간 장인들을 통해서도 작용한다. 지고한 지혜께서 온 우주에 새겨 넣으신 그 예술을 재료를 이용해 작업하게 하신다"(*De diversis quaestionibus 83*, 78).

신께서는 그것들을 대체 어떻게 만드셨습니까? 하느님, 하늘과 땅을 어떻게 만드셨습니까? 물론 하늘과 땅에서 하늘과 땅을 만드신 것은 아니고 또 공중이나 물에서 만드신 것도 아니니, 이것들도 하늘과 땅에 딸려 있는 것이기 때문입니다. 또 우주에서 우주를 만드신 것도 아니니, 그것이 생겨나서 존재하기 전에는 그것이 생겨날 자리가 따로 없었기 때문입니다.[25] 그리고 당신은 하늘과 땅을 만드시려고 손에 무엇을 들고 계시지도 않으셨습니다. 당신께서 만드시지 않은 그 무엇이 당신께 어디서 오기에 당신께서 무엇으로 하늘과 땅을 만드시게 한다는 말입니까? 당신께서 존재하시기 때문이 아니면 과연 무엇이 존재하겠습니까?[26] 그래서 당신께서 말씀하시자 생겨난 것이고, 당신은 당신 말씀으로 그것들을 만드신 것입니다.[27]

6.8. 인간의 말은 시간 속에서 소리 나지만 하느님의 말씀은 영원히 머문다[28]

그러면 어떻게 말씀하신 것입니까? 구름에서 "*내 아들, 내가 택한*

---

25) "하느님은 어느 공간에 계시는 분이 아니다. 어느 공간에 있는 것은 공간에 내포된다. 공간에 내포되는 것은 물체다. 그런데 하느님은 물체가 아니시다. … 또 만물이 하느님 안에 있지만 하느님은 공간이 아니시다"(*De diversis quaestionibus 83*, 20).
26) quid enim est, nisi quia tu es?: 아우구스티누스는 피조계가 존재상으로 창조주에게 절대 의존함을 강조한다. 하느님의 본질에서 필연적으로 유출된 것도 아니고 무로부터 창조되었으며, 하느님이 아쉬워 만드신 것도 아니다.
27) 하느님의 세계창조를 두고 '어떻게?' 또는 '무엇으로?'라고 묻는 사람에게 "당신 말씀으로(in Verbo tuo=말씀으로=성자를 통해서)"라고 답한다.
28) '시간과 함께하는 창조'(creatio cum tempore)를 말하기에 앞서 영원하신 하느님 '안에서' 피조물이 존재하는 양상을 언급한다(이 책, 11.6.8-8.10).

아들이니 그의 말을 들어라!" 하는 목소리가 났다는[29] 그런 식으로 하셨습니까? 저 음성은 한 번 소리가 났고 지나갔으며, 시작했다 끝이 났습니다. 음절들이 소리를 내고서 지나갔습니다. 말하자면 둘째 음절은 첫 음절 다음에, 셋째는 둘째 다음에, 이렇게 차례로 지나가서 다른 음절들 다음에 맨 마지막 음절이 오고, 마지막 다음에는 침묵이 왔습니다. 여기서 분명하고 확실한 점은, 어느 피조물의 움직임, 그 자체로 시간적인 움직임이 당신의 영원한 의지의 시중을 들며 그 소리를 표현했으리라는 것입니다.[30]

또 당신의 말씀, 시간으로 발생한 말씀들을 바깥의 귀가 듣고서 현명한 지성에 전달했으며, 안쪽에 있는 지성의 귀는 당신의 영원한 말씀을 향해 귀 기울이고 있었습니다. 지성은 시간 속에서 소리 난 이 말씀들을 영원한 말씀, 침묵하고 있는 당신의 영원한 말씀과 비교하고는 이런 말을 했습니다. "이 둘은 정말 다르다. 정말 까마득하게 다르다. 귀에 들리는 이것들은 나보다 훨씬 밑에 있고 사실 존재하는 것도 아니다. 달아나고 지나가버리는 것이다. 그런데 내 하느님의 말씀이야말로 내 위에 계시고 영원히 남아계신다."

그러므로 만일 당신께서 소리 나면서 지나가는 말씀으로 하늘과 땅이 생기라고 말씀하셨다면, 그렇게 하늘과 땅을 만드셨다면, 하늘과 땅에 앞서 이미 물체적 피조물이 존재했다는 말입니다. 그렇다면 그 피조물의 시간적 운동을 거쳐서 시간적으로 그 목소리가 울려야 했습니다. 그런데 하늘과 땅보다 먼저 존재한 물체는 무엇도 없습니다. 만일 존재했더라도 당신께서 지나가는 목소리를 내지 않고서 그

---

[29] 루가 9:35.
[30] 성경에서 인간이 하느님의 음성을 직접 들은 것으로 묘사되는 장면에 대해서 아우구스티누스는 하느님의 말씀이 '천사 같은 피조물'을 시켜 발설된 것이라고 가정한다(『삼위일체론』, 2.10.18-2.18.35).

물체를 만드셨을 것이며, 그다음에 그것을 이용해 지나가는 목소리를 만드셨을 것이고, 그 목소리를 이용해서 하늘과 땅에게 생겨나라고 말씀하셨을 것입니다. 그런 목소리를 낼 물체가 무엇이었든 간에, 당신한테서 만들어지지 않았다면 아예 존재할 수가 없습니다.[31] 그럼 저런 말씀들을 나오게 할 물체들은 당신한테서 어떤 말씀으로 발설된 것입니까?

7.9. 하느님의 영원한 말씀

당신께서는 저희를 부르셔서 말씀을, 곧 하느님 당신 곁에 계시는 하느님을 인식하라고 하십니다. 영원히 발설되고 있는 그 말씀으로 말미암아 모든 것이 영원히 발설되고 있습니다.[32] 그 말씀에서는 발설되던 말이 그치고 그 다음 다른 말이 발설되면서 결국 모든 말이 발설되는 그런 순서가 없습니다. 그 말씀에서는 모든 것이 동시에 영원히 발설됩니다. 그렇지 않다면 그것은 이미 시간이요 변화이니, 참된 영원도 참된 불멸도 아닙니다.[33]

저의 하느님, 제가 알고 있는 이 사실에 감사를 드립니다. 제가 알고 또 제가 당신께 고백하오니, 주님, 이 확실한 진리를 외면하지 않

---

31) 교부는 성경 곧 '하느님 말씀'이 단지 거룩한 하느님 뜻을 가리키는 상징일 뿐이라고 해석하는 것은 창조에서 비롯된 '구원의 역사'를 한낱 신화로 퇴색시킬 수 있다고 경계한다.
32) 아우구스티누스는 『삼위일체론』 11권에서 하느님의 세계 창조는 삼위일체의 관계 속에, 곧 성자께서 영원으로부터 성부께로부터 발설되시고 출생하시는 관계 속에 자리 잡고 있다고 한다.
33) 피조물 편에서는 모든 것이 시간적으로, 차례대로, 따라서 단편적으로 존재하고 인식되지만 하느님 편에서는 모든 것이 "동시에 영원히 발설되는 양상으로" 인식되고 존재한다.

는 사람이라면 누구든지 저처럼 알게 되고 또 당신을 찬양하게 됩니다. 주님, 저희가 압니다. 무엇이든 존재했다가 존재하지 않는다면, 또 존재하지 않았다가 존재한다면, 죽고 생기고 하는 것임을 저희가 압니다. 따라서 당신 말씀에서는 그 무엇도 그치거나 교체되거나 하는 일이 없습니다. 당신께서 참으로 불멸하고 영원하시기 때문입니다. 또 당신께서 말씀하시는 바는, 당신과 더불어 영원하신 그 말씀으로 발설됩니다. 당신께서는 모든 것을 동시에 영원히 발설하시며, 당신께서 생기라고 말씀하시는 것은 다 생겨납니다.[34] 당신께서는 오로지 말씀만으로 만드십니다. 그렇다고 당신께서 말씀하시면서 만드시는 바가 모두 동시에 또 영원한 것으로서 생겨나는 것은 아닙니다.

8.10. 주님의 목소리가 복음서에서 우리에게 말을 건넨다

저의 주 하느님, 그런데 어찌된 일입니까? 제가 이러한 것들을 보기는 보는데 어떻게 설명해야 할지 모르겠습니다. 존재하기 시작하는 것과 존재하기 그치는 모든 것이 영원한 이성 안에서(거기서는 무엇이 시작하지도 않고 그치지도 않습니다) 시작해야 하고 그쳐야 한다고 여겨지는 때에[35] 존재하기 시작하고 그때 존재를 그치리라는 것 외에는 알지 못합니다. 그 이성이 바로 당신의 말씀입니다. 그 이성은

---

34) 피조물이 '말씀' 곧 실체이신 형상에 의존해 존재한다는 점에서 시간적 존재인 사물이면서도 '영원으로부터 발설되고 있다'는 표현이 가능하다.
35) 하느님께서는 시간이 없으므로 '그때에'라는 말이 이치에 맞지 않는다. 반면 피조물인 우리 지성은 시간적 선후에 의한 사고만 가능하므로, 하느님께서 어떤 사물이 존재하거나 존재를 그쳐야 한다고 인식하고 계시는(=정해진) '그때에' 그 사물이 존재하기 시작하거나 존재를 그치는 것으로밖에 이해하지 못한다.

저희에게도 말씀을 건네신다는 점에서 또한 태초[36]이기도 합니다.

복음서에서는 그분이 육신을 통해 말씀하셨고, 사람들의 귀에 들리게 바깥으로 소리를 내셨습니다. 그래서 사람들이 그분을 믿고, 안으로 그분을 찾고, 영원한 진리 안에서 그분을 발견하게 하셨으니, 그 진리 안에서 선하고 유일한 스승께서 모든 제자들을 가르치십니다.

주님, 저에게 말씀을 건네시는 당신의 음성을 듣는 곳이 그곳입니다. 왜냐하면 그곳에서는 저희를 가르치시는 분이 저희에게 말씀을 건네시기 때문입니다. 저희를 가르치지 않는 자는 비록 말을 걸더라도 저희에게 말을 건네는 것이 아닙니다. 그렇다면 확고한 진리가 아니라면 누가 저희를 가르칩니까? 저희가 변전하는 피조물을 통해서 권유받을 때에도[37] 정작 저희가 이끌려갔던 곳은 확고한 진리였고 거기서 참된 배움을 얻었습니다. 저희가 서 있다가 그분 말씀을 듣고 신랑의 목소리에 기뻐 어쩔 줄 모를 때에[38] 저희는 참된 배움을 얻고 저희 존재가 유래한 분에게로 저희를 돌이키게 됩니다. 그러므로 그분은 태초이십니다. 그분이 상존하지 않으시면[39] 저희가 방황할 때에 돌아갈 곳이 없기 때문입니다. 저희가 방랑하다 돌아갈 때에는 돌아갈 곳을 알고서 돌아갑니다. 저희가 그것을 알도록 저희를 가르치시는 분도 그분이십니다. 그분이 태초이시고 그렇기에 저희에게 말씀을 건네십니다.[40]

---

[36] 아우구스티누스는 요한 8:25을 "사람들이 예수님께 '당신이 누구요?'라고 묻자 예수님께서 그들에게 이르셨다. '나는 태초이고 그래서 너희에게 말하고 있다'(principium, quia et loquor vobis)"라고 판독하고 해설을 개진한다.

[37] 감각적·이성적 경험과 정보는 지성으로 하여금 내면의 이념 혹은 '내면의 스승'에게 묻도록 권유하는 역할로 그친다는 것이 교부의 학습론이다.

[38] 요한 3:29 참조.

[39] "우리는 무엇이 존재한다고 말할 때에 그것이 상존하는 한에서 그렇게 말한다" (*Epistolae*, 19,2).

[40] "육신이 태초도 아니고 인간 영혼도 태초가 아니며 오직 '만물이 그분으로 말

9.11. 내심에서 우리에게 말씀하시는 하느님의 소리를 듣자

하느님, 당신께서 태초에 이 하늘과 땅을 만드셨습니다. 당신의 말씀에서, 당신의 아들에서, 당신의 능력에서, 당신의 지혜에서, 당신의 진리로 오묘하게 말씀하시고 오묘하게 만드셨습니다. 하지만 누가 알아듣겠습니까? 누가 얘기할 수 있겠습니까? 저 빛, 저를 비추는 저 빛, 생채기를 내지 않은 채로 저의 마음을 후려치는 저 빛은 대체 무엇입니까? 제 몸이 떨리면서 화끈거립니다. 그와 닮지 못했다는 점에서 떨리고 그와 닮았다는 점에서 화끈거립니다. 지혜, 바로 지혜입니다. 그가 저를 비추고, 제가 지혜로부터 멀어지자마자 저를 다시 뒤덮는 먹구름을 제게서 거둬버리는 것도 저 지혜입니다. 저 구름은 저의 죄벌에서 오는 짙은 연기와 덤불과 함께 저를 뒤덮고, 그 바람에 제 기력은 빈궁할 대로 빈궁해져 꺾여 버립니다.

주님, 당신께서 제 모든 죄악을 용서해주시고 제 모든 질병을 낫게 하시지 않는 한, 저로서는 제 선을 지탱하지 못하기 때문입니다. 주님, 당신께서는 저의 생명을 부패에서 구해내시고, 자애와 자비로 제게 관을 씌워주시며, 선으로 저의 소원을 채워주셔서 독수리처럼 저의 젊음을 새롭게 하십니다. 무릇 저희는 희망으로 구원을 얻었고 인내하며 당신의 언약을 기다립니다. 그럴 만한 능력이 있는 이라면 내심에서 말씀을 건네시는 당신의 소리를 듣도록 해주십시오. 저는 신뢰를 품고 당신의 신탁을 받들어 외치겠습니다. *"주님, 당신의 업적들은 얼마나 위대합니까! 모든 것을 지혜로 이루셨습니다."* [41] 그 지혜가 곧 태초이십니다. 그 태초에서 당신께서 하늘과 땅을 만드셨습니다.

'미암아 생겨난' 그 말씀이 태초다. 바로 그래서 당신이 누구냐고 묻는 유대인들에게 당신이 태초라고 대답한 것이다(『신국론』, 10.24).
41) 시편 104[103]:24.

10.12. 하늘과 땅을 만드시기 전에 하느님은 무엇을 하고 계셨을까?

보십시오. "하늘과 땅을 창조하시기 전에 하느님은 무엇을 하고 계셨더냐?"라고 저희한테 따지는 사람들이야말로 낡아 빠진 생각에 차 있지 않습니까?[42] 그들은 이런 말을 합니다.

"만일 한가하게 지내시면서 아무것도 하지 않으셨다면, 왜 여전히 그렇게 하지 않으셨는가? 계속 일에서 손을 떼고 계시던 대로 왜 그냥 지내지 않으셨는가? 하느님께 새로운 움직임이라는 것이 전혀 존재하지 않는다면 새로운 의지라는 것도 존재하지 않는다. 그런데 피조물을 만드려는 새로운 의지, 전에는 한 번도 만든 일이 없는 것을 만드려는 의지라는 것이 생겨났는데 어떻게 그것이 정말 영원이라는 말인가?[43] 하느님의 의지는 피조물이 아닐뿐더러 피조물보다 앞서느니, 창조주의 의지가 선행하지 않는 한 아무것도 창조되지 않을 것이기 때문이다.[44] 그러므로 하느님의 의지는 그분의 실체에 속한다. 따라서 하느님의 실체에 전에 없던 무엇이 발생했다면, 그 실체가 정말 영원하다고 말할 수 없다.[45] 만일 피조물이 존재하게 만드는 하느

---

[42] 마니교도들의 시비에 이어 에피쿠로스가 제기했다는 철학적 힐문, 소위 에피쿠로스 패러독스(paradoxa epieurea) 가운데 하나다. "신들이 무수한 세기를 두고 잠만 자다가 왜 갑자기 세상을 건설하겠다고 나섰을까?"

[43] "그런데 영원한 하느님이 이전에는 하지 않았다가 갑자기 하늘과 땅을 만들기로 마음 먹은 이유는 무엇이었을까? 이런 말을 하는 사람들은 [이 생각을 근거로] 세계가 시초 없이 영원하다고 생각하거나 따라서 하느님에 의해서 창조된 것이 아니라고 생각하고 싶어 한다"(『신국론』, 11.4.2).

[44] 무슨 필요 때문에 하느님이 천지를 창조했느냐는 힐문에 이렇게 답한다. "당신은 피조물을 필요로 하지 않았고, 거저 베푸는 선함으로 그것들을 창조했으며, 그 사물들 없이도 영원으로부터, 시작 없이, [창조 이후에 비하면] 조금도 덜하지 않은 지복 속에 머물러 있었다"(『신국론』, 12.18.2).

[45] "어쩌다 영원한 시간을 두고 전에는 일어나지 않던 일이 갑자기 일어났다는

님의 의지가 영원하다면, 피조물은 왜 영원하지 않은 것인가?"

11.13. 시간은 흐르고 영원은 정지해 있다[46]

"오, 하느님의 지혜이시여, 지성들의 빛이시여, 저런 말을 하는 자들은 아직도 당신을 이해하지 못합니다. 당신을 통해, 당신 안에서 생겨나는 것들이 어떻게 생겨나는지 이해하지 못하고 있습니다.[47] 영원한 것들을 알려고 애쓰면서도 그들의 마음은 사물의 지나간 움직임과 장차 올 움직임들로 오락가락하며 허무할 따름입니다.[48] 누가 그런 마음을 붙들어 잠시나마 정지시켜 시선을 고정하게 만들며, 항상 멈춰 있는 영원의 광휘를 순간이라도 포착하게 하겠습니까? 그 영원을, 결코 멈추는 일 없는 시간들과 아예 비교가 되지 않음을 알아보게 하겠습니까? 기나긴 시간이란 동시에 펼쳐질 수 없는 수많은 순간들에 의해서가 아니면 이루어지지 않는다는 사실을 무슨 수로 이해하겠습니까? 영원에서는 아무것도 지나가지 않고 전체로서 현전합니다.[49]

말인가? 불경스러운 말을 하지 않으려고 드리는 말씀이지만, 하느님께 세계를 만들겠다는 생각이 새로 떠올랐으리라는 말을 하는 것은 참으로 정신 나간 짓이다"(『질서론』, 2.17.46).

46) 여기서부터 아우구스티누스의 '시간론'이 나온다(이 책, 11.12.14-11.28.38).
47) 『고백록』은 성부 하느님께 드리는 말씀으로 엮어져 있으나 이 대목의 청자는 잠시 성자로 바뀐다.
48) 스토아학파는 "시간은 운동의 간격"(*Stoicorum Veterum Fragmenta*, 2.510)이라고 정의한다.
49) 'totum esse praesens'는 영원에 대한 교부의 정의에 해당한다. "영원에서는 과거, 존재하기를 그친 과거란 없다. 아직 존재하지 않는 미래도 없다. 오로지 현재만 있다. 영원한 것은 전체로서 항상 존재하기 때문이다."

반면 어느 시간도 전체로서 현전하지 않습니다. 모든 과거는 미래에 의해서 밀려나고 모든 미래는 과거에 의해서 뒤쫓기며, 모든 과거와 미래는 항상 현재하는 것에 의해서 조성되고 전개된다는 사실을 당신이 아니라면 누가 깨닫게 하겠습니까?[50] 누가 인간의 마음을 붙들어 멈춰 서서 바라보게 만들고, 영원이 어떻게 멈춘 채로 미래와 과거를 결정하는지, 그러면서도 영원 자체는 과거도 아니고 미래도 아님을 알게 하겠습니까?[51] 제 손에 그럴 힘이 있겠습니까? 이토록 엄청난 사실을 제가 필설로 늘어놓을 수 있겠습니까?

12.14. 하느님이 시간 이전에 무엇을 만들고 계신 것이 아니다

보십시오. "하늘과 땅을 창조하시기 이전에 하느님은 무엇을 하고 계셨던가?"라고 따지는 사람에게 제가 대답합니다. 상대방의 질문이 심하다고 해서 누군가는 "심원한 것을 따지는 사람들에게는 지옥을 마련해두셨다"라고 대꾸했다는데[52] 저는 그런 식으로 답하지는 않겠습니다. 답변을 찾는 것과 웃어넘기는 것은 다릅니다. 저는 그런 대답은 않겠습니다. 저는 기꺼이 "모르는 것은 모른다"라고 대꾸하겠

---

50) 무한한 허공처럼 시간 역시 과거와 미래를 향한 무한한 연장(延長)으로 생각하면, 시간이라는 연장은 무한히 분할되기도 하므로 참으로 현전하는 것은 끊임없이 지나가는 현재의 순간뿐이다.

51) "하느님은 불변한 채로 바라본다. 시간적으로 이루어지는 것, 말하자면 미래의 것은 아직 존재하지 않고 현재의 것은 이미 존재하고 과거의 것은 이미 존재하지 않지만 하느님은 이 모든 것을 고정되고 영구한 현재로서 파악한다"(『신국론』, 11.21).

52) 집회서 3:22[가톨릭 성경] 참조("너에게 너무 어려운 것을 찾지 말고 네 힘에 부치는 것을 파고들지 마라. 숨겨진 일은 너에게 필요한 것이 아니다").

습니다. 심원한 것을 따져 묻는 사람이 조롱당하고 거짓 대답을 하는 사람이 칭송받느니 차라리 이런 답변이 낫습니다.

그러나 저희 하느님, 저는 당신을 모든 창조계의 창조주이시라고 합니다. 또 '하늘과 땅'이라는 이름으로 모든 창조계를 일컫는다면, 저는 감히 이렇게 말합니다. "하늘과 땅을 만드시기 전에 하느님은 무엇도 만들고 계시지 않았다. 만일 무엇을 만들고 계셨다면 창조계를 만드는 일 말고 무엇을 하고 계셨겠는가?"[53] 아무 피조물도 만들어지기 전에는 아무 피조물도 만들어지지 않았다는 것이 제가 아는 전부이며, 제가 뭔가를 안다면 그것이 유익이 되게 알고 싶으며, 저 스스로도 제발 그렇게 알고 있었기를 바랍니다.[54]

13.15. 하느님이 만들지 않은 시간이란 존재하지 않는다

어떤 인간의 설부른 감각이 이리저리 헤매면서 시간이라는 표상을 거슬러 올라간다고 합시다. 그리고 모든 일에 능하시고 모든 것을 창조하시고 모든 것을 보전하시는 분이시자[55] 하늘과 땅의 창조자이신 당신께서 그 일을 하시기 전인 무수한 세기에 일을 멈추고 계셨으리라고 상상해봅시다. 그러면서 그 점이 이상하다고 생각할지도 모릅

---

53) 힐문하는 사람들은 "천지를 창조하시기 전에 하느님이 무엇을 하고 계셨는가(quid faciebat)?"라고 물었고 교부는 미묘하게 어감을 바꾸어 "하느님이 무엇을 만들고 계시지 않았다(non faciebat aliquid)"고 대꾸하는 기지를 발휘했다.
54) "그분에게는 선재하는 의지를 잇는 다른 의지가 변화시켰거나 제거한 일이 결코 없으며, 하나요 동일하고 영원하고 불변하는 의지를 갖고서 일하신다"(『신국론』, 12.18,2).
55) omnipotens, omnicreans, omnitenens: 창조와 관련한 하느님의 삼중 호칭(trias creationis)으로 알려져 있다.

니다만, 그런 사람일수록 자기가 헛것을 겨냥하고 있지 않은지 경계하고 조심해야 합니다.

하느님, 당신께서 모든 세기의 제작자요 조물주이신데 당신이 친히 만들지 않은 세기들이 어디서 생겨나 무수한 세기가 지나갈 수 있었겠습니까? 아니면 당신한테서 창조되지 않은 어떤 시간이 존재했다는 말입니까? 결코 존재한 적이 없던 시간들이 어떻게 지나갈 수 있었다는 말입니까? 당신이 모든 시간의 작동자이신데, 당신이 하늘과 땅을 만드시기 전에 어떤 시간이 있었다면 당신께서는 일을 쉬고 계셨던 것이 아니냐는 말을 어떻게 할 수 있습니까? 시간 그 자체도 당신께서 만드셨고, 따라서 당신께서 시간을 만드시기 전에는 시간이 지나가는 것도 불가능합니다.56) 또 만일 하늘과 땅 이전에 아무 시간도 존재하지 않았다면, 당신께서 그때 무엇을 하고 계셨느냐는 말은 어떻게 할 수 있습니까? 시간이 존재하지 않는 곳에는 '그때는'이라는 말도 존재하지 않습니다.57)

---

56) 창세기가 엿새 만에 창조가 이루어졌다 하니 하느님이 시간상으로 세상을 만든 것이냐고 묻는 이들에 대한 교부의 답변은 이렇다. "하느님은 시간에 시작이 있도록 하셨고 아울러 만유가 일시에 만들어지게 하셨으며 다만 거기에 어떤 질서를 부여하셨다. 시간의 선후 간격보다 [과거, 현재, 미래에 대한] 인과관계에 의한 질서다"(*De Genesi ad litteram*, 5.5.12).

57) "시간의 처음에 하느님께서 하늘과 땅을 만드셨다는 것을 믿는다고 할지라도, 시간의 시작(처음) 이전에는 시간이란 존재하지 않았음을 우리는 알아야 한다. … 실제로 하느님께서 모든 시간의 창조주이시다"(『마니교도 반박 창세기 해설』, 1.2.3). 따라서 천지창조 '이전에'(antequam)라든가 '아직'(nondum)이라는 표현은 성립하지 않는다.

13.16. 하느님은 영원으로 시간을 앞서신다

그렇다고 당신께서 시간으로 시간들을 앞서시는 것은 아닙니다. 그렇지 않았다가는 당신께서 모든 시간들을 앞서시는 것이 아니게 됩니다.[58] 당신께서 모든 과거를 앞서심은 항상 현재하는 영원으로 지고하게 앞서시기 때문이며, 당신께서 모든 미래를 능가하심은 저것들이 장차 있을 것이면서 일단 오자마자 과거가 되어버리기 때문입니다. 그러나 당신은 변함없으신 분, 당신의 세월에는 다함이 없습니다.

당신의 세월은 오지도 않고 가지도 않습니다. 저희에게 세월은 오고 가며 닥치는 법입니다. 그러나 당신에게 세월은 동시에 멈춰 있고, 멈춰 있으면서 가는 세월이 오는 세월에 밀려 지나가는 일도 없습니다. 그런데 저희의 세월은 다 가고 존재하지 않게 되어야만 모든 세월이 존재하기에 이릅니다.[59] 당신의 세월은 '하루'이며 당신의 하루는 '나날'이 아니고 '오늘'입니다. 당신의 오늘은 내일에 밀려나지도 않고 어제를 뒤잇는 법도 없습니다. 당신의 오늘은 곧 영원입니다.[60] 그러므로 당신께서 낳으신 분은 함께 영원한 분이시며 그래서 그분에게 *"내가 오늘 너를 낳았다"*[61]라고 하셨습니다. 모든 시간을

---

58) 스토아철학은 무한한 시간, 무한한 공간을 전제하므로 시간으로 시간을 앞서 간다는 것은 그들이 말하는 '무한은 규정되지 않은 것'을 의미하기도 한다. 그러나 이러한 전제는 아무리 소급해 올라가도 시간의 경계에는 이르지 못한다.
59) 시간은 '다 흘러가 더 이상 존재하지 않게 된 후에야 비로소 그 시간들이 다 존재한다'는 역설을 안고 있다.
60) hodiernus tuus aeternitas: 시간과 영원을 '지나가는 나날'과 '정지된 오늘'로 비교한다.
61) "오늘은 현존을 가리키며, 영원에서는 과거란 없어 무엇이 존재하다 존재하기를 그치는 것이 아니고, 미래도 없어 오로지 현재할 따름입니다. 무엇이든 영원한 것은 항상 존재하기 때문입니다. 따라서 [여기서 말하는 '오늘'은] 내가 오늘 너를 낳았다는 말씀처럼 신적인 의미로 받아들여집니다. 그야말로

당신께서 만드셨고, 모든 시간에 앞서 당신께서 존재하시며, 아무 시간 없는 시간이란 것은 존재한 적 없었습니다.

14.17. 시간이란 무엇인가?

그러니까 당신께서 아무것도 만들지 않고 그냥 계시던 시간이란 존재하지 않으니 시간 자체를 당신께서 만드셨기 때문입니다.[62] 또 어느 시간도 당신과 더불어 영원하지 않으니 당신은 항상 머무시기[63] 때문입니다. 만일 저 시간들이 머물러 있다면 시간이 아닐 것입니다. 그렇다면 시간이란 대체 무엇입니까?[64] 누가 이것을 쉽고 간단하게 설명하겠습니까? 누가 이것을 생각으로나마 이해하고 표현할 만한 단어로 옮기겠습니까? 시간이라는 개념이 이토록 어려운데 저희가 말을 하면서 입에 올리는 것 중 시간만큼 친숙하고 잘 알려진 것이 있습니까? 저희는 시간을 얘기할 때 그 말을 알아듣고, 다른 사람이 시간을 언급할 때에도 알아들을 수 있습니다. 그렇다면 시간이 무엇입니까? 만약 아무도 저한테 묻지 않는다면 저는 압니다. 그런데 만일 묻는 사람한테 설명하려고 한다면 저는 모릅니다.

그러나 이것만은 안다고 자신 있게 말하겠습니다. 만일 아무것도

하느님의 능력이자 지혜이신 분, 외아드님이신 분의 영원한 출생, 이것이 지극히 신실하고 보편적인 신앙이 선포하는 바입니다"(『시편 상해』, 2.7).

62) '시간 자체'를 만드셨으므로 하느님이 아무것도 만들지 않고 계시던 '시간'이란 말은 모순이다.

63) 천사를 포함해서 "모든 피조물은 시작을 갖고 있으며, 시간 자체도 피조물이고 이 때문에 시작 자체를 갖는 것일 뿐, 창조주와 함께 영원하지는 않다"(『창세기 문자적 해설 미완성 작품』, 3.8).

64) 교부는 태초 이전에 하느님이 뭘 하고 계셨느냐는 마니교도들의 시비에 "시간도 함께 창조되었다"는 답변을 내놓고서 "시간이 무엇인가?"를 고찰한다.

지나가지 않는다면 과거라는 시간은 존재하지 않을 테고, 아무것도 닥쳐오지 않는다면 미래라는 시간은 존재하지 않을 것이며, 아무것도 존재하지 않는다면 현재라는 시간도 존재하지 않을 것입니다. 그런데 저 두 시간, 과거와 미래가 어떻게 존재할 수 있습니까? 과거는 이미 존재하지 않고 미래는 아직 존재하지 않는데 말입니다. 현재가 만일 항상 현재로 있고 과거로 옮겨가지 않는다면, 더 이상 시간이 아니고 영원일 것입니다. 현재가 시간으로 존재하려면 과거로 옮겨가야 하고, 과거로 옮겨감으로써 시간이 됩니다. 그렇다면 현재가 존재한다는 말은 어떻게 할 수 있겠습니까? 그것이 존재하는 유일한 이유가[65] 존재하지 않게 되리라는 바로 거기에 있는 터에 말입니다.[66] 다시 말해서 시간이 존재한다는 것은 비존재를 지향한다는 이유가 아니라면 말이 되지 않습니다.[67]

15.18. 무슨 이치로 시간을 두고 길다거나 짧다고 하는가?

그럼에도 불구하고 저희는 과거나 미래를 두고 긴 시간이나 짧은 시간이라고 말합니다. 예를 들어 100년 전을 오래된 과거라고 부르고 100년 후를 한참 뒤의 시간이라고 합니다. 또 열흘 전을 얼마 지

---

65) '하느님의 현재'는 항속하는 영원이고, 피조물의 '현재'는 비존재에게로 사라지는 찰나다.
66) "이 인생의 시간이라는 것은 죽음을 향한 경주에 불과하며, 이 경주에서는 잠깐이라도 멈추어 서거나 약간 늦게 가는 일이 누구에게도 허락되지 않는다"(『신국론』, 13,10).
67) 시간의 본성은 비존재를 향하는 존재의 취약성이다. 시간이 무한히 분할되듯이, 시간적 존재는 총체적일 수 없고 계속해서 분할되어 과거·현재·미래로 표현되고 파악될 뿐이다.

나지 않은 과거, 열흘 후를 곧 올 미래라고 말하는 경우를 생각해봅시다. 대체 무슨 근거로 존재도 하지 않는 것을 두고 길다거나 짧다고 합니까? 과거란 이미 존재하지 않고 미래란 아직 존재하지 않습니다. 그러니까 '길다'라는 말 대신 과거에 대해서 말할 때는 '길었다', 미래에 대해서는 '길겠다'라고 말해야 합니다.[68]

저의 주님, 저의 빛이시여, 여기서도 당신의 진리가 인간을 비웃습니까? 과거 시간이 길었다고 한다면, 이미 과거가 되고 나서 길었다는 것입니까, 아직 현재일 적에 길었다는 말입니까? 길 수 있는 것이 존재할 때에나 길 수 있습니다. 그런데 지나간 과거는 이미 존재하지 않으니 전혀 존재하지 않는 것은 길 수도 없습니다. 그러니 "지나간 시간이 길었다"는 말을 해서는 안 됩니다. 지나가버려 존재하지 않는 한, 길다고 할 무엇을 저희가 발견할 수 없기 때문입니다. 오히려 "현재하는 그 시간이 길었다"라는 말은 할 수 있습니다.[69] 그 시간이 현재로서 존재하는 동안 길었기 때문입니다. 아직 지나가지 않은 채였으므로 존재하지 않는 경우는 아니었고, 길 수 있는 무엇이 존재는 하고 있었기에 그러한 말이 성립됩니다. 다만 지나가버린 다음에는 존재하기를 멈추게 되므로 길다는 말도 함께 멈추었습니다.

---

68) 시간의 지속(duratio)은 시간을 기억하거나 예상하면서 '길었다' 혹은 '길겠다'라고 하는, 인간의 의식 속에만 존재한다.
69) 시간의 지속은 '현재'에서만 측정할 수 있는데, 시간은 계속해서 흐르고 있으므로 어떤 시간을 앞뒤로 고정시켜 놓고서(determinatum) '처음'과 '끝'을 측정할 수는 없다. 그러다 보니 현재를 과거시제로 나타내어 "그 현재 시간이 '길었다'"는 파격적 표현이 나온다.

15.19. 그러면 현재라는 시간은 길 수 있는가?

"인간 영혼이여,[70] 그러면 현재라는 시간은 길 수 있는지 보자. 시간의 '길이'를 감지하고 측정하는 능력[71]이 너에게 주어져 있기 때문에 하는 말이다. 나에게 뭐라고 답변할 텐가? 100년이 현재한다면[72] 긴 시간인가? 우선 100년이 현재할 수 있는지 보라. 그중의 첫 해가 되면 그해는 현재한다. 나머지 아흔아홉 해는 미래이니 아직 존재하지 않는다. 둘째 해가 되면 벌써 한 해는 과거이고 다른 해가 현재가 되며 나머지 해들은 아직 미래다. 저 100이라는 숫자의 중간의 어느 해든 하나의 해만 우리가 현재로 설정할 수 있다. 그해 앞의 해들은 지나간 해들이고 그해 다음은 다가올 해들이다. 그렇다면 100년이 전부 현재할 수는 없다. 그럼 한 해라고 해서 과연 현재하는 것인지 보라. 거기서도 첫째 달이 되면 나머지 달들은 미래이고, 둘째 달이 되면 첫째 달은 벌써 지나갔고 그 밖의 달들은 아직 존재하지 않는다.

그러니까 여기 나오는 한 해도 전부 현재하는 것이 아니며, 만일 전부 현재하지 않는다면, 한 해도 현재하지 않는다. 열두 달이 한 해인데 그중의 어느 한 달이 되면 그 달은 현재이지만 나머지는 과거이거나 미래가 되기 때문이다. 심지어 여기 나오는 한 달마저 현재가 아니고 그중 하루가 현재다.[73] 그것이 첫날이라면 나머지는 미래가 되고, 마지막 날이라면 나머지는 과거가 되며, 중간의 어느 하루라면

---

70) 잠시 자기 영혼과의 독백으로 형식이 바뀐다(이 책, 11.15.19-20).
71) "'길이'를 감지한다"는 표현은 아우구스티누스가 시간을 "의식의 확장" (distentio animi)(이 책, 11.23.30)으로 정의하는 첫걸음이다.
72) praesentes sunt: 직역하면 "현재로서 존재하다" 또는 "현존하다"라는 의미다. 이 책에서는 '현재하다'로 의역하고 있다.
73) praesens est unus dies: '사라지는' 시간의 속성 때문에 아무리 긴 시간도 '현재'는 당장의 '하루' 또는 '순간'만을 말할 수밖에 없다.

과거와 미래 사이에 낀 날이 된다."

15.20 "보라, 현재 시간,[74] 우리가 길다고 일컬을 만한 시간이 겨우 하루의 폭으로 줄었다. 하지만 이것마저도 다시 검토해보자. 하루도 전부 현재하는 것은 아니기 때문이다. 낮과 밤을 합해 전부 스물네 시간으로 하루가 찬다. 그중 첫 시각은 나머지를 다가올 시각으로 두고 있고, 맨 마지막 시각은 나머지를 지나간 시각으로 두며, 중간 시각은 지나간 시각을 앞에, 다가올 시각을 뒤에 두고 있다. 또 그 한 시각마저도 도망치는 작은 토막들로 이루어진다. 한 시각의 어느 것이 훌쩍 지나가버리더라도 그것은 과거이고 남아 있는 것은 미래다. 시간에 관해서 무엇인가 이해한다면, 제아무리 미미한 부분의 순간으로도, 즉 어떠한 부분으로도 쪼개질 수 없는 순간,[75] 바로 그것만이 현재한다고 말해야 한다.

그런데 그 순간도 잽싸게 미래에서 과거로 날아가버려서 어떤 길이로도 연장되지 못한다. 만일 어떻게든 연장된다면 과거와 미래로 쪼개진다.[76] 그런데 현재는 어떤 폭도 없다.[77] 그렇다면 우리가 길다고 하는 시간은 어디 있는가? 미래에 있는가? 따라서 길다고 할 만

---

74) "실재하는 시간은 현재"라는 명제를 다룬다(이 책, 11.15.20-11.21.27). 시간의 과거도 과거로 존재하지 않고 미래도 미래로 존재하지 않고 모두 현재하는 기억 속에 현재로서 존재하므로 세 시제는 모두 현재일 뿐이다.
75) "더 이상 분할할 수 없어 연장될 수 없는 가장 작은 시각의 단위"가 엄밀한 의미에서의 '현재'다.
76) "그대가 '있다'[est]는 그 말을 발설할 적에, [라틴어로] 그것은 한 음절 단어이고, 장단으로는 단음이고, 그 음절은 세 문자를 지녔습니다. [이 낱말의] 강세 발음에서 첫 문자 [발음이] 완료되기 전에는 그대가 이 단어의 둘째 문자에 도달하지 못합니다. 셋째 문자 역시 둘째 문자마저 지나간 다음이 아니면 소리를 내지 못할 것입니다"(『시편 상해』, 38.7).
77) 현재의 순간에는 '지속'이 전혀 존재할 수 없다.

한 것이 아직 존재하지 않으므로 우리는 그 시간을 '길다'고 하지 않으며 오히려 '길겠다'고 해야 한다. 언제 '길겠다'는 말인가? 그때가 아직도 미래일 것 같으면 길다고 할 수 없을 것이다. 길어야 할 것이 아직 존재하지 않으니까 말이다. 그러나 그때 가서 길겠다고 한다면, 아직 존재하지 않던 미래가 이미 존재하기 시작해 미래에서 현재가 되었을 것이다. 미래가 현재가 된 그때 가서야 길다고 할 만큼 존재할 수 있다. 그런데 그 현재라는 것은, 위에서 우리가 방금 들은 그 목소리로 나는 길어질 수 없다고 외친다."[78]

16.21. 우리는 지나가는 시간을 재는데

주님, 그렇지만 저희는 시간의 간격이라는 것을 감지하고 서로 비교해 어느 것은 더 길고 어느 것은 더 짧다고 합니다. 심지어 저 시간이 이 시간보다 얼마나 더 길고 짧은지 재기도 하고 이것이 두 배라느니 세 배라느니, 또는 이것이 저것만큼 된다는 답변을 하곤 합니다. 하지만 저희가 감지하면서 잴 때에 저희는 지나가고 있는 시간을 재는 것입니다. 그런데 지나간 과거는 이미 존재하지 않는 것이고 다가올 미래는 아직 존재하지 않는 것인데 누가 그 길이를 잴 수 있겠습니까? 존재하지 않는 것도 잴 수 있다고 감히 말할 수 있는 사람이 아니라면 누가 하겠습니까? 그러니까 시간이 지나가고 있는 동안에는 감지할 수도 있고 잴 수도 있습니다.[79] 그러나 지나가버렸을 때에는

---

[78] '현재'는 움직임 없고 쪼개질 수 없는 찰나를 가정한 것이므로 시간은 "나는 길게 존재할 수 없다"(내게는 연장이 없다)고 단언한다. 이 문장으로 독백이 끝난다.
[79] 음절의 길고 짧음을 청각으로 인지하고 다른 물체나 자기 신체의 '움직임'

이미 존재하지 않으므로 잴 수 없습니다.

17.22. 그렇더라도 미래와 과거는 존재한다

아버지, 제가 무슨 주장을 펴고 있는 것은 아니고 그저 여쭙고 있습니다.[80] 저의 하느님, 저를 보호하시고 저를 다스려주십시오. 어떻든 세 가지 시간이 존재하지 않는다고 제게 말할 사람이 누구입니까? 저희가 어릴 때 배웠고 그렇게 아이들을 가르쳤듯이 과거, 현재 그리고 미래가 있는데,[81] 오직 현재만 존재하고 저 둘은 존재하지 않는다고 말할 사람이 누구입니까?

아니면 과거와 미래 저것들이 존재하기는 하는데, 미래에서 현재가 될 때 어느 비밀스러운 처소에서 시간이 등장하고, 현재에서 과거가 될 때에는 어느 비밀스러운 처소로 시간이 퇴장하는 것입니까?[82] 거기가 아니고서야 미래를 노래한 사람들이 아직 존재하지도 않는 미래를 어디서 보았겠습니까?

존재하지 않는 것은 보일 수도 없습니다. 과거를 이야기하는 사람들이 그것을 영혼으로 성찰하고 있지 않다면 진실을 이야기하는 것이 아닙니다. 과거들이 전혀 존재하지 않는다면 성찰에 오르는 일도

을 시각과 공통 감각으로 인지한다는 점에서 시간도 감관으로 감지하는 (sentire) 것임을 인정한다. 그러면서도 교부는 시간을 재는 일(metiri)은 지성의 영역이라고 설파한다.
80) 현재의 순간만 측정 가능한데 '지나간 시간을 재는 것'은 신적인 보우가 있어야만 할 수 있을 것 같다는 고백이다.
81) 라틴어를 쓰는 로마사회에서는 초등학교부터 동사의 현재·과거·미래 시제를 배운다.
82) 지성 앞에 현전하는 시간이 현재뿐이라면 과거와 미래는 '기억의 창고'에 저장되어 있다가 지성에 의해서 반추되리라고 추정된다.

불가능할 것입니다. 그렇다면 미래와 과거는 존재합니다.

18.23. 과거와 미래가 어디에 존재하든 현재로서 존재한다

주님, 제가 더 파고들도록 허락해주십시오, 제 희망이시여. 저의 지향指向83)이 흐트러지지 않게 해주십시오. 미래와 과거가 존재한다면, 어디에 존재하는지 알고 싶습니다. 아직 알아낼 능력이 없는 제가 유일하게 아는 한 가지는, 어디에 존재하든 미래로서 존재하지도 않고 과거로서도 존재하지 않으며 오직 현재로서 존재한다는 점입니다.84) 만약 거기에서도 미래로 존재한다면 아직 거기 존재하지 않을 테고, 거기에서도 과거로 존재한다면 벌써 거기 존재하지 않을 것입니다. 그것들이 어디 존재하고 무엇으로 존재하든, 현재로서가 아니면 존재하지 않습니다. 과거의 사실이 얘기될 때에는, 그 과거는 기억으로부터 우러나는 것이고, 그것도 지나가버린 사건 자체가 아니라 그 사건들이 지나가면서 감각을 통해 영혼에 발자국처럼 새겨놓은 표상, 그 사건들의 표상에 의해서 개념된 언어들이 우러나는 것입니다.

이를테면 저의 소년기는 더 이상 존재하지 않으며, 이미 존재하지 않는 과거에 존재합니다. 그 소년기의 표상을 제가 상기하고 얘기하

---

83) 교부는 이 책 후반부(10-13권)에서 시간의 의식적 차원을 해설하면서, 동사 tendere (펴다, 뻗치다)에 전치사를 합성해 ad-tentio(대상물로 지성의 시선이 향하는 주의), in-tentio(내심에서 그 사물을 평가하는 지향), dis-tentio (시간적 대상의 양끝으로 시선을 뻗쳐나가는 확장), ex-tentio(내심에서 뻗쳐나가는 연장) 등의 용어를 구사한다.
84) 미래와 과거는 현재의 기억 속에서 현재로서 존재한다. 따라서 현재의 사건만이 실재성을 갖는다는 점을 고려한다면 과거와 미래가 기억을 거치면서 현재로서 현전한다고 할 수 있다.

는 저는 현재에서 바라보는 것인데, 이는 제 기억에 그 표상이 아직 존재하기 때문입니다. 미래가 예언되는 경우의 방식도 이와 비슷한지, 곧 아직 존재하지 않는 사건들의 표상들이 이미 존재하기에 예상되는지, 저의 하느님이시여, 저는 모른다고 자백합니다.[85] 저희가 앞으로 할 행동을 사전에 계획하는 일이 흔한데, 미리 하는 그 계획은 현재하지만 저희가 사전에 계획하고 해내는 행동은 미래이므로 아직 존재하지 않는다는 사실 하나는 저도 압니다. 저희가 착수해서, 사전에 계획한 바를 행동에 옮기기 시작해야만 그 행동이 존재할 것입니다. 그때는 미래로서가 아니고 현재로서 존재합니다.[86]

18.24. 미래 예측의 신기함

미래를 예측하는 일이 얼마나 신기하든지 간에, 그것이 존재하지 않는다면 보일 수도 없습니다. 또 이미 존재하는 것은 미래가 아니고 현재입니다. 따라서 미래가 보인다고 말할 경우에 보이는 것은, 아직 존재하지 않는 것 즉 닥쳐올 것 자체는 아니고, 아마도 이미 존재하는, 닥쳐올 것들의 인과 혹은 표징입니다.[87] 그런 것을 보는 사람들

---

[85] 지성에게 '미리 보여지는' 것이 장차 일어날 사물들의 '표상'인지 다른 것인지 교부도 확언하지 못한다.
[86] 미래의 경우 "우리가 아는 바를 말할 때 언어는 필히 우리가 기억으로 간직하고 있는 지식 그 자체로부터 태어난다. 무릇 언어는 그 언어가 태어나는 지식과 전적으로 같다. 우리가 아는 사물에 의해서 형상화한 사유가 곧 언어, 우리가 마음속으로 발설하는 언어다"(『삼위일체론』, 15.10.19).
[87] 경험을 토대로 어떤 인과관계를 감지하고서 결과를 예감하거나 예측하는 현상이 예로 제시된다. "별들은 무엇을 수행하는 것과는 다른 무엇을 상징하기에, 어떤 발언이 있을 경우에 장차 일어날 일들을 예언하는 위치에 있지 그런 일들을 수행해내는 위치는 아니라고 주장한다"(『신국론』, 5.1).

에게 그것은 미래가 아니고 이미 현재이며, 그것들로부터 영혼에 개념된 것들이 마치 미래처럼 예고되는 것입니다. 다시 말해서 이런 개념 작용이 이미 존재하고, 저것들을 예고하는 사람들은 그 개념 작용들이 자기 앞에 현재하는 것처럼 바라볼 수 있을 뿐입니다.[88] 수많은 예들 가운데 어느 한 가지 예를 제게 말해주었으면 합니다.

저는 먼동을 바라보면서 해가 뜨리라고 예보합니다. 제가 바라보는 것은 현재이고 제가 예보하는 것은 미래입니다. 이미 존재하는 해는 미래가 아니며, 미래인 일출은 아직 존재하지 않기 때문입니다. 하지만 제가 그 이야기를 할 때에 어떻게든 일출을 영혼에 의해서 표상화하지 않으면 그것을 예고하기는 불가능합니다. 저 먼동, 하늘에서 제가 보는 먼동이 일출에 앞서기는 하지만 먼동 자체가 일출은 아닙니다. 제 영혼 안에 만들어지는 영상도 일출은 아닙니다. 먼동과 일출의 영상 이 둘은 현재의 것으로 식별되기에 저 일출이 일어나리라고 미리 언표되기에 이릅니다. 따라서 미래는 아직 존재하지 않으며, 만약 아직 존재하지 않는다면 아예 존재하지 않으며, 아예 존재하지 않는다면 아예 보이지도 않습니다. 그럼에도 불구하고 이미 존재하고 보이는 것들, 현재 존재하는 것들에 의해서 예고될 수는 있습니다.

---

88) "과거사에 대한 경험에서 미래를 추정하는 것은 상당한 흥밋거리다. 예를 들어 의사들은 많은 것을 예견하고 자기들이 경험한 것을 많은 글로 남기기도 했다. 그와 마찬가지로 농부들이나 선원들도 자연의 많은 현상을 예견한다"(『삼위일체론』, 4.17.22).

19.25. 하느님이 미래를 어떻게 가르치시는가?

당신의 창조계를 다스리시는 통치자시여, 당신께서 장차 일어날 바를 영혼들에게 일러주시는 방법이 무엇입니까? 당신께서는 당신 예언자들을 가르치셨습니다. 당신께는 미래라는 것이 전혀 없는데 당신께서 어떻게 미래를 일러주십니까?[89] 다시 말해, 현재라는 것을 미래와 연관시켜 일러주시는 것입니까? 존재하지 않는 것은 가르칠 수도 없습니다. 당신께서 가르치시는 방식은 제 지성의 정곡[90]이 미치기에는 너무나 까마득합니다. 제 힘으로는 결코 거기에 이르지 못할 것입니다. 그러나 저의 숨은 눈을 비추시는 달콤한 빛이시여,[91] 당신께서 주시면 당신 힘으로 그곳에 이를 수 있습니다.

20.26. 시간이 셋이라는 말은 적절하지 않다

이제 분명하고 확실한 것은 미래도 존재하지 않고, 과거도 존재하지 않고, 시간이 과거·현재·미래 셋으로 구분된다는 말도 적절하지 않다는 점입니다. 차라리 시간이 셋으로 구분되는데 이는 과거에 대한 현재, 현재에 대한 현재, 미래에 대한 현재라고 하는 편이 적절합

---

89) "인간 스스로 역사의 최고 정상에서 내려다보듯이 미래의 현재 임박한 원인들을 관조하는 경우도 있다. … 단지 만유가 복속하는 그분이 필요하다고 판단하시는 한도 내에서 듣고 안다"(『삼위일체론』, 4.17.22).
90) acies mentis: 교부는 인간 오성에서 보편 개념과 신적 사물을 직관하는 능력 내지 기능을 가리켜 이 용어를 쓴다.
91) occulti occuli: '내적 인간의 눈' 혹은 '심안'(心眼). 교부에게 '지성의 눈'이 무엇을 볼 수 있도록 비추는 빛은 하느님이시다. "저의 하느님, 어둠 속 제 눈의 빛이시여"(이 책, 12.18.27).

니다. 이 셋은 영혼 속에 존재하는 무엇이고[92] 제가 다른 곳에서는 이것들을 보지 못합니다. 과거에 대한 현재는 기억이고 현재에 대한 현재는 주시이며 미래에 대한 현재는 기대입니다.[93]

이런 표현이 허용된다면 제가 보는 시간은 셋이라고 공언하겠습니다. "시간은 셋, 곧 과거, 현재 그리고 미래다"라고 해도 됩니다. 잘못된 관습적 표현이기는 하지만 말입니다. 그런 말을 해도 됩니다. 저는 굳이 상관하지도 대꾸하지도 꾸짖지도 않겠습니다. 자기가 무슨 말을 하는지 알아듣기만 하면 됩니다. 일어날 일은 아직 존재하지 않고 지나간 일 역시 이미 존재하지 않는다는 사실을 알아듣기만 하면 됩니다. 저희는 언어를 적절하게 사용하는 경우가 적고, 많은 경우 부적절하게 사용합니다. 하지만 저희가 무슨 말을 하려는 것인지는 알아들을 수 있습니다.

21.27. 시간은 어떤 간격으로 잰다

조금 전에 저는 저희가 재는 시간은 지나가는 시간이라고, 그래서 이때가 저때의 두 배라느니, 이때가 저때나 마찬가지라느니 한다고 말했습니다. 저희는 이렇게 시간의 부분들을 갖고서 이것저것 재면

---

[92] 현재에 대한 의식도, 미래에 대한 기대도, 과거에 대한 회상도 교부가 '기억'이라고 지칭하는 '영혼' 속에 있다. 교부는 기억에 간직된 사물의 표상들이 무한하다는 점과, 천계와 우주마저 상상할 수 있는 역량으로 미루어 기억 또는 영혼이 "공간의 무한한 표상들에 내포되어 있는 것이 아니라 오히려 영혼이 그것들을 내포한다"(*Contra epistolam fundamenti*, 17)고 추론한다.

[93] "기억으로는 영혼이 [그전에] 존재했던 것을 다시 불러오고, 이해로는 지금 존재하는 것을 주시하며, 예측으로는 무엇이 생겨나기 전에 그것을 기대한다"(*De diversis quaestionibus 83*, 31)라며 다르게 말하기도 한다.

서 이런저런 얘기를 할 수 있습니다. 그래서 제가 하던 말대로, 저희가 재는 시간은 지나가는 시간인데 누군가 저에게 "어떻게 아느냐?"라고 묻는다면 저는 이렇게 대답하겠습니다. "우리가 재보아서 안다. 존재하지 않는 것은 잴 수 없다. 그리고 과거나 미래는 존재하지 않는다."94) 그럼 현재는 저희가 어떻게 잽니까? 간격이 없는데 말입니다.95) 지나가고 있을 때 재야 하고, 지나가버리면 잴 수 없습니다. 잴 것이 존재하지 않기 때문입니다. 그러면 재는 동안에 어디서, 어디를 거쳐, 어디로 지나갑니까?96) 미래가 아니면 어디서 지나오겠습니까? 현재가 아니면 어디를 거쳐 지나가겠습니까? 과거가 아니면 어디로 지나가겠습니까? 그렇다면 아직 존재하지 않는 곳에서, 간격이 없는 곳을 거쳐서, 이미 존재하지 않는 곳으로 지나가는 셈입니다.

하지만 어떤 간격으로 하든지 결국은 저희가 시간을 재는 것이 아닙니까? 시간 간격을 이야기하는 경우가 아니면 저희가 두 배라느니 세 배라느니 똑같다느니 하는 말을 하지 않습니다. 시간을 들어 이런 식의 말을 하지 않습니다. 하지만 지나가고 있는 시간을 저희가 무슨 간격으로 잽니까? 지나온 미래에서 잽니까? 아직 존재하지 않으니 잴 수 없습니다. 거기를 거치고 있는 현재에서 잽니까? 하지만 아무런 간격이 없기에 잴 수 없습니다. 거기로 지나가버린 과거에서 잽니까? 그러나 이미 존재하지 않으니 잴 수도 없습니다.97)

---

94) 그러면 잴 수 있는 것은 '현재'뿐이다. 일반적으로는 사물의 운동과 변화에서 유래하는 전후 개념으로 시간을 추정한다.
95) 교부는 '시간 간격'을 spatia temporum에서 intervalla temporum으로 바꿔 구사한다. 좁은 의미로 현재란 외연(外延)이 없어(공간적 간격) 더 이상 분할되는 않는 점(点)(시간적 간격), 순간이어야 한다.
96) 사물을 일정하게 측정하려면 unde(먼저), qua(지금), 그리고 quo(다음)가 분명해야 한다.
97) 물리적 공간과 시간은 무한히 분할이 가능하므로 아무리 극소한 외연만 있

22.28. 아우구스티누스가 알고 싶어 하는 바를
하느님이 열어 보이시리라

제 영혼이 복잡하기 이를 데 없는 이 수수께끼를 알아내고 싶어 애가 탑니다. 닫지 마십시오, 주, 저의 하느님, 선하신 아버지. 그리스도의 이름으로 비오니 익숙하면서도 심원한 저것들을, 제가 소망하건대 닫아버리지는 마십시오. 그 속으로 뚫고 들어가게 해주셔서, 당신의 자비가 빛을 발하는 가운데 저것들이 환히 밝혀지게 해주십시오, 주님. 이런 사정을 두고 누구에게 호소해야 합니까? 제 무식함을 당신이 아닌 누구한테 자백해야 더 유익하겠습니까?[98] 훨훨 타오르는 제 성경 공부가 당신께 귀찮지는 않을 것입니다. 제가 사랑하는 바를 주십시오. 저는 사랑합니다. 제가 사랑하는 이 마음도 당신께서 주셨습니다. 주십시오, 아버지. 당신께서 당신 자녀들한테 주어진 선물을 어떻게 주시는지 알고 있으니 부디, 주십시오.

저는 알고자 작심했고 당신께서 열어 보여주시기까지 제 앞에 있는 것은 고생뿐입니다.[99] 그리스도의 이름으로 비오니, 그분의 지성소至聖所의 이름으로 비오니, 누군가 저를 가로막는 일이 없게 해주십시오.[100] 저는 믿고 또 바로 이렇게 말씀드립니다.[101] 이것이 제 소

어도 그 순간은 다시 미래·과거·현재로 분할된다(앞의 11.15.2 참조). 그렇다면 시간은 의식에서만 계측되며, 그것도 물리적이 아니라 심리적으로 계측된다. 연장되는 사물들이 연장 없이 기억에 보존되기 때문이다.

98) "지식이라는 것은 드물게 그것도 소수에게만 도달하므로 … 경건과 신심을 다해 신적인 보우를 애원함으로써 숭고한 연학에 대한 항구한 지향이 그 궤도를 유지하고, 철학의 더할 나위 없이 안전하고 유쾌한 항구가 그를 받아들이게 됩니다"(『아카데미아학파 반박』, 2.1.1).

99) 시편 73[72]:16 참조("깊이 생각하여 이를 알아들으려 하였으나 그것은 제 눈에 괴로움뿐이었습니다").

100) "현의(玄義)이므로 알 필요 없다는 말이 나오지 않게 해주십시오"라고도 풀이

망입니다. 저는 주님의 즐거움을 관상하고 싶다는 이 소원으로 삽니다. 보십시오, 당신께서는 저의 나날을 쇠진하게 만드셨고 그것들은 지나가버리는데 어떻게 지나가는지 저는 모릅니다. 그럼에도 저희는 시간과 시간을, 세월과 세월을 얘기합니다. "얼마나 오래 그가 이 말을 했다"느니 "얼마 동안 그가 이것을 했다"느니 "얼마나 오랫동안 내가 그것을 보지 못했는지 모른다"느니 "이 음절은 단음절보다 두 배 길게 발음된다"[102]는 식의 말을 합니다. 이런 말을 저희가 하고 듣고, 이해하고 또 저희가 이해시킵니다. 더할 나위 없이 분명하고 더할 나위 없이 평범하지만 동시에 너무나 모호해서 이 주제는 늘 새삼스럽습니다.

23.29. 운동이 시간인가

어느 유식한 사람은 해와 달 그리고 별들의 움직임 자체가 시간이라고 하는데 저는 수긍하지 않습니다. 그렇다면 모든 물체들의 움직임은 왜 시간이 아닙니까?[103] 만약 하늘의 광체들이 멎었는데[104] 옹기장이의 물레가 돌아가고 있다면 시간이 존재하지 않는다는 말입니까?[105]

된다.
101) 시편 116:10 참조("'내가 모진 괴로움을 당하는구나.' 되뇌면서도 나는 믿었네"). 이 구절을 자의적으로 풀이했다.
102) 운율상으로 라틴어에서는 장음(syllaba longa)을 단음(syllaba simpla brevis)보다 두 배 길게 발음했다.
103) 플로티누스, *Enneades*, 3.7.12 참조("운동 자체가 시간일 수는 없다. 우주의 모든 운동들을 단순한 하나의 운동으로 환원시킬 수도 없으려니와, 운동은 멈출 수 있지만 시간은 멈추지 않는다").
104) 여호수아기(10:12-15)의 해와 달이 중천에 멈춘 이야기 참조.
105) "성경에 '표징과 절기'라 쓰여 있는 것은 사람들이 빛물체를 통해 시간을

저희는 여전히 시간으로 물레가 돌아가는 바퀴들을 재고, 같은 시간에 작동한다고 말하고, 어떤 때는 더 늦고 어떤 때는 더 빨리 움직일 경우에는 어느 때는 한 바퀴가 더 오래 걸리고 어느 때는 한 바퀴가 덜 걸린다는 말을 하지 않습니까? 저희가 이런 말을 할 때에 저희 또한 시간 속에 있으면서 말하고 있지 않습니까? 말을 하면서도 단어 속에 어떤 음절들은 길고 다른 음절들은 짧고 하며 전자는 더 긴 시간 동안 소리 나고 후자는 더 짧은 시간 동안 소리 나기 때문이 아니겠습니까?

하느님, 사람들이 작은 사물과 큰 사물 모두에 통용되는 공통 개념을 작은 사물에서도 알아볼 수 있게 해주십시오. 하늘의 성좌와 광체들이 절기에도 나날에도 햇수에도 표징으로서 존재합니다. 저것들은 엄연히 존재하고 있습니다. 저 물레의 한 바퀴가 하루라고 제가 말해서도 안 되지만 저 유식한 사람이라고 해서 역시 물레의 한 바퀴는 아예 시간이 아니라고 말해서도 안 됩니다.106)

23.30 저는 시간의 위력과 본성을 알고 싶습니다.107) 저희는 시간으로 저희가 물체들의 운동을 재고, 예컨대 저 운동은 이 운동보다 두 배의 시간이 걸린다고 말합니다. 그래서 저는 이것을 묻고 싶습니다. (태양이 땅 위에 머무는 동안을 따라서 말하자면 낮이라는 것이 다르고 밤이라는 것이 다른데) '하루'108)라고 하면 태양이 땅 위에 머무는

구분하고 잘 알아보게 하기 위함이다"(『마니교도 반박 창세기 해설』, 1.14.21).
106) 성좌의 운행 자체가 시간은 아니므로 한 해 걸리는 성좌의 한 바퀴, 하루 걸리는 태양의 한 바퀴, 수초 걸리는 물레의 한 바퀴처럼 간격이 크고 작은 바퀴가 보편 개념인 '시간'을 나타내는 표징 역할을 한다.
107) 이 부분(23.30-24.31)에서 시간이 물리적 운동 그 자체는 아님을 논구한다.
108) dies는 '하루'[동안]이지만 본뜻은 ('밤'[nox]과 대조되는) '낮'이다. 이 단어

그동안만을 가리키지 않고, 동쪽에서 동쪽까지 돌아가는 태양의 회전 전체를 가리키며, 그에 따라 저희는 "수많은 날들이 지났다"고 말합니다. 그 밤들까지 합쳐서 수많은 날들이라고 하지 밤 동안만 따로 계산하지 않습니다.

이렇게 태양의 운동으로, 또 동쪽에서 동쪽까지 이르는 한 바퀴로 하루가 채워진다고 하니 저는 이렇게 묻습니다. 하루가 그 운동 자체인가, 아니면 움직임이 이루어지는 동안이 하루인가?[109] 그것도 아니면 둘 다인가? 첫째가 하루라면, 태양이 한 시각에 해당하는 시간 동안 그 궤도를 다 달려버려도, 그게 하루여야 합니다. 둘째라 치면 일출에서 다음 일출까지가 한 시각에 해당하는 짧은 간격으로 이루어지는 경우에는 태양이 스물네 바퀴를 돌아야만 하루가 채워질 것입니다.

만일 둘 다라면, 한 시각 안에 태양이 한 바퀴를 다 돌아버리면 하루라고 부르지 못할 것입니다. 또 태양은 멈춰 있고 태양이 아침부터 이튿날 아침까지 궤도를 다 달릴 만한 시간이 흐르더라도 하루라고 부르지 못할 것입니다.

그래서 저는 지금 하루라고 일컫는 그것이 뭐냐고 묻는 것이 아니고 시간이 뭐냐고, 저희가 태양의 회전을 측량하는 그 시간이 뭐냐고 묻습니다. 저희가 시간으로 태양의 회전을 측량할 때에 만약 태양이 항시 움직이던 것보다 절반이나 빨리 움직임을 다 마쳤다면, 곧 열두 시간만큼의 시간 간격만으로 한 바퀴의 움직임을 마쳤다면, 저희는

는 시간에 관한 일반 어휘가 불명료함을 보여주는 예다.
109) 태양이 져도 시간은 흐르고 태양이 멈춰도 시간은 흐르며 운동의 부재도 시간으로 잴 수 있다. 이 사실을 논거로 교부는 운동 자체가 시간이 아니고 운동이 일어나는 '동안'(mora)이 시간이라고, 따라서 운동이 시간을 재는 것이 아니고 시간이 운동을 재는 것이라고 주장한다.

두 시간을 비교해 하나는 단일 시간, 하나는 두 배의 시간이라고 말할 것입니다. 태양이 동쪽에서 동쪽까지를 때로는 동일한 시간으로 돌고 때로는 두 배의 시간 동안 돌았더라도 말입니다.

그러니 천체들의 운동이 곧 시간이라는 말은 누구도 저한테 하지 말아야 합니다. 어떤 인물의 기도로 태양이 멈춰 섰을 때에도 시간은 가고 있습니다. 전투를 승리로 매듭짓기 위해서 태양이 멈춰 서 있었어도 시간은 가고 있었습니다. 그 인물에게 충분했을 만큼의 그 시간 간격 동안 그 전투가 수행되고 종식되었던 것입니다.[110]

따라서 저는 시간이란 어떤 확장이라고 봅니다.[111] 제가 제대로 이해하는 것입니까? 아니면 그렇게 이해한다고 제게 보일 따름입니까? 빛이시여, 진리시여, 당신께서 밝혀주실 일입니다.

24.31. 물체가 움직이는 한에서 시간으로 측정된다

시간이 물체의 운동이라고 말하는 사람이 있다면 저에게 수긍하라고 명하시겠습니까? 당신께서는 그런 명령을 내리지 않습니다. 제가 알기로 시간 속에서가 아니면 어떤 물체도 움직이지 않습니다.[112] 당신께서 그렇게 말씀하셨습니다. 그 대신 물체의 운동 자체가 시간이

---

110) 여호수아 10:12-13 참조. 천체의 운행이 멈춰도 시간은 가고 있었다는 것은("원수들에게 복수하기를 마칠 때까지 해가 머물렀고") 운동이 곧 시간은 아니라는 성경적 증거가 된다.
111) distentio: "시간은 영혼의 확장 외에 아무것도 아니다"라는 심리적 정의가 가능하다.
112) 아리스토텔레스는 "전과 후로 연관시켜 본 운동의 수"로 시간을 말하면서도 그 전과 후를 끊거나 연관시키는 판단은 영혼임을 인정해 "영혼이 없으면 시간도 없다"(아리스토텔레스, *Physica*, 4.219a-b)고 생각했다.

라고는 듣지 못했습니다. 당신께서 그런 말씀을 하지 않으셨기 때문입니다. 저는 물체가 움직일 때면, 움직이기 시작해서 움직임을 멈추기까지 얼마 동안 움직이는지 그 시간을 잽니다. 또 언제 시작했는지 제가 보지 못했고 움직이다 움직임을 멈추는 때를 보지 못한다면 저로서는 시간을 잴 수 없어서 제가 보기 시작할 때부터 그만 볼 때까지만 잴 수 있습니다.

만일 제가 오랫동안 지켜보고 있다면 참 긴 시간이라는 말은 할 수 있지만 얼마만큼이라는 말은 할 수 없습니다. 얼마만큼이라고 말하는 것에는 비교가 필요합니다. "이것은 저것만큼이다"라거나 "이것은 저것의 두 배다"라고 하는 식으로 말입니다.[113] 만일 저희가 움직이는 물체나, 기계[114] 위에서 움직이는 경우처럼 물체의 부분들이라도 어디서 어디로 움직이는지 공간의 간격을 눈여겨볼 수 있다면, 이 공간에서 저 공간까지의 물체의 운동 혹은 그 부분의 운동이 이루어진 시간이 얼마인지를 언급할 수 있습니다. 그래서 물체의 운동이 다르고, 얼마만큼이냐를 재는 그것이 다른데, 이 둘 중의 어느 것을 시간이라고 말해야 할지 누가 모르겠습니까?

물체가 때로는 다양하게 움직이고 때로는 정지해 있는데 저희는 물체의 운동뿐 아니고 그 정지도 시간으로 재고 "움직인 만큼 정지해 있었다"는 말을 하거나 "움직인 시간에 비해서 두 배 또는 세 배 더 오래 정지해 있었다"는 말을 합니다. 이런 식의 저희의 계측은[115] 어떤 무엇을 두고 정확하게 포착하거나 어림잡아 흔히 "더 또는 덜"이

---

113) 운동이 시간에 의해서 계측된다면, 운동의 길이를 재는 일도 시간에 의존해서 '더' 혹은 '덜'이라고 수량화되므로 운동의 수 역시 곧 시간은 아니다.
114) tornus: 돌아가는 기계의 '회전판'과 한 바퀴 돌아가는 '길이'를 모두 의미한다.
115) dimensio: 때로는 이 단어를 의식의 '확장'(distentio)과 동의어로 쓰기도 한다.

라고 말합니다. 그러므로 물체의 운동이 시간은 아닙니다.[116]

25.32. 주님은 지성의 빛

또 주님, 아직도 시간이 무엇인지 제가 모르고 있음을 당신께 고백합니다. 주님, 시간 속에서 이런 말씀을 드리고 있음을 제가 알고, 오랜 시간 동안 얘기하고 있는데 그 '오랜 시간 동안'[117]이라는 것부터 시간의 간격이 아니고서는 오랫동안이 아님을 알고 있음도 고백합니다. 시간이 무엇인지 모르는 터에 제가 어떻게 이런 것들을 알 수 있습니까? 혹시 제가 알고는 있는데 아는 바를 어떻게 말로 표현해야 할지 모르는 것입니까? 아아, 무엇을 모르는지도 모르는 저![118] 보십시오, 저의 하느님, 당신 앞이니까 거짓말은 하지 않습니다. 말하는 그대로가 제 마음입니다.[119] 주님, 당신께서 저의 등불을 밝혀주십니다. 저의 하느님, 당신께서 제 어두움을 밝혀주십니다.[120]

---

116) 운동이 곧 시간이라면 정지한 사물은 시간 밖에 있다는 말이 되는데 정지된 사물도 부패하고 소멸되면서 시간성을 드러낸다.
117) diu는 라틴어로 앞서 말한 mora, morula('동안')의 지속적 성격을 나타낸다. "음악에서 박자는 확장을 가리킨다. 그래서 박자는 장(長, ad diu)과 단(短, non diu)으로 규정이 된다"(*De musica*, 1.7.13).
118) "자기가 모른다는 사실을 알고 있는 이상, 의당히 자기를 알고 있는 것이다. 그러므로 자기를 [알려고] 모색한다는 바로 그 점에서 자기가 자기에게 미지의 존재이기보다는 이미 알고 있는 존재임이 확인된다"(『삼위일체론』, 10.3.5).
119) "거짓인 것을 참이라고 여기는 사람은 기만당하는 것이고, 거짓이라고 여기는 바를 참이라고 말하는 자는 거짓말을 하는 것이다"(*Sermones*, 133.4).
120) "주님, 당신은 제 등불에 빛을 주실 것이며, 우리 빛은 우리에게서 오는 것이 아니기 때문입니다. 오히려 주님, 당신께서 제 등불에 빛을 주시리이다. … 우리는 우리 죄로 어둠이 되었습니다. 그러나 내 하느님, 당신께서 내 어둠을 비

26.33. 우리는 시간을 시간으로 잽니다

제가 시간을 재고 있노라고 저의 영혼이 진실로 고백하며 당신께 아뢰고 있지 않습니까? 그렇습니다. 저의 하느님, 제가 재고 있으면서도 무엇을 재고 있는지 모릅니다. 물체의 운동을 시간으로 재고 있습니다. 그럼 시간 자체를 재는 것 아닙니까? 물체의 운동을 잴 때에 얼마 동안 움직임이 있었는지, 여기서 저기까지 얼마 동안에 도달했는지를 잴 때, 움직임이 일어나는 시간이 아니면 무엇을 재겠습니까? 그러면 시간 자체는 어디서 재겠습니까? 들보의 길이를 팔뚝의 길이로 재듯이, 더 짧은 시간으로 더 긴 시간을 재는 것입니까?

저희는 짧은 음절의 길이로 긴 음절의 길이를 재고서 곱절이라고 말합니다. 마찬가지로 시가의 길이는 구절의 길이로 재고, 구절의 길이는 각운의 길이로 재며, 각운의 길이는 음절의 길이로 재고, 긴 음절의 길이는 짧은 음절의 길이로 잽니다.[121] 그러나 지면^{紙面}들로 그렇게 하는 것은 아닌데 그런 식으로 하면 공간을 재는 것이지 시간을 재는 것은 아니게 되기 때문입니다. 오히려 음성을 발설하면서 저희는 "시문이 길다, 참 많은 구절로 엮어져 있으니까. 긴 구절이다, 참 많은 각운으로 되어 있으니까. 참 긴 각운이다, 여러 음절로 짜여 있으니까. 긴 음절이다, 짧은 것 두 배니까" 같은 말을 합니다.

그렇다고 해서 시간의 정확한 양이 파악되지는 않습니다. 더 짧은 구절이라도 만일 길게 끌어서 발성한다면, 더 긴 구절이 보다 짧게 끊어서 발성되는 경우보다 더 길게 낭송이 되는 일도 생길 수 있기

추시리이다"(『시편 상해』, 17.29).
121) 교부는 물체의 운동을 시간으로 잴 때에, 시간의 지속을 가장 쉽게 포착할 수 있는 방법은 시가의 낭송이라고 생각했다. 따라서 그는 *De musica*라는 초기 저서를 집필해 리듬의 시간적 장단을 설명했다.

때문입니다. 시가가 그렇고 각운이 그렇고 음절이 그렇습니다. 그러니 제게 시간이란 어떤 확장 외에 다른 아무것도 아닌 것처럼 보였습니다.[122] 그럼 어떤 사물의 확장이냐고 묻는다면 저도 알 수 없으나 영혼 자체의 확장이 아니라면[123] 이상할 것입니다.

저의 하느님, 제발 빕니다. 제가 재는 것이 대체 무엇입니까? 저는 막연하게 "이 시간이 저 시간보다 길다"라고 하거나 확실하게 "이 시간은 저 시간의 두 배다"라고 말합니다. 제가 시간을 재고 있다는 사실은 저도 압니다. 하지만 미래를 재는 것은 아닙니다. 아직 존재하지 않기 때문입니다. 현재도 재지 못합니다. 어떤 간격으로도 벌어지지 않기 때문입니다. 과거를 재는 것도 아닙니다. 이미 존재하지 않기 때문입니다. 그러면 도대체 제가 무엇을 재는 것입니까? 지나가버린 시간이 아니고 지나가고 있는 시간을 잽니까?[124] 제가 하려던 말이 그 말입니다.

27.34. 우리가 시간을 잴 때에 과연 무엇을 재고 있는가?

"내 영혼이여, 결연히 버텨 서서 힘껏 시선을 모아보라!"[125] 우리를

---

122) "작다란 눈동자에서 뿜어나오는 광선의 확산이 우리로 하여금 [시각과 대상물 사이의] 공간을 장악하게 돕듯이 … 기억은 마치 일종의 시간적 간격의 광선처럼 확장이 되어 그 범위에 있는 것들을 장악한다"(De musica, 6.8.21).
123) tempus est distentio animi(시간은 영혼의 어떤 확장): 아우구스티누스는 이렇게 시간을 정의한다.
124) 예를 들어 암기해둔 한 편의 시가를 암송할 때에 지성의 시간화를 체험한다. "한 소절 한 소절 이어서 읊을 때마다 그 한 소절 한 소절을 따라가는 시간의 흐름 속에 지성이 스스로 변화함을 감지한다"(De musica, 6.13.37). 이런 반성적 사고로 인간은 흐르는(지나가고 있는) 시간을 측정한다.
125) 문맥을 벗어나 다시 한번(이 책, 27.35-28.38) 자기 영혼과 성찰을 나누는

돕는 분이 하느님이시다. 그분이 우리를 만드셨지 우리가 우리를 만든 것이 아니다.[126] 진리가 어디서 동트는지 지켜보라! 이런 생각을 해보라! 육성이 소리를 내기 시작한다. 소리가 난다. 아직도 난다. 그리고 멈춘다. 벌써 정적이다. 저 음성은 지나갔다. 그러니 이미 목소리가 아니다. 소리 나기 전에는 미래였기에 잴 수 없었다. 아직 존재하지 않았으니 말이다. 지금도 잴 수 없다. 이미 존재하지 않기 때문이다. 소리 나고 있던 그때에는 잴 수 있었다, 잴 수 있었던 것이 그때는 존재하고 있었으니까. 하지만 그때도 소리는 멈춰 서지 않았다. 가고 또 지나가던 참이었다.

그러면 그때라면 더 잴 수 있었을까? 지나가면서 시간의 어떤 간격이 늘어나고 있었으니[127] 그것으로 측정이 가능했던 것인가? 현재는 아무런 간격이 없으니 말이다. 그때에는 재는 것이 가능했겠지만 곧 다른 음이 소리 나기 시작했다는 점을 생각해보라. 아무런 단절 없이 연속된 음조로 아직 소리가 나고 있다고 하자. 소리가 나는 동안에 그 음성을 재야 한다. 왜냐하면 소리가 멈추면 이미 과거이고 따라서 잴 수 있는 것이 존재하지 않게 되기 때문이다. 어떻게든 재보고 어느 정도인지 말해보자.

그러나 아직 소리가 나고 있기에 잴 수 없다. 소리의 시작부터 소리의 끝까지가 아니면 잴 수 없다. 그러니까 잰다면 일정한 시작부터

독백이 나온다.
126) 지상의 사물이 피조물로서 창조주를 가리키듯이, 우리가 논하는 시간도 창조주의 영원을 가리키는 표징일 수 있다. 별자리(표징)는 우리에게 "시간은 영원의 흔적처럼 시간이 드러나도록 그 간격들의 구분을 통해, 시간 자체를 초월해 불변하는 영원히 존속한다는 사실을 지칭하는 시간에 대해 말하고 있다"(『창세기 문자적 해설 미완성 작품』, 13,38).
127) 소리가 지속적으로 포착되면서 의식은 소리가 모종의 연장, '늘어나고 있음'임을 반성적으로 감지한다.

일정한 끝까지 그 중간 간격을 재는 것이다. 음성이 아직 끝나지 않았다면 그것을 재어 얼마나 길고 짧은지 말로 할 수가 없다. 또 다른 것과 동일하다거나 다른 것과 같다느니 두 배라느니 어떻다느니 하는 말도 하지 못한다. 소리가 끝나버린 다음에는 벌써 존재하지 않는다. 그럼 무슨 수로 잴 수 있을까?[128] 우리가 시간을 재는데 아직 존재하지 않는 것은 재지 못하고, 이미 존재하지 않는 것은 재지 못하고, 연장되지 못하는 것도 재지 못하고, 종점이 없는 것 역시 재지 못한다.[129] 말하자면 다가오는 시간도, 지나간 시간도, 현재하는 시간도, 지나가고 있는 시간도 재지 못한다. 그런데도 우리는 엄연히 시간을 재고 있다."

27.35 "Deus creator omnium!(만물의 창조자 하느님이여!)[130] 이 구절은 여덟 음절로 되어 있는데 짧은 음절과 긴 음절이 번갈아 나온다. 다시 말해서, 첫째, 셋째, 다섯째, 일곱째 네 음절은 짧고, 둘째, 넷째, 여섯째, 여덟째 음절은 그에 비해서 길다.[131] 뒤의 각 음절은 앞의 각 음절보다 두 배 더 길게 발음된다. 내가 발성하고 낭송해보면, 감각적으로 분명하게 감지되는데 실제로도 그렇다. 감각적으로

---

128) 시간을 계측하려면 어떤 양상으로든 모종의 '동안'(mora)을 가정해야 하는데 현재라는 시각을 어느 쪽으로도 길어질 수 없는 점(点)처럼 여긴다면, "길이도 면적도 없는 것을 어떻게 측량하는가?" 혹은 "존재하지 않는 것을 어떻게 측량하는가?"라는 의문이 발생한다.
129) 공간으로든 시간으로든 연장되지 못하고 시작과 끝이라는 양편의 '종점'(termini)이 없는 것은 계측할 수 없다.
130) 아우구스티누스가 밀라노에 있을 무렵 암브로시우스 주교가 작사한 찬미가(hymnus). 지금도 가톨릭교회의 '성무일도'(Breviarium) 제1주간 주일 제1저녁기도에서 불리고 있다.
131) Dĕus crĕātŭr ōmnĭŭm. 곧 얌부스(iambus ⌣ ‒ ⌣ ‒ ⌣ ‒ ⌣ ‒) 운율로는 넷을 결합시키는 율격이고 음량으로 계산하면 12음이다.

분명하듯 짧은 음절로 긴 음절을 재면, 긴 음절이 짧은 음절의 두 배밖에 되지 않음도 분명하다.

하지만 한 음절은 다른 음절 다음에 소리 나게 마련인데, 짧은 음절이 먼저이고 긴 음절이 다음이라면 나는 무슨 수로 짧은 음절을 붙잡아 긴 음절에 대어서 재보고는 두 배밖에 안 된다고 말할 것인가?[132] 짧은 음절이 소리 나기를 마치지 않으면 긴 음절이 소리 나기 시작할 수 없는데 말이다. 긴 음절은 음절이 끝나지 않으면 재지 못하는데 어떻게 그 긴 음절을 현전하는 음절로서 잰다는 말인가? 그 음절이 끝났음은 곧 지나갔음을 뜻한다. 그렇다면 내가 재는 것은 과연 무엇인가? 짧은 음절이 어디 있기에 그것을 가져다 긴 음절을 잰다는 말인가? 긴 음절이 어디 있기에 그것을 내가 짧은 음절로 잰다는 말인가? 두 음절 다 소리가 났고 날아갔고 지나갔고 그래서 이미 존재하지 않는다.

그럼에도 불구하고 구사된 감각을 믿는 이상 나는 이를 재고 자신 있게 대답한다. 시간 간격으로 전자는 같고 후자는 두 배라고 말이다. 음절들의 소리가 이미 지나갔고 끝나지 않았다면 내가 그런 말을 하는 것은 불가능하다. 그러니까 내가 재고 있는 것은 이미 존재하지 않는 음절들이 아니고 내 기억 속에 있는 무엇, 그곳에 각인되어 남아 있는 무엇이다."[133]

---

132) "정신이 소리를 청각으로 계속해서 들으면서 자체 안에다 소리의 표상을 형성하고 그것을 기억으로 붙잡고 있지 않는다면, 첫 음절이 지나고 둘째 음절이 도착할 때에 그것을 둘째 음절이라고 인식하지도 못할 것이다. 첫째 음절은 청각을 울리고서 이미 사라져버린 다음이기 때문이다"(De Genesi ad litteram, 12.16.33).
133) 우리 지성, 곧 영혼은 미래에서 현재를 거쳐 과거로 사라지는 소리들을 일종의 '연속'(continuum)이나, 얼마 '동안'(mora)처럼 통일해서 재구성하며 시간을 "기억에 각인되어 남는" 무엇으로 인식한다.

27.36. 우리는 우리 영혼에서 시간을 잰다[134]

"내 영혼이여, 결국 내가 시간을 재는 것은 너의 안에서다. '이것이다!' 하고 나한테 소리 지르지 마라. 그렇다고 네가 받아들인 인상들이[135] 떼 지어 몰려든다고 해서 너한테 소리 지르지도 마라. 내가 말하거니와 네 안에서 내가 시간을 잰다. 사물들이 지나가면서 네 안에다 만드는 인상, 그것들이 지나가버린 다음에도 너에게 남는 그 인상을 내가 재는 것이다. 그러니까 내가 시간을 잴 때에는, 지나가버린 사물들(이것들은 인상이 일어나게 만들고서 지나가버릴 뿐이다)을 재는 것이 아니고 현전하는 그 인상을 잰다.[136] 그러니 이것이 다름 아닌 시간이거나, 사실 내가 시간을 재는 것이 아니거나 둘 중 하나다.

그럼 우리가 침묵을 재고서 그 침묵은 소리가 난 시간만큼의 길이였다고 말하는 경우는 어떤가? 이럴 경우, 마치 어떤 소리가 나고 있기라도 하듯이, 우리가 소리의 분량에다 사유를 펼침으로써 침묵의 간격과 시간의 간격을 연관지어 뭔가를 언급할 수 있게 되는 것이 아닌가? 그 이유를 생각해보자면, 우리는 목소리도 멈추고 입도 닫은 채로 시가와 시구, 어떤 문구를 생각하면서 일종의 움직임의 차원을 구상하고 있는데, 그러면서 저것들을 소리 내어 낭송하는 것과 조금도 다르지 않게, 그렇게 하는 데에 얼마만큼의 시간이 걸렸다는 식으

---

134) 영혼의 확장이란, 사물이 감관에 작용한 결과(affectiones)로 뻗어나간 영혼의 지향(intentio)에다 각인시켜 영혼으로 하여금 일종의 지속(mora)을 의식하게 만드는 작용이다.
135) 아우구스티누스는 감각을 "신체가 감응하는 바를 영혼이 놓치지 않는 것(non latere quod patitur corpus)"(『영혼의 위대함』, 23.41)이라고 정의할 정도로 신체에 대한 영혼의 지배적 역할을 강조한다. 그러므로 시간의 인식과 측정에서도 영혼의 주도적 역할이 예상되었다.
136) "인간이 파악하고 측정하는 시간은 의식 속에 현전하는 감관의 인상"이라는 것이 시간 측정에 대한 아우구스티누스의 확답이다.

로 시간 간격에 대해 언급하기 때문이다.

누군가 약간 긴 소리를 내고 싶어서 그 소리가 얼마나 긴지 미리 헤아려 정했다고 하자. 물론 그 사람은 말없이 시간 간격을 헤아렸다.[137] 그다음 기억에다 이를 넘기고서는 그 음성을 소리 나게 발성하기 시작하고 미리 작정한 만큼 발성을 계속했다. 말하자면 그는 일정한 길이만큼 소리를 냈고 또 계속해서 소리를 낼 참이다. 그러니까 그 사람에게서 수행된 바는 소리로 나왔고, 아직 남은 바는 소리로 나올 참이다. 현재하는 지향이 미래를 과거로 끌어당기는 가운데,[138] 미래가 줄어들수록 과거는 늘어나서, 미래의 소진으로 인해 전체가 과거가 되기까지 그 일이 수행된다."[139]

28.37. 기대와 주시와 기억[140]

"그런데 아직 존재하지도 않는 미래가 어떻게 줄어들고 소진된다는 말이며, 더 이상 존재하지도 않는 과거가 어떻게 늘어난다는 말인

---

137) 교부는 침묵 중에서도 인간의 의식은 발성할 때와 똑같이 시간을 측정하면서 음절과 시구를 암송할 수 있다는 사실을 들어 지성이 감관에 무조건 좌우되지는 않음을 방증한다.
138) "무엇을 수행하려는 지향은 현재의 것이다. 그 현재를 통해서 미래가 과거로 옮겨가고, 또 물체의 어떤 운동이 일단 개시되었다면 아무런 기억 없이는 그 끝을 기대하는 일도 불가능하다. … 그런가 하면 [수행하는 바를] 완료하겠다는 지향(그 지향은 어디까지나 현재의 것이다)은 끝을 내다보는 기대(그 끝은 미래의 것이다) 없이는 존재하지 못한다"(『영혼 불멸』, 3.3).
139) 이렇게 영혼이 함께 움직이는 율동(numeri=motus)은 어디까지나 시간 속에서 이루어지는 운동이므로 영혼은 이런 움직임에서 곧 시간을 주시하고 측정하는 셈이다.
140) 사물 자체가 미래, 현재, 과거로 지나가는 과정 자체보다는 그 과정에 기울이는 영혼의 주시가 지속을 유지한다(perdurat attentio).

가? 그런 작업을 하는 영혼 안에 셋이 모두 존재하기 때문이 아니라면 말이다. 영혼은 기대도 하고 주시도 하며 기억도 한다.[141] 기대하는 바가 주시하는 바를 거쳐서 기억하는 바로 옮겨간다. 미래가 아직 존재하지 않음을 누가 부인하겠는가? 하지만 영혼에는 미래에 대한 기대가 이미 존재한다. 또 과거가 이미 존재하지 않음을 누가 부인하겠는가? 하지만 과거에 대한 기억이 영혼에는 아직 존재한다. 점을 지나가고 있으므로 현재는 간격이 없음을 누가 부인하겠는가?[142]

그렇지만 주시는 지속성을 갖고 있으며,[143] 존재하게 될 미래가 주시를 거쳐서 과거라는 비존재를 향하게 된다. 그렇다면 기나긴 미래라는 시간은 존재하지 않고 미래에 관한 기나긴 기대가 있을 뿐이다. 기다란 과거도 존재하지 않고 오직 과거에 관한 기다란 기억이 있을 뿐이다."[144]

28.38 "내가 아는 시가를 하나 낭송하겠다. 시작하기 전에는 내 기대가 시가 전체에 펼쳐진다. 그런데 낭송하기 시작하자마자 그 시가에서 내가 과거로 떠넘기는 만큼의 기억이 펼쳐진다. 그러면서 이 행위의 힘은 기억으로(그 덕분에 내가 낭송을 했다) 또 기대로(그것 때문

---

141) 우리가 노래를 부르면 앞으로 불러야 할 구절은 줄어들고 이미 불러서 기억으로 넘어간 구절은 늘어난다. 지성이 시간을 소화하는 삼중 과정을 '기대'(expectatio), 주시(adtentio), 기억(memoria)으로 나타냈다.
142) "한 점에는 부분이 전혀 없다. 점은 위치는 있으나 크기가 없다"는 유클리드의 정의를 받아들이면, 엄밀한 의미의 현재는 과거, 현재, 미래로 분할할 만한 외연이 없다. 따라서 "현재라는 시간은 간격이 없다"는 명제가 성립한다.
143) 주시는 항상 현재에 시선을 두지만, 미래에 대한 기대와 과거에 대한 기억을 동시에 작동시키고 있으므로 지속성을 갖는다.
144) 곧이어 나오듯이, 영혼[지성]이 현상적으로 지나가는 시간을 두고 현재를 직시하는 시선은 미래에 미치고 과거로 펼쳐지면서 기대와 기억으로 확장된다. 지성의 시선을 유지하는 이 긴장이 시간의 측정을 가능케 한다.

에 내가 시가를 낭송할 것이다) 확장된다. 그리고 나의 주시는 현재이며 그것을 거쳐 미래였던 것이 과거를 향해 옮겨져간다. 이렇게 진행되면 진행될수록 기대에 해당하는 영역은 짧아지고 기억에 해당하는 영역은 길게 연장된다.[145]

그렇게 해서 전부가 완료되어 기억으로 옮겨지고 나면 기대 전부가 소진되기에 이른다. 또 시가 전체에서 일어나는 일이 그 시가의 각 부분에서도 일어나고, 심지어 각각의 음절에서도 일어난다. 나아가서 이보다 길이가 긴 행위에서도 똑같은 것이 일어난다. 저 시가는 아마도 그 행위의 한 분자일 테고, 이러한 일은 인간의 생애 전체에서도 일어난다. 인간의 모든 행위들 역시 그 부분들일 테며, 같은 일이 인간 자손들의 세기 전체에서도 일어나는데 사람들의 모든 생애는 그 부분들이리라."[146]

29.39. 생명의 확장 다음에는 하느님께로 흘러들어 가리라

당신의 자비가 생명보다 낫기에[147] 드리는 말씀입니다만, 보십시오, 저의 생명은 확장입니다.[148] 저의 주님 안에서 당신 오른손이 저

---

145) 미래, 현재, 과거를 하나로 통합하는 지성의 기능은 시가를 낭송하면서 기대의 영역을 기억의 영역으로 모조리 옮겨놓는 '지속적 활동'이다. 지성은 그 활동의 시간을 의식하고 측정하는 계기를 제공한다.
146) 철학자들이 말하는 우주의 시간(전체)과 한 사람의 인생 같은 단편(부분)의 관계를 다루면서 교부는 시가 한 편과 한 소절처럼, 지성이 주시하는 '시간의 지속'만으로 가치를 평가할 수 있다는 입장을 보인다.
147) 이 마지막 부분(29.39-31.41)은 교부의 시간론의 결론에 해당한다. 시간을 의식하는 시간적 존재인 인간은 시간을 한계상황으로 인식하며 그것을 초월할 종말을 예감하기에 이름을 암시한다.
148) distentio est vita mea: '시간'을 범주로 하는 인간 실존이 존재의 근원인 '영

를 받아주셨는데 그분은 사람의 아들이시고, 하나이신 당신과 다수인 저희 사이의 중개자이십니다. 저희는 다수요 다수 안에 있고 다수를 거칩니다만 그분을 통해서 제가 누군가의 차지가 되었으므로 그분을 통해서 [일자이신 분을] 저도 차지하려고 합니다.[149] 오직 한 분을 따름으로써 묵은 날들에서 놓여나 제가 하나로 모아지고, 과거를 잊어버리고, 다가오고 지나가고 하는 것을 향해서가 아니고 앞에 있는 것을 향해서, 위로부터 오는 부르심의 종려나무 가지를 쫓아갑니다. 제가 흩어지지 않고 뻗어나가며, 흐트러지지 않고 집중하며 나아가겠습니다. 거기서 찬미의 소리를 듣고, 당신의 즐거움, 오고 가지도 않고 지나가지도 않는 즐거움을 관상하겠습니다.[150]

지금은 제 세월이 한숨 속에 있으며, 주님, 당신께서 제 위로이시고 당신은 제 영원한 아버지이십니다. 그러나 저는 시간 속으로 흩어진 데다 시간들의 질서를 알지 못하며, 저의 생각과 제 영혼의 내밀한 골수가 갖가지 혼란으로 산산조각 나는 중입니다.[151] 제가 당신께 대한 사랑의 불로 정화되고 녹아내려서 당신 안으로 흘러들어가기까지는 그렇습니다.

원'으로부터 소외되어 있음을 절감한다면, 시간을 의식하는 일 자체가 그 근원을 향해 뻗어나가는 소급 운동임을 직감할 수 있다.

149) "시간으로 분절된 인간 실존의 파편성을 절감할수록 자기 존재의 통합이 절실해지고 … 다자로부터 벗어나서 일자를 향해 달려가기에 이른다"(『삼위일체론』, 4.7.11).

150) "현세에서의 완전함이란 뒤에 있는 것을 잊어버리고 앞에 있는 것을 향해 지향대로 내뻗는 일이다. 다만 신앙에 힘입어 나아가는 지향만이 올바른 지향이다"(『삼위일체론』, 9.1.1).

151) 인간의 존재론적 분산이 결국 실존적 윤리에서 비롯함을 교부는 이 책에서 거듭 설파한다.

30.40. 하느님은 모든 시간에 앞서 계시다[152]

저는 당신 안에서 멈춰 서 있겠으며 당신 안에서, 제 형상이신 당신의 진리 안에서[153] 고정되겠습니다. "하느님이 하늘과 땅을 만드시기 전에 무엇을 하고 계셨는가?"라는 소리를 하거나 "전에는 한 번도 무엇을 만들지 않던 분의 머릿속에 어떻게 무엇을 만들겠다는 생각이 들어왔을까?"라는 소리를 하는 자들의 물음을 그냥 넘기지 않겠습니다. 그자들은 질병이라는 벌을 받아 자신들의 분수에 넘치는 것을 갈구하는 셈입니다.

주님, 무슨 말을 하고 있는지 그들이 잘 생각하게 만들어주십시오. 시간이 존재하지 않는 곳에서는 '한 번도'라는 말도 나올 수 없다는 것을 깨닫게 해주십시오. "한 번도 안 만들었다"는 말이 "어떠한 시간도 없는데 무엇을 만들었다"는 말과 무엇이 다릅니까?[154] 부디 피조물 없이는 아무 시간도 존재하지 못함을 깨닫고 저런 허망한 말을 그만둬야 합니다. 그들도 '앞에 있는 것을 향해서' 뻗쳐나가고, 모든 시간 앞에 있는 것은 모든 시간들의 영원한 창조주이시며, 그 어느 시간도 당신과 더불어 영원하지 못하고, 비록 어떤 피조물이 시간 위에 있을지라도[155] 당신과 더불어 영원한 피조물은 절대 없다는 것을 깨달아야 합니다.[156]

---

152) 인간은 자기가 시간적 존재임을 절감할수록 영원자 안에서 시간성을 벗어날 수 있다고 예감한다.
153) in forma mea, veritate tua: 사물의 형이상학적 범주 modus, forma, ordo(이 책, 1.7. 12 참조)를 성삼위에 돌릴 경우 '성부의 형상'이신 성자는 '진리 자체'이시다. 교부는 이 순간 그리스도께 시선을 돌린다.
154) '한 번도 안 했다'(numquam)는 부사와 '아무 시간도 존재하지 않았다'(nullo tempore)는 문구는 라틴어 문법상 똑같은 의미다.
155) 천사들도 사유하거나 의지를 행사하므로 "'하기 전'과 '한 다음'의 구분이 있고, 그것은 시간 간격 없이는 개념화할 수 없다"고 생각하는 데 그친다.

31.41. 하느님은 모든 것을 신묘하게 아신다

저의 주 하느님, 당신의 심오한 비밀의 품속이 얼마나 깊습니까? 제 죄악들이 그 품에서 저를 얼마나 멀리 내쳤습니까? 제 눈을 낮게 해주십시오. 그러면 당신 빛을 함께 즐기겠습니다. 시가 한 편이 제게 잘 알려져 있듯이 과거와 미래 전부가 알려질 정도로 영혼이 위대한 지식과 선견을 갖추고 있다면 그렇게 하겠습니다. 그런 영혼이야말로 소름 끼칠 만큼 경탄을 자아내는 놀라운 영혼입니다. 제가 잘 아는 저 시가를 노래할 때에 첫 소절부터 무엇이 얼마만큼 지났고 끝까지 무엇이 또 얼마나 남았는지 저에게 가려져 있지 않듯이, 저런 영혼에게는 과거와 미래가 전부 알려져 있을 것입니다.

그러나 아닙니다. 당신께서 모든 과거와 미래를 그런 식으로 아시는 것은 절대 아닙니다, 만유의 조물주요 영혼들과 육체들의 조물주시여.[157] 당신은 까마득히, 까마득히 더 신묘하게, 까마득히 더 신비하게 아십니다. 노래하는 사람도 아는 노래를 듣는 사람도, 다가오는 소리에 대한 기대로, 지나간 소리에 대한 기억으로 정감이 달라지고 감흥이 확장되듯이, 불변하게 영원하신 당신께, 지성들의 영원한 창조주께도 그런 식으로 어떤 일이 생기는 것은 아닙니다.[158] 당신 지

---

156) "천사들이 모든 시간에 존재하고 있었으므로 '천사들은 항상 존재하고 있었다'고는 말해도 된다. … 그래서 천사들이 항상 존재했다고 하더라도 그들은 창조되었다! 따라서 항상 존재했다고 하더라도 창조주와 더불어 영원한 것은 아니다!"(『신국론』, 12.16.2).
157) "하느님은 시간으로 보는 분이 아니다. 시간적으로 과정적으로 무슨 일이 일어난다고 해서 그분의 시선과 지식에 새로운 무엇이 더해지는 일도 없다"(『삼위일체론』, 12.7.10).
158) "하느님은 하나씩 생각하면서 각각의 사물들을 주시하는 분이 아니고, 당신이 아는 모든 것을 단 한 번의 영원하고 불변하고 형언할 수 없는 시선으로 파악하신다"(『삼위일체론』, 15.7.13).

식에 변화 없이 태초에 당신께서 하늘과 땅을 알고 계셨습니다. 그와 마찬가지로 당신께서는 태초에 당신 행위를 확장하지 않으시고도 하늘과 땅을 만드셨습니다.[159] 이것을 이해하는 사람이 당신을 기리게 하시고 이해하지 못하는 사람도 당신을 기리게 하십시오.

오, 당신께서는 얼마나 드높으십니까! 그러면서도 마음이 겸손한 사람들이야말로 당신께서 머무시는 집입니다. 당신은 넘어진 자들을 일으켜 세우시니 그런 사람들은 쓰러지지 않습니다. 당신께서 그들의 높이가 되어주시기 때문입니다.[160]

---

159) "그분의 비물체적 직관에는 그분이 아는 모든 것이 동시에 현전한다. 시간을 알 때도 시간적 개념으로 아는 것이 절대 아니요, 시간적 운동을 일체 거치지 않고서 시간적 사물들을 움직인다"(『신국론』, 11.21).

160) 시간은 정화와 자유를 얻고 인간 성장을 이루는 현장이므로, '하느님의 드높으심' 곧 '영원'을 희구하는 인간은 시간 때문에 좌절하거나 기만당하지 않는다.

제12권
하느님이 만드셨다는 하늘과 땅에 관한 주석*

* 창세기 1장 1절의 '하늘과 땅'이 무엇을 가리키는지를
"땅은 아직 꼴을 갖추지 못하고 비어 있었는데,
어둠이 심연을 덮고 있었다"라는 2절에 비추어 해설한다(1-13장).
성경 주석가들의 다양한 견해(14-22장)와
창세기의 저자 모세의 집필 의도를 추정하기도 한다(23-32장).

1.1. 우리의 지성은 빈약하지만 하느님이 우리 편이시다

주님, 제 생애의 이 빈곤한 처지에서 당신의 거룩한 말씀에 이끌려 제 마음이 나름대로 무척 애를 쓰기는 하는데 인간의 빈약한 지성은 대개 말로만 풍족합니다.[1] 진리의 발견보다는 논쟁에 말이 더 많고, 성취보다 요구에 말이 더 길며, 받드는 손보다 두드리는 손이 더 부산합니다. 그러나 저희는 당신의 언약을 간직하고 있습니다. 그 언약을 허사로 만들 자 누구겠습니까? 하느님께서 저희 편이시라면 누가 저희를 대적하겠습니까? *"구하여라, 받을 것이다. 찾아라, 얻을 것이다. 문을 두드려라, 열릴 것이다. 누구든지 구하면 받고, 찾으면 얻고, 문을 두드리면 열릴 것이다."*[2] 이것이 당신의 언약입니다. 진리께서

---

1) "영혼의 이 도착(倒錯)으로 말미암아 … 순간적 아름다움들은 타락한 인간을 육적인 감관을 통해서 뒤흔들고 가변적인 그 다양성으로 (타락한) 인간의 정욕을 증폭시킨다. 그렇게 곤궁함이 풍요해지다 보니 이것저것 뒤를 쫓아다니지만 그 어느 것도 손에 남는 일이 없는 것이다"(『참된 종교』, 21.41).
2) 마태오 7:7-8. 이 책에서 교부가 12번이나 인용한다.

하시는 언약인데 속을까 두려워할 사람이 누구겠습니까?

2.2. '하늘의 하늘'이라는 것

당신의 지존 앞에서 제 미천한 언어로 고백을 드립니다. 당신께서 하늘과 땅을 만드셨다고. 제가 바라보는 이 하늘과 제가 밟고 있는 땅을 당신께서 만드셨습니다.[3] 제가 지니고 다니는 이 흙이[4] 그 땅에서 비롯합니다. 그러나 주님, 저희가 시편에서 *"하늘의 하늘은 주님의 것이고 땅은 사람들의 자식들에게 주셨습니다"*[5]라고 들은 '하늘의 하늘'은 어디에 있습니까? 저희가 지각하지 못하는 하늘은 어디에 있습니까? 그렇다면 땅이란 저희가 지각하는 이것 전부입니까? 이 물체 전체(물론 어디서나 전체로는 아닙니다만[6])는 맨 마지막 것들까지도 아름다운 형상을 지니며,[7] 그 바닥이 저희 땅입니다. 그러니

---

[3] 아우구스티누스는 유출설에 맞서 세계는 하느님에 의해서 창조된 것(esse creatum)임을 강조하기 위해, 평생 창세기 첫 장 첫 구절을 무려 네 번에 걸쳐 상론한다. 『고백록』 11-13권[400] 외에도, 『마니교도 반박 창세기 해설』(389), 『창세기 문자적 해설 미완성 작품』[393], 『창세기 문자적 해설』[415]이 있다.

[4] "너는 흙에서 난 몸이니 흙으로 돌아가기까지 이마에 땀을 흘려야 낟알을 얻어 먹으리라. 너는 먼지이니 먼지로 돌아가리라"(창세기 3:19). 같은 단어(terra)가 '땅'과 '흙'으로 쓰이는 수사학적 장치다.

[5] 아우구스티누스는 재래 라틴어역에 따라서 시편 113:16을 "하늘의 하늘은 주님의 것"(caelum caeli domino)으로 읽으며 해설한다.

[6] 영적인 하느님의 존재는 "어디에나 전체로 계시면서도 어느 공간에도 계시지 않는다"(이 책, 6.3.4 참조). 그런데 물체는 부분들로 이루어져 있으므로 "자기 전체로 있는 것에 비하면 어떤 부분으로 있는 것은 더 작고 … 어디서나 전체로 존재하지 못한다(이 책, 3.7.12 참조).

[7] "하느님 말고는 그 누구도 [질료 상태의 것을] 형상화하고 창조할 수 없다. 물체들은 정도와 형상과 질서가 기반하지 않는다면 창조되지도 않는다. 그리고 정도와 형상과 질서는 선이며, 따라서 하느님에 의해서가 아니면 존재

저 하늘의 하늘 앞에서라면 저희 땅의 하늘은 그냥 땅에 불과합니다. 따라서 저희 눈으로 보는 하늘과 땅이라는 두 거대한 물체를 모두 그냥 땅이라고 해도 터무니없는 것은 아닙니다. 어느 하늘인지 모르지만, 주님의 것이고 사람들의 자식들 것이 아닌 그 하늘에 비하면 말입니다.

3.3. 땅이란 어둠과 심연으로 된, 무형의 질료를 의미한다

그런데 분명히 이 땅은 보이지 않고 틀이 잡히지 않은 것이었으며, 얼마나 깊은 심연인지 몰라도 그 위로는 빛이 없었습니다. 그것에 아무 형상도 없었기 때문입니다. 그래서 당신은 "*심연 위에 어둠이 있었다*"라고 적어두라고 명하셨습니다.[8] 이것이 빛의 부재가 아니면 무엇입니까? 빛이 있다면 어디 있었겠습니까? 의연히 자리 잡고 비추면서 위에 있지 않았겠습니까? 빛이 아직 없는 터에 어둠이 있었다는 것은 빛이 없었다는 말이 아니면 무엇입니까?[9] 위에 어둠이 있었다고 하는데 이는 위에 빛이 없었기 때문입니다. 소리가 없는 곳에 침묵이 있음과 비슷합니다. 또 침묵이 있는 곳이라는 말이 소리가 없는 곳이라는 말이 아니면 무엇입니까?[10]

하지 못한다. … 형상이 어떤 선이라면 … 그런 형상을 받아들일 수 있는 힘 역시 어떤 선이다"(『선의 본성』, 18,18).
8) 교부는 창세기 1:2를 70인역본의 재래 라틴어역본에 따라 "땅은 보이지 않고 틀이 잡히지 않았으며 심연 위에 어둠이 있었다"로 읽고 주석한다. 불가타본은 이와 달리 "땅은 비어 있고 허공이었는데 어둠의 심연의 표면을 덮고 또 하느님의 영이 물 위를 휘돌고 있었다"라고 읽는다.
9) 창세기 1장 1-2절의 사건을 원초적 창조로, 3절("빛이 생겨라") 이하를 구체적 창조로 나누어 고찰하므로 원초적 창조 때는 "아직 빛이 없었다"는 말을 한다.
10) "어둠은 빛의 부재 외에 아무것도 아니고 눈이 보지 못함으로써 식별되는

주님, 당신께 이런 고백을 하는 이 영혼을 가르치신 분이 당신 아니십니까? 주님, 당신께서 제게 가르치지 않으셨습니까? 형태 없는 저 질료를[11] 당신께서 형성하시고 구분하시기 전에는 어떤 것도 있지 않았다고, 색깔도 없고 형체도 없고 몸체도 없었다고 가르치지 않으셨습니까? 그렇다고 그것이 완벽한 무無는 아니었습니다.[12] 아무런 형상을 갖추지 못한 어떤 무형이 있었습니다.

4.4. 애매모호한 개념은 편의상의 단어로 표현한다

과연 그것을 무엇이라고 부릅니까? 각성이 늦는 사람들에게 뭔가 설명하려면 흔히 말하는 편의상의 단어를 쓰는 수밖에 없지 않습니까? 세상의 부분을 이루는 일체의 것들 가운데 '땅'과 '심연'보다 '전적인 무형'에 가까운 것이 무엇입니까? 이것들은 등급이 가장 낮기에 상위에서 빛나고 투명한 일체의 것들보다 덜 아름답습니다. 그러니 질료의 무형[13]을 제가 왜 받아들이지 않겠습니까? 당신께서 형태 없이 그것을 만드셨고, 그것으로부터 형태 있는 세계를 지어 내셨고,

---

것이다. 침묵이 소리의 부재이고 역시 귀가 듣지를 못해 식별되는 것이다"(*Contra epistolamfundamenti*, 31.34)라고 반박한다.
11) 물체는 아니지만(non corpus) 허무는 아닌(non nihil) 무엇, 그리스 철학자들이 거론하던 제일질료(materia prima)와 흡사한 존재 상태를 아우구스티누스는 '무형의 질료'(informis materia)라고 명명하고 제12권의 주제로 삼았다.
12) 형상은 없지만 후속적 창조에서 형상을 받아들인다. 따라서 변화를 수용하는 가능성이 있다는 점에서 '존재하는 무엇', 조금 뒤에는 '어떤 무형'(무형의 무엇)이라고 언표된다.
13) informitas materiae: 아우구스티누스는 '질료'(ὕλη)가 하느님처럼 영원으로부터 존재하고 사물의 부정적 원리가 된다는 철학사조를 염두에 두고, 원초의 질료(여기서는 '땅')는 비록 형상은 없어도 엄연한 피조물이라고 역설한다.

그것을 사람들에게 알리시기 위해 편의상 *"보이지 않고 틀이 잡히지 않은 땅"*14)이라고 일컫게 하셨을 것입니다.

5.5. 지성이 의아해서 고개를 갸우뚱하다

저희의 지성은 그 말이 무엇을 의미하는지 따지면서 스스로 이런 말을 할 것입니다. "그게 생명이니 정의니 하는 가지적^{可知的} 형상15)은 아니다, 물체들의 질료이니까.16) 그렇다고 감각적 형상17)도 아니다, 보이지 않고 틀이 잡히지 않은 것에는 보이고 감지되는 것이 존재하지 않으니까." 인간의 사유가 스스로 이런 시도를 하는 이유는 그것을 모르면서 아는 체하거나 알면서 모르는 체하는 마음입니다.

---

14) '무형의 질료'를 가리켜 terra invisibilis et incomposita라고 지칭하는 일은 그의 저술에 23회나 나타난다. "완성된 것과 비교해서 무형하다고 하는 사물은, 아무리 빈약하고 아무리 초보적이라 할지라도 무슨 형상을 지니고 있는 한, 아직은 무가 아니며, 이것도 존재를 한다는 점에서 하느님으로부터 오는 것이다"(『참된 종교』, 18.35).
15) intellegibilis forma: 교부의 저서에서 가지는 형상은 원천적 '이념'(ratio) 혹은 사물에서 추상된 '개념'(notitia)을 지칭한다. 교부의 저서에서 forma(형상)는 대개 materia(질료)와 대비되어, species(형상, 形象)는 modus(정도), ordo(질서)와 함께 나오지만 앞에 나오는 forma와 거의 구분 없이 혼용된다.
16) 질료 혹은 어둠이 덮고 있다는 심연은 "자체의 형상이 없는 그 상태 때문에 그 누구도 지성으로 통찰할 수 없다"(『창세기 문자적 해설 미완성 작품』, 4.11).
17) sensibilis forma: 감관에 발생한 바를 지성이 놓치지 않을 경우 기억에 감각적 표상이 남는다.

6.6. 아우구스티누스는 질료에 관해서 예전에 어떻게 생각했는가

그러나 주님, 저 질료에 관해서 당신께서 제게 가르치셨던 바를 제 입으로 또 제 붓으로 당신께 모조리 고백해보겠습니다. 처음 그 명사를 들었을 때에는 저도 알아듣지 못했고 (저한테 그런 얘기를 한 사람들도 알아듣지 못했을 것입니다) 그래서 무수하고 다양한 형상을 떠올리면서 그 질료라는 것을 생각해보았는데[18] 사실 질료를 생각한 것이 아니었습니다. 제 영혼은 흉하고 소름끼치는 형상들을 두서없이 떠올리고 있었으니[19] 생각으로는 어디까지나 형상들을 떠올리면서 입으로만 무형이라고 불렀던 것입니다. 형상이 아예 결여된 것이 아니라, 만에 하나라도 그것이 나타난다면 제 감관은 생소하고 야릇하다면서 고개를 돌릴 만한 인간의 허약한 마음은 혼겁할 만한 그런 형상을 떠올린 것입니다.

말하자면 제가 생각한 것은 일체 형상의 결핍은 아니었고 보다 아름다운 형상들을 갖춘 것들에 비하면 무형하다는 말이었습니다. 정말 무형의 것을 생각해내려면 일체 형상의 모든 흔적을 아예 제거해야 한다고 참된 이성이 제게 호소했는데 제게는 그럴 능력이 없었습니다. 형상과 무無 사이에 있는 무엇, 형상화된 것도 아니고 무도 아닌 무엇, 차라리 무에 가까운 무형을 생각해내지 못하고 형상이 없는 것은 아예 존재하지 않는 것이라고 여겼습니다.[20]

---

18) 인간의 사유는 표상 없이 아무런 활동도 하지 못하므로 '형상이 전혀 없는 질료'(materia in-formis)를 상상하기는 불가능하다.
19) 마니교는 질료가 '물질'이므로 "유독한 종자, 부글거리는 흙탕물, 가공할 만큼 세찬 바람, 화염으로 가득한 족속, 괴물의 괴수, 염병이 창궐한 땅"(Contra epsitolamfundamenti, 15.19)이라고 서술했다.
20) 일체의 형상을 결하면 무(無)라고 불러야 하는데 무형의 것은 비록 무에서

여기서부터 저의 지성은 더 이상 제 영혼에 묻는 것을 그만두었습니다.[21] 그 영은 형상화한 물체들의 표상으로 가득 차 있었고, 그 표상들을 마음대로 바꾸고 변형시키고 있었습니다. 그 대신에 저는 저 물체들 자체에 집중하고 그것들의 가변성[22]을 깊이 통찰했습니다. 그 변화로 인해서, 존재하던 것이 존재하기를 그치고 존재하지 않던 것이 존재하기 시작하는데, 형상으로부터 형상으로 건너가는 그 전환이 무형한 무엇을 통해서 이루어진다고 추측하기에 이르렀습니다.[23]

하지만 제가 열망하던 바는 추측이 아니라 확실한 앎이었습니다. 그런데 저 문제를 두고 당신께서 저에게 매듭을 풀어주신 바를 저의 필설이 모조리 고백한들 독자들 가운데 누가 끝까지 견디면서 감당할 수 있겠습니까? 이런 것들은 말만으로 족하지 않으니 저의 마음은 이것들에 관한 영예와 찬미의 노래를 끊임없이 당신께 올리겠습니다. 변하는 사물들의 가변성이란 모든 형상들을 수용하며, 사물들이 바로 그 형상들로 변하는 것입니다. 그렇다면 이 가변성은 도대체 무엇입니까? 혼령입니까? 물체입니까? 혼령의 형상이나 물체의 형상입니까? '어떤 무'라거나 '있으면서도 없는 것'[24]이라고 일컬을 수

만들어지긴 했더라도 존재하는 무엇이다. 시간은 형상과 더불어 창조되었으니까. 그렇다고 형상보다 시간적으로 앞선 것은 아니다. "무형하고 형상화가 가능한 질료는 시간적 차원이 아니라 인과적 차원에서 형상보다 먼저 생겨났다"(*De Genesi ad litteram*, 5.5.13).
21) 여기서 아우구스티누스는 영을 '물체의 표상을 받아들이고 변화시키는' 능력으로 기술한다.
22) 교부는 질료가 가변성 곧 '형상을 받아들일 수 있는 능력'(capax formarum)을 갖고 있다고 이해했다.
23) 사물의 변화를 "질료가 한 형상을 잃고 다른 형상을 받아들이는 것"으로 설명했다.
24) 질료가 형상이 전무하다는 소극성(nihil, non est)과 함께 일체의 형상들을

있다면, 저도 그렇다고 말하겠습니다. 하지만 눈에 보이고 틀이 잡힌 저 형상들을[25] 수용하려면 이미 존재하던 무엇이 있어야 합니다.[26]

7.7. 하느님은 무(無)에서 질료를 창조하셨다

그런데 당신에 의해서가[27] 아니면 어디로부터 무엇이 존재할 수 있겠습니까? 존재하는 모든 것이 당신에 의해서 존재합니다. 하지만 당신과 닮지 않았을수록 당신께로부터 멀리 있습니다. 꼭 공간으로 그런 것이 아닙니다.[28] 그러므로 주님, 당신은 이때는 다른 것으로서 존재하시고 저때는 또 다르게 존재하시는 분이 아니시고, 오로지 그 자체, 그 자체, 그 자체이십니다. 거룩하시고, 거룩하시고, 거룩하시고 전능하신 주 하느님, 태초에(그 태초는 당신께로부터 기원합니다) 당신의 지혜로[29](그 지혜는 당신의 실체에서 태어났습니다) 당신께서는 무엇

받아들일 수 있는 기체라는 적극성을 갖고 있다는 것을 수사학적 역설로 한데 표현한다.

25) 창세기 1장 3절 이하에 창조되어 열거되는 사물들을 지칭한다.
26) "내가 말하는 hyle은 절대적으로 무형하고 성질이 없는 질료다. 옛사람들이 말하던 것처럼, 그것에 기인해 우리가 감지하는 그 성질들이 형성되는 것을 가리킨다. … [이 hyle는] 어떤 형상을 통해서 감지되는 것이 아니고 형상이라는 것을 전부 제거함으로써만 겨우 생각할 수 있다. 그런데 그것도 형상들[을 받아들일] 가능성은 있다. … 형상[을 받아들일] 가능성 역시 하나의 선이라고 해야 한다. 말하자면 지혜가 하나의 선이므로, 지혜롭게 될 수 있다는 것도 하나의 선임이 분명하다. 그리고 모든 선은 신에 의해서 존재한다"(『선의 본성』, 18.18).
27) 교부는 피조물은 '하느님에 의해서'(a quo: 행위자 탈격) 존재하고, 지혜이신 말씀의 영원한 탄생은 '하느님으로부터'(de quo: 분리 탈격) 유래한다는 문구로 전치사를 엄밀하게 구분한다.
28) "그러므로 공간상으로 하느님으로부터 멀어지는 것이 아니고, 하느님을 닮지 않음(dissimilitudo)으로써 멀어집니다"(『시편 상해』, 94.2).

을 만드셨는데, 그 무엇을 무로부터 만드셨습니다.30) 그러니까 하늘과 땅을 당신께로부터 만드신 것이 아닙니다. 당신께로부터 만드셨다면 당신의 외아드님과 동등할 것이고 따라서 당신과도 동등할 것입니다. 그러니 당신께로부터 존재하지 않는 것이 당신과 동등함은 결코 온당하지 않습니다.31) 또 당신 외에 그것으로부터 저것들을 만드실 만한 다른 무엇도 전혀 없습니다.

 유일한 삼위일체요 삼위로 유일하신 하느님!32) 그러므로 당신은 무로부터 하늘과 땅을 만드셨으니 하나는 크고 하나는 작습니다. 당신은 전능하시고 선하시니 모든 것을 선하게 만드셨고, 하늘은 크게 땅은 작게 만드셨습니다. 당신께서 존재하셨고, 다른 것은 무였으니, 그 무로부터 당신께서 하늘과 땅을 만드셨습니다. 하늘과 땅 그 둘을 하나는 당신께 가까이 두시고 다른 것은 무에 가까이 두셨으니, 전자보다는 당신께서 더 위에 계시고 후자보다 더 낮은 것은 무밖에 없습니다.33)

---

29) in sapientia tua, quae est de substantia tua: 교부는 '태초에'(in principio)를 '당신의 지혜[말씀이신 성자] 안에'(in sapientia tua)와 등식으로 해설한다.
30) de nihilo: 아우구스티누스 창조론의 핵심 셋, 곧 '태초에'(in principio), '말씀을 통해'(in sapientia), '무로부터'(de nihilo)를 제시하고 해설한다.
31) "하느님께서는 시간을 무로부터 만드셨는데, 이는 성자를 통하여 창조하신 하느님(당신)이나 혹은 당신의 성자와 시간이 동등하게 되지 않도록 하기 위함이다"(『마니교도 반박 창세기 해설』, 1.2.4).
32) deus, una trinitas et trina unitas!: 교부의 가장 중요한 신학서 『삼위일체론』에 자주 나오는 하느님의 호칭이다.
33) 창세기 1장 1절("한처음에 하느님께서 하늘과 땅을 지어내셨다")의 '땅'은 무형의 질료를 가리키고 '하늘'은 영적 피조물(천사)을 가리키는 것으로 이해하며 해설한다.

8.8. 무형한 질료로부터 하느님은 저 모든 것을 만드셨다

그러나 주님, 저 '하늘의 하늘'은 당신께 속합니다. 당신은 그 대신 땅을 사람들의 자식들에게 주셔서 느끼고 만지게 하셨는데, 그것은 저희가 지금 느끼고 만지는 그런 땅이 아니었습니다. 보이지 않고 틀이 잡히지 않은 심연이었으며 그 위에는 빛이 없었습니다.[34] 달리 말해서 심연 위에 어둠이 있었습니다. 즉 심연 속보다 더했습니다. 이미 보이는 물의 심연이라면 그 깊숙한 데서도 자기 나름의 빛을 지니고 있어서 물고기들과 그 바닥에서 기어다니는 생물들에게는 감지됩니다. 그런데 저것은 전적으로 무에 가까웠는데 모든 것이 무형했기 때문입니다. 그래도 존재는 하고 있어서 형상화될 가능성은 있었습니다.

주님, 당신께서는 무형의 질료로부터 세상을 만드셨습니다.[35] 무형의 질료는 당신께서 무로부터, 거의 무에 가까운 것으로 창조하신 것이고[36] 사람의 자식으로서 저희가 탄복할 만한 훌륭한 것들은 그 질료로부터 만들어내셨습니다. 매우 놀라운 저 물체적 하늘, 빛의 창조 다음인 둘째 날에 물과 물 사이에 그 궁창穹蒼을 당신께서 만드셨

---

[34] 아래 해설은 교부가 창세기 1장 2절을 "땅은 보이지 않고 틀이 잡히지 않았으며 심연 위에 어둠이 있었다"(terra autem erat invisibilis et incomposita et tenebrae erant super abyssum)라고 해독하는 데서 유래한다.

[35] 아우구스티누스가 재래 라틴어본(vetus latina)에서 읽은 지혜서 11:17("당신의 전능하신 손, 무형의 질료에서부터[manus tua, quae creavit orbem terrarum ex materia informi] 세상을 창조하신 그 손")에 근거한 명제다. 공동번역 개정판은 "무형의 물질로부터"라고 번역했다.

[36] 이 무형의 질료가 그래도 '절대적 무'(nihil)는 아님(paene nulla res)을 다양한 말로 표현한다. "하느님이 만유를 만들어내신 그것[질료]은 형용도 전혀 없고 형상도 전혀 없어 그야말로 무 외에 아무것도 아니다"라고 단언하면서도 "이것도 존재를 한다는 점에서는 하느님께로부터 오는 것이다"(『참된 종교』, 18.35)라고 덧붙인다.

습니다. "생겨라!" 하시자 생겼습니다. 그 궁창을 하늘이라 부르셨는데 당신께서 셋째 날에[37] 만드신 그것은 이 땅과 바다의 하늘이었습니다.

모든 날 이전에 만드셨던 무형의 질료에다 보이는 형상을 부여해서 만드신 것입니다. 모든 날 이전에 이미 당신께서 하늘도 만드셨는데 그것은 저 하늘의 하늘입니다. 왜냐하면 당신께서 태초에 그 하늘과 땅을 만드셨기 때문입니다. 당신께서 만드셨던 땅, 그것은 무형의 질료였으니, 보이지 않고 틀이 잡히지 않고 심연 위로 어둠이 있었습니다. 보이지 않고 틀이 잡히지 않은 바로 그 땅으로부터, 바로 그 무형성으로부터, 거의 무에 해당하는 것으로부터 이 모든 것들을 당신께서 만드셨습니다. 그런 사물들로 인해서 이 가변적 세계는 지속되면서도 지속되지 않습니다. 그 이유는 이 세계에 가변성 자체가 출현하고, 그 가변성에서 시간이 감지되고 측정되며, 형상들이 달라지고 교체하는 가운데 사물들의 변화로 시간이 이루어지기 때문입니다.[38] 바로 그런 형상들의 질료가 '보이지 않는 땅'이라고 언명되었던 것입니다.

9.9. 하늘의 하늘과 무형의 질료는 시간의 밖에 있다

그래서 당신 종을 가르치는 영이 당신께서 태초에 하늘과 땅을 만

---

37) tertio die: 창세기 1:8("하느님께서 그 창공을 하늘이라 부르셨다. 이렇게 이틀날도 밤, 낮 하루가 지났다")에 따라서 13,16부터는 '둘째 날'이라고 수정한다.
38) 아우구스티누스에게 물리적 사물은 질료, 가변성, 시간을 갖추고 있는 것이었다. 시간의 감지와 측정은 형상을 갖춘 감각 세계가 도래한 후에 가능했다.

드셨음을 기록할 때에는 시간에 관해서 침묵하고 날짜에 대해서 말하지 않습니다.[39] 당신께서 태초에 만드신 하늘의 하늘은 분명 어떤 지적인 피조물입니다.[40] 물론 그것은 삼위일체이신 당신같이 영원하지는 않고 단지 당신의 영원에 참여하며, 당신을 관상하는 행복에 겨워서 자기의 가변성을 억제하고 있을뿐더러, 창조된 이래로 아무 타락도 없이 당신께 의탁함으로써 무상한 시간의 교체를 모두 극복하고 있습니다.

그런가 하면 저 무형성, 보이지 않고 틀이 잡히지 않은 땅, 그것도 창조의 날수에 들지 않았습니다. 형상이 일체 없는 곳에서는 순서라는 것도 일체 없으니 무엇이 오고 지나가는 일도 없고, 그런 일이 생기지 않는 곳에서는 날짜도 없고 시간 간격의 교체도 없기 때문입니다.[41]

10.10. 생명의 원천으로 소급하여

오, 진리여, 제 마음의 빛이여, 제 어둠이 저한테 말을 거는 일이 없

---

[39] "주님의 말씀으로 하늘이 굳어졌고, 그분이 말씀하셨다. 그리고 생겨났다. 그분이 명하셨다. 그리고 창조되었다"(시편 32:6;9*)라는 구절에 따라 "창조의 순간(in ictucondendi) 하느님께서 말씀을 하셨고 생겨났다. 명령을 하셨고 생겨났다"(De Genesi ad litteram, 4.33.51)고 풀이하면서 시간의 언급이 없음을 강조한다.
[40] creatura intellectualis: 교부는 성경의 천사들을 비롯해 물체를 갖추지 않은 모든 피조물을 이 단어로 지칭한다. 하느님처럼 영원하지 않으므로 가변적 존재이지만 이들은 가변성을 억제하고 시간성을 극복하는 것으로 묘사된다.
[41] 질료의 비시간성과 천계의 비시간성을 확연하게 구분했다. 전자는 모든 형상(시간은 질량인데 질량도 형상 가운데 하나다)을 결하고, 천계의 존재들은 이미 하느님의 영원에 참여해 완전한 형상을 갖추고 있기 때문이다(이 책, 12.15 참조).

게 해주십시오. 제가 저따위 것들에게 휩쓸려 떠내려가다 보니 어두워졌는데 바로 거기서, 바로 거기서 당신을 사모하게 되었습니다.⁴²⁾ 저는 헤매고 나서야 당신을 기억해냈습니다. 저에게 돌아오라고 외치는 당신의 목소리를 제 뒤에서⁴³⁾ 소란스럽고 시끄러운 자들의 소동으로 말미암아 간신히 들었습니다. 보십시오, 지금은 제가 목이 타서 헐떡거리며 당신의 샘으로 돌아오는 중입니다. 아무도 저를 가로막지 않게 해주십시오. 당신의 샘을 마시고 여기서 살아나야겠습니다. 제 스스로 저의 생명이 되어서는 안 되니 저 나름대로 산 것이 잘못되었고 그것이 저한테는 죽음이었습니다. 당신 안에서 제가 되살아나는 중입니다. 당신께서 저에게 말씀을 건네시고, 당신께서 저에게 이야기를 들려주십시오. 제가 당신의 서책을 믿었는데 그 책의 말씀이야말로 참된 비의秘義입니다.

11.11. 하느님은 영원하시고 만물을 만드셨다

주님, 이미 제게 말씀하셨습니다, 제 내면의 귀에 대고 세찬 목소리로 말씀하셨습니다. 당신은 영원하시다고, 당신 홀로 불멸이시라고, 따라서 어떠한 형상이나 운동으로 변함이 없으시고 당신의 뜻은 시간으로 바뀌지도 않는다고 하셨습니다. 이번에는 이렇고 저번에는 저런 것은 불멸하는 의지가 아니기 때문입니다. 이 점은 제게는 당신

---

42) hinc adamavi te: 이 단어를 통해 태초의 '어둠의 심연'을 언급하면서 교부는 자기가 살아온 과거의 삶이 '어두운 물결에 휩쓸려간' 침몰처럼 느껴졌고 어둠이 짙을수록 빛을 간절히 사랑하게 되었다고 솔직하게 고백한다.
43) 아우구스티누스는 그 목소리를 이렇게 기억하고 있다. "달려가거라! 내가 안고 오리라. 내가 데려오리라. 거기서 내가 안고 오리라!"(이 책, 6.16.26).

앞에서 분명하지만 점점 더 밝게 드러나기를 바랍니다. 그것이 밝혀지는 동안, 당신께 비오니, 당신 날개 밑에서 잠자코 머물러 있게 해주십시오.[44]

또한 주님, 당신께서 제 내면의 귀에다 세찬 목소리로 제게 일러주셨습니다. 일체의 자연본성들과 실체들,[45] 비록 당신처럼 존재하지는 않으나 엄연히 존재하는 저것들을 당신께서 만드셨다고, 존재하지 않는 것만 당신에 의해서 존재하지 않는다고, 존재하시는 당신께로부터 돌아서서 덜 존재하는 것으로 기우는 의지의 움직임 역시 당신에 의해서 존재하는 것은 아니라고.[46] 저런 움직임은 범죄이자 죄악이기 때문이며, 그 누구의 죄도 당신께 해를 끼치거나 저 꼭대기에서도 저 바닥에서도 당신 통치의 질서를 교란하지 못하기 때문이라고 일러주셨습니다.[47] 이 점이 당신 앞에서 제게 분명하지만 갈수록 더 밝게 드러나기를 바랍니다. 이것이 밝혀지는 동안, 당신께 비오니, 당신 날개 밑에서 잠자코 머물러 있게 해주십시오.

---

44) 시편 56:2 참조("하느님, 저를 불쌍히 여기소서. 제 영혼이 당신께 기댔나이다. 당신 날개 그늘에 희망을 두겠나이다. 범죄가 지나갈 때까지").
45) "선대인들은 '본질' 혹은 '존재자'(essentia)와 '실체'(substantia)를 가리켜 natura('자연본성')라고 칭했다"(*De moribus ecclesiae catholicae*, 2.2.2).
46) 악의 정체를 "존재하시는 당신으로부터 돌아서서 덜 존재하는 것으로 기우는 의지의 움직임"(motus voluntatis a te qui es, ad id quod minus est)으로 규정했다. 앞에서도(이 책, 7.16.22) "최고 실체로부터, 곧 하느님 당신에게서 저급한 것들에로 비뚤어져버린 우리의 전도, 자기 내면을 팽개치고 바깥으로 부어오르는 의지의 전도"라고 정의한 바 있다.
47) "영혼의 죄나 죄벌에 어느 모로든 영향을 받아서 우주가 기형으로 일그러지는 일은 없다. 왜 그런가 하면, 이성을 갖춘 실체가 일체의 죄에서 정화되고 나면, 하느님께 복속해 자기에게 복속한 다른 만물을 다스리기 때문이다"(『참된 종교』, 23.44).

11.12. 순수한 지성은 어떠한 교체도 겪지 않는다

당신께서는 다시 제 내면의 귀에 대고 저런 피조물마저도[48] 당신처럼 영원하지는 않다고 세찬 목소리로 말씀하셨습니다. 오로지 당신께서 저 피조물의 즐거움이시고, 저 피조물은 지극히 항구한 순정함으로 당신을 향유하고 있습니다. 어느 공간으로도 어느 시간으로도 자체의 가변성을 내보이는 일 없고, 당신께서 항상 그에게 현전하시는 가운데 온 정성으로 당신께 귀의하고 있으며, 따라서 그에게는 기대할 미래도 없고 기억을 더듬어야 할 과거도 없고, 어떤 변화로 달라지지도 않고, 어떤 시간으로 확장되는 일도 없다고 하더라도 그렇습니다.[49]

오, 만일 그런 피조물이 존재한다면 행복할 것입니다. 그가 당신의 지복에 의지하고, 당신께서 그를 영원한 거처로 삼으시고 당신께서 그를 비춰주시니 행복합니다! 하늘의 하늘은 주님의 것이라고 일컬을 때에 주님의 집안[50]이라고 부르는 것보다 더 적절한 무엇을 저는 찾아낼 수 없습니다. 거기서는 순수 지성[51]이 당신의 열락을 우러르면서, 타자에게 쏠릴 아쉬움 전혀 없이, 천상 존재들 안에서, 아니 저 천상 존재들 위에서 거룩한 영들의 평화, 당신 도성 시민들의 평화,

---

48) '지적인 피조물', 곧 천계의 존재자들을 가리킨다.
49) 태초에 창조된 '하늘의 하늘' 곧 천상 존재의 탁월한 존재양식을 묘사하더라도 여전히 피조물로서의 한계가 있다고 강조한다.
50) '하늘의 하늘' 곧 천상 존재들의 무리를 '하느님의 집안'으로, 나아가 '하느님의 도성'으로 통칭하고 있다. 그 범위는 신앙인들로 확대되기도 한다. "믿는 모든 이들이 하나인 하느님의 집을, 하나인 도성을 이룬다"(『시편 상해』, 126,3).
51) mens pura: 천상 존재(하늘의 하늘) 전부를 가리키면서 신플라톤학파가 '일자'로부터 비롯하고 우주를 망라한다고 여기는 '신적 오성' 곧 '말씀'과 같은 존재를 함께 가리킨다.

그 견고한 평화와 하나 되어 있을 것입니다.[52]

11.13 이쯤에서 영혼이 깨닫기를 바랍니다. 영혼의 머나먼 나그네살이[53]에 벌써 당신께 갈증을 느끼기에 이르렀다면, "날마다 네 하느님은 어디 계시느냐?"는 말을 들으면서 빵 먹듯이 눈물을 흘렸다면 이쯤에서는 제발 깨달았으면 합니다. 만일 영혼이 당신께 얻고자 청하는 것이 하나 있는데, 그것이 자기 생명의 모든 나날에 주님의 집에 사는 것이라고 한다면,[54] 당신 외에 무엇이 그의 생명이겠습니까? 당신의 나날이란 당신의 영원이 아니고 무엇이겠습니까? 당신께서 항상 같으시므로 당신의 햇수에는 다함이 없음과 마찬가지입니다. 가능하다면 여기서 제발 영혼이 깨달았으면 합니다, 당신께서 모든 시간들을 초월해 얼마나 까마득히 영원한 분이신지를. 당신의 집은 나그네살이를 떠나지 않으며, 그 집은 비록 당신과 함께 영원하지는 않지만, 당신께 끊임없이 또 그침 없이 밀착되어 있어서 시간의 교체를 전혀 겪지 않음을 알았으면 합니다.[55] 이 점이 당신 앞에서 제게 갈수록 분명해지고 더 밝혀지기를 원합니다. 그것이 밝혀지는 동안 당신께 비오니, 당신 날개 밑에서 잠자코 머물러 있게 해주십시오.

---

52) "하느님의 뜻이 영들에게 군림하는데, 그 영들은 최고의 평화와 우애로 한데 뭉쳐 사랑의 영적인 불꽃으로 타오르며 한 뜻으로 결합되어 있다. [하느님의 뜻은] 그들 사이에서 마치 지존하고 성스럽고 내밀한 어좌처럼, 당신의 집처럼, 당신의 전당처럼 군림한다"(『삼위일체론』, 3.4.9).
53) peregrinatio: 어원(per+ager: 전답을 떠난)대로, 교부에게는 고향 타가스테를 떠나 카르타고, 로마, 밀라노를 거친 것이 '타향살이'이자 '정신적 방황'임을 드러낸다.
54) 시편 26:4* 참조("오직 하나 주님께 내가 빌었고 이것을 청할 터이니, 내 일생 모든 날에 주님의 집에 살겠다는 그것이요, 주님의 기쁨을 우러러 보겠다는 그것이다").
55) 인간이 하느님의 영원하심, 천상 존재들의 초월적 시간, 물체들의 시간적 존재를 관조한다는 사실을 한 문장으로 간추렸다.

11.14. 무형의 질료도 시간의 교체를 보이지 않는다

저는 가장 멀고 가장 낮은 사물들의 저 변화 속에 '무형한 무엇'이 과연 있는지 모르겠습니다. 멋대로 상상하면서 자기 마음의 허공 속을 헤매며 떠돌아다니는 사람이 아니고서는 누가 안다는 말을 하겠습니까?[56] 그런 사람이라면, 온갖 형상이 모두 제거되고 삭제된 다음에 무형성만 남는다면, 그 무형성을 통해서 사물이 한 형상으로부터 다른 형상으로 변화하고 전환할 것이며, 그것이야말로 시간의 교체를 제시하는 게 아닌가 생각할지도 모릅니다.[57] 그러나 이것은 완전히 불가능합니다. 운동의 변화 없이는 시간이 존재하지 않고, 또 아무런 형상 없이는 변화도 존재하지 않기 때문입니다.

12.15. 시간을 갖지 않은 두 피조물

저의 하느님, 저에게 두드리라고 당신께서 재촉해주시는 만큼, 또 두드리는 자에게 당신께서 열어주시는 만큼, 이런 점들을 고찰하고 당신께서 베풀어주시는 데 힘입어 저는 당신께서 시간을 갖지 않게 만드신 두 가지를 발견합니다.[58] 둘 다 당신처럼 영원하지는 않습니다. 하나는 영원하신 하느님을 관상하는 데 아무런 지장이 없도록 변화의 간극이 전혀 없이 그렇게 형상화되어 있었고, 또한 가변적이면

---

56) 무형의 질료는 도무지 알 수 없고(모든 인식은 사물이 갖는 형상 특히 실체적 형상에 관한 파악이다) 상상할 수 없는(모든 상상은 곧 표상[형상]의 현전이다) 대상이다.
57) 형상의 부재는 변화(운동)의 부재이고 운동의 부재는 시간의 부재를 뜻한다.
58) 천상 존재들과 무형의 질료를 말한다. 곧이어 나오듯이(13.16) 이들은 "원초에 형상화되어 있던 것과 온통 무형한 것"이므로 시간성을 갖지 않았다.

서도 변하지 않았으며 당신의 영원과 불변을 향유하고 있습니다. 다른 하나는 완전히 무형적이어서 운동의 형태로든 정지의 형태로든 시간에 귀속되어 한 형상에서 다른 형상으로 변화할 여지가 전혀 없습니다.[59]

하지만 당신께서는 이것을 무형한 채로 존재하게 놓아두지 않으셨는데, 당신께서 태초에 하늘과 땅(제가 말씀드린 그 둘)을 모든 날에 앞서 창조하셨기 때문입니다. *"땅은 보이지 않고 틀이 잡히지 않았으며 심연 위에 어둠이 있었다."*[60] 이 말로 무형성을 암시하는 것은 사람들이 점차적으로 받아들일 수 있도록 하기 위함입니다. 형상의 전적인 결여라고 하면 무無에 이르는 것으로밖에 생각하지 못하는 사람들이 있기 때문입니다.[61] 그래서 바로 거기로부터 또 다른 하늘과 눈에 보이고 틀이 잡힌 땅과 형상을 갖춘 물이 생겨났고,[62] 나아가서는 이 세상을 구성하는 모든 것이 만들어졌다고 기록되어 있는 것입니다. 이번에 만들어진 것은 날짜가 없지 않다고 기록되어 있습니다. 그 이유는 시간의 교체가 그것들 속에서 발생했기 때문이고, 순서에 따른 운동과 형상의 변화가 있기 때문입니다.

---

59) '무형의 질료'는 이미 갖춘 형상을 잃고 다른 형상으로 변화할 가능성, 곧 시간적 차원이 아직 존재하지 않았다. 교부는 빛의 창조와 함께 시간이 생겨나면서 변화가 가능해졌다고 해설했다.
60) 창세기 1:2.
61) informitas라는 추상명사는 유비적 해석(암시하다)을 요구하므로 '무-형'(in-formis: sine forma esse, 형상 없이 존재함)은 '무'(nihil: nullum esse, 존재가 없음)와는 구분된다.
62) 원초에 창조된 '하늘의 하늘', '무형의 질료' 그리고 '심연'처럼 '무형의 질료'로부터 '다른 하늘', '보이고 틀을 갖춘 땅' 그리고 '형상을 갖춘 물'이 생겨난다.

13.16. 지적인 하늘과 무형한 땅은 시간 밖에서 만들어졌다

저의 하느님, 당신 성경이 *"태초에 하느님께서 하늘과 땅을 만드셨다. 땅은 보이지 않고 틀이 잡히지 않았으며 심연 위에 어둠이 있었다"*[63)]고 하는 말을 저는 이렇게 알아듣습니다. 이것들을 당신께서 몇 번째 날에 만드셨는지는 나오지 않습니다.

그래서 저 '하늘의 하늘'이란 지성 있는 하늘[64)]이라고 느낍니다. 그리고 거기서는 사물을 한꺼번에 알고,[65)] 부분적으로도 아니고 어렴풋이도 아니며 거울을 통해서도 아니라 온전히 알며, 얼굴과 얼굴을 마주 대하듯이 분명하게 아는 일이 오성의 역할이라고 생각합니다. 지금은 이것, 다음은 저것을 아는 것이 아니고, 말씀이 나온 대로 시간의 교체 없이 한꺼번에 압니다.[66)] 그리고 '보이지 않고 틀이 잡히지 않은 땅'이라는 말로 미루어, 시간의 교체(지금은 이것, 다음은 저것은 여기서 기인합니다)가 일체 없습니다. 거기에는 형상도 아예 없으므로 지금은 이것, 다음은 저것 역시 전혀 없습니다.

이 두 가지 때문에, 즉 원초에 형상화되어 있던 것과 온통 무형한 것, 즉 하늘이지만 '하늘의 하늘'이고 땅이지만 '보이지 않고 틀이 잡히지 않은' 땅 때문에 당신의 성경은 날짜를 언급하지 않고 *"태초에 하느님께서 하늘과 땅을 만드셨다"*는 말을 한다고 봅니다. 이어서 어

---

63) 창세기 1:1-2.
64) caelum intellectuale: 교부는 같은 용어로 비물질적이고 지성적인 피조물을 지칭한다.
65) 오성의 인식은 대상 사물의 형상이 되며 이루어진다. 그 사물의 본질은 (질료가 아닌) 형상이므로, "오성은 곧 만유다"(플로티누스, *Enneades*, 5.9. 6)라는 명제가 성립된다.
66) 하느님과 천사들은 초시간적 존재여서 감각적 지각과 이성적 추론을 차례대로 거치지 않고 오성의 직관으로 한꺼번에, 즉 '시간의 교체가 전혀 없이' 안다.

떤 땅을 얘기하는 것인지 즉시 한마디 덧붙였습니다. 그리고 나서 둘째 날에 궁창이 만들어졌고[67] 하늘이라는 이름이 붙었다는 사실은, 먼저 날짜 없이 나오는 하늘에 관한 어떤 말을 했다는 암시입니다.

14.17. 하느님 말씀의 깊이는 오묘하다

당신의 언사는 깊고 오묘합니다. 보십시오, 저희 앞에 겉으로 드러나는 말씀은 어린애들을 어르기에 충분합니다.[68] 저의 하느님, 오묘한 깊이입니다. 그것을 들여다보는 끔찍한 일이 경외의 공포이자 사랑의 전율입니다.[69] 그 책의 원수들을 저는 심히 미워합니다. 당신께서 그들을 쌍날칼로 쳐 죽이셔서, 그자들이 자기한테 죽음으로써 당신한테 살았으면 합니다. 그런가 하면 보십시오. 창세기를 비난하는 사람들이 아니라 칭송하는 사람들이라면서도 이런 말을 합니다. "그분의 종 모세를 시켜서 그것을 기록하신 하느님의 영께서 이 말씀으로 뜻하신 바는 그것이 아니다. 그대가 말하는 식으로 이해하기 원하시지 않았고 우리가 말하는 식으로 이해하기 원하셨다." 저희 모두의 하느님, 저는 그 사람들에게 이렇게 대답하겠습니다.

---

67) 앞에서는 '셋째 날'로 언급했지만 이 부분에서는 성경대로 '이튿날'로 수정한다.
68) "성경에 대한 이해는 아이가 자라듯 서서히 성장하는 것이었는데, 저는 어린이처럼 되기를 꺼렸고 바람이 잔뜩 든 건방으로 자신을 어른이라 생각했습니다"(이 책, 3.5.9).
69) horror honoris et tremor amoris: 두렵고도 매혹적인 성스러움이 주는 전율을 이렇게 피력했다. "당신께서는 저에게 세찬 빛을 쏘시어 저의 허약한 시력에 타격을 주셨고, 그래서 저는 사랑과 두려움에 몸을 떨었습니다"(이 책, 7.10.16).

15.18. 성부께서 영원한 하느님이시다

"그대들은[70] 진리께서 내 내면의 귀에 대고 세찬 목소리로 창조주의 참된 영원에 관해서 말씀하시는 바가 거짓이라고 할 셈인가? 그분의 실체는 시간을 거치면서 달라지지 않는다. 그분의 의지 역시 그분의 실체 바깥에 따로 존재하는 것이 아니다. 이런 말씀이 거짓이라는 말인가? 그러니까 그분은 지금은 이것을 원하시고 다음은 저것을 원하지 않고 당신께서 원하시는 모든 것 전부를 한꺼번에 또 동시에 또 항상 원하신다.[71] 원하고 다시 원하지 않으시고, 지금은 이것을 다음은 저것을 원하시는 일도 없고, 원하시지 않던 것을 다음에는 원하시거나 원하시던 바를 다음에는 원치 않으시는 일도 없다. 그런 의지는 변하는 것이고, 변하는 것은 모두 영원하지 않다.

그런데 우리 하느님은 영원하시다.[72] 또 내 내면의 귀에 대고 내게 이런 말씀을 하신다. 닥쳐올 사실들에 관한 기대는 그것이 닥치면 주시가 되고, 지나가버리면 그 주시는 기억이 된다.[73] 그러니까 이처럼 달라지는 지향은 모두 가변적이고, 가변적인 모든 것은 영원하지 않다. 그런데 우리 하느님은 영원하시다. 이런 것들을 간추리고 한데 엮

---

[70] 창세기 첫 구절에 대한 해석을 두고 아우구스티누스와 견해가 다른 반론들이 제12권의 나머지(14.17-21.30)를 채운다.

[71] 하느님의 인식이 "한꺼번에 또 동시에 또 항상" 이뤄진다면, 그리고 하느님께는 이해와 기억과 의지가 "한 생명, 한 지성, 한 존재"(『삼위일체론』, 10.11.18)라면, 하느님의 의지 역시 "원하시는 모든 것 전부를 한꺼번에 또 동시에 또 항상 원하신다."

[72] "하느님의 의지는 그분의 실체에 속한다"(이 책, 11.10.12). 그런데 실체는 시간 속에 변하는 것이 아니고 따라서 하느님의 의지는 시간상으로 변하지 않는다는 논지다.

[73] "차라리 시간이 셋으로 구분되는데 이는 과거에 대한 현재, 현재에 대한 현재, 미래에 대한 현재라고 하는 편이 적절합니다"는 단서도 있다(이 책, 11.20.26).

으면서 내가 발견하는 바는 이것이다. 내 하느님, 영원하신 하느님이 새로운 의지로 피조물을 창조하신 것이 아니고, 그분의 지식 역시 아무런 변화를 겪지 않는다."74)

15.19. 질료와 "하늘의 하늘"은 하느님에 의해서 존재한다

"반대론자들이여, 무슨 말을 할 것인가? 이런 말들이 거짓이란 말인가? 그들은 '아니오'라고 한다. 그런가? 온전히 형상화한 자연본성과 형상화할 만한 질료가 그분에 의해서, 최고로 존재하기 때문에 최고로 선하신 그분75)에 의해서가 아니면 존재하지 않는다는 말이 거짓이라는 말인가? 그들은 '이 말도 우리가 부인하지는 않는다'고 한다. 그럼 무엇인가? 저 고귀한 피조물이 순수한 사랑으로 참된 하느님, 참으로 영원하신 하느님께 귀의하고 있어서, 비록 하느님과 함께 영원하지는 않더라도 하느님에 의해서, 시간의 변전과 교체에 말려들거나 떠내려가지 않게 되어 있으며 하느님 한 분께 대한 참으로 진실한 관상에서 안식을 얻고 있음도 부인하겠는가?"

하느님, 명령하시는 대로 당신을 사랑하는 이에게는 당신을 보여 주시고 그를 만족시켜 주시므로, 그가 당신을 등지고 자신에게 기우는 일이 없습니다. 이것이야말로 하느님의 집, 지상의 물체 덩어리도 천상의 물체 덩어리도 아닌76) 집, 영적인 집이요 당신의 영원에 참여

---

74) "하느님의 예지와 함께하는 영원한 의지대로, 하느님은 그야말로 하늘과 땅에서 원하는 것은 모두 이루었다. 과거와 현재뿐만 아니고 미래도 이미 다 이루었다"(『신국론』, 22.2.2).

75) qui summe bonus est, quia summe est: 이 명제는 그의 저서 『선의 본성』의 주제다.

76) 마니교도들은 "하느님의 실체도 무한한 덩어리로서 장소적 공간에 한없이

하는 집입니다. 단절 없이 영원한 이유입니다. 세세에 무궁토록 당신께서 그 집을 세우셨고 법칙을 내리셨으니 사라지지 않을 것입니다. 그렇지만 당신처럼 영원하지는 않으니 시작이 없는 것은 아니기 때문입니다. 만들어진 것이기 때문입니다.[77]

15.20. '하늘의 하늘'과 '말씀' 사이의 차이

모든 피조물에 앞서 창조된 것은 지혜이므로[78] 저희는 그보다 앞서는 시간을 발견하지 못합니다. 그러나 하느님, 당연히 저 지혜가 자기 아버지이신 당신처럼 완전히 영원해 당신과 동등하지는 않습니다. 저 지혜를 통해 만물이 창조되었고, 당신께서 그 태초에 하늘과 땅을 만드셨습니다. 저희가 얘기하는 바는 창조된 지혜, 다시 말해서 지성을 갖춘 자연본성, 빛을 관상함으로써 빛이 되는 지혜입니다. 비록 창조되기는 했지만 그것도 지혜라고 일컬어집니다.[79]

하지만 비추는 빛과 비추임 받는 빛 사이는 창조하는 지혜와 창조된 지혜 사이의 거리만큼 멀며, 마치 의화義化하는 의로움과 의화로 생겨나는 의로움 사이와 같습니다. '저희가 곧 당신의 의로움'이라는 말을 들었기 때문입니다. 당신의 어떤 종은 "*우리가 그분 안에서 하*

뻗쳐 나가는 존재"라고 상상했다(*Contra epistolam fundamenti*, 23.25).
77) 창조된 이후에 하느님의 영원에 참여하고 있지만, 피조물로서 시작이 있다는 점을 고려하면 영원하지 않으므로 하느님의 영원과 같지는(coaeterna deo) 않다.
78) 집회서 1:4 참조("지혜는 저 모든 것들보다 먼저 창조되었으며 현명한 이해 역시 태초로부터 있다").
79) 앞에서 논한 존재인 '하늘의 하늘'이 지혜(sapientia), 빛(lumen), 의로움(iustitia)으로 형용된다.

느님의 의로움이 되게 하셨다"라는 말을 했습니다.[80] 그러므로 어느 지혜는 모든 피조물에 앞서 창조되었고, 비록 창조받기는 했지만 지혜입니다. 이성과 오성을 갖춘 지성으로서,[81] 당신의 깨끗한 도성이자 저희의 어머니인 도성, 저 위에 있는 자유인의 신분이며 하늘에 있는 영원한 도성의[82] 지혜입니다.

여기서 말하는 하늘이란 "하늘의 하늘은 당신을 찬미합니다"라고 말할 때의 하늘 아니면 무엇이겠습니까? 바로 "하늘의 하늘은 주님의 것"이라는 말 그대로입니다. 저희는 그의 이전 시간을 찾아내지 못하는데 지혜는 시간이라는 피조물보다 앞서기 때문입니다. 그는 만물에 앞서 창조되었고 그 앞에는 창조주의 영원만이 존재합니다. 그 지혜도 창조주의 지음을 받아 시원^{始原}을 얻었으니, 아직 시간이 존재하지 않았으므로 비록 시간의 시원은 아니지만 피조물로서의 시원[83]은 창조주께 받았습니다.

---

80) 2고린토 5:21 참조("우리를 위해서 하느님께서는 죄를 모르시는 그리스도를 죄있는 분으로 여기셨습니다. 그래서 우리는 그리스도로 말미암아 하느님께로부터 무죄 선언을 받게 되었습니다").
81) 아우구스티누스에게 "영원한 사물들에 관한 오성적 인식이 다르고 시간적 사물들에 관한 이성적 인식이 다르다. … 즉 '지혜'에 해당하는 것은 영원한 사물들에 관한 오성적 인식이요, '지식'에 해당하는 것은 시간적 사물들에 관한 이성적 인식이다"(『삼위일체론』, 12.15.22).
82) 갈라디아 4:26 참조("그러나 하늘의 예루살렘은 자유인이며 우리 어머니입니다").
83) 창조되지 않은 지혜와 창조된 이 지혜는 창조주와 피조물의 관계에 해당하는데, 후자는 '피조물의 한계'를 지닌다는 점에서 '시원'을 갖는다. 이는 "시간적 차원이 아니라 인과적 차원에서" 갖는 시원이다.

15.21. '하늘의 하늘'과 하느님 사이의 차이

그러므로 저희 하느님이신 당신에 의해서 저 지혜가 존재합니다. 당신과는 엄연히 다른 것이며, 또 여일한 존재도 아닙니다. 물론 그 앞에서만 그런 것이 아니고 그 속에서도 저희는 시간을 찾아내지 못합니다. 그는 항상 당신의 얼굴을 뵙기에 적합하고 당신의 얼굴에서 결코 시선을 떼는 일이 없기 때문입니다. 그래서 어떠한 변화로도 달라지는 일이 없는 경지에 이릅니다. 다만 그 안에 가변성은 내재합니다. 크나큰 사랑으로 당신께 귀의해 항상 당신으로 말미암아 대낮처럼 빛을 발하고 열을 내뿜지 않는다면, 그도 어두워지며 차게 식습니다.[84]

"오, 빛나고 아름다운 집이여, 나 그대의 멋을 사랑했고, 그대를 건설하신 분, 차지하신 분 곧 내 주님의 영광이 깃드는 처소를 사랑했다. 나의 나그네살이가 한숨짓는 까닭은 그대를 두고서이니, 그대를 만드신 분께 내가 말씀드린다, 나 또한 그분이 만드셨고 또한 그대 안에서 나를 차지하시라고. 나는 길 잃은 양처럼 헤맸으나 그대의 목자시요 그대를 건축하신 분의 어깨에 얹혀 그대에게 돌아가는 일이 나의 소원이다."

---

[84] 천상 존재들도 피조물인 이상 "가지고 있는 속성을 상실할 수 있고 또 그 속성이 다른 상태나 성질로 전환하거나 변할 수 있다"(『신국론』, 11.10).

15.22. 저 두 피조물은 시간 밖에 존재한다

"나를 반대론자로 간주하고서 말을 건네는 사람들, 그래도 모세를 하느님의 경건한 종이라고 믿고 그의 책들이 성령의 신탁임을 믿는 사람들이여, 내게 무슨 말을 할 셈인가? 저 존재가 하느님의 집 아닌가? 하느님과 함께 영원하지는 않더라도 나름대로 하늘에서 영원하지 않은가?[85] 거기서 그대들이 시간의 경과를 찾아도 헛일이니 하늘에서는 시간의 경과를 만나지 못하기 때문이다. 유동적인 세월의 모든 확장과 모든 간격을 그가 뛰어넘으니 하느님께 항상 귀의함이 그에게는 선이기 때문이다." 그들도 이 말에는 "그렇다"고 합니다.

"그렇다면 그대들은 내 말 중에 어떤 말을 두고 거짓이라 하는가? 내 마음이 내 하느님께 부르짖던 말씀들 가운데 어떤 말이, 모세가 자기 내면에서 그분을 찬미하는 소리를 듣던 말씀 가운데 어떤 말이 거짓이라는 말인가? 질료가 무형이었기 때문에 거기서는 아무런 형상도 없어서 아무런 순서도 존재하지 않았다는 말로 무형의 질료에 시비를 거는가?[86] 아무 순서가 없는 곳이라면 시간의 교체도 있을 수 없다.[87] 그럼에도 불구하고 이것은 거의 무에 가깝기는 해도 완전히 무는 아니었다.[88] 그것 역시 그분에 의해서, 곧 존재하는 모든 것이 그분에 의해서 존재하는, 바로 그분에 의해서 존재하고 있었기

---

85) 토론에 앞서 반대론자들이 "모세가 성령의 이끌림으로 창세기를 썼다"는 명제와 곧이어 "하늘의 하늘은 시간을 초월해 나름대로 영원하다"는 명제를 수긍하도록 유도한다.
86) 무형의 질료도 피조물이라면 "왜 시간이 없는가"(시간의 영향을 받지 않는가)라는 반문도 가능하다.
87) 무형의 질료는 "형상이 없었으므로 순서가 없었고 따라서 앞뒤라는 시간 교체가 없었다"는 점에서 시간을 벗어난다는 논지다.
88) 앞에서(이 책, 12.6.6) '어떤 무'라거나 '있으면서도 없는 것'이라는 표현을 썼는데 여기서는 '전적으로 무는 아닌 것', '거의 무'라고 말한다.

때문이다. 어떤 무엇으로 존재하든, 존재하는 것은 무엇이든지 그분에 의해서 존재한다." 저 사람들은 "우리 역시 이 점을 부정하지 않는다"고 말합니다.[89]

16.23. 아우구스티누스가 누구를 상대로 이야기하고 있는가

저의 하느님, 당신 앞에서 이 사람들과 내면의 이야기를 좀 나누고 싶습니다. 이들은 당신의 진리가 제 지성 안에서 입을 다물지 않는 것들이 내면에 있는데 그것들은 참되다고 인정하는 사람들입니다. 이것마저 부인하는 자들이야 저희끼리 짖고 싶은 대로 짖고 소란을 피우게 내버려두십시오. 그자들이 일단 잠잠해지고 나면 당신 말씀이 자기들한테 도달할 만한 길을 마련하라고 타일러보겠습니다. 만약 그들이 마다하고 저를 뿌리친다고 해도, 저의 하느님, 애걸하오니 저한테까지 입을 다물지는 마십시오. 저의 마음속에서는 참으로 말씀을 해주십시오. 그렇게 말씀해주시는 분은 당신뿐이십니다.

그자들이야 밖에서 먼지 구덩이에 숨을 헐떡거리다가 자기들 눈에 흙을 뿌려 넣게 버려두고서[90] 저는 제 골방으로 들어가겠습니다. 거기서 저는 당신께 사랑의 아가雅歌를 부르겠습니다. 제 나그네 길에서 우러나오던 형언할 수 없는 탄식들을 하소연하겠습니다. 예루살렘을 기억하고 제 고향 예루살렘, 저의 어머니 예루살렘을 마음으로 우러르겠습니다. 그 위에서 다스리시는 당신, 그곳을 비추시는 분, 아버

---

89) 논적들이 "시간의 교체가 없지만 역시 창조주의 피조물이다"라는 명제를 수긍했다는 뜻이다.
90) 마치 경주나 검투에서 패배한 자들이 온몸에 먼지를 뒤집어 쓴 채로 경기장 바닥에 머리를 박고 널브러져 있던 모습을 떠올리게 한다.

지, 보호자, 지아비, 순결하고 든든한 기쁨, 형언할 수 없는 선일체善一體, 한꺼번에 그 모든 것이신 당신을 우러르겠습니다. 당신께서 유일하게 최고이며 참된 선91)이시기 때문입니다.

거기서는 돌아서지 않겠습니다. 지극히 사랑하는 어머니의 평화속으로 저를 온전히 거두어주시기까지, 흐트러지고 흉해진 이 모습으로부터 형태를 잡아주시고 고정시켜주시기까지는92) 저의 하느님, 제 자비이시여, 저는 돌아서지 않겠습니다. 거기에 제 영의 첫 열매가 있고,93) 제게 확실한 것들은 거기서 비롯합니다.94) 저 모든 것, 참된 모든 것을 거짓이라고 말하지 않는 사람들, 거룩한 모세를 통해서 편찬된 당신의 저 성경을 존중하고 응당 따라야 할 권위의 절정이라고 저희처럼 작정하고 있는 사람들, 그러면서도 저희를 반대하는 사람들을 두고서 이런 말씀을 드리겠습니다.

저희 하느님, 당신께서 제 고백95)과 저 사람들의 반대 사이에서 심판이 되어주십시오.

---

91) 교부는 "그보다 상위의 것이 없는(quo superius non est) 최고선이 곧 하느님이다"(『선의 본성』, 1.1)라는 정의로 철학을 시작했다.
92) conformes atque confirmes: "하느님은 그대의 몸을 만드셨고 그대의 영혼을 만드셨습니다. 그래서 그분께서 창조하신 것을 재창조하고 그분께서 빚으신 것을 다시 빚는 방법을 아십니다"(『시편 상해』, 102.5).
93) "영의 첫 열매를 주신 것은 하느님을 믿었고 선한 의지를 지니고 있기 때문이다. 이 영은 지성이라고도 불린다"(*De fide et symbolo*, 10.23).
94) 교부는 인간의 지성이 내리는 '확실한 판단'은 내면에서 오성을 비추는 조명을 받아 이루어지는 것이라고 확신했다.
95) 지금까지 이 책의 '죄의 고백'은 하느님이 본인에게 베풀어주신 은덕을 찬미하고 자기 과오를 자백하는 것을 가리켰는데, 여기서부터는 성경 주석을 통한 '신앙 고백'도 가리킨다.

17.24. '하늘과 땅'이라는 단어로 온 세상을 가리킨다

그들의 말은 이렇습니다.[96] "이 얘기가 참이기는 하지만 모세가 성령의 계시를 받아 '*태초에 하느님께서 하늘과 땅을 만드셨다*'라는 말을 할 때에 모세가 저 두 가지를[97] 통찰한 것은 아니었다. '하늘'이라는 이름으로 그가 영적이고 지적인 피조물, 하느님의 얼굴을 항상 관상하는 저 피조물을 의미한 것은 아니었다. '땅'이라는 말도 무형의 질료를 가리킨 것은 아니었다."[98] 그럼 무엇이란 말입니까? 그들은 이렇게 말합니다. "우리가 말하는 이것을 저 인물이 인지했고 저런 말로 표현한 것도 바로 이것이다."

대체 무슨 말을 하려는 것입니까? "그는 먼저 하늘과 땅이라는 명사로 눈에 보이는 세상을 간단명료하게 통틀어 가리키고 싶었다. 그 다음에 날짜를 꼽아가면서 만물을 또박또박 열거하려고 했다. 그렇게 헤아리는 것이 성령의 마음에 들었던 것이다. 그가 말을 건넨 상대는 너무도 무식하고 육적인 백성이어서 눈에 보이는 것이 아니면 하느님의 업적으로 제시할 만하지 못하다고 판단했을 것이다." 그렇다면 눈에 보이지 않고 틀이 잡히지 않은 땅이며 캄캄한 심연이라는 것을 다름 아닌 저 무형의 질료라고 이해해야 한다는 점이 저 사람들에게도 불합리하게 느껴지지 않는다고 공감하는 셈입니다. 다름 아닌 거기서 모든 사람들한테 뚜렷하고 눈에 보이는 모든 것들이 후차

---

96) 창세기 첫 구절("태초에 하느님께서 하늘과 땅을 만드셨다")을 두고 아우구스티누스는 "하늘은 천상 지적 존재들, 땅은 무형의 질료"를 가리킨다며 주석가들의 네 가지 사조를 소개한다.
97) '하늘의 하늘'이라고 일컬어진 천계의 지적 존재들과 순수한 무형의 질료를 가리킨다.
98) 모세의 말은 단순히 세계가 엄연히 존재하고 그것이 창조주 하느님의 피조물임을 역설하는 데서 그친다는 주장이다.

적으로, 그러니까 저 날짜들을 거쳐서 만들어졌고 틀이 잡혔다고 제시되고 있으니까 말입니다.

17.25. '하늘과 땅'이라는 단어로 무형의 질료 혹은 보이지 않거나 보이는 자연을 가리킨다

그래서 어떻다는 것입니까? 누가 "처음 하늘과 땅의 이름이 암시한 것은 저 무형성, 일종의 혼돈이었고, 그것으로부터 눈에 보이는 이 세계가 모든 자연사물들과 더불어 조성되고 완성되었다. 그래서 이 세계는 흔히 하늘과 땅이라는 명칭으로 불린다"라고 한다면 어떻겠습니까?[99] 그래서 어떻다는 것입니까? 또 다른 사람은 이런 말을 할 만하지 않습니까?

"보이지 않든 보이든 자연사물을 일컬어 하늘과 땅이라고 해도 무방하다. 하느님께서 지혜이신 분 안에서, 다시 말해서 태초에[100] 만드신 창조계 전체를 이 두 단어가 내포하고 있다. 그 대신 그것은 하느님의 본체 자체로부터[101] 존재하는 것이 아니고 모두 무로부터 만들어졌기에, 하느님처럼 그 자체는 아니어서[102] 그 모든 것 속에 모종의 가변성이 존재한다. 하느님의 영원한 집처럼 존속하는 것이든

---

99) '하늘과 땅'은 그냥 '무형의 질료'를 가리킨다는 두 번째 견해다.
100) '태초에'(in principio)를 하느님의 말씀이신 '지혜 안에서'(in sapientia)로 대체해 설명한다.
101) de ipsa substantia dei: 교부의 창조론에서 영원한 말씀의 탄생은 de deo(하느님께로부터), 세계의 창조는 ex deo(혹은 a deo: 하느님에 의해서)로 구분된다.
102) 천사들이 초시간적 존재라고 하더라도 가변성을 띤다는 점에서 하느님처럼 영원하지 않으므로 '여일한 존재'(idipsum)가 되지 못한다.

인간의 영혼이나 육체처럼 변천을 겪든 마찬가지다. 그것은 보이지 않든 보이든 모든 사물들의 공통된 질료, 아직 무형하지만 분명히 형상화할 만한 질료이며,[103] 거기서부터 하늘과 땅이 생겨났다. 말하자면 보이지 않거나 보이거나, 그 양자에 의해서 이미 형상화한 창조계가 이 명사들로 지칭되어 있다. 이 명사들로 보이지 않고 틀이 잡히지 않은 땅과 어둠을 위에 두고 있는 심연을 일컬었다. 그런 구분에 따라 보이지 않고 틀이 잡히지 않은 땅은 형상이라는 성질을 띠기 전의 물체적 질료로 알아듣고, 심연 위에 깃든 어둠은 영적 질료,[104] 유동하는 듯한 무제한의 응집이 있기 전에,[105] 곧 지혜이신 분의 비추임이 있기 전의 영적인 질료로 이해할 수 있다."

17.26. '하늘과 땅'이라는 단어로 사물들의 발단과 창조될 재료를 가리킨다

아직도 할 말이 남은 누구는 이런 말을 하고 싶어 할 것입니다. "*태초에 하느님이 하늘과 땅을 만드셨다*'고 읽히는 대목은 하늘과 땅이라는 이름으로 이미 완성되고 형상화된, 보이지 않거나 보이는 자연

---

103) materies adhuc informe, sed certe formabilis: 창세기 첫 구절을 "하늘과 땅은 만물의 질료를 통칭한다"고 해석하는 사람들에게 성경이 둘째 날(하늘)과 셋째 날(뭍)의 창조를 구분한다는 사실을 유념하라고 지적한다.
104) 신플라톤학파에서는 물체들이 발생할 질료는 '물체적 질료', 영적 존재들이 나올 질료를 '영적 질료'라고 구분했다. 이렇게 '보이지 않는 땅'을 물체적 질료, '심연 위의 어둠'을 영적 질료라고 가정하는 것이 세 번째 견해다.
105) 천사들이 나온 무형의 질료는 물처럼 유동적이었으므로 하느님 말씀(지혜)이 빛을 비추어 그 유동적 무제한성을 응집시키고 제한할 필요가 있었다. 그 작업이 바로 본연의 창조였다는 말이다.

사물들을 의미하지는 않는다.106) 사물들의 무형한 발단,107) 형상화할 수 있고 조성될 만한 질료를 이런 명사로 일컬은 것이다. 지금은 하늘과 땅을 말할 때, 전자는 영적 피조물이고 후자는 물질적 피조물이라고 하지만, 그때는 이것들이 혼재했고 성질과 형상에서 아직 구분되지 않았다."

18.27. 성경에서 사람마다 다른 진리를 파악할 수도 있다

저는 저런 얘기를 다 듣고 숙고한 끝에 말싸움할 생각이 없어졌습니다. 그런 짓은 아무런 이득이 없고 듣는 이들의 파국을 초래할 따름이기 때문입니다. 누가 합법적으로 사용하기만 한다면 율법은 교훈을 주는 좋은 것입니다. 그 목적은 순수한 마음과 선량한 양심과 꾸밈없는 믿음에서 우러나는 사랑입니다. 또 저희 스승은 모든 율법과 예언자들이 두 계명에 달려 있음을 아셨습니다.

열성껏 이런 고백을 하는 저에게, 저의 하느님, 어둠 속 제 눈의 빛이시여, 저 말마디에서 나오는 제각기 다른 이해가 진실이라면야 제게 나쁠 것이 무엇입니까? 말하자면 성경을 기록한 사람이 인지하던 바를, 다른 사람이 인지하는 바와 다르게 인지한다고 해서 그것이 저에게 무슨 지장이 됩니까?108) 모름지기 책을 읽는 사람들은 누구나

---

106) 태초의 '하늘과 땅'은 정신적·물질적 두 피조계가 출현할 "불가견적·가견적 질료들이면서도 아직 원시적 질료의 상태"였다는 네 번째 견해도 소개한다.
107) '무형한 발단'인 하느님의 창조에서 정신적 존재와 물체적 존재 모두 나오게 되어 있었다는 입장이다.
108) '성경의 저자가 인지하던 것'이 진리의 기준이지만 그 해석을 두고 '다른 사람이 인지하는 것'과 '제가 인지하는 것'이 다를 수 있다. 그렇더라도 그 해

책을 만든 사람이 원하던 바를 탐구하고 파악하려고 노력하게 마련입니다.[109] 또 그가 참말을 한다고 일단 믿는 이상, 저희가 거짓이라고 알거나 생각하는 바를 그가 얘기했으리라는 생각은 감히 하지 못합니다. 그래서 성경을 쓴 사람이 인지하던 바를 성경에서 인지하려고 애쓰는 사람이라면, 누구나 당신께서 진실이라고 제시해주시는 바를 인지한다고 해서(당신께서는 진실을 말하는 모든 지성들의 빛이십니다) 나쁠 것이 무엇입니까? 책을 쓴 저자는 그렇게 인지하지 않았다고 할지라도, 그 저자가 인지하지 못했던 이런 해석 역시 진실임을 인지하는 일은 얼마든지 있을 수 있습니다.[110]

19.28. 확고한 진리 몇 가지

그러므로 주님, 당신께서 하늘과 땅을 만드셨다는 것은 참말입니다.[111] 당신의 지혜께서 그 태초이시며 그 지혜 안에서 만물을 만드셨음도 역시 참말입니다. 또한 눈에 보이는 이 세상이 하늘과 땅이라는 커다란 부분들을 갖고 있으며, 세상이란 창조되고 조성된 모든 자연

석이 객관적이고 성실한 성찰의 결과라면 서로 인정할 만하다.
109) "누가 성경의 같은 어휘들로부터 하나가 아닌 둘 또는 그 이상의 의미를 파악하며, 그것을 기록한 사람이 의도하는 바가 정확하게 무엇이었는지 드러나지 않더라도, 다른 성경들의 다른 구절들로부터 그 의미들이 모두 진리라는 사실을 입증할 수만 있다면 위험이 없다"(『그리스도교 교양』, 3.27.38).
110) "심지어 성경의 저자도 미처 인지하지 못했지만 후대 사람들에게는 인지될 만한 진리가 그 글에 담겨 있을 수 있다. 그것이 온건하고 바른 신앙이라는 척도(regula pietatis cum sana fide)를 따르는 한, 후대의 해석 역시 진리로 간주되어야 한다"(De Genesi ad litteram, 1,21,41).
111) 창세기 첫 장 1-2절을 주석하면서 제기된 여러 논점들을 10개의 명제로 정리한다.

사물들을 간단하게 간추린 말이라는 것도 참말입니다. 가변적인 것 모두는 저희 인식에 일종의 무형성을 전제하는데 그 무형성 때문에 형상을 받아들이고 변화하고 전환한다는 사실도 참말입니다.

한편 불변하는 형상에 긴밀하게 의탁하고 있어서[112] 원래 가변적이면서도 전혀 변하지 않는 사물이 있다면, 그런 사물은 일체의 시간을 겪지 않는다는 점도 참말입니다. 또 무형성이란 거의 무에 가까운 것으로서 시간의 교체가 없다는 것도 참말입니다. 사물이 어떤 것에서 유래하는 경우, 자체가 유래해서 이루어지는 사물의 명칭을 미리 지니는 어법도 존재할 수 있으므로, 어떤 무형성이 있고, 하늘과 땅이 거기서 형상을 취했다면, 그 무형성도 하늘과 땅이라고 일컬어지는 일이 가능했다는 말 역시 참말입니다.[113]

형상화한 만물 가운데 땅과 심연만큼 무형한 것에 근접한 사물이 없음도 참말입니다. 창조되고 형상화된 것뿐만 아니라 조성될 수 있고 형상화될 수 있는 것[114] 역시 당신께서 창조하셨음도 참말이니, 모든 것이 당신으로부터 존재하는 까닭입니다. 무형한 것에서 형상화되는 모든 것은 먼저 무형한 것이었고 다음에 형상화됐다는 것도 참말입니다.

---

112) 천사 같은 지적 피조물의 존재 양상을 가리킨다.
113) 무형한 질료에서 하늘과 땅이 유래했을 경우, 저 질료가 '하늘과 땅'이라고 미리 일컬어져도 무리는 아니다.
114) 이 명제는 원초의 창조와 엿새에 걸친 구체적 창조를 통합하고, 현실태로 창조된 것과 가능태로 창조된 것(creabile atque formabile)도 통합하고 있다.

20.29. '태초에'라는 말에 대한 올바른 해설 몇 가지

이 모든 진리들을 두고 의심을 품지 않는 사람들은 당신으로부터 내면의 눈으로 그런 것들을 볼 수 있는 능력을 선물로 받았기 때문입니다. 그리고 당신의 종 모세가 진리의 영 안에서 한 말임을 흔들림 없이 믿고 있습니다. 그래서 혹자는 이 모든 진리들에서 이런 말을 끄집어내곤 합니다. "'*태초에 하느님께서 하늘과 땅을 만드셨다.*' 즉 당신의 말씀 안에서, 당신과 함께 영원하신 말씀 안에서 하느님께서 가지적이고 감각적인 피조물, 또는 영적이고 물체적인 피조물을 만드셨다."[115]

그런가 하면 다른 말을 하는 사람도 있습니다. "'*태초에 하느님께서 하늘과 땅을 만드셨다.*' 말하자면 당신과 더불어 영원하신 당신의 말씀 안에서 하느님께서 이 물체 세계의 저 덩어리 전체를 만드셨다. 물론 그 덩어리가 내포하고 있는, 드러나고 알려진 모든 자연사물들과 함께 만드셨다."

다른 말을 하는 사람이 또 있습니다. "'*태초에 하느님께서 하늘과 땅을 만드셨다.*' 즉 당신과 함께 영원하신 당신의 말씀 안에서 하느님께서 영적 피조물과 물체적 피조물의 무형한 질료를 만드셨다." 그런가 하면 또 다른 사람은 이런 말을 합니다. "'*태초에 하느님께서 하늘과 땅을 만드셨다.*' 다시 말해서 당신과 더불어 영원하신 당신의 말씀 안에서 하느님께서 물체적 피조물의 무형한 질료를 만드셨고, 거기서는 하늘도 땅도 아직 혼합되어 있었는데, 그것들이 지금은 구분되고 이 세계의 덩어리로 형상화되었음을 우리가 인지한다."[116]

---

115) "태초에 즉 영원하신 말씀 안에서"라는 전제를 받아들이면서 하늘은 가지적 피조물, 땅은 감각적 피조물을 통칭한다고 해석한다.
116) 천사를 포함한 만물이 원초적 질료 속에 '혼재한다'고 상정하는 네 번째 견

아예 다른 말도 있습니다. "'*태초에 하느님께서 하늘과 땅을 만드셨다.*' 시초에 창조하시고 작업하시며 하느님께서 하늘과 땅이 혼합된 무형한 질료를 만드셨고, 거기로부터 지금은 하늘과 땅이 형상화되어 두드러지고 그 안에 존재하는 모든 사물들과 더불어 드러나 있다."[117]

21.30. '틀이 잡히지 않은 땅과 심연'에 관해서도 이렇게 표현한다

그다음 따라 나오는 말씀을 이해하는 것도 그렇습니다. 다들 옳은 말이지만[118] 굳이 그중의 하나를 들자면 이런 말이 나옵니다. "'*땅은 보이지 않고 틀이 잡히지 않았으며 심연 위에 어둠이 있었다.*' 그것은 하느님께서 만드신 물체적인 것으로, 아직까지는 물체들의 무형한 질료였으며 거기에는 질서도 없고 빛도 없었다."

다른 말도 합니다. "'*땅은 보이지 않고 틀이 잡히지 않았으며 심연 위에 어둠이 있었다.*' 다시 말해서 하늘과 땅이라고 일컬어진 이것 전체가 아직 무형하고 어두운 질료였다. 거기서부터 물체로서의 하늘과 물체로서의 땅이 생기게 되며 그 속에 존재하고 신체 감관에 지각되는 모든 것들이 함께 생겨났다."[119] 그런가 하면 누구는 이렇게

했다.
117) 앞의 넷과는 달리 "태초에 즉 영원하신 말씀 안에서"라는 문구를 "시초에"라는 단순한 문구로 처리해 해석한다.
118) "땅은 보이지 않고 틀이 잡히지 않았다"는 구절(창세기 1:2)이 가리키는 바를 두고 조금씩 견해가 다르다.
119) 첫 절의 '하늘과 땅'이 우리가 목격하는 천지를 의미하고, 그것을 출현시킬 바탕으로서 이 땅 혹은 '어두운 질료'를 가리킨다고 한다.

말합니다. "'땅은 보이지 않고 틀이 잡히지 않았으며 심연 위에 어둠이 있었다.' 말하자면 하늘과 땅이라고 일컬어진 이것 전체가 아직은 무형하고 어두운 질료였다. 거기서부터 인식 가능한 하늘(다른 데서는 '하늘의 하늘'이라고 한다)이 생겨나고 땅(일체의 물체적 자연)이 생겨났다. 땅이라는 이름 밑에는 물체적 하늘도 들어간다. 다시 말해서 보이지 않는 피조물도 보이는 피조물도 다 그곳에서 생겨나게 되어 있었다."120)

누구는 다른 말을 합니다. "'땅은 보이지 않고 틀이 잡히지 않았으며 심연 위에 어둠이 있었다.' 성경은 하늘과 땅이라는 이름으로 저 무형성을 가리킨 것이 아니다. 무형성 자체가 이미 존재하고 있었고, 그것을 보이지 않고 틀이 잡히지 않은 땅이요 어두운 심연이라고 명명했을 뿐이다. 거기로부터 하느님께서 하늘과 땅을 만드셨다고, 즉 영적이고 물체적인 피조물을 만드셨다고 설파한 것이다."121)

또 누구는 이런 말을 합니다. "'땅은 보이지 않고 틀이 잡히지 않았으며 심연 위에 어둠이 있었다.' 무형성 자체가 벌써 일종의 질료였다. 거기서 하느님께서 하늘과 땅을 만드셨다고 성경이 설파했다. 다시 말해서 세계의 물체 덩어리 전체, 그러니까 위에 있고 아래에 있는 아주 커다란 두 부분으로 배분된 전체를 거기서 만들어낸 것이다. 물론 그것들 안에 존재하면서 우리에게 익숙하고 잘 알려진 모든 피조물들도 함께였다."122)

---

120) 첫 절의 하늘을 '인식 가능한 하늘'이라고 칭하며 인식대상이 되는 것처럼 해설한다. 앞에서는 '지성이 있는 하늘'이라고 하며 하늘을 인식 주체로 설정하기도 했다.
121) 하느님과 공존하는 무형의 질료를 상정하고 그 질료에서 하느님이 장인(demiurgus)처럼 천지만물을 빚어냈다는 말처럼 들린다.
122) 첫 구절의 '하늘과 땅' 곧 무형성에서 나온 것은 물질 세계뿐이었다고 말한다.

22.31. 성경은 하느님에 의해서 이루어진 다른 많은 일들을 언급하지 않았다

누군가 이런 식으로 마지막 두 가지 주장을 반박할 만합니다. "만일 그대들이 하늘과 땅이라는 명사로 질료의 무형성을 지칭한 것으로 여기기 싫더라도, 뭔가가 존재하고 있었고 그것은 하느님이 만드신 것이 아니었다. 그리고 거기서 하느님이 하늘과 땅을 만드셨을 것이다. 성경은 하느님께서 그런 질료를 만드셨다는 이야기를 따로 하지 않는다. '하늘과 땅'이라는 단어나 단지 '땅'이라는 단어가 그런 질료를 의미한다고 우리가 알아듣지 않는 한 말이다. 그런데 '*태초에 하느님께서 하늘과 땅을 만드셨다*'라는 말에 바로 이어서 '*땅은 보이지 않고 틀이 잡히지 않았으며 심연 위에 어둠이 있었다*'라는 말이 뒤따른다. 따라서 모세로서는 무형의 질료를 그렇게 지칭하는 편이 좋았을지라도, '*하늘과 땅을 만드셨다*'라고 기록된 데서 하느님께서 창조하신 것 말고는 따로 존재하는 무형의 질료라는 것을 우리로서는 달리 이해할 방도가 없다."123)

저희가 맨 끝에 소개한 저 두 가지 견해를 주창하는 사람들은 아마도 이렇게 대답할 것입니다. 이 주장이든 저 주장이든 간에 저희의 이런 얘기를 들으면 이렇게 말할 것입니다. "저 무형의 질료가 하느님에 의해서 만들어졌음을 우리가 부인하지는 않는다. 하느님에 의해서 존재하는 모든 것이 매우 좋다. 우리가 공언하는 바는, 창조되고 형상화된 것이 더 좋다고 하듯이, 창조될 수 있고 형상화될 수 있게 만들어진 것은 좋기는 하나 덜 좋다는 것이다. 하느님께서 바로 이 무형성을 만드셨음을 성경이 언급하지 않는 것은 예컨대 케루빔이나

---

123) 무형의 질료가 선재하는 것처럼 해석되어 하느님의 만물 창조를 부인하는 것으로 보인다는 교부의 반론이다. 이에 상대방의 호의적 답변이 이어진다.

세라핌 같은 다른 피조물을 언급하지 않는 것과 흡사하다.[124] 또 사도는 '*왕권과 주권과 권세와 권력*'을 따로 언급하고 그 모든 것을 하느님께서 창조하셨음이 분명한데도 창세기는 이를 언급하지 않고 있다.[125]

'*하늘과 땅을 만드셨다*'는 말씀에 만물이 포함되어 있다면, 물이 있고 '*하느님의 영이 그 물 위를 감돌고 있었다*'는 말은 어찌되는가? 만물을 땅이라는 명칭으로 한꺼번에 알아듣는다면, 땅이라는 명칭으로 무형의 질료를 따로 이해하는 일이 어떻게 가능한가? 우리가 물이 저렇게 이미 형상화되어 있음을 보는 터에 말이다. 만약 저 말이 맞다고 이해한다면, 그 무형성에서 궁창이 생겨나고 하늘이라고 불리게 되었다는 말은 기록되어 있으면서 왜 물이 생겼다는 말은 기록되지 않았을까?[126] 물이 저토록 아름다운 형태를 하고 흐르는 것을 우리가 목격하는 이상, 물이 아직 무형하고 눈에 보이지 않던 것은 아니다.

만일 하느님께서 '*궁창 아래에 있는 물은 한 곳으로 모여 뭍이 드러나라*'고 말씀하셨을 때에 비로소 물이 형태를 받아들였다면, 그래서 한 곳으로 모이는 그 자체가 형상화였다면, 궁창 위에 있는 물에 관해서는 뭐라고 답변할 것인가? 무형의 물이 하늘 위라는 고상한 자리를 차지할 자격이 있었을 리 만무하고 어떤 목소리를 듣고서 물

---

124) "날개가 여섯씩 달린 스랍들이 그를 모시고 있었는데"(이사야 6:2), "만군의 야훼, 거룹들 위에서 다스리시는 이스라엘의 하느님이여"(이사야 37:16) 등 천상의 존재들 이름이 성경에 거명되기도 한다.
125) 그리스도교에서는 바울로가 꼽는 '왕권, 주권, 권세, 권력' 등을 천사들의 위계로 간주해 좌품천사(throni), 주품천사(dominationes), 권품천사(principatus), 능품천사(potestates)로 호칭하기도 한다.
126) 창세기에 물의 창조를 따로 언급하지 않은 데다 물이 '태초의 심연'이라면, 물은 하느님과 함께 영원한 사물로 간주될 만하지 않느냐는 의문이다.

이 형상화했다는 기록도 없지 않은가? 그러니까 창세기가 이러저러한 것을 하느님께서 만드셨다는 말을 하지 않고 그냥 넘어갈 때에도, 온건한 신앙도[127] 확고한 오성도 하느님께서 그것을 만드셨음을 의심하지 않는다. 따라서 온건한 학설을 편다면, 저 물이 하느님과 함께 영원하다는 그런 말은 감히 하지 못할 것이다. 창세기에 물에 관한 언급이 있음을 우리가 듣기는 들었는데 그것이 어디서 만들어졌는지 우리가 찾아내지 못하더라도 마찬가지다.

따라서 무형한 저 질료가 있고, 성경이 그것을 눈에 보이지 않고 틀이 잡히지 않은 땅이요 어두운 심연이라고 일컫는다고 하더라도, 진리가 가르치는 바에 의해 하느님으로부터 무에서 만들어졌다고,[128] 그래서 하느님처럼 영원하지는 않다고 이해해서는 왜 안 되는가? 창조에 관한 저 설화에 저 질료가 어디서 만들어졌느냐는 말이 빠져 있다고 하더라도 말이다."

23.32. 두 가지 이견

제 나약함을 알고 계시는 저의 하느님 당신께 고백합니다만, 저의 나약한 능력이 미치는 대로, 이런 학설들을 듣고 궁리한 끝에 저는 이

---

127) 온건한 신앙과 확고한 이성의 가르침은 사도들에게서 전수된 것으로 알려진 사도신경의 "전능하신 하느님 아버지 천지의 창조주를 믿으며"라는 구절에서도 나타난다.
128) ex deo factam esse de nihilo: 아우구스티누스 창조론의 골자를 나타내는 명제다. 교부는 이 명제만 수긍한다면 창세기 각 구절에 대한 해석의 차이는 극복할 수 있다고 여긴다. 그는 이 책의 다음 부분(12.23.32-28.39)을 할애해 아우구스티누스 성경해석학의 기본 원칙들을 정리한다. 이 내용은 중세 해석학 교본이 된 그의 저서 『그리스도교 교양』에서 본격적으로 다뤄진다.

렇게 이해합니다. 어떤 사실이 진리를 전하는 사자使者들의 표지標識를 통해서 선포될 때에, 두 가지 종류의 이견이 나올 수 있다는 것입니다.[129] 하나는 사실의 진리에 관한 이견이고, 다른 하나는 그것을 선포한 사람의 의도에 관한 이견입니다. 피조물의 창조에 관해서 무엇이 진리인지 따지는 것과 당신 신앙의 출중한 측근인 모세가 저런 말들로 독자나 청취자가 무엇을 이해하기 바랐는지 따지는 것은 다릅니다.[130] 첫 번째 종류를 두고 자기는 거짓인 것도 인식한다고 자처하는 사람들이[131] 모두 제게서 떨어져나가길 바랍니다. 두 번째 종류를 두고 모세가 거짓인 내용을 말했다고 여기는 사람들 또한 저한테서 멀어지길 바랍니다.

주님, 당신 안에서 저는 폭넓은 사랑에서 당신의 진리로 양육받는 사람들과 어울리고 싶고,[132] 그들과 더불어 당신 안에서 즐거움을 누리고 싶습니다. 당신 서책의 말씀에 저희가 함께 나아가게 해주십시오. 또 당신 종의 의지를 통해서 그 말씀에 간직하신 당신의 뜻을 찾게 해주십시오. 당신께서는 당신의 뜻을 그의 붓에 맡기셨습니다.

---

129) 언어라는 기호(표지)를 통해서 언표된 바를 토론할 때에, 언표하는 내용의 진위(de veritate rerum)를 따지는 일과 기호를 사용한 사람의 의도(de voluntate auctoris)를 따지는 일은 별개다(『그리스도교 교양』, 2.1.1-4).
130) 히브리 3:4-5 참조("어느 집이든지 그 집을 지은 사람이 있습니다. 그런데 만물을 지으신 분은 바로 하느님이십니다. 모세는 한갓 종으로서 하느님의 온 집안 일에 충실했으며 하느님께서 장차 말씀하시려는 것을 증언하였습니다"). 모세는 세계가 하느님의 피조물임을 충실히 가르치고자 했다.
131) 스토아의 제논은 "있는 그대로 표상되고 인식되는 것이 진리"이고 존재하지 않는 것은 인식되지 않는다고 했다. 이에 따라 그는 허위는 존재하지 않으므로 "허위는 아무도 알 수 없다"는 명제를 남긴 것으로 전해진다.
132) 모든 탐구, 특히 성경 말씀에 관한 탐구와 토론을 나누는 신앙인들을 "폭넓은 사랑에서 당신의 진리로 양육받는 사람들"이라고 부르면서 "사랑 안에 진리"라는 원칙을 따르자고 호소한다.

24.33. 모세가 이런 글을 쓰면서 인지한 진리는 무엇이었을까?

그러나 그 숱한 진리 속에서 당신의 뜻을 발견하는 사람이 저희 중 누구겠습니까? 탐구하는 사람들에게 저 말씀들이 제각기 다르게 이해되는 터에 '모세는 이렇게 인지했다'고, '저 창조 설화에서 모세가 독자들이 이해하기 바랐던 것이 이것이다'라고, 더구나 '저 모세가 이렇게 인지했든 저렇게 인지했든 상관없이 진리는 바로 이것이다'라고 자신 있게 말할 수 있는 사람이 누구겠습니까?[133] 보십시오, 저의 하느님, 당신의 종이 이 글로 당신께 고백의 제사를 바치기로 서원했으며, 당신 자비에 힘입어 제 서원을 채울 수 있게 해주십사 애원합니다.[134] 보십시오. 눈에 보이든 보이지 않든 저 만물을, 불변하는 당신의 말씀 안에서 당신께서 만드셨음을 제가 얼마나 자신 있게 단언하는지 보십시오.

그렇다면 모세가 *"태초에 하느님이 하늘과 땅을 만드셨다"* 라는 글귀를 적을 때에도 모세가 다른 것을 의도한 것은 아니라고 그만큼 자신 있게 말씀드릴 수 있겠습니까? 당신의 진리 안에서 제가 확실하다고 생각하는 것과 똑같이, 모세가 이 글을 쓸 때에 어떤 생각을 했는지 제가 그의 머릿속을 들여다보지는 못합니다.[135] *"태초에"* 라고 할

---

133) "대자연이 전능하신 조물주 하느님에 의해서 만들어졌다는 것을 감지하면서 우리가 대자연의 모호한 점들에 관해서 논할 때는 단언적 주장보다는 신적 권위가 우리에게 장려하는 성서들에서 탐구하는 자세로 임해야 할 것이며 … 탐구하겠다는 의심 역시 가톨릭 신앙의 한계를 넘어서지 말아야 한다"(『창세기 문자적 해설 미완성 작품』, 1.1).
134) 이 책이 아우구스티누스가 하느님의 은총에 바치는 찬미의 제사라면, 창세기의 구절에 대한 해석과 깨달음 역시 하느님의 지혜로부터 오는 비추임 없이는 다양한 견해의 나열에 불과하다고 인정한다.
135) 모세가 세계를 '창조된 세계'로 본 이상, "태초에 하느님이 하늘과 땅을 만드

때에 그는 "창조하는 바로 시초에"[136)]라고 생각했을 수도 있습니다. "하늘과 땅"이라는 말도 영적이든 물질적이든 형상을 받고 완성된 자연이 아니고 영적으로나 물질적으로나 아직 개시되지 않은 무형의 자연이라고 알아듣고 싶었을 수도 있습니다.

그러니까 이것들 가운데 어느 것을 말하든 진실일 수도 있었으리라고 생각합니다만, 그가 이 말로 생각하던 바가 과연 이 둘 중의 어느 것인지는 저도 모르겠습니다. 물론 저토록 위대한 인물이 이러한 말을 할 때 지성으로 관조하고 있던 바가 이 둘 중 어느 하나이거나, 아니면 제가 미처 언급하지 못한 다른 무엇이더라도, 그가 진리를 보았고 또 적절하게 그것을 선포했으리라는 점은 의심치 않습니다.[137)]

25.34. 성경을 해석하는 저명한 인사들의 오만과 무모함

"그대가 말하는 것은 모세가 생각했던 것이 아니고 내가 말하는 바가 그가 생각했던 것이다." 이제 누구도 이런 말로 저를 짜증나게 하지 말았으면 좋겠습니다. 만일 저에게 "모세의 말을 두고 그대가 하는 말을 보건대, 모세가 그렇게 생각했다고 어디서 알아냈소?"라고 따진다면 저는 마땅히 침착한 심경으로 그런 공박을 견뎌낼 것이고, 제가 앞서 답변한 내용을 갖고서 대답할 것입니다. 상대방이 보다 완강하게 나올 경우에는 저도 좀더 번다한 말을 늘어놓을지 모릅니다.

셨다"는 구절이야말로 (유출설이 아닌) 창조설을 주장한다고 굳게 믿었다.
136) '태초에'라는 형이상학적 표현을 단순한 시간 개념만으로 '시초에'라고 이해하는 것도 받아들일 수 있다는 뜻이다.
137) 교부는 앞서 열거된 여러 견해 가운데 어느 하나를 강력하게 주장할 뜻이 없음을 표명한다.

상대방이 "당신이 하는 말은 그가 생각하던 바가 아니다. 내가 말하는 바가 그가 생각했던 것이다"라고 단언하면서도 저희 둘이 말하는 내용을 모두 부정하거나 인정하지도 않을 경우, 저의 하느님, 그런 인간들을 인내로 참아 견디게 해주십시오.

오, 가난한 이들의 생명이시여,[138] 당신의 품에는 모순이 없으니, 저의 마음에다 비처럼 아량을 내리셔서 그들을 견뎌내게 해주십시오. 그들이 제게 이런 말을 하는 것은 신령스러운 인간이어서도 아니고 당신 종 모세의 마음에 들어가 자기들이 말하는 바를 눈으로 보았기 때문도 아닙니다. 그냥 오만방자하기 때문이고, 모세의 생각을 알아서가 아니라 자신의 생각을 좋아하기 때문이며, 그것도 진실이어서 좋아하는 것이 아니라 자기 것이라는 이유로 그냥 좋아하기 때문입니다.[139]

그렇지 않다면 그들은 다른 진실도 똑같이 사랑할 것입니다. 저도 그들이 진실을 말하는 한 그들이 하는 말을 좋아하는데, 그 사람들의 말이어서가 아니라 그 말이 진실이기 때문에 좋아합니다. 또 그것이 진실이라는 점에서는 이미 그들의 것이 아닙니다. 사실 그것이 진실이어서 그들이 그것을 사랑한다면 그 사람들의 것이자 동시에 제 것이기도 합니다. 진실은 진리를 사랑하는 사람들 모두의 공동 소유이기 때문입니다.[140]

---

138) "가난한 이들, 곧 마음이 가난한 이들은 배가 고플수록 많이 먹습니다. 이 세상에 대해서 비워질수록, 그만큼 더 배가 고프게 됩니다. 그들은 무엇으로 배부르게 됩니까? 하느님이 바로 빵이십니다"(『시편 상해』, 131.24).
139) 자신의 주장을 함부로 내세우는 사람들이 신통하다기보다는 오만하게 보일까 안타깝다는 말이기도 하다.
140) "진리가 모두에게 공동의 것임을 깨닫는 사람들은 모두가, 진리가 마치 자기 것인 양 진리를 두고 으스대지 않습니다. 모두에게 공통된 것을 마치 자기 것으로 만드는 사람들, 한가운데 놓인 것을 한 구석으로 끌어들이려 시도하는 자들은 예물을 바치지 않습니다"(『시편 상해』, 75.17).

그러나 제가 하는 말은 모세의 생각이 아니고 자기들이 하는 말만이 모세의 말이라고 시비하듯 우기는 것만은 저도 싫습니다. 설령 실제로 그렇다 하더라도 그런 무모함은 지식보다는 만용에서 오며, 그런 무모함을 낳는 것은 식견이 아니라 허풍입니다.

그래서 주님, 당신의 심판이 두렵습니다. 당신의 진리가 제 것도 아니고 이 사람의 것도 저 사람의 것도 아니요 저희 모두의 것이기 때문입니다. 당신께서는 공공연히 모두를 진리의 친교로 이끄시고,[141] 저희에게 진리를 사사로운 것으로 만들지 말라고, 그러다 진리를 박탈당하는 일이 없도록 하라고 무섭게 경고하십니다.[142] 당신께서 모든 사람이 향유하라고 정해두신 것을 누군가 자기 소유인 양 주장하거나, 모든 이의 소유를 자기 것으로 삼으려고 한다면, 그런 사람은 공公에서 사私로, 다시 말해 진리에서 거짓말로 내몰릴 것입니다. 거짓말을 하는 사람은 자신의 것으로만 말하고 있습니다.

25.35. 그렇다고 사랑을 손상하지는 말아야 한다

살펴주십시오! 하느님, 최선의 심판관, 진리 자체시여, 살펴주십시오! 이 반대론자에게 제가 무슨 말을 할지 살펴주십시오! 당신 앞에서, 그리고 마지막까지 사랑의 법을 온당하게 구사하는 제 형제들 앞

---

141) "우리 모두 단일한 진리를 간직하고 모두가 동등하게 공통으로 그 진리를 향유하고 있다. 그 진리에는 어떠한 부족함도 없고 아무런 결함도 없다. … 진리의 어느 부분도 한 사람 또는 몇몇 사람의 사유물이 되지 않는다. 진리는 동시에 모두에게 통째로 공유된다"(『자유의지론』, 2.14.37).
142) 교부는 갖가지 교리 문제로 일평생 논쟁과 토론에 휘말렸지만 "진리를 사유화하면(eam habere privatam) 진리로부터 소외된다(privemur ea)"는 경고를 마음에 간직하고 있었다.

에서 하는 말입니다. 살펴보시고, 제가 그에게 무슨 말을 하는지, 그 말이 당신 마음에 드는지 보십시오. 저는 동기를 대하듯 차분한 목소리로 그에게 말을 건넵니다.

"그대가 하는 말이 진실임을 우리 둘 다 알고 내가 하는 말이 진실임을 우리 둘 다 안다면, 우리는 어디서 보고 그것을 아는가? 내가 그대 안에 들어가서 보는 것도 아니고 그대가 내 안에 들어와서 보는 것도 아니니 우리 지성들 위에 있는 불변하는 진리 그 자체 안에서 보는 것이다. 그러니까 우리 주 하느님의 빛 자체를 두고 우리가 언쟁하지 못하면서 이웃 사람의 생각을 두고 언쟁을 해 무엇하겠는가? 불변의 진리가 보이듯이 이웃의 생각이 보이는 일은 불가능한데 말이다.[143]

모세가 우리한테 몸소 나타나서 '나는 이렇게 생각했다'라고 단언할지라도 우리는 그의 생각을 보지 못하고 그냥 믿는 것이 아닌가?[144] 그러니 기록된 것을 갖고서 하나만 편들고 다른 하나를 두고서 우쭐거리지 말아야 한다. 마음을 다하고 영혼을 다하고 우리 지성을 다해 우리 주 하느님을 사랑하고 우리 이웃을 우리 자신처럼 사랑하기로 하자. 모세가 그 책들에서 무엇을 인지했든지 간에, 우리로서는 그가 사랑의 두 계명을 지각한 것이라고 믿어야 한다.

그렇지 않을 경우, 우리 동료인 저 종의 정신을 두고 주님이 가르

---

143) "나와 그대가 각자의 고유한 지성으로 관조하는 저것들이 우리 중 어느 한 사람의 지성의 본성에 속한다고 말하지 못하리라. 두 사람의 눈이 동시에 무엇을 본다고 해서 그 무엇이 이 사람의 눈 혹은 저 사람의 눈이라고는 하지 못한다. 오직 제삼의 무엇이 있어 양자의 눈이 그리로 향한다고 말해야 옳다"(『자유의지론』, 2.12.33).

144) "이해하는 사람은 알고 있다. 아니, 아는 사람은 이해한다. 무슨 뜻인지 아직 모르는 사람은 지성이 이해하지 못하는 바를 신앙으로 붙들라. 이럴 때 신앙은 공덕이고 이해는 그에 대한 보상이라고 할 수 있다"(*Tractatus in Ioannis evangelium*, 47.6; 48.1).

치신 것과 다른 의견을 품음으로써, 결국 주님을 거짓말쟁이로 만드는 셈이 된다. 모세가 기록한 저 말들에서 우리가 익힐 만한 사상들, 진실하기 이를 데 없는 사상들이 저토록 풍부한데, '모세는 이것을 인지했음이 아주 확실하다'는 식으로 섣부르게 주장한다는 것이 얼마나 어리석은 짓인가! 그러고는 그가 서술한 바를 해설하려고 노력한다면서 유해한 언쟁을 일삼아 사랑 자체를 파손하는 것은 얼마나 어리석은 짓인가! 모세가 그 모든 말을 한 것도 바로 그 사랑 때문인데[145] 말이다."

26.36. 모세가 살던 시대에 아우구스티누스가 살았더라면 무엇을 바랐을까?

저의 하느님, 제 비천함의 기품이시자 제 수고의 안식처시여, 당신께서는 저의 고백을 들으시고 제 죄를 용서하십니다. 제가 만일 그 시대에 태어났고 당신께서 모세가 있던 바로 그 자리에 저를 세우셨더라면, 그래서 후대에 모든 민족들에게 유익을 미치고 온 세상을 통틀어 최고의 권위를 떨치면서 거짓되고 오만한 모든 교설들을[146] 극복하고도 남을 저 글에 제 마음과 제 혀가 이바지했더라면, 그럴 경

---

145) 모세의 모든 저술이, 예수가 '율법과 예언서'의 골자라고 간추린 사랑의 계명 둘로 요약된다면, 사랑의 계명을 어겨가면서 해설가들끼리 토론을 벌이는 일은 이치에 어긋난다.
146) 교부는 온갖 철학 사조나 이단들의 교설을 홍수에 비유한 적이 있다. "큰물은 갖가지 교설들입니다. 하느님의 가르침은 하나이지 많은 물이 아닙니다. … 큰물의 홍수, 하느님을 거슬러 자기를 높이는 사람들의 홍수, 교만한 불경죄를 가르치는 자들의 큰물의 물살에도 그분께는 미치지 못합니다"(『시편 상해』, 31.2.18).

우 당신께서는 저에게 제 이웃을 제 자신처럼 사랑하라고 명하실 것입니다.

그럴 터인데 충실하기 이를 데 없는 당신 종 모세에게 주실 선물이 제가 당신께 받고 싶어 하고 소망하는 선물보다 덜하리라고는 믿기지 않습니다. 저희 모두가 하나의 같은 덩어리에서 나오는데[147] 당신께서 기억해주시지 않는다면 인간이란 대체 무엇입니까?[148] 그때 제가 모세였다면, 제가 바라는 것은 이런 것이었을 것입니다. 그때 제가 그 사람이었다면, 또 당신께로부터 창세기를 쓰는 임무를 저에게 주셨더라면, 제가 바라는 바는 이런 것이었을 것입니다.

곧 대단한 구변을 저에게 주시고, 그 말을 엮을 언술을 저에게 주셔서, 하느님께서 어떻게 창조하시는지 알아들을 능력이 아직 없는 사람들마저도 그 말들이 자기 힘에 부친다고 이해하기를 그만두지 않기를 바랍니다. 또 이미 그럴 능력이 있어서 숙고 끝에 나름대로 참된 사상에 도달하는 사람들마저도, 당신 종의 말이 비록 과묵하더라도 그 적은 말마디 속에 담긴 사상은 간과할 만한 일이 아님을 발견했으면 합니다. 진리의 빛 속에서 사람마다 관점이 다르더라도 같은 말마디 속에도 다르게 이해할 만한 실마리들이 없는 것이 아님을 발견하기를 바랍니다.

---

147) 교부는 저작에서 "같은 한 덩어리"라는 문구를 아담으로부터 물려받은 죄악의 연대성을 거론하며 사용한다(죄악 덩어리). 로마 9:21 참조("옹기장이에게 한 덩이 진흙을 가지고 한 덩이는 귀한 데 쓰는 그릇으로, 한 덩이는 천한 데 쓰는 그릇으로 만들 권한이 없습니까?").
148) 시편 8:5 참조("사람이 무엇이기에 기억에 두고 계십니까?"를 아우구스티누스는 "당신이 그를 기억해주시지 않는다면 인간이란 과연 무엇입니까?"로 읽는다).

27.37. 단순한 사람들의 유약함과 구원에 유익한 신앙

좁다란 곳에 있는 샘도 물이 풍부하면 여러 실개천을 거쳐 보다 넓은 공간으로 물길을 내는 법입니다. 그 실개천들 중의 하나가 같은 샘으로부터 많은 장소를 거치면서 뻗어나가는 것보다 여러 실개천이 뻗어나가는 것이 더 풍요합니다. 마찬가지로 당신 말씀의 관리인의[149] 서술이 비록 소박하더라도 거기서 투명한 진리의 흐름들이 여럿 솟아오르면 많은 사람이 여러 해설을 내놓으며 효험을 주게 되어 있었습니다. 그렇게 장황하고 구불구불한 언변의 물길들을 거치면서 사람들은 그 흐름들에서 나름대로 누구는 이런 진리를 누구는 저런 진리를 길어냅니다.[150]

혹자들은 모세의 글을 읽거나 들으며 하느님을 마치 인간처럼 간주하거나[151] 아니면 거대한 덩치를 가진 무슨 세력처럼 간주합니다. 그런 존재가 새삼스럽게 무슨 생각이 나서, 아니 갑작스런 생각이 떠올라 하늘과 땅을 만들었다고, 그것도 마치 멀리 떨어진 공간에 하듯이 자기 바깥에다 만들었다는[152] 생각을 떠올립니다. 두 거대한 물체를 위아래로 만들어놓고서 그 안에다 만물을 포함시켰다는 생각입니다. "*하느님께서 '무엇이 생겨라' 하시자 그대로 되었다*"라는 구절을

---

149) 성경 저자와 말씀과 성사를 관리하는 성직자를 모두 가리킨다.
150) 우리가 "성경 저자의 뜻을 바로 파악하느냐, 아니면 그 말씀에서 다른 의미를 포착하느냐는 하느님의 언사가 실린 다른 구절에서부터 그것이 올바른 신앙에 저촉되지 않는다는 증거를 댈 수 있는 한, 문제가 아니다"(『그리스도교 교양』, 3,27.38).
151) 하느님에 관한 의인적 서술은 "우리를 지상적이고 인간적인 감성에서 신적이고 천상적 감성으로 승화시키려는 뜻에서"(*De diversis quaestionibus 83*, 52) 나왔다.
152) 하느님과 피조물의 거리는 완전성의 차이다. 그러나 단순한 사람들은 공간상의 거리로 상상한다.

들으면 그들은 말씀이 시작하고 끝이 나고, 시간에 따라 소리가 나고 지나가고, 말씀의 경과 직후에 존재하라고 명령하신 것이 존재하게 된 것처럼 생각합니다. 다른 것들을 두고도 이렇게 육신에 친숙한 방식으로 상상을 하게 마련입니다.

아직은 육적인 어린이들 같아서[153] 저렇게 소박하기 이를 데 없는 어법으로[154] 떠받치는 것입니다. 어린이들의 연약함이 마치 그들의 어머니의 품에 의해서 떠받쳐지듯이 말입니다. 그렇게 하는 가운데서 그들에게도 건전한 신앙이 갖춰지며, 모든 자연사물을 하느님께서 만드셨음을 그 신앙으로 확인하고 또 견지하게 되고,[155] 그들의 감관은 놀랍고도 다채롭게 저것들을 둘러보게 됩니다. 그들 가운데서 어떤 사람이 어리석은 오만으로 인해 소박한 성경의 언술을 저속한 언어처럼 얕보고서 양육받던 요람 밖으로 뛰쳐나간다면, 아아, 불쌍하게도 그는 넘어지고 말 것입니다.

주 하느님, 날개도 미처 돋지 않은 아기 새를 가엽게 여기셔서 길 가는 사람들이 밟지 않게 해주십시오. 당신의 천사를 보내셔서 그가 그를 둥지에 도로 넣어주어, 날 수 있을 때까지 거기서 살아남게 해주십시오.

---

153) parvulis animalibus: 바울로는 성경의 가르침을 영적으로 알아듣지 못하고 현세 사물에 비추어 심정적으로만 보는 사람을 (직역하면) '동물과 다름없는 어린' 인간으로 표현한다(1고린토 2:14-15 참조).
154) 수사학 교수로서 아우구스티누스는 일반적으로 성경의 문체가 웅변 같은 장엄체가 아닌 진술체지만 탁월한 진리를 담고 있음을 길게 논한다(『그리스도교 교양』, 4. 17.34-4.28.61 참조).
155) "성경은 어린이들의 수준에 맞추어, 어떠한 종류의 언어라도 따로 기피하지는 않았으며, 그런 언어에서 나름대로 자양분을 얻어 서서히 나아가듯이 우리 지성으로 하여금 신적이고 숭고한 사물을 향해 상승하게 만들었다"(『삼위일체론』, 1.1.2).

28.38. 지식인들의 지식과 기쁨

그런가 하면 저런 말씀들이 다른 사람들에게는 둥지가 아니라 녹음 짙은 과수원이 되어줍니다.156) 그런 사람들은 이 말씀에 숨겨진 과일들을 발견하고 좋아하며 주위를 날아다니고, 과일들을 살피면서 재잘거리며, 그것을 맛보기도 합니다.157)

영원하신 하느님, 이 말씀을 읽거나 들을 때에, 그들은 과거와 미래의 모든 시간이 당신의 확고한 항속에 의해서158) 극복된다는 사실을 깨달으며, 시간적인 피조물 중 당신께서 만들지 않으신 것은 아무 것도 없다는 것 역시 알고 있습니다. 또 당신의 의지는 당신과 동일하므로 조금도 변하지 않고, 따라서 전에는 세상을 창조할 의지가 없었는데 의지가 새로 생겨나 만물을 창조한 것도 결코 아님을 압니다. 그들이 알기로는 당신께서는 당신으로부터 유사성을 만유의 형상으로 삼아 창조하신 것이 아니고,159) 무로부터 무형한 비유사성을 창조해내셨으며,160) 그런 비유사성이 당신의 유사성을 통해서 형상화하게 만드셨습니다.161)

---

156) 주석의 견해 차이에 관한 입장을 피력한 다음에, 주석가들이 공통으로 고백하듯이(이 책, 19.28), 불변하시는 창조주와 가변적인 피조물, 창조행위에서도 하느님의 의지에 변화는 없었다는 두 명제를 근간으로 '지식인들을 위한 창조신학'을 간추린다.
157) 이 책 마지막 13권(21.29 참조)에서는 계시의 말씀을 받아들이는 지성들을 '날짐승'으로 형용하기도 한다.
158) 시간적 사물의 영속(perpetuum)도 초시간적 하느님의 영원(aeternum)도 교부는 '항속성'으로 칭한다.
159) 하느님 당신께로부터(de te) 나오는 유사성은 오직 '말씀이신 성자'뿐이다. 교부는 성자의 출생이 아닌 피조물의 창조를 다루고 있다.
160) '무에서 나온 무형의 비유사성'은 여태까지 논한 '무형의 질료'다. 고대의 유출설은 만물의 생성을 존재 원리(일자)로부터 멀어지는 '비유사성'의 발출로 간주했다.

그렇게 종류 하나하나에 주어진 수용 능력에 따른 질서대로[162] 일자이신 당신께로 달음질쳐 돌아가게 만드셨음도 아닙니다. 그 질서에 따라서, 당신 주변에 머물러 있든, 시간과 공간에 따라 점차 멀어지는 거리를 두고서 아름답게 변하게 되거나 그런 변화를 수용하든 간에 결국 모든 것이 좋게 되도록 만들어놓으셨음도 아닙니다.[163] 저 사람들은 이런 사실들을 알고 있으며, 자기들의 능력이 비록 미비하더라도, 당신 진리의 빛 속에서 이것을 즐기고 있습니다.

28.39. '태초에'라는 말씀에 관한 다른 해설들

또 그 사람들 가운데 어떤 이는 *"태초에 하느님이 만드셨다"*라고 하는 말에 유의하면서 지혜가 곧 태초라고, 그래서 지혜께서 친히 저희에게 말씀을 건네신다고 추측합니다.[164] 그런가 하면 다른 이는 그

---

161) 창세기 1장 3절 이하의 창조는 요한 1:3("모든 것은 말씀을 통하여 생겨났고 이 말씀 없이 생겨난 것은 하나도 없다")의 가르침대로 무형의 질료가 말씀이신 분을 통해서 형상을 얻는 과정이기도 하다.
162) "하느님은 최고로 존재하는 분이다. 당신이 무로부터 창조한 사물들에게 존재를 부여했다. 어떤 사물들에게는 더 큰 존재를 부여하고 어떤 사물들에게는 더 작은 존재를 부여했다. 그리하여 존재자들의 자연본성의 계층에 따라서, 포용하는 능력에 따라서(pro captu ordinato) 존재를 부여하셨다"(『신국론』, 12,2).
163) 창세기 1:30-31 참조([하느님께서 말씀하시자] 그대로 되었다. 이렇게 만드신 모든 것을 하느님께서 보시니 참 좋았다).
164) 예수의 신원을 따지는 유다인들의 힐문이 나오는 요한 8:25를 아우구스티누스는 재래 라틴어본에 따라 다르게 읽고 해석한다. 공동번역 성서는 요한 8:25를 "'그러면 당신은 누구요?' 하고 그들이 묻자 예수께서 이렇게 대답하셨다. '처음부터 내가 누구라는 것을 말하지 않았느냐?'"라고 번역하는데, 아우구스티누스는 "'당신은 누구요?', '나는 태초이고 [태초로서] 너희에게 말하고 있다!'"('tu quis es?', 'principium quia [quod] et loquor vobis!')로

말씀에서 태초를 저 창조된 사물들의 시초로 이해하고 "*태초에 만드셨다*"라는 말을 "맨 처음에 만드셨다"라고 알아듣는 듯합니다. "*태초에*"라는 말을 "당신께서 지혜 안에서 하늘과 땅을 만드셨습니다"라고 알아듣는 사람들 중에서도 누구는 저 하늘과 땅을 가리켜 하늘과 땅이 되는 질료에 그런 이름이 붙었다고 믿고, 누구는 벌써 형상화되고 구분된 자연사물들을 가리킨다 하고, 누구는 하늘이라는 이름으로 형상화되는 동시에 영적인 그런 자연사물을 가리키고, 땅이라는 이름으로는 물체적 질료의 무형한 자연사물을 가리킨다고 합니다.

하늘과 땅이라는 명사가 하늘과 땅이 형상화되어야 할 무엇, 아직도 무형한 질료라고 알아듣는 사람들도 그 말을 똑같이 이해하는 것은 아닙니다. 어떤 이는 그 질료에서 가지적 피조물과 감각적 피조물이 형성되는 것으로 생각하고, 어떤 이는 감각적인 저 거대한 물체 덩어리가 그 거대한 품에 눈에 뚜렷하고 형체로 드러난 자연사물들을 품고 있다고 상상합니다. 저 구절에 나오는 하늘과 땅이란 이미 배포되고 처분된 피조물들이라고 믿는 사람들마저도 모두 같은 방식으로 믿는 것은 아닙니다. 누구는 하늘과 땅이 보이지 않는 창조계와 보이는 창조계를 두루 가리킨다고 믿고, 누구는 보이는 창조계만을 가리킨다고 믿으면서 그 창조계에서 저희가 빛나는 하늘과 어두운 땅도 보고 그 둘 안에 존재하는 온갖 것을 바라본다고 합니다.

29.40. 질료가 맨 처음 창조되었다

"*태초에 창조하셨다*"는 말을 "*맨 처음에 창조하셨다*"라고 하는 말 읽는다.

과 같다고 받아들이는 사람은[165] '하늘과 땅'이라는 말을 하늘과 땅의 질료라고, 즉 창조계 전체, 다시 말해서 가지적이고 물리적인 창조계 전체[166]의 질료라고 이해하지 않고서는 어떻게 그것을 진실이라고 이해해야 할지 모르겠다는 식입니다. 그런데 그 말로 이미 형상화된 전체[167]를 의미하고자 한다면, 그런 말을 하는 사람에게는 "하느님께서 맨 처음 이것을 만드셨다면 그다음 하신 것은 무엇인가? 우주 만물 다음에는 하느님께서 하실 만한 일이 없으시지 않은가?"라는 질문을 해도 이치에 어긋나지 않습니다.

그렇다면 그 사람은 어쩔 수 없이 "'그다음에' 하실 일이 전혀 없는데 어떻게 '맨 처음' 그것을 하셨다는 말인가?"라는 소리를 듣게 됩니다.[168] '맨 처음에' 무형의 것을 만드시고 '그다음' 형상화한 것을 만드셨다고 하는 말이 모순은 아닙니다.[169] 물론 이 역시 무엇이 우선한다는 말을 할 경우, 영원으로는 무엇이 우선하고, 시간으로는 무엇 우선하고, 선택으로는 무엇이 우선하고, 시원으로는 무엇이 우선하는지 분간할 수 있는 사람에게나 해당하는 이야기입니다. 영원으로 말하자면 하느님이 만유에 앞서시고, 시간으로 말하자면 꽃이 열매에 앞서고, 선택으로 말하자면 열매가 꽃에 앞서며, 시원으로 말

---

165) '태초에'를 단순히 '시초에'로 해석하는 입장이다.
166) '모든 피조물, 곧 가지적이고 물리적인 피조물'이라는 단순한 해석도 가능하다.
167) formata universa: 곧이어 우주(universitas)라는 단어가 나오기 때문에 '형상화한 우주 전체'라는 추상적 번역이 가능하다.
168) '맨 처음에' 우주가 창조되었다면 '그다음'에 하느님께서 하실 일이 없을 터이므로 '맨 처음'이라는 말 자체가 역설처럼 들린다는 반론이다.
169) "질료가 무형이라고 해서 시간상으로 형상화된 사물들보다 먼저인 것은 아니다. 질료가 창조되고 질료로 창조되는 것이 동시에 이루어졌다. 하느님이 무형의 질료를 먼저 만드시고 그다음 마치 후속적 절차처럼 질료를 형상화하신 것이 아니다. 사실 하느님은 이미 형상화된 질료를 창조하셨다"(*De Genesi ad litteram*, 1.15.29).

하자면 소리가 노래에 앞서듯이 말입니다. 제가 꼽은 이 네 가지 경우 가운데 맨 처음과 맨 끝은 알아듣기 아주 어렵고 가운데 둘은 알아듣기 아주 쉽습니다.

주님, 당신의 영원을 관찰할 수 있는 식견은 드물뿐더러 그것을 관조하는 것은 너무도 힘겹습니다. 당신의 영원은 불변하게도 가변적인 것들을 만들어내기 때문입니다.[170] "어떻게 소리가 노래보다 먼저냐?"라는 예리한 문제를 지성으로 식별하고서 대단한 수고 없이 곧장 판별할 수 있는 능력이 누구에게 있겠습니까? 무릇 노래라는 것은 형상화된 소리이고, 아직 덜 형상화된 무엇이 존재하는 일도 가능하기는 하지만,[171] 존재하지 않는 것은 형상화되는 일조차 불가능하다는 것을 누가 쉽사리 파악하겠습니까? 그러니 질료는, 질료로부터 생겨나는 것보다야 먼저겠지만, 그렇다고 질료 자체가 무엇을 만들어내기 때문에 먼저인 것은 아닙니다. 질료 자체도 만들어지는 것이고 질료가 시간 간격으로 선행하는 것도 아니기 때문입니다.

그러니까 저희가 앞의 시간에 노래도 없이 무형의 소리를 내고, 뒤따르는 시간에 소리들을 엮어 가곡의 형태로 빚어내는 것이 아닙니다. 목재가 먼저 있고 그것으로 상자가 제작되듯이, 은이 먼저 있어서 그것으로 은접시가 제작되듯이 하는 것이 아닙니다. 그런 재료들은 사물의 형상들보다 시간상으로 먼저 존재하고 형상들은 그 재료로부터 생겨나는데 노래에서는 그렇지 않습니다.[172] 노래를 부를 때 노래

---

170) '영원에 의거한 선후'는 불변하는 창조주께서 '불변하게 가변적 사물을 만드셨다'는 역설로 예리한 형이상학적 고찰을 요한다. 하느님에게는 창조가 '의지의 변화요?', '시간 없이', '원인과 결과의 구분 없이' 이루어지는 일이기 때문이다.
171) 노래가 되려면 소리들이 다 발성되어야 하므로 예측되면서도 아직 발성되지 않는 소리가 있을 수 있다.
172) 무형의 질료와 형상화된 질료의 선후 관계(곧 질료와 형상의 선후 관계)를

의 소리가 들리더라도 먼저 소리가 무형으로 나고 그다음에 노래로 형상화되는 것이 아닙니다. 어떻게든 먼저 소리를 내는 것은 지나가고 아무것도 남지 않게 마련이며, 따라서 앞의 소리에서 남은 무엇인가를 되찾아서, 예술을 발휘하고 뒤따라오는 소리와 합성해 노래로 엮는 것이 아닙니다.

어떻든 노래는 자체의 소리를 갖고 있고 노래의 소리는 노래의 질료인 셈입니다. 즉 같은 그 소리가 노래가 되기 위해서 형상화되는 것입니다. 또 제가 하던 말대로, 소리를 내는 질료가 노래를 짓는 형상보다 선행합니다. 그렇지만 노래를 만들어내는 창조력을 통해서 선행하는 것은 아닙니다. 소리가 노래를 짓는 주체가 아니고 신체에 의해서 발성되어 노래를 짓는 영혼에게 귀속되며 영혼은 그 소리로 노래를 짓습니다. 또한 시간상으로 선행하는 것도 아닙니다. 소리는 노래와 더불어 동시에 발성되기 때문입니다.[173] 선택으로 선행하지도 않으니 소리가 노래보다 나은 것은 아니고 노래로서 존재할 때는 단순한 소리가 아니라 미려한 소리가 됩니다.[174]

그러나 시원으로는 소리가 선행합니다. 노래가 형상화되어 소리가 되는 것이 아니고 소리가 형상화되어 노래가 되는 이유입니다. 이 예를 보더라도, 그럴 만한 능력이 있는 사람이라면 다음 사실을 이해해야 합니다. 즉 사물들의 질료가 '처음에' 만들어져서 '하늘과 땅'이라고 일컬어졌고 거기로부터 지금의 하늘과 땅이 생겨났음을 이해해야 합니다.

 네 가지 유형의 선후 관계로 설명한다. '소리'와 '노래'가 갖는 선후 관계는 네 가지 유형 중 '시원상의' 선후 관계다.
173) 무형의 소리를 먼저 발성해서 노래로 형상화하는 것이 아니고 소리와 노래는 동시에 발성되므로 둘 사이에는 시간적 선후가 없다.
174) 아름다운 노래가 되도록 소리를 내는 것이지 소리가 노래보다 더 아름다운 것은 아니다. 아름다운 소리가 곧 노래이므로 가치상의 선후도 없다.

그렇다고 시간상으로 질료가 처음으로 만들어진 것은 아니니 사물들의 형상이 곧 시간을 끄집어냈고 저 질료는 무형했으며 이미 시간 속에서 동시에 인지됐기 때문입니다. (형상화한 것들이 무형한 것들보다 훨씬 더 좋으므로) 가치 선택 면에서 사물들 가운데 거의 맨 아래에 매달려 있으므로 질료가 마치 시간상으로라도 선행하는 것처럼 말하지 않으면 질료에 관해서는 아무런 말도 할 수 없습니다. 물론 질료에 창조주의 영원이 선행한다는 말은 할 수 있습니다. 질료가 존재하게 되고 그 질료로부터 무엇이 생기게 되어 있었다는 점에서 말입니다.[175]

30.41. 비록 견해가 다르더라도 진리에 대한 사랑과 정신적 합의는 이루어져야 한다

"참된 견해들이 이처럼 다양하니 진리 자체가 마음을 합쳐주셔야겠다. 우리 하느님께서 우리를 불쌍히 여기셔서 우리가 계명의 최종 목적인 순수한 사랑에서 율법을 율법답게 이용하게 해주셔야겠다."[176] 바로 이 때문에 누가 만일 이 의견들 가운데 어느 것이 당신의 종 모세가 그때 인지했던 것이냐고 저에게 묻는다면, "나는 모르겠소"라고 고백하지 않을 수 없습니다. 그렇지 않으면 저의 고백을 담은 이 기나긴 언사들도 존재하지 못할 것입니다. 물론 저런 의견들이 참되다는 사실은 압니다. 너무 육적인 해석들은 제외하고 하는 말

---

175) "하느님이 무형의 질료를 먼저 만들었고 어느 정도 시간 간격을 둔 뒤에 먼저 무형하게 만드셨던 것을 형상화하셨다고 여겨서는 안 된다. 화자에 의해서 발성된 말이 이루어지듯이 세계와 더불어 질료를 한꺼번에 창조하셨다(concreasse)고 생각해야 한다"(*Contra adversarium legis et prophetarum*, 1.9.12).
176) 창세기를 비롯한 모세오경은 율법에 속한다.

이지만[177] 저것들에 관해서는 제가 말할 만큼 말했다고 생각합니다. 당신 서책의 이 말씀들, 겸허히 드높고 풍성히 말수 적은[178] 이 말씀들은 장래가 촉망되는 어린아이들이 겁을 먹도록 하지는 않습니다. 또 제가 보기에 저 말씀에서 진리를 식별하고 발언하고 있다고 감히 말하고 싶은 사람들을 두고 말하자면, 저희 모두가 서로 사랑합니다.

마찬가지로 저희 하느님, 저희 전부가 진리의 샘이신 당신을 다 함께 사랑합니다. 저희가 황당한 것들을 갈구하지 않고 진리 자체를 갈구하는 이상, 바로 당신의 그 종이야말로 이 성경을 편 사람이자 당신의 영으로 충만한 인물이었으므로 저희는 그를 공경합니다. 그래서 당신의 계시 가운데 그가 이 말씀들을 기록한 이상, 진리의 광휘로 보나 유익하고 풍성한 내용으로 보나 이 말씀에 가장 탁월한 것이 들어 있음을 그가 인지하고 있었으리라고 저희는 믿습니다.

31.42. 모세도 이 말씀에서 여러 가지를 다양하게 인지했을 것이다

그러므로 혹시 누가 "모세는 내가 인지한 바로 이것을 인지했다"고 단언하거나 또 다른 누가 "그게 아니고 그는 내가 인지한 바를 감지했다"고 단정한다면 저는 보다 경건한 자세로 이런 말을 할 것입니다. "두 사람 말이 다 맞다고 믿어서는 왜 안 되는가? 둘 다 진리라면, 또 그의 말에서 세 번째로든 네 번째로든 아니, 어떤 다른 진리든 누가 발견한 진리 전부를 모세가 인지했으리라고 믿어서는 왜 안 되는

---

177) 지나친 의인법으로 하느님과 성경을 이해하는 행태를 가리키는 듯하다.
178) 교부가 수사학자로서 자주 구사하는 '역설'을 내세워 성경의 언어를 묘사한다.

가? 한 분이신 하느님께서 모세를 통해 성경을 안배하셔서서 인간들이 다양한 진리를 발견하게 하셨으리라 믿어서는 왜 안 되는가?"[179]

만일 제가 권위의 정상에 앉아서 무엇을 쓰게 된다면, 이런 사안들에 대해서 오직 하나의 참된 견해만을 명시적으로 그 글에 담아두고서 여타의 견해들은 모조리 배제해 그런 견해들에서 오는 허위가 저를 훼손하는 일이 있을 수 없게 글을 쓰기보다는, 누구든지 제 글에서 모종의 진리를 포착할 수 있게, 제 말이 그렇게 들리도록 쓰고 싶다고 단언합니다. 확실하게, 거리낌 없이, 저의 진심에서 우러나 드리는 말씀입니다. 저의 하느님, 저렇게 위대한 인물이 당신께로부터 그럴 만한 공덕을 입지 못했으리라고 믿을 정도로 무모한 인간이 되고 싶지 않습니다. 그는 이런 말씀을 기록하면서, 이 말씀에서 저희가 발견할 수 있는 무슨 진리든, 심지어 저희가 발견하지 못했거나 아직은 발견하지 못했지만 언젠가 발견할 수도 있는 진리까지도 전적으로 모두 생각했을 것입니다.[180]

32.43. 하느님이 우리를 길러주시도록, 오류가 우리를 혼란케 하는 일이 없도록

끝으로, 주님, 당신은 하느님이시고 저희 같은 살과 피가 아니시니,

---

179) 성경의 자구적 의미(sensus litteralis)는 단일하고 그에 대한 해석은 교회의 지도를 받아야겠지만, 전의적 의미(sensus allegoricus)에 대한 해석은 다양할수록 좋고 사랑의 법을 어기지 않고 신앙의 일치를 훼손하지 않는다면 얼마든지 용납된다는 입장이다.
180) 자신 같은 학자도 자기 저술에 대해 독자들에게 유비적 해석의 여지를 제공하고 싶은 것처럼 하느님 역시 성경 저자를 통해서 그런 배려를 남기셨으리라는 의미다.

사람이 설령 무엇을 덜 보았다 하더라도 당신의 선하신 영(이 영이 저를 옳은 땅으로 데려갈 분입니다)에게마저 무엇이 감추어질 리 있겠습니까? 천지창조에 관한 저 말씀들로 당신께서 후대의 독자들에게 무엇인가 계시하실 참이던 것이 감추어질 리 있겠습니까? 비록 그를 통해서 당신의 말씀을 받아쓴 그 인간이야 그 말씀을 해석할 만한 참되고도 숱한 견해들 가운데 한 가지 견해만 생각했다 치더라도 말입니다. 만일 그렇다면 그 사람이 생각했던 그 견해가 나머지 다른 견해들보다 탁월한 것이어야 마땅합니다.

그럴 경우에 주님, 당신께서 바로 그 견해를 저희한테 일깨워주십시오. 적어도 어느 견해가 당신의 마음에 드는지 일깨워주십시오. 그렇게 해서 당신의 저 인물에게도 알려졌던 바를 저희에게도 열어 보이시거나, 같은 그 말씀에서 만날 만한 다른 뜻을 저희에게 열어 보여주십시오. 어떻게든 당신께서 저희를 길러주셔야지 오류가 저희를 사로잡는 일이 있어서는 안 됩니다.[181]

보십시오, 주 저의 하느님, 몇 마디 되지 않는 그 말씀을 두고 얼마나 많은 글을 썼습니까? 당신께 말씀드리거니와, 저희가 얼마나 많은 글을 썼는지 보십시오.[182] 그런 식으로 당신의 모든 서책을 두고 말하자면 저희의 얼마나 많은 노력과 얼마나 많은 시간을 쏟아부어

---

181) "성경의 저자는 우리가 이해하고자 하는 그 말에서 그런 의미를 보았을지 모르지만, 그 인물을 통해서 이 작품을 이루시는 성령께서는 미래에 성경을 읽거나 들을 사람들한테서 파악될 수 있는 다른 의미도 예견하셨을 것임에 의심의 여지가 없고, 또 진리에 바탕을 두는 한 그런 해석도 생기도록 배려하셨을 것이다"(『그리스도교 교양』, 3.27.38).
182) 창세기 1장 1-2절을 두고 이 책, 제11-12권의 긴 글을 쓰고 나서 스스로도 당황했다는 어투로 들리기도 한다. 그러나 어느 학자가 자기 해석을 독선적으로 고집하지 않는 한, 성경 한두 구절에서도 그토록 다양한 해석을 이끌어내는 인간 지성을 만들어주신 하느님께 드리는 '찬미의 고백'이기도 하다.

야 넉넉하겠습니까? 그러니 그 숱한 말들을 두고 제가 짤막하게 당신께 고백을 드리게 허락해주시고, 많은 견해들이 나올 수 있었으므로 많은 견해들에 부딪히는 일이 있더라도, 당신께서 참되고 확실하고 좋다고 영감을 주신 어느 하나를 제가 택하게 해주십시오. 제가 고백을 드리는 그 믿음을 갖고서, 이것이 당신의 저 심부름꾼이 인지했을 법한 그것이라고 제가 말할 경우에, 그 말이 최선을 다한 옳은 말이 되게 해주십시오. 제가 힘써야 할 바가 바로 그런 일입니다.

만약 제가 그것을 달성하지 못할 바에는 당신의 진리께서 그 인물의 말을 통해서 저에게 건네고자 하셨던 말씀이나마 제가 말할 수 있도록 해주십시오. 진리께서는 그 인물에게도 원하신 바를 말씀해주셨을 것이기 때문입니다.[183]

---

[183] 성경 해석에서 저자의 의도를 파악하는 일과 저자의 글을 통해서 인간들이 폭넓게 알아듣기 바라신 하느님의 뜻은 다를 수도 있다.

제13권
영성적·유비적으로 성찰한 세계의 피조물[*]

---

[*] 이 책 후반부에서 천지창조에 관한 철학·신학적 주석을 전개한
교부는 성경 구절을 암기에 의존해 자유자재로 인용하면서
엿새간의 창조에 관한 영성·유비적 해설로 제13권을 채운다(3-31장).
이후 그는 『고백록』 첫머리(1.1.1)에서
"*당신 안에 쉬기까지는 저희 마음이 안달합니다*"라던
실존적 염원을 진정시켜줄, '해넘이가 없는 안식'을
그러면서 책을 닫는다(32-38장).

1.1. 선하신 하느님께 비는 기도

저의 하느님, 저의 자비시여, 당신을 제가 부릅니다.[1] 당신께서는 저를 지으셨고, 당신을 잊어버린 저를 당신께서는 잊지 않으셨습니다.[2] 제 영혼 안으로 당신을 불러 모십니다. 제 영혼에 불어넣으신 그 열정으로 제 영혼이 당신을 받아들이도록 미리 준비시키시는 이는 당신이십니다. 이제야 당신을 부르는 이 영혼을 저버리지 마십시오. 당신께서는 제가 부르짖기 전에 미리 손을 쓰셨고,[3] 여러 가지 음성으로 거듭 저를 재촉하셨습니다. 그렇게 해서 멀리서도 제가 듣고 돌아서게 하시며, 저를 부르시는 당신을 제가 부르짖게 만드셨습니다.

---

1) "참답고 지고한 생명이신 하느님, 참답고 지고하게 사는 것 모두가 당신 안에서, 당신으로 말미암아, 당신을 통해서 삽니다"(『독백』, 1.3.3).
2) "저는 당신을 잊었으나 당신께서는 저를 잊지 않으셨습니다." 제13권에는 수사학적 기교가 뚜렷한 문장들이 많이 등장한다.
3) 선행적으로 작용하는 하느님의 은총을 암시한다. 인간이 하느님께 일어선 것이 아니고 하느님이 인간을 추스르러 오신다.

주님, 저의 모든 악업은 제가 스스로 당신께로부터 퇴락해간 것이었는데[4] 당신께서는 그 모든 악업을 지워버리심으로써 제 손에다 되갚지 않으셨습니다. 또한 저의 모든 선업은 당신께서 미리 베푸셨는데, 그것은 당신 손에다, 저를 만드신 그 손에다 되갚으신 것입니다.[5] 제가 존재하기 전에도 당신께서는 존재하셨고, 당신께서 제가 존재하게 손쓰실 즈음에도 저는 존재하지 않았습니다.[6] 그럼에도 불구하고 저를 존재하게 만든 사실 전체를, 저를 존재하게 만든 이유 전체를 당신의 선하심이 미리 손쓰신 덕분에, 보십시오, 제가 존재하고 있습니다. 그렇다고 당신께서 저를 필요로 하셨던 것도 아니었고 제가 당신께 도움이 될 만큼 쓸모 있지도 않습니다.[7]

저의 주님, 제 하느님, 당신께서 일하시다가 힘들지 않도록 제가 당신께 이바지하는 것도 없고, 제 고분고분한 순종이 없다고 해서 당신의 능력이 줄어드는 것도 아닙니다. 제가 당신을 섬기는 것이 땅을 가꾸듯이 하는 것과 같지 않아 제가 당신을 섬기지 않는다고 해서 당

---

4) 진리를 "향해서 전향하고 그에게 귀의함으로써 '더 낫게 존재한다면' 진리로부터 등을 돌리는 그 자체가 '더 못한 존재'를 지니는 일이고 따라서 결손을 자행하는 짓이다. 그리고 모든 결손은 허무를 향한다"(『영혼 불멸』, 7.12).
5) "하느님이 우리 공적에 화관을 씌워주시는 것은 다름 아닌 당신의 공적에 씌우시는 것이다"(*Epistolae*, 194.5.19).
6) 이 책에서 교부는 인간 존재의 우연성 내지 비필연성을 깊이 성찰하면서 그 근원으로 '존재 자체'인 하느님을 탐구해왔다.
7) "제가 무엇이든지 그 전부가 당신의 자비에서 온 것입니다. 이러저러한 인간이 되게 해주십사 당신께 [먼저] 빌었으니 당신께 공덕을 세운 것입니까? 제가 이러저러한 인간이 되게 해주십사 빌었더라도 과연 제가 한 것이 무엇입니까? [여기서] 제가 해낸 것이 무엇입니까? 제가 이러저러한 인간이 되려고 무엇인가 해냈다면, 그런 인간이 되기 전에 저는 존재하고 있었습니다. 이러저러한 인간이 되기 전에 제가 도대체 아무것도 아니었다면 [제가 무無였다면] 제가 이러저러한 존재가 되기 위해 당신께 세운 공덕 역시 아무것도 없었습니다"(『시편 상해』, 58.2.11).

신께서 가꿔지지 않으시는 것도 아닙니다.[8] 오히려 제가 당신을 받들고 당신을 섬김으로써, 당신으로 인해서 제게 행복한 존재가 생겨납니다.[9] 제가 행복하게 존재할 만한 그 존재는 제가 존재를 받은 당신께로부터 생겨나기 때문입니다.

2.2. 하느님의 충만한 선하심으로 말미암아 창조계가 존속한다

그러므로 당신의 창조계가 존속함은 당신의 충만한 선하심으로 말미암아서이며, 그래서 창조된 선이 없지는 않게 되었습니다.[10] 물론 그 선은 당신께 아무런 이익이 되지 않고, 또 당신과 동등하지도 않으며, 단지 당신께로부터 생겨날 수 있었다는 점에서 존재가 결여되지 않을 따름입니다. 당신께서 태초에 창조하신 하늘과 땅이 당신께 창조받을 만한 공덕이 있었습니까?

이처럼 신령하고 물리적인 자연사물이 대체 무슨 공적이 있었기에 당신께서 당신의 지혜로 그것들을 창조하셨느냐는 말도 나올 수 있

---

8) "당신께서 제 몫이 되실 것입니다. 당신께서 제 소유가 되실 것이고, 제가 당신을 소유할 것입니다. 하느님께서 그대를 소유하실 것이고, 그대는 하느님을 소유하게 될 것입니다. 그대는 그분의 소유가 되어, 그분의 돌봄을 받게 될 것입니다. 그리고 그분은 그대의 소유가 되어, 그대가 그분을 섬길 것입니다. 그대는 하느님을 섬기고, 그분의 돌봄을 받을 것입니다"(『시편 상해』, 145.11).
9) "그분은 우리 섬김을 필요로 하지 않으시나 자기를 보전하고 살아가는 데 그분의 다스리심을 필요로 하는 것은 우리다. 그분의 유익을 위해 우리가 그분을 섬기는 것이 아니고 우리 필요와 구원 때문에 그분을 섬긴다"(*De Genesi ad litteram*, 8.11.24).
10) 교부에게 피조계의 존재는 존재 자체이신 창조주에 비해서 "없지는 않는 것"이므로 존재하지 않는 것이나 마찬가지다.

습니다. 미완이고 무형한 것들이 무엇 때문에 그 지혜에 의존하게 하셨습니까? 저것들은 신령한 종류든[11] 물리적 종류든 어쨌거나 지나침[12]을 향해서, 당신과 멀어지는 비유사성을 향해서 뻗어나가는데 말입니다. 물론 저 신령한 것은 비록 무형하다고 할지라도 형상화한 물체보다 탁월하며 물리적인 것 역시 비록 무형할지라도 아예 존재하지 않는 것보다는 우월합니다.[13]

당신 지혜에 의존한다는 말은 저것들이 말씀을 통해서 당신의 일성一性을 향하도록 다시 부름받지 않으면, 일자이시고 최고선이신 당신에 의해서 형상화되어[14] 만물이 아주 좋은 것으로 존재하기에 이르지 않는 한,[15] 저것들은 당신의 말씀 안에서 마냥 무형한 채로 남아 있었으리라는 뜻입니다. 당신에 의해서가 아니면 무형한 채로도 존재하지 못했을 터인데, 당신께 무슨 공덕을 얻었기에 그렇게라도 저것이 존재하게 되었습니까?

---

11) 아우구스티누스는 '신령한 질료'를 상정한다. 창세기 첫 절의 '하늘'(하늘의 하늘) 역시 즉각적으로 형상화해 천계의 지성적 존재로 현실태화(現實態化)하기 전에는 일종의 질료, 곧 가능태(可能態)였으리라는 착안이다.
12) 특히 신령한 존재는 고유한 자유의지가 있어 사물의 고유한 척도라는 존재론적 요소를 스스로 벗어날 가능성이 있다. 이는 천사의 타락으로 실증되었다.
13) "보다 능력 있고 영적인 사물들에 있어서는, 악한 의지로 부패된 이성적 영이 부패되지 않은 비이성적 영보다 더 큰 선이다. 무릇 영은 그것이 비록 부패했더라도, 또 육체가 비록 부패하지 않았더라도 그 육체보다 더 좋다. 왜냐하면 육체에 생명을 부여하는 자연본성이 그 생명을 부여받는 자연본성보다 더 좋기 때문이다"(『선의 본성』, 5.5).
14) '신령한 질료'의 경우 이 형상화(formatio)는 하느님의 지혜 혹은 말씀께 '비추임 받는' 조명(illuminatio)으로 구체화된다.
15) "이렇게 만드신 모든 것을 하느님께서 보시니 참 좋았다"(창세기 1:31)라는 구절과 "주님의 업적은 모두가 참 좋다"(집회서[70인역본] 39:21)라는 구절을 상기시킨다.

2.3 물리적 질료가 보이지 않고 틀이 잡히지 않은 채라도 존재할 만한 무슨 공적이 당신 앞에 있었습니까? 당신께서 만드시지 않으셨다면 그렇게라도 존재할 수 없었습니다. 또 원래 존재하지 않던 것이므로 존재할 만한 공적을 당신 앞에 쌓을 여지도 없었습니다. 신령한 피조물의 시작을 보더라도 그렇습니다. 그것이 당신 앞에 무슨 공적이 있었습니까?

그 피조물은 심연과는 비슷하고 당신과는 상이한 것으로서 바로 당신의 말씀을 통해서[16] 그것을 만드신 분에게로 전향하지 않았더라면,[17] 곧 그분에게서 비추임 받아서 빛이 되지 않았더라면 단지 어둡게 출렁거리고 있었을 뿐입니다. 당신과 동등한 형상에게[18] 동화됨으로써, 비록 당신과 동등해질 만큼 동화되지는 못했지만, 빛이 된 것입니다. 그런데 물체의 존재가 곧 아름답게 존재한다는 뜻은 아니므로(그렇지 않다면 기형적인 물체가 존재할 수 없습니다), 창조받은 신령이 살아 있다는 것이 곧 지혜롭게 산다는 것은 아닙니다. 그렇지 않다면 그것도 불변하게 지혜로워야 합니다.

그로써 항상 당신께 귀의해야 좋은 선입니다. 그래야만 전향轉向으로 얻은 빛을 배향背向으로 잃어버리거나[19] 어둠의 심연과 흡사한 삶

---

16) 사물들이 형상화한다든가 일자에게로 전향한다는 말은 최고로 일자(一者)인 분이 형상의 원리가 되신다는 뜻에서 하는 말이다"(『창세기 문자적 해설 미완성 작품』, 10.32).
17) "질료는 그 무형성으로 인해서 무로 기울어진다. 하지만 자기 나름의 전향으로 참되고 또 항상 존재하는 자, 창조주께 귀의함으로써 말씀의 형상을 모방해 자기 형상을 받아서 완성된 피조물이 된다. 말씀은 항상 그리고 불변하게 성부께 귀의한다"(*De Genesi ad litteram*, 1.4.9).
18) 영원한 말씀은 하느님과 동등한 "형상이시다. 형상화된 형상이 아니고 형상화된 모든 것들의 형상이시다. 불변하는 형상, 손상도 없고 결함도 없고 시간도 없고 공간도 없으며, 만물을 초월하고 만물을 위해 존재하고 만물이 그 안에 존재하는 기초이시며, 만물이 그 밑에 존재하는 정상이시다"(*Sermones*, 117.3).
19) 교부는 이 논지를 영혼 불멸의 입증에 차용하기도 했다. "지혜는 영혼이 자기

으로 떨어지는 일이 없을 것입니다. 저희 역시 영혼으로 보면 신령한 피조물인데 저희 빛이신 당신을 등졌었고, 그런 삶으로 보아 저희도 한때는 어둠이었습니다. 그리고 지금도 저희 어둠의 흔적 속에서 고생하고 있습니다. 저희가 당신의 외아드님 안에서 당신의 의로움 곧 하느님의 산들이 될 때까지는 그럴 것입니다. 지금까지 저희는 당신의 심판감이었고 많고 많은 심연과 흡사했습니다.[20]

3.4. 빛 혹은 비추임 받은 신령한 피조물이 생기다

첫 창조에서는 이렇게 말씀하셨습니다. "*빛이 생겨라. 하시자 빛이 생겼다.*"[21] 저는 이 말씀이 신령한 피조물에 해당한다고 이해하는데, 이것이 무리한 생각은 아니라고 생각합니다.[22] 왜냐하면 그것이 이미 어떤 생명이었으므로 당신께서 비추어주실 만했기 때문입니다.

하지만 그것이 당신 앞에 어떤 공적이 있어서 당신께 비추임 받을 생명으로 존재하게 된 것도 아니었고, 또 이미 존재하고 난 다음에

가 존재를 받은 그 대상을 향해 전향함으로써 얻는 것이므로 그 존재를 등지는 배향으로 지혜를 상실하는 일이 가능하다. 배향은 전향에 상반되기 때문이다. 제일 존재자에게는 상반자가 아무것도 없으므로 그 존재자로부터 받는 것은 결코 상실할 수 없다. 그러므로 영혼은 소멸할 수 없다"(『영혼 불멸』, 12.19).

20) "하느님의 의로움이 산들거림과 마찬가지로 하느님의 은총을 입어 큰 사람이 되듯이, 하느님의 심판을 받아서 저 밑바닥까지 가라앉은 인간들은 커다란 심연이 됩니다"(『시편 상해』, 35.10).
21) 창세기 1:3. 여기서부터 이 책, 13.14.15까지 이 구절을 두고 주석한다.
22) "'태초에 하느님이 하늘과 땅을 만드셨다'고 하는 구절의 '하늘'이 신령한 피조물이다. 그리고 '빛이 생겨라. 그리고 빛이 생겼다'는 표현은 창조주께서 당신께로 부르심으로써 그 피조물의 전향과 비추임이 이루어졌다는 뜻으로 이해할 수 있다"(*De Genesi adlitteram*, 1.2.7).

비추임 받을 만한 공적을 당신 앞에 세운 것도 아니었습니다. 그것의 무형성 역시 그것이 빛이 되리라는 사실 말고는 당신 마음에 드는 것이 없었을 것입니다. 그것도 이미 존재하고 있어서 빛이 된 것이 아니고, 자기를 비추어주는 빛을 관조하고 그 빛에 귀의함으로써 빛이 되었습니다.

또 그것이 살아 있음도 행복한 삶도 오로지 당신의 은총 덕분이니, 그런 일은 더 좋게도 더 나쁘게도 변할 수 없는 분을 향해서 전향함으로써, 곧 보다 나은 변화를 통해서 이루어집니다.[23] 당신 홀로 그런 분이시니, 이는 당신 홀로 단순히 존재하시기 때문이고, 살아 있음과 행복한 삶이 당신께는 다르지 않기 때문입니다.[24] 당신께서 곧 당신의 행복이시기 때문입니다.

4.5. 물 위에 감돌던 것은 성령 혹은 창조주의 선하심이었다

당신께서 선이신데, 저런 것들이 아무것도 존재하지 않든 또는 무형한 것으로 남아 있든 당신의 선에 무엇이 부족하겠습니까? 무엇이 부족해서 그것들을 만드신 것이 아니고 당신의 충만한 선하심에서 그것들을 만드셨는데 말입니다. 오로지 당신의 선하심에서 그것들을 꼭 붙들어 형상을 향하도록 만드셨습니다. 그렇다고 당신의 기쁨이 그것들한테서 보충되는 것도 아닙니다. 당신께서는 완전하셔서 그것

---

[23] 창조된 사물이 '형상을 입는 것'은 단순히 존재하는 데서 그치지 않고 지혜롭고 행복하게 존재하는 경지로 건너가는 것이고, 더 나은 존재로 변하는 일이다.
[24] "그분에게는 살아 있음과 인식과 행복이 곧 존재다. 바로 이 불변성과 단순성으로 인해서 하느님이 저 모든 만물을 만들었음을 깨달았다"(『신국론』, 8.6).

들의 불완전함이 마음에 들지 않으셨고, 그래서 그것들의 불완전함이 당신에 의해서 완성되어 당신 마음에 들게 하십니다. 당신께서 불완전하셔서 그것들의 완성을 통해서 당신께서 완전해지셔야 하는 것도 아닙니다.[25]

당신의 선하신 영이 물 위에 감돌고 있었으나,[26] 그렇다고 물에서 쉬듯이 물에 의해 흘러가는 것은 아니었습니다. 당신의 영이 그것들 안에서 쉰다는 말도 실은 당신의 영이 그것들을 당신의 안에서 쉬게 만든다는 뜻입니다.[27] 그러니까 거기 감돌고 있던 것은 손상되지 않고 변하지 않는 당신의 의지였으며, 그 의지가 스스로 자체에 만족하면서 당신께서 만들어내신 그 생명 위에서 감돌고 있었습니다.[28] 이 생명으로서는 살아 있음이 곧 행복한 삶은 아니니, 자체의 어둠 속에 떠돌면서 살아 있는 것도 살아 있음이기 때문입니다. 생명에게는 자기를 창조하신 분에게 스스로 전향하고, 가면 갈수록 자기 생명의 샘이신 분 안에서 살아가고, 그분의 빛 안에서 빛을 보고,[29] 그렇게 완

---

25) 철학자들의 유출설이 피조물들의 '필연적' 발생을 전제하는 데 비해서 아우구스티누스는 하느님 창조가 대가 없는 선물임을, '당신의 넘치는 선을 나누어주심'(bonum diffusivum sui)임을 강조한다.
26) 창세기 1장 2절("땅은 아직 모양을 갖추지 않고 아무것도 생기지 않았는데, 어둠이 깊은 물 위에 뒤덮여 있었고 그 물 위에 하느님의 기운이 휘돌고 있었다")에 대한 해설이 이어진다.
27) "하느님의 영이 그들에게 안주하자 그들이 예언하였다"(민수기 11:25 [재래 라틴어역본] 참조)라는 성경 구절에 따른 해설이다.
28) '하느님의 영'은 곧 '하느님의 의지'(여기서는 '온전히 자족하는ipsa in se sibi sufficiens 의지')라고도 불린다. "성령에 관한 한, 이 수수께끼와 비슷하다고 보여지는 것은 우리 의지 혹은 애정 혹은 사랑밖에 없다. 사랑이란 보다 강한 의지 외에 다른 것이 아니다"(『삼위일체론』, 15.21.41).
29) "당신 빛 속에서 저희는 빛을 봅니다"(시편 35:10 [불가타본])에 따라 아우구스티누스는 인간 지성이 초월적 빛 속에서 사물의 진선미와 경험의 확실성을 파악한다는 '조명설'을 편다.

전해지고 비추임 받고 행복해지는 일이 남아 있습니다.

5.6. 삼위일체가 어렴풋이 기술되었다

보십시오, 저의 하느님, 여기서 삼위일체이신 당신께서[30] 어렴풋이 제게 나타나십니다. 아버지, 당신께서는 저희 지혜이신 분의 '태초' 안에서 하늘과 땅을 만드셨습니다. 그 태초는 당신의 지혜이시고 당신으로부터 태어나셨으며 당신과 동등하시고 당신과 함께 영원하시니, 다시 말해서 당신께서는 당신 아드님 안에서 하늘과 땅을 만드셨습니다.[31] '하늘의 하늘'에 관해서, '보이지 않고 틀이 잡히지 않은 땅'에 관해서, 그리고 신령한 무형성을 가진 흐늘거리는 용해물^{溶解物}이라는 관점에서 '어두운 심연'에 관해 저희는 참 많은 말을 했습니다. 그 심연이 자체를 일종의 생명으로 만들어주신 분에게로 전향하지 않았더라면, 그리고 비추임을 받아서 아름다운 생명이 되지 않았더라면, 그렇게 해서 후일에 물과 물 사이에 만들어진 그 하늘이 하늘로 존재하지 않았더라면 그냥 그대로였을 것입니다.

그래서 저는 이것들을 만드신 분을 '아버지'라고('하느님'이라는 이

---

[30] 교부가 하느님을 칭하는 명칭은 '삼위일체이신 유일한 하느님'(trinitas quae est unus deus)(『삼위일체론』, 서언)이다. 여기서도 '삼위일체이신 당신, 내 하느님'(trinitas quod es, deus meus)이라는 호칭으로 말문을 연다. 아우구스티누스의 가장 심오한 그리스도교 인간학 저작인 『삼위일체론』은 하느님의 모상으로 창조된 인간의 지성(주체, 인식, 사랑)을 분석함으로써 거기서 삼위일체를 발견하는 작업으로 나아간다.

[31] "나는 하나이신 하느님을, 만유의 하나뿐인 원리이시고 지혜이시고 상급이신 분을 섬긴다"(『참된 종교』, 55.112). "하느님을 인식하고 나자 우주가 존재하는 원인이 어디 있고 진리를 인식하는 빛이 어디 있고 행복을 향유하는 원천이 어디 있는지 찾아냈다"(『신국론』, 8.10.2).

름으로 불리는 분), 또한 '아드님'이라고(그분 안에서 이것들을 만드셔서 '태초'라는 이름으로 불리는 분) 다짐해왔습니다. 저는 제 하느님을 삼위일체로 믿었고, 또한 하느님의 성스러운 언사에서 찾아보았더니, 제가 믿던 대로, 보십시오, 당신의 영이 물 위에 감돌고 있었습니다.[32] 그러니 보십시오, 삼위일체이신 저의 하느님, 아버지와 아들과 성령께서 만물의 창조주이십니다.[33]

6.7. 왜 성령이 맨 마지막에 언명되었을까

거기에 무슨 이유가 있었습니까? 진실을 말씀하시는 빛이시여, 제 마음이 저에게 혹시 허망한 것을 가르칠까 두려워 당신께 다가가, 사랑이라는 어머니를 통해[34] 당신께 빕니다. 당신께 비오니 제게 말씀해주십시오. 무슨 까닭이 있었기에 하늘이 보이지 않고 틀이 잡히지 않은 땅, 그리고 심연 위의 어둠 다음에야 당신의 성경이 당신의 영을 언명하는 것입니까? '위에 감돌고 있었다'는 말을 하기 위해 그분을 넌지시 일러줄 필요가 있었다는 말입니까? 먼저 어떤 사물을 넌지시 이르지 않고서는 당신의 영이 어떤 것 위에서 감돌고 있었다는 사

---

32) 아우구스티누스는 이 책에서도 11권에서는 성부를, 12권은 성자('태초' 혹은 '지혜')를, 이 13권은 성령을 중점적으로 창조론을 언명하고 있다.
33) 삼위일체 하느님을 창조주로 고백하는 신앙고백문이다. "오성과 생혼과 몸체를 갖춘 피조물은 어느 것이나, 그것이 존재하는 한, 바로 창조하시는 이 삼위일체에 의해서 존재하고 자기 형상을 갖추고 질서정연하게 지배당한다는 것은 의심할 여지가 없다. 성부께서 성자를 통해 성령의 선물에 의해서 동시에 모든 것과 개개의 사물 본성을 만드신 것으로 이해해야 한다"(『참된 종교』, 7.13).
34) "사랑은 모든 이에게 은혜를 미치고 … 모두에게 어머니가 된다(caritas omnibus mater)"(*De catechizandis rudibus*, 15.23).

실을 이해할 수 없었을지도 모릅니다. 성부 위에 감돌고 있었던 것도 아니고 성자 위에 감돌고 있었던 것도 아닙니다. 그 위에 감돌 것이 아무것도 없으니 무엇 위에 감돌고 있다는 말도 옳지 않습니다.

그러니까 그 위에 성령이 감돌 만한 사물을 먼저 말해야 했고, 그 다음에야 그분에 관해서 언급해야 하는데, 그분이 그 위에 감돌고 있었다는 말 외에는 달리 언급할 필요가 없으니 말입니다.[35] 그렇지만 위에 감돌고 있었다는 그 사물을 먼저 언급하지 않고 성령을 소개하는 것은 왜 안 되었습니까?

7.8. 하느님의 영이 우리를 떠받들고 있다

여기서 지성을 갖추고 있어서 당신 사도를 따를 만한 사람은 따라야 할 것입니다. 그 인물은 *"우리가 받은 성령을 통하여 당신의 사랑이 우리 마음에 부어졌습니다"*[36]라고 했고, 신령한 것들에 관해서 가르쳤으며, 사랑의 뛰어난 길을 보여주었고, 저희가 그리스도의 사랑에 관한 뛰어난 지식을 알 수 있게 하려고 당신 앞에 무릎을 꿇기도 했습니다. 그러니까 그렇게 뛰어난 분이 태초부터 물 위에 감돌고 있었습니다. 그럼 저는 누구에게 말씀을 드려야 합니까? 가파른 심연으로 당기는 욕정의 무게에 관해서는 뭐라고 말씀드려야 하고, '물 위를 감돌고 계시던' 당신의 영을 통해서 고양되는 사랑에 관해서는 어떻게 말씀을 드려야 합니까?[37] 누구한테 말씀드립니까? 어떻게 말

---

35) 창조와 연관된 성령의 역할에 관해 지금까지 언급하지 않았던 이유를 해명한다.
36) 로마 5,5.
37) "제 중심은 저의 사랑입니다. 사랑으로 어디로 이끌리든 그리로 제가 끌려갑

쏨드립니까?

저희가 가라앉는 공간, 저희가 솟아오르는 공간을 두고 하는 얘기가 아닙니다. 저희가 하는 말 중 무엇이 실제와 더 흡사하고 무엇이 더 다릅니까? 저것들은 둘 다 감성이고 사랑입니다. 한 사랑은 우리 영의 불순함이고 한 사랑은 당신 영의 성스러움입니다. 하나는 근심 걱정에 대한 사랑으로 아래로만 처지나 하나는 안전에 대한 사랑으로 우리를 위로 들어올립니다.[38] 그 거룩함이 저희에게 마음을 들어 당신께 향하라고, 당신의 영이 물 위에 감돌고 있는 그곳을 향하라고, 저희 영혼이 실체도 없는 물을 건너고 나서[39] 비할 데 없는 안식에 이르라고 저희를 위로 떠받쳐올립니다.

8.9. 피조물들의 영은 미끄러졌다가도 행복으로 되살아난다

천사가 미끄러져 떨어졌고[40] 인간 영혼도 미끄러져 떨어졌습니다.

니다"(이 책, 13.9.10)라는 원칙에 의거해 "'영혼의 발'을 사랑이라고 알아들으면 맞습니다. 그것이 악해지면 탐욕 또는 애욕이라고 부르고 올바르면 사랑 또는 애덕이라고 합니다. 사물이 지향하는 장소로 움직이는 것은 사랑에 의해서입니다"(『시편 상해』, 9.15).

38) "정욕이라는 것이 사랑하는 몸들끼리 하나로 결합하는 일이 아니면 무엇으로 그토록 격렬하게 쾌락을 느끼는가? 고통이 어째서 해로운가? 하나이던 것이 흩어지려고 몸부림치는 까닭이다. 그러므로 헤어질 수도 있는 대상과 하나 되려는 노력은 힘겹고도 위험하다"(『질서론』, 2.18.48).

39) 시편 124[123]:5("거품 뿜는 물살이 우리 목 위로 넘쳐흘렀으리라")를 교부는 재래 라틴어역본에 따라서 "우리 영혼이 실체 없는 물을 건넜도다"로 판독하고 이를 악은 '선의 결핍'에 불과하므로 구체적인 실체가 없다는 뜻으로 해설한다. "실체 없는 물은 무엇이겠습니까? 실체가 없는 죄의 물이 아니겠습니까? 죄는 실체가 없습니다. 실체가 아니라 곤궁을, 실체가 아니라 빈곤을 갖고 있습니다"(『시편 상해』, 123.9).

40) 2베드로 2:4 참조.

그래서 그들은 심연이 있음을 가리켜 보입니다. 당신께서 태초에 "*빛이 생겨라*"라고 하시지 않았더라면, 그래서 빛이 생기지 않았더라면, 신령한 피조계 전체가 저 어두운 바닥에 머물러 있었을 것입니다. 그렇게 당신의 천상 도성[41]의 모든 지성이 순종해 당신께 귀의하지 않았더라면, 가변적인 것 모두 위에 변함없이 감돌고 있는 당신의 영 안에서 안식을 찾지 않았더라면 그렇게 되고 말았을 것입니다. 그렇지 않았더라면 저 하늘의 하늘도 자체로는 어두운 심연이었을 뿐입니다.

그런데 지금은 주님 안에 있는 빛입니다. 타락한 영들, 당신 빛의 옷이 벗겨진 채 자기네 어둠을 가리켜보이는 저 가련한 영들의 불안으로 미루어, 당신께서는 우리한테 다음과 같은 사실을 실컷 보여주십니다.[42] 당신께서 이성적 피조물을 얼마나 훌륭하게 만드셨는지를, 따라서 당신보다 못한 존재는 그것이 무엇이든지 행복한 안식에 이르게 하는 데 충분하지 못함을, 따라서 스스로 자기에게 그런 안식이 되지 못함을 보여주십니다.

저희 하느님, 당신께서 저희 어둠을 비춰주실 것입니다. 저희의 빛나는 옷이 당신께로부터 솟아오르고 저희 어둠이 대낮처럼 될 것입니다. 그러니 저의 하느님, 당신을 제게 주십시오. 제게 당신을 돌려주십시오. 사랑합니다. 또 만일 모자란다면 더 힘껏 사랑하겠습니다.[43] 저의 사랑이 충분하다 할 지경에 이르기까지 제게 사랑이 얼

---

41) caelestis civitas: 이 책에 이 용어가 등장하면서(12,11,12; 12,15,20) 교부의 대표 저서인 『신국론』의 착상이 이루어진다.
42) "천사들의 이 두 집단, 서로 다르고 서로 상반되는 두 집단, 하나는 본성이 선하고 의지가 바르며 하나는 본성은 선한데 의지가 비뚤어진 두 집단이 성경의 확실한 증언에 의해서 뚜렷하게 밝혀졌다. 뿐만 아니라 창세기라는 이름이 붙은 이 책에서는 빛과 어둠이라는 단어로 그 두 집단이 지적되었다"(『신국론』, 11,33).
43) 사랑을 곧 의지와 동일시하므로("사랑이란 보다 강한 의지 외에 다른 것이 아니다") 올바른 사랑은 '더 힘껏 사랑함' 혹은 '하느님을 사랑함'으로 정의될

마나 부족한지를 저로서는 잴 능력이 없습니다. 제 생명이 당신의 품 안으로 달려들려면, 당신 면전의 피난처에 숨겨지기까지 물러서지 않으려면 얼마나 부족한지 알 재간이 없습니다. 그러나 이것만은 저도 알고 있습니다. 당신 밖에서는 제게 파탄이요, 제 밖에서만 아니고 제 안에서도 파탄이며, 제게 있는 모든 풍요함도 곧 저의 하느님이 아니시면 실상은 궁핍일 따름입니다.[44]

9.10. 모든 것이 사랑으로 움직여간다

그러면 아버지와 아드님은 물 위에 감돌고 계시지 않았습니까? 마치 어떤 물체가 일정한 장소에서 감돌고 있었다는 뜻에서 하는 말이라면 성령도 그곳에 감돌고 있지 않았을 것입니다. 그렇지만 가변적 사물 전부 위에서 변함없는 신성(神性)의 지존하심에 비추어 하는 말이라면, 아버지도 아드님도 성령도 물 위에 감돌고 계셨습니다.[45] 그럼 저 말이 왜 굳이 당신의 영을 두고만 나오는 것입니까? 그분은 공간이 아닌데 마치 공간인 듯, 그분에 대해서만 어디에 있었다는 말이 왜 나왔습니까? 그분을 두고서만 당신의 선물이라는 말이 나오지 않았습니까?

당신 선물에서 저희가 안식을 얻습니다. 거기서 저희가 당신을 누립니다.[46] 저희 안식이 곧 저희의 자리입니다. 사랑이 저희를 그리로

수 있다.
44) 사랑은 사랑받는 대상과 동화되므로 하느님을 사랑의 대상으로 삼으면 인간은 신성해지고 영원해진다.
45) 교부의 『삼위일체론』(1-4권)에서 창조나 구원 같은 대외활동은 성부·성자·성령이 공통으로 하시는 활동으로 규정된다.
46) "향유한다는 것은 어떤 사물 그 자체에 애착함이다. … 향유해야 할 사물은

떠받치고 당신의 선하신 영이 죽음의 문턱에서 저희 비천함을 그리로 들어올립니다. 저희에게는 선한 의지 속에 평화가 있습니다.[47] 물체는 제 중심에 따라서 제자리로 기웁니다. 중심이란 꼭 밑을 향하는 것이 아니고 제자리로 기웁니다. 불은 위로 향하고 돌은 아래로 향합니다. 제 중심을 향해 움직이면서 제자리를 찾습니다. 기름은 물 밑으로 붓더라도 물 위로 솟아오르고 물은 기름 위로 붓더라도 기름 밑으로 가라앉습니다.

제 중심을 향해 움직이면서 제자리를 찾습니다. 그런 질서가 덜한 곳은 불안하고 질서가 잡히면 평온합니다. 제 중심은 저의 사랑입니다.[48] 사랑으로 어디로 이끌리든 그리로 제가 끌려갑니다.[49] 당신 선물로 저희가 불타오르고 위로 이끌려갑니다. 타오르면서 갑니다. 마음의 오르막길을 저희는 오르고 그러면서 층계송層階誦을 노래합니다. 당신의 불, 당신의 좋으신 불에 저희가 타오르고 타오르면서 갑니다. 위로 가면서 *"예루살렘의 평화를 향합니다. 주님의 집으로 가겠다고 제게 말해주던 사람들을 두고 기뻤던"*[50] 까닭입니다. 선한 의지가 저

아버지와 아들과 성령 그리고 같은 삼위일체이시다. 하나밖에 없는 최고의 사물이시면서 그를 향유하는 모든 이에게 공유되시는 사물이시다"(『그리스도교 교양』, 1.4.4-1.5.5).
47) "교부는 '사랑'을 하느님과 타인을 향하는 '선한 의지'로 간결하게 정의한다. "사랑 그 자체를 곧 선한 의지, 곧 선의라고도 일컫습니다. 하느님도 그대에게 내면에서 베풀어주신 것 이상으로 그대에게 요구하지 않으십니다. 선한 의지는 쉬지를 못합니다"(『시편 상해』, 36.2.13).
48) "의지와 사랑의 중심, 안식으로 이끌려가는 중심은 무게가 없는 중심이다. 그들의 안식이야말로 참다운 기쁨이요 더 이상 다른 곳으로 이끌려가지 않는다"(*De Genesiad litteram*, 4.4.8).
49) "모든 사랑은 자신의 힘을 지니고 있어서, 사랑하는 사람의 영혼 안에서 사랑이 아무것도 하지 않고 있을 수는 없습니다. 사랑의 힘이 어떤 것인지 알고 싶습니까? 그것이 무엇을 향해 가게 하는지 보십시오"(『시편 상해』, 121.1).
50) 시편 121:1 참조.

희를 그곳에 데려다놓을 것이니[51] 그곳에 영원히 머무는 일 외에 저희가 바라는 바가 전혀 없습니다.

10.11. 다함 없는 광명을 향해 즉각 돌아선 피조물의 행복

저 복된 피조물은 이런 사실만은 알고 있었습니다. 창조받자마자 즉각 들어 높여지지 않았더라면 자기가 완전히 다른 것이 될 수도 있었다는 사실 말입니다. 당신께서 "빛이 생겨라 하시자 빛이 생겼다"라고 말씀하신 그 부르심을 받고서, 가변적인 모든 것 위에 감돌고 있던 당신의 선물에 의해서, 아무런 시간 간격이 일체 없이 즉각 들어 높여지지 않았더라면 말입니다. 저희한테서는 저희가 어둠이었던 일과 저희가 빛이 되는 일이 시간상으로 구분됩니다.[52] 그 대신 저 신령한 피조물에 대해서는 만약 비추임을 받지 않았더라면 무엇이 되었을지만 언급되어 있습니다.

그런데 성경에서는 이전에는 유동적이고 어두운 무엇이었던 것처럼, 그러다가 그것이 창조받은 명분이 드러나면서, 달리 존재할 만한 무엇으로, 즉 스러지지 않는 빛을 향해서 돌아섬으로써[53] 빛으로서 존재하게 된 것처럼 말하고 있습니다. 알아들을 만한 사람은 당신께

---

51) "의지는 무게와 흡사하다. 의지는 이 양자를 결속시키고 질서지우고 한 단위로 결합시키는 것이다. 지각하려는 욕구든 사유하려는 욕구든 [욕구의 대상이 되는] 그 사물들 속이 아니면 만족하여 [그 욕구가] 안정되지 않는다는 점에서 무게와 흡사하다"(『삼위일체론』, 11.18).
52) 천사들은 창조되고 형상화되자마자 '일체의 시간 간격 없이' 빛에 귀의했으나 인간은 "어둠의 상태에서 은총과 영광의 빛으로 건너가는 데 오랜 시간이 걸린다"(De Genesi ad litteram, 4.32.49).
53) 집회서 24:6[불가타본] 참조("나는 하늘에 스러지지 않는 빛이 떠오르게 하였다").

간청해서 알아들을 것입니다. 제가 마치 이 세상에 오는 어떤 사람 하나라도 비추어줄 수 있기라도 할 것처럼 왜 저를 못살게 굽니까?

11.12. 삼위일체의 모상이 인간들에게서 희미한 그림자를 본다

전능하신 삼위일체를 누가 이해하겠습니까? 삼위일체를 논할 때에 '삼위일체'를 입에 올리지 않는 자는 누구입니까?[54] 삼위일체에 관해 말하면서 자기가 말하는 바를 확실하게 아는 영혼은 드뭅니다.[55] 삼위일체를 두고 말싸움도 하고 몸싸움도 하겠지만 평화가 없다면 아무도 저 경지를 보지 못합니다. 저는 사람들이 자기 자신 안에서 다음 셋을 성찰하길 바랍니다. 물론 이 셋은 저 삼위일체와 아주 다릅니다만, 제가 하는 말과 저 삼위일체가 얼마나 다르냐를 두고 연습하고 입증하고 각성하라는 것입니다.

제가 말하는 것은 "존재하다, 인식하다, 원하다"[56]라는 말입니다. 저는 존재하며 따라서 인식하고 또 원합니다. 저는 인식하고 의욕하

---

54) 존재론이나 인간론을 다루는 아우구스티누스의 여러 저술에서 세 요소가 하나로 수렴되는 사례들을 열거하면서 자연적 차원에서 '삼위일체'를 지적하곤 한다.
55) "삼위일체에 관해 오류에 빠짐은 다른 어느 대목에서 오류에 빠지는 일보다 더욱 위험스럽고, 삼위일체에 관한 탐구는 다른 무엇을 탐구하는 일보다 힘들며, 삼위일체에 관한 진리를 발견함은 다른 무엇을 발견하는 일보다 결실이 크다"(『삼위일체론』, 1.3.5).
56) esse, nosse, velle: 인간의 기본 작용이며 『삼위일체론』 제9권에서 분석하는 내용이다. "우리는 우리에게서도 하느님의 모상을, 하느님의 지존한 삼위일체의 모상을 인지한다. … 우리는 존재하고, 우리가 존재함을 인식하며, 존재하고 인식함을 사랑한다. 내가 존재하고 내가 인식하고 또 그것을 사랑한다는 것은 나에게 더없이 확실하다"(『신국론』, 11.26).

면서 존재하고, 또 제가 존재하고 의욕함을 인식하고, 또 존재하고 인식하기를 원합니다. 이 셋이 불가분한 생명, 곧 단일한 생명이자 단일한 지성이요 단일한 존재자임을 57) 알아볼 수 있습니다. 그러니까 이 셋에서 불가분한 구분, 불가분하지만 구분이 있음을 알아보아야 합니다. 물론 이 셋이 자기 앞에 있으니 스스로 주시해서 알아보고 그 다음에 저한테 말할 일입니다.

그렇지만 만약 이 셋에서 뭔가를 발견한다고 해서, 또 발견한 바를 말로 표현한다고 해서, 자기가 저것들 위에 존재하는 불변자를 발견했다고 여기지는 말아야 합니다. 그 대상은 불변하게 존재하고 불변하게 인식하고 불변하게 원하는 존재입니다. 그리고 여기서 저희 자신에게서 관찰되는 이 셋 때문에 저기서도 이것들이 삼위일체인지, 그렇지 않고 각 위(位)에 이 셋이 다 있어서 각각 있는지를 쉽게 알아낼 사람이 누구겠습니까? 58) 그것도 아니면 참으로 신묘한 양상으로 두 가지 경우가 함께 해당해서, 각 위는 단순하면서도 다양하게 존재하고, 세 위는 자체로는 무한이면서 서로 간에는 한정되는지 누가 알겠습니까? 59) 일체로서는 단일성의 풍성한 위대함을 갖춘 채로 변함없이 그 자체이지만 60) 삼위로서는 그렇게 한정을 둔 채로 스스로 존재

---

57) essentia: 이 단어는 『고백록』에서 이곳과 13.16.19에서만 나오지만 교부의 저술 전체에서는 무려 250여 회 구사된다. 삼위일체를 "어떻게 설명할 수 있을까 해서 우리 그리스인들은 '한 존재, 세 실체'(una essentia, tres substantiae)라는 표현을 썼고, 라틴인들은 '한 존재 혹은 실체, 세 위격'(una essentia vel substantia, tres personae)이라는 표현을 썼다"(『삼위일체론』, 7.4.7).
58) 삼위일체의 경우 존재(esse)는 성부께, 인식(nosse)은 성자께, 의지(velle)는 사랑인 성령께 돌린다.
59) infinito in se sibi fine: '사물에 한계가 없다면 지성의 인식 대상이 될 수 없다'는 인식론 명제를 전제한다면, "저 셋은 서로 제한하는 것처럼 보이면서도 또한 그 자체로는 무한하다"(『삼위일체론』, 6.10.12).
60) 하느님은 '그 자체로 불변하시면서도 삼위로 인해서 하느님의 '유일성'은 '풍

하시고[61] 스스로에게 인식되시고 스스로 충족된 분이라는 생각을 누가 쉽사리 해내겠습니까? 그런 신비를 누가 어떻게 언표하겠습니까? 도대체 누가 무슨 수로 이를 함부로 발설하겠습니까?

12.13. 무지의 어둠에 덮여 있던 사람들이 주님의 가르침으로 비추임 받았다

"저의 믿음이여, 계속 고백하라. 주 너의 하느님께 말씀드려라. '거룩하시다, 거룩하시다, 거룩하시다, 주 저의 하느님이시여! 당신의 이름으로 저희가 세례를 받았습니다, 아버지와 아드님과 성령이시여! 당신의 이름으로 저희가 세례를 줍니다, 아버지와 아드님과 성령이시여! 우리가 믿기에 하느님께서 당신의 그리스도 안에서 하늘과 땅을 만드셨습니다. 곧 당신 교회의 영적인 이들과 육적인 이들을 이루셨습니다.'"[62]

저희 땅은 교도(教導)라는 형식을[63] 받아들이기 전에는 보이지도 않고 틀도 잡히지 않았으며, 저희는 무지의 어둠에 덮여 있었습니다. 왜냐하면 당신께서는 악행 때문에 사람에게 가르침을 베푸셨고, 당신

성한 위대함을 갖춘 단일성'이라는 역설을 갖게 되었다.
61) "지존한 삼위일체에서는 셋이 함께하는 그만큼 하나이고, 둘이 하나보다 더 많은 것도 아니며, 자체로는 무한하다. 그래서 [삼위일체에서는] 각자가 각자 안에 있고 모두가 각자 안에 있으며 각자가 모두 안에 있고 모두가 모두 안에 있으며 모두가 하나다"(『삼위일체론』, 6.10.12).
62) 아래로 창세기 1장의 내용을 그리스도교 시대에 성령의 역사 측면에서, 또 유비적인 윤리도덕의 관점에서 해설한다.
63) 천사들의 형상화는 즉각 이루어졌지만 인간 지성(저희라는 땅)의 경우 개인적으로는 평생을, 집단적으로는 장구한 교회사와 신학적 토론을 거쳐 단계적으로 이루어진다. 이를 '형상을 가르침'이라고 표현했다.

의 심판은 크나큰 심연 같기 때문입니다.[64] 그러나 당신의 영이 물 위에 감돌고 있었고, 당신 자비로 저희의 참상을 내버려두지 않으셨으므로 당신께서는 말씀하셨습니다. "*빛이 되어라!*[65] *회개하라! 하늘나라가 가까이 왔다. 회개하라! 빛이 되어라!*"[66]

그리하여 저희 영혼은 저희 자신을 두고 탄식했으며, 주님, 요르단 땅에서, 당신과 동등하지만 저희 때문에 작아진 산에서[67] 당신을 기억했습니다. 저희 어둠이 저희 마음에 들지 않았고 그래서 저희는 당신께로 돌아왔으며, 그러자 저희가 빛이 되었습니다. 저희는 한때 어둠이었고 지금은 주님 안에 있는 빛입니다.

13.14. 입양과 구속을 기다림

그러나 여태까지는 그 빛이 믿음을 통해서이지 형상을 통해서는 아직 아닙니다.[68] 저희는 희망으로 구원을 받았습니다. 보이는 희망은 희망이 아닙니다. 심연이 심연을 부르기는 하지만 이제는 당신의 폭포 소리도 저희를 부릅니다. "*나는 여러분에게 영적인 사람을 대할*

---

64) 옛 라틴어 성경의 시편 42[41]:9 "심연이 심연을 부른다"에 호응해 바울로 사도는 "죄가 많은 곳에는 은총도 풍성하게 내렸습니다"(로마 5:20)라고 했다.
65) 성경의 "빛이 생겨라!"를 여기서는 "빛이 되어라!"는 의미로 인용하고 있다.
66) 아우구스티누스는 창세기의 첫 발언('빛이 생겨라!')과 예수님의 세례 후 첫 발언('회개하여라!')을 한 문장으로 만들어 창조와 구원을 한데 엮었다.
67) 성부와 동등하신 말씀의 육화를 인간 구원을 위해 작아진 산으로, 예수의 요르단강에서의 세례를 자기를 낮추는 겸손의 행위로 비유하고 있다.
68) "'하느님과 인간 사이의 중개자이신 인간 그리스도 예수'께서 모든 의인들을 '형상으로', 사도가 말하는 대로 '얼굴과 얼굴을 마주 보는' 직관으로 인도하시리라는 것이다. … 믿는 이들을 하느님 아버지를 뵙는 관상으로 인도할 것이다"(『삼위일체론』, 1.8.16).

때와 같이 말할 수가 없어서 육적인 사람, 곧 교인으로서는 어린아이를 대하듯이 말할 수밖에 없었습니다"라고 말한 그이마저도[69] 자기는 아직도 삼위일체를 깨닫지 못했다고 여기므로 자기 뒤에 있는 것을 잊어버리고 앞에 있는 것을 향해 뻗어가면서도 무겁게 짓눌려 탄식하고 있습니다.[70] 사슴들이 샘물을 목말라하듯 그의 영혼도 살아계신 하느님을 목말라하고 있으며 "언제나 가리이까?" 묻습니다.[71] 그 사람도 하늘로부터 오는 자기 거처를 옷처럼 덧입기를 갈망하면서[72] 저 아래의 심연을 불러 이렇게 말합니다.[73] "여러분은 이 세속에 동화되지 말고 여러분의 새로운 지성으로 변화되도록 하시오."[74]

그뿐이 아니고 "생각하는 데는 어린아이가 되지 마십시오. 악한 일에는 어린아이가 되고, 생각하는 데는 어른이 되십시오"라고도 합니다.[75] 또 "갈라디아 사람들이여, 왜 그렇게 어리석습니까? 누가 여러분을 미혹시켰단 말입니까?"[76]라고도 합니다. 하지만 이제는 이미 그의 목소리가 아니라 당신의 목소리로 하십니다. 당신께서는 높은

---

69) 1고린토 3:1 참조.
70) 삼위일체를 두고 사도 바울로는 이런 말씀까지 한다(필리피 3:13-15 참조). "형제 여러분, 나는 이미 파악했다고는 생각하지 않습니다. 한 가지는 분명합니다. 뒤에 있는 것을 잊어버리고 앞에 있는 것을 향해 내뻗으면서 지향대로 달려갑니다"(『삼위일체론』, 9.1.1).
71) 시편 42[41]:2* 참조("하느님, 제 영혼이 당신을 그리워하나이다. 내 영혼이 살아계신 하느님을 목말라했나이다. 언제나 가서 하느님 면전에 나타날까?").
72) 2고린토 5:2 참조("지금 육신의 장막을 쓰고 사는 우리는 옷을 입듯이 하늘에 있는 우리의 집을 덧입기를 갈망하면서 신음하고 있습니다").
73) "사람의 마음보다 더 깊은 것이 또 무엇이던가요? 과연 어느 한 사람의 생각을 꿰뚫어볼 수 있던가요? 누구의 마음을 들여다볼 수 있던가요? 인간을 두고 심연이라고 깨달은 것은 모순이 아니라고 봅니다"(『시편 상해』, 41.13).
74) 로마 12:2[200주년] 참조("이 세상을 본뜨지 말고 정신을 다시 새롭게 하여 여러분의 모습을 바꾸시오").
75) 1고린토 14:20 참조.
76) 갈라디아 3:1 참조.

데서 당신의 영을 보내셨고, 또 높은 곳으로 올라가서 당신 선물들의 폭포를 열어젖히셔서 그 강의 물줄기가 당신 도성을 즐겁게 하도록 만드신 그분을 통해서 하고 계십니다.

신랑의 벗이 그분을 그리워하고,[77] 성령의 첫 열매를 스스로 이미 간직하고 있으면서도 아직도 자기 속으로 탄식하며 입양을 기다리고 자기 몸의 구속을 기다리는 중입니다.[78] 그는 신부의 몸이므로 그분을 그리워하고, 동시에 신랑의 벗이라는 면에서 그분에게 열정을 품고 있습니다. 자기 자신한테가 아니라 그분에게 열정을 품고 있으니 자기 목소리가 아니라 당신 폭포의 소리로 또 다른 심연을 부르는 까닭입니다. 그분에게 열정을 품고 있으며, 뱀이 제 간계로 하와를 속아 넘긴 것처럼 저희 신랑이요 당신 외아드님 안에 있는 순수함으로부터 멀어져 저희 감관이 부패하지 않을까 두려워합니다. 저희가 그분을 있는 그대로 뵙게 될 때에, 그 형상의 빛이 과연 어떠하겠습니까? 그러면 사람들이 저에게 날마다 "네 하느님은 어디 계시느냐?" 빈정거려서 낮에도 밤에도 제게 음식이 되었던 그 눈물도 지나가고 말 것입니다.[79]

14.15. 믿음과 희망

저도 말씀드립니다. "내 하느님, 어디 계십니까?" 바로 거기 계십니

---

77) '신랑의 벗'은 본래 세례자 요한(요한 3:29)을 가리키지만 여기서는 사도 바울로를 지칭한다.
78) 로마 8:23 참조("피조물만이 아니라 성령을 하느님의 첫 선물로 받은 우리 자신도 하느님의 자녀가 되는 날과 우리의 몸이 해방될 날을 고대하면서 속으로 신음하고 있습니다").
79) 시편 42[41]:4 참조.

다. 축제를 거행하는 소리, 환호와 찬미의 소리 그 속에서 제 위로 저의 영혼을 북돋는 순간, 제가 잠시 한숨을 돌리는 것도 당신 안에서입니다. 그러면서도 제 영혼은 여태껏 슬픈데, 이는 다시 뒤로 미끄러지고 심연이 되어 심지어 자신이 곧 심연이라고까지 믿기 때문입니다. 당신께서 밤에 제 발을 비추라고 밝혀주신 제 믿음은 이렇게 일러줍니다.

"영혼이여, 어찌하여 신음하며 어찌하여 나를 당황케 하느냐? 주님께 바라라. 그분의 말씀이 네 발의 등불이다.[80] 바라라. 악인들의 어미인 밤이 지나가기까지, 주님의 분노가 지나가기까지 꾸준히 바라라. 그분의 자식인 우리도 한때 어둠이었다. 우리는 아직도 죄 때문에 죽었던 몸속에 어둠의 찌꺼기를 끌고 다닌다, 날이 새고 그늘이 걷힐 때까지. 주님께 바라라."

"*나는 아침에 대령하고 우러러 뵙게 되리라. 항상 그분을 찬미하리라. 아침에 대령하고 내 얼굴의 구원을 보리라.*[81] 우리 안에 거처하는 영 때문에 우리의 죽을 몸도 살려주실 내 하느님을 뵈리라. 우리의 어둡고 축 늘어진 내면 그 위에 영께서 자비로이 감돌고 있다." 저희는 바로 이 나그네 길에서부터 보증을 받았습니다. 그래서 저희는 희망으로 구원된 처지이면서도 이미 빛이며 빛의 자식이요 대낮의 자식이지, 한때 그랬던 것처럼 아직도 밤과 어둠의 자식은 아닙니다. 인간 인식의 저 불확실성에 비추어 저 어둠의 자식들과 저희 사이를 구분해낼 수 있는 분은[82] 오로지 당신뿐이십니다. 당신께서는 저희 마음

---

80) 교부는 그리스도를 '빛'으로, 그리스도의 말씀 혹은 예언자들과 사도들을 '등불'로 비유한다.
81) 시편 5:4 참조.
82) 창세기 1장 5절의 '빛과 어둠'을 구분하는 하느님 활동을 죄인과 악인을 가르는 예정론적 관점에서 성찰한다. "저 두 도성이 이 세대에서는 경계가 애매하며, 최후의 심판으로 양편이 갈라지기까지는 서로 뒤섞여 있다"(『신국론』, 1,35).

을 인정하시고 빛을 낮이라, 어둠을 밤이라 부르십니다.

당신께서 아니면 누가 저희를 알아주겠습니까? 저희가 갖고 있는 것 가운데 당신께 받지 않은 것이 무엇입니까? 한 덩이 진흙에서 귀한 데에 쓰일 그릇이 만들어졌고 같은 흙에서 천한 데 쓰일 다른 그릇들도 만들어지지 않았습니까?"[83]

15.16. 궁창 혹은 성경의 항구한 권위

저희 하느님, 당신의 신성한 경전에서 저희에게 권위의 궁창[84]을 만드신 이가 당신 아니면 누구입니까? 하늘은 두루마리처럼 말릴 테지만[85] 지금은 저희 위에 가죽처럼 펼쳐져 있습니다.[86] 당신께서 그 경전을 저희에게 펴보이도록 맡기신 저 인간들은 사멸하는 자들이어서 그들이 그 죽음의 길을 떠난 뒤에도 당신의 신성한 경전은 지고한 권위를 지니고 있습니다.

주님, 당신께서는 아십니다. 사람들이 죄로 사멸하는 존재가 되었을 때에 당신께서 어떻게 가죽으로 그들을 입혀주셨는지 아십니다.[87]

---

83) 로마 9:21 참조. 펠라기우스 논쟁에서 '예정설'을 논하는 데 인용되는 구절이다.
84) '하늘'을 성경으로, 하늘을 떠받치는 궁창을 성경의 권위에 비유하는 것은 아우구스티누스의 주석에 자주 등장한다.
85) 이사야 34:4 참조. 아우구스티누스는 구약의 율법서를 "두루마리처럼 말릴" 창공으로 비유하기도 한다.
86) 시편 104[103]:2-3("빛을 옷처럼 두르시고 하늘을 가죽처럼 펼치셨습니다. 물로 그 위를 덮으시고")에서 "하늘을 가죽처럼 펼치시고"는 재래 라틴어역본에 의한 인용이다.
87) 낙원에서 추방되는 최초의 인간에게 "하느님께서는 가죽옷을 만들어 아담과 그의 아내에게 입혀주셨다"(창세기 3:21)는 구절을 두고 교부는 가죽옷이 사멸의 상징이라고 풀이했다.

그래서 당신 서책의 궁창을 가죽처럼 펼치셨고, 사멸할 인간들을 시켜서 당신의 조화로운 강화(講話)들을 저희에게 가죽옷처럼 둘러주셨습니다.[88] 그들을 통해서 발설하신 당신 언어에 깃든 권위, 그 권위의 토대는 그 성경 저자들의 죽음으로 인해서 아래에 있는 만물 위에 드높이 펼쳐지고 있습니다. 물론 그 저자들이 아직 여기에 살아 있었을 즈음에는 그 권위가 그렇게 드높이 펼쳐지지 못했습니다. 당신께서 아직 하늘을 가죽처럼 펼치지 않으셨기 때문이고, 그들의 죽음에 관한 소식을 아직 사방으로 퍼뜨리지 않으셨기 때문입니다.[89]

15.17 주님, 당신 손가락의 작품인 하늘을 보십시오.[90] 당신께서 저희 눈을 가리신 먹구름을 말갛게 거둬주십시오. 당신의 증언, 어린 사람들에게 지혜를 베푸시는 증언이 거기 있습니다. 저의 하느님, 아이들과 젖먹이들의 입에서 나오는 당신 찬미를 완전히 완성시키십시오. 교만을 이토록 완전히 부수는 다른 책들을 저희는 알지 못합니다. 자기 죄를 변명하면서 당신의 화해를 거부하는 원수와 그 방어자를 이처럼 완전히 쳐부수는 책들을 저희는 알지 못합니다.

주님, 저는 모릅니다. 이토록 정갈한 다른 언어를 저는 알지 못합니다.[91] 저로 하여금 이런 고백을 드리게 타이르고, 저의 목덜미를 당신

---

88) 사멸할 인간들에게 성경의 말씀을 덧입혀 생명을 얻을 기회를 주신 것으로 묘사한다.
89) "성경과 관련해서는, 죽은 이들의 말이 펼쳐집니다. 그 저자들이 죽었기 때문입니다. 예언자들과 사도들은 죽은 다음에 더 많이 알려졌습니다. 살아 있을 때는 그만큼 알려지지 않았었습니다. 예언자들은 살아서는 유다에만 있었지만, 죽은 다음에는 모든 민족들에게 속했습니다"(『시편 상해』, 103.1.8).
90) 교부는 "하늘은 성경, 하느님의 손가락은 성령으로 충만하여 성령께서 그들 안에서 역사하시는 하느님의 심부름꾼들"(『시편 상해』, 8.7)이라고도 해설한다.
91) 그도 젊었을 때에는 한때나마 성경의 문학적 수준을 멸시한 적 있으나(이 책,

멍에 아래 숙이게 만들고, 당신을 섬기라고 저를 거저 초대하는 언어입니다. 선하신 아버지, 제가 그 밑에 수그렸으니 저로 하여금 그 언어를 알아듣게 해주십시오. 당신께서는 수그린 자들에게 그 언어를 굳건히 다져주십니다.[92]

15.18. 궁창 위의 물 또는 천사들의 겨레

이 궁창 위에는 다른 물들[93]이 있습니다. 제가 믿기로는 불사불멸하고 지상의 부패에서 초탈한 물입니다.[94] 그들이 당신 이름을 찬미하고 당신 천사들의 천상겨레가 당신을 찬미하게 하십시오. 그들은 성경이라는 이 궁창을 우러러볼 필요도 없고 그것을 읽고서야 당신 말씀을 아는 것도 아닙니다. 왜냐하면 그들은 항상 당신의 얼굴을 뵙고 있고, 시간의 음절 없이도 당신의 영원하신 의지가 무엇을 원하는지 항상 판독하고 있기 때문입니다. 그렇게 판독하고 선택하며 사랑합니다.[95] 그들은 항상 읽고 있으며, 읽은 것이 지나가는 일이 결코

3.5.9) 이제는 그 소박한 문체가 오히려 인간의 오만을 꺾는 힘 있는 책이라는 증거라고 인정하기에 이른다.
92) 교부는 '궁창 아래의 물'이 하느님의 계시와 율법에 '고개를 수그린' 지성인들을 상징하는 것으로 풀이한다.
93) 궁창이 성경을 상징하므로 궁창 위의 물은 진리를 직관해 굳이 성경을 읽을 필요가 없는 천사들을, 궁창 아래 물은 성경의 권위에 지배받는 인간을 가리킨다.
94) "그들은 그분에게서 불변하는 진리를 보고 진리에 따라서 의지를 움직여 간다. 그렇게 시간과 공간 없이 영원, 진리, 그분의 의지에 영원히 참여한다" (*De Genesi ad litteram*, 8.24.45).
95) 천사들은 성경에 문자로 기록된 진리의 원형을 직관적으로 읽고(legunt), 그것을 의지로 선택하고(e-ligunt), 선택하는 바를 사랑하는(di-ligunt) 존재들이다.

없습니다. 선택하고 사랑하면서 그들은 당신 성의^{聖意}의 불변 그 자체를 읽고 있는 것입니다. 그들의 서책은 닫히는 일이 없고 말리는 일이 없습니다.[96] 당신 친히 그들에게 영원한 책이기 때문입니다. 당신께서 그들을 이 궁창 위에 배열하셨고, 낮은 백성들의 연약함 위에 궁창을 단단히 굳히셔서 저들이 궁창을 우러러보고 당신의 자비를 깨닫게 하셨습니다. 그 자비가 시간을 만드신 당신을 시간적으로 알리고 있습니다.[97]

주님, 하늘에는 당신의 자비가 있고 당신의 진리는 구름까지 닿습니다.[98] 구름은 지나가고 하늘은 남습니다. 당신의 말씀을 선포하는 자들은 이 삶에서 다른 삶으로 옮겨가지만 당신의 성경은 세상이 끝날 때까지 백성들 위로 퍼져나갑니다. 하늘과 땅은 지나갈지라도 당신 말씀은 지나가지 않을 것입니다.[99] 가죽도 말리고 그 위에 가죽이 펴 있던 풀도 그 찬란함과 더불어 사라지겠지만[100] 당신 말씀은 영원히 남습니다. 지금은 있는 그대로가 아닌 희끄무레한 구름 속에, 하늘의 거울을 통해서 저희에게 드러납니다. 저희가 비록 당신 아드님

---

96) 당시의 책은 양피지 낱장들을 묶은 서책인 코덱스(codex)와 두루마리인 리베르(liber)로 나뉘어 있었으므로, 읽기를 마치면 책을 '닫는다'(claudere)고 하거나 책을 '만다'(plicare)고 표현했다.
97) 궁창으로 상징되는 성경, 인간에게 하느님의 자비를 드러내는 말씀은 인간에 의해서 한 음절 한 음절 차례로(시간적으로) 낭독된다. 다시 말해 "시간을 만드신 분을 시간적으로 알려주는" 셈이다.
98) 시편 36[35]:6 참조. 교부에게 구름은 하느님 말씀의 설교가들을 상징한다(『시편 상해』, 35.8 참조). 빛이 위에서 구름에 먼저 도달하므로 그들은 빛으로 먼저 의로워져서 궁창과 그 아래 구름을 우러러보는 대중에게 말씀을 선포한다.
99) 마태오 24:35 참조.
100) 교부에게 하늘에 드리워진 가죽이 성경이고 찬란한 풀이 인류라면, 성경도 일시적으로 기능하고 사라지고(말리고) 인류도 풀처럼 자취를 감출 것이다.

으로 인해서 사랑받기는 했지만 저희가 어떻게 될지는 아직 드러나지 않았습니다. 그분은 육신의 창살을 통해서[101] 들여다보시고 꾀이시고 불을 지르시고 그래서 저희도 그분의 향기를 뒤쫓아 달려갑니다. 그러나 그분께서 나타나시면 저희도 그분과 비슷해지고 그분을 있는 그대로 뵙게 될 것입니다. 주님, 있는 그대로 뵙는 일은 저희의 일인데 아직까지 저희가 거기에 미치지는 못하고 있습니다.

16.19. 영혼은 목마르고 주리고 있다

당신께서 존재하시는 그대로를 아는 분은 오직 당신이십니다. 당신께서는 변함없이 존재하시고 변함없이 인식하시며 변함없이 원하시는 까닭입니다. 또 당신의 존재가 변함없이 인식하고 원하며, 또 당신의 인식이 변함없이 존재하고 원하며, 또 당신의 의지가 변함없이 존재하고 인식합니다.[102] 변함없는 빛이 자체를 인식함과 똑같이 가변적이고 비추임 받는 사물에 의해서도 인식된다는 것은 당신 앞에 온당해 보이지 않을 것입니다.[103] 그래서 저의 영혼은 물 없는 땅처럼 당신 앞에 서 있습니다. 피조물 자체가 자체에 빛을 비추는 일은 불가능하고, 그와 마찬가지로 자기가 자기를 만족시키는 일도 불가능하기 때문입니다. 따라서 당신 빛 속에서 저희가 빛을 보게 되듯이, 생명의 샘 역시 당신 앞에 있습니다.

---

101) 아가 2:9("담 밖에 서서 창 틈으로 기웃거리며 살창 틈으로 훔쳐보며")에서 영감을 받아 교부는 '그리스도의 인성'을 영원한 말씀에서 인간들을 훔쳐보고 사랑하는 '창살 틈'으로 풀이한다.
102) 하느님의 삼위론적 활동으로 '존재', '인식', '욕구'를 거듭 강조한다.
103) 사물을 '존재하는 그대로', '당신께서 존재하시는 그대로' 인식하는 능력은 창조주이자 존재 자체인 하느님에게만 있다.

17.20. 물의 모임은 인종별로 사는 사람들의 사회다

쓰게 만드는 물들을[104] 하나로 모은 것은 누구입니까? 그것들의 목적도 현세의 지상적 행복 하나뿐입니다. 무수한 갖가지 근심걱정에 시달리면서도 그 행복을 바라고 모든 것을 해냅니다. 주님, 물들이 하나로 모여서 마른 땅, 당신을 목말라하는 땅이 드러나라고 말씀하신 분이 당신 아니시면 누구입니까?[105] 바다도 당신께서 몸소 만드셨고 마른 땅도 당신께서 손수 빚지 않으셨습니까? 의지들의 쓴맛이 바다라고 불리지 않고 물들의 합이 바다라고 불립니다. 당신께서는 영혼들의 사악한 욕정들을 제어하시고 물이 어디까지 도달할 수 있는지 그 경계를 정해두십니다. 그래서 욕정들의 파도가 서로 부딪쳐 부서지게 만드시며 그렇게 해서 만유 위에 임하는 당신 통수권이 내리는 명령대로 바다를 이뤄놓으십니다.[106]

17.21. 마른 땅과 그 열매들은 하느님을 목말라하고 선을 행하는 영혼들이다

그렇지만 당신을 목말라하며 당신께 드러나는 영혼들, 바다의 집합으로부터 다른 경계로 구분되는 영혼들에게 당신께서는 물을 주

---

104) 바닷물이 '짜다'는 말을 로마인들은 '쓰다'로 표현했으므로 '바닷물'은 '쓰게 만드는' 물로 표현된다.
105) 창세기 1:9 참조("하늘 아래 있는 물이 한 곳으로 모여, 마른 땅이 드러나라!"). 바다는 죄악에 휘둘리는 영역, 뭍은 하느님을 목말라하는 인간 영혼으로 형용된다.
106) 하느님이 창조하신 바다에 파도가 세차도 한도가 있듯이, 피조물들의 자유의지 역시 세계의 질서를 무너뜨릴 만큼은 아니다.

십니다. 눈에 띄지 않으면서 단물이 나오는 샘으로 물을 주셔서 땅이 자기 열매를 내게 만드십니다. 그러면 저희 영혼은 자기 열매를 맺고, 종류대로 자비의 행업을 싹 틔워서 육신의 필요에 따른 도움을 베풀며 이웃을 사랑하게 됩니다. 이것은 당신께서 주 저희 하느님으로서 내리시는 명령에 따른 것입니다. 또 저희가 서로 비슷해 자비의 씨앗을 자기 안에 간직하고 있어서 그렇게 합니다.[107]

그렇게 저희 나약함도 염두에 두고서 저희는 동정심을 품고 곤궁에 빠진 사람들을 돕기 위해 나서며, 저희가 똑같이 곤궁할 때에 저희한테 도움이 오기를 바라는 것처럼 서로 돕습니다. 그렇다고 씨를 맺는 풀에서처럼 쉬운 일에만 도움을 베푸는 것이 아니고, 열매를 맺는 나무가 그렇게 하듯 강력한 기세로 도와주고 보호하기도 합니다.[108] 다시 말해서 불의를 겪는 사람을 세도가의 손에서 구출하고 강력한 힘으로 공정한 재판이라는 보호의 그늘을 제공하는 혜택이 거기에 해당합니다.

18.22. 해와 달과 별은 영의 행적들이다

이토록 주님, 이토록이나 당신께 빕니다. 당신께서 하시는 대로 생겨나게 하십시오. 기쁨과 능력을 주시는 대로, 진리가 땅에서 돋아나고 정의가 하늘에서 굽어보게 하십시오.[109] 궁창에 빛물체들이 생겨

---

107) 풀과 나무를 "제 종류대로 돋아나게 했다"는 구절에 비추어, 교부는 "네 이웃을 네 몸같이 사랑하여라"(마르코 12:31)는 계명이 사람들이 다 같이 하느님의 모상('우리와 비슷하게')이라는 '비슷함'에서 근거한다고 연상했다.
108) 아우구스티누스는 일반적인 선을 씨 맺는 풀로, 사회 공동체 차원의 정의로운 선을 열매 맺는 나무로 비유하기도 한다.
109) "진리가 땅에서 움터 나왔다는 말은 그리스도께서 여인에게서 태어나셨음

나게 하십시오.[110] 굶주린 이에게 저희 빵을 쪼개게 해주시고, 집 없는 어려운 사람을 저희 집에 맞아들이게 해주시고, 헐벗은 사람을 입히고, 저희 같은 씨앗의 식구들을 낮추보지 않게 해주십시오. 땅에서 난 열매들은, 보십시오, 좋습니다. 저희 빛이 때맞춰 솟아오르게 하셔서 미천하나마 행실의 결실이 관상의 즐거움 속으로 들어가게 해주십시오.[111] 드높은 생명의 말씀을 받아들임으로써, 당신 성경의 궁창에 의탁함으로써 저희가 이 세상에 빛물체처럼 드러나게 해주십시오.[112]

당신께서는 거기서 저희와 함께 이야기를 주고받으시며, 저희가 낮과 밤 사이를 나누듯이, 가지적인 것들과 감각적인 것들을 나눠 보게 하시고, 가지적인 사물에 몰두하는 영혼들과 감각적 사물에 몰두하는 영혼들 사이를 나눠 보게 하십시오. 이제는 궁창이 생기기 전에 하셨듯 당신의 심오한 판단으로 빛과 어둠을 갈라놓는 일을 이제는 당신 홀로 하시는 것이 아닙니다. 같은 궁창에 자리 잡고 있고 또 거기서 구별되는 당신의 신령한 자들도 온 세상에 드러난 당신의 은총에 힘입어, 당신께서 그들이 땅 위로 빛을 발하게 만드시며, 낮과 밤 사이를 나누고 절기를 가리키게 하십니다. 옛것은 지나갔고, 보십시오, 새것이 되었기 때문입니다. 저희 구원이 저희가 믿던 것보다 일찍 오기 때문입니다. 밤이 물러갔고 낮이 가까이 왔기 때문입니다.[113]

을 뜻합니다. 정의가 하늘에서 굽어보도록, 다시 말해서 사람들이 하느님의 은총으로 의롭게 되도록, 진리께서 동정 마리아에게서 태어나셨습니다"(『시편 상해』, 84.13).
110) 교부는 나흗날에 창조된 '빛물체들'(luminaria)이 하느님을 목말라하는 그리스도신자들, 진리와 정의에 정진하는 사람들을 상징한다고 풀이한다.
111) 그리스도교 신앙생활에서 "영원한 사물들을 대상으로 하는 관상과 현세 사물들을 잘 사용하는 행동 사이에는 거리가 있다"(『삼위일체론』, 12.14.22).
112) 재래 라틴어역본에 따라 필리피 2:15(사악하고 뒤틀린 "이 세대에서 빛물체처럼 세상에 빛을 내십시오")을 간접 인용하고 있다.
113) 로마 13:11-12 참조. 아우구스티누스는 구약과 신약을 '옛것'과 '새것', '밤'

당신 일꾼들을 추수에 보내셔서 당신 한 해의 화관[114]을 축복해주시는데 거기서 씨를 뿌리며 수고한 것은 다른 사람들이었습니다. 당신께서는 다른 파종에도 당신 일꾼들을 보내시지만 그곳의 추수는 종말에 있을 것입니다.[115] 이처럼 당신께서는 간원하는 이에게 서원을 채워주시고, 의인의 연륜을 축복해주시며, 당신께서는 언제나 같으시면서 지나가는 연륜들에게는 다함 없는 당신의 연륜에다 곳간을 마련하십니다. 영원한 경륜으로 제때 땅에다 천상 선물을 베풀어주십니다.[116]

18.23 어떤 이에게는 영을 통해서 큰 빛물체마냥 지혜의 말씀이 주어집니다.[117] 찬란한 진리의 빛을, 하루의 첫머리처럼 찬란한 빛을 반기는 이들을 위해 지혜가 내리는 것입니다. 어떤 이에게는 같은 성령에 따라, 작은 빛물체처럼 지식의 말씀이 주어집니다.[118] 어떤 이에게는 믿음이, 어떤 이에게는 병을 고치는 은사가, 어떤 이에게는 권능의 작용이, 어떤 이에게는 예언이, 어떤 이에게는 영들의 식별이, 어떤 이에게는 여러 가지 신령한 언어들이 주어집니다.

이 모두가 별처럼 주어집니다. 이 모든 것은 한 분이신 성령께서 일

과 '낮'으로 표현한다.
114) "저런 일은 한 해의 끝자락이요 속세의 추수에 해당합니다. 화관이라면 그대가 듣기로도 승리의 영광을 가리킵니다. 악마를 이겨내시라. 화관을 쓸 것입니다"(『시편 상해』, 64.16).
115) 사도들은 유대인들 사이에서 구약을 완결시켜 추수를 거두기도 하고, 이방인들에게 복음을 전하는, 일종의 '새로운 파종'도 한다는 해석이다.
116) 교부는 인간이 보람 있게 살아가는 모든 시간이 하느님의 영원한 곳간에 거두어진다고 격려한다.
117) 창세기 1:16 "하느님께서는 이렇게 만드신 두 큰 빛 가운데서"의 해설이다.
118) "영원한 사물들을 대상으로 하는 관상(觀想)과 현세 사물들을 잘 사용하는 행동(行動) 사이에는 거리가 있다. 앞의 것은 지혜에 해당하고 뒤의 것은 지식에 해당한다. 지혜 역시 지식으로 불릴 수는 있다"(『삼위일체론』, 12.14.22).

으키시는데 그분은 당신이 원하시는 대로 각자에게 알맞은 것들을 나누십니다. 그렇게 해서 성좌들이 나타나게 하시는데 이는 저희의 필요에 따라서 드러납니다. 지식의 말씀에는 모든 비사秘事가 포함되어 있어서, 이 비사들은 마치 달처럼 시대에 따라 달라집니다.[119] 다른 선물들은 마치 별들처럼 죽 열거되어 있는데, 그 선물들이 갖춘 여분의 지식들은 저 지혜의 광휘와 얼마나 차이 나는지 모릅니다. 한낮이 품고서 누리는 광휘가 지혜라고 한다면 별처럼 널려 있다는 저런 선물들은 밤의 원리들로서 존재할 따름입니다.[120] 이것들을 필요로 하는 사람들을 가리키며, 당신의 지극히 현명한 저 종은 차마 영적인 사람들을 상대로 하듯이 말하지는 못했고 흡사 육적인 사람들을 상대로 하듯이 말했다고 토로합니다. 그 종도 완전한 자들 사이에서는 지혜를 말하고 있습니다. 자연적 인간[121]은 그리스도 안에서 젖을 빠는 어린아이와 같아서 단단한 음식을 먹을 만큼 튼튼해질 때까지, 태양을 바라볼 만큼 시력이 강화되기까지 나름대로 빛을 내는 자기네 밤을 떠나지 않고서 달빛과 별빛으로만 만족해야 합니다.

저희 하느님, 이 점에 관해서는 당신의 책에서, 곧 당신의 궁창에서 극히 지혜롭게 저희와 이야기를 나누고 계십니다. 아직까지는 저희가 표징과 절기, 날과 해로 구분할 뿐이지만[122] 언젠가는 경이로운

---

119) 여기서 비사(sacramenta)란 구약의 예언과 의식을 담은 표지들을 가리킨다. 신약시대에는 "구약의 수많은 표지들 대신에 극소수만을, 그것도 실천하기에 간편하고 극히 고상하고 준수하기에 극히 신성한 것만을 주님과 사도들의 규율이 우리에게 넘겨주었다"(『그리스도교 교양』, 3.9.13).
120) 하루를 저녁과 밤, 아침과 낮으로 부르는 성경대로, 교부는 밤은 지식으로 지상사물을 파악하는 시기, 아침은 지혜의 빛으로 진리를 깨우치는 시기, 한낮은 영원한 사물을 관조하는 시기로 구분하기도 한다(*Sermones*, 5.7).
121) animalis homo: 성경의 용어(1코린토 2:14)로서 '심정적 인간' 혹은 '현세적 인간', 심지어 '육적인 인간'으로도 번역된다(이 책, 12.27.37).
122) 창세기 1:14-15 참조("하느님께서 '하늘 창공에 빛나는 것들[luminaria: 빛

관상에 이르러 모든 것을 식별해낼 수 있게 하시려는 것입니다.[123]

19.24. 선택된 이들이 받는 권고[124]

"그러니 먼저 몸을 씻어 깨끗하게 되어라. 너희 영혼에서 악한 행실들을 치워버려라. 내 눈앞에서 치워버려라. 그래서 마른 땅이 드러나게 하여라. 선행하기를 배워라. 고아의 권리를 되찾아주고 과부를 두둔해주어라. 그래서 땅은 푸른 싹을 돋게 하고 과일나무를 돋아나게 하여라.[125] 주님께서 말씀하신다. 하늘의 궁창에 빛물체들이 생겨 땅을 비추게 하여라."

저 부자는 영원한 생명을 얻으려면 무엇을 해야 하느냐고 선하신 스승께 여쭈었습니다.[126] 선하신 스승께서는 당신을 단지 사람으로만 여기고 (그분께서 선하심은 하느님이시기 때문이었는데) 그 이상 아무 생각도 않던 그 사람에게 이렇게 말씀하십니다. "생명에 이르고 싶다면 계명을 준수하라. 사악과 행악의 쓰라림으로부터 자신을 떨쳐내라. 살인해서는 안 된다. 간음해서는 안 된다. 도둑질해서는 안 된다.

물체]이 생겨 밤과 낮을 갈라놓고 절기와 나날과 해를 나타내는 표가 되어라! 또 하늘 창공에서 땅을 환히 비추어라!' 하시자 그대로 되었다").
123) "저 형언할 수 없는 것을 형언할 수 없는 방식으로 볼 수 있으려면 우리 지성의 정화가 필요하다. 그리고 아직 그런 지성을 갖추지 못한 우리로서는 신앙으로 양육을 받아야 한다. 저런 것을 수용하기에 적합하고 수용할 능력이 있는 인간이 되기까지"(『삼위일체론』, 1.1.3).
124) 아우구스티누스가 주님께 드리는 '고백문' 형식에서 인간에게 훈계하는 어조로 잠시 바뀐다.
125) "바닷물에서 분리되어 마른 땅, 세속의 행악에서 떨어져나와 하느님을 목말라하는 영혼들만이 목초로 쓰일 풀을 돋게 하고 과일 맺는 나무를 자라게 한다. 자비의 행업을 하게 만든다"(Sermones, 229.U1).
126) 복음서의 부자 청년 일화를 은수자 안토니우스의 행적과 연관시켜 인용한다.

거짓 증언을 해서는 안 된다. 마른 땅이 드러나게 하여라. 아버지와 어머니에 대한 공경과 이웃 사랑이 돋아나게 하여라"고 하십니다. 그럼 그 사람은 "저는 모두 다 행했습니다"고 말씀드립니다. 땅이 이토록 비옥한데 어디서 그 많은 가시가 돋아난다는 말입니까?[127]

"가시오. 가서 탐욕의 무성한 덤불을 뽑아내시오. 그대가 소유하고 있는 것을 파시오. 그것을 가난한 사람들에게 줌으로써 곡식으로 창고를 채우시오. 그러면 하늘에 보화를 간직할 것이고 그러고 나서, 완전한 자 되고 싶거든, 주님을 따르시오. 가난한 사람들 틈에서 그분께서 지혜를 말씀하시니 그대도 가난한 사람들에게 한몫하시오. 그분은 밤과 낮에게 무엇을 나누어줄지 아시고, 하늘의 궁창에서 빛나는 빛물체가 그대에게도 생겨나리라는 것을 그대도 알게 하신다오. 선하신 스승께 그대가 들었겠지만, 이것은 그대 마음이 거기 가 있지 않으면 이뤄지지 않을 일이오. 또 그대의 보화가 그곳에 있지 않으면 이뤄지지 않을 것이오."

그럼에도 불구하고 불모의 땅은 이 말을 듣고 슬퍼졌고 가시덤불이 말씀을 숨 막히게 만들었던 것입니다.

19.25 "너희 선택된 겨레여,[128] 세상의 약한 것들이여! 너희는 주님을 따르려고 모든 것을 버렸으니 그분을 뒤따르라. 힘센 것들을 부끄럽게 만들라. 아름다운 발들이여, 그분을 뒤따르라. 하늘이 그분의 영광을 이야기하듯이 궁창에서 빛을 발하라.[129] 완전한 이들(그렇

---

127) 교부의 글에서 가시는 자주 죄악을 상징한다. 이는 이어지는 "씨 뿌리는 사람의 비유"로 이어진다.
128) 이 글에서는 사도들과 복음사가들, 그리고 복음의 설교자들을 일컫는다. 1베드로 2:9 참조("선택된 민족이고 왕의 사제들이며 거룩한 겨레이고 하느님의 소유가 된 백성입니다").
129) "그들의 소리 온 땅으로 퍼져나가고 그들의 말은 온 세상 끝까지 번져간

지만 아직 천사들과 같지는 않다)의 빛과 어린아이들(그렇다고 멸망해서 절망한 자들을 말하는 것이 아니다)의 어둠 사이를 갈라놓아라. 온 땅을 비추라. 낮에는 태양으로 찬란히 빛나면서 낮에게 지혜의 말씀을 토하고, 밤에는 달로 빛을 내면서 밤에게 지식의 말씀을 전해라.[130] 달과 별들은 밤에 빛나지만 밤이 그것들을 어둡게 만들지는 못하느니 저것들이 나름대로 밤을 비춰주기 때문이다.

보라, 하느님께서 '*하늘 창공에 빛나는 것들이 생겨라*'[131] 하시자 갑자기 하늘에서 거센 바람이 부는 듯한 소리가 났다. 그리고 불꽃 모양의 혀들이 나타나 갈라지면서 각 사람 위에 내려앉았다.[132] 그래서 하늘의 궁창에 생명의 말씀을 지닌 빛물체들이 생겨났다. 거룩한 불꽃들이여, 아리따운 불꽃들이여, 사방으로 달려가거라. 너희는 세상의 빛이고 따라서 함지 밑에 놓여 있을 것이 아니다. 너희가 귀의 하는 그분은 높이 들리셨고 따라서 그분이 너희도 높이 들어올리셨다. 달려가거라. 모든 민족들에게 모습을 보여라."

다.' 이 말이 하늘의 목소리가 아니면 누구의 목소리입니까? 또 사도들의 목소리가 아니면 누구의 소리겠습니까? 사도들은 예수 그리스도 안에 놓인 하느님의 영광을, 은총으로 죄를 용서하시는 그 영광을 우리에게 이야기해 줍니다"(『시편 상해』, 18.2.2).
130) "낮이라면 누구를 가리킵니까? 영적인 인간들입니다. '밤도 당신의 것입니다'라니, 누구를 가리킵니까? 육적인 인간들입니다. … 영적인 인간들이 영적인 사람들에게 이야기할 때에는 '낮이 낮에게 말을 건네는 것'입니다. 그런데 육적인 인간들도 십자가에 달리신 그리스도 신앙에 입을 다물지 않는다면, '밤은 밤에게 지식을 전하는' 셈입니다"(『시편 상해』, 73.19).
131) 창세기 1:15 참조("하늘 창공에서 땅을 환히 비추어라!").
132) 사도행전 2:2 참조.

20.26. 길짐승 혹은 비사, 큰 용들 혹은 기적, 날짐승 혹은 하느님의 사신

"바다도 잉태하여 너희 업적을 낳고 물은 생혼을 지닌 길짐승들을 생산토록 하라.[133] 너희는 천한 것에서 귀한 것을 갈라놓음으로써 하느님의 입이 되었다. 그래서 너희를 통해서 이런 말씀을 하실 것이다. '생혼은 땅이 생산할 터이므로, 물은 생혼 아니라 생혼을 지닌 길짐승들과 하늘 위를 날아다니는 날짐승들을 생산하여라.'"

하느님, 당신의 비사들이 당신 성도들의 행업을 통해서 세속 유혹의 파도 사이를 기어다녔습니다, 당신의 세례에서 당신 이름으로 민족들을 적셔주려고.[134] 이런 것들 가운데 마치 큰 용들처럼 위대한 기적들[135]이 생겨났고, 당신 성경의 궁창 근처에서 땅 위를 날아다니는 당신 심부름꾼들의 소리가 생겨났습니다. 그들은 어디를 가든지 바로 그 성경을 권위로 내세워서 그 밑에서 날갯짓을 했던 것입니다.[136] 그들의 소리가 온 땅으로, 그들의 말이 누리 끝까지 퍼져나갔으므로 그들의 목소리가 들려오지 않는 어떤 말, 어떤 언어도 없었습니다. 주님, 당신께서는 축복하심으로써 이런 것들을 많아지게 하셨습니다.

---

133) 창세기 1:20-21의 재래 라틴어역본은 "물은 살아 있는 혼들의 길짐승으로 우글거려라"라고 표기했으므로 아우구스티누스는 '생혼'(anima viva)을 별도의 사물처럼 언급한다.
134) 물은 불완전한 조물이어서 바로 생혼을 낳는 것이 아니고 생혼의 길짐승(파충류)을 낳게 되어 있다고 풀이한다. 길짐승은 물속에도 곧잘 들어가는데, 이러한 습성은 세례 같은 비사(성사)를 연상시킨다.
135) "자연의 순환을 거슬러 하느님이 무엇을 하실 적에는 위대한 업적 혹은 기적이라고 일컫는다"(*Contra Faustum*, 26,3)고 하면서 '큰 용들'을 위인들과 그들이 이루는 위업, 다시 말해서 '위대한 기적'의 상징으로 해석한다.
136) 교부는 날짐승과 그 소리를 설교가들과 그들이 전하는 복음으로 풀이한다.

20.27. 물 또는 민족들

혹시 제가 거짓말을 하고 있거나, 혼동을 해서 혼란을 만들고 있거나 하늘 궁창에 있는 이런 사물들에 관한 명료한 지식들과 물결치는 바닷속에서나 하늘의 궁창 밑에서 일어나는 물리적 작품들을 분간 못 하고 있는 것이 아닙니까?[137] 전자의 사물들에 관한 지식은 확고하고 뚜렷해서 세세대대로 증식되는 것도 아니고 지혜와 지식의 광체들과 흡사합니다. 그런가 하면 후자의 사물들이 갖는 물리적 작용들은 다양하고도 다채로울뿐더러, 하느님, 당신의 축복 속에서 이것에서 저것이 자라남으로써 점점 불어납니다.

사멸할 인간들의 감관이 권태로워하는 것을 위로해주시려고 당신께서는 단일한 사물도 정신의 인식에서는 물체의 움직임에 따라 여러 가지 방식으로 형태를 취하고 여러 가지로 형언되도록 허락하셨습니다.[138] 물들이 저런 것들을 산출해냈습니다만 어디까지나 당신 말씀으로 이루어낸 것입니다. 당신의 영원한 진리로부터 소외되어 있던 백성들의[139] 필요가 이런 것들을 산출해냈습니다만 어디까지나 당신의 복음으로 해냈습니다. 물들 그 자체가 저런 것들을 내어놓았는데 어디까지나 당신 말씀 안에서 저런 것들을 생성해낸 것이고, 그

---

137) 그리스·로마 철학사조에서 물(바다)은 암흑과 질료의 세계로 부정적 의미를 띠고 있는 데 반해서 교부는 하느님의 창조물인 물에서 생명이 나오는 것으로 묘사한다.
138) 대자연이 창조주 하느님의 존재를 알리듯이 성경 역시 다양한 어법으로 하느님을 알리고, 인간의 지성이 성경을 다양하게 인식하고 해석하는 것 역시 하느님이 허용하신 배려라고 말한다.
139) 불변하고 영원한 진리로부터 스스로 소외되어 일시적이고 가변적인 사물에 집착하는 사람들은 영원한 사물을 포착할 능력이 약화되어 비유가 아니면 진리를 파악하지 못한다.

원인으로 말하자면 물들의 쓰디쓴 무력함[140]이었습니다.

20.28 당신께서 만드시는 이상 모든 것이 아름다우며, 만물을 지으신 당신께서는 형언할 수 없이 더 아름다우십니다. 아담이 당신께로부터 타락하지 않았더라면 그의 태중에서부터 바다의 짠물이 흘러나오지 않았을 것입니다. 말하자면, 심원하게 호기심 많고,[141] 바람처럼 부풀어오르고, 줏대 없이 흔들리는 인류가 나오지 않았을 것입니다.[142] 그러면 당신의 관리인들[143]이 많고 많은 물을 상대로 신비로운 행적과 말씀을 펴고자 신체적으로, 감성적으로 고생할 필요도 없었을 것입니다. 지금 저한테는 '길짐승과 날짐승'이 이런 식으로 제시되기에 이르렀습니다만, 사람들이 저것들로 적셔지고 입문을 했다고 할지라도,[144] 신체적인 비사[145]에 몸을 숙였다고 할지라도, 더 이상 진보하지는 못할 것입니다. 만약 그 영혼이 영적으로 살아나서 다른 단계로, 그리고 입문의 말씀을 받은 다음에 그 완결을 동경하지 않는다면 말입니다.

---

140) 바다의 짠물로 비유되는 의지의 타락을 '쓴맛'으로 표현하고 있다.
141) 교부는 전 작품에서 실존적 결단을 걸지 않고 호기심의 만족으로 그치는 학문 자세를 경멸한다. "이 모든 일을 관찰하면서 헛되고 없어질 호기심을 진작시키는 것이 아니고, 불사불멸하고 항속하는 사물로 (오르는) 계단으로 삼아야 한다"(『참된 종교』, 29,52).
142) 바다의 짠물에서 나온 인류여서 바닷가에서 "줏대 없이 흔들리는" 약점을 다 갖추었다는 풍자다.
143) 교회 성직자 중에서도 초대 설교가들을 일컫는다.
144) '세례의 물로 적셔진'(imbuti), '세례와 성찬을 받아 입교한'(initiati)이라는 말은 신입교구를 가리키는 용어다.
145) 구약의 할례, 제관들의 신체적 흠결을 따지던 일, 흠 없는 짐승을 죽여 바치는 번제 등은 "신체적 비사"라고 부를 수 있다.

21.29. 생혼 곧 신앙인

바로 이런 이유에서 당신 말씀에 의해 생혼이 나오게 된 것은 바다의 깊은 데가 아니고, 땅, 곧 물의 짠맛으로부터 따로 구분된 땅이었습니다.[146] 땅이 낸 것은 생혼들을 지닌 길짐승들도 아니고 날짐승들도 아니며 그냥 생혼입니다. 그리고 생혼은 이미 세례를 필요로 하지 않았습니다. 이방인들에게 필요한 세례, 땅이 물로 덮여 있을 때 필요했던 세례가 필요치 않았습니다. 세례를 통해 하늘나라에 들어오라고 당신께서 정하신 이상 다른 방법으로는 하늘나라에 들어가지 못합니다.

생혼은 신앙이 생기게 하는, 놀랍고 큰일을 찾는 것도 아닙니다. 기적과 기이한 일을 보지 않고는 믿지 않겠다는 것도 아닙니다. 땅은 믿음을 갖고 있어서 바닷물에서, 불신으로 짜디짠 물에서 이미 분리되어 있고, 무릇 표징으로서의 언어는 믿는 이들이 아니라 믿지 않은 이들을 위해서 있기 때문입니다. 또 땅이 당신 말씀으로 물이 생산해 낸 길짐승 종류를 필요로 한 것도 아니었습니다. 당신께서 물 위에다 그 땅을 받쳐놓으셨기 때문입니다.[147] 그러니 당신의 사신들을 시켜서 당신 말씀을 그 땅으로 들여보내십시오. 저희가 그 사람들의 업적을 이야기하지만, 그들로 하여금 생혼을 이루어내게 그들 안에서 일하고 계시는 분은 당신이십니다.

땅이 생혼을 생산합니다. 이것들이 땅에서 움직일 수 있는 것은 땅

---

146) '물'은 죄악의 처지를, '뭍'은 믿음의 처지를 상징하기도 한다. '물에서 난 길짐승과 날짐승'은 초보 신앙인을, 물에서 분리된 '마른 땅'에서 난 '생혼'은 세례를 받고 굳건해진 신앙인을 상징한다.
147) 시편 136[135]:6 참조("주님의 자애는 영원하시다. 땅을 물 위에 펼쳐놓으신[불가타역본] 분").

이 땅이기 때문입니다. 이것은 생혼을 지닌 길짐승들과 하늘의 궁창 아래 있는 날짐승들이 움직일 수 있는 것이 바다가 바다였기 때문인 것과 같습니다. 땅은 이미 그런 것들을 필요로 하지 않습니다. 믿는 사람들 앞에 당신께서 친히 마련하신 바로 그 밥상에서는 깊은 데서 끌어올린 물고기를 먹기는 하겠지만 말입니다.[148] 그러니까 물고기가 깊은 데서 끌어올려져 마른 땅을 먹여 살린 셈입니다.[149] 새들도 바다에서 기원했지만 땅 위에서 퍼지고 있습니다.[150]

복음을 전하는 첫 번째 목소리들이 나온 것은 사람들의 불신 때문이지만, 신자들이 되어서도 나날이 그 목소리에 이끌리고 또한 갖가지로 축복을 받고 있는 까닭입니다. 하지만 생혼은 땅에서 출처를 얻습니다. 따라서 믿는 사람들로 하여금 이 세상에 대한 애정을 삼가도록 하지 않는다면 유익하지 않습니다. 그래야 그들의 영혼이 당신으로 삽니다. 쾌락에 살고 있는 한, 죽음을 부르는 쾌락으로 사는 한 살았어도 죽은 혼이기 때문입니다. 당신께서는 깨끗한 마음에 생명을 주는 쾌락이십니다.

21.30 그러므로 당신의 관리인들은 응당 땅에서 일을 해야 합니

---

148) 요한 21:9-12 참조("그들이 육지에 올라와 보니 숯불이 있고 그 위에 생선이 놓여 있었다. 그리고 빵도 있었다. 예수께서 제자들에게 '방금 잡은 고기를 몇 마리 가져오너라' 하고 말씀하셨다. … 예수께서 그들에게 '와서 아침을 들어라' 하고 말씀하셨다").
149) "그리스 단어 다섯 개 Ἰησοῦς Χριστὸς, Θεοῦ Υἱὸς, Σωτήρ(예수 그리스도, 하느님의 아들, 구세주)의 첫 글자들을 따면 그리스어 물고기(ἰχθύς)가 된다. 그 명사에서 신비적 의미로 그리스도를 알아듣는다. 마치 [물고기가] 깊은 물 속에서 살아남듯이 이 사멸할 처지의 심연에서 죄 없이 살 수 있는 분이라는 뜻이다"(『신국론』, 18.23.1).
150) 물로 받은 세례로 태어나 '날짐승' 같은 초보 신앙인들이 '땅 위에서'(믿음으로 다져져) 장성하고 있다.

다만 불신의 물에서 해온 것처럼 할 것은 아닙니다.[151] 즉 기적과 비사를 통해서, 신비로운 음성을 통해서 선포하고 발설하면서 할 것이 아닙니다. 거기서는 무지가 경이의 어미가 되고 있는데 숨겨진 표징들에 대한 두려움으로 말미암아 그런 경이가 생겨납니다. 당신을 망각한 아담의 자손들에게는 그렇게 신앙의 입문이 이루어집니다. 당신의 얼굴에서 몸을 숨기고[152] 스스로 심연이 되어버릴 때에 그런 일이 일어납니다.[153] 당신의 관리인들은 오히려 심연의 소용돌이로부터 따로 분리된, 마른 땅에서 하듯이 일해야 하고, 믿는 이들 눈앞에서 살고, 자기들을 본받게 독려하면서 그들에게 본보기가 되어야 합니다.[154] 그렇게 사람들은 단지 듣기 위해서만 듣지 않고 행하기 위해서 듣게 됩니다.

"*하느님을 찾아라. 너희 영혼이 살 것이다. 그래야 땅은 살아 있는 혼을 내리라. 이 속세에 동화되지 말라.* 자기를 속세로부터 멀리하라. 피하면 영혼이 살고 맛 들이면 죽는다. 교만의 무지막지한 야수에게서 자기를 멀리하고, 환락의 나른한 쾌락을 멀리하고, 지식의 거짓 명분을 멀리하라. 그래야 그런 것들이 유순한 짐승, 길들여진 가축, 무해한 뱀이 된다. 이것들은 우의로[155] 나타낸 영혼의 움직임들이다.

---

151) 교회 봉직자들은 표징과 기적으로 믿게 만들어야 할 '이방인들'과 신앙이 다져진 그리스도신자들을 똑같이 취급해서는 안 된다.
152) 창세기 3:8 참조("날이 저물어 선들바람이 불 때 주 하느님께서 동산을 거니시는 소리를 듣고 아담과 그의 아내는 주 하느님 눈에 뜨이지 않게 동산 나무 사이에 숨었다").
153) 여기서 '심연'은 죄로 타락한 인간의 처지를 암시한다.
154) "교사라면… 가능한 하느님 앞에서나 사람들 앞에서나 선한 일을 하고자 노력하는 것이다"(『그리스도교 교양』, 4.28.61).
155) 언어를 유비적으로(allegorice) 이해할 적에 우의(allegoria)라고 하며, "너울이 치워지듯 모든 것이 그리스도께로 향할 것이다. 장막이 걷히고 비유와 우의라는 덮개가 치워질 때, 진리가 보일 수 있도록 드러날 것이다"(『마니교도 반박 창세기 해설』, 1.22.33).

오만의 불순, 욕정의 환락, 호기심의 독성은 죽은 영혼의 동작들이다. 이런 움직임이 모두 빠진다고 해서 영혼이 죽지는 않으며 도리어 영혼이 죽는 것은 생명의 샘에서 멀어짐으로써 일어난다.[156) 그러다가 지나가는 속세에 영혼이 휩쓸리고 속세에 동화되어 버린다."

21.31. 땅의 짐승 혹은 영혼의 선한 감정

하느님, 당신 말씀은 영원한 생명의 샘이요 그 말씀은 지나가지 않습니다. 그래서 당신 말씀으로 영혼의 이탈이 막아집니다. "*이 세속에 동화되지 말라. 땅이 생명의 샘에서 살아 있는 혼을 낳게 하라*"는 말씀이 저희에게 내려집니다. 당신 말씀에서, 당신의 복음사가들을 통해서, 당신의 그리스도를 본받는 사람들을 본받는 가운데[157) 땅이 절제할 줄 아는 혼을 내놓습니다. '제 종류대로'라는 말이 그런 뜻입니다.[158) 사나이의 경쟁심은 벗한테서 오는 법이니 "*내가 여러분과 같은 사람이 되었으니 여러분도 나와 같은 사람이 되기를 바랍니다*"[159)는 말이 나오는 이유도 바로 그렇습니다. 그처럼 생혼 속에는 선량한 짐승들, 유순한 행동을 하는 착한 짐승들이 있습니다. 그래서 당신께서는 이런 명을 내리신 적이 있습니다. "*매사를 유순하게 처리하여라. 그러면 하느님께서 인정하시는 사람들에게 사랑을 받으리라.*"[160)

---

156) "영혼으로 죽은 것은 죄 때문이고 육체로 죽은 것은 죄벌 때문이며 그래서 몸으로도 '죄 때문에' 죽어 있다고 한다. … 하느님이 떠나심으로써 영혼이 죽듯이 영혼이 떠남으로써 육신이 죽는다"(『삼위일체론』, 4.3.5).
157) 1고린토 11:1 참조.
158) 창세기 1:24 참조("하느님께서 '땅은 온갖 동물을 내어라! 온갖 집짐승과 길짐승과 들짐승을 내어라!' 하시자 그대로 되었다").
159) 갈라디아 4:12 참조.

과연 착한 가축들로 말하자면 먹어도 풍족하지 않고 먹지 않아도 부족하지 않을 것이고,[161] 착한 뱀들은 해칠 위험은 없으면서 조심하는 데는 영리할 것입니다. 그렇게 시간적 자연사물을 탐구하면서 창조된 사물들을 통해서 영원이라는 것이 인식되고 또 관조되기에 충분합니다. 이런 동물들은 이성에 이바지해 죽음에 이르는 과정을 억제하고서 살아가며 선한 동물이 됩니다.

22.32. 하느님의 모상으로 창조된 인간과 쇄신된 인간[162]

보십시오, 주 저희 하느님, 저희 창조주시여, 저희는 정녕으로 악하게 살며 죽어가던 중이었지만, 정감이 속세에 대한 사랑을 억제하며 선하게 삶으로써 살아 있는 혼이 되기 시작했을 경우에는, 당신 말씀이 이루어질 것입니다. 곧 당신 사도를 통해서 "*이 세속에 동화되지 말라*"고 하신 말씀, 그리고 즉시 그 말씀에 덧붙여서 하신, "*여러분의 지성의 새로움을 갖고서 재형성되시오*"[163]라고 하신 말씀이 뒤따라 이루어질 것입니다. 그런 일은 그저 앞서 가는 이웃을 본받는 사람들처럼, 보다 선한 인간의 권위에 따라서 살아가는 사람들처럼 그냥

---

160) 집회서 3:17 참조.
161) 우상에게 바쳐진 뒤 시장에 나온 고기를 두고 "음식이 우리를 하느님께로 가까이 나가게 해주는 것은 아닙니다. 그것을 안 먹었다고 해서 손해될 것도 없고 먹었다고 해서 더 이로울 것도 없습니다"(1고린토 8:8)라는 가르침이 있었다.
162) 창세기 1:26-27에 관한 영적이고 우의적인 해설이 나온다. 짐승들이 '제 종류대로'라면 인간은 '하느님의 모습대로' 생겨났고, 인간들도 남의 모범을 보고서 (제 종류대로) 향상하는 부류와, 내면의 교사께 직접 비추임 받고 삼위일체를 깨달아 쇄신되는 부류로 나뉜다.
163) 로마 12:2*.

'종류대로' 이루어지는 것이 아닙니다. 그 이유는 당신께서 "종류대로 사람이 생겨라" 하고 말씀하시지 않았고, "*우리가 우리와 비슷하게 우리 모습으로 사람을 만들자*"[164]라고 하셨기 때문입니다. 저희가 당신 뜻이 무엇인지 알아내게 하시려는 것입니다.

바로 그래서 당신의 저 관리인은 복음을 통해서 자녀를 낳으면서도[165] 마치 늘 젖 먹여 키우는 아기처럼 거느리고 있거나 유모처럼 마냥 안고만 있으려고 하지 않았습니다. 그래서 그가 이런 말을 했습니다. "*여러분은 여러분 지성의 새로움을 갖고서 재형성되시오. 그리하여 무엇이 하느님의 뜻인지, 무엇이 선하고 하느님 마음에 들며 완전한 것인지 여러분이 알아내도록 하시오.*"[166] 바로 그런 이유로 당신께서는 "사람이 생겨라" 하시지 않고 "*우리가 만들자*"라고 하셨으며, "종류대로"라고 하시지 않고 "*우리와 비슷하게 우리 모습으로*"라고 하셨습니다. 그러니 지성으로 새로워져 당신 진리를 인식하고 우러르는 사람이라면, 그저 제 종류를 모방하라고 가리켜보이는 인물을 필요로 하는 것이 아니고, 당신께서 가리켜보이시는 가운데 스스로 알아냅니다. 무엇이 당신 뜻인지, 무엇이 선하고 당신 마음에 들며 완전한 것인지 스스로 알아낼 뿐만 아니라, 일체의 삼위 혹은 삼위의 일체를[167] 뵐 능력을 당신께서 갖추어주십니다.

바로 그래서 "*사람을 만들자*"라고 복수로 말씀하시고 나서 단수로

---

164) 창세기 1:26. 하느님의 모상과 하느님과 비슷함을 두고 전자는 천성적으로 타고난 것처럼 제시되고 후자는 은총의 보우와 평생의 노력으로 도달할 목표처럼 제시되는 경우도 흔하다.
165) 1고린토 4:15[불가타역본] 참조("그리스도 예수님 안에서 내가 복음을 통하여 여러분을 낳았습니다").
166) 로마 12:2*. "다만 스스로 자기를 기형화할 수 있었던 것처럼 스스로 자기를 재형성할 수 있는 것은 아니다"(『삼위일체론』, 14.16.22).
167) '삼위의 일체'라는 표현은 교부의 전집에 30여 회 나오지만 '일체의 삼위'라는 표현은 이곳에만 나온다.

"하느님께서는 이렇게 사람을 창조하셨다"라는 언급이 나옵니다. 또 "우리 모습대로"라고 복수로 말씀하신 다음에 "하느님의 모습으로"라는 단수 언급이 나옵니다. 그러니 인간은 그를 창조하신 분의 모습대로, 하느님께 대한 지식으로 새로워지고[168] 영적 인간이 되어 (판단받아야 할) 모든 것을 판단하며, 그 대신 자기는 아무한테서도 판단받지 않습니다.

23.33. 영적 인간의 권한은 어떤 것인가?

모든 것을 판단한다는 것은 다시 말해서 바다의 고기와 하늘의 새와 모든 가축과 야수, 온 땅, 그리고 땅 위를 기어 다니는 모든 길짐승에 대한 권한을 갖는다는 뜻입니다. 지성의 오성悟性으로 이 일을 하는데 그는 그 오성을 통해서 하느님의 영에서 오는 것들을 파악합니다.[169] 그렇지 못해서 사람은 영예로운 위치에 놓여 있으면서도 깨닫지 못했던 것입니다. 지각없는 짐승들과 견줄 만하고 그것들과 비슷해져 있었습니다.

저희 하느님, 당신 교회에는 영적으로 다스리는 이들만 있는 것이 아니라 다스리는 이들에게 영적으로 복종하는 이들 또한 있습니다. 당신께서 교회에 베푸신 당신 은총에 따라서 당신의 조형물인 저희는 선행을 하도록 창조되었기 때문입니다. 당신께서는 이렇게 영적인 은총으로 사람을 남자와 여자로 창조하셨으므로, 거기서는 신체

---

[168] 골로사이 3:10 참조("새 인간은 자기 창조주의 형상을 따라 끊임없이 새로워지면서 참된 지식을 가지게 됩니다").
[169] 아우구스티누스는 지성의 기능을, 경험세계를 파악하고 추론하는 이성(ratio)과 이념과 영적 세계를 직관하는 오성(intellectus)으로 나눈다.

성별에 따른 남자도 여자도 없습니다. 유다인도 그리스인도 없고, 종도 자유인도 없습니다. 다스리는 이들도 복종하는 이들도 영적인 인간들이므로 영적으로 판단합니다.

그러나 그들은 궁창에서 빛을 발하고 있는 영적 인식에 대해서는 판단을 하지 않습니다. 저토록 숭고한 권위에 관해서 판단을 내리는 것은 온당하지 않기 때문입니다.[170] 또 당신의 서책을 두고도 판단하지 않습니다. 거기서 어떤 것이 확연히 밝혀지지 않을지라도 마찬가지입니다. 오히려 저희 지성을 성경 앞에 숙이고, 저희 시야에 가려진 것을 두고도 올바르게 또 진실하게 말한 것이라고 확신합니다. 그래서 영적 인간, 자기를 창조하신 분의 모상에 따라 하느님께 대한 지식으로 새로워진 사람일지라도[171] 인간은 어디까지나 율법의 실행자여야지 심판자여서는 안 됩니다. 영적 인간들과 육적 인간들을 구분하는 일에 관해서도 판단하지 않습니다. 저희 하느님, 그 이유는 그들이 어떤 사람인지 당신 눈에는 드러나 있지만, 저희에게는 아직 드러나지 않았기 때문입니다. 그들의 열매를 보고서 다 알아볼 만큼 여하한 행실로도 그들이 저희에게 확연히 드러나지 않았습니다.

하지만 주님, 당신께서 벌써 그들을 아셨고, 궁창이 생겨나기 전에 그들을 갈라놓으셨으며 은밀히 그들을 이미 부르셨습니다. 영적 인간이지만 이 세상의 소란한 민족들에 대해서도 판단하지 않습니다.

---

170) "영혼의 본성이 자기가 판단하는 그 대상물보다 우월하다는 것은 인정해야겠지만, 자기가 판단을 내리는 기준으로 삼으면서 동시에 그 기준에 대해서는 자기가 판단을 내릴 권리가 없는 [사물이 있고] 그 사물의 본성이 영혼 자신보다 우월하다는 것역시 인정하지 않으면 안 된다"(『참된 종교』, 31,57).
171) "정직한 사람들은 내적 인간들 안에서 참으로 위대한 신비를 간직하고 있으며, 내면에서 마음으로 하느님의 약한 것과 어리석은 것에 공경을 표한다. 하느님의 약한 것과 어리석은 것이 사람들보다 더 강하고 더 지혜롭기 때문이다"(『신국론』, 16,2,2).

그중의 누가 당신의 은총의 단맛에 도달할 것이고 누가 불경의 영원한 쓴맛 속에 머무르게 될지 모르는 터에 바깥에 있는 사람들에 대해서 판단을 내리다니 무슨 짓입니까?

23.34 그러므로 당신 모상대로 당신께서 창조하신 인간은 하늘의 빛물체들에 대한 권한이나 숨겨진 하늘에 대한 권한이나 하늘의 조성 이전에 당신께서 불러내신 낮과 밤에 대한 권한이나 물의 모임 곧 바다에 대한 권한은 받지 않았습니다. 하지만 바다의 물고기들과 하늘의 날짐승들과 모든 가축들과 온 땅과 땅 위를 기는 모든 길짐승들에 대한 권한은 받았습니다.[172] 당신의 자비가 큰물 속에서 찾아내시는 그들에게 입문이 되는 저 성대한 성사를 통해 판단하고 옳다고 보는 것은 인정하나 그르다고 보는 것은 부인합니다.[173]

또 물고기가 현시되는 예식에서도 판단을 통해 옳다고 보는 것은 승인하고 그르다고 보는 것은 부인합니다. 그 물고기는 깊은 데서 끌어올려진 것이요[174] 경건한 땅이 먹을 것으로 삼습니다. 또 언어의 표지와 음성을 두고도 그 판단이 이루어집니다.[175] 저 표지와 음성들이 당신 성경의 권위 밑에 승복하는 것은 마치 날짐승들이 궁창 아래를 날

---

[172] 창세기 1:28 참조("자식을 낳고 번성하여 온 땅에 퍼져서 땅을 정복하여라! 바다의 고기와 공중의 새와 땅 위를 돌아다니는 모든 짐승을 부려라").
[173] 앞에서(이 책, 13.20.26-13.21.31) 길짐승, 날짐승, 집짐승을 우의적으로 풀이하여 '교회의 성사[표징]'라거나 '신앙인의 초보적 상태'라고 말했으므로 '영적 인간' 곧 성숙한 신앙인과 성직자들은 그런 사안을 두고 옳고 그름을 판단할 권한이 있다고 피력한다.
[174] 루가 5:4 참조("예수께서는 말씀을 마치시고 시몬에게 '깊은 데로 가서 그물을 쳐 고기를 잡아라' 하셨다").
[175] 언어 기호인 문자(verborum sigma)와 소리를 나타내는 말(voces) 중에 "말은 무엇을 표시하든 단연 첫 자리를 차지한다. … 인간들이 자기 생각을 표출하는 표지 중의 다수가 말로 되어 있다"(『그리스도교 교양』, 2.3.4).

아다니는 것과 흡사합니다.176) 성경을 주석하고 제시하고 해설하고 토론하고 당신을 찬미하고 당신을 부르는 가운데 표지들이 입에서 터져 나오고 소리를 내면서 백성은 "아멘" 하고 응답하기에 이릅니다.

저 모든 소리가 신체를 통해 발성되어야 하는 것은 속세의 심연과 육신의 맹목 때문이니, 생각에 떠오른 것이 당장 눈으로 보이지 않아서 귀에다 들려주는 통역이 따로 필요해서입니다.177) 날짐승이 비록 땅 위에서 불어나고 있기는 하지만 역시 물에서 기원을 끌어내는 것과 같습니다.178) 그렇게 영적 인간은 옳다고 보는 것은 승인하고 그르다고 보는 것은 부인함으로써 판단을 내립니다. 신자들의 행실과 도덕을 두고, 비옥한 땅 같은 자선을 두고, 생혼 덕분에 유순해진 정감을 두고, 정결과 단식을 두고, 신체 감관을 통해서 포착한 이런 일들에 관한 경건한 생각을 두고 판단을 내립니다. 이 모든 것을 두고 판단한다는 말이 나오는 이유는 그렇게 하는 가운데 바로잡아나가는 권한도 지니고 있기 때문입니다.

24.35. 인류의 번성 혹은 오성과 언어의 풍부함

하지만 이것이 과연 무엇이고 과연 무슨 신비179)입니까? 오, 주님,

---

176) '하늘'이 성경이라면, 하늘의 궁창 밑을 나는 새들은 '말씀의 선포자', 그들의 설교는 '새소리'다.
177) 최초의 죄 이전의 조상은 상대방의 생각을 판독했으나 그 능력은 상실되었다. 이 설명(*De Genesi ad litteram*, 8.18.37)이 '육신의 맹목'(caecitas carnis)이라는 말로 표현된다.
178) 언어의 기능도 제한적이라는 말이다. 이 주제는 교부의 『교사론』에서 길게 논의된다. "소리 속에 감추어져 있는 단어의 위력 곧 의미를 우리가 배우는 것은 단어라는 기호가 가리키는 사물이 이미 인식되어 있을 때이지, 저런 의미[지시]를 통해서 사물을 파악하는 것이 아니다"(『교사론』, 10.34).

당신께서는 사람들을 축복하셔서 불어나고 번성해 땅을 가득 채우라고 하십니다. 저희에게 다른 무엇을 깨달으라고 넌지시 이르시는 바가 그 말씀에는 전혀 없습니까? 당신께서 낮이라고 부르신 빛이며 하늘의 궁창이며 빛물체들이며 별들이며 땅과 바다는 왜 그렇게 축복하지 않으셨습니까? 저희를 당신 모습대로 창조하신 저희 하느님, 저같으면 당신께 이렇게 말씀드렸겠습니다.

"당신께서 물고기와 용들한테도 불어나고 번성해 바닷물을 채우라고 축복하지 않으셨더라면, 날짐승들에게도 땅 위에서 번성하라고 축복하지 않으셨더라면, 이 축복의 선물을 고유하게 인간에게만 베풀어주고자 하셨으리라."

또 만일 당신께서 땅의 씨를 맺는 풀과 씨 있는 과일나무와 가축을 두고도 같은 축복을 내리신 사실을 내가 발견했더라면, 이 축복이 같은 씨앗에서 생겨나 번식하는 종류의 사물들에게도 해당한다고 말씀드렸을 것입니다. 그런데 풀과 나무에게도, 짐승과 뱀들에게도 "새끼를 많이 낳아 번성하여라"고 말씀하시지 않았습니다.[180] 이것들 모두도 물고기와 새와 사람처럼 새끼를 낳아서 번식하고 종자를 보존하는데도 말입니다.

24.36 저의 빛, 진리이시여, 그러면 제가 무슨 말을 해야 합니까? 그냥 나온 말일 뿐이고 별다른 의미가 없습니까? 경건함의 아버지시여, 당신 말씀을 펴는 종이 아무렇게나 이 말을 했을 리가 없습니다.

---

179) mysterium: 교부의 저술에서 이 어휘는 의식으로 베풀어지는 '성사'와 함께, '구약의 예형적 비사'와 신앙의 '오묘한 교리'를 함께 표현한다.
180) 물고기와 새들에게는 번식의 축복에 대한 말씀이 나오는데(창세기 1:22 참조) 식물이나 짐승들에게는 그런 말씀이 안 나오지 않는다. 그럼에도 실제로는 모든 생명체에 두루 미치는 축복이라는 설명이다.

당신께서 이 말씀으로 무엇을 의미하시려는지 만약 제가 알아듣지 못한다면 보다 나은 사람들, 말하자면 나보다 더 이해력 높은 사람들(그들의 이해력도 당신께서 베푸신 것입니다)이야 말씀을 더 잘 활용할 것입니다. 저의 이런 고백이 당신 눈에 들게 해주십시오.

주님, 이 고백으로 저는 당신께서 공연히 그렇게 말씀하실 리 없다고 믿고 있음을 고백합니다. 따라서 이 구절이 저에게 일러주는 바를 저도 입 다물고 넘어가지 않겠습니다. 진실한 말씀이고 또 당신의 성경이 전의적轉義的으로 하는 말씀을 제가 제 나름대로 느끼지 말라는 법은 없기 때문입니다.[181] 저는 지성으로는 단일하게 인식되는 것이 몸으로는 다양하게 인식된다는 사실을 알고, 또 몸으로는 단일하게 표상되는 것이 지성으로는 다양하게 인식되기도 함을 압니다.[182] 보십시오, 순일한 하느님 사랑과 이웃 사랑이 얼마나 다양한 비사로, 또 헤아릴 수 없이 많은 언어로, 한 가지 언어에서도 어법에 따라 무수히 많은 양상으로, 구체적으로 표현되고 있습니까! 물들의 태아胎芽들은[183] 이런 식으로 자라나고 불어납니다.

"그대가 누구든지 이 대목을 읽는 사람은 조심하라. 예컨대 성경과 목소리가 하나같이 '태초에 하느님께서 하늘과 땅을 만드셨다'라고 하는데, 이 말이 다양하게 이해되는 것은 오류의 허위에서 기인하지 않고 여러 가지 참된 인식들 때문이지 않던가? 인간의 태아胎兒들은 이런 식으로 자라나고 불어난다."[184]

---

181) 성경 구절은 전의적으로(우의적으로) 해석될 수 있을뿐더러, 사람에 따라 다양하게 이해될 수 있다. 그는 『그리스도교 교양』 제3권에서 성경의 전의적 어법에 관해서 상세하고 길게 다루었다.
182) 진리는 단일하고 그 진리가 창조받은 영혼들을 비춰준다. 하지만 영혼들은 다수이고 그것들 속에서 많은 진리가 얘기될 수 있다.
183) 곤충이 흙에서, 수중 미생물들이 물에서 자연적으로 발생한다는 당시의 과학 지식을 드러낸다. 이는 다음 절에서 '수중 생물', '물의 소생들'로 구체화된다.

24.37 대자연[185] 그 자체를 우의적으로 생각하지 않고 말 그대로 생각한다면, "*자라고 불어나라*"는 말씀은 씨앗에서 태어나는 모든 것에 해당합니다. 그런데 저렇게 설정된 바를 전의적으로 다루기로 한다면 (제가 보기에 성경은 이런 의도를 담고 있습니다. 물론 위에 말한 축복을 굳이 수중 생물과 인간의 소생에게만 국한한 것은 공연한 일이 아니었습니다) 저희는 다양성을 발견하기에 이릅니다. 이를테면 하늘과 땅에서 영적 피조물과 물리적 피조물들에서 보이는 다양성을, 빛과 어둠에서 의로운 영혼과 사악한 영혼들에서 보이는 다양성을, 물과 물 사이에 굳어진 궁창에서는 율법을 전달하는 거룩한 성경 저자들에서 보이는 다양성을, 바다에서는 쓰게 만드는 백성들의 사회에서 보이는 다양성을, 마른 땅에서는 경건한 영혼들의 마음에서 보이는 다양성을, 씨를 맺는 식물과 열매 맺는 나무에서는 삶을 통해 행하는 자선 사업에서 보이는 다양성을, 하늘의 빛물체들에서는 남들에게 유익하기 위해 주어지는 영적 선물들의 다양성을, 생혼에서는 절제로 단련된 정감에서 보이는 다양성을 발견하기에 이릅니다.

이 모든 경우에서 저희는 다양성과 풍요함과 성숙함을 얻고 만나게 됩니다.[186] 그러니까 한 가지 사물이 자라고 불어나는 것은 한 사물이 여러 모양으로 서술되고 한 서술이 여러 모양으로 이해되는 양상으로 이루어집니다. 그런 일들은 물리적으로 드러난 표지들에서, 또 오성적으로 개념된 사물들에서가 아니면 발생하지 않습니다.[187]

---

184) 다양한 해석은 자구적 의미든 전의적 의미든 '물들의 태아'나 '인간의 태아'가 번식하는 모양을 연상시킨다.
185) natura rerum: 교부가 '대자연' 혹은 '자연계'를 지칭하는 단어로 세계(mundus)와 동의어이기도 하다.
186) 이 성경 구절에 관한 '다양한 해석'은 제13권 후반부(15,16-23,34)에서 다루어졌는데, 이 부분에서는 우의적 해석으로 번식과 번영이 '교회 안에서 이루어지는 선업들'을 가리킨다는 해석으로 확대된다.

저희는 이 물리적으로 드러난 표지를 물의 소생들, 곧 육적인 깊이 때문에 필연적으로 생겨나는 소생들을 가리키는 것으로 이해했고, 오성적으로 개념된 사물을 이성의 풍요로운 생산성으로 생겨나는 인간적 소생들을 가리키는 것으로 이해했습니다.[188]

주님, 이 두 가지 종류를 다 일컬어 당신께서 *"자라고 불어나라"*고 말씀하셨다고 저희는 믿었습니다. 저는 이 축복에서 당신께서 저희에게 허락하신 능력과 권한을 받아들입니다.[189] 한 가지로 이해할 만한 것을 다양하게 서술하고, 저희가 성경에서 한 가지로 모호하게 읽었을 것을 여러 가지로 이해하는 능력과 권한 말입니다.[190] 바다의 물들은 이렇게 생물로 채워지는데, 이 물들이 흔들려 보이는 이유는 갖가지 상이한 의미를 띠기 때문입니다. 그리고 땅은 인간적 태아들로[191] 채워지는데 공부에서 땅의 메마름이 드러나고[192] 그래서 이성이 땅을 지배하는 것입니다.

---

187) "감관으로 표상된 기호와 오성으로 파악된 개념"이라고 번역된다. 언어와 개념만 '전의적 해석'의 대상이 된다.
188) 인간 이성은 정신적 작업으로 무한정한 개념들을 산출해내므로 성경 구절에 대한 인간의 해석도 다양해진다.
189) 동일한 성경 문구를 자구적으로 해석하면서 '감각적 표상'을 내세우는 것도, 우의적으로 '영성적 이해'를 도모하는 것도 단일한 진리의 다양한 면모다.
190) 사물과 기호(언어)는 하나이지만 비유를 통한 이상, 그 기호의 의미와 해석은 다양할 수 있다.
191) 철학용어인 '개념'(conceptus)은 어원상 '지성의 회임(懷妊)'에 해당한다. 교부는 '이성의 다산성'(rationis fecunditas)이나 '인간적 소생'(generationes humanae), 따라서 '인간적 태아'(fetus humani)와 같은 용어를 거리낌 없이 구사한다.
192) 창세기 1:9("하늘 아래 있는 물이 한 곳으로 모여, 마른 땅이 드러나라")에서 언급된 '땅의 메마름'은 진리에 정진하는 공부와 신앙인들이 "하느님을 갈망하는" 영적 자세로 풀이된다.

25.38. 풀과 나무 혹은 하느님의 종들에게 상응한 자비의 업적

주 저의 하느님, 뒤따라오는 당신의 성경 구절이 제게 암시해주는 바를 말씀드리고 싶습니다. 서슴없이 말씀드리겠습니다.[193] 당신께서 저에게 영감을 주시는 한 저는 진실을 말할 것입니다. 당신께서 저 말씀으로 제가 이야기하기를 바라시는 바를 말씀드리겠습니다. 당신께서 영감을 주시지 않고 제가 무슨 진실을 말할 수 있다고는 믿지 않습니다. 당신께서는 진리이신데 사람은 모두 거짓말쟁이기 때문입니다. 또 거짓말을 하는 사람은 자기 것에서 말을 꺼냅니다.[194] 그래서 저는 진실을 말하기 위해 당신에게서 말을 꺼냅니다.

보십시오, 당신께서는 "*온 땅 위에서 씨 뿌려 씨를 맺는 모든 풀을 저희에게 먹을 것으로 주셨고, 씨 뿌릴 씨 있는 과일을 맺는 모든 나무를 먹을 것으로*" 주셨습니다.[195] 우리뿐만 아니라 하늘의 모든 새와 땅의 모든 짐승과 뱀들에게도 먹이로 주셨습니다. 물고기와 큰 용들에게는 이것을 주지 않으셨습니다.[196] 저희가 하던 말대로는 땅의 저 열매들로 의미하고 우의적으로 형용하는 바는 자비의 행업이며, 그것은 열매 맺는 땅으로부터 현세 생활의 필요로 인해 나타납니다.

---

193) 교부는 창세기 첫 장에 관한 우의적 해설에서 벗어나, 말씀을 전하는 선교사가 신도들의 추렴으로 먹고살아야 하는 전통에 관해서 창세기의 피조물에 빗대어 길게 논한다. 그 언급은 13.34.49에까지 이어진다.
194) 요한 8:44[가톨릭 성경] 참조("너희 아비가 … 거짓말을 할 때에는 본성에서[자기 것에서] 그렇게 말하는 것이다").
195) 창세기 1:29 참조.
196) '물고기, 길짐승, 날짐승'은 신입 교우를, '큰 용'은 사도들의 설교를 가리켰는데(이 책, 13.20.26), 여기서는 '물고기'와 '용'이 모두 '자비의 행업'에서 배제되고 있다.

예컨대 경건한 오네시포루스[197)]가 바로 그런 땅이었습니다. 당신께서는 그의 집안에 자비심을 베푸셨으니 그가 당신의 종 바울로에게 생기를 돋우어주었습니다. 그가 사슬에 매인 것을 부끄러워하지 않았기 때문입니다. '형제들'도 이런 일을 행해 그 착실한 일로 결실을 맺었으니 마케도니아에서 그에게 부족한 것을 채워주었기 때문입니다. 그 대신 응분의 열매를 그에게 내놓지 않았던 저명한 나무들을 두고 바울로가 얼마나 괴로워했는지 모릅니다. 그 일을 두고 그는 "*나의 첫 변론 때에 아무도 나를 거들어주지 않았고, 오히려 모두 나를 저버렸습니다. 그들에게 이것이 지탄이 되지 않기를 바랍니다*"는 말을 했습니다.[198)]

저것은 신적인 신비를 깨달아서 합리적 교리를 펴는 사람들에게 돌아가야 하는 결실입니다. 사람으로서도 받아야 할 보답입니다. 생혼에게 하듯이 그들에게 돌아가야 하는 몫입니다. 모든 면에서 절제하는 본받을 만한 사람들에게 돌아가야 할 몫입니다. 그런가 하면 날짐승들에게 하듯이 그들에게 돌아가야 하는 몫이기도 합니다. 축복을 받아 땅 위에서 불어나고 있는 날짐승들의 소리가 온 땅으로 퍼져 나가고 있기 때문입니다.[199)]

---

197) 오네시포루스(Onesiphorus): 2디모테오 1:16-18 참조. 에페소에서 신도가 되었고 바울로가 로마에서 수감생활을 할 때에도 후원금을 갖고서 먼 길을 찾아온 인물이다.
198) 2디모테오 4:16 참조. 첫 번째 로마 수감생활(61년)을 가리킨다.
199) 앞(이 책, 13.20.26)에서 날짐승은 복음을 설교하는 이들을 상징했다. 시편 18:5* 참조("그 소리는 온 땅으로, 그 말은 누리 끝까지 퍼져나가네," 그들의 소리는 땅으로 퍼져나가고 그들의 말은 온 세상 끝까지 번져간다).

26.39. 베푸는 사람의 뜻은 바른 뜻이어야 한다

이런 음식을 즐기는 이들은 이 음식을 먹고 살지만 자기 배를 하느님으로 삼고 있는 자들은[200] 이런 음식을 즐기지 않습니다. 또 위에서 말한 대로 곡식을 제공하는 사람들이 베푸는 것 자체가 열매가 아니고 마음이 열매가 됩니다. 그러니까 당신의 종이 하느님을 섬겨왔고 자기 배를 섬기지 않았으며 그가 무엇을 두고 기뻐하는지 제 눈으로 봅니다. 저는 그런 일을 보면서 저는 그와 함께 크게 기뻐합니다.

바울로는 필립비 사람들이 에파프로디투스[201]에게 보낸 것을 받았습니다. 그렇지만 저는 그가 무엇을 두고 기뻐하는지 압니다. 그는 그 기쁨을 음식으로 삼습니다. 그가 진심에서 우러나 하는 말이 있습니다.[202] *"나는 주님 안에서 크게 기뻐했습니다. 여러분이 한때 나를 두고 맛을 들이고 있던 바를 나한테서 다시 맛 들이는 싹수를 보였기[203] 때문입니다. 한때 여러분은 권태를 느꼈던 것입니다."* 말하자면 저 사람들은 오랜 권태로 시들해져 있었고, 그래서 선행의 열매를 맺기에는 메말라 보였습니다. 그러나 사도 바울로는 이전의 싹수를 다시 보았고, 그들을 두고 기뻐했습니다. 자기의 곤궁을 도왔다고 해서 자기 자신 때문에 기뻐한 것은 아니었습니다. 그는 이렇게 말합니다.

"무엇이 아쉬워서 제가 이런 말을 하는 것이 아닙니다. 나는 어떠

---

200) 필립비 3:19 참조("그들의 최후는 멸망뿐입니다. 그들은 자기네 뱃속을 하느님으로 삼고 자기네 수치를 오히려 자랑으로 생각하며 세상 일에만 마음을 쓰는 자들입니다").
201) 에파프로디투스(Epaphroditus): 필립비 4:18에 나오는 인물이며, 성인으로 추앙받는 필립비의 첫 주교로 전해진다.
202) 교부는 필립비 4:10-14를 재래 라틴어역본에 따라서 자유롭게 인용한다.
203) 사도는 나무에다 하듯이 '싹수를 보였다'라고 하는데 이것은 결실을 맺지 못하고 말라버린 나무들을 두고 하는 말이다(『시편 상해』, 49.11) 참조.

한 처지에 있어도 만족하는 법을 배웠습니다. 나는 적게 가질 줄도 알고 풍족하게 지낼 줄도 압니다. 모든 경우에, 매사에 길들어 있습니다. 배부르거나 배고프거나, 풍족하게 지내거나 곤궁을 당하는 데 길들어 있습니다. 나를 북돋아주시는 분 안에서 나는 모든 것을 할 수 있습니다."

26.40. 베푸는 사람의 바른 뜻을 두고 즐거워해야지 받은 선물의 용처를 두고 즐거워해서는 안 된다

"위대한 바울로여,[204] 그대가 무엇을 두고 기뻐하는가? 그대를 창조하신 하느님의 모습대로, 하느님께 대한 지식으로 쇄신된 인간이여, 탁월한 절제를 갖춘 생혼이여, 신비를 발설하는, 날아다니는 혀여![205] 저런 생명체들에게야말로 저런 음식이 마땅하다. 그대를 먹여 살리는 것은 무엇인가? 기쁨이다. 그다음에 뒤따르는 말이 들린다. '그러나 내 환난에 여러분이 동참한 것은 잘한 일입니다.'" 그는 이 일을 두고 기뻐하고 이 일을 음식으로 삼습니다. 자기의 궁핍이 해소되어 기쁜 것이 아니고 그들이 선하게 행동해서 기쁘다는 말입니다. 그는 당신께 이렇게 말씀드립니다. "환난 중에 당신께서는 나를 넉넉하게 해주셨습니다.[206] 나를 북돋아주시는 분 안에서 나는 풍족하게

---

204) Paulus는 '작은 사람'이므로 Paulus magnus는 '작은 거인'처럼 들린다. 그에게는 뒤이어 세 호칭이 부여된다.
205) 1고린토 14:2 참조("혀로 말하는 이는 사람들이 아니라 하느님께 말씀드립니다. 아무도 듣지 않고 영이 신비를 말하는 것입니다"). 이는 교부 인용본으로, 성경에는 혀로 말하는 이가 신비한 일을 말하는 이로, 영이 성령으로 표현된다.
206) 시편 42:1* 참조("이 몸이 환난 중에 있을제 당신께서 저를 끌어내주셨나

지내거나 곤궁해지는 법을 압니다." 그래서 그는 이런 말을 합니다.

"필립비 신자들이여, 복음 선포의 초기에 제가 마케도니아를 떠날 때, 여러분 외에는 나와 친교하는 교회가 하나도 없었음을 여러분도 알고 있습니다. 내가 테살로니카에 있을 때에도 여러분은 두어 번 내게 필요한 것을 보내주었습니다." 그는 이처럼 선한 행업이 그들에게 돌아가게 되었음을 지금 기뻐하고 있고, 마치 전답의 비옥함이 되살아나듯이 그들이 그런 싹수를 보여 즐거워하고 있습니다.

26.41 '여러분이 내가 필요한 것을 보내주었다'는 말을 했으니 바로 그 필요 때문에 기뻐하는 것입니까? 그것 때문은 아닙니다. 어떻게 알 수 있습니까? 그가 곧이어 "*내가 찾는 것은 선물이 아니고 열매다*"라고 말했기 때문입니다.

저의 하느님, 저도 선물과 열매 사이를 구분하는 법을 당신께 배웠습니다.[207] '선물'은 이런 필요한 것들을 담당하는 사람이 주는 물건 자체, 즉 돈, 음식, 음료, 의복, 숙소 같은 것입니다. '열매'란 증여자의 선하고 바른 의지입니다.[208] 그래서 선하신 스승께서는 "*예언자를 받아들이는 이*"라고만 하시지 않고 "*예언자의 이름으로*"라고 덧붙이셨고 "*의인을 받아들이는 이*"라고만 하시지 않고 "*의인의 이름으로*"라고 덧붙이셨습니다. 그렇게 해서 전자는 예언자로, 후자는 의인으로 높여지는 것입니다.

또 스승께서는 "*이 가장 작은 이들 가운데 한 사람에게 시원한 물 한 잔이라도 주는 이는*"이라고만 하시지 않고 "*제자의 이름으로*"라

이다").
207) 라틴어로 '선물'은 '그저 주어진 것'이고 '열매'는 '나무가 수고하여 맺은 것'이다.
208) 선물의 열매는 선물을 내놓는 사람의 선한 의지에 있다.

고 덧붙이시고 이어서 "*내가 진실히 너희에게 말한다. 자기의 상을 결코 잃지 않을 것이다*"라고 하셨습니다. 예언자를 받아들이는 일, 의인을 받아들이는 일, 제자에게 시원한 물 한 잔을 주는 일은 '선물'입니다.209) 그리고 예언자의 이름으로, 의인의 이름으로, 제자의 이름으로 이런 일을 하는 것은 '열매'입니다.

저 과부는 자기가 하느님의 사람을 먹여 살린다는 것을 알고 바로 그런 이유로 음식을 먹인다고 생각했으므로 예언자 엘리야는 그 과부한테서 '열매'로서 음식을 얻어먹은 셈입니다.210) 그 대신 까마귀가 가져다주었을 때는 '선물'을 먹고 살아난 것입니다. 음식을 먹은 것은 엘리야의 영혼이 아니라 몸이기는 했지만 그런 음식이 없었더라면 건강이 상했을 수도 있었습니다.

27.42. 믿지 않는 사람들은 선행을 하더라도 바른 의지로 하지 않는다

주님, 당신 앞에서 참말을 드리겠습니다. 저희는 초심자들이나 믿지 않는 사람들을 입문시키고 마음을 움직이려면 입교 성사들과 놀라운 기적들이 필요하고 그것들은 물고기와 용이라는 명사로 상징된다고 믿습니다. 저런 사람들은 당신 아이들을211) 받아들여 육체적으

---

209) "주님이 하신 말씀, 즉 '당신 제자에게 냉수 한 그릇이라도 주는 사람은 자기가 받을 상을 결코 잃지 않을 것이다'라고 하신 말씀도 하찮은 것이 아니다"(『그리스도교 교양』, 4.18.37).
210) "어떤 사람이 성인을 받아들일 때, 받아들여진 사람이 아니라 받아들이는 사람에게 유익이 되는 것입니다. 기근이 들었을 때 엘리야는 음식을 받도록 과부에게 보내졌습니다"(『시편 상해』, 103.3.11).
211) 하느님의 종들: 로마사회는 '노예들'을 나이에 상관없이 '애들'이라고 불

로 먹여 살리고 현세 생활에 도움을 주는데 왜 그렇게 해야 하는지, 어떤 목적으로 하는지 모르고서 그렇게 합니다.

그러다 보니 꼭 전자가 후자를 먹여 살리는 것도 아니고 후자가 전자들에게 먹을 것을 얻는 것도 아닙니다. 전자는 거룩하고 바른 의지로 이런 일을 행하는 것이 아닐 경우, 후자는 저들의 '선물'에서 아직까지 '열매'라는 것을 발견하지 못하게 되니 저들의 선물을 두고 기뻐할 겨를이 없을 것이기 때문입니다.[212] 무릇 정신이라는 것은 기쁨을 얻는 곳에서 동시에 음식 또한 얻게 됩니다.[213] 그러니까 물고기와 용들은 땅이 만들어내는 음식이 아니면 먹고사는 것이 아닙니다. 땅이 이미 바다 물결의 짠맛에서 구분되고 분리된 이후에 생산된 음식이 아니면 안 됩니다.[214]

28.43. 하느님의 모든 작품이 참 좋다

하느님, 당신께서 만드신 모든 것을 보시니 참 좋으셨습니다. 그리고 저희도 그 모든 것을 보니 참 좋습니다. 당신 작품의 온갖 것들은 당신이 '생겨라' 하고 말씀하시자 생겼고 이 모든 것을 당신께서는 '좋다'고 보셨습니다. 당신께서 만드신 것을 '좋다'고 보셨다는 구절을 제가 세어보니까 일곱 번 나옵니다. 그리고 여덟 번째는 이렇습니

렀다.
212) '자비의 선업'의 수혜자가 어느 쪽인지 구분하기 어렵다는 간접적 표현이다.
213) "우리 눈이 빛을 먹고 산다면 빛은 결코 다함이 없으므로 우리가 영원의 세계에서 하느님을 찬미하며 진리를 관조하는 잔칫상이 어떠할지 짐작할 만하다"(*Sermones*, 339.5).
214) 신앙심이 경건한 선배들과 설교가들 덕분에 초심자의 신앙 입문이 가능하다는 말이다.

다.²¹⁵⁾ 당신께서 만드신 모든 것을 보시니 단지 좋았을 뿐만 아니고 전부를 한꺼번에 일컫듯이 '참 좋았다'는 말씀입니다. 말하자면 하나씩은 좋을 뿐이지만 한꺼번에 전부를 일컬어서는 '참 좋다'는 것입니다.

이 점은 아름다운 신체에서도 분명합니다. 모든 지체들이 아름답더라도 그 지체들로 구성된 신체를 전체로 보면 개개 지체들에 비해서 훨씬 더 아름답습니다.²¹⁶⁾ 각각의 지체들이 아름답다고 하더라도, 지체들의 질서정연한 집합으로 총체가 완성되기 때문입니다.

29.44. 하느님의 말씀에는 시간으로 접근하지 못한다

저는 당신의 업적이 당신 마음에 들었을 때에 당신께 좋아보인 것이 일곱 번이었는지 또는 여덟 번이었는지 알아내려고 유의해서 살펴보았습니다.²¹⁷⁾ 그런데 당신의 바라보심에는 시간이라는 것이 없었습니다. 시간이 있어야만 당신께서 만드신 것이 몇 번이나 당신께 좋아보였는지 제가 깨달을 수 있는데 말입니다. 그래서 저는 이렇게

---

215) "이 일곱 번째 날이 우리의 안식일이 되리니, 그날의 끝은 저녁이 아닐 것이고 오직 주님의 날, 영원한 이렛날이 될 것이다. 그때 우리는 쉬면서 보게 되리라. 보면서 사랑하게 되리라. 사랑하면서 찬미하게 되리라"(『신국론』, 22,30,5).
216) "모든 것이 함께라면, 즉 하나로 결합된 이 개별자들의 창조 사업들로 가득 찬 우주 자체는 얼마나 뛰어난가? 사실 부분적인 것들로 구성된 모든 아름다움은, 부분적인 것들 안에서의 차원보다 전체적인 것 안에서 훨씬 더 뛰어나게 존재한다"(『마니교도 반박 창세기 해설』, 1,21,32).
217) 숫자 7과 8은 모두 그리스도인들에게 완전을 의미하지만 일곱은 시간상의 완전, 여덟은 영원의 완전을 상징한다. 이에 기반해 "일곱은 죽은 이들의 안식을, 여덟은 주님의 부활을 가리키는"(*Epistolae*, 55,23) 것으로 풀이하기도 한다.

말했습니다.

"오, 주님, 진실하시고 진리이신 당신께서 성경을 펴내셨으니 당신의 성경이 진실하지 않겠습니까? 그런데 왜 저에게는 당신의 바라보심에는 시간이 없다고 하시면서, 당신의 저 성경은 당신께서 만드신 그것을 당신께서 날마다 바라보시고 좋다고 말씀하신 것처럼 얘기하는 것입니까? 제가 세어보아도 몇 번인지를 찾아낼 수 있으니 하는 말입니다."

이런 말에 당신께서는 저의 하느님이시므로 제게 말씀하십니다. 당신 종의 내면의 귀에 대고 제 우둔함을 깨우치시면서 큰 소리로 이렇게 외치십니다.

"아, 사람아, 내 성경이 말하는 바는 내가 하는 말이다. 다만 성경은 시간적으로 이야기하고 있고 내 말에는 시간이 근접하지 못한다. 내 말은 나와 동등한 영원성으로 이루어져 있는 까닭이다. 너희가 나의 영을 통해서 보는 바를 내가 보듯이, 너희가 내 영을 통해서 말하는 바는 내가 하는 말이다. 너희가 시간적으로 그것들을 본다고 해서 나도 시간적으로 보는 것은 아니다. 너희가 저것들을 시간적으로 말한다고 해서 내가 시간적으로 말하는 것은 아님과 마찬가지다."[218]

30.45. 하느님의 업적에 관한 마니교도들의 지각없는 말

주 저의 하느님, 저는 저런 말씀을 듣고 당신의 진리에서 흘러나오

---

[218] "하느님은 만유를 동시에 만드셨다"(creavit deus omnia simul)는 명제를 확립한다. 천사들 눈에도 창조의 하루에는 "낮과 저녁과 아침이 동시에 보이며 창조도 동시에 이루어지고 만물이 동시에 이루어졌다"(*De Genesi ad litteram*, 4,34).

는 감미로운 한 방울을 혀끝으로 맛보고 깨달았지만, 그런데도 당신의 업적을 못마땅해하는 자들이 있습니다.[219] 그자들은 당신의 작품 가운데 상당수를, 하늘의 구축과 성좌의 구성처럼 당신께서 무슨 필요에 쫓겨 만드셨다고 말 하는가 하면, 그나마도 당신의 것으로부터 만드신 것이 아니고 이미 창조되어 다른 곳에 존재했던 것을 당신께서 한데 모으시고 연결하시고 짜 맞추신 것처럼[220] 이야기합니다. 당신께 패한 적들에 대항해서 세상의 성벽을 갖추셨고 그런 축조물로, 패망한 자들이 당신을 거슬러 다시는 반역할 수 없게 만드셨다는 얘기도 합니다.

또 모든 육신과 아주 하찮은 생물들, 흙에 뿌리내린 것들은 당신께서 만드시거나 짜맞추지도 않으셨을뿐더러 당신께로부터 지음 받지 않았고 당신께 상반되고 당신께 대적하는 지성과 다른 자연사물이 세상의 가장 밑바닥에다 그것들을 낳고 빚어냈다는 말도 합니다. 지각없는 사람들이 이런 말을 하고 있는데, 당신의 업적을 당신의 영을 통해서 보지 않고 그것들 안에서 당신을 알아보지 않기 때문입니다.

31.46. 존재하는 모든 것이, 하느님의 영을 통해서 보면 선하게 보인다

그러나[221] 당신의 영을 통해서 저것들을 보는 사람들이 있을 경우

---

219) 마니교 이원론을 다시 한번 간추려 반박한다.
220) 천지창조에 관한 마니교의 이원론적 표상(이미 존재하던 것들을 한데 모으고 연결하고 짜맞춘)에 교부는 '태초에'(in principio), '무에서'(de nihilo), '말씀으로'(in verbo) 창조하셨다고 답한다.
221) 다시 본 주제로 돌아와 창세기 해설이 요약된다. 마니교의 관점에 대한 그리스도교의 답변을 자구적 해설과 우의적 해설로 개진한다.

에 그 사람들 속에서 바라보는 이는 당신이십니다.[222] 따라서 그들이 좋다고 보는 것이면 당신께서도 그것들이 좋다고 보십니다. 어떤 것이 당신 때문에 사람들의 마음에 든다면 그것들 안에서 사람들 마음에 드는 대상은 당신이십니다. 또 그것들이 당신의 영으로 말미암아 저희 마음에 든다면 그것들은 저희 안에서 당신 마음에도 드는 셈입니다.

"그 사람 속에 있는 사람의 영이 아니고서야, 그 사람의 것을 어떤 사람이 알 수 있겠습니까? 마찬가지로, 하느님의 영이 아니고서는 아무도 하느님의 것을 알지 못합니다." 사도는 이렇게 말을 잇습니다. "우리는 이 세속의 영을 받은 것이 아니라, 하느님에게서 오시는 영을 받았습니다. 하느님에게서 우리에게 주어진 선물을 알아보기 위함입니다."[223] 제가 일깨움 받은 것을 말하겠습니다. "하느님의 영이 아니고서는 아무도 하느님의 것을 알지 못함은 물론이다. 그렇다면 하느님에게서 우리에게 주어진 선물이라는 것을 우리가 어떻게 아는가?" 저는 이렇게 대답합니다. "우리가 아는 것도 그분의 영을 통해서 아는 것이기에, 하느님의 영이 아니고서는 아무도 알지 못한다!" 따라서 하느님의 영 안에서 말하는 사람들에게 "말하는 이는 너희가 아니다"라고 하는 것이 맞듯이, 하느님의 영 안에서 아는 사람들에게 "아는 이는 너희가 아니다"라고 하는 말도 맞습니다.

그리고 하느님의 영 안에서 보는 사람들에게도 "보는 이는 너희가 아니다"라는 말 역시 맞습니다. 또 사람들이 하느님의 영 안에서 무엇이 좋다고 볼 때는 그들이 아니고 하느님께서 좋다고 보시는 것입

---

222) 교부의 철학에서 조명설로 다루어지던 주제가 "인간 속에서 하느님이 보신다"(deus videt in homine)라는 문장으로 절정에 이른다. "우리 안에서 당신께서 보십니다"(이 책, 13.34.49).
223) 1고린토 2:11-12.

니다.²²⁴⁾ 그러니까 다음 세 가지가 각기 다릅니다. 누가 좋은 것을 나쁘다고 생각하는 경우가 있는데 위에서 꼽은 사람들이 그렇습니다. 또 당신 피조물이 많은 사람들의 마음에 들듯이, 좋은 것을 좋다고 보면서도 정작 그 피조물 안에서 당신을 마음에 들어 하지 않는 경우가 있습니다. 그래서 당신보다 그것들을 향유하고 싶어 합니다.

그런가 하면 사람이 무엇을 좋다고 보는데 그 사람 안에서 하느님께서 좋다고 보시는 경우가 있습니다. 즉 하느님께서 당신께서 만드신 피조물 안에서 사랑을 받으시고, 당신께서 주신 영을 통해서가 아니면 사랑을 받지 않으시는데 저희에게 주어진 성령을 통해 하느님의 사랑이 저희 마음에 부어졌기 때문입니다. 저희는 무엇이 어떤 방식으로 존재하든 간에, 성령을 통해서 존재하는 모든 것을 좋다고 봅니다. 그분에 의해서 존재하는 까닭입니다.²²⁵⁾ 그분은 이러저러한 방식으로 존재하는 분이 아니고 그냥 존재하는 분입니다.²²⁶⁾

---

224) 마태오 10:20([박해 중에 심문관 앞에서] "말하는 이는 너희가 아니라 너희 안에서 말씀하시는 아버지의 성령이시다")에 의거해서, 또 "사람은 모두 거짓말쟁이"(시편 115:12)라는 구절로 미루어 진리의 인식과 관상도 진리의 발설도 모두 '하느님의 비추심' 또는 '하느님이 보심'으로 이루어진다는 주장이다.
225) "하느님께 상반되는 존재는 있을 수 없다. 그분은 최고로 존재하는 분(qui summe est)이고 이러저러한 방식으로 존재하는 것(aliquo modo est) 역시 어떤 방식으로 존재하든 최고로 존재하는 그분에게서 존재를 받으므로 그 나름대로 선하다"(*Contra Secundinum Manichaeum*, 10).
226) '그분에게 있다!(est)'라고 말한 사람은 '그분에게 있던 것은 존재(est)라고 부른다'라는 말 외에 다른 말은 하지 않았다.

32.47. 하느님의 선한 업적을 두고 하느님께 감사드리다

주님, 당신께 감사드립니다![227] 저희는 하늘과 땅을 봅니다. 하늘과 땅이 물체의 상층과 하층일 수도 있고, 신령한 피조물과 물리적 피조물일 수도 있습니다. 아울러 이 부분들을 장식하는 빛을, 창조되고 어둠으로부터 갈려나온 빛을 저희가 봅니다. 세계 전체의 덩어리 또는 창조계 전체는 이런 부분들로 구성되어 있습니다.

그리고 하늘의 궁창을 저희가 보는데,[228] 궁창은 세계 최초의 물체[229]로서 위에 있는 신령한 물과 아래에 있는 물리적 물 사이일 수도 있고,[230] 역시 하늘이라 불리는 기체의 공간일 수도 있습니다. 이 공간을 통해서 하늘의 날짐승들이 물들 사이를 돌아다니는데, 증기가 되어 궁창 위로 떠받쳐 올라간 물(맑게 갠 밤이면 이슬로 내립니다)과 땅에서 흐르는 무거운 물 사이입니다.[231]

저희는 또 대양의 표면으로 한데 모아진 형태의 물들을 보고, 마른 땅 혹은 벌거벗은 땅 혹은 형태를 갖춘 땅 곧 눈에 보이고 틀을 갖추어서 풀과 나무의 모태가 되는 땅을 봅니다. 저희가 보니 빛물체들이 위에서 빛을 발하고 있어서 해는 낮을 넉넉하게 만들고 달과 별은 밤

---

227) 이어지는 내용은 제13권, 아마도 이 책 전체의 결론에 해당한다. 교부는 이 책 중간중간에(이 책, 2.7.15; 5.3.5; 7.9.14; 8.1.1) '감사의 고백'으로 토론 주제를 매듭짓곤 했다.
228) '하늘의 궁창'은 성경을 상징한다던 우의적 해석(이 책, 13.15.16)과 별도로 자구적 의미를 살펴본다.
229) 최초의 피조물인 '질료'에 관해서는 앞에서(이 책, 12.4.4-12.6.6) 논했다.
230) 훗날 이 구절을 다음과 같이 평가한다. "'궁창 위에 있는 신령한 물과 아래에 있는 물리적 물 사이에 만들어졌다'고 하는 것은 충분히 생각을 하지 않고서 나온 말이다. 매우 모호한 사안이기도 하다"(『재론고』, 2.6.2).
231) '무거운 물이 어떻게 궁창 위에 놓여 있을 수 있느냐'는 의문에 궁창을 "구름을 내는 축축한 습기와 밑에 펼쳐진 바다 사이의" 중간적인 사물이라고 풀이하기도 한다(De Genesi ad litteram, 2.4.7).

을 다독이는 가운데 이 모든 것들이 절기를 가리키고 상징합니다. 저희가 보니 어디서나 습한 자연이 물고기와 짐승과 날짐승을 품고, 공기의 소립자는 새들의 비상을 떠받쳐주는데 물의 증발로 인해서 응결되기도 합니다.[232]

저희가 보니까 육지 동물들로 땅의 표면이 꾸며지고, 당신 모습대로 당신과 비슷한 인간이 이성을 갖추지 못한 모든 생물들을 다스리고 있습니다. 당신 모습으로, 당신과 유사함으로, 다시 말해서 이성과 오성의 능력으로 지배합니다.[233] 또 인간의 영혼에서도 결정하고 지배하는 부분이 따로 있고 복속하고 순종하는 부분이 따로 있는 것처럼, 여자는 신체적으로도 남자를 위해서 만들어졌고,[234] 비록 이성적 오성의 지성에서는[235] 남자와 동등한 본성을 지니고 있지만, 신체의 성별로는 남성에게 순종하는데, 이것은 마치 행동의 욕구라는 것이 지성의 이치로부터 바르게 행동하는 수완을 받아들임으로써 이성에 순종하는 것과 흡사합니다.[236] 저희는 이것들이 각각 좋다고 보며 전부로서는 매우 좋다고 봅니다.

---

232) 공기도 증발된 물방울과의 응결로 인해서 소립자가 되기 때문에 새의 날갯짓은 새의 몸체를 공중에 떠받치고 공중에서 노를 젓는 것이다.
233) '당신 모습으로'는 자연적 차원에서 '이성'으로, '당신과 비슷하게'는 초자연적 차원에서 '오성'으로 이루어지는 것을 구분하는 말이다.
234) viro facta: 여자를 남자에게 귀속시키는 이해 여격(dativus commodi)을 써서 "그를 거들 짝"(창세기 2:20)이라는 문구를 해설한 셈이다.
235) "남자와 여자 둘이서 한 몸이듯이, 우리 오성과 행위, 또는 사려와 실행, 또는 이성과 이성적 욕구 다 지성의 단일한 본성을 구성한다. 그리하여 저 둘을 두고 '둘이 한 몸을 이루리라'고 한 말 그대로 이 둘을 '둘이 한 지성을 이룬다'고 할 수 있다"(『삼위일체론』, 12,3,3).
236) "인간에게 지성과 욕구가 있어 전자는 지배하고 후자는 복종한다. 그것이 인간들에게 나타나 있으니 남자와 여자가 그것이다"(*De opere monachorum*, 32,40).

33.48. 만물이 어떻게 해서 생겼는가

당신의 업적이 당신을 찬미합니다. 저희가 당신을 사랑하게 하기 위함입니다. 그리고 저희가 당신을 사랑합니다. 당신의 업적이 당신을 찬미하게 하기 위함입니다.[237] 만물이 시간으로 인해서 시작과 끝을 갖고, 발생과 소멸을, 완성과 결손을, 형상과 결핍을 보입니다. 그렇게 해서 결과적으로 때로는 은연중에 때로는 대놓고 아침과 저녁을[238] 내보입니다. 그것들은 당신에 의해서 무로부터 생겨났지만 당신에게서 생겨난 것은 아닙니다.[239] 당신의 것이 아닌 무엇에서, 또는 이전에 존재하던 무엇에서 온 것이 아니고 함께 창조된 것에서, 말을 달리하자면 당신에 의해서 한꺼번에 창조된 질료에서 비롯합니다.[240] 그것들을 무형으로부터, 시간 간격이 전혀 없이, 당신께서 형상화하셨습니다.

하늘과 땅의 질료가 다르고 하늘과 땅의 형상이 다르므로, 질료는 전적으로 무에서 유래하고 세계의 형상은 무형의 질료에서 유래하는데, 당신께서는 둘 다 동시에 만드셨습니다. 형상이 질료를 뒤따르게, 한순간의 지연도 없이, 뒤따르게 하셨습니다.

---

237) 이 책은 "사람 곧 당신 창조계의 작은 조각 하나가 당신을 찬미하고 싶어 합니다"(이 책, 1.1.1)라는, 교부 '개인의 찬가'로 시작해 "당신의 업적이 당신을 찬미합니다"라는 '우주 찬가'로 끝맺는다.
238) 피조물의 '저녁'과 '아침'은 어둠과 빛, 무형의 질료와 형상을 대조시키는 개념이다.
239) 교부의 창조론을 약간 수정한 문장이다. "하느님에 의해서 창조를 받았지만 (a te) 하느님의 본질을 나누어 받은 것은(de te) 아니다."
240) "질료가 형상화한 사물들에 앞선다는 말은 시간상으로 하는 말이 아니다. 만들어진 그것이나 거기서 만들어진 그것이나 동시에 함께 창조되었다" (*De Genesi ad litteram*, 1.15.29).

34.49. 창세기 제1장에 나온 표상을 총괄적으로
    다시 간추리다

저희는 이것들이 갖는 표상성[241] 때문에 이것들이 이러저러한 순서로 만들어지거나 이러저러한 순서로 기록되기 원하셨다고 파악했습니다. 그러고서 각각의 것이 '좋다'고, 한꺼번에 전부 '참 좋다'고 보았습니다. 당신의 말씀 안에서, 당신의 외아드님 안에서 하늘과 땅, 곧 교회의 머리와 몸이 아침도 없고 저녁도 없이 모든 시간에 앞서 예정되어 있었음을 저희는 보았습니다.[242]

그리하여 당신께서 예정된 것들을 시간 속에서 시행하기 시작하셨을 때, 곧 숨겨진 것들을 드러내시고 저희의 틀 잡히지 않은 것들을 바로잡아주고자 하셨을 때(그때 저희 위에는 저희 죄가 있었고 저희는 당신으로부터 어두운 심연으로 떠난 다음이었으므로, 당신의 선한 영이 적절한 때 저희를 보우하고자 저희 위로 감돌고 있었던 것입니다), 당신께서는 불경스러운 자들을 의롭게 만드셨고, 또 그들을 악인들로부터 분리해내셨고, 당신께 순순히 복종할 상위의 영들과 그들에게 순종해야 할 하위의 영들 사이의 중간에다 당신 성경의 권위를 굳히셨고, 믿지 않는 자들의 결속을 마치 반역 음모처럼 한데 모아놓으셨습니다.[243]

---

241) 교부는 지상의 물질적 세계가 영적인 천상 세계를 가리키는 표상임을 강조하면서 우의적 해설을 총정리한다.
242) 예정은 만사를 영원에서 보시는 '하느님의 관점'을 시간적이고 역사적인 존재인 인간의 관점에서 언표하는 행위다. "당신이 원하신 사람들을 세상 창조 이전에 … 그들을 당신의 자녀로 삼으시기로 예정하셨습니다. 다시 말해서 하느님은 은총의 선택에 따라서 당신께서 만들어내실 남은 자들을 예지하셨습니다. 만일 예정하셨다면 또한 예지하셨음이 틀림없습니다. 예정하셨다는 것은 곧 당신께서 이루실 바를 예지하셨다는 그 말입니다"(*De dono perseverantiae*, 18,47).
243) 궁창으로 위아래로 갈라지는 물은 천사와 인간을 나누는 것으로 설명했는

그렇게 함으로써 믿는 사람들의 마음이 돋보이고, 천상 재화를 얻으려고 가난한 이들에게 현세 재화를 나누어주는 사람들이 자비의 행업을 이뤄내게 만드셨습니다.

그다음 당신께서는 궁창에다 빛물체들을 밝히셨습니다. 이 물체들은 생명의 말씀을 간직한 당신 성도들이자 신령한 선물들을 구비한 숭고한 권위로 빛을 발하는 사람들입니다. 또 믿지 않는 이방인들을 가르치기 위한 성사^{聖事}들이며 보이는 이적^{異蹟}들이며 당신 성경의 궁창에 따라서 울려나오는 말씀의 소리들입니다. 당신께서는 물질적 질료에서 이것들을 만들어내셨으니 믿는 이들도 이것들 덕분에 축복받게 하시려는 뜻이었습니다. 그리고 이어서 절제의 힘을 빌려 질서 있는 정감들을 통해 믿는 사람들의 영혼을 살아 있게 만드셨으며, 아울러 인간 지성을 당신 모습대로 당신과 비슷하게 쇄신하셨습니다.²⁴⁴⁾ 그것은 지성으로 하여금 오로지 당신께만 순종하고, 스스로 본받을 어떠한 인간 권위도 필요치 않게 하시려는 뜻이었습니다. 나아가서 당신께서는 여자를 남자에게 복속시키셨듯이 이성적 행위를 월등한 오성에 복종시키셨습니다.

그리고 당신의 모든 시종들, 곧 현세 생명에서 신자들을 완전하게 만드는 데 필요한 사람들에게는, 현세적 삶에 요긴한 것들을 다름 아닌 그 신자들에게서 제공받기 바라셨습니다. 그것을 제공함은 장차 풍성한 열매를 내는 행업입니다. 이 모든 것을 저희가 보니 참 좋았습니다. 영으로 저희가 저것들을 보고 저것들 안에서 당신을 사랑할 텐데 바로 그 영을 저희에게 주신 분이 당신이시라는 점에서, 저희

데(이 책, 13.15.18) 바다와 마른 땅을 나누는 일은 회심해 구원받을 죄인들과 그렇지 못한 죄인들로 나뉘는 것으로 설명한다(이 책, 13.17.20).

244) 인간에 대한 창조와 구원이 성부의 '창조', 성자의 '형상화', 성령의 '쇄신'으로 구분되어 열거된다.

속에서 당신께서 그것들을 보고 계시기 때문입니다.

35.50. 주님께서 우리에게 영원한 안식일의 평안을 주시기를

주 하느님, 저희에게 평화를 주십시오. 저희에게 모든 것을 베푸셨듯 정묵靜默의 평화,[245] 안식일의 평화, 저녁 없는 평화를 주십시오. 아름답기 그지없는 저 질서,[246] 참 좋은 사물들이 제각각의 양상을 구현한 뒤에는 사물들의 저 모든 질서마저도 지나가고 말 것입니다. 저 모든 것에서 아침이 되고 또 저녁이 되었습니다.

36.51 일곱째 날은 저녁이 없고 해넘이도 없습니다.[247] 당신께서 그날을 영구히 머물게 성별聖別하신 까닭입니다. 당신께서는 참 좋을 일을 하셨고, 정묵 속에 하셨음에도 불구하고, 그 일을 하신 다음 이렛날에는 쉬셨습니다. 당신 성경의 음성이 저희에게 미리 말해준 바에 의하면, 저희도 저희의 행업 다음에, 그러니까 저희의 참 좋은 일, 그것도 당신께서 저희에게 선사해주신 것입니다만, 그 좋은 일을 마친 다음 영원한 생명의 안식일에 당신 안에서 쉬게 될 것입니다.[248]

---

[245] pax quietis: "우리가 당신에게 이를 때에 '우리가 이야기해도 이르지 못하는' 그 많은 말은 멈추리다. 그러면 당신만 남으시어 '모든 것 안에 모든 것'이 되시리다. 그때는 우리도 끝없이 하나만을 얘기할 것이며 하나같이 당신을 찬미하리다, 당신 안에 우리 하나 되어"(『삼위일체론』, 15.28.51).

[246] 영원한 안식인 '평화'가 '질서'와 결부되는 이유는 "만유의 평화는 평온한 질서에 있다. 그리고 질서는 동등한 것들과 동등하지 않은 것들을 각각 그 자리에 배치하는 것이다"(『신국론』 19.13)라는 교부의 정의에서 비롯한다.

[247] 창세기 2:2("하느님께서는 엿샛날까지 하시던 일을 다 마치시고 이렛날에는 모든 일에서 손을 떼고 쉬셨다")에는 "저녁이 되고 아침이 되니…" 라는 글귀가 없다.

37.52 당신께서 지금 저희 안에서 일하시듯, 그때도 당신께서 저희 안에서 쉬실 것입니다. 저 일들이 저희를 통해서 이루어지는 당신의 것이듯이,[249] 저때는 그 안식이 저희를 통해서 이뤄지는 당신의 것이 될 것입니다.

주님, 당신께서는 언제나 일하시고 언제나 쉬십니다. 당신께서는 시간으로 보시거나 시간으로 움직이시거나 시간으로 쉬시지 않습니다.[250] 그럼에도 당신께서는 시간적인 관측을 만드시고 시간 자체를 만드시고 시간에서 기인하는 안식을 만들어주십니다.

38.53 당신께서 만드신 것을 저희가 보는 것은 그것들이 존재하고 있기 때문입니다. 당신께서 보고 계시기 때문에 그것들이 존재합니다.[251] 또 저희는 그것들이 존재하기 때문에 밖으로 보고 그것들이 좋기 때문에 안으로 봅니다. 당신께서는 그것들이 만들어져야 하리라고 보시자마자 바로 만들어져 있음을 보셨습니다.[252] 저희 마음은

---

248) 아우구스티누스는 인류사의 종국마저도 '영원한 안식일의 평화'로 표현하며 끝을 맺는다. "이 세대가 지난 다음에는 이렛날을 당신 자신 안에서 쉬게 만들 것이다. 이 일곱 번째 연세가 우리의 안식일이 되리니, 그날의 끝은 저녁이 아닐 것이고 오직 주님의 날, 영원한 이렛날이 될 것이다"(『신국론』, 22.30.5).
249) "인간들의 선업으로 말할 것 같으면 하느님이 그들 안에서 행하는 것이요 하느님이 그들을 위해서 행하는 것이다"(『신국론』, 11.8).
250) "'하느님께서는 하시던 일을 모두 마치시고 쉬셨다'는 말이 있지만 다스리시는 일을 결코 멈추지 않으시므로 주님께서 '내 아버지께서 여태 일하고 계신다'고 하는 것도 옳은 말씀이다"(Sermones, 125.4).
251) quia vides ea, sunt: "이데아, 주요한 형상들, 혹은 사물들의 고정되고 불변하는 이치들 … 이것들이 신적 오성 안에 내포되어 있다"(De diversis quaestionibus 83, 46.2).
252) "세계는 존재하지 않으면 우리에게 알려질 수 없다. 그런데 세계는 하느님께 알려지지 않았더라면 존재하지 못했을 것이다"(『신국론』, 11.10).

당신의 영으로 잉태한 후에,[253] 그다음 시간이 되어서야 비로소 좋은 일을 하겠다고 움직였습니다. 그전에는 당신을 저버리고서 나쁜 일을 하겠다고 움직여나가던 중이었습니다.

선하고 유일하신 하느님, 그 대신 당신께서는 좋은 일 하시기를 중단하신 적이 결코 없습니다. 저희의 선한 행업이 있기는 합니다. 하지만 그것도 당신 선물에서 온 것이고, 그것마저 영구하지 못합니다. 하지만 그런 행업 후에라도 저희는 당신의 위대한 성화聖化 속에서 안식을 누리리라는 희망을 품습니다.[254] 당신께서는 어떤 선도 아쉽지 않으신 선이시므로 항상 평안하십니다. 당신의 안식은 당신 자신이시기 때문입니다.[255]

어느 인간이 이런 깨달음을 인간에게 베풀어주겠습니까? 어느 천사가 천사에게 베풀어주겠습니까? 어느 천사가 인간에게 베풀어주겠습니까?

그것은 오로지 당신께 청할 일이고 당신 안에서 찾을 일이고 당신께 문 두드릴 일입니다. 그래야, 그래야만 얻고 그래야만 찾고 그래

---

[253] 교부는 선을 하겠다는 생각을 품는 일을 '영으로 잉태했다'에서 차용해 인간 본성에 해당시킨다. "동정녀 마리아에게서 하느님의 외아들이 나셨고, 육의 욕망에서 난 것이 아니라 하느님의 유일무이한 선물에서 난 것이 아닙니까? 나도 왜 안 됩니까? 내 귀로 듣는 그대로 내가 인간이라면 내가 따지는 그 사람은 되고 그와 똑같은 나는 왜 안 됩니까? 그럼 본성은 공통되는데 은총은 왜 다릅니까?"(*De praedestinatione sanctorum*, 15.30).

[254] 하느님의 안식을 누리는 것은 하느님이 우리에게 이루어주시는 성화임을 역설한다. "사랑이 묻고 사랑이 찾고 사랑이 두드리고 사랑이 보여주고 마지막으로 사랑이 드러나서 안식을 누리게 해준다"(*De moribus ecclesiae Catholicae*, 1.17.31).

[255] "그때 우리는 쉬면서 보게 되리라. 보면서 사랑하게 되리라. 사랑하면서 찬미하게 되리라. 끝없는 끝에 이루어질 것이 바로 이렇다! 우리의 끝, [곧 목적이란] 끝이 결코 없는 나라에 도달하는 것이 아니면 또 무엇이겠는가?"(『신국론』, 22.30.5).

야만 열릴 것입니다.[256)]

　아멘.[257)]

---

256) 루가 11:10 참조.

257) 이 "아멘"은 아우구스티누스가 하느님께 드리는 고백과 찬미 전체에 독자가 응답하는 단 한마디로 추정된다. 이 구절은 일부 사본에는 탈락하고 없다.

부록

부록 1
재론고(Retractationes) 2.6.1-2

2.6.1. 내 『고백록』 13권은 내 악행을 두고도 선행을 두고도 하느님이 의롭고 선하심을 찬미하고 있으며, 인간 오성도 정감도 그분께 향하게 충동하고 있다. 거기서 내게 해당하는 내용은 기록될 임시에 내게 작용했던 것들이고 지금도 읽어볼 적에 [아직도] 내게 작용하고 있는 것들이다. 다른 사람들이 그런 것을 두고 뭐라고 느끼는지는 그들이 알아서 할 바다. 단지 내가 알기로 많은 형제들은 그 책을 마음에 퍽 들어 했고, 지금도 그들의 마음에 들고 있다. 첫 권부터 제10권까지는 나에 관해서 기록된 것이고, 나머지 세 권에서는 "태초에 하느님께서 하늘과 땅을 창조하셨다"라고 기록된 구절부터 "안식일의 휴식을 하셨다"는 구절까지 성경에 관해서 기록된 것이다.

2.6.2. 제4권에서 친구의 죽음을 두고 내 가련한 정신 상태를 고백하면서, 우리 영혼이 마치 두 영혼에서 한 영혼이 되기나 한 것처럼 "또 한편으로는 죽기 또한 몹시 두려웠으니 그토록 사랑했던 그가 혹시나 온 채로 죽어버리지나 않을까 해서였습니다"(이 책, 4.6.11)라는 말을 했다. 그 말은 진중한 고백이라기보다 경솔한 호언(豪言)처럼 보인다. "혹시"

라는 단어를 덧붙임으로써 그런 객설을 약간 다듬기는 했더라도 마찬가지다. 또 제13권에서 하늘의 "궁창 위에 있는 신령한 물과 아래에 있는 물리적 물 사이에 만들어졌다"고 한 말은(이 책, 13.32.47 참조) 충분히 생각을 하지 않고서 나온 말이다. 매우 모호한 사안이기도 하다. 이 책은 "주님, 당신께서는 위대하시고…"라는 구절로 시작한다.

부록 2
아우구스티누스 저술

아우구스티누스가 쓴 저서의 우리말 제목은 한국교부학연구회의 『교부문헌 용례집』과 『교부학 인명·지명 용례집』(하성수 엮음, 분도출판사, 2008)을 참고했다. 굵은 글씨로 나오는 우리말 제목은 『교부문헌총서』(분도출판사)로 라틴어-한글 대조본이 출간되었다.

Ad catholicos fratres	가톨릭 형제들에게
Ad Emeritum episcopum Donatistarum post conlationem	도나투스파 주교 에메리투스에게 보낸 토론 후기 [소실]
Ad inquisitiones Ianuarii(Epp. 54-55)	야누아리우스의 질문(편지 54-55)
Admonitio Donatistarum de Maximianistis	막시미아누스파에 관한 도나투스파의 경고 [소실]
Adnotationes in Iob	욥기 주해
Adversus Iudaeos	유대인 반박
Breviculus conlationis cum Donatistis	도나투스파 반박 토론 초록
Confessiones	고백록
Conlatio cum Maximino Arianorum episcopo	아리우스파 주교 막시미누스와의 토론
Contra Academicos	**아카데미아학파 반박**
Contra Adimantum Manichaei discipulum	마니 제자 아디만투스 반박
Contra adversarium legis et prophetarum	율법과 예언자 반대자 반박
Contra Cresconium grammaticum partis Donati	도나투스파 문법학자 크레스코니우스 반박
Contra Donatistas	도나투스파 반박
Contra duas epistulas Pelagianorum	펠라기우스파 두 서간 반박
Contra epistulam Donati haeretici	이단자 도나투스 서간 반박 [소실]

Contra epistulam Manichaei quam vocant fundamenti	마니교 기조 서간 반박
Contra epistulam Parameniani	파르메니아누스 서간 반박
Contra Faustum Manichaeum	마니교도 파우스투스 반박
Contra Felicem Manichaeum	마니교도 펠릭스 반박
Contra Fortunatum Manichaeum	마니교도 포르투나투스 반박 토론
Contra Gaudentium Donatistarum episcopum	도나투스파 주교 가우덴티우스 반박
Contra Hilarem	힐라리스 반박 [소실]
Contra Iulianum	율리아누스 반박
Contra Iulianum opus imperfectum	율리아누스 반박 미완성 작품
Contra litteras Petiliani	페틸리아누스 서간 반박
Contra Maximinum Arianum	아리우스파 막시미누스 반박
Contra mendacium	거짓말 반박
Contra nescio quem Donatistam	익명의 도나투스파 반박 [소실]
Contra partem Donati	도나투스 열교 반박 [소실]
Contra Priscillianistas	프리스킬리아누스파 반박
Contra quod attulit Centurius a Donatistis	켄투리우스가 도입한 도나투스파 교설 반박 [소실]
Contra sermonem Arianorum	아리우스파 설교 반박
De adulterinis coniugiis	부정한 혼인
De agone christiano	그리스도인의 투쟁
De anima et eius origine	영혼과 그 기원
De arithmetica	산술론 [소실]
De baptismo	세례론
De beata vita	**행복한 삶**
De bono coniugali	혼인의 유익
De bono viduitatis	과부 신분의 유익
De catechizandis rudibus	입문자 교리교육
De civitate Dei	**신국론**
De consensu evangelistarum	복음사가들의 일치
De continentia	절제론

De correctione Donatistarum(Ep.185)	도나투스파 계도(편지 185)
De correptione et gratia	훈계와 은총
De cura pro mortuis gerenda ad Paulinum episcopum	(파울리누스 주교에게 보낸) 죽은 이를 위한 배려
De dialectica	변증법
De disciplina christiana	그리스도교 규율
De diversis quaetionibus ad Simplicianum	심플리키아누스의 다양한 질문
De diversis quaestionibus octoginta tribus (83)	여든세 가지 다양한 질문
De divinatione daemonum	악마의 점술
De doctrina christiana	**그리스도교 교양**
De dono perseverantiae ad Prosperum et Hilarium	(프로스페르와 힐라리우스에게 보낸) 항구함의 은사
De duabus animabus	두 영혼
De excidio urbis Romae	로마 시 함락
De fide et operibus	신앙과 실천
De fide et symbolo	신앙과 신경
De fide rerum invisibilium	보이지 않는 사물에 대한 믿음
De Genesi ad litteram	창세기 문자적 해설
De Genesi ad litteram imperfectus liber	**창세기 문자적 해설 미완성 작품**
De Genesi adversus Manichaeos	**마니교도 반박 창세기 해설**
De geometrica	기하학 [소실]
De gestis Pelagii	펠라기우스 행적
De grammatica	문법론
De gratia Christi et de peccato originali	그리스도의 은총과 원죄
De gratia et libero arbitrio	은총과 자유의지
De gratia Testamenti Novi ad Honoratum (Ep.140)	(호노라투스에게 보낸) 신약성경의 은총론(편지 140)
De haeresibus ad Quodvultdeum	(쿠오드불트데우스에게 보낸) 이단
De immortalitate animae	**영혼 불멸**
De libero arbitrio	**자유의지론**
De Magistro	**교사론**

De Maximianistis contra Donatistas	막시밀리아누스파에 관한 도나투스파 반박 [소실]
De mendacio	거짓말
De moribus Ecclesiae catholicae et de moribus Manichaeorum	가톨릭 교회의 관습과 마니교도의 관습
De musica	음악론
De natura boni	**선의 본성**
De natura et gratia	본성과 은총
De nuptiis et concupiscentia ad Valerium	(발레리우스에게 보낸) 혼인과 정욕
De octo Dulcitii quaestionibus	둘키티우스의 여덟 질문
De octo quaestionibus ex Veteri Testamento	구약성경에 관한 여덟 질문
De opere monachorum	수도승의 노동
De ordine	**질서론**
De origine animae(Ep.166)	영혼의 기원(편지 166)
De patientia	인내
De peccatorum meritis et remissione et de baptismo parvulorum ad Marcellinum	(마르켈리누스에게 보낸) 죄벌과 용서 그리고 유아세례
De perfectione iustitiae hominis	인간 의로움의 완성
De philosophia	철학 [소실]
De praedestinatione sanctorum ad Prosperum et Hilarium	(프로스페르와 힐라리우스에게 보낸) 성도들의 예정
De praesentia Dei ad Dardanum(Ep.187)	(다르다누스에게 보낸) 하느님의 현존(편지 187)
De pulchro et apto	아름답고 알맞은 것 [소실]
De quantitate animae	**영혼의 위대함**
De rhetorica	수사학
De sancta virginitate	거룩한 동정
De sententia Iacobi(Ep.167)	야고보의 명제(편지 167)
De sermone Domini in monte	주님의 산상 설교
De spiritu et littera ad Marcellium	(마르켈리누스에게 보낸) 영과 문자

De symbolo ad catechumenos	예비 신자를 위한 신경 해설
De Trinitate	**삼위일체론**
De unico baptismo contra Petilianum	페틸리아누스 반박, 하나인 세례
De utilitate credendi	믿음의 유익
De utilitate ieiunii	단식의 유익
De vera religione	**참된 종교**
De videndo Deo(Ep.147)	하느님 관상(편지 147)
Enarrationes in Psalmos	시편 상해
Enchiridion ad Laurentium de fide spe et caritate	라우렌티우스에게 보낸 길잡이 / 믿음 희망 사랑
Epistulae ad Romanos inchoata expositio	미완성 로마서 해설
Epistulae	서간집
Expositio epistulae ad Galatas	갈라티아서 해설
Expositio epistulae Iacobi ad duodecim tribus	열두 지파에게 보낸 야고보서 해설 [소실]
Expositio quaerundam propositionum ex epistula apostoli ad Romanos	로마서 명제 해설
Gesta cum Emerito Donatistarum episcopo	도나투스파 주교 에메리투스와의 논쟁
In epistulam Iohannis ad Parthos tractatus	**요한 서간 강해**
In Iohannis evangelium tractatus	요한 복음 강해
Locutiones in Heptateuchum	칠경 강해
Probationes et testimonia contra Donatistas	도나투스파 반박 증명과 증언 [소실]
Psalmus contra partem Donati	도나투스파 반박 시편
Quaestiones evangeliorum	복음서에 관한 질문
Quaestiones expositae contra paganos numero sex(Ep.102)	이교인 반박 여섯 질문(편지 102)
Quaestiones in Heptateuchum	칠경에 관한 질문
Quaestiones XVI in Matthaeum	마태오 복음의 열여섯 질문
Regula	규칙서
Regula: Obiurgatio(Ep.211.1-4)	규칙서: 훈계(편지 211.1-4)

Regula: Ordo monasterii	규칙서: 수도원 규정집
Regula: Praeceptum	규칙서: 계명집
Retractationes	재론고
Sermo ad Caesariensis Ecclesiae plebem	카이사리아 교회 신자들에게 행한 설교
Sermones	설교집
Soliloquia	**독백**
Speculum	보감
Versus de S. Nabore	성 나보르 시구
Versus in mensa	식탁 시구

지은이 아우구스티누스

아우렐리우스 아우구스티누스(Aurelius Augustinus, 354-430)는
서방 교회의 4대 교부 중 한 사람으로, 고대 그리스도교의 사상적
기틀을 세운 위대한 철학자이자 사상가로 꼽힌다.
그는 354년 아프리카 타가스테에서 태어나
430년 히포에서 세상을 떠났다.
청년 시절에는 수사학을 공부하며 명성을 쌓았고,
쾌락과 명예를 좇으며 방황하다 마니교에 빠지기도 했다.
그러나 밀라노에서 암브로시우스 주교의 설교에 깊은 감화를 받고,
387년 세례를 받고 회심하기에 이른다.
이후 아프리카로 돌아와 수도생활과 학문 연구에 몰두했으며,
395년부터는 히포의 주교로 서품되었다.
아우구스티누스는 그리스도교 교리를 철학적으로 정립하고
체계화하는 데 큰 역할을 했다. 그는 '이해를 추구하는 신앙'이라는
원칙 아래 사유했다. 그의 사상은
신플라톤주의를 바탕으로 하면서도
그리스도교 신앙과 윤리 안에서 재구성되었다.
그는 중세 스콜라 철학은 물론
종교개혁 사상가들에게도 지대한 영향을 미쳤다.
주요 저서로는 회심에 대한 자전적 회고가 담긴 『고백록』,
삼위일체를 철학적으로 탐구한 『삼위일체론』,
교회의 본질과 역사의 의미를 성찰한 『신국론』 등이 있으며,
그가 남긴 방대한 저술은 오늘까지도
신학, 철학, 문학 등 다양한 분야에서 연구되고 있다.

역주자 성염

성염(成稔)은 1942년생으로, 가톨릭대학교 신학부와 광주가톨릭대학원을 졸업하고 로마 교황립 살레시안대학교 고전문학과에서 라틴문학 박사 학위를 받았다. 한국외국어대학교 철학과 교수와 서강대학교 철학과 교수를 역임하고(1988~2005) 주교황청 한국대사(2003~2007)를 지냈으며 교황청 성비오 대십자훈장(2007)을 받기도 했다. 『라틴-한글사전』(1995) 편찬에 편집위원으로 참여했으며, 『라틴어 첫걸음』(2003), 『고급 라틴어』(2014)를 펴냈다. 아우구스티누스의 저작 중 철학 분야 서적들 위주로 역주해 분도출판사의 라틴-한글 대조본으로 간행해왔다. 아우구스티누스의 『신국론』 역주로 서우철학상(2004)을, 아우구스티누스의 『삼위일체론』 역주로 가톨릭학술상(2020)을 받았다. 성염은 개인 홈페이지(http://donbosco.pe.kr/xel)에 아우구스티누스 도서실(http://lifebible.co.kr/library-2)을 열고, '펠라기우스파 논쟁서' 미간행 역주 파일들을 게재해 연구에 활용하도록 하고 있다.

* 성염의 아우구스티누스 역주서
분도출판사의 라틴-한글 대역본 『교부문헌총서』에 수록된 간행 도서다.

De vera religione 『참된 종교』 (1989)
De doctrina Christiana 『그리스도교 교양』 (1989)
De libero arbitrio 『자유의지론』 (1998)
De civitate Dei 『신국론』 (2004)
De Trinitate 『삼위일체론』 (2014)
Contra Academicos 『아카데미아학파 반박』 (2016)
De beata vita 『행복한 삶』 (2016)
De ordine 『질서론』 (2017)
Soliloquia 『독백』 (2018)
De immortalitate animae 『영혼 불멸』 (2018)
De quantitate animae 『영혼의 위대함』 (2019)
De Magistro 『교사론』 (2019)
De natura boni 『선의 본성』 (2019)

한길사에서는 『고백록』(2025)을 출간했고, 안소근 수녀와 공역으로 『아우구스티누스 시편』(2026)을 준비 중이다.

HANGIL GREAT BOOKS 199

고백록

지은이 아우구스티누스
옮긴이 성염
펴낸이 김언호

펴낸곳 (주)도서출판 한길사
등록 1976년 12월 24일
주소 10881 경기도 파주시 광인사길 37
홈페이지 www.hangilsa.co.kr
전자우편 hangilsa@hangilsa.co.kr
전화 031-955-2000~3 팩스 031-955-2005

부사장 박관순 총괄이사 김서영 관리이사 곽명호
경영이사 김관영 편집주간 백은숙
편집 배소현 노유연 박홍민 임진영
관리 이희문 이진아 고지수 마케팅 이영은
디자인 창포 031-955-2097
CTP출력·인쇄 예림 제책 경일제책사

제1판 제1쇄 2025년 9월 20일

값 48,000원

ISBN 978-89-356-7906-5 03230

• 2016년 3월 3일 의정부교구 교회 인가
• 잘못 만들어진 책은 구입하신 서점에서 바꿔드립니다.

한길그레이트북스 인류의 위대한 지적 유산을 집대성한다

1 관념의 모험
앨프레드 노스 화이트헤드 | 오영환

2 종교형태론
미르치아 엘리아데 | 이은봉

3·4·5·6 인도철학사
라다크리슈난 | 이거룡
2005 『타임스』 선정 세상을 움직인 100권의 책
『출판저널』 선정 21세기에도 남을 20세기의 빛나는 책들

7 야생의 사고
클로드 레비-스트로스 | 안정남
2005 『타임스』 선정 세상을 움직인 100권의 책
2008 『중앙일보』 선정 신고전 50선

8 성서의 구조인류학
에드먼드 리치 | 신인철

9 문명화과정 1
노르베르트 엘리아스 | 박미애
2005 연세대학교 권장도서 200선
2012 인터넷 교보문고 명사 추천도서
2012 알라딘 명사 추천도서

10 역사를 위한 변명
마르크 블로크 | 고봉만
2008 『한국일보』 오늘의 책
2009 『동아일보』 대학신입생 추천도서
2013 yes24 역사서 고전

11 인간의 조건
한나 아렌트 | 이진우
2012 인터넷 교보문고 MD의 선택
2012 네이버 지식인의 서재

12 혁명의 시대
에릭 홉스봄 | 정도영·차명수
2005 서울대학교 권장도서 100선
2005 『타임스』 선정 세상을 움직인 100권의 책
2005 연세대학교 권장도서 200선
1999 『출판저널』 선정 21세기에도 남을 20세기의 빛나는 책들
2012 알라딘 블로거 베스트셀러
2013 『조선일보』 불멸의 저자들

13 자본의 시대
에릭 홉스봄 | 정도영
2005 서울대학교 권장도서 100선
1999 『출판저널』 선정 21세기에도 남을 20세기의 빛나는 책들
2012 알라딘 블로거 베스트셀러
2013 『조선일보』 불멸의 저자들

14 제국의 시대
에릭 홉스봄 | 김동택
2005 서울대학교 권장도서 100선
1999 『출판저널』 선정 21세기에도 남을 20세기의 빛나는 책들
2012 알라딘 블로거 베스트셀러
2013 『조선일보』 불멸의 저자들

15·16·17 경세유표
정약용 | 이익성
2012 인터넷 교보문고 필독고전 100선

18 바가바드 기타
함석헌 주석 | 이거룡 해제
2007 서울대학교 추천도서

19 시간의식
에드문트 후설 | 이종훈

20·21 우파니샤드
이재숙
2005 서울대학교 권장도서 100선

22 현대정치의 사상과 행동
마루야마 마사오 | 김석근
2005 『타임스』 선정 세상을 움직인 100권의 책
2007 도쿄대학교 권장도서

23 인간현상
테야르 드 샤르댕 | 양명수
2007 서울대학교 추천도서

24·25 미국의 민주주의
알렉시스 드 토크빌 | 임효선·박지동
2005 서울대학교 권장도서 100선
2012 인터넷 교보문고 MD의 선택
2012 인터넷 교보문고 MD의 선택
2013 문명비평가 기 소르망 추천도서

26 유럽학문의 위기와 선험적 현상학
에드문트 후설 | 이종훈
2005 서울대학교 논술출제

27·28 삼국사기
김부식 | 이강래
2005 연세대학교 권장도서 200선
2012 인터넷 교보문고 필독고전 100선
2013 yes24 다시 읽는 고전

29 원본 삼국사기
김부식 | 이강래 교감

30 성과 속
미르치아 엘리아데 | 이은봉
2005 『타임스』 선정 세상을 움직인 100권의 책
2012 인터넷 교보문고 명사 추천도서
『출판저널』 선정 21세기에도 남을 20세기의 빛나는 책들

31 슬픈 열대
클로드 레비-스트로스 | 박옥줄
2005 서울대학교 권장도서 100선
2005 연세대학교 권장도서 200선
2008 홍익대학교 논술출제
2012 인터넷 교보문고 명사 추천도서
2013 yes24 역사서 고전
『출판저널』 선정 21세기에도 남을 20세기의 빛나는 책들

32 증여론
마르셀 모스 | 이상률
2003 문화관광부 우수학술도서
2012 네이버 지식인의 서재

33 부정변증법
테오도르 아도르노 | 홍승용

34 문명화과정 2
노르베르트 엘리아스 | 박미애
2005 연세대학교 권장도서 200선
2012 인터넷 교보문고 명사 추천도서
2012 알라딘 명사 추천도서

35 불안의 개념
쇠렌 키르케고르 | 임규정
2012 인터넷 교보문고 필독고전 100선

36 마누법전
이재숙·이광수

37 사회주의의 전제와 사민당의 과제
에두아르트 베른슈타인 | 강신준

38 의미의 논리
질 들뢰즈 | 이정우
2000 교보문고 선정 대학생 권장도서

39 성호사설
이익 | 최석기
2005 연세대학교 권장도서 200선
2008 서울대학교 논술출제
2012 인터넷 교보문고 필독고전 100선

40 종교적 경험의 다양성
윌리엄 제임스 | 김재영
2000 대한민국학술원 우수학술도서

41 명이대방록
황종희 | 김덕균
2000 한국출판문화상

42 소피스테스
플라톤 | 김태경

43 정치가
플라톤 | 김태경

44 지식과 사회의 상
데이비드 블루어 | 김경만
2002 대한민국학술원 우수학술도서

45 비평의 해부
노스럽 프라이 | 임철규
2001 『교수신문』 우리 시대의 고전

46 인간적 자유의 본질·철학과 종교
프리드리히 W.J. 셸링 | 최신한

47 무한자와 우주와 세계·원인과 원리와 일자
조르다노 브루노 | 강영계
2001 한국출판인회의 이달의 책

48 후기 마르크스주의
프레드릭 제임슨 | 김유동
2001 한국출판인회의 이달의 책

49·50 봉건사회
마르크 블로크 | 한정숙
2002 대한민국학술원 우수학술도서
2012 『한국일보』 다시 읽고 싶은 책

51 칸트와 형이상학의 문제
마르틴 하이데거 | 이선일
2003 대한민국학술원 우수학술도서

52 남명집
조식 | 경상대 남명학연구소
2012 인터넷 교보문고 필독고전 100선

53 낭만적 거짓과 소설적 진실
르네 지라르 | 김치수·송의경
2002 대한민국학술원 우수학술도서
2013 『한국경제』 한 문장의 교양

54·55 한비자
한비 | 이운구
한국간행물윤리위원회 추천도서
2007 서울대학교 추천도서
2012 인터넷 교보문고 필독고전 100선

56 궁정사회
노르베르트 엘리아스 | 박여성

57 에밀
장 자크 루소 | 김중현
2005 서울대학교 권장도서 100선
2000·2006 서울대학교 논술출제

58 이탈리아 르네상스의 문화
야코프 부르크하르트 | 이기숙
2004 한국간행물윤리위원회 추천도서
2005 연세대학교 권장도서 200선
2009 『동아일보』 대학신입생 추천도서

59·60 분서
이지 | 김혜경
2004 문화관광부 우수학술도서
2012 인터넷 교보문고 필독고전 100선

61 혁명론
한나 아렌트 | 홍원표
2005 대한민국학술원 우수학술도서

62 표해록
최부 | 서인범·주성지
2005 대한민국학술원 우수학술도서

63·64 정신현상학
G.W.F. 헤겔 | 임석진
2006 대한민국학술원 우수학술도서
2005 연세대학교 권장도서 200선
2005 프랑크푸르트도서전 한국의 아름다운 책100
2008 서우철학상
2012 인터넷 교보문고 필독고전 100선

65·66 이정표
마르틴 하이데거 | 신상희·이선일

67 왕필의 노자주
왕필 | 임채우
2006 문화관광부 우수학술도서

68 신화학 1
클로드 레비-스트로스 | 임봉길
2007 대한민국학술원 우수학술도서
2008 『동아일보』 인문과 자연의 경계를 넘어 30선

69 유랑시인
타라스 셰브첸코 | 한정숙

70 중국고대사상사론
리쩌허우 | 정병석
2005 『한겨레』 올해의 책
2006 문화관광부 우수학술도서

71 중국근대사상사론
리쩌허우 | 임춘성
2005 『한겨레』 올해의 책
2006 문화관광부 우수학술도서

72 중국현대사상사론
리쩌허우 | 김형종
2005 『한겨레』 올해의 책
2006 문화관광부 우수학술도서

73 자유주의적 평등
로널드 드워킨 | 염수균
2006 문화관광부 우수학술도서
2010 동아일보 '정의에 관하여' 20선

74·75·76 춘추좌전
좌구명 | 신동준

77 종교의 본질에 대하여
루트비히 포이어바흐 | 강대석

78 삼국유사
일연 | 이가원·허경진
2007 서울대학교 추천도서

79·80 순자
순자 | 이운구
2007 서울대학교 추천도서

81 예루살렘의 아이히만
한나 아렌트 | 김선욱
2006 『한겨레』 올해의 책
2006 한국간행물윤리위원회 추천도서
2007 『한국일보』 오늘의 책
2007 대한민국학술원 우수학술도서
2012 yes24 리뷰 영웅대전

82 기독교 신앙
프리드리히 슐라이어마허 | 최신한
2008 대한민국학술원 우수학술도서

83·84 전체주의의 기원
한나 아렌트 | 이진우·박미애
2005 『타임스』 선정 세상을 움직인 책
『출판저널』 선정 21세기에도 남을 20세기의 빛나는 책들

85 소피스트적 논박
아리스토텔레스 | 김재홍

86·87 사회체계이론
니클라스 루만 | 박여성
2008 문화체육관광부 우수학술도서

88 헤겔의 체계 1
비토리오 회슬레 | 권대중

89 속분서
이지 | 김혜경
2008 대한민국학술원 우수학술도서

90 죽음에 이르는 병
쇠렌 키르케고르 | 임규정
『한겨레』 고전 다시 읽기 선정
2006 서강대학교 논술출제

91 고독한 산책자의 몽상
장 자크 루소 | 김중현

92 학문과 예술에 대하여·산에서 쓴 편지
장 자크 루소 | 김중현

93 사모아의 청소년
마거릿 미드 | 박자영
20세기 미국대학생 필독 교양도서

94 자본주의와 현대사회이론
앤서니 기든스 | 박노영·임영일
1999 서울대학교 논술출제
2009 대한민국학술원 우수학술도서

95 인간과 자연
조지 마시 | 홍금수

96 법철학
G.W.F. 헤겔 | 임석진

97 문명과 질병
헨리 지거리스트 | 황상익
2009 대한민국학술원 우수학술도서

98 기독교의 본질
루트비히 포이어바흐 | 강대석

99 신화학 2
클로드 레비-스트로스 | 임봉길
2008 『동아일보』 인문과 자연의 경계를 넘어 30선
2009 대한민국학술원 우수학술도서

100 일상적인 것의 변용
아서 단토 | 김혜련
2009 대한민국학술원 우수학술도서

101 독일 비애극의 원천
발터 벤야민 | 최성만·김유동

102·103·104 순수현상학과 현상학적 철학의 이념들
에드문트 후설 | 이종훈
2010 대한민국학술원 우수학술도서

105 수사고신록
최술 | 이재하 외
2010 대한민국학술원 우수학술도서

106 수사고신여록
최술 | 이재하
2010 대한민국학술원 우수학술도서

107 국가권력의 이념사
프리드리히 마이네케 | 이광주

108 법과 권리
로널드 드워킨 | 염수균

109·110·111·112 고야
홋타 요시에 | 김석희
2010 12월 한국간행물윤리위원회 추천도서

113 왕양명실기
박은식 | 이종란

114 신화와 현실
미르치아 엘리아데 | 이은봉

115 사회변동과 사회학
레이몽 부동 | 민문홍

116 자본주의·사회주의·민주주의
조지프 슘페터 | 변상진
2012 대한민국학술원 우수학술도서
2012 인터파크 이 시대 교양 명저

117 공화국의 위기
한나 아렌트 | 김선욱

118 차라투스트라는 이렇게 말했다
프리드리히 니체 | 강대석

119 지중해의 기억
페르낭 브로델 | 강주헌

120 해석의 갈등
폴 리쾨르 | 양명수

121 로마제국의 위기
램지 맥멀렌 | 김창성
2012 인터파크 추천도서

122·123 윌리엄 모리스
에드워드 파머 톰슨 | 윤효녕 외
2012 인터파크 추천도서

124 공제격치
알폰소 바뇨니 | 이종란

125 현상학적 심리학
에드문트 후설 | 이종훈
2013 인터넷 교보문고 눈에 띄는 새 책
2014 대한민국학술원 우수학술도서

126 시각예술의 의미
에르빈 파노프스키 | 임산

127·128 시민사회와 정치이론
진 L. 코헨·앤드루 아라토 | 박형신·이혜경

129 운화측험
최한기 | 이종란
2015 대한민국학술원 우수학술도서

130 예술체계이론
니클라스 루만 | 박여성·이철

131 대학
주희 | 최석기

132 중용
주희 | 최석기

133 종의 기원
찰스 다윈 | 김관선

134 기적을 행하는 왕
마르크 블로크 | 박용진

135 키루스의 교육
크세노폰 | 이동수

136 정당론
로베르트 미헬스 | 김학이
2003 기담학술상 변역상
2004 대한민국학술원 우수학술도서

137 법사회학
니클라스 루만 | 강희원
2016 세종도서 우수학술도서

138 중국사유
마르셀 그라네 | 유병태
2011 대한민국학술원 우수학술도서

139 자연법
G.W.F 헤겔 | 김준수
2004 기담학술상 변역상

140 기독교와 자본주의의 발흥
R.H. 토니 | 고세훈

141 고딕건축과 스콜라철학
에르빈 파노프스키 | 김율
2016 세종도서 우수학술도서

142 도덕감정론
애덤스미스 | 김광수

143 신기관
프랜시스 베이컨 | 진석용
2001 9월 한국출판인회의 이달의 책
2005 서울대학교 권장도서 100선

144 관용론
볼테르 | 송기형·임미경

145 교양과 무질서
매슈 아널드 | 윤지관

146 명등도고록
이지 | 김혜경

147 데카르트적 성찰
에드문트 후설·오이겐 핑크 | 이종훈
2003 대한민국학술원 우수학술도서

148·149·150 함석헌선집 1·2·3
함석헌 | 함석헌편집위원회
2017 대한민국학술원 우수학술도서

151 프랑스혁명에 관한 성찰
에드먼드 버크 | 이태숙

152 사회사상사
루이스 코저 | 신용하·박명규

153 수동적 종합
에드문트 후설 | 이종훈
2019 대한민국학술원 우수학술도서

154 로마사 논고
니콜로 마키아벨리 | 강정인·김경희
2005 대한민국학술원 우수학술도서

155 르네상스 미술가평전 1
조르조 바사리 | 이근배

156 르네상스 미술가평전 2
조르조 바사리 | 이근배

157 르네상스 미술가평전 3
조르조 바사리 | 이근배

158 르네상스 미술가평전 4
조르조 바사리 | 이근배

159 르네상스 미술가평전 5
조르조 바사리 | 이근배

160 르네상스 미술가평전 6
조르조 바사리 | 이근배

161 어두운 시대의 사람들
한나 아렌트 | 홍원표

162 형식논리학과 선험논리학
에드문트 후설 | 이종훈
2011 대한민국학술원 우수학술도서

163 러일전쟁 1
와다 하루키 | 이웅현

164 러일전쟁 2
와다 하루키 | 이웅현

165 종교생활의 원초적 형태
에밀 뒤르켐 | 민혜숙·노치준

166 서양의 장원제
마르크 블로크 | 이기영

167 제일철학 1
에드문트 후설 | 이종훈
2021 대한민국학술원 우수학술도서

168 제일철학 2
에드문트 후설 | 이종훈
2021 대한민국학술원 우수학술도서

169 사회적 체계들
니클라스 루만 | 이철·박여성 | 노진철 감수

170 모랄리아
플루타르코스 | 윤진

171 국가론
마르쿠스 툴리우스 키케로 | 김창성

172 법률론
마르쿠스 툴리우스 키케로 | 성염

173 자본주의의 문화적 모순
다니엘 벨 | 박형신
2022 대한민국학술원 우수학술도서

174 신화학 3
클로드 레비스트로스 | 임봉길
2022 대한민국학술원 우수학술도서

175 상호주관성
에드문트 후설 | 이종훈

176 대변혁 1
위르겐 오스터함멜 | 박종일

177 대변혁 2
위르겐 오스터함멜 | 박종일

178 대변혁 3
위르겐 오스터함멜 | 박종일

179 유대인 문제와 정치적 사유
한나 아렌트 | 홍원표

180 장담의 열자주
장담 | 임채우

181 질문의 책
에드몽 자베스 | 이주환

182 과거와 미래 사이
한나 아렌트 | 서유경

183 영웅숭배론
토마스 칼라일 | 박상익

184 역사를 바꾼 권력자들
이언 커쇼 | 박종일

185 칸트의 정치철학
한나 아렌트 | 김선욱

186 클라우제비츠 전쟁론 완성하기
르네 지라르·브누아 샹트르 | 김진식

187 미쉬나 1: 제라임
권성달

188 미쉬나 2: 모에드
김성언

189 미쉬나 3: 나쉼
이영길

190 미쉬나 4: 네지킨
최영철·김성언

191 미쉬나 5: 코다쉼
전재영

192 미쉬나 6: 토호롯
윤성덕

193 인간의 유래 1
찰스 다윈 | 김관선
2007 대한민국학술원 우수학술도서

194 인간의 유래 2
찰스 다윈 | 김관선

195 모랄리아 2
플루타르코스 | 윤진

196 비잔티움 문명
앙드레 기유 | 김래모

197 손자참동
이지 | 김혜경

198 타키투스의 역사
타키투스 | 김경현·차전환

199 고백록
아우구스티누스 | 성염

● 한길그레이트북스는 계속 간행됩니다.